广州远洋运输公司年鉴

GUANGZHOU OCEAN SHIPPING COMPANY YEARBOOK

2009

《广州远洋运输公司年鉴》编纂委员会 编

2010年刊

COSCO

廣東省出版集團
广东人民出版社

图书在版编目（CIP）数据

广州远洋运输公司年鉴. 2009 / 《广州远洋运输公司年鉴》编纂委员会编. —广州：广东人民出版社，2011.1

ISBN 978-7-218-07035-3

Ⅰ. ①广… Ⅱ. ①广… Ⅲ. ①远洋运输－运输企业－广州市－2009－年鉴 Ⅳ. ①F552.61-54

中国版本图书馆 CIP 数据核字（2011）第 007343 号

广州远洋运输公司年鉴 2009

《广州远洋运输公司年鉴》编纂委员会编

出 版 人：金炳亮

责任编辑：肖风华
装帧设计：崔思明
责任技编：黎碧霞

出版发行：广东人民出版社
地　　址：广州市大沙头四马路 10 号（邮政编码：510102）
电　　话：（020）83798714（总编室）
传　　真：（020）83780199
网　　址：http：// www.gdpph.com
经　　销：广东省出版集团图书发行有限公司
印　　刷：广州市穗彩彩印厂
书　　号：ISBN 978-7-218-07035-3
开　　本：787mm×1092mm 1/16
印　　张：26　　插页：20　字数：600 千
版　　次：2011 年 1 月第 1 版　2011 年 1 月第 1 次印刷
定　　价：138.00 元

《广州远洋运输公司年鉴（2009)》编纂委员会

《广州远洋运输公司年鉴(2009)》编纂组

2009 年 8 月 20 日，中远集团总裁魏家福（左一）莅临停泊在天津新港的“安新江”轮检查指导工作。

2009 年 9 月 16 日，中远集团党组书记张富生出席中央企业职工技能大赛的开幕式，并对中远参赛队员寄予厚望。广远代表队参加了此次比赛并取得了优异成绩，所获金牌数量为全部代表队中最多。

领导关怀

2009 年 2 月 13 日，交通运输部副部长徐祖远（前左二）莅临广远下属企业中远南方指导工作。

2009 年 8 月 14 日，天津市副市长熊建平（左六）为“金广岭”轮首航仪式剪彩。

2009 年 4 月 1 日，中远集团副总裁许立荣（中）莅临广远调研和指导学习实践活动。

2009 年 8 月 14 日，中远集团副总裁张良（左二）看望“金广岭”轮船员。

领导关怀

2009年2月10日，广东省总工会主席邓维龙一行莅临广远指导工作。图①：邓维龙（前排左六）一行与广远领导班子成员和广远部分中层干部合影。图②：邓维龙为广远挥毫“海缘”。

2009年1月23日，广东省总工会、省海员工会领导莅临广远慰问。图③为广东省总工会党组成员、纪检组组长肖建葵（中），省海员工会主席卢晓露（左一）和广远总经理徐惠兴合影。图④为广东省总工会党组成员、纪检组组长肖建葵，省海员工会主席卢晓露和广远党委书记刘书田（中）合影。

领导关怀

2009 年 6 月 10 日，中央企业学习实践活动第四指导检查组组长车书剑（右二）、副组长李荣芝（右一）、中远集团学习实践活动领导小组办公室副主任辛加和（左一）等莅临广远进行学习实践活动检查指导。

2009 年 8 月 31 日，中华全国总工会常务副主席孙春兰（左）与“全国五一劳动奖章”获得者马宗梅亲切交谈。

2009 年 9 月 4 日，中远集团财务部总经理丰金华（左二）莅临广远进行财务预算调研指导。

领导关怀

2009年9月8日，中远集团安监部总经理陈正杰（右一）莅临“乐泰”轮检查指导工作。

2009年10月30日，中国驻加蓬大使李福顺（右二）开香槟祝贺“金广岭”轮首航西非成功。

2009年12月29日，“瑞昌海”轮船员成功阻击海盗武装登船。31日，中国驻拉各斯总领事郭崑（右四）上船进行慰问。

2009年1月，广远荣获2008年度全国第十届党员教育电视片观摩评比特别奖。

2009年9月16~19日，国务院国资委和人力资源社会保障部联合举办的2009年中央企业职工技能大赛船舶水手、船舶机工决赛在青岛船员学院举行。广远代表队夺得了3枚金牌、2枚铜牌，金牌数量是全部参赛的18支代表队中最多的。9月21日，广远举行庆功宴，宴请获奖人员。

合作交流

2009 年 3 月 6 日，广远总经理徐惠兴与福建省船舶工业集团公司总经理赵金杰（左一）进行业务交流。

2009 年 12 月 23 日，广东省直工委副书记周建民（中）带队莅临广远开展国有企业党建专题调研和情况交流。

2009年2月26日，天津港（集团）有限公司田长松总裁、赵明奎副总裁一行拜访中远航运，双方表示要加强沟通、深入合作，共同应对金融危机带来的影响。

2009年3月19日，广远副总经理翁继强与法国三利有限公司总裁王武兵（左一）亲切交谈。

2009年5月22日，广远纪委书记、工会主席、总法律顾问马宗梅与广州海事局党委书记殷疆（左一）交流海事法规有关事宜。

2009年6月30日，中远航运CEO韩国敏会见了来访的Biglift航运公司董事总经理Arie Peterse先生（左一）。

2009年7月9日，广远副总经理翁继强带领中远远达业务人员在尼日利亚拉各斯拜访GMT公司董事长Bosco Ngan（右一）等管理人员。

2009年7月9日，广远副总经理翁继强与尼日利亚拉各斯西区港务局总经理M. D Bulangu先生（右二）交流业务情况。

2009年7月12日，广远副总经理翁继强与中国驻加蓬使馆商务参赞胡平（左二）、加蓬华侨协会副秘书长裴树成（左一）会谈。

合作交流

2009年8月24日，中远航运高管率队到天津拜访海洋石油工程股份有限公司姜锡肇总裁（中）和有关业务主管领导，双方就进一步开展业务合作等事宜达成共识。

2009年9月22日，中远航运高管会见广州海事局局长谭永烈（右二）、党委书记庄则平（右一）。双方交流了海事服务、基层党建及企业文化建设等方面情况。

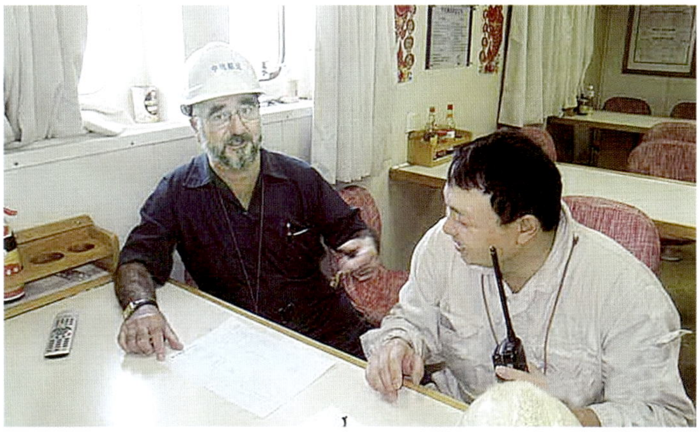

2009年10月13日，“泰安口”轮安装平台获得成功。图为“泰安口”轮船员与Ni jel先生交流安装体会。

2009年10月30日，“金广岭”轮停泊在加蓬奥文多港口。加蓬SDV总经理Kokan（左一）登轮与中远远达业务员商谈经营管理情况。图为Kokan与中远远达业务员合影留念。

2009年1月12日，广远召开第十二届四次职代会暨2009年工作会、思想政治工作会、安全生产工作会。

2009年8月3日，中央企业及国内大型企业战略合作座谈会暨项目签约仪式在广州举行。图为广远总经理徐惠兴（前排右八）在会上签约。

2009年3月12~13日，中远航运在北京、上海举办了首次大型航运业务推介会，加大市场开拓力度。

2009年2月16~19日，中远航运组队参加在新加坡举行的首届亚太杂货运输展览。图为中远航运的展台。

2009年5月4日至7日，一年一度的国际石油天燃气展览会（OTC）在美国休斯敦举行。中远航运与合作伙伴NMA公司继续在展览会共同设置展位，利用三维模拟图像重点推介新造的50000吨半潜船。图为中远航运高管与客户在展览会现场合影。

2009年8月14日，中远远达与天津港第一港埠有限公司举行合作协议签字仪式。

2009年9月16日，中央企业职工技能大赛在青岛举行。图为广远代表队。

2009年10月13~15日，中远航运首次组队参加第20届美国新奥尔良杂货运输展。图为中远航运杂货运输展场景。

2009 年 10 月 20 日，广远召开第四季度生产经营专题工作会。

2009 年 11 月 16 日，第 11 届中国国际高新技术成果交易会在深圳会展中心开幕，中远集团率中远航运半潜船等 5 个项目组团首次参加被誉为“中国科技第一展”的高交会展，并获得“加强自主创新，推动产业振兴”主题展览最佳展示奖。

2009 年 11 月 24 日，SARGEANT 到中远南方访问，并与中远南方签订 12000 载重吨沥青船期租协议。

2009 年 8 月 14 日，32000 载重吨新型木材运输船首制船“金广岭”轮在天津港举行首航仪式，并投入中国天津—西非木材运输航线。这是广远在国内建立的首条木材运输班轮航线。

2009 年 4 月 28 日，由江苏口岸船厂承建的中远航运 4 艘 27000 吨多用途船首制船“凤凰松”轮交付中远航运。

2009 年 7 月 30 日，32000 载重吨木材船“金远岭”轮举行下水仪式。

2009 年 8 月 12 日，5900 载重吨沥青船“平海湾”轮交船暨命名仪式在黄埔举行。接入“平海湾”后，中远南方沥青船队共拥有和控制 14 艘沥青船，总运力 8 万载重吨，沥青运力规模位居亚洲第一。

2009 年 10 月 23 日，中远航运在山东黄海船厂订造的 8 艘 28000 吨多用途重吊船首制船“大丹霞”轮在南通港装载大型驳船，翌日开始了她的首航欧洲之旅。

船队发展

2009 年 10 月 23 日，中远航运定造的 27000 吨多用途船“孔雀松”轮命名下水仪式在江苏泰州口岸船厂举行。

2009 年 11 月 16 日，在广州中船黄埔造船有限公司建造的 6165 载重吨沥青船“安海湾”轮正式交付使用。图为“安海湾”和她的姐妹船“平海湾”。

2009 年 11 月 18 日，32000 载重吨新型专业木材运输船“武夷山”轮在福建马尾造船厂举行下水仪式。“武夷山”轮是中国造船事业的发源地——马尾造船厂迄今建造的最大船舶。

2009 年 1 月 23 日，广远总经理徐惠兴到供应公司检查安全工作。

2009 年 6 月 5 日，广远党委书记刘书田到“大华”轮检查安全工作。

安全生产

2009 年 2 月 3 日，“乐民”轮航经亚丁湾，船员们严阵以待，做好防抗海盗工作。

2009 年 2 月 20 日，“白沙岭”轮进行安全演习。

2009年2月1日下午，当天凌晨遭遇过索马里海盗侵扰的“乐民”轮船员迎来了中国海军“武汉”舰的护航。图为船员们在国旗前合影留念。

2009年2月1日，“乐民”轮船员拍摄的中国海军“武汉”舰。

2009年3月17日，中国海军169舰派遣海军特种兵空降“天王星”轮进行特殊护航，助“天王星”轮平安穿越亚丁湾。

“乐荣”轮于2009年4月3日至5日在中国海军“海口”舰的护航下西行，21日至23日受“深圳”舰和“黄山”舰护航东行，安全穿越亚丁湾。

中远航运“大中”、“大华”、“大富”、“大强”4 艘 500 吨联吊重吊船以联营的方式与国外合作经营，2009 年起陆续回归中远航运自营。2009 年 3 月中旬，“大强”轮在南韩、日本装载 15000 多立方设备，到上海加载后开往欧洲，其中超 100 吨重大件 21 件，打响了重吊船回归经营的第一枪。

2009 年 5 月 29 日，重大吊船“大富”轮装载大型炼油设备抵印度 KARAIKAL 港，仅 3 天时间，顺利卸下各种重大件共 17 件，其中，最重件 245 吨，最长件 34 米，最高件 12.5 米。“大富”轮是 KARAIKAL 港开埠 3 个月到埠的第一条重吊船，受到当地社会和媒体的高度关注，印度《航运快报》进行了长篇报道。

2009 年 6 月 22 日，重吊船“大华”轮首次承运台湾高雄的重型货物（其中最大单件 4575 立方米，重 195 吨）回青岛。

2009 年 8 月 22 日，重吊船“大中”轮在鹿特丹安全装载疏浚船前往印度（该疏浚船长 49.06 米，宽 12.54 米，高 11.30 米，重 365.26 吨）。

2009年3月10日，中远日邮租用舱位的ARTEMIS LEADER轮在华南地区主要汽车出口口岸广州南沙港汽车专业滚装码头，安全装载200辆比亚迪F0汽车，开往叙利亚。

2009年6月29日上午10点30分，中远日邮承接东风轻卡出口沙特出运仪式，在上海海通码头“SUIJIN”轮边隆重举行。

2009年5月6日，半潜船“康盛口”轮首次在波斯湾中南部阿拉伯联合酋长国的Umm Shaif油田，用船上装备的DPS（海上动态定点安装）系统，成功整体安装CSP-1石油平台。

2009年6月8日11时，龙口-非洲重型车辆滚装航线首航仪式在龙口港16号泊位隆重举行，中远日邮汽车船运输有限公司滚装船“富瀚口”轮首次装载中国重汽217辆重型车辆开往非洲。

2009 年 4 月 24 日，广远党委召开领导班子民主生活会暨述廉议廉会议。

2009 年 5 月 27 日，广远党委举行贯彻落实科学发展观情况的分析检查报告员工群众评议会。图为员工进行评议投票。

2009 年 6 月 26 日，广远开展深入学习实践科学发展观活动总结暨纪念建党 88 周年表彰大会。

2009 年 9 月 10 日，广远共青团员代表参加中远集团团委举行的视频演讲比赛决赛。

2009 年 1 月 20 日，中远集团春节慰问组举行中远广州地区离退休老领导新春团拜会。

2009 年 7 月 20 日，广远举行年中安全工作暨安全文化作品表演总决赛。

2009年1月19日，广远总经理徐惠兴（左）慰问老领导。

2009年1月21日，广远党委书记刘书田（中）慰问员工家属。

2009年1月19日，广远副总经理翁继强慰问老同志。

2009年1月16日，广远党委副书记黄继忠（右）慰问职工家属。

2009年1月15日，广远工会主席马宗梅（右二）慰问船员家属。

2009年2月，“乐民”轮船员小憩。

2009年4月25日，广远举行“拼搏杯”职工登山比赛，庆祝广远成立48周年。

2009年6月19日，广远团委与《羊城晚报》团委一起进行拓展活动。

2009年12月8日，中远航运举行庆祝公司成立10周年大会。

2009 年 9 月 3 日，第 16 届亚运会亚洲之路重访陆上丝绸之路活动——广州亚运车队出发仪式在广州举行。中远航运作为赞助商派员参加仪式，并共同为亚运车队车辆揭幕，向车手代表授中远旗。

2009 年 11 月 8 日，广远副总经理翁继强（右五）代表广远参加第 16 届亚运会亚洲之路陆路活动暨广州亚运车队回归仪式。

广远领导成员

总经理、党委副书记
徐惠兴

党委书记、副总经理
刘书田

副总经理
翁继强

党委副书记
黄继忠

纪委书记、工会主席
马宗梅

驶向世界的民族巨轮

（广远全球航线示意图）

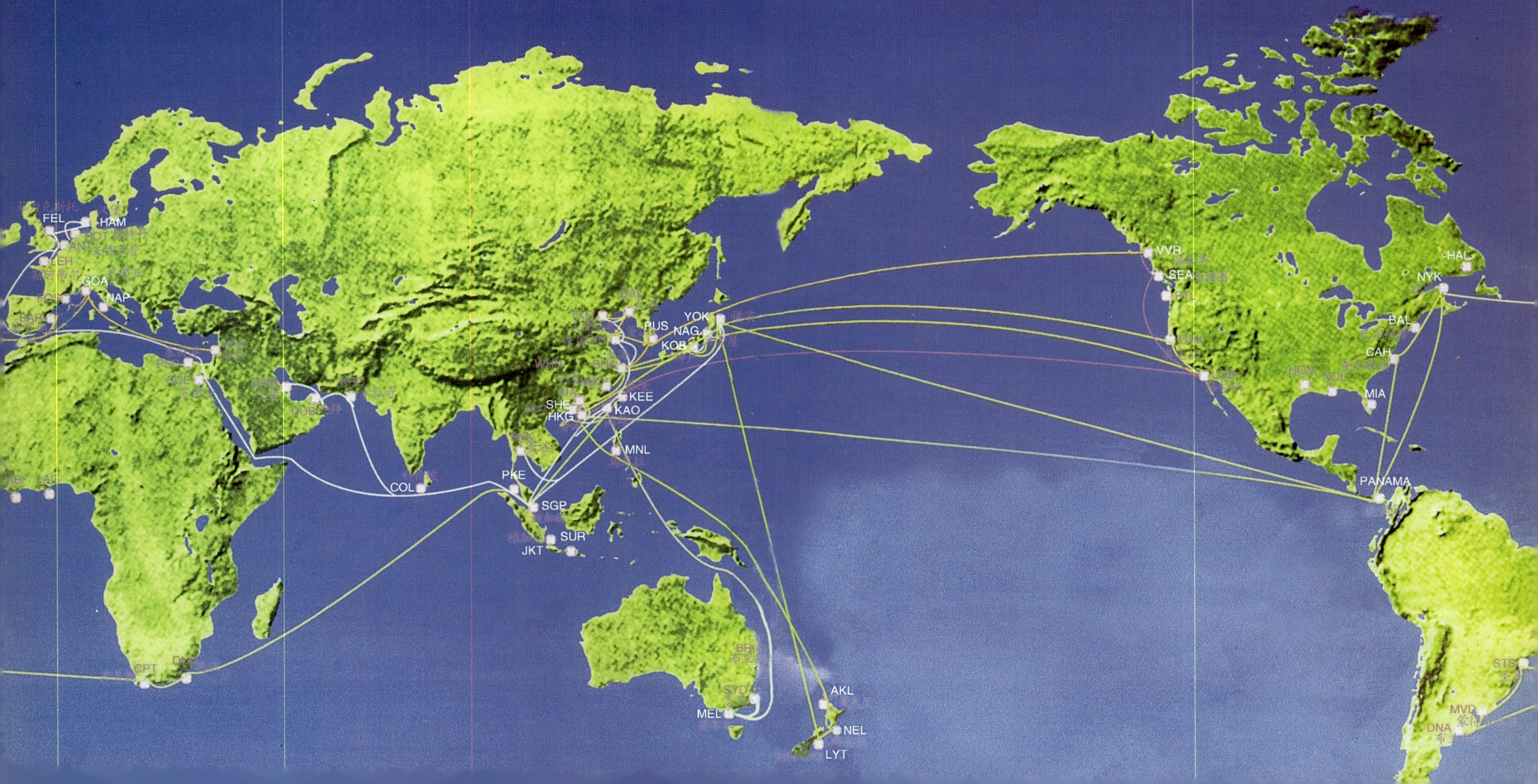

目 录

第一章
特 载

认清形势　统一思想　抵御风险　把握机遇　确保广远各项事业科学发展

——在广远第十二届四次职代会上的工作报告

(略有删节)

广州远洋运输公司总经理　徐惠兴

2009 年 1 月 12 日

各位领导、各位代表：

我代表公司向大会作工作报告，请予审议。

第一部分　总结·回顾

——2008 年主要工作

2008 年，广远公司在中远集团的正确领导和支持下，坚持以“三个代表”重要思想和党的十七大精神为指导，坚持以科学发展观统领全局，坚决贯彻执行中远集团的战略部署，按照年初确定的工作思路，经过全体船岸员工的共同努力，在安全、稳定、效益等各方面的工作都取得了较好的成绩，全面完成了中远集团下达的各项考核指标。在第四季度世界金融危机和航运市场快速下滑的严峻形势下，全年经济效益仍然再创历史新高，保持了安全生产形势的稳定，双文明建设取得了较好成绩。

2008 年主要生产财务指标完成情况：

货运量同比减少 5.11%；

周转量同比增长 0.44%；

运输收入同比增长 28.20%；

运输成本同比增长 28.83%；

运输净利润同比增长 34.19%；

利润总额同比增长 19.86%，连续第五年创下广远成立以来历史新高。

2008 年主要工作:

2008 年，广远坚持年初制定的工作总思路和发展战略，进一步贯彻科学发展观，坚持发展不动摇，牢固树立科学发展是第一要务的观点和认识，立足于在科学发展中解决存在的矛盾和问题。坚持统筹兼顾，把发展质量放在第一位，又好又快，“好”字为先。以改革创新为工作主线，努力实现又好又快发展，取得了一定的成效。

一、航运主业经营效益保持稳步增长

继续坚持“以航运为主业，航运是重中之重，只有航运才能发展广远”的发展战略，努力增强以特种船为主的多用途船队的市场控制能力和核心竞争能力，航运主业效益和船队竞争能力得到进一步增强。

（一）制定针对性经营策略，积极应对航运市场形势变化

受世界金融危机和全球经济贸易形势的影响，2008 年是国际航运市场出现大起大落剧烈动荡变化的一年。我们及时调整、制定了针对性措施，确保航运生产经营稳定。

2008 年初，航运市场处于相对高位，为了抓住机遇，多创效益，广远及时召开航运市场研讨会、经济成本分析会，研究市场变化对航运经营造成的影响，分析特种细分市场面临的机遇与挑战以及应对措施。随后，为了进一步了解和指导各航运企业的经营管理，广远先后在中鞍航运、福建捷安、中远南方、中远营港、天星船务等航运公司调研并召开广远总经理现场办公会，与各航运公司共同分析经营管理、市场形势可能出现的风险和变化，对各航运公司在经营管理中遇到的问题共同研究解决措施。由于采取了一系列有效的措施，较好地把握了上半年难得的市场创效机遇，为实现全年效益创新高奠定了基础。

下半年以来，特别是第四季度，受美国金融危机影响，航运市场形势急转直下，BDI 指数直线下降，航运市场快速进入严冬。对此，广远高度重视，积极应对，及时召开经营管理座谈会、经济成本分析会、航运企业总经理座谈会和风险控制专题会议等，对细分市场、大客户维护、内部协作、风险控制、租船经营等问题进行了专项研究。提出要高度关注市场的不确定因素，调整航运经营思路，深化精品航线的内涵，继续推进大客户战略，细化落实节能减排精益管理等各项措施，并采取了一系列控制经营风险的具体措施，有效保持了第四季度盈利以及全年航运经营效益的稳定。

（二）大力发展特种船经营，特种船高端市场控制能力切实增强

大力发展特种船经营，是广远近年来落实科学发展观，推动航运主业结构优化和快速发展的重要战略，也是规避航运市场周期性风险的有效途径。2008 年，广远立足特种运输高端市场，进一步提升和巩固了特种船队竞争实力，为航运主业经营效益稳定奠定了基础。

半潜船，继续充分发挥新型半潜船的优势，对“康盛口”轮实施加宽改造，拓展了市场空间，安全优质完成各项运输任务，进一步强化了中远半潜船在国际市场中的品牌效应，为船队整体经营效益作出重要贡献。

重吊船，立足中国市场，紧跟大工程、大项目，加大了重件货市场研究开发力度，建

立自己的大件货市场网络，强化了中远和广远自己的重吊船队品牌。

木材船，做好客户维护和管理工作，进一步巩固和发展了与澳大利亚、新西兰、西非、东南亚及国内多家大客户的合作关系，特别是西非木材运输市场份额不断扩大，西非精品航线经营取得了良好效益。

沥青船，积极应对由于年初冰雪灾害、国际原油价格大幅波动和国际金融危机等各种因素，造成市场需求下降、运价低迷的不利形势，合理部署运力、开拓新航线，努力把所经营航线打造成为精品航线，巩固了中远沥青船在相关航线上的主导地位。

汽车船，根据市场需求租入其他公司船舶和舱位，继续经营、巩固中国至波斯湾航线、东非航线、地中海航线，开拓中国——南美西滚装航线，努力完成民族汽车出口运输任务，外贸航线经济效益取得明显成效。

（三）始终坚持打造精品固定航线战略，为船队的可持续发展奠定了坚实基础

努力实践“从周期性发展向长期可持续发展转变”的战略思路，精品航线成为广远多用途船、杂货船队重要的利润来源和规避市场风险的有效阵地。

继续加大对公司重点航线的支持和倾斜力度，将主力船舶投放在创效较高的航线上，加强新兴市场的开发工作，加大对非洲市场的运力投入。加大高回报COA货源的揽货力度，巩固加强各固定航线经营，加快打造精品航线，推行核心班轮运输方式，以保证持续稳定的效益，为新增多用途船运力提供货源和航线保障。

（四）谨慎开展租船经营，有效规避了市场风险

加强租船经营是控制运力、控制市场、扩大收入、提升经营水平的有效途径，但同时也存在着风险。受航运市场波动影响，今年年初开始租船经营风险不断累积。在1~6月份租船经营利润突破1亿元的基础上，下半年，我们根据航运市场风险情况和自身抵御风险能力，及时调整了租船经营思路，继续关注航运市场和船舶市场的同时，强调稳健操作，防范风险。第四季度当航运市场形势急转直下的时候，各航运公司大部分租入船舶已经退租或到期没有续租，有效规避了市场快速下滑造成的损失和风险，保证了已有的租船效益。

（五）贯彻执行船队定位调整战略，船队结构调整工作稳步推进

继续围绕“从以特种船为主的杂货船队调整为以特种船为主的多用途船队”的船队定位调整战略，继续加快实施买、造、租、改、退的船队结构调整工作，进一步加快船队运力更新步伐。2008年年初，由于美国次贷危机影响，增加了市场的不确定性和各类风险，公司及时停止新增船舶投资项目，而把工作重点调整到在建项目的风险管理上。目前，新造沥青船、汽车船、多用途船、木材船、50000吨半潜船等项目正在按计划推进，这些项目均是两年前订造的，各项风险均在可控范围内。

二、深化改革，打造“资本广远”按计划推进

2008年是中远集团的“深化改革年”，也是广远公司的“深化改革年”。广远坚持“生产经营和资本经营并重”的双轮驱动发展战略，按照“整体规划，分步实施”的思路，有

计划、有步骤地推进打造“资本广远”工作。

（一）统一认识，顾全大局，打造“资本广远”工作取得初步成果

广远系统各单位、全体员工充分认识到打造“资本广远”，既是执行中远集团的战略部署，也是广远自身发展的需要。各部室、各单位坚决贯彻执行公司的统一部署，按预定计划完成了相关工作。

（二）加强风险管理，缩短管理链条，为打造“资本广远”工作奠定坚实基础

全面风险清查工作在广远历时一年多，广远系统各单位面临的各类风险按轻重缓急和风险程度进行归类。目前正按要求，有计划有步骤地加以解决和处理。2008年广远优化股权结构工作取得了实质进展，先后完成天星公司、中远远达、省远洋、远洋宾馆、广裕公司等股权转让或理顺。管理链条的缩短使各家公司的股权结构和管理结构更加清晰，更符合建立现代企业制度的要求，为打造“资本广远”工作扫清了障碍。

（三）规范经营，上市公司资本平台建设取得明显进步

2008年，顺利完成中远航运分离交易可转债工作，1月28日成功发行了10.5亿元分离债，年利率仅为0.8%，获得了市场的高度认可，充分利用了资本市场资源，实现了低成本融资，很好地满足了船队调整的资金需求。2008年，中远航运荣登中国上市公司价值百强和市值管理百强榜，中国十佳最具持续投资价值上市公司，并连续获得优秀董事会“金圆桌”奖等重要奖项。

我们非常欣喜地看到，从2002年中远航运上市，到2004年重组改革、2005年中远航运股权分置改革、2007年驻国内港口办事处改革和船员管理改革及2008年的风险清查和深化改革，均得到广大船岸员工的支持。广远通过实施各项改革，建立健全现代企业制度，强化依法治企，做强做优上市公司，取得了明显成效。目前，广远深化改革工作已经取得可喜进展，将根据中远集团的统一部署，开展后续工作。

三、精益管理和节能减排工作进一步深入

重视高回报COA合同和船舶在港停时，加强船舶现场管理，降低船舶在港停时，是广远2008年精益管理的重要内容。通过努力，在港停时上升的趋势基本得到了有效的控制。2008年，广远船队船舶挂港共4067艘次，平均在港停时为3.23天/次，比去年同期减少0.50天/次，减幅13.4%，相当于节约了2034天船期。

燃油费用是变动成本的重要组成部分，是节能工作的重点。广远对下属各航运公司技术节能情况进行了调查，找出存在的问题，提出了思路和工作步骤，推进实施经济航速，各航运公司都高度重视，把节能工作放在本公司重要的议事日程上，在技术节能、经营节能、管理节能等方面均取得了一定的成效。2008年，广远公司燃油单耗4.69千克/千吨海里，比上年下降5.63%。综合能耗指标达到0.8765吨标准煤/万元，比上年下降12.2%。自2006年至今，累计节约47.85万吨标准煤。

四、企业人才队伍建设取得进步

在面临改革发展新机遇的形势下，广远紧紧围绕改革发展的战略目标和战略规划，提高人才队伍建设的前瞻性和科学性，提升人力资源管理的水平和层次，深入实施“红树林”工程，提高人才队伍整体素质。

（一）围绕中心任务，突出人才队伍建设重点

一是坚持人才队伍建设以培养领导后备人才、航运经营和资本经营人才为重点，制定并实施广远公司紧缺和重点人才培训培养方案。二是坚持人才队伍建设以教育培训为重点，实施了覆盖广远全体员工的“红树林”工程。三是坚持人才队伍建设以完善薪酬激励机制为重点，进一步实现分配与业绩贡献相联系的薪酬激励机制。根据《劳动合同法》实施的有关要求，结合公司薪酬管理实际情况，对现行薪酬制度进行专题评估与研究。

（二）坚持优化提高，船员队伍建设取得实效

根据广远船队发展的规划，制定完善船员队伍发展规划，加强关键人才的培养与储备。规范公司劳动用工关系，完成了4200余广远自有船员劳动关系的变更，加大船员队伍结构优化力度。涌现出一批先进船舶和船员，如“乐同”轮英勇抗击并成功摆脱武装海盗袭击，“安岳江”轮在执行航次任务过程中，顶住了国外各种势力的无理干扰和巨大压力，克服各种困难，出色地执行了国家和中远集团的指令，得到了外交部、交通运输部和中远集团领导的高度赞扬。

五、安全生产形势保持基本平稳

广远公司始终坚持安全是头等大事，安全工作压倒一切，将安全工作作为一项群众满意工程来抓。按照早研究、早动员、早布置、早检查、早落实的安全方针，细化措施，狠抓落实，确保安全形势平稳。突出重点，以船舶航行安全为核心，做好各项安全工作。

（一）坚定不移打好“四大战役”

加强对冬季大风浪区域和能见度不良区域航行船舶的排查，坚持零报告制度，保证了冬防战役胜利。加强雾航和防台工作，严格遵守驾驶台纪律和避碰规则，正规瞭望，正确判断，留足余地，防止出现紧迫局面和紧迫危险。

（二）进一步加强“四重船舶”管理力度

强化对“四重船舶”的跟踪指导，做好货物的绑扎和加固，把各种安全隐患消灭在港内。保持船舶“四机一炉”的正常运作，具备应有的防抗能力。针对船舶船龄、货载以及机械设备可靠性等因素，认真评估抗风浪能力，及时反馈，提前防范和规避风险。

（三）全力以赴做好防海盗、防偷渡工作

强化航经亚丁湾海域船舶防海盗、防偷渡工作的布置、检查和指导，“乐同”轮抗击驱逐武装海盗袭击的英勇事迹得到中远集团领导的表扬，也为其他船舶抗击海盗袭击积累了宝贵经验。2008年，广远船队航经亚丁湾附近海域共140艘次，其中遭遇海盗袭击袭扰13艘次，均成功脱险。

（四）强化广远特色的安全长效管理机制

加强“安全一把手工程”建设和安全执行力文化建设，深入开展“隐患排查治理年”活动和百日安全督查专项行动等主题活动，强化广远特色的安全长效管理机制建设，有效杜绝了重特大事故的发生。

2008年，在全体船岸员工的共同努力下，广远未发生上报等级的海损、机损、货损、污染事故和保安事件，船舶安全面100%，无火灾、交通、食物中毒和盗抢事件，广远安全生产形势继续保持稳定。2008年，广远公司被广东省安全生产监督管理局授予广东省“安全文化建设示范企业”称号。

六、岸产企业各项工作稳步推进

2008年，岸产企业坚持以财务管理为核心，坚持精益管理，推进全年各项工作的开展。

（一）进一步明确岸产企业的发展战略

岸产企业划分为与航运服务相关业务，宾馆、酒店业务和房地产、物业管理业务三个模块的定位更加清晰，并明确优先发展与航运相关的业务板块。对部分企业重新进行了定位，如金桥学院重新定位为以船员培训为主；天河远洋大厦、大富酒店业务的经营转型。在此基础上，对岸产企业的业务结构进行优化，加强岸产企业资源的共享，促进岸产企业的科学发展。

（二）加强岸产企业历史遗留问题的清理

成功解决了金桥学院番禺、天河两校区转让，颐和沈阳合作项目退出，松涛公司持有东海大厦股权无偿划转广远，南海厂股权的转让，以及理顺建设实业、海运服务、物业公司交叉持股等问题。

（三）规范岸产企业的各项管理工作

加强对投资项目的管理，广州远洋大厦项目工程进展顺利；规范岸产企业财务管理，严格执行各项财务制度，加强对各企业的财务指导。经过努力，岸产企业的管理水平有一定的提高。

七、党建思想政治工作进一步加强

公司党委认真组织各级领导班子和广大党员干部学习贯彻党的十七大精神，深入落实科学发展观，广泛开展解放思想学习讨论活动和“三创建三促进”活动，全面加强以船舶党支部为重点的基层党组织建设，继续完善以送学上船、送学到家、网络送学等为主体的党员教育制度建设，公司创新实施的“党员远程教育”获得了广东省委“固本强基”工程优秀成果奖。大力开展“四好领导班子”创建活动，深入推进“红树林”工程，有效提升了各级领导班子的整体战斗力和党员队伍的综合素质。坚决推进惩治和预防腐败体系建设，强化综合治理，落实党风廉政建设责任制，着力抓好各级工会和共青团组织建设，充分发挥党政工团各方力量，不断提升促进企业改革发展的“软实力”，营造了和谐发展稳

定发展的良好氛围，为公司深化改革、打造“资本广远”的发展战略，提供了强大的政治保障和坚实的组织基础和群众基础。

2008年，广远全年经济效益再创历史新高，同时保持了安全生产形势的稳定，双文明建设取得了较好成绩。近年来，广远紧紧抓住航运市场的难得机遇，经过广大船岸员工的奋力拼搏，经营业绩不断提高，2004年、2005年、2006年、2007年、2008年，连续五年利润总额创历史新高，在安全、稳定、效益等方面的工作都取得了较好的成绩。

第二部分　形势·认识

——对广远当前形势任务的分析和认识

一、广远发展中存在的问题和不足

总结成绩的同时，必须清醒地认识广远存在的一些问题和不足。

（一）航运经营面临收入与成本双重压力

一方面，随着全球运输需求下降，航运市场量价齐跌，市场竞争日趋白热化，部分航运企业甚至面临封船境地，广远也不可能独善其身，船队运价和收入已大幅下降，保持2009年航运收入稳定难度越来越大。

另一方面，尽管我们采取了各种措施控制成本，但各类航运经营成本特别是变动成本降幅与收入相比还比较小。还必须引起高度关注和认真应对的是，随着市场形势逆转，船队营运选择航线、港口、货种的余地越来越小，而不得不航行以往列入“压港黑名单”的地区港口，疏港遇到新难题，船期成本呈现逐步上升势头。2008年四季度，广远有一艘船舶在国外港口等卸货达70天，造成亏损1000余万元。

（二）转变发展方式与结构调整步伐亟须加快

近年来，广远坚持贯彻落实科学发展观，不断调整优化航运、岸产投资结构，船队运力结构，船员队伍结构，大力发展特种船队，有计划、有步骤地推进打造资本广远工作，取得了一定成效，抵御航运市场风险能力、核心竞争能力和保证科学发展能力得到增强。但结构问题得到根本解决仍需要一个过程，仍需要加快步伐。目前需着重解决“两个不平衡”的问题：一是船队船型之间盈利能力不平衡的问题，突出体现在半潜船等特种船、多用途船与老旧杂货船经营情况差距悬殊，主力船队与个别合营公司经营情况差距悬殊；二是航运主业与岸产企业之间总体发展不平衡的问题，岸产企业总体盈利能力仍需进一步提高。

（三）市场下滑引发的各类风险日益凸显

去年第四季度以来，我们加强了全面风险的控制，即结合广远实际归纳并分析了财务风险、市场风险、成本风险、投资风险、法律风险、安全风险、稳定风险等七项主要风险，针对性采取了有效控制措施。随着2009年经济危机和航运市场低迷期的持续，这些风险仍有愈演愈烈之势。其中，财务风险特别是现金流风险如果不能有效控制，对企业将是灾难性打击，这类惨痛例子比比皆是，决不能掉以轻心，必须严阵以待，严加防控。

二、世界经贸宏观环境和航运市场形势日益严峻

2008年下半年以来，美国次贷危机引发的金融海啸愈演愈烈，深度和广度不断扩大，并迅速发展成为全球金融危机，对实体经济的冲击远远超过预期，世界经济开始陷入衰退。受金融危机影响，中国经济也已进入相对困难时期，经济增长速度明显放缓，出口贸易增速下滑严重。

随着世界经贸形势恶化，全球消费和运输需求发生剧变，国际航运市场受到重挫并快速下滑，突出表现为BDI指数从高位快速回落，绝大部分航运企业、运输市场面临量价齐跌的困难局面。

三、特种、多用途、杂货运输市场受到严重冲击

航运市场快速下滑以来，广远特种船为主的多用途船、杂货船队经营情况表现各异，总体上受到严重冲击。

从细分市场情况分析，半潜船运输市场由于海上钻井石油平台需求比较旺盛，基本未受BDI下滑的影响，但因世界发达体经济衰退及燃油价格走低的中长期影响不容忽视；沥青船市场受此次航运周期影响较小，在平稳中略有下降；重吊船运输市场受到影响，下滑十分明显；木材船受市场影响十分明显，运价大幅下跌，双向货源不平衡和新造船高成本问题日益突出，10月份开始出现较大亏损；汽车船市场需求和运价急剧下降，运价持续快速下降，连续两个月亏损；多用途船、杂货船受到很大影响，经营形势艰难，老旧船经营尤其艰难。

从固定航线情况分析，部分固定航线、精品航线出现去程货源紧张、回程货源缺乏、竞争激烈导致运价下降甚至亏损的情况。目前除个别精品航线经营状况相对稳定以外，大部分固定航线受到较大冲击，回程货源缺乏的问题较为突出，东南亚航线出现全面亏损。此外，随着干散货市场、集装箱市场下跌，部分小灵便型干散货船、集装箱船开始抢占多用途船、杂货船货源，市场竞争环境不断恶化。

综合分析，尽管广远公司以特种船为主的多用途船、杂货船队经营与BDI指数相比有着一定的滞后性，但仍然不可避免地受到了很大冲击，对航运经营效益产生了严重影响。2009年，广远面临的航运细分市场经营形势不容乐观。

第三部分　计划·措施

——广远2009年主要工作计划

2009年总体工作思路：深入贯彻党的十七大精神，坚持以科学发展观统领全局，坚决贯彻执行中远集团“谋发展，控风险，抓机遇，拼效益”的战略部署，认清形势，创新经

营，树立信心，抓住机遇，确保安全，促进和谐，全面加强风险管理，推进打造资本广远，努力完成2009年的效益目标和各项工作任务，确保广远各项事业科学发展。

2009年重点工作要求：

一、统一思想，牢固树立战胜困难的决心和信心

广远是新中国远洋事业的发源地，是中远的摇篮，回顾广远从艰苦创业以来走过的历程，我们可以发现广远事业任何一个发展阶段都不是一蹴而就的，而是几代广远人通过坚持不懈的努力奋斗，不断战胜困难取得胜利，才有了广远改革发展的今天。而我们未来的发展道路也并不是一片坦途。2009年，我们将面临上世纪末期以来的最为严重的一次航运市场低迷期，是航运市场长达6年高位运行以来、历史罕见的一次深度回调。我们面临的经营形势非常严峻，肩上的担子和压力非常沉重。但是我坚信，我们广远人不会被任何艰难险阻所吓倒。还应该看到，近几年来，广远坚持以科学发展观统领各项工作全局，抓住了难得的航运市场发展机遇，在改革创新、建立现代企业制度、优化船队结构、人才队伍建设、客户关系维护等方面，取得了明显的进步，与10年前航运低谷时期的广远已经不可同日而语，广远已经具备了一定的抵御市场风险的能力。

2009年，广远将努力完成中远集团下达的利润目标，这不仅仅是中远集团交给我们的任务，也是广远自身科学发展、可持续发展的必然要求，更是广远全体船岸员工的共同愿望和热切期盼。我们在充分认识困难的基础上，一定要坚定战胜困难、保持广远事业科学发展的信心和决心。正像温家宝总理就如何应对全球经济危机说的一句话：“信心比金子更珍贵。”广远成立近48年以来，曾多次经历航运市场的高峰和低谷，如今又是一次严峻的考验。面对困难，我们不能盲目乐观，更不能丧失信心和斗志，而是要保持清醒判断，坚定必胜信心，坚定不移地贯彻落实科学发展观，坚定不移地走打造资本广远之路，发扬广远人艰苦奋斗的优良传统，确保广远经营效益稳定和各项事业的科学发展。

二、深化改革，稳步实施打造资本广远工作

要继续坚持“生产经营和资本经营并重”的双轮驱动发展战略和“整体规划，分步实施”的资本经营思路，在去年广远资本经营工作取得实质性进展的基础上，2009年打造资本广远将进入关键阶段，广远将在中远集团的正确领导下，积极稳妥地推进相关工作。要求广远各级领导人员、全体船岸员工必须统一思想，进一步提高认识，增强大局观念和一盘棋意识，牢固树立责任感和使命感，切实把思想和行动统一到改革发展的中心任务上来，自觉拥护、支持和参与广远的改革发展，积极为广远事业的科学发展做出应有的贡献。

三、创新经营，确保航运主业经营效益稳定

要坚持“以航运为主业，航运是重中之重，只有航运才能发展广远”的发展战略，迎

难而上，打赢2009年航运主业经营效益攻坚战。

（一）加强市场研究，准确掌握市场动态

要成立专门市场研究团队，密切关注航运市场和船舶市场，收集市场情报，分析贸易数据，跟踪工程项目信息，掌握竞争对手动态，做好细分市场深度分析，更加有效地开展工作，形成自身独特的分析判断，为公司决策层和经营部门掌握实时一手信息、制定经营策略提供有价值的参考。广远系统各航运公司要切实发挥协同效应，形成合力，信息共享。

（二）发挥特种船抵御风险优势，稳定航运效益

要立足广远航运主业、船队船型的特点和优势，紧紧把握特种细分市场，充分发挥特种船队抵御市场风险能力相对较高的优势，保持船队经营效益稳定。

半潜船，要在2009年合同已经签订的基础上，加强客户维护和市场调研，保证运输收入和运费回收，同时深入研究经济持续下滑对半潜船市场中长期需求的影响，做好应对措施。

重吊船，要以重件货、大件货为切入点，加大成套工程设备货源的揽取力度，打造中远、广远重吊船品牌形象。

沥青船，要紧紧抓住我国扩大内需政策带来的基础设施、道路建设维修沥青需求的增加，加强运力分配和布局，最大限度利用政策机遇提高经营效益。

木材船，要在保持精品航线市场占有率基础上，加大出口货源揽取力度，着力解决双向货源平衡瓶颈问题。

汽车船，要进一步加强与合作方NYK公司的协调沟通，取得对方的支持，共同渡过难关。

（三）进一步强化大客户战略和打造精品航线战略

在当前形势下，更加凸显了大客户战略的重要性和必要性，更加要坚定不移地推进大客户战略，加强客户维护，增强货源控制能力，稳定精品航线市场占有率，着重应对航运市场下滑后部分集装箱船、小灵便散装船挤压抢占杂货、多用途市场。要不断创新高品质、个性化增值服务，采取多种措施，充分利用船型、密度、服务、客户、管理、港口、代理等全方位优势，稳定精品航线市场占有率，着重应对部分小灵便型散装船、集装箱船抢占市场。将亏损航线船舶运力有计划向盈利航线转移，增加派船密度，巩固盈利航线货源基础。要充分利用多年来与大客户、战略客户良好的合作伙伴关系，利用现有的战略合作平台，充分利用对方股东钢铁、机电设备等货源优势，进一步实现互利互惠、风险共担。为船队营运特别是新造船营运寻求稳定的货源保障，保持经营效益的稳定。

（四）充分利用拉动内需政策，稳定航运经营效益

继我国宏观调控政策发生重大调整以后，国务院连续出台了进一步扩大内需、促进经济增长的各项措施，并确定了总额4万亿的投资计划，各部委、各省市重大建设项目也相继立项开工。广远要立足各船型细分市场实际，系统研究和分析扩大内需带来的运输需求，密切跟踪市场变化，统筹协调安排运力调配，在市场机遇出现时要有充分准备，占领

先机，最大限度利用扩大内需政策，实现科学发展。同时要利用行业内中小船东相继出现困难的时机，进一步控制运力，扩大市场占有率。要采取“积极、稳健、谨慎”的原则，开展租船工作，高位高做，低位低做，在确保货源的前提下，积极谨慎开展低风险的航次期租。

四、严阵以待，进一步强化全面风险管理

2009年，是中远集团的风险管理年，面对严峻的市场形势，我们不能抱有丝毫的侥幸心理。要在近两年广远全面风险管理工作取得成效的基础上，认真识别财务风险、市场风险、成本风险、投资风险、法律风险、安全风险、稳定风险等七项主要风险，进一步落实各项措施，做好风险控制工作。要特别加强以下控制风险工作：

（一）巩固资金链条，控制财务风险

现金流是一个企业的血液，没有现金，企业就无法生存，更谈不上发展，现金是企业在风暴中生存下来的首要前提。必须认识到，在当前的困难时期，保证现金充足是第一位的，要采取系列措施确保现金流安全。一是要加强运费回收。全面加强应收账款实时监控管理，对应收账款进行全面排查分类，逐项落实到人，制定具体目标和计划，强化考核约束机制，防止发生大额坏账，确保资金安全。要继续执行每月5日各家公司向我汇报运费回收情况的制度。二是要加强资金筹措和回笼。对现金流进行详细测算，进行认真细致的摸查测算，排查银行贷款、自有资金缺口等不确定因素和资金风险，加强广远系统内资金统筹调配和集中管理，制定相应的资金筹措计划和应急方案，为资金需求早作准备。重点是新造船和广州远洋大厦等在建项目的资金筹措工作，必须做到心中有数，有备无患。

（二）建立预控机制，防范法律风险

随着航运市场进入低谷，大量中小型航运企业和抵御风险能力较弱的上下游企业将出现经营问题、财务问题，甚至破产倒闭，由此势必带来巨大的法律风险。针对这种情况，各航运公司要进一步增强法律风险意识，加强客户筛选、资信调查和合同相关条款的约定，不能市场不好就良莠不分。在履行运输合同过程中，进一步提高服务质量，避免货损货差，防止各类不必要的纠纷索偿。并在广远系统内发挥协同效应，建立“消息树”机制，哪家公司掌握一些大的货主出现了资信问题及时相互通报。

（三）合理控制进度，规避船舶投资风险

近几年，广远系统各航运公司签订了一些新造船合同，加上购入一些二手船，这些船在近两年里将相对集中投入运营，面对进入下行周期的航运市场，新增运力投入运营的时间，可能正是杂货、多用途运输市场最困难的时期，高成本和低运价的矛盾将十分突出。在中远集团的部署和指导下，广远要进一步对所有新造船项目进行认真细致的评估分析，根据航运市场、船舶市场、自身实际和船厂船台等各方面情况，谨慎操作，冷静观察，严格要求造船质量，合理把握造船进度，最大限度控制投资风险。

五、降本增效，进一步加强企业精益管理

经过测算，尽管航运市场快速下滑，广远2008年燃油费、港口使费、货物费、备件、物料、修船等变动成本与上年同比仍有不同程度增长，如果与BDI指数同等水平的2002年前后相比，数据将更加惊人。在航运市场大幅下滑的形势下，如果各项成本开支仍然高居不下，将造成航运经营巨大的成本风险。苦练内功关键在于成本管理。航运市场景气的时期，内部管理问题往往被掩盖或忽略，而在当前市场环境下，成本优势将在很大程度上决定企业的竞争实力，必须进一步加强精益管理，开源节流，降本增效。

（一）按计划严格控制各项成本开支

在全公司范围内进一步推广实施中远航运的做法，将各项成本费用进行细分，按职责划分责任部门和责任人，逐项进行研究落实。按既定计划落实各项成本费用控制措施，其中物料、备件、通导等已开始执行新价格。对船存备件、物料进行全面清查、重新造册，同类型船舶调剂使用，修订激励政策，加强船舶自修。

（二）以降低单航次费用为重点，控制经营成本

统筹规划港口使费、货物、船期、燃油、航速、代理、疏港等各个环节，控制航次费用，专人负责港口使费、代理费等费用价格的重新谈判，在去年底部分港口已见成效的基础上，要进一步加强沟通协调，降低居高不下的港口使费，同时要促请港方加快作业效率，降低船舶在港停时，压缩船期成本。

（三）全员树立精益管理、勤俭节约的理念和作风

整个广远系统要树立起一种过紧日子的思想，开源节流、降本增效必须成为广大船岸员工的共识，要发扬广远人艰苦奋斗的优良传统，保持艰苦朴素的作风，与企业共渡难关，共谋发展，实施全员成本预控和成本管理对标，切实把精益管理思想应用于企业经营管理的各个环节。在2009年非船舶投资计划方面，公司已经再次进行了修改和压缩，在实际使用过程中，还要本着勤俭节约的原则，尽量压缩各项成本开支。

六、转变方式，进一步加强投资结构调整

2008年12月召开的中央经济工作会议明确了我国当前两大任务，保持经济增长和转变发展方式、调整经济结构。这体现了我国经济政策“标本兼治”的理念，而发展方式转变、结构调整和体制机制创新则正是“治本”的举措。从广远近年来发展实践来看，无论是坚持航运为主业的发展战略，先后实施航运体制改革和航运主业重组改革，走打造资本广远的道路，建立健全现代企业制度，还是大力发展特种船队、打造精品航线，以及促进船队结构和船员队伍结构的调整优化，都是贯彻落实科学发展观，转变发展方式和调整发展结构的具体实践。事实证明，这些战略是非常正确的。2009年，面对航运市场严峻形势，广远一方面要创新经营，控制风险，保持航运主业经营效益稳定；另一方面，也要以此为契机，加大结构调整力度，进一步转变发展方式。

（一）进一步加强航运主业结构调整

在船队结构调整上要果断取舍。对于船龄老、船况差、成本高、适货性差、安全风险高，市场高位都不能盈利的老旧船，要在可接受的范围内制定计划，果断退役。同时，要密切关注船舶市场，重点关注价格合理的船台弃船、二手船等，抓住机遇，促进广远船队结构进一步优化。在航运投资企业上要有所为、有所不为。对于因船型结构差、市场高位不赚钱或赚小钱，市场低位亏大钱的小合营合资航运企业，要认真评估利弊，明确经营定位与方向，必要时进行股权转让或关闭清算。

（二）进一步促进岸产企业结构调整

要进一步创新经营，提高岸产企业效益，切实发挥航运主业重要补充的功能定位；要进一步围绕广远深化改革工作的大局，加快解决历史遗留问题，促进岸产企业资产、资源的优化整合；要进一步加强岸产企业规范化经营管理，堵塞管理漏洞，确保企业健康可持续发展；要进一步重视做好广州远洋大厦建设工作，有关各方要加强沟通协调，提高工作效率，确保建设工程顺利进行。

七、加大力度，确保安全生产形势平稳

在抵御市场寒流中，保持安全稳定局面显得尤为重要，困难时期，广远决不能在安全上出乱子、添麻烦。广远船队平均船龄老、吨位小，货载多样、航区复杂，船员工作量大，存在安全管理的特殊性；冬季历来是安全事故易发、多发时期，防冬季寒潮大风工作必须高度重视，持之以恒抓紧抓好；去年以来，索马里海盗活动异常猖獗，给进入亚丁湾、红海海域的船舶造成极大威胁，广远船舶频繁航行于这一海域，防海盗任务格外繁重和艰巨，决不能麻痹大意。

必须继续坚持安全工作压倒一切，安全工作是重中之重的指导思想，坚持“早研究、早动员、早布置、早检查、早落实”的安全管理方针，做好防范北半球寒潮大风工作，船岸严密跟踪、严加防范；全力以赴做好亚丁湾水域防海盗工作，继续做好人身安全等系列安全重点工作；加强“红树林”工程、安全一把手工程、安全执行力文化等各项建设，建立健全长效安全管理机制，保持全年安全生产形势的平稳局面。

八、加强党建，切实保证和谐稳定局面

2009年，要把“树信心，拼效益，保稳定，促发展”作为党建工作的切入点和着力点。要充分认识到，当前面临的危机，是对我们的一次重大的政治考验，应对危机，是我们重大的政治责任。广远各级党组织要切实发挥政治核心和保驾护航作用，加强党建思想政治工作，全方位强化“软实力”建设。要进一步推进惩防腐败体系工作规划的实施，以构建惩防腐败体系为重点促进反腐倡廉建设，要进一步落实党风廉政建设责任制，严格遵守企业领导人员廉洁自律“七项要求”，深入开展廉洁从业教育，强化效能监察和审计监督。胡锦涛总书记强调，“越是在经济困难的时候，越要高度关注民生”。工会要进一步推进民主管理工作，切实做好群众工作，切实维护员工切身利益，加大困难员工的帮扶力度，积极开展慰问、“送温暖”等活动。共青团组织要积极开展“创新创效”和创建“青

年文明号”等主题活动，更好地发挥共青团生力军和突击队作用。党政工团都要围绕中心任务，加强宣传引导，鼓励全体干部员工坚定信心，发扬广远人艰苦创业的精神，团结一致，群策群力，同舟共济。要准确掌握员工群众的心理动态，化解各类矛盾纠纷，增强凝聚力、向心力，保持和谐稳定局面。

同志们，尽管2009年我们将面临各种困难、各种挑战，但发展仍然是广远事业的主题，是我们的第一要务。广远公司成立近48年来，曾多次经历了航运市场的高峰和低谷，如今又将是一次严峻的考验。我们将在中远集团的正确领导和战略部署下，发扬广远人艰苦奋斗的优良传统，坚定必胜信心，立足自身实际，研究细分市场，保持清醒判断，主动应对风险，为确保广远事业的科学发展做出应有的贡献。

坚定发展信心　凝聚各方力量　传承党建优势　推动科学发展　为广远成功应对金融危机提供坚强保障

——在广远2009年思想政治工作会上的报告

(略有删节)

广州远洋运输公司党委书记　刘书田

2009年1月16日

各位领导、各位代表、同志们：

我代表广远党委作工作报告。报告共分三部分：第一部分2008年党委主要工作及成效；第二部分2009年党建工作形势分析；第三部分2009年党委主要工作部署。

第一部分　2008年党委主要工作及成效

2008年，广远公司党委在中远集团党组、广东省直工委的正确领导下，高举中国特色社会主义伟大旗帜，坚持以邓小平理论和“三个代表”重要思想为指导，全面贯彻落实科学发展观，紧紧围绕效益、安全、稳定及改革发展等中心工作，大力创新加强企业党建工作，有力发挥了党组织的政治核心作用，为公司安全生产保持平稳态势、经营效益连续五年创历史新高提供了坚强政治保证。

主要工作及成效体现在以下七个方面：

一、坚持抓好思想理论建设，贯彻落实党的十七大精神和科学发展观掀起新热潮

1. 深入学习实践党的十七大和十七届三中全会精神，党员干部思想认识高度统一。坚持以学习实践党的十七大和十七届三中全会精神为主线，采取中心组学习、党支部会议、党课等多种学习宣传形式，通过举办专题学习班、理论培训班、集中轮训班等多种途径，着力抓好领导班子、党员干部和普通群众三个层次的学习教育，使广大干部、党员的思想认识高度统一到中央精神和中远集团的决策部署上来，有力指导和促进了公司各项工作不断开创新局面，取得新成绩。

2. 扎实开展解放思想学习讨论活动，科学发展共同理念逐步形成。认真按照广东省委的统一部署，深入开展解放思想学习讨论活动，全年组织中心组集体学习4次，自学14次，下发专题资料14期，营造了解放思想、科学发展的良好氛围。通过开展解放思想学习讨论活动，广大党员干部对科学发展的认识得到新提高，在转变发展思路、破解发展难题方面有了新举措，科学发展的共同理念逐步形成，成为指导公司改革发展的根本思想。

3. 大力加强政研工作，党建思想理论研究成果显著。各级政研组织围绕学习实践党的十七大精神、贯彻落实科学发展观等热点，紧密结合应对全球金融危机挑战、保障广远健康发展等形势任务，认真组织广大党务工作者深入开展理论研究和交流，取得了一批政研成果。2008年，公司政研会两次参加中远集团政研会活动并作发言，受到中远集团领导和与会者的充分肯定，公司提交的4篇政研论文获得集团政研会表彰。公司党委年底召开政研会理事会，研讨如何面对当前金融危机和航运市场形势，传承广远改革发展30年形成的优良传统，创新加强党建思想政治工作，为推动公司健康可持续发展提供政治保障；会议全面部署了2009年政研工作的主要任务，并表彰了21篇优秀论文。

二、坚持抓好党的自身建设，远洋特色党建思想政治工作实现新跨越

1. 党建主题实践活动成效明显。按照省直工委统一部署，扎实开展以“创建学习型、创新型、和谐型企业，促进解放思想、促进改革创新、促进科学发展”为主题的“三创建三促进”党建主题实践活动，广泛动员船岸员工积极为公司改革发展献计献策，进一步深化对解放思想的认识，坚定了加快推进打造“资本广远”战略步伐、推动广远科学发展的信心和决心。2008年，公司被中央统战部授予“爱企业、献良策、做贡献”主题活动优秀成果先进集体称号。中远航运船舶管理部等三个单位被广东省直工委授予“优质服务排头兵”，一批先进个人被授予“和谐创建排头兵”称号。

2. 先进性长效机制建设持续推进。继续完善以“送学上船”、“网络送学”、“党员远程教育”等为主要内容的先进性长效机制，结合开展“讲党性、重品行、作表率”活动和“读书·思考·进步”专题读书活动等党建主题活动，着力抓好党员经常性教育，始终保持党组织和党员队伍的先进性。公司党委创新实施的“一校一刊一网”党员教育模式获得广东省委组织部“固本强基”工程创新成果奖和广东省直机关党建创新成果奖。

3. 基层党建工作创新成果突出。积极配合中组部组织局、国资委党建局等上级组织开展党建专题调研活动，大力推动以船舶党建和上市公司党建为主要内容的基层党建创新工作，取得了显著成效。公司党委制作的党员教育专题片《党旗，在“浮动国土”上飘扬》，获得全国第十届党员教育电视片观摩评比活动特别奖；公司党委创新运用党建专题网站、网上交流园地、船岸电子邮件系统等方式开展党建工作的经验和做法，走在中央企业前列，受到国资委党建局充分肯定。2008年底，公司党委研究的党建创新课题《以科学发展观为指导 创新加强远洋企业党建工作的思考》入选广东省委“实践科学发展观，争当党建排头兵”——纪念十一届三中全会召开30周年党的建设理论研讨会优秀论文。

三、坚持抓好干部队伍建设，“人才强企”战略取得新成效

1. 领导班子思想政治素质不断增强。坚持以提升领导科学发展能力、加强领导干部作风建设为重点，深入开展“四好领导班子”创建活动，突出强化领导班子思想政治建设，严肃查处以权谋私等腐败现象，大力纠正行贿受贿等不正之风，先后对5个基层单位的领导班子成员、3个职能部门的负责人进行了调整和补充，进一步优化了领导班子结构。认真组织召开以学习实践科学发展观为主题的民主生活会和述廉议廉会议，增强了党员领导干部的科学发展能力和廉洁从业意识。2008年，经过公司党委考评，11家基层单位领导班子被评为广远公司“四好领导班子”。

2. 党员干部队伍整体战斗力显著提高。坚持以增强战斗力、保持先进性为目标，加强党员干部队伍建设，全年发展新党员320名，转正预备党员240名，培养入党积极分子259名；中远航运党委等6个先进基层党组织、过中华等10名优秀党员、姚勇等5名优秀党务工作者受到广东省委、省直工委和中远集团党组的表彰。在公司党委的坚强领导下，广大党员面对我国连续遭遇的南方雨雪冰冻灾害、四川汶川地区特大地震等重大自然灾害，同心同德、共克时艰，共有4053名党员捐赠“特殊党费”189万元，帮助灾区人民重建家园；面对全球金融危机肆虐的严峻挑战，广大党员冷静判断、沉着应战、坚守岗位、拼搏创效，始终确保思想不乱、人心不散、信心不倒、工作不间断，充分发挥了中流砥柱的作用，进一步彰显了党员队伍在困难时期和危急关头的强大凝聚力和坚强战斗力。特别是，“安岳江”轮全体船员在西方国家恶意骚扰和毁谤的艰难环境下，团结一致、不畏强暴、勇于斗争，胜利回到祖国怀抱，得到中央有关部委和中远集团嘉奖；“乐同”轮全体船员面对亚丁湾疯狂的武装海盗，不畏枪弹、不怕牺牲、英勇顽强、机智应对，成功击退海盗袭击，保障了国家财产和船员人身安全，受到中远集团党组的高度赞扬。

3. 加强员工教育培训“红树林”工程全面推进。坚持以在船培训为重点，抓好船员教育培训工作，指导各航运公司召开“红树林”工程推进会，制定工作计划和督导计划，并举办了消防救生安全技能竞赛、“红树林”工程技能竞赛等一系列岗位练兵活动，有效检验并进一步巩固了员工教育培训工作成果。坚持以扩大覆盖面、增强实效性为重点，全面加强公司本部及下属企业员工教育培训，统筹抓好航运业务、经营管理、财务法律、党务政工等方面人才建设，协调推进高素质、高技能、复合型紧缺人才培养工作，推动“红树林”工程从海上向陆地、从船员向全体员工延伸，形成船岸同步、均衡发展、全面推进的良好态势，成为职工素质工程建设的重要载体。2008年，广远公司被评为“广东省创建学习型企业先进单位”。

四、坚持抓好思想宣传建设，企业改革发展“软实力”得到新增强

1. 思想宣传工作扎实有效。坚持从打造“资本广远”、构建和谐广远的工作大局和全局出发，重点围绕员工普遍关注的养老保险、福利待遇、劳动保护、就业保障等焦点难点问题，深入排查各种不和谐不稳定因素，有针对性地开展形势宣传，加强思想教育，做好

政策解释，着力维护公司改革发展的稳定局面和良好态势。2008年，公司大力加强与上级有关部门的联系沟通，积极创造条件推进解决社保关系异地转移、退休员工待遇差别等历史遗留问题，取得阶段性成效。

2. 企业文化建设不断加强。紧密结合纪念我国改革开放30周年，扎实推进以爱国主义为核心的广远企业文化“软实力”建设，组织开展了一系列纪念活动，系统总结了广远30年来在深化改革、创新发展、党的建设等各个领域取得的成就和经验，总结提炼了广远安全管理“十大”理念，高质量完成了交通运输部、中远集团交付的航海文化分课题研究任务。通过加强企业文化建设，极大地增强了公司改革发展的“软实力”，进一步坚定和激励了广大员工解放思想、深化改革、创新工作、科学发展的信心和决心，有效增强了企业的凝聚力和向心力，为公司推进打造“资本广远”战略、实现可持续发展营造了良好思想氛围，提供了强大的“软实力”保障。

3. 两个文明建设成果丰富。深化“三学一创”活动，紧紧围绕培育典型、推广经验等重点，大力加强先进典型的发掘培育工作，坚持做到挖掘老典型的新经验与总结新典型的新亮点相结合，不断增强先进典型的示范带动作用和影响辐射力，有力促进公司两个文明建设协调发展。2008年，广远公司被评为“全国交通行业文明单位”；“泰安口”轮被评为“全国工人先锋号”；“大华”轮被评为“广东省文明单位”；肖健池荣获“全国五一劳动奖章”；刘书田、马宗梅、吴禄伟荣获“广东省五一劳动奖章”；中远远达等6个单位被评为广东省直属机关文明单位，陈建钦等2人被评为广东省直属机关精神文明创建先进工作者；1个单位、8艘船舶、4个集体、7名个人分别被评为中远集团文明建设先进单位、“华铜海”式船舶、文明示范窗口和劳动模范。

五、坚持抓好廉洁从业工作和反腐倡廉建设，惩治和预防腐败工作形成新格局

1. 突出抓好领导人员廉洁从业。坚决贯彻落实中纪委“七个不准”要求，认真抓好宣传教育、自查登记、审核认定和检查整改工作，组织对广州地区12个基层单位党员领导干部贯彻执行“七个不准”要求和“两节”期间廉洁自律情况进行监督检查。结合开展纪律教育月活动，举办了廉洁从业知识100题答卷活动和知识竞赛活动，营造了廉洁从业的良好氛围。坚持以各级领导人员为重点大力推进廉洁从业制度建设。上半年召集各投资企业总经理进行廉洁从业专题谈话教育，与96名中层以上管理人员签署了领导人员廉洁从业承诺书，与51名基层单位党政“一把手”和财务负责人签订了不设“小金库”承诺书，筑牢了领导人员廉洁从业的思想防线。严肃查处个别下属单位负责人利用职务便利收受贿赂、以权谋私等违法违纪行为，坚决遏制腐败现象，维护党纪国法尊严。

2. 大力推进惩防腐败体系建设。全面总结构建惩防腐败体系第一阶段经验成绩，研究部署推进2008~2012年惩防腐败体系第二阶段构建工作，坚持定期召开惩防体系领导小组和工作小组例会，加强对体系构建工作的协调督导、信息交流和经验推广，全年各部门、各单位新建制度44项，修订制度73项。坚持融入经营管理构建惩防体系，重点加强

对中远航运以全面流程管理为依托构建惩防体系的研究和推进力度，努力探索和构建以操作流程为载体，以监督融入管理为特征的现代企业惩防体系建设，不断提高体系构建水平。2008 年，公司在广东省国有企业党风建设和反腐倡廉工作会议上交流了创新构建现代企业惩防体系的有关工作情况，引起广东省纪委领导的高度关注，广远被广东省纪委列为党风建设联系点单位。

3. 全面开展纪检监察审计工作。不断加大信访和案件的查办力度，全年受理信访件 10 件，受理初核 4 件，受理立案案件 5 件，结案 4 件。认真开展监督检查和效能监察工作，全年共对各基层单位开展专项检查 67 次，实施效能监察 129 项，发现问题 32 个，提出整改建议 33 条，发出《监察建议书》2 份，进行诫勉谈话 1 人。着力加强监督审计和自查整改工作，全年完成财务类审计 16 项，提出审计意见和建议 88 条；完成船舶机务费用审计 1141 项，审计核减额 157.7 万元；完成日常基建审计 58 项，审计金额 8207.63 万元，节约建设成本 1028.67 万元。

六、坚持抓好群团组织建设，企业健康和谐发展开创新局面

1. 群众工作深入有效。各级工会组织坚持围绕“和谐”、“发展”两大主题，深入抓好群众工作，取得扎实成效。一是继续深入推进平等协商和集体合同制度，健全完善职代会制度，大力推进民主管理和监督以及厂务公开工作，充分发挥其在企业全面风险管理中的积极作用，推动工会工作不断开创新局面，2008 年公司工会荣获“全国交通建设系统工会工作先进集体”称号。二是广泛开展“亲情祝安全”等群众性安全生产、创新创效和节能减排、降耗增效活动，动员广大船岸员工为公司安全生产、科学创效献计献策，全年共征集合理化建议 75 条，为公司保持安全生产稳定、降低经营管理成本、实现效益最大化作出了积极贡献。三是深入实施“全面维权工程”和“送温暖”工程，切实保障员工的学习教育权和劳动就业权，帮助困难员工解决就业、生活及子女教育等实际问题。2008 年补助生活困难员工 1934 人次共计 121 万元；运用“三项基金”定期补助特困户 38 户共计 75572 元；希望工程助学金 15 人次共计 8787 元；高教助学 29 人次共计 50975 元；解困基金特困救助 35 人共计 22 万多元。四是广泛开展业余文化体育活动，组织全总文工团慰问广远演出，举办庆祝广远成立 47 周年篮球赛等活动，并积极组队参加广东省海员工会、中远集团工会等上级组织举办的篮球、羽毛球、乒乓球、游泳及家庭才艺等文体比赛，均取得优异成绩。

2. 青年工作成果突出。各级团组织深入开展“与祖国共奋进，与中远同发展”、“科学发展 青春畅想”解放思想学习讨论等主题教育活动，持续推进青年创新创效活动和青年“号”、“手”创建活动，组织举办“广远公司十大杰出青年”评比活动，大力抓好青年“红树林”工程建设和青年人才培养工作，取得了一批工作成果。2008 年共收集青年创新创效大赛项目 66 个、创新论文 30 篇、合理化建议 71 条。9 个先进青年集体、7 名先进青年个人获得共青团中央等上级组织表彰，“泰安口”轮获得全国“青年文明号”，中远航运船员管理部团委被授予“中央企业五四红旗团委创建单位”，船员吴禄伟获“中央企业

杰出青年岗位能手”称号，10名优秀青年当选“广远公司十大杰出青年”。

七、坚持履行社会责任，企业形象得到新提升

在今年我国南方雨雪冰冻灾害中，广东省远洋响应党中央、国务院号召，出色完成了抢运电煤任务，“毓骐海”轮被评为“中远集团抗击冰雪灾害先进船舶”。在四川汶川特大地震期间，公司第一时间启动了职工受灾救助应急预案，以最快速度了解受灾地区1126名员工情况，并派出3个工作组专程赶往四川、重庆等重灾区现场慰问受灾员工家庭。各级党组织、工会组织、团组织和广大员工在公司号召下，踊跃向灾区捐款捐物献爱心，帮助灾区人民共渡难关，重建家园。据不完全统计，广远公司累计向灾区捐款达814.8万元，其中，单位捐款510万元，员工捐款304.8万元，并向灾区捐赠了一批新棉被、新帐篷、电风扇等紧缺物资。公司通过各种途径向受灾员工家庭累计发放赈灾救助金30多万元，使企业的凝聚力进一步增强，有力促进了和谐广远建设。

在抗震救灾工作中，公司党委所辖239个党支部广泛开展“抗震救灾中党员尽义务和企业尽责任”专题组织生活，广大党员干部纷纷以实际行动支援灾区人民。广远党委所属各基层组织共有4053位党员交纳了抗震救灾“特殊党费”，共计189万元，其中交纳1000元以上的党员850人，1万元以上5人。公司离退休老领导朱汉雄临终前仍心系灾区人民，向灾区捐出了他最后一笔3万元“特殊党费”，充分体现了广远党员干部的高风亮节，其感人事迹得到中远集团领导的肯定。广大员工和团员青年在抗震救灾过程中，除了积极参与公司组织的捐赠活动外，还自发通过网络捐赠、慈善募集、义务献血、交纳“特殊工会费”和“特殊团费”等形式，向灾区人民传达关爱之情，奉献一片爱心，累计交纳“特殊工会费”6.62万元，交纳“特殊团费”2.89万元。

同志们，过去的2008年是我国改革发展进程中极不平凡的一年，也是广远公司逆流而上，取得辉煌发展成就的一年。面对重大自然灾害和严峻发展形势，各级党组织和全体船岸员工牢牢把握机遇，奋力拼搏效益，努力确保安全，在全球航运市场高台跳水的不利形势下，年创利润仍然取得历史最好业绩，经营效益连续五年创历史新高。在这里，我代表公司党委，向各级党组织和全体船岸员工，表示衷心的感谢和崇高的敬意！

第二部分　2009年党建工作形势分析

在总结2008年成绩的同时，必须看到2009年面临的严峻形势。当前，金融危机已经深刻影响了世界经济发展，严重打击全球航运市场，并迅速向实体经济蔓延，其波及范围之广、影响程度之深、破坏力度之大、持续时间之长，至今仍无法确定。可以预见，金融危机对2009年广远的工作将产生深刻的影响，突出表现在以下四个方面：

1.金融危机将对广远的经营效益产生强烈冲击。2009年，金融危机对特种专业运输船队的滞后影响将全面凸显，广远面临的经营形势十分严峻。一是航运主业收益将受到强

烈冲击，广远特种船队经营将面临市场萎缩、运价跳水、收入减少、经营效益下滑等严峻挑战。二是与航运主业密切相关的船舶供应、通信导航、船舶监造、船员培训等产业收益也将受到严重影响。三是金融危机对中国资本市场带来剧烈波动，公司从资本市场获得融资和收益的难度进一步加大。

2.金融危机将对广远的安全生产增加巨大压力。受金融危机影响，在增创效益和节约开支的双重目标指引下，船舶运营成本等将受到严格控制，加上船队结构老化、设备更新放缓及海盗侵袭猖獗等不利因素影响，广远安全生产的压力和风险将进一步加大，保障生产安全的任务更加艰巨。

3.金融危机将对广远的和谐稳定构成较大威胁。金融危机对企业经营效益产生强烈冲击，可能导致员工工资收入减少、福利待遇降低、生活困难增多等问题，极容易影响员工队伍思想稳定，诱发各种潜在的不和谐、不稳定因素集中爆发。特别是当前存在的养老保险关系异地转移、退休人员待遇差别这两个问题仍未得到根本解决，在一定时期内仍将影响广远和谐稳定。

4.金融危机将对广远的科学发展引发叠加风险。因航运市场低迷而引发的效益风险、安全风险、财务风险、法律风险、信用风险等各种风险，极有可能在2009年产生交织叠加、同频共振的连锁影响，加快凸显并放大广远深化改革遗留的深层次矛盾和问题，引发各种未知风险和不可控因素，解决这些深层次矛盾和问题的紧迫性将日益增强。

同志们，2009年是广远生产经营任务最重、压力最大、困难最多的一年。面对不利形势和严峻挑战，我们一定要增强忧患意识，冷静判断形势，既要做好过紧日子、打攻坚战的心理准备，也要树立战胜危机、赢得挑战的拼搏斗志，牢牢把握机遇，坚定发展信念，树立必胜信心，沉着应对挑战，坚定不移、坚持不懈地推进深化改革、科学发展各项工作。我们的信心主要来自以下几个方面：

1. 全球各国达成广泛共识，国际社会通力合作联手救市的力度前所未有。全球各国和各大经济共同体携手抵抗金融危机，为提振市场信心、刺激经济发展、挽救危难时局创造了良好条件。

2. 改革开放30年成就辉煌，中国经济基本面长期向好的趋势没有改变。全球金融危机对中国经济基本面长期向好的发展趋势没有产生根本影响，目前所遇到的困难和挑战都是前进中的问题。

3. 全球航运市场重新洗牌，金融危机带来的航运资源重组机遇非常难得。部分实力雄厚、抗风险能力强的航运企业可以借此调整船队结构、优化资源配置、实施收购兼并，在新一轮的航运资源整合中占据主动、扩大优势，成为引领发展的“系统集成者”。

4. 广远成立以来历经考验，深化改革科学发展具备了雄厚的底气实力。广远成立47年来，历经多次航运市场周期性波动考验，积累了大量化解危机、求存图强的宝贵经验。特别是近年来，广远坚持按照科学发展观要求，深化改革，锐意创新，经营效益连续五年创历史新高，安全生产保持平稳态势，并抓住机遇推进解决了一系列历史遗留问题和潜在风险，企业综合实力、科学发展能力和抗击风险能力得到显著提升，在人才、市场、资金、资源等各个领域，都具备了战胜危机、赢得挑战的雄厚实力和底气。

5. 始终坚持加强党的领导，47 年来广远确立的强大党建优势牢不可破。

一是始终坚持高举旗帜，把握方向，牢固确立了党的政治领导优势。广远始终坚持“支部建在船上”不动摇、配备船舶政委制度不动摇、思想政治工作“生命线”地位不动摇，充分发挥各级党组织政治核心作用、战斗堡垒作用和党员的先锋模范作用，在促进企业改革发展和船舶生产经营中牢固确立了强大的政治领导优势。

二是始终坚持解放思想，与时俱进，牢固确立了党的思想引领优势。公司党委始终围绕我国经济社会和企业内外部环境变化，以前瞻性眼光和战略性思维不断加强党的思想阵地建设，大力创新各级领导干部和党员经常性教育管理模式，建立健全终身学习长效机制，以先进思想和科学理论武装广大党员干部头脑，指导企业改革发展实践，牢固确立了党的思想引领优势。

三是始终坚持融入中心，服务大局，牢固确立了党的政治核心优势。公司党委始终坚持服务大局引领企业发展方向，主动融入经营中心发挥政治核心作用，积极进入企业管理创新党建工作思路，紧紧团结和凝聚全体员工共同为广远各项事业发展贡献智慧力量，在促进企业改革发展、维护企业和谐稳定过程中牢固确立了党的政治核心优势。

四是始终坚持党管干部，党管人才，牢固确立了党的干部队伍优势。公司党委始终坚持党管干部、党管人才原则，大力加强各级领导班子建设，深入推进人才强企战略，全面实施“三个三百”工程和“红树林”工程，培养了一支政治坚定、作风顽强、特别能吃苦、特别能战斗的党员干部队伍，牢固确立了党的干部队伍优势。

五是始终坚持求是创新，图强报国，牢固确立了党的文化统领优势。公司党委始终坚持以爱国主义为核心，以广远深厚的历史底蕴和优良传统为依托，大力加强企业文化“软实力”建设，夯实了企业与员工紧密相连、牢不可破的共同思想基础和文化价值观念，牢固确立了党的文化统领优势。

六是始终坚持党要管党，从严治党，牢固确立了党的思想作风优势。公司党委始终坚持把党风建设和反腐倡廉建设放在突出位置，按照党要管党、从严治党的原则，大力加强思想作风、学风、工作作风、领导作风和干部生活作风建设，深入推进惩防体系建设，不断增强广大党员和员工拒腐防变的自觉性和坚定性，在维护企业健康发展中牢固确立了党的思想作风优势。

七是始终坚持以人为本，关爱员工，牢固确立了党的群众工作优势。公司党委始终坚持全心全意依靠职工办企业的方针，努力构建企业与员工的利益、荣誉、命运共同体，充分发挥工会、共青团等群众组织的桥梁纽带作用，把党的群众工作不断向广度和深度拓展，进一步增强了企业的凝聚力，为建设和谐企业奠定了良好的群众基础，牢固确立了党的群众工作优势。

在危机和挑战面前，各级党组织一定要坚持以科学发展观统一思想认识，一定要坚持以辩证唯物主义观点分析挑战机遇，一定要以改革创新精神继承和发扬远洋特色党建光荣传统，紧紧依托广远改革发展奠定的坚实基础和党建工作确立的强大优势，不断增强推动科学发展的自觉性和坚定性，不断增强远洋党建工作的针对性和实效性，切实把党的思想优势、政治优势、组织优势和群众优势，转化为推动广远战胜危机挑战、实现科学发展的强大动力。

第三部分　2009年党委主要工作部署

2009年广远党委工作的总体要求是：坚持以邓小平理论和“三个代表”重要思想为指导，全面贯彻落实党的十七大和十七届三中全会精神，深入学习实践科学发展观，创新加强企业党建思想政治工作，团结带领全体党员干部职工统一思想认识，坚定发展信心，凝聚各方力量，传承党建优势，为广远成功应对金融危机挑战、实现科学发展提供坚强保障，为实现中远集团“年创百亿效益，打造百年中远”战略目标作出更大贡献。

2009年，各级党组织要紧紧围绕学习实践科学发展观、成功应对全球金融危机挑战，全力完成三大重要任务：

1. 全力拼搏效益，争取完成中远集团给广远下达的利润目标。广远作为中远的摇篮和发源地，关键时刻要顾全大局，勇挑重担，主动为集团分忧解难，2009年必须全力以赴争取完成中远集团给我们广远下达的利润目标。

2. 全力保障安全，确保广远保持安全生产平稳态势。要从讲政治的高度，进一步提高认识，明确责任，落实到位，切实把安全工作抓紧、抓实、抓出成效，使安全生产成为每一位员工的自觉行动，确保广远安全生产保持平稳态势，为公司全力创效、健康发展提供坚强保障。

3. 全力维护稳定，确保金融危机形势下广远改革发展保持和谐稳定。要积极履行国有企业的政治责任和社会责任，把维护企业和谐稳定作为一项重大政治任务来抓，始终坚持以人为本，以员工满意不满意、答应不答应为标准谋划发展思路、推进具体工作，确保金融危机形势下企业改革发展和员工队伍稳定。

突出抓好六项重点工作：

一、着眼于坚定科学发展信心，深入开展学习实践科学发展观活动，为成功应对金融危机提供思想保障

按照中央的统一部署，广远将于今年3月开展学习实践科学发展观活动。各级党组织要将学习实践活动作为贯穿全年党建工作的首要任务，认真抓好贯彻落实。

1. 加强领导，周密部署，深入开展学习实践活动。要把学习实践科学发展观，作为中心组理论学习和党员干部思想教育的核心内容，高度重视抓好组织领导工作，制定周密计划，采取多种形式，按步骤、分阶段组织好学习教育。要明确学习活动各单位党委（总支）书记负总责、分管领导具体负责的领导体制，并从机构设置、人员配备、经费投入等

方面为活动开展提供组织保障。

2. 明确目标，把握要求，切实增强学习活动实效。要紧紧围绕“党员干部受教育、科学发展上水平、人民群众得实惠”这个总要求，牢牢把握“实践科学发展观，争当党建排头兵”这个突破口，全面抓好各级领导班子、广大党员干部和普通职工群众各个层次的学习教育，达到提高思想认识、破解发展难题、创新体制机制、加强党的建设、促进科学发展的目标要求，切实增强学习实践活动的针对性和实效性。

3. 结合实际，注重特色，确保学习活动覆盖全员。要坚持因地制宜，实行分类指导，突出实践特色，贯彻群众路线，把学习实践活动与应对金融危机挑战、推动科学发展等中心工作紧密结合起来，针对公司本部、基层单位和一线船舶的特点，提出具体学习要求，推动科学发展观进机关、下基层、上船舶，覆盖全员，真正成为引领广远应对危机挑战、实现科学发展的根本指导思想。

二、着眼于强化科学发展优势，持续推动基层党建工作创新，为广远成功应对金融危机提供政治保障

1. 继承传统，发扬优势，不断巩固党建创新成果。要结合推进先进性长效机制建设，大力传承远洋党建工作确立的七个方面优势，系统总结先进性教育活动以来取得的基本经验，巩固和扩大加强党员经常性教育等一系列党建创新成果，进一步指导和推进党建工作思路、模式创新，为公司应对金融危机增创科学发展优势，提供坚强政治保障。

2. 突出重点，把握关键，持续推动基层党建创新。要坚持以船舶和上市公司为重点，突出查找基层党建工作存在的薄弱环节和突出问题，提出针对性解决措施，持续推动基层党建工作创新，始终保持基层党组织的凝聚力和战斗力。要密切配合推进实施打造“资本广远”战略，加大对上市公司党组织的领导体制、工作机制、机构设置、人员配备等关键领域的研究力度，加强对现代企业制度下党组织发挥政治核心作用方式途径的探索创新，为企业党组织更好地融入中心、进入管理、服务大局、保驾护航做好理论和实践的准备。

3. 打牢基础，增强活力，全面加强基层组织建设。要着眼于巩固党的执政基础、提升党的执政能力，坚定不移地做好抓基层、打基础的工作，着力夯实基层党组织发挥战斗堡垒作用的思想基础和组织基础，不断激发基层党组织的生机与活力，努力扩大基层党建工作的覆盖面，切实发挥基层党组织在应对金融危机挑战中凝聚人心、推动发展、保障稳定、促进和谐的核心中坚作用。

三、着眼于提升科学发展能力，突出抓好各级领导班子和干部队伍建设，为广远成功应对金融危机提供人才保障

1. 改进作风，提升能力，突出加强领导班子建设。要坚持以加强作风建设、提升科学发展能力、增进团结稳定为重点，继续深入开展“四好领导班子”创建活动，着力强化领导班子的政治意识、责任意识、大局意识和廉洁意识，不断增强总揽工作全局、应对复杂局面、防控市场风险、破解发展难题的能力水平，始终保持清正、廉洁、务实的良好作风

形象，真正成为组织信得过、员工靠得住的坚强领导班子。

2. 改善结构，增强素质，全面加强党员队伍建设。要着眼于改善党员队伍结构，着力抓好新党员发展工作，坚持在基层一线、青年骨干和高知识群体中选拔培养党员，始终保持党员队伍的生机活力。要着眼于增强党员队伍素质，大力加强党员教育，不断提升党员队伍整体战斗力。要着眼于增进党内民主，切实尊重党员主体地位，重视发挥党员先锋模范作用，激发广大党员应对危机挑战的积极性和主动性。

3. 结合实际，突出特色，深入推进“红树林”工程。要坚持整体推进，协调发展，结合实际，突出特色，针对当前金融危机严峻挑战，采取多种形式大力开展企业传统教育和形势任务教育，同步加强船岸员工的思想政治教育、业务技能培训和职业道德建设，引导员工树立艰苦奋斗、拼搏奉献的思想作风，增强立足本职、爱岗敬业的责任意识，积极投身应对金融危机的工作挑战。2009 年是“红树林”工程三年规划的最后一年，各单位在继续深入推进“红树林”工程的过程中要注意做好总结提炼工作，重视挖掘培育典型，逐步形成教育培训工作长效机制，促进“红树林”工程不断迈上新台阶。

四、着眼于增强科学发展实力，大力加强思想政治工作和企业文化建设，为广远成功应对金融危机提供文化保障

1. 围绕中心，服务大局，大力加强思想政治工作。要坚持把拼搏效益、保障安全、维护稳定、促进发展作为思想政治工作的切入点和着力点，高度重视当前严峻形势可能对员工精神状态、思想状况、思维观念产生的各种冲击和影响，深刻把握员工思想动态，及时排查化解各种矛盾，帮助员工正确把握形势，廓清认识误区，坚定发展信心，确保人心不散、队伍不乱，干劲不减，维护公司和谐稳定大局。

2. 注重培育，强化支撑，大力加强企业文化建设。要继续推进以爱国主义为核心的企业文化建设，突出抓好核心理念宣传灌输工作，注重培育经营文化、安全文化、精益文化、诚信文化、廉洁文化、执行文化等子文化，重视发挥企业文化的导向、约束、凝聚、激励、融合等功能作用，推动企业文化与生产经营和管理制度深度融合，落地生根，形成引领企业改革发展的文化合力，为公司应对金融危机挑战提供企业文化“软实力”的战略引领和思想支撑作用。

3. 深化创建，加强宣传，大力推进精神文明建设。要坚持紧贴金融危机实际，继续深入开展以“三学一创”为主要载体的群众性精神文明创建活动，着重在深化内涵、提升质量上下功夫，认真总结经验，深入查找不足，以学创活动的实际成效，推动精神文明创建活动在应对金融危机挑战中发挥新作用，体现新作为。要继续坚持典型引路，大力加强先进典型的发掘培育工作，选拔树立和宣传推广一批在金融危机考验面前政治过硬、业绩突出、奋发有为、拼搏效益的先进典型，引领带动和团结凝聚更大力量，共同应对金融危机

挑战，推动广远科学发展。

五、着眼于营造科学发展氛围，坚决推进廉洁从业工作和反腐倡廉建设，为广远成功应对金融危机提供制度保障

1. 惩防并举，整体建构，继续推进惩防腐败体系建设。落实《中远集团建立健全惩治和预防腐败体系2008~2012年实施办法》要求，抓紧制定和实施广远2008~2012年体系工作规划。坚持把反腐倡廉建设放在更加突出的位置，扎实推进惩防腐败体系制度建设，积极探索将惩防腐败工作纳入企业法人治理结构、经营管理体制和战略决策机制等各个系统领域的方式途径，提高惩防腐败体系整体建构水平。

2. 加强教育，强化制度，突出加强廉洁从业建设。结合开展廉洁从业纪律教育月活动，大力加强党风教育和廉洁教育，继续开展“每月一案”警示教育，着力强化法纪观念和廉洁意识，不断加强企业廉洁文化建设。要深入贯彻落实 “七个不准”要求，认真吸取近年来少数党员领导干部发生的贪污腐败、违法违纪等案件的深刻教训，加大案件查办力度，坚决查处腐败行为，维护党纪国法权威。要坚持实施全员廉洁从业，重视抓好制度落实，突出加强对各级领导人员、关键管理岗位廉洁从业情况的监督检查，从源头上预防和制止各种腐败现象。

3. 强化监督，防控风险，全面开展监督审计工作。要加强对党风建设责任制、“三重一大”事项等贯彻情况的监督检查，强化对企业改制、产权转让等工作的效能监察，严肃查处账外账、“小金库”等违规违纪行为，堵塞管理漏洞，促进规范经营，保障国有资产保值增值。要积极拓展审计领域，加大审计监督力度，提高审计质量水平，重点加强新造船项目审计工作，大力加强对广州远洋大厦项目工程招标及施工现场的监督和审计，充分发挥内部审计在广远深化改革、企业改制清算、优化组织架构领域的风险防范作用。

六、着眼于夯实科学发展基础，创新加强工会和共青团建设，为应对金融危机提供群众保障

1. 立足和谐，维护稳定，大力加强工会工作。一是要紧紧把握工会特点、职能和任务，加强民主管理监督，推进企业厂务公开，做好服务企业工作，切实维护员工利益，充分发挥桥梁纽带作用，着力维护金融危机下企业和谐稳定发展的良好局面。二是要紧密结合金融危机肆虐的严峻形势，充分尊重员工首创精神，广泛开展各种群众性安全生产和经济技术创新活动，团结凝聚全体员工立足岗位、拼搏效益、深入挖潜、苦练内功，为共同完成公司各项目标献计献策，增强广远应对金融危机、实现科学发展的整体战斗力。三是要积极履行社会责任，深入推进“凝聚力”工程，密切关注金融危机可能对员工及其家庭带来的就业和生活困难，多渠道了解、摸准困难员工情况，在企业困难时坚持不裁员、不减薪，做好困难形势下员工队伍的稳定工作。要继续开展扶贫帮困和“送温暖”活动，发挥“三项基金”作用，整合公司帮扶资源，健全公司、基层、船舶帮扶工作体系，帮助困难员工树立信心，共渡难关，不断增强公司凝聚力和向心力。

2. 创新思路，激发活力，大力加强青年工作。要紧紧围绕当前改革发展面临的严峻形势，立足于激发团员青年的工作热情和奋斗激情，进一步加强青年思想政治工作，教育引导广大青年员工认清形势、树立信心、勇于拼搏、安心工作，主动为公司应对金融危机排忧解难，贡献力量。要进一步深化创建“青年文明号”、“青年创新创效”、“青年安全生产示范岗”等活动，在青年员工中营造比、学、赶、帮、超的学习工作氛围，团结凝聚广大青年员工的智慧力量，充分发挥团员青年的先锋突击作用。要高度重视加强青年问题的调查研究，准确把握青年工作的新情况新特点，进一步创新青年工作思路，加强各级团组织自身建设，着力培养一支思想坚定、政治合格、敢闯敢干、勇挑重担的青年员工队伍，不断为公司改革发展注入新鲜活力。

同志们，辉煌属于过去，未来任重道远。在全球金融危机的严峻挑战面前，我们一定要坚定信心，沉着应战，一定要团结一致，奋力拼搏，一定要同心同德，共度时艰。我们坚信，在中央和上级组织的坚强领导下，我们一定能战胜这场前所未有的危机挑战，一定能开创广远科学发展的崭新局面。让我们紧紧团结在以胡锦涛同志为总书记的党中央周围，坚持以党的十七大精神为指导，深入贯彻落实科学发展观，进一步解放思想，深化改革，开拓进取，扎实工作，共同为完成广远2009年各项工作任务，实现“年创百亿效益，打造百年中远”的宏伟目标而努力奋斗！

第二章
专 稿

编者按：2009年，广远由于企业经营航线及船型特点的原因，广远船队成为中远系统遭遇海盗袭扰最为严重的船队之一，不仅遭袭船舶数量众多，次数频繁，而且情况复杂，险象环生，较量过程惊心动魄。广远及系统各航运公司，在中远集团的正确领导下，采取了一系列有效的防抗自卫措施，船岸齐心协力，同仇敌忾，共御海盗。站在第一线的广大船员，临危不惧，沉着冷静，巧妙周旋，果断处置，成功地防阻了海盗的袭击，无一次让海盗得逞，也没让海盗占到任何便宜。

对此，《广州远洋》、《广远工会信息》、《中远航运》、《中国远洋报》、《中国远洋航务》等新闻媒体刊登了许多广远船员防抗海盗的文章，广远航安部、中远航运、中远远达2009年的年鉴也撰写了不少有关条目，对广远船员成功防抗海盗的英勇事迹进行了热情讴歌。为了存史和便于读者阅读，我们将有关资料综合在一起，编纂成这一专题。

同舟共济　众志成城
铸造“浮动国土”上的钢铁长城

——广远船舶防抗海盗记事

2009年，广远有180艘次船舶航经海盗活动猖獗的海域，船舶遭遇海盗袭扰事件22起。其中，5艘船舶受到海盗的武装袭击，均被船员击退。广远在防抗海盗工作中，广大船员表现了高度的政治责任感、神圣的护船使命感，保持了严密的组织纪律，锤炼了钢铁般的意志，与海盗进行了英勇的斗争，最终获得防抗海盗的成功。

“乐民”轮多次阻击海盗袭扰

第一次：“乐民”轮和青远“莲花海”轮以及“武汉”号军舰联合抗海盗。

2月1日凌晨，“乐民”轮和青岛远洋运输公司“莲花海”轮航行曼德海峡东口附近海域。04：50，“乐民”轮与“莲花海”轮前后发现有数艘不明身份的小艇从正前方围追上来，企图对“乐民”、“莲花海”轮拦截。正在这一海域执行护航任务的中国海军护航“武汉”号军舰得知情况后，立刻高速驶向事发海域施援。在“武汉”舰赶到之前，“乐民”、“莲花海”轮联合行动，迅速采取应急措施，利用大幅度转向等办法，阻止和逼退不明小艇靠近船舶，并最终成功摆脱了海盗船的拦截。

14：30，“武汉”舰正式开始为“乐民”、“莲花海”轮护航。“乐民”轮和“莲花海”轮在“武汉”舰的护航下，呈三角形向前推进，形成“乐民”轮在左，“莲花海”轮在右，“武汉”舰在后的队形。

在“武汉”舰护航过程中，“乐民”轮曾发生惊险一刻。2日10：30，正在驾驶台值班的“乐民”轮船长和三副发现前方5海里处，有5艘不明快艇正高速向“乐民”轮包抄过来。船长一边迅速向“武汉”舰报告，一边启动船上紧急预案。枕戈待旦的船员携带自卫武器快速奔赴现场。“武汉”舰上的指挥员即令舰上的直升飞机迅速起飞，直赴不明快艇上空，对不明快艇进行严密监视。不明快艇在徘徊观望。直到11：25，不明快艇见无计可施，才离开中国海军护航编队航线，逐渐远去。

第二次：“乐民”轮75航次成功摆脱不明小艇的追逐。

3月27日，“乐民”轮第75航次从国内装载货物经苏伊士运河到地中海，抵达亚丁湾时，多次呼叫联军护航舰艇。一时无应答。“乐民”轮即决定与同时航经亚丁湾的“大华”轮结伴而行，两轮一起通过亚丁湾高危区。“乐民”轮与“大华”轮两船经协商调整航线和航速，于27日04：00准时抵达联军推荐的航道地点。28日09：20，“乐民”轮行驶到14°07’N/051°52’E位置时，船上值班人员通过望远镜发现右前方10海里处，有数艘乳白色快艇朝“乐民”轮船头方向插来。船上值班人员仔细辨认，发现4艘母船携带有15~20艘快艇，从4个不同方位迫近“乐民”轮，企图对“乐民”轮进行拦截。“乐民”轮船长立即将情况通报“大华”轮，并拉响警报。“乐民”轮船员用多条高压水枪一齐向外喷水，阻止小船靠近。船员们迅速到达指定位置，同时亮出武器，高声呼叫、呐喊，以壮声势。此时，小艇以8~20节的速度与“乐民”轮同向行驶，间隔距离大约5海里。09：30，船长果断采取小角度转向，避其锋芒，先后由252°向南改向到230°、210°，再由210°改向到165°，不断拉开与小艇的横向距离。“乐民”轮在转向过程中，小艇也随之改变角度，尾随“乐民”轮。小艇与“乐民”轮周旋约50分钟后，看见船上戒备森严，无机可乘，只好逐渐放慢速度，并驶向母船。这时4艘母船也收拢队形，放弃追逐，然后离去。

“乐民”轮此次遭遇可疑小艇追逐，船员们斗志昂扬，无一退缩，机智勇敢，成功摆脱了20多艘小艇的围追堵截，突出重围，确保了船员和船舶安全。

第三次：“乐民”轮第76航次成功阻击海盗武装快艇袭扰。

“乐民”轮第76航次从俄罗斯圣彼德斯堡开往国内，计划6月15日参加中国海军的护航序列。当地时间为14日18：30。“乐民”轮行驶到13°17’N/041°50’E时，发现左前方有4艘白色快艇以超过20节的速度向“乐民”轮驶来，每艘快艇上大约5~6人。船上通过望远镜可清楚看见快艇上有小钢炮、长枪等轻重武器。为此，“乐民”轮确定此快艇必是海盗船。于是，“乐民”轮立即启动应急程序，船员携带自卫武器迅速赶到预定位置，通过高声呼叫、呐喊，击打船舷等以壮大声势。海盗船见此，知道“乐民”轮已有防备，不敢冒进，在距离大约0.3海里处向其他商船驶去。

是日，在临近天黑时，“乐民”轮离海军编队点还有9个小时航程。鉴于当时红海口复杂严峻的形势，船上再次集合船员重新明确相关要求和各自的职责。为做到有备无患，船上仍处于紧张状态，防海盗工作丝毫没有放松。船上除当班人员外，其他人员晚上全部集中在一起休息，和衣睡觉，随身携带自卫武器，防止海盗卷土重来。是夜，海盗船再没有前来袭扰，“乐民”轮第二天才解除战备。

“天王星”轮两次成功挫败海盗船武装袭击

第一次：“天王星”轮第7航次在中国海军特殊护航下，挫败海盗船的袭击，平安穿越亚丁湾。

3月17日，“天王星”轮第7航次在马山加载后，穿越马六甲、横跨印度洋，抵达053°E索马里、亚丁湾海域。船公司专程为该轮申请了海军护航编队。12：30，“天王星”轮和其他参加编队的船舶在中国海军护航军舰“169”舰的统一指挥下，陆续按照编队排列航行。这时，“天王星”轮一直处于良好工况状态的主机突然发生故障，无法正常启动。船上立即成立了以轮机长为组长的抢修小组，展开紧张抢修，并马上启动了应急预案。经排查发现主机故障问题出在NO.3缸，缸头排气口漏水。修复缸头，最快也要10个小时，船长沈壁林及时将情况报告给“169”舰。“169”舰舰长了解情况后，询问船长能否尽快修复，并提出若不能，则要等待第二天请中国海军“171”舰护航。为预防海盗袭击，确保船舶安全，船长给抢修小组下达必须尽快完成抢修任务的命令，同时向“169”舰长立下军令状保证当日修复。5分钟后，“169”舰用高频呼叫“天王星”轮，告知船长对该轮采取特殊护航方式，派遣海军特种兵队员上船进行护航。14：15，5名全副武装的特殊护航队员在大队长谢增岭的带领下，由舰艇直升飞机空降“天王星”轮，开始执行护航使命。

时间一分一秒地消失。“天王星”轮抢修人员冒着机舱40多摄氏度的高温，进行紧急抢修。经过11个小时艰苦奋战，终于在23：30使主机恢复正常运转。此时，“天王星”轮离整个海军护航编队已有139海里之遥。“天王星”轮船长在请示“169”舰指挥官后，命令船舶修改航线，全速航行，直线追赶海军护航编队。

3月18日08：20，“天王星”轮雷达显示屏和值班人员同时发现在船艏方向约5海里处有2艘船分别拖着4艘小艇从前方开来。小艇时而左右晃动，时而静止观察。“天王星”轮迅速转向，准备避开可疑小艇。可疑小艇竟兵分两路，从“天王星”轮船艏方向直插而来。船长马上拉响汽笛向可疑小艇警告，并拉响警报，通知护船。全体船员听到警报后，按照应急预案立即进入迎战状态。海军特种兵大队长谢增岭下令：“准备战斗”。5名海军特种兵紧握手上武器，各就各位，严阵以待。可疑小艇逼靠“天王星”轮越来越近，3海里，2海里，1海里，900米……在一旁用望远镜严密监视可疑小艇的海军特种兵向谢大队长报告：小艇上有人持枪。谢大队长即下令鸣枪向不明快艇警告。“啪啪”两声枪响，两枚爆震弹落在小艇上空爆炸。小艇见状调头就跑，瞬间时速超过20节，不一会儿就消失在茫茫大海之中。“天王星”轮遭遇到的这场海上危机就此化解。

3月19日13：25，5名海军特种兵完成了特殊护航使命返回“169”舰，“天王星”轮船员热情欢送。“169”舰舰长告知船长：其将紧随“天王星”轮后面护航，直到船舶抵达红海入口。15：25，“天王星”轮抵曼得海峡口，“169”舰才结束对“天王星”轮的护航任务。

在中国海军护航舰艇和护航队员的保护下，“天王星”轮安全、顺利地通过了索马里、亚丁湾高危海域。

第二次：“天王星”轮第9航次，船员英勇还击武装海盗袭击，获得胜利。

8月，“天王星”轮第9航次从上海开往乌克兰等地，航行至06°17’N/054°41’E，在阿拉伯南部海域距索马里沿岸约310海里时，主机第一缸排气阀突然烧坏，船舶停车漂航更换缸头。16日15：35，船上二副及防海盗值班人员向船长报告：在船艉约2海里处发现有一艘可疑船只慢慢靠近。船长马上到驾驶台观察，发现可疑船只没有船名，长约60米，甲板吊有卷起的鱼网，约有30人，其以6~7节的速度向“天王星”轮靠近。船长用VHF多次向可疑船只发出不要继续靠近的警告，但可疑船只置若罔闻，依然行驶过来，其行径告诉船长：这就是海盗船。船长立即拉响全船警报，船员们迅速穿戴好防弹衣、戴好钢盔，手持各种自制武器，整装集中船艉作好战斗准备。甲板两侧和船艉的高压水皮龙同时开启出水。15：50，可疑船只施放一艘小艇向“天王星”轮驶来。船长一边指挥抗击，一边命令二副、三副发出相关警报向各方护航舰艇请求援助。面对海盗猖狂来袭，船员们英勇抵抗，船员马上装配好钛镭发射架。此时，海盗母船已来到离“天王星”轮约0.35海里处。对此，“天王星”轮船长下令对准海盗母船驾驶台发射第1枚钛镭，震慑海盗。钛镭擦海盗母船驾驶台右侧爆炸，吓得海盗母船立即向左调头，并向“天王星”轮发射了一枚枪榴弹。枪榴弹贴着“天王星”轮驾驶台左侧飞过，击中前左甲板第2号克令操作室右下方，克令操作室玻璃被震碎。此时，退至离“天王星”轮0.5海里处的海盗母船突然调整航向，重新施放小艇顶风顶浪对准“天王星”冲来，并用自动武器向“天王星”轮扫射。小艇上清晰可见5人身着迷彩服。其中，1人操舵，其余4人持枪分坐两边。“天王星”轮毫不示弱，再次发威，向小艇发射第2枚钛雷，钛雷在小艇旁边上方爆炸。小艇见此立即终止冲锋，马上调头向其母船方向退却。此时，母船、小艇枪炮同时齐放掩护小艇撤退。约5分钟后，海盗母船、小艇又开始向“天王星”轮艉甲板开枪扫射，海盗小艇快速行驶发起了第二次冲锋。“天王星”轮向海盗母船发射第3枚钛雷，迫使海盗母船再次掉头退至0.6海里处游曳，与“天王星”轮僵持对峙。双方对峙约15分钟后，海盗小艇又在枪炮的掩护下改变进攻方向，向“天王星”轮左边发起第三次冲锋。船员们毫不畏惧，在海盗小艇驶至离“天王星”轮约300米时，“天王星”轮向海盗小艇发射第4枚钛雷，钛雷在海盗小艇右边上方约20米爆炸，迫使海盗小艇再次向海盗母船退却。双方又僵持了20分钟，海盗母船收回小艇并停留在离“天王星”轮0.6海里处观望。又过了15分钟，海盗母船用高频发出“TIAN WANG XING，I GO HOME，GOOD BYE”（“天王星”轮……）声音后，向索马里方向驶去。

至此，“天王星”轮仍保持高度警惕，留下甲板防海盗人员继续监视海盗船，机舱人员抢时间迅速更换好缸头。“天王星”轮于18：40恢复航行。

“天王星”轮面对船舶失去动力、海盗多次向船上发射枪榴弹的危急情况，全体船员临危不惧，多次发射钛雷，与海盗对抗1个多小时，成功抵御海盗多次冲锋，挫败了武装海盗劫持船舶的企图，确保了船员、船舶和货物的安全。

8月17日，交通运输部副部长徐祖远致电中远集团表扬了“天王星”轮全体船员临危不惧、成功摆脱海盗袭击的行动，并向全体船员表示亲切问候。

“大华”轮成功“突围”

3月28日，“大华”轮在亚丁湾海域航行。09：30，船舶处于13°55’N/051°33’E方位。船上值班人员发现右前方6~7海里处有一群可疑小艇，其中，有7艘小艇以20海里的高速向“大华”轮驶近。“大华”轮立即启动应急方案，果断采取措施：船长拉响警报，并向船员通报情况，命令全体船员按照应变部署各就各位，迅速到位，严阵以待。与此同时，“大华”轮大角度改变船舶航向，与可疑小艇拉开距离；迅速启动消防泵，保持皮龙出水；向联军和中国护航海军报告（未联系上）。不到一分钟，船上各组、各岗人员全部到位。有的大声呐喊，有的舞动棍棒。10：10，海盗船发现“大华”轮已有防备，只好放弃追逐，向远方驶去，消失在茫茫大海之中。

“新丰泰”轮成功遏止海盗骚扰

6月17日12：30（当地时间），“新丰泰”轮由中国海军补给舰护航。19日12：00，“新丰泰”轮脱离中国海军护航自行航行。17：20该轮进入红海口时，驾驶台值班人员突然发现左前2海里处有7~8艘小艇快速驶来。船长判断这可能是海盗船，立即拉响警报，船员迅速按防海盗方案进入指定位置，4名穿防弹衣、头戴钢盔的船员手握仿真枪站在明显的位置，其他人员挥舞手中铁棍、木棍、火把、啤酒瓶等防御工具，一个个同仇敌忾。此时，船上拉响汽笛和发射信号弹向小艇警告。小艇见“新丰泰”轮船员，勇猛威武，防备严密，船舷周围布了“电网”，用英文写着“高压危险”标识，小艇只好放弃追逐。半小时后，“新丰泰”轮驾驶台值班人员又从雷达发现右前方2海里处有3艘、左中方有2艘快艇向“新丰泰”轮驶来。“新丰泰”轮全体船员临危不惧，发扬不怕牺牲、顽强拼搏的精神，依靠集体的智慧和力量，与海盗周旋。船员们各就各位，甲板部人员看守左舷，轮机部人员看守右舷，船长在驾驶台总指挥，轮机长值守机舱，政委值守甲板现场指挥。全体船员加强警戒，严阵以待，密切监视海盗小艇的动态。当海盗小艇越来越接近“新丰泰”轮时，海盗小艇看见“新丰泰”轮防范严密，则突然停下，然后离去。

“新丰泰”轮防御工作做得好，成功摆脱了海盗小艇，安全顺利进入安全航区。

“隆安城”轮在印尼海域成功摆脱可疑快艇追逐

11月3日，“隆安城”轮在印尼海域由西向东往太平洋行驶，当地时间06：10，驶抵印尼Morotai岛北部03°14’N/129°25’E位置时，船上驾驶台值班人员发现右前方有一艘较大的渔船，值班人员锁定目标并密切注视其动态。07：00，渔船一侧突然有5艘高速快艇从西南方向行驶至“隆安城”轮右后，距离3海里处以20节的速度直奔“隆安城”轮追赶过来。“隆安城”轮值班人员立即鸣笛、广播通知全船并发出警报，启动消防泵。船员们2分钟内携带各种自卫器具，聚集在一起，同时将早已备妥的消防皮龙向外喷水。

可疑快艇在距离“隆安城”轮船艉100米处继续向前追逐该轮，到该轮右侧后减速并保持与该轮100~200米距离，时进时退。与“隆安城”轮并行约10分钟。“隆安城”轮船员集中在后甲板，手持铁棒随之左右移动，并连续长鸣汽笛示警，以阻止可疑快艇靠近船舶。可疑快艇始终保持在距“隆安城”轮0.5~1.0海里的范围内进行跟踪。可疑快艇跟踪“隆安城”轮约20分钟后，见“隆安城”轮船员众志成城，高度戒备，只好放弃追逐离开“隆安城”轮，向远方驶去。

至此，“隆安城”轮成功摆脱可疑快艇，全速驶离危险海域。

外派“翔安城”轮摆脱海盗船

11月30日晚，外派“翔安城”轮航行于中国南海西沙群岛东南方。22：00，船位112°39′E、15°52′N/22:05E。22：05,船上值班驾驶员和水手发现左前方约5海里处有一小船微弱灯光，速度5节左右。由于当时风浪较大，小船在雷达上的回波很弱，时有时无。船上值班驾驶员对这只孤行在南中国海的小船产生怀疑，加强戒备。22：08，小船突然加速，瞬间加速至13节。22：12，小船以15节的速度向“翔安城”轮左后方迂回疾驶，在行至离该轮约0.8海里处，突然减速改向朝外侧行驶。22：18，小船行至外派“翔安城”轮左正横约1海里处时，突然掉头以18节的速度朝该轮疾驶。船上值班驾驶员随即拉响警报并广播通知全船紧急集合，开启所有甲板灯和探照灯。22：20，“翔安城”轮用探照灯照射跟踪小船。“翔安城”轮船长在驾驶台指挥，准备用适当的舵角来摆脱小船追逐。政委带领船员携带防海盗器械在4舱左甲板集中，严密防范。小船始终在离该轮船艉约300米处，时进时退。船员在船艉携器械严阵以待。双方对峙约20分钟左右。小船见“翔安城”轮船员已有充分准备，无机可乘，便减速驶离。约1小时后，“翔安城”轮确信小船离去，方才解除警报。

“瑞昌海”轮成功击退海盗武装袭击

2月29日（当地时间），“瑞昌海”轮接到靠泊信息，要求该轮于当地时间30日07：00前抵达拉各斯港进口浮筒5海里处等待上引水。该轮于29日下午从离岸70海里移至港内离岸20海里处（距引航站14海里）漂航。

拉各斯一直是海盗出没的重点区域，也是船舶防御海盗的重点海域。早在“瑞昌海”轮未到拉各斯之前，中远远达安技部就对其防海盗工作作了专门部署，并将近期该港发生的海盗袭击事件及其海域地理位置分布图通报给船上，提醒船舶在这些区域务必严加防范。“瑞昌海”轮漂航的位置正处于其中，因而船上更是加强警惕，并做好防海盗的应急预案。

是日21：10，船上驾驶台值班人员突然发现船艉不远处有一小艇高速从左舷靠近。按照防海盗工作预案，船上值班人员立即通知防海盗加强班人员加强关注，通知机舱启动应急泵，立即准备动车，同时拉响警报，向全船广播，并拉响汽笛对小艇予以警告。

时间仅过了一分钟，船员们已按照船上防海盗部署各就各位，船上驾驶台发出保安警

报和 INM-C 遇险信号，并用 VHF 和卫通分别向港口当局及中远远达安技部报告。此时是北京时间 04：00 左右。熟睡中的中远远达安技部船长黄福遵接到电话，猛然惊醒，立即指示船舶驶离岸边，积极组织防抗阻击。

海盗对“瑞昌海”轮先后实施了 4 次攻击，船员们则见招拆招，将海盗的多次登船阴谋消弥于无形。

第一次：海盗攻击左舷舷梯，妄图用带钩竹竿强行登船。但瞬间就遭到了船员们皮龙、酒瓶的密集阻击。海盗随即放弃了攻击。

第二次：海盗突然向船舶开枪，企图用火力震慑船员，旋即便飞速冲向“瑞昌海”轮 3 号舱引水梯处，妄图再次挂钩强行登船。此时，主甲板上的船员早已严阵以待，迅速调整好高压皮龙的喷射方向。几条水龙所形成的巨大冲击力，同时准确地射向海盗艇。艇上的海盗们被水柱冲得东倒西歪，站立不稳。这次海盗的冲击又告失败。

第三次：海盗转向“瑞昌海”轮 1 号舱的位置再次发起攻击，企图利用时间差抢先登船。然而，海盗很快就遭到了守侯在船头的阻击队员的顽强抗击。这时，酒瓶、方木等这些最原始的武器都成了阻击海盗登船的最有力、最有效的屏障。与此同时，政委邓诗红带领甲板阻击队员迅速赶来增援。一时间，酒瓶、方木、水柱全都朝着海盗艇倾泄而下，迫使海盗们又一次落荒而逃。

第四次：海盗见数次进攻均没得逞，便又气急败坏地朝船上开枪射击。“瑞昌海”轮船员也不含糊，朝海盗艇发射 2 枚火焰弹，差点命中海盗艇，使海盗受到不小的惊吓。这时，海盗艇像是着了魔似的朝“瑞昌海”轮船头冲去，发泄着最后的疯狂。对此，一直在驾驶台指挥作战的船长陈平发出了左满舵的指令。于是，“瑞昌海”轮那如山般的巨大身躯便硬生生地压向海盗艇，如同泰山压顶，使海盗艇再也不敢靠近。最后，海盗们在绝望中朝着远海逃遁，很快便消失在茫茫的夜色之中。

直至第二天天亮，“瑞昌海”轮船员仍始终处于高度警戒状态。但未再发现海盗艇的身影。至此，这场惊险的防抗海盗阻击战，“瑞昌海人”取得了胜利。

“瑞昌海”轮船员成功击退海盗武装袭击，得到中远集团、广远、中远航运、中远远达的表扬。12 月 30 日，广远总经理徐惠兴、党委书记刘书田给“瑞昌海”轮发去《慰问信》，代表广远领导班子及广大船岸员工，对全体船员表示真诚的慰问和衷心的感谢，并高度赞扬全体船员英勇战斗的精神。12 月 31 日，中国驻拉各斯总领事郭崑、副总领事张正希在中远西非公司总经理卫其明的陪同下，率员上船探望遇袭的“瑞昌海”轮船员，对全体船员表示亲切慰问，对“瑞昌海”轮应急处置得当、保证人员和船只的安全给予充分肯定。

第三章
大 事 记

1 月

8 日　中远集团表彰了一批先进集体和个人。其中，中远航运被授予“文明建设先进单位”称号；“安龙江”、“泰安口”、“大华”、“乐里”、“乐宜”、“白沙岭”、“西昌海”、“亚龙湾”轮等船舶被评为“华铜海”式船舶；《广州远洋》编辑部、中远航运船员管理部船员一处、通导公司工程部、远洋宾馆客房部被评为“文明示范窗口”；张有志、王彦雄、张赞术、黄启垣、赵寿春、黄秀文、陈海荣获“劳动模范”称号。

12 日　广远召开第十二届四次职代会暨 2009 年工作会、思想政治工作会、安全生产工作会。在会上，总经理徐惠兴作了题为《认清形势，统一思想，把握机遇，抵御风险，确保广远各项事业科学发展》的报告，党委书记刘书田作了题为《坚定发展信心，凝聚各方力量，传承党建优势，推动科学发展，为广远成功应对金融危机提供坚强保障》的报告，副总经理翁继强作了题为《坚持安全发展，创建平安之旅，努力实现连续安全年的目标》的报告，工会主席马宗梅作了题为《职工提案工作报告》。广东省总工会党组成员、纪检组长肖建葵，广州市交通委员会副主任赖亚林参加会议并作了讲话 。会议深入贯彻落实中远集团工作会和安全工作会精神，回顾总结 2008 年的工作，研究分析面临的形势和挑战，对 2009 年的工作作出全面部署。会议对 2008 年度先进集体、先进个人进行了表彰，通过了《倡议书》。

16 日　中国船级社认证公司审核组以“免开不合格”项，结束了对中远航运 ISO9001/ISO14001/OSHAS18001“质量/环境/职业安全健康”体系管理的认证审核。

17～20 日　由中远集团总裁魏家福率领的中远集团春节慰问组莅临广州，对广远、广东中远船务进行慰问，并举行了中远广州地区离退休老领导新春团拜会、中远驻穗单位 2009 年迎春团拜会。慰问期间，魏家福充分肯定了广远 2008 年取得的成绩，对广远下阶段的工作作了指示。

是月　广远制作的党员教育专题片《党旗，在“浮动国土”上飘扬》，荣获中共中央组织部举办的全国第十届党员教育电视片观摩评比特别奖。

2 月

5 日　广东省人民政府残疾人工作委员会表彰了一批先进单位和先进个人。广远被授予“2008 年度驻穗中央、省属单位按比例安排残疾人就业工作先进单位”荣誉称号。

10 日　广东省人大常委会副主任、省总工会党组书记、主席邓维龙率领广东省总工会常务副主席陈宗文，副主席孔祥鸿、张国兴、林锡明，党组成员、纪检组组长肖建葵，巡视员廖文正等莅临广远慰问指导。广远总经理徐惠兴、党委书记刘书田向邓维龙一行汇报了广远的发展情况，对广东省总工会一直以来的大力支持表示感谢。邓维龙对广远近年来在经营效益和安全生产等各项工作中取得的成绩表示肯定，勉励广远在国际金融海啸的严峻形势下，灵活应对，共克难关，保持良好的发展势头。

13日 交通运输部副部长徐祖远在海南海事局书记邱志雄等陪同下，莅临广远下属的中远南方慰问指导。徐祖远曾经担任中远南方前身海南船务企业有限公司第一任总经理。徐祖远亲切慰问了中远南方新老员工，勉励中远南方领导班子及全体员工在新的形势与挑战下，进一步加强管理，强化安全意识，努力提高船岸员工素质，把握好国家政策导向，紧盯市场，抓住机遇，不断提高市场竞争力，用实际行动认真贯彻实践科学发展观，谱写中远南方新的历史篇章。

14日 广远召开工会八届九次全委会暨2009年工作会。广远第八届工会委员会委员、经审委委员，各全资及控股企业工会主席、副主席及工会负责人、广远工会本部全体人员共30多人参加了会议。会议由工会副主席符雄主持。工会主席马宗梅作了讲话。会议回顾总结了广远工会2008年工作，对2009年工会工作作了部署；通报了中远集团工会关于调整广远工会八届委员会部分委员的批复；表彰奖励了一批达标模范、达标先进工会；部分基层单位工会主席在会上作了交流发言。

16日 被誉为"亚洲第一船"的新型半潜船"泰安口"轮在广州成功装载第16届广州亚运会"亚洲之路"活动的海上使者——"阔阔真公主"号仿古木船，前往中东地区。"亚洲之路"是2010年广州亚运会在倒计时两周年之际举办的大型推广活动，分海、陆两路进行，海路部分主要由"阔阔真公主"号完成。这次运输任务，充分体现了广远、中远航运对亚运会的高度重视和大力支持。

同日 广远召开2009年纪检监察审计工作会议，深入贯彻十七届中央纪委三次全会、广东省十届纪委三次全会和中远集团2009年纪检监察审计暨"垂直监督体制"试点工作推进会议精神，总结2008年工作，研究部署2009年工作任务，深入推进广远党风建设和反腐倡廉建设。

18日 广远召开岸产企业精益管理工作会，总结2008年精益管理、节能减排工作，针对目前企业经营的严峻形势，对2009年的工作作了部署。

16～19日 广远控股的中远航运参加了在新加坡举行的首届亚太杂货运输展览。在2天展期内，有400多名客户代表来到设计新颖的中远航运展台咨询、洽谈业务。中远航运通过这次参展，进一步加大了企业在国际市场的品牌宣传和业务拓展力度，加强了中远航运与客户的交流和沟通，有利于中远航运依托市场营销寻求新的商机。

26日 在中远集团召开的2009年工会工作会议上，中远集团工会表彰了一批"模范职工之家"、"优秀工会工作者"。其中，中远航运工会、远洋宾馆工会荣获"模范职工之家"称号，符雄、黄雁、吕英翼、黄爱军、周仪章荣获"优秀工会工作者"称号。

是月 广远工会女职工委员会被广东省工会女职工委员会分别授予"2008年度广东省工会女职工组织建设工作先进集体"和"2008年度广东省工会女职工组织实施女职工'两项工程'工作先进集体"称号。

3月

1～3日 金桥学院受第十六届亚运会组委会和广远的委托，承担了"阔阔真公主"号12名船员（包括中央电视台3名随

船记者）的航海安全知识和技能、航海纪律的教学培训任务。经过3天学习培训，“亚洲之路”海路船员培训任务圆满结束，使参训人员学到了航海必备的安全知识和技能。

4日　中远集团工会表彰一批巾帼建功先进集体和先进个人。其中，金桥学院外语系被中远集团授予“巾帼文明岗”荣誉称号、中远航运王叶红被中远集团授予“巾帼建功标兵”荣誉称号。

6日　广远总经理徐惠兴与来访的福建省船舶工业集团公司总经理赵金杰一行就有关合作事项进行了交流。

4~8日　广远下属的中远南方油轮安全管理人员及航运部人员参加了壳牌在新加坡召开的期租船舶安全会议（TIME CHARTER ASSURANCE CONFERENCE）。其间，中远南方与SHELL新加坡期租船舶质量保证部就中远南方期租船舶存在的问题以及2008年SHELL对中远南方管理复查中的观察项整改情况进行交流，与新加坡IMT和SRC有关专家就船舶安全管理工作进行了深入交流与探讨。

10日　广远下属的中远远达32000吨木材船首制船下水典礼在广州中船黄埔造船有限公司隆重举行。广远总经理徐惠兴，副总经理翁继强，广州中船黄埔造船有限公司董事长陈妙根、总经理陈忠，中国船舶工业贸易公司副总经理陶健，上海船舶研究设计院院长胡劲涛，中国船级社广州分社总经理谭好修等出席下水典礼。仪式结束后，来宾参观黄埔船厂生产现场，并共同见证了第二艘32000吨木材船上船台。

16日　广远召开2009年“红树林”工程动员会。会议紧扣科学发展主题，着力推动“人才强企”战略，总结2008年广远“红树林”工程的主要工作及成效，对当前和今后一段时期员工教育培训工作进行了部署。

17日　“天王星”轮航经亚丁湾、索马里海域。主机突然发生故障，无法正常启动。中国海军护航队“169”舰派出5名海军特种兵上船进行护航，击退了可疑快艇。“169”舰一直将“天王星”轮护卫抵曼得港口才结束对“天王星”轮的护航任务。在中国海军护航舰艇和护航队员的保护下，“天王星”轮安全顺利地通过了亚丁湾、索马里高危海域。

20~30日　广远学习实践科学发展观活动领导小组办公室调研小组，分别在“碧江”轮和广远本部召开座谈会，就影响制约企业科学发展的突出问题和员工群众反映强烈的热点问题展开意见征集，并就中远集团党组工作部调研课题“影响和制约中远集团科学发展的文化现象”开展调研。

23日　广远党委举行中心组（扩大）集体学习暨“转变作风抓落实”主题实践活动动员会。会上，党委书记刘书田作了学习实践科学发展观学习报告。

31日　中远航运披露2008年年报。年报披露，2008年受外部因素影响，航运市场变化剧烈，但依靠2008年前三季度创下的良好业绩，凭借第四季度采取的积极、及时、有效措施，中远航运全年实现营业收入69.01亿元，与2007年同比增长29.59%；利润总额17.31亿元，与2007年同比增长17.77%；净利润14.48亿元，与2007年同比增长34.86%；基本每股收益1.11元，均为历史最好成绩。中远航运分红预案为拟每10股派发现金红利2元（税前）。

是月 根据中华人民共和国深圳海事局《关于印发〈2008 年度深圳港籍船舶质量报告〉的通知》，中远远达在 2008 年度深圳港籍航运公司安全管理评级中被评为 A 等级船公司。

是月 中远航运航运经营部商务组被中华全国总工会授予“全国女职工建功立业标兵岗”称号，这是继广远信息中心通信部后，广远第二个获得此殊荣的先进班组。

是月 广州市国防动员委员会对 2007~2008 年度广州市交通战备工作先进单位和先进个人进行表彰。广远交通战备办公室被评为先进单位。温锐波、伍英华被评为先进个人。

4 月

1 日 中远集团学习实践科学发展观活动领导小组成员、中远集团副总裁许立荣带队到广远调研学习实践科学发展观活动情况。调研采取座谈会的形式进行。广远学习实践科学发展观活动领导小组组长、党委书记刘书田汇报了学习实践活动第一阶段的各项工作，以及下一阶段的工作重点；领导小组副组长、总经理徐惠兴汇报了广远生产经营管理情况以及存在的突出问题；中远航运领导专题汇报了半潜船队的经营管理现状、市场前景分析以及未来发展思路。

10 日 广远党委举行中心组（扩大）集体学习会议。广远学习实践科学发展观活动领导小组组长、党委书记刘书田传达了 4 月 9 日中远集团党组书记张富生在中远集团学习实践科学发展观活动情况通报视频会议上的讲话精神，总结了广远学习实践活动第一阶段的工作情况，部署了第二阶段的主要工作任务。

11 日 在《董事会》杂志举办的“第五届董事会‘金圆桌’奖颁奖典礼”上，中远航运董事会再次获得中国上市公司“优秀董事会”殊荣。此外，中远航运独立董事金立佐获得“最具影响力独立董事”、董事会秘书薛俊东获得“最具创新力董秘”单项奖。

18 日 广东省总工会党组成员、纪检组组长肖建葵，广东省海员工会主席卢晓露、副主席陈小翠莅临中远南方慰问指导。中远南方为此召开了座谈会。会上，中远南方向肖建葵等领导介绍了生产经营等基本情况，以及国际金融危机给企业带来的挑战与机遇。肖建葵对中远南方的工作给予了充分肯定，其用 16 个字高度概括了中远南方的工作：“安居乐业，提高素质，打造品牌，创新形象。”

24 日 广远党委召开了 2009 年度党员领导干部学习实践科学发展观专题民主生活会暨述廉议廉会议。会议的主题是深入学习实践科学发展观，有效应对国际金融危机，促进广远科学发展上水平。中远集团党组成员、副总裁许立荣，中远集团人力资源部船员管理室副经理秦江平，中远集团学习实践活动领导小组办公室陈成进到会指导。

同日 金桥学院收到国家海事局《关于同意集美大学等 7 家培训机构开展船员培训的通知》，批准广远职业技术学校开展油船船员安全知识特殊培训、油船船员安全操作特殊培训、油船船员原油洗舱特殊培训、化学品船船员安全知识特殊培训、化学品船船员安全操作特殊培训、液化气

船船员安全知识特殊培训、液化气船船员安全操作特殊培训等七项培训。

28日　由江苏口岸船厂承建的中远航运4艘27000吨多用途船首制船“凤凰松”轮在江苏口岸船厂交付中远航运。“凤凰松”轮总长179.50米、型宽27.20米，型深14.50米，具有并吊118吨的重吊能力，舱内配有两层吊离式活动二甲板，适货能力强，市场前景广阔。“凤凰松”轮的交付使用，使中远航运向打造“以特种船为主的多用途船队”的发展目标又迈出了坚实的一步。

同日　中远航运披露2009年第一季度季报。报告显示，尽管受国际金融危机的影响，全球贸易量同比下降，国际航运市场受到严重冲击，运量减少、运价下跌。但中远航运凭借积极、有效的措施，第一季度仍然盈利，实现营业收入999.75百万元，归属于母公司净利润88.68百万元，每股收益0.07元，扣除非经常性损益后每股收益为0.06元。企业综合毛利下降至14%，低于2008年同期水平的35%。

5月

3日　2010年广州第16届亚运会亚运使者仿古船“阔阔真公主”号在阿联酋Jebel Ali被吊装到中远航运“凉山”轮，运往下一个巡回展览国泰国，宣传广州亚运会。

4～7日　一年一度的国际石油天然气展览会（OTC）在美国休斯敦举行。中远航运与合作伙伴NMA公司在展览会共同设置展位，利用三维模拟图像重点推销新造的50000吨半潜船，提升中远航运在半潜船运输市场的核心竞争力。

6日　广远针对甲型H1N1流感在多个国家不断蔓延的趋势，召开了防控工作紧急会议，传达了交通运输部、中远集团关于预防甲型H1N1流感的有关指示精神，对下一步加强防控工作进行了部署。会议还明确了应急预案和动态上报渠道，成立了H1N1流感防控应急处置小组。

8日　广远召开2009年防抗热带气旋工作会，传达中远集团防抗热带气旋工作会议精神，总结2008年广远防抗台风工作，会议邀请广东省气象局专家孙汉明莅临指导。会议还对《广州远洋运输公司船舶防抗台管理规定》进行了讨论和修订。

同日　“洪江”轮满载4125.66吨国产散装液态沥青从茂名港驶往菲律宾BATAAN港。这是中国第一次使用专业沥青船大批量运输国产出口液态沥青，也是中远南方、中石化强强联手迈出国产沥青自主品牌走出国门的第一步。

18～19日　“永盛”轮参加中国海军护航编队过亚丁湾，被指定为编队右纵队队长船。“永盛”轮在整个编队过亚丁湾过程中，全体船员表现了良好的工作作风，出色配合护航军舰的工作。中国护航军舰“深圳”号表扬了“永盛”轮。

19～20日　由中国船级社认证处组成的3人审核组及中国船级社质量认证公司组成的2人审核组，对中远远达安全质量管理体系（QSMS）进行了联合审核。两个审核组均对中远远达的安全管理质量给予了高度评价，审核获得顺利通过。

24日　“第三届中国上市公司市值管理高峰论坛”暨“2009中国上市公司市值管理百佳颁奖盛典”在北京举行。中远航运荣登“2009年度中国上市公司市值管理百佳榜”，中远航运董事长许立荣、董事会秘书薛俊东分别获得“2009中国资本市场最佳创富创新奖”和“2009中国资本市场最佳创富IR奖”。

26日 广远召开2009年“安全生产月”活动动员大会。对开展“安全生产月”活动进行了部署。会议传达了上级“安全生产月”有关文件，对企业“安全生产月”活动方案进行解读。会上，总经理徐惠兴就开展“安全生产月”活动进行了动员。会后，与会人员观看了《关爱生命、安全发展》安全宣传教育片。

同日 由广东省海员工会主办，广远和《南方工报》社共同承办的《工会论坛》在远洋宾馆拉开帷幕。论坛以“关爱生命，安全护航”为主题。广东省总工会副主席张国兴，党组成员、纪检组组长肖建葵，广东省海员工会主席卢晓露，广东省安全生产监督管理局处长苏晓军等出席了论坛。省海员系统部分企业行政领导、工会干部以及主抓安全生产的相关负责人和广远副总经理翁继强、工会主席马宗梅及部分员工代表100人参加了活动。

27日 广远党委召开贯彻落实科学发展观情况分析检查评议会，接受员工群众对《广远公司党委贯彻落实科学发展观情况的分析检查报告》的评议。广远领导，广远本部各部室部门长、部门长助理，基层单位党、政主要负责人，合资合营单位广远方派出人员，专职监事，党员和群众代表、船员代表、离退休老同志代表共62人参加了评议会。中远集团学习实践科学发展观活动指导检查组陈成进出席了会议。评议会上，与会代表填写了分析检查报告评议表，从企业领导班子对科学发展观认识的深刻性、查找问题的准确性、剖析问题的透彻性、发展思路的前瞻性和工作措施的可行性等方面，对分析检查报告进行了评议。会议共发出评议表58份，回收58份，均为有效问卷。据统计，员工群众对分析检查报告各项指标的满意度均达95%以上。

29日 重吊船“大富”轮抵印度KARAIKAL港，仅用3天时间，就顺利卸下了各种重大件设备货物共17件。其中，最重件245吨，最长件34米，最高件12.5米，在当地航运界引起了强烈反响。印度《航运快报》进行了广泛报道，当地政府、港口官员以及中小学生上船参观络绎不绝。货主对“大富”轮卸货前的精心组织准备，近乎完美的卸货过程以及高品质的服务非常感动，给予了高度评价。

31日 以海南省海事局副局长吴辉为组长的安全管理体系审核组一行3人，莅临中远南方进行五星旗DOC年度审核。审核组用了3天的时间对中远南方安全质量管理体系文件、岸基各项安全和防污染管理活动进行了全面严格的审核，一致认为中远南方管理体系基本覆盖有关强制性公约、法规规定，船岸活动基本符合体系要求，体系运行持续有效，同意建议中国海事局审核中心签发五星旗DOC证书年度签注。

是月 国家人力资源和社会保障部及国资委联合表彰了一批中央企业先进集体和劳动模范。广远轮机长吴志刚被授予“中央企业劳动模范”称号。

6月

4日 广远领导班子被中远集团评为

2008年度“四好”（政治素质好、经营业绩好、团结协作好、作风形象好）领导班子。

4～6日 广州市召开2009年度QC小组成果发表会。广远共派出15个小组参加了该项活动。5个小组参加了发表竞赛，10个小组参加了发表交流，均获得了“广州市级优秀QC小组”的好成绩。其中，信息中心软件事业部小组、天河远洋大厦工程部小组、中远航运船员管理部业务处小组、广东中远船务保障管理小组获得了省级推荐名额；信息中心软件事业部小组获得“羊城杯”提名；信息中心BUG管理小组获得省级提名的好成绩。

8日 龙口——非洲重型车辆滚装航线首航仪式在龙口港16号泊位隆重举行。中远日邮汽车船运输有限公司滚装船“富瀚口”轮首次装载中国重汽217辆重型车辆开往非洲。烟台市、龙口市有关领导以及港口、货主和“富瀚口”轮船长等参加了首航仪式。

10日 中央企业学习实践科学发展观活动第四指导检查组组长车书剑、副组长李荣芝等一行5人，莅临广远进行学习实践活动检查指导。指导检查组听取了广远党委书记刘书田关于广远生产经营和开展学习实践活动情况的汇报，观看了企业形象宣传片，并对中远航运的学习实践活动进行了具体的检查指导。

同日 广远召开安全长效管理机制建设推进（研讨）会，对安全长效管理第三阶段工作进行了总结，对新实施的广远安全管理规定进行解读，并就如何贯彻落实中远集团关于建立健全安全长效管理机制第四个阶段的推进方案和工作计划提出了落实建议。会议还就安全管理（综合）体系的运行、执行、审核和持续改进等方面的情况进行了交流和研讨。

12日 广远召开航运企业生产经营专题研讨会。广远领导，广远有关职能部门领导和人员，广远所属各航运企业党政主要负责人、主管生产经营副总经理等参加了会议。会议围绕中远集团“谋发展、控风险、抓机遇、拼效益”的工作目标，以“超限战”的工作思路，认真总结2009年以来航运经营主要工作，分析形势，查找不足，明确措施。总经理徐惠兴、党委书记刘书田在会上作了讲话，具体部署做好后7个月的航运生产经营的各项工作，明确提出竭尽全力确保全年航运经营效益稳定的具体要求。

15日 广远新办公大楼——广州远洋大厦成功封顶，并举行了封顶仪式。岸产企业运营总监林立兵、建设实业领导班子及施工单位省一建负责人出席了仪式。

18日 CECA国家信息化测评中心评选出“2008年度中国企业信息化500强”。广远获得“2008年度中国企业信息化500强”称号。

22日 “大华”轮承运台湾高雄的重型货物前往青岛。这是中国船舶首次从台湾承运重型货物回大陆。其中，最大单件4575立方米，重195吨。“大华”轮装载的重型货物为台湾厂商加工的镍矿冶炼厂生产线组件，由货主安排运到中国大陆进行深加工后，再运到澳大利亚某镍矿组装生产线。

24日 中远航运为进一步开拓新市场、新货源，充分发挥中远系统揽货网点优势，中远航运CEO韩国敏、COO郭京与华南中货副总经理吴士泉率队的云、贵、湘、桂、琼、穗、深、湛、汕地区公司总经理进行业务交流，培训相关件杂货业务知识与揽货技巧，以加强件杂货业务的全面拓展与合作。

26日 广远党委召开深入学习实践科学发展观活动总结暨纪念建党88周年表彰大会。大会总结开展学习实践活动的情况，并就下一步巩固和扩大学习实践活动成果，抓好各项整改落实工作进行了部署。大会还对先进基层党组织、优秀共产党员和优秀党务工作者进行了表彰。

29日 中远日邮汽车船运输有限公司承接租船的东风轻卡出口沙特交车及出运仪式在上海海通码头“SUIJIN”轮旁边隆重举行。东风汽车股份有限公司副总经理、武汉东风对外贸易有限公司董事长刘耀平，襄樊市出入境检验检疫局局长林申，上海海通码头总经理孙建国等嘉宾和中远日邮驻上海港代表方小寒、港口船长黄世武共30余人参加了仪式。

30日至7月7～8日 广远总经理徐惠兴先后到中远南方、中远远达、中远航运调研暨现场办公。徐惠兴在现场办公期间，充分听取了各航运公司班子成员、部分中层管理人员及员工代表的意见和建议。在各航运公司召开的中层以上管理人员会议上，徐惠兴就企业发展规划、航运经营、船队结构调整、队伍建设、安全管理等提出了明确要求。

是月 广远开展“安全生产月”活动，紧紧围绕“关爱生命，安全发展”主题，研究制定“安全生产月”活动方案，细化活动内容，精心策划部署，认真抓好落实，注重活动实效，取得了良好成效。

7月

1～3日 中远远达中国旗DOC通过了中国海事局审核组的年度审核。审核组经过整体评估，认为中远远达SMS的运行是有效的，安全管理情况达到制定的安全目标，安全面100%，建议交通运输部安全质量管理体系审核中心给予中远远达DOC年度签注。

9日 广州亚运会组委会在广州白天鹅宾馆码头举行2010亚运重访海上丝绸之路归航仪式，热烈欢迎亚运使者“阔阔真公主”号仿古船“回娘家”。“阔阔真公主”号在中远集团以及广远等单位的赞助下，在中远航运、中远西亚公司等具体操作下，历时3个多月，先后抵达9个国家和地区十几个亚洲港口完成远航宣传任务后，顺利、安全、圆满回到了2010年亚运会的主办地——广州。

10日 中远南方4#5900吨沥青船命名暨下水仪式在广州中船黄埔造船有限公司隆重举行。中远南方总经理蔡梅江在会上致辞，并为中远南方4#5900吨沥青船命名——“安海湾”。

11日 广远员工庆祝一年一度的中国“航海日”暨“世界海事日”。广远本部大楼挂满色彩斑斓的彩旗，以庄严的挂旗仪式，向郑和时代伟大的航海精神致敬。此外，广远积极参加2009年珠江片区航海日系列活动，与有关各方携手，共同促进珠江流域经济社会发展，构建绿色航运。

15日 广远召开2009年年中工作会。会议传达了中远集团2009年年中工作会议精神，回顾总结了企业上半年的工作情况，分析研究了航运市场形势，对下半年的各项任务和措施进行了部署。会上，总经理徐惠兴作《认清形势，树立信心，拼搏效益，保证安全，努力完成2009年各项任务》的报告，党委书记刘书田作《落实科学发展观，打造党建新优势，为全面完成2009年各项工作任务努力奋斗》的报告。会议号召广大员工继续发扬广远人艰苦奋斗的优良传统，用信心和智慧战胜市场寒冬，保持清醒判断，坚定必胜信心，立足自身实际，把握发展机遇，拼搏经济效益，为完成全年各项工作任务、实现中远集团全年赢利的奋斗目标作出新的更大贡献！

同日 交通运输部海事局根据《中华人民共和国海事局航运公司安全诚信管理办法（试行）》，在全国范围内开展2008~2009年度“安全诚信公司”、“安全诚信船舶”、“安全诚信船长”评审工作，授予中远远达等8家企业为“2008~2009年度安全诚信公司”。中远远达是中远系统唯一一家获得2008~2009年度此殊荣的企业。

20日 广远工会、航安部、党工部联合举办的广远2009年年中安全工作会暨安全文化作品表演总决赛在远洋宾馆国际会议厅举行。广远领导、各基层单位领导和主管安全的负责人、工会主席、广州地区部分公休船员代表、广远本部全体员工250人参加了会议并观摩比赛。

同日 广远对在开展“关爱生命，安全发展”为主题的“安全生产月”活动中表现优秀的船舶和班组进行表彰。受表彰的14艘船舶是：“泰安口”、“乐里”、“乐和”、“富源山”、“安龙江”、“乐同”、“桃江”、“安华江”、“大华”、“大田”、“白沙岭”、“金达岭”、“木兰湾”、“洪江”轮。受表彰的优秀班组有：物业公司沙园管理处、建设实业广远新办公大楼——广州远洋大厦项目部、供应公司食品部、远洋宾馆房口部、金桥学院船员培训处。

29日 32000吨木材船首制船“金广岭”轮交船命名仪式在黄埔造船厂龙穴厂区隆重举行。广远副总经理翁继强，中远远达总经理李伟，中国船舶工业贸易公司船舶二部总经理林峰，广州中船黄埔造船有限公司董事长陈妙根，以及广远本部各部门、下属有关单位负责人出席了仪式。

31日 广远女工委与广东省海员工会联合举办女员工知识讲座，特邀请广州市委文明办礼仪讲师团讲师、中山大学客座教授、高级培训师王春芝教授讲授高级服务礼仪、高级商务形象与礼仪等方面知识。广东省总工会党组成员、纪检组组长肖建葵，广东省海员工会副主席、女工委主任陈小翠，广远系统各单位在职女员工、广东省港航系统女员工以及部分男员工共400多人参加了讲座。

8月

3~4日 中共广州市委、市政府在广州举办广州——中央企业战略合作活动。多家中央企业及国内大型企业与广州市政府及本地企业共同寻求战略合作机遇，创造共赢发展格局。中共中央政治局委员、广东省委书记汪洋，国务院国资委主任李荣融，广东省委副书记、省长黄华华等领导出席了在广州白云国际会议中心举行的广州——中央企业及国内大型企业战略合作座谈会暨项目签约仪式。广州市委、市政府非常重视中远集团在广州的发展，特邀中远集团参加相关活动。受中远集团委托，广远总经理徐惠兴、党委书记刘书田、副总经理翁继强等代表中远集团参加了参观考察、高层战略合作座谈暨项目签约仪式、国有企业改革发展专题报告会等一系列活动。广远还与广州港集团签署了“港口物流运输业务合作”框架协议。

7 日 中远南方在上海与中石化上海沥青销售分公司举行“散装液体沥青海上运输战略合作协议”签约仪式。广远副总经理翁继强，中远南方总经理蔡梅江、副总经理顾卫东及相关人员参加了签约仪式。

同日 新造 6000 吨级沥青船“平海湾”轮交船签字仪式在黄埔造船厂隆重举行。接入该轮后，中远南方总共拥有和控制 14 艘沥青船，总运力达 80000 载重吨，沥青船运力规模位居亚洲第一，航线遍及东南亚、南美、欧洲、非洲和大洋洲。

13 日 中远集团监督部总经理李宗豪一行莅临建设实业和供应公司检查工作。李宗豪一行通过检查，对岸产企业的工作提出表扬，认为岸产企业工作扎实、监督到位，广远新办公大楼——广州远洋大厦在施工过程中，招投标操作规范，操作公开透明。

14 日 中远远达与天津港第一港埠有限公司就打造西非木材运输精品航线签订合作协议，双方确定将充分利用各自资源，优势互补，实现互利共赢。

同日 可装载 32000 吨的新型专业木材运输船“金广岭”轮在天津港首航，投入中国天津——西非木材运输航线。天津市副市长熊建平会见了中远集团副总裁张良、广远总经理徐惠兴一行，并出席了首航仪式。“金广岭”轮长 177.5 米，宽 28.2 米，货舱舱容 42200 立方米，最大舱口 16.8×19.2 米，是华南地区第一艘。该轮可满足 IACS (国际船级社协会) 船体结构共同规范的要求，拥有全自动化无人机舱，主、辅机工况通过计算机进行监测，排、压舱水均由计算机控制实现。

16 日 “天王星”轮航经索马里海域。主机第一缸排气阀突然烧坏，船舶停车漂航更换缸头。船舶遭遇武装海盗袭击。船员们英勇还击，获得胜利。“天王星”轮船员面对船舶失去动力，海盗多次发射枪榴弹的危急情况，毫不畏惧，多次发射钛雷，与海盗对抗 1 个多小时，成功抵御海盗多次袭击，挫败了武装海盗劫持船舶的企图，确保了人、船、货的安全。

20 日 中远集团总裁魏家福、副总裁张良一行登上停泊在天津新港的“安新江”轮检查工作。中远散运总经理许遵武、党委书记魏卿，中远集团安全监督部总经理陈正杰等陪同检查。魏家福在听完船舶领导的汇报后，对这艘有着 25 年船龄的老旧船的维修保养以及船员的精神面貌表示满意。

23 日 广东省总工会命名一批“广东省工人先锋号”。中远航运航运经营部、中远远达“白沙岭”轮被命名为“广东省工人先锋号”。

25 日 广远工会与监督部/审计部联合举办了一场加强党性锻炼和思想道德修养专题报告会。报告会特邀广东省人大常委会原副主任、省总工会原主席、广东省委党校客座教授汤维英作专题报告。广远领导，广远本部，中远远达员工，中远航运业务经理以上人员，中远南方、合资合营企业广远方负责人，各岸产企业领导班子成员，各基层工会全体委员，专职监事，全体专职、兼职纪检监察审计人员共 250

人参加了报告会。广东省总工会党组成员、纪检组组长肖建葵，省海员工会主席卢晓露、副主席陈小翠等领导参加了报告会。

是月 团中央下发了《关于开展共青团、少先队基层组织建设和基层工作试点工作的通知》，广远团委被确定为国有和国有控股企业共青团基层组织建设和基层工作试点单位。这是广东省唯一一家国有和国有控股企业试点单位。

9月

1日 全国优秀工会工作者表彰大会暨先进事迹报告会在北京人民大会堂举行。广远工会主席马宗梅荣获“全国五一劳动奖章”称号。马宗梅出席了表彰大会，得到中共中央政治局委员、全国人大常委会副委员长、中华全国总工会主席王兆国和中华全国总工会副主席、书记处第一书记孙春兰的亲切接见。

3日 第16届亚运会亚洲之路重访陆上丝绸之路活动——广州亚运车队出发仪式在广州举行。广州亚组委领导、亚运车队车手、亚洲之路赞助商及新闻媒体等各方人员100余人参加了仪式。中远航运COO郭京作为赞助商代表参加仪式，并共同为亚运车队车辆揭幕，向车手代表授中远旗。

7~9日 中远集团副总裁张良率领中远集团安监部总经理陈正杰、总轮机长王新全一行前来广州,在中远驻穗单位深入开展以“查隐患、促整改、保安全、迎国庆”为主题的安全督察工作。期间，张良一行对广远的安全工作进行了督察。

9日 在教师节前夕，广远工会主席马宗梅率队前往金桥学院，对金桥学院的教职员工致以节日的问候。马宗梅对金桥学院严谨办学，狠抓教育质量，培养了一批又一批的优秀人才，为航运主业提供了很好的智力支持表示感谢。同时，马宗梅还对金桥学院今后的工作提出了希望和要求。

16~18日 由国资委、人力资源和社会保障部联合举办的2009年中央企业职工技能大赛船舶水手、船舶机工决赛在青岛船员学院举行。共有18支代表队、97名选手参加决赛。广远代表队选手有水手马朝辉、陈赞金、吴禄伟，机工何鹏辉、黄红亮、梁仕慧。在强手如林的比赛中，广远选手沉着应对，勇于拼搏，夺得了3枚金牌、2枚铜牌。其中，马朝辉、陈赞金分别获得水手项目金牌、铜牌；何鹏辉、黄红亮分别获得机工项目金牌，梁仕慧获得机工项目铜牌。

28日 广远工会组织召开企业困难职工帮扶中心评审工作会议。帮扶中心领导小组成员及相关部室人员共12人参加了会议。会议由工会副主席符雄主持。会议总结回顾了2008年10月至2009年9月广远三项基金使用情况。自2008年10月以来，广远困难职工帮扶中心积极开展扶贫帮困、送温暖活动，共补助生活困难职工1351人次，补助金额724363元；补助特困户定期34户，金额83907元；希望工程助学金13人次，金额7777元；高教助学38人次，金额88700元；地震再救助16人，金额119000元；大额救助3人，金额15000元。

是月 在全国交通系统QC小组成果发布会上，广远5项QC成果获得6个奖项。其中，信息中心软件事业部“自主研发汽车滚装船配载解决方案”成果获“交通行业2009年度质量管理小组成果发布优秀奖”和“交通行业2009年度质量信得过班组成果”两项奖；广东中远船务电老虎QC小组“VM设备建模程序的开发”成果、信息中心应用开发部BUG管理QC小组“建立BUG管理平台”成果、远洋大厦工程部QC小组“增加制冷系统热水回收量”成果、广东中远船务保障QC小组“提高‘铁面前锋’船体合拢缝一次报验合格率”成果获“交通行业2009年度优秀质量管理小组及成果奖”。

是月 中共广东省委宣传部、广东省总工会、南方报业传媒集团、南方广播影视传媒集团联合开展的“南粤杰出劳模”评选活动，公布了评选结果，广远总经理徐惠兴获得“南粤杰出劳模提名奖”。

10月

1日 新中国60华诞，当地时间9月30日，中国人民海军在亚丁湾举行特别仪式，19艘商船以挂满旗的形式向中国国庆日和中国人民海军表达了崇高的敬意和美好的祝福，中远航运“三江口”轮作为唯一一艘悬挂五星红旗的中国商船，该轮舱盖上巨大的“祖国万岁”四个红色大字格外醒目，这是COSCO船员发自内心的祝福，是为新中国60华诞献上的一份特殊礼物，成为护航编队中的一大亮点。10月3日、4日，中央电视台一套、七套、新闻频道、央视新闻网连续滚动播出了“三江口”轮参加的这一护航编队的画面，吸引了来自全世界的无数目光。

13～15日 中远航运副总经理杜俊明带队参加在美国新奥尔良举行的第20届杂货展。这次参展展示了中远航运特种杂货运输综合实力和服务能力，并与参展船东和客人进行交流，取得了预期效果。在展会期间，杜俊明还拜访了多家专业物流公司和装卸公司，以进一步寻求合作机会拓展欧美市场。

16日 中国交通职工思想政治工作研究会对交通运输系统思想政治工作者进行表彰。广远岸产事业部党工委书记陈建钦被授予“全国交通运输系统优秀思想政治工作者”荣誉称号。

19日 广远召开第四季度生产经营专题工作会，通报1~9月份生产经营情况，分析第四季度及2010年经营形势，对下阶段的工作进行了部署。

24日 中远航运在山东黄海船厂订造的8艘28000吨多用途重吊船首制船“大丹霞”轮在南通加载货物之后启航前往欧洲，开始了首航之旅。“大丹霞”轮长159.33米，宽27.4米，型深14.2米，28662载重吨，航速15.1节，配备有单吊200吨、并吊400吨的起吊设备。全船共有4个箱式船舱，其中第2、3、4舱的舱口尺寸为33.575×23米，适合装运各种大型机械、机车和设备。该轮拥有长110米、宽23米的开放式甲板，适合装载驳船等超长、超宽、超大货物。“大丹霞”轮首航在南通顺利装载了3艘110×12×4.5米大型驳船。其中，最重的一艘为1000吨，这是中远杂货船装载最大、最重的单件货物。

同日 2009年首届中非物流与采购发展论坛在山东省龙口市隆重举行。论坛以“友谊、发展、合作、共赢”为主题，旨在搭建中非贸易交流平台，促进合作，增进友谊。中远航运COO郭京受中远集团委托

出席论坛并发表了主题演讲。

28 日 广远开展职业教育和船员培训基地——广州海员学校暨广州金桥管理干部学院、广远职业技术学校的师生隆重举行庆贺建校 34 周年活动。广东海事局副局长莫奇，广州海事局党委书记庄则平，广远总经理徐惠兴、党委书记刘书田、纪委书记马宗梅等领导及海校合作伙伴代表出席了校庆活动。

同日 广远合资的广东省远洋运输有限公司 76000 吨散货船开工仪式在黄埔船厂龙穴厂区举行，省远洋总经理赵寿春为开工仪式点火。

30 日 首制 32000 吨木材船“金广岭”轮在加蓬奥文多港成功举行首航西非庆祝酒会。中国驻加蓬共和国大使李福顺、经济商务参赞胡平和奥文多港港长、海关、移民局、卫生检疫、港口国检查机构等官员、货主与代理、加蓬电视台以及中国新华通讯社记者等共 50 多位嘉宾一同登轮，参加酒会并参观了“金广岭”轮。

31 日 广远人力资源部/组织部总经理黎光葵代表广远参加广东省海外公民安全保护宣传月及《中国公民海外安全常识文明指南》发放仪式。

是月 广远编辑出版了《劳动安全案例（画册）》及配套视频光盘，作为广远“红树林”工程“送学上船”的首套教材。该手册收集、整理了自 1993 年以来广远船岸发生的 113 个比较典型的人身伤害事故案例，以漫画和文字结合的方式，简要概述每个事故经过，分析原因，总结教训，具有较强的针对性和可读性，有助于提高船员安全事故防范意识和能力。

11 月

2 日 由国家安全生产监督管理总局、卫生部和中华全国总工会联合开展的 2009 年全国职业安全健康知识竞赛活动落下帷幕。全国近 10 万家企业、4000 万人参加了此次竞赛活动，规模、人数均创历史新高。广远在此次活动中，荣获“竞赛优秀奖”。

同日 32000 吨系列木材船“金远岭”轮交船命名仪式在黄埔造船厂龙穴厂区隆重举行。广远副总经理翁继强，广州中船黄埔造船有限公司董事长陈妙根、总经理陈忠前、党委书记许光耀，中国船级社广州分社总经理谭好修，中远北京船贸总经理助理张岩，广州船舶工业公司总经理助理金学坚等出席了仪式。马雪心女士为该船揭幕。

同日 重吊船“大华”轮在韩国装载 18 件单件重 113 吨至 210 吨，共 11000 立方大件设备货物运往罗马尼亚。这是中远航运重吊船开辟国际重大件运输又一新的航线，也是韩国到罗马尼亚有关运输项目的第一批重大件设备货物。

10 日 中远航运在金桥学院举行 2009 年“红树林”工程技能竞赛。船员一处、二处、三处组成的三支代表队，共 60 名选手参加了技能竞赛。广远本部有关部室、中远航运、中远远达、金桥学院等单位领导及负责人出席了赛事活动。开幕式由中远航运船员管理部党委书记林耀强主持，中远航运副总经理赖奕光致开幕辞。

12～15 日 第二十三届广州（国际）美食精品展在广州正佳广场隆重举行。本次活动共吸引了数十家餐饮企业积极参与。

经过活动组委会评定，远洋宾馆的菜式获得了本次美食精品展的金奖。

13 日 广东省经济和信息化委员会、广东省统计局、国家统计局广东调查总队联合发布 2008 年度广东最大 100 家企业和最大 100 家工业企业名单。广远进入广东最大 100 家企业名单。

16 日 第十一届中国国际高新技术成果交易会在深圳会展中心隆重开幕。中远集团率中远航运半潜船等 5 个项目组团首次参加，被誉为“中国科技第一展”的高交会展，展览以模型、文字、图片、多媒体等多种方式，集中展示了近年来中远集团在航运、物流、修造船领域提升自主创新能力所取得的一系列成就，展示了中远航运作为全球第一家采用 DP 技术对石油平台进行海上浮托安装，为国际油服企业提供运输、安装一体化解决方案，实现运载单件货物从 100 吨到 50000 吨全面覆盖的风采。原国家计委副主任甘子玉、国家发改委副主任张晓强、海关总署关税司副司长姜皓等有关领导来到中远展位参观、指导，并关切地询问有关半潜船、汽车滚装船的情况。

同日 广远下属的中远南方在广州中船黄埔造船有限公司建造的 5900 吨沥青船“安海湾”轮正式交付使用。“安海湾”轮较之此前的沥青船，在硬件设备上又有了突破，增加了车推及轴带发电机的设置，进一步提升了船舶的操作和安全性能，同时也更有利于发挥新一代沥青船的节能优势。

18 日 由福建省省长黄小晶和中远集团总裁魏家福共同命名的 32000 吨新型专业木材运输船“武夷山”轮，在福建马尾船厂隆重举行下水仪式。武夷山市副市长金益满、广远总经理徐惠兴、中远船贸总经理助理张岩、福建省船舶工业集团公司董事长冯志农、中国船级社福建分社党委书记李开天、中远远达总经理李伟、党委书记龚艳平及相关部门领导和负责人出席了仪式。“武夷山”轮长 177.5 米，宽 28.2 米，货舱舱容 42200 立方米，最大舱口 16.8×19.2 米，是一艘满足 IACS（国际船级社协会）船体结构共同规范要求的船舶，拥有全自动化无人机舱，主、辅机工况通过计算机进行监测，排、压舱水均由计算机控制实现。

23 日 中远南方与 SARGEANT MARINE 正式签署了“安海湾”轮期租协议，计划 2010 年 2 月起将该轮投放至地中海市场。

10 月 26 日～11 月 3 日 由广远工会牵头组织的广远第十二届四次职代会代表巡视团一行 14 人，对航运企业、岸产企业以及部分船舶进行巡视检查。检查的主要内容有：职代会决议落实情况、安全生产和劳动保护情况、职代会立案答复的职工提案的落实情况、厂（船）务公开制度的执行情况和职工对企业改制情况反映等 9 个方面。

30 日 广远召开 2010 年工作务虚会，总结广远 2009 年的工作，分析预测 2010 年市场形势，各单位交流改革、发展、安全、效益、稳定等重点工作的规划和措施。广远领导，广远本部各部室、岸产事业部负责人，中远航运、中远远达、中远南方党政一把手、主管经营的副总经理，全资、控股航运企业和岸产企业领导，合资合营企业广远方负责人参加了会议。会上，广远本部 3 个职能部门、6 家航运公司以及岸产事业部做了交流发言，总经理徐惠兴、

党委书记刘书田对1~10月以来的主要工作进行了回顾，分析了当前面临的形势，提出了2010年的工作思路和要求。

是月　经国资委党组推荐，中远航运航运经营部商务组获得“全国三八红旗集体”荣誉称号。

12月

1～11日　广远副总经理翁继强和中远南方总经理蔡梅江出访美国、巴拿马，拜会了中远美洲公司、中远巴拿马公司、SHELL美洲公司总部、Exxon Mobil（埃克森美孚）美国总部及巴拿马运河管理局。通过访问，进一步了解美洲市场对沥青专用船的需求，了解半潜船、重吊船、多用途船和木材船在美洲地区的运行和市场需求情况。

8日　中远航运员工庆祝中远航运成立10周年。会上，中远航运CEO韩国敏作了讲话。韩国敏回顾中远航运的发展历程，审视当前所处的环境和面临的形势，展望了中远航运的美好未来。会上还举行了中远航运2010版网站开通仪式。

18日　广远召开工会八届七次常委会。会议总结了2009年工会工作，对2010年工会工作进行了研究部署。会议还听取了暂缓召开广远十三届一次职代会、工代会及工会委员会等工作的情况说明。会上，与会委员就2010年广远工会工作进行了深入探讨，提出了许多建议。广远工会常委会全体委员参加了会议。广东省总工会领导肖建葵，广东省海员工会主席卢晓露应邀参加了会议，并分别在会上作了指示。广远工会主席马宗梅作了讲话。

19日　中远南方在海南省海口市举行“中远南方注册地迁入洋浦经济开发区揭牌仪式”。广远总经理徐惠兴、党委书记刘书田，洋浦经济开发区管理局党委书记丁尚清、局长倪强及各下属单位的领导参加了仪式。洋浦经济开发区领导介绍了开发区的发展战略和大型企业、项目进驻情况，希望在更多领域与广远合作。

29日　尼日利亚当地时间21:00时，“瑞昌海”轮在尼日利亚拉各斯港外水域漂航时，遭遇海盗火力袭击。面对武装海盗，“瑞昌海”轮全体船员不惧危险，用自制武器奋勇反击。广大船员在船舶领导带领下，成功阻击海盗3次登船企图，保证了船舶和船员的安全，维护了“浮动国土”的尊严。在这次抗击海盗袭扰事件中，“瑞昌海”轮认真贯彻执行广远“早发现、早预警、早行动、早报告”的防海盗工作总体要求，机智、勇敢，成功击退武装海盗于船舷之外，体现了广远船员“忠于祖国、热爱远洋”的优良传统。这次成功抗击海盗的事件说明了：只要高度重视，提早发现，措施到位，就能取得防抗海盗工作的胜利。

是月　由广东省总工会、广东省文学艺术界联合会共同主办的广东省“职工艺术家”评选活动圆满结束。广远8名员工被授予广东省“职工艺术家”荣誉称号：马宗梅、黄森民（书法类），米军喜、管升（文学类），许耀启（音乐类），陈献平（摄影类），林子伟（美术类），刘绍杰（收藏类）。

是月　广东省总工会下发通知，表彰一批在开展建设“职工之家”活动中的先进集体和先进个人。中远远达工会荣获“广东省模范职工之家”称号。

（张超文　周益桥）

第四章
概 况

第一节　工作概况

2009年，是广远历史上极不平凡的一年。一年来，广远在中远集团的正确领导和支持下，坚持以党的十七大精神为指导，深入学习实践科学发展观，坚决贯彻执行中远集团“谋发展，控风险，抓机遇，拼效益”的战略部署，以“超限战”的战略思维，紧紧围绕“树信心、拼效益、保稳定、促发展”的任务目标，认清形势，抓住机遇，创新经营，团结拼搏，推动航运经营机构改革，调整船队结构，打造“资本广远”，力行全员挖潜，深推“红树林”工程，理顺岸产资产，狠抓安全突出问题，全面推进各项工作，经受了国际金融危机、国际航运市场历史性低谷的、十分严峻的考验，取得了显著成绩，经营效益保持总体盈利，企业保持和谐稳定的良好局面，为进一步实现企业科学发展奠定了基础，积蓄了力量。是年，广远的工作成效受到中远集团领导的充分肯定，称广远为中远集团作出了重大贡献。广远领导班子被评为中远集团“四好领导班子”。

2009年，广远经营效益保持了总体盈利，主要生产指标完成情况如下：

货运量1197.82万吨，周转量585.50亿吨海里，营运率97.3%，航行率58.3%，载重量利用率60.9%，船舶挂港4351艘次，平均在港停时3.13天/次，减幅3.1%，相当于节约了435天船期，燃油单耗4.61千克吨海里，下降1.7%。

一、坚持创新经营，经营效益总体盈利

2009年，广远坚持“以航运为主业，航运是重中之重，只有航运才能发展广远”的发展战略，结合自身实际，不断加强航运主业结构调整，制定一系列航运主业经营战略，航运主业得到快速发展。是年，广远系统各航运公司在危机中求高，在思想上转变观念，在创新机制上取得实实在在的进步，企业核心竞争能力和抵御周期性风险能力得到有效增强，在2008年以来国际航运市场历史性低谷的严峻形势下，仍然保持总体盈利，从经营成果来看，优于同行业水平。广远2009年实现的利润总额，是实际经营利润，是实打实完成的。按照同样口径，2009年广远经营效益在中远集团占有重要的一席之地，为中远集团总体盈利做出重要贡献。

创新求变，改革航运经营机制。广远创新求变打破固有模式，转变市场高位时期“重调度、轻市场”的观念，确立了“以市场为导向，以客户为中心，以效益为目标”的船队营销模式，由传统的“排船会”向市场营销例会和“排货会”转变，由传统的“以船为核心”向“以货为核心”转变，实现航线业务人员经营业绩与考核奖惩相统一。通过采取一系列航运经营机制改革措施，有效应对航运市场低位的严峻挑战，提高了企业整体效益。

实施大客户战略，打好市场营销战。广远以前所未有的规模和力度开展市场营

销推介工作，与国内数十家大中型对外工程承包企业建立联系，举办客户交流和推介会，参展杂货、海洋石油、沥青等大型国际展会，明显提升细分市场知名度。半潜船、重吊船、木材船、沥青船、汽车船均从自己的实际出发，坚定不移地实施大客户战略，取得较好成效。

精心经营，提高船队创效能力。2009年，广远合理分配运力，创新服务品牌，突出自身优势，将亏损航线船舶运力有计划向受国际金融危机影响小的航线转移。同时，不断创新高品质、个性化增值服务。采取多种措施，稳定优质客户，巩固盈利航线货源基础和市场占有率。狠抓国内外港口疏港工作，减少船舶停港时间，提高船舶营运率。与此同时，根据市场变化的情况，不失时机地实施积极的运价政策，稳步推进运价上涨，增加企业效益。

深入挖潜，精益管理。广远系统各航运企业重点抓好行政费用、机务费用、经营成本费用、船员费用、财务费用等五大项目的增收节支，并在此基础上做好单船单航次的核算，单船固定保本租金水平和单船平均期租水平的核算。是年，广远系统各航运公司多项经营成本和管理费用与2008年相比，有不同程度的下降。其中，船舶修理费、改造费、润滑油成本和绑扎物料等费用降幅较大，润滑油价格基本降到2007年初的水平。全年，广远船队燃油单耗与2008年同比有所节约。广远各岸产企业控制费用开支，在行政经费、财务费用、人工成本、经营成本全年共节约700多万元。广远本部加强行政经费的预控，行政经费与2008年同比节约54%。

二、坚持船队结构调整，增强抵御风险能力

广远在调整船队结构方面，主要做了如下工作：

发展特种船队，抵御市场波动能力有显著提高。广远特种船队经营创效和抵御风险能力日益突出，已经发展成为广远船队的创效主力。半潜船，成为航运业务利润最重要来源之一。是年，“中华富强”4艘重吊船逐步转回自营，经营成果达到预期目标；木材船队具有较好发展前景，西非木材运输正在打造精品航线；沥青船队在实施大客户战略上取得明显成效，为广远总体盈利做出了重要贡献。

退役老旧船，逐步实现船队结构优化。广远围绕船队定位调整战略，果断决策退役26艘老旧船，有效实现部分老旧船止亏。广远在逐步退役老旧船的同时，加大多用途船尤其是重吊多用途船的优质运力扩充，广远2009年接船6艘，船队结构正向实质性改善迈进，促进了主力船队结构优化，增强船队总体盈利能力。如新造27000吨多用途船“凤凰松”轮2009年投入营运以来5个航次实现营业利润2000多万元，在一定程度上弥补了老旧杂货船的亏损。

稳步打造“资本广远”，加强上市公司资本平台建设。广远控股的上市公司——中远航运在业务开拓、成本控制、资本运作、安全管理及企业党建等方面，都有新举措和新发展，取得新成效，实现全年整体盈利的预期目标，继续获得资本市场的高度认可。是年，中远航运被调入上证红利指数样本股，荣获“2009中国上市公司市值百佳榜”，连续3年荣获“优秀董事会

奖”。在上海证券交易所组织的公司治理专项评选中，荣获最具含金量的“2009 年年度最佳董事会奖”十佳。

三、坚持深入推进“红树林”工程，队伍建设成效显著

2009 年，广远坚持深入推进“红树林”工程，实现从船向陆地拓展、从基层向机关延伸，从在船员工向全体员工覆盖。广远各单位努力建设切实有效的船员培训教育工作机制，通过打造学习型广远，提升员工素质，增强安全意识，基本实现船员培训重点从满足履约培训，持证培训的要求，向全面提高综合技能培训转变，员工队伍由“数量优势”转变为“质量优势”。广远组队参加中央企业职工技能大赛，发挥出色，从参赛的 18 支代表队中脱颖而出，在全部 10 个比赛项目中勇夺 3 枚金牌、2 枚铜牌，总成绩在参赛队伍中名列第一，突出展现了广远员工高超的工作技能和崭新的精神风貌，得到国资委、中远集团的高度评价。是年，广远“人才强企”战略稳步推进，广远所属航运企业的船员培训投入经费 385 万元，培训员工 1410 人次，提升高级船员 284 人次。

四、坚持把握安全突出问题，全力保证安全基本平稳

2009 年，广远的安全工作以防海盗袭击、隐患排查治理、人身安全、老龄船管理、防甲型 H1N1 流感为重点，落实“一把手工程”，强化执行力建设，全面实施安全文化，推进安全长效机制建设，加大安全经费投入，船岸企业共投入安全经费 3.7 亿元。广大员工安全素质有所提高，安全理念进一步增强，企业安全管理体系有所改进，安全风险得到有效控制，隐患排查治理效果明显。2009 年，广远有 180 艘次船舶航经海盗活动海域，22 艘次受到海盗袭扰，5 艘船舶受到正面袭击，由于预防得当，措施有力，成功摆脱，未造成船员伤亡和财产损失，取得了防抗海盗斗争的胜利。全年，广远船舶接受 PSC/FSC 检查 312 艘次，无船舶被滞留。岸产企业全年无火灾、交通、食物中毒及群体事件，保持相对平衡的态势。是年，广远安全形势基本稳定。

五、坚持全面贯彻党的十七届四中全会精神，加强党建和思想政治工作

2009 年，广远广泛开展深入学习实践科学发展观活动，突出加强宣传思想工作，以科学发展思想指导推动企业党建和思想政治工作不断创新，为企业各项工作的稳步推进提供坚强的政治保障和组织保障。广远开展的学习实践活动，得到员工的充分认可和上级组织的高度评价，群众满意度达 100%。广远认真贯彻党的十七届四中全会精神，广远党委和下属基层党组织战斗力显著增强，绝大部分党员发挥了先锋模范作用，全年发展新党员 352 人。大力深化党内教育和廉洁从业教育，惩防腐败体系建设日趋完善，各级纪检监察组织认真履行职责，全年共开展专项监督检查 144 项，完成综合类审计 14 项，完成机务审计 1099 项，完成基建审计 38 项。充分发挥工会、共青团组织群众的优势，广远各级工会开展了安全生产、创新创效、节能减排、精益管理和劳动竞赛各项群众性活动，取得丰硕成果，并在员工维权上做了大量富有成效的工作；广远各级团组织

坚持以科学发展观教育团员、青年，深入开展向吴大观学习活动和青年创新创效活动，涌现一批先进团组织和优秀团员。广远在有关政府部门、中远集团的支持下，经过广远相关部门、单位和工作人员的不懈努力和大量卓有成效的工作，解决了以往年度终止劳动合同员工社保转移等重大历史遗留问题。是年，广远在全体船岸员工的共同努力下，营造了和谐发展、稳定发展的良好氛围，打造了和谐稳定、持续发展的新局面。（刘锐祥）

第二节 机构设置

1. 2009 年广远本部机构图

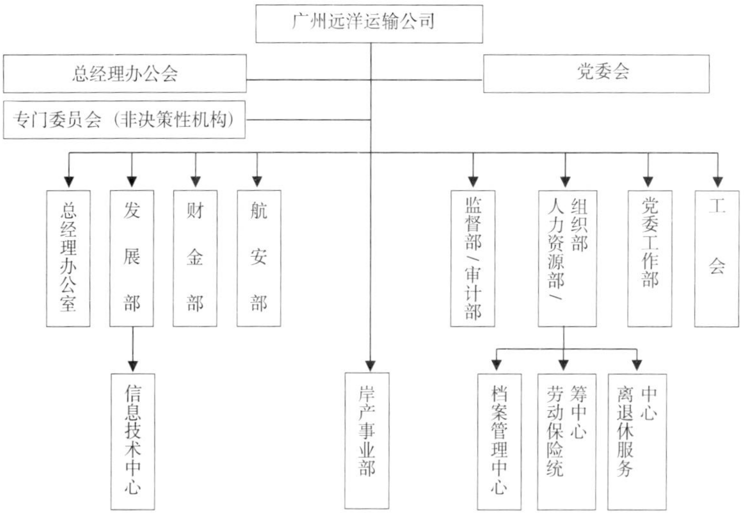

（吴思）

2. 2009 年广远系统机构图

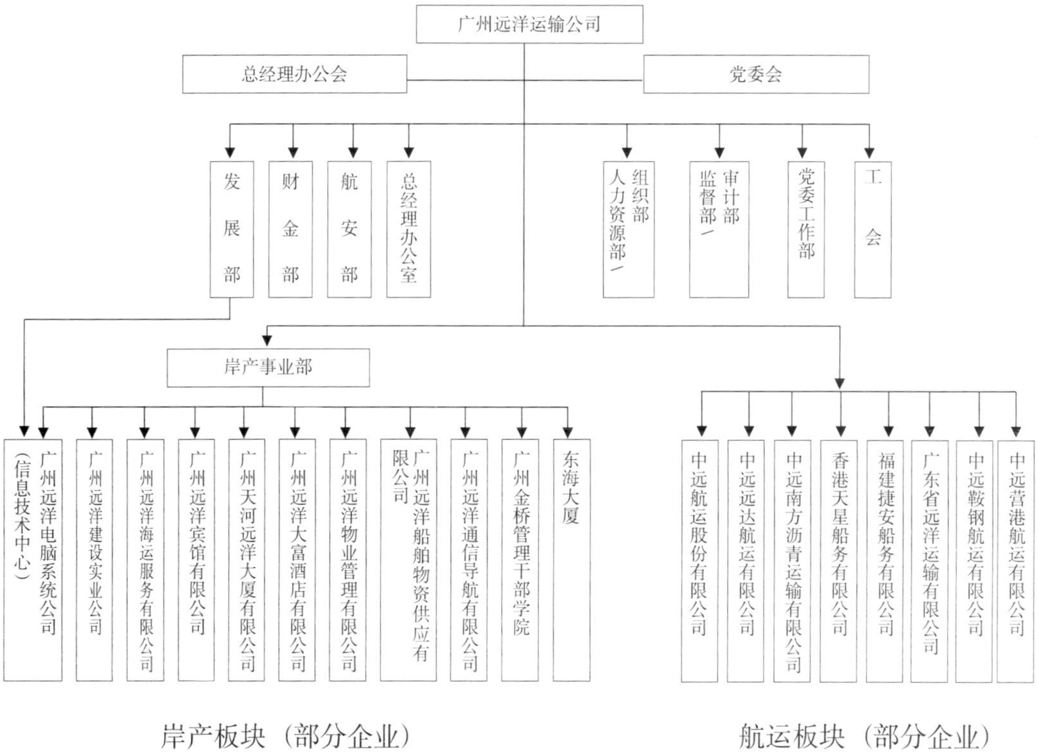

（吴思）

第三节　人员情况

1. 广远领导班子

姓　名	出生年月	政治面貌	学　历	职　称	职　务	任命机关	任职时间
徐惠兴	1950.11	中共党员	大普	高级工程师 高级船长	总经理 党委副书记	中远集团	1～12 月
刘书田	1951.04	中共党员	大普	高级工程师 高级政工师	党委书记 副总经理	中远集团	1～12 月
翁继强	1965.06	中共党员	大学	高级船长	副总经理	中远集团	1～12 月
黄继忠	1948.11	中共党员	大学	高级政工师	党委副书记	中远集团	1～12 月
马宗梅	1954.12	中共党员	大专	高级政工师	纪委书记 工会主席	中远集团	1～12 月

（吴思）

2. 广远部室领导和各投资企业领导（广远聘任或委派）

所在单位	姓　名	职　务
总经理办公室（简称总经办）	林旭东	主　任
	张莲芳	主任助理
发展部	谭　力	总经理
	张庆华	总经理助理
航运管理与安全监督部（简称航安部）	蔡梅江	总经理（1～5 月）
	周维民	总经理助理
人力资源部 / 组织部	黎光葵	人力资源部总经理 党委组织部部长
	郑深恩	总经理助理
财金部	佟文华	总经理
	邓伟荣	总经理助理
党委工作部（简称党工部）	姚　勇	部长兼机关党委副书记
	章晓彤	部长助理
监督部 / 审计部	朱航员	纪委副书记兼监督部总经理
	张访苏	总经理助理
工　会	符　雄	工会副主席
信息技术中心（简称信息中心）	杨　涛	主　任

（续上表）

所在单位	姓　名	职　务
岸产事业部	林立兵	岸产企业运营总监
	王玉生	总经理兼党工委副书记
	陈建钦	党工委书记兼副总经理
	王　珂	副总经理（3～12月）
	池新旺	财务总监兼财务部经理
中远航运股份有限公司（简称中远航运）	韩国敏	首席执行官
	徐惠兴	党委书记（兼）
	郭　京	首席运营官
	赖奕光	常务副总经理兼党委副书记
	杜俊明	副总经理
	郭福祥	副总经理
	林敬伟	副总经理、财务总监
	薛俊东	董事会秘书
中远远达航运企业有限公司（简称中远远达）	赵寿春	总经理兼党委副书记（1～5月）
	李　伟	总经理兼党委副书记（6～12月）
	龚艳平	党委书记兼副总经理
	刘海平	副总经理
	曾远祥	副总经理
	黄　雁	财务总监
中远南方沥青运输有限公司（简称中远南方）	何伟杰	总经理（1～5月）
	蔡梅江	总经理兼党总支副书记（6～12月）
	顾卫东	党总支书记兼副总经理
	周佳忠	副总经理
	梁　杰	副总经理
	盛开薇	财务总监
香港天星船务有限公司（简称天星公司）	刘贤蒙	总经理
	蔡旦家	副总经理（1～3月）
	胡冠雄	副总经理（4～12月）
	陈小华	财务总监
福建捷安船务有限公司（简称福建捷安）	张唯耀	总经理
广东省远洋运输公司（简称省远洋）	李　伟	总经理（1～5月）
	赵寿春	总经理（6～12月）

（续上表）

所在单位	姓　名	职　务
中远鞍钢航运有限责任公司（简称中鞍航运）	邱　波	总经理（1～5月）
	何伟杰	总经理（6～12月）
	周　斌	副总经理（1～3月）
广州金桥管理干部学院（简称金桥学院）	涂慕欧	院长兼党委副书记
	凌保平	党委书记、副院长兼企业党校副校长
	郭智谋	纪委书记、工会主席
广州远洋建设实业公司（简称建设实业）	郑培贤	总经理兼党总支副书记
	陈建钦	党总支书记（兼）
	王庆来	副总经理
	杨　泱	财务总监
广州远洋船舶物资供应有限公司（简称供应公司）	方少彪	总经理兼党总支副书记
	甄　伟	党总支书记兼副总经理
	廖伟文	财务总监
广州远洋物业管理有限公司（简称物业公司）	张清强	副总经理（主持工作）（1~2月） 总经理兼党委副书记（3~12月）
	王玉生	党委书记（兼）
	张玉凌	副总经理
	任紫侠	副总经理、党委副书记
	林远平	副总经理（12月）
	吕英翼	纪委书记、工会主席
广州远洋通信导航公司（简称通导公司）	闭晴安	总经理（1~4月） 总经理兼党总支副书记（5~12月）
广州远洋海运服务有限公司（简称海运公司）	徐国新	总经理兼党总支副书记
	周　舟	党总支书记兼副总经理
	林民育	副总经理
广州远洋宾馆有限公司（简称远洋宾馆）	施金安	总经理兼党总支副书记
	陈建钦	党总支书记（兼）
	洪　舸	副总经理
	陈永彩	财务总监
广州天河远洋大厦有限公司（简称远洋大厦）	程一高	总经理兼党总支副书记
	王玉生	党总支书记（兼）
东海大厦	何向宁	总经理
广州越洋船务有限公司（简称越洋船务）	吴亮明	副总经理（1~11月）
	陆海鸣	副总经理（12月）

（续上表）

ELF 润滑油（广州）公司 （简称广州埃尔夫）	王　珂	副总经理（1~2 月）
	李　伟	副总经理（3~12 月）
南海海洋包装材料厂 （简称海洋厂）	姜保民	厂　长

（关锦庭）

3. 广远系统员工人数总表

总人数	公司本部	船员人数	下属单位总人数
6095	201	4709	1185

（阮亦欢）

4. 广远本部员工人数一览表

总　数	本部机关	岸产事业部	信息中心	3 个挂靠中心
201	114	17	42	28

（阮亦欢）

5. 广远员工分类情况一览表

总人数	身　份	
	干　部	工　人
6095	3884	2211

（阮亦欢）

6. 广远干部技术职称情况一览表

总人数	职 称 情 况			
	高　级	中　级	初　级	无职称
3884	105	922	2592	265

（阮亦欢）

7. 广远干部学历情况一览表

总人数	学　历				
	研究生	大学本科	大学专科	中　专	高中以下
3884	61	1087	1356	1160	220

（阮亦欢）

8. 广远干部年龄结构情况一览表

总人数	年　龄			
	35 岁及以下	36 至 45 岁	46 至 54 岁	55 岁及以上
3884	1370	1351	932	231

（阮亦欢）

9. 广远干部从业人员变动情况一览表

2008 年年底人数	2009 年增加人数	2009 年减少人数	2009 年年底人数
4126	169	411	3884

（阮亦欢）

10. 广远员工政治面貌情况一览表（注1）

项　目	人　数
中共党员	5894（注2）
共青团员	334
民主党派	1
群　　众	9453

注 1：含代管单位。

注 2：此为在册党员数，另有 3819 名党员转属地管理。

（蔡主清）

第四节 船舶总体情况

1. 广远营运船舶主要技术规范一览表

序	代码	船名	英文船名	船旗	船型	建造年月	建造国家	接船日期	船舶主要尺度（米）				航速（节）	总吨	净吨	总载重吨	标准箱位（TEU）	功率（千瓦）
									总长	型宽	型深	吃水						
1	0005	大中	DAZHONG	巴拿马	杂货集装箱两用船	199806	日本	98-06-30	153.00	23.00	14.10	9.10	17.6	15300	6000	16957	685	6031
2	0006	大华	DAHUA	巴拿马	杂货集装箱两用船	199807	日本	98-07-31	153.00	23.00	14.10	9.10	17.6	15300	6000	16957	685	6031
3	0007	大富	DAFU	巴拿马	杂货集装箱两用船	199810	日本	98-10-30	153.00	23.00	14.10	9.10	17.6	15300	6000	16957	685	6031
4	0008	大强	DAQIANG	巴拿马	杂货集装箱两用船	199811	日本	98-11-30	153.00	23.00	14.10	9.10	17.6	15300	6000	16957	685	6031
5	0012	乐鼎	LEDING	中　国	杂货集装箱两用船	199811	中国	98-12-02	169.00	25.20	14.10	9.98	17.6	15525	8765	21728		7550
6	0013	乐盛	LESHENG	中　国	杂货集装箱两用船	199901	中国	99-01-22	169.00	25.20	14.10	9.98	17.6	15525	8765	21728		7550
7	0014	乐泰	LETAI	中　国	杂货集装箱两用船	199903	中国	99-03-23	169.00	25.20	14.10	9.98	17.6	15525	8765	21728		7550
8	0015	乐昌	LECHANG	中　国	杂货集装箱两用船	199907	中国	99-07-23	169.00	25.20	14.10	9.98	17.6	15525	8765	21728		7550
9	0016	乐宜	LEYI	中　国	杂货集装箱两用船	200004	中国	00-05-19	182.67	26.20	14.70	10.00	14.0	19955	9412	28450	1089	6300
10	0017	乐里	LELI	中　国	杂货集装箱两用船	200009	中国	00-09-19	182.67	26.20	14.70	10.00	14.0	19955	9412	28450	1089	6300
11	0018	乐从	LECONG	中　国	杂货集装箱两用船	200012	中国	00-12-13	182.67	26.20	14.70	10.00	14.0	19955	9412	28450	1089	6300
12	0019	乐和	LEHE	中　国	杂货集装箱两用船	200102	中国	01-02-16	182.67	26.20	14.70	10.00	14.0	19955	9412	28450	1089	6300
13	0049	乐民	LEMIN	中　国	杂货集装箱两用船	199906	中国	99-06-30	169.00	25.20	14.10	9.98	17.6	15589	8766	21728		7550
14	0050	乐业	LEYE	中　国	杂货集装箱两用船	199912	中国	00-03-23	169.00	25.20	14.10	9.98	17.6	15589	8766	21728		7550
15	0051	乐同	LETONG	中　国	杂货集装箱两用船	200005	中国	00-06-26	169.00	25.20	14.10	10.00	17.6	15589	8766	21400		7550
16	0052	乐荣	LERONG	中　国	杂货集装箱两用船	199904	中国	99-04-28	169.00	25.20	14.10	9.98	17.6	15542	8589	21728		7550
17	0053	乐山	LESHAN	中　国	杂货集装箱两用船	199909	中国	99-09-16	169.00	25.20	14.10	9.98	17.6	15542	8589	21728		7550

（续上表）

序	代码	船名	英文船名	船旗	船型	建造年月	建造国家	接船日期	船舶主要尺度（米）				航速（节）	总吨	净吨	总载重吨	标准箱位（TEU）	功率（千瓦）
									总长	型宽	型深	吃水						
18	0054	乐锦	LEJIN	中　国	杂货集装箱两用船	199911	中国	00-01-20	169.00	25.20	14.10	9.98	17.6	15542	8589	21728		7550
19	0215	桃江	TAOJIANG	中　国	普通杂货船	198501	中国	85-01-30	149.90	21.20	12.30	9.00	14.8	10456	6407	15510		5582
20	0216	碧江	BIJIANG	中　国	普通杂货船	198509	中国	85-09-25	149.90	21.20	12.30	9.00	14.8	10456	6407	15510		5520
21	0313	甬江	YONGJIANG	中　国	杂货集装箱两用船	197803	德国	78-04-04	149.80	21.00	12.25	9.26	18.1	9792	6379	16270	263	6391
22	0314	闽江	MINJIANG	中　国	杂货集装箱两用船	197805	德国	78-05-16	149.80	21.06	12.25	9.26	18.1	9792	6379	16270	245	6391
23	0315	湘江	XIANGJIANG	中　国	杂货集装箱两用船	197802	德国	78-02-03	149.80	21.00	12.25	9.26	18.1	9792	6379	16270	247	6590
24	0318	凤凰松	FENGHUANGSONG	香　港	杂货集装箱两用船	200904	中国	09-04-28	170.93	27.20	14.50	10.05	15.1	20609	11482	27299		8250
25	0322	大丹霞	DADANXIA	香　港	杂货集装箱两用船	200910	中国	09-10-15	166.31	27.77	14.22	10.10	15.0	20949	10345	28451	1706	6810
26	0333	永盛	YONGSHENG	香　港	杂货集装箱两用船	200209	罗马尼亚	06-07-17	159.99	23.70	11.95	8.42	14.3	14357	6985	19461	1226	7860
27	0351	安华江	ANHUAJIANG	中　国	杂货集装箱两用船	198709	日本	87-09-18	145.50	21.00	13.10	9.46	15.9	10511	6280	17324	530	3972
28	0352	安宝江	ANBAOJIANG	中　国	杂货集装箱两用船	198709	日本	87-09-18	145.50	21.00	13.10	9.46	15.9	10511	6280	17324	528	3972
29	0356	安康江	ANKANGJIANG	中　国	杂货集装箱两用船	198504	日本	85-04-13	140.00	22.70	13.20	9.51	16.0	11495	6620	15852	292	6399
30	0357	安龙江	ANLONGJIANG	中　国	杂货集装箱两用船	198506	日本	85-06-10	148.00	22.70	13.20	9.51	16.0	11495	6620	15865	322	6399
31	0358	安宁江	ANNINGJIANG	中　国	杂货集装箱两用船	198508	日本	85-08-29	148.50	22.70	13.20	9.51	16.0	11505	6620	15838	322	6399
32	0361	安庆江	ANQINGJIANG	中　国	杂货集装箱两用船	198512	中国	85-12-21	149.70	21.80	12.50	9.07	15.0	11115	6259	14913	232	6222
33	0363	安新江	ANXINJIANG	中　国	杂货集装箱两用船	198606	中国	86-06-16	149.70	21.80	12.50	9.05	14.5	11115	6259	14913	232	9000
34	0364	安岳江	ANYUEJIANG	中　国	杂货集装箱两用船	198612	中国	86-12-19	149.70	21.80	12.50	9.07	14.5	11115	6259	14913	232	6222
35	0365	安泽江	ANZEJIANG	中　国	杂货集装箱两用船	198702	中国	87-03-01	149.70	21.80	12.50	9.00	16.5	11115	6259	14914	232	6222
36	0366	安广江	ANGUANGJIANG	中　国	杂货集装箱两用船	198710	中国	87-11-05	149.70	21.80	12.50	9.07	14.5	11115	6259	14913	232	6222
37	0367	安顺江	ANSHUNJIANG	中　国	杂货集装箱两用船	198712	中国	88-01-09	149.70	21.80	12.50	9.07	14.5	11115	6259	14913	232	6222
38	0368	安涛江	ANTAOJIANG	中　国	杂货集装箱两用船	198006	德国	88-07-08	141.70	21.50	10.50	7.92	18.0	8267	5052	10800	590	4400

（续上表）

序	代码	船名	英文船名	船旗	船型	建造年月	建造国家	接船日期	船舶主要尺度（米）				航速（节）	总吨	净吨	总载重吨	标准箱位（TEU）	功率（千瓦）
									总长	型宽	型深	吃水						
39	0369	安武江	ANWUJIANG	中　国	杂货集装箱两用船	198004	德国	88-10-21	141.70	21.20	10.50	7.92	17.0	8267	5052	10800	590	4476
40	0401	赤峰口	CHIFENGKOU	中　国	滚装船	198003	日本	80-03-28	146.50	22.70	15.00	9.18	15.3	13615	5407	13810		6693
41	0402	三江口	SANJIANGKOU	中　国	滚装船	198006	日本	80-06-12	146.50	22.70	15.00	9.18	15.3	13615	5407	13826		6693
42	0403	关河口	GUANHEKOU	中　国	滚装船	198009	日本	80-09-17	146.50	22.70	15.00	9.18	15.3	13615	5407	13798		6693
43	0408	富康口	FUKANGKOU	中　国	汽车船	198301	日本	03-01-25	105.56	19.30	10.30	6.01	13.0	7551	3498	3516		4760
44	0411	常发口	CHANGFAKOU	中　国	汽车船	198503	日本	05-02-01	158.94	27.80	19.91	8.71	15.0	27267	8180	11678		6906
45	0412	富瀚口	FU HAN KOU	巴拿马	汽车船	198601	丹麦	07-01-18	160.50	20.75	18.80	6.73	14.0	15373	6022	9300		6600
46	0435	泰安口	TAIANKOU	中　国	子母船	200211	中国	02-12-18	156.00	32.20	10.00	7.50	14.0	14184	4255	20620		9400
47	0436	康盛口	KANG-SHENGKOU	中　国	子母船	200308	中国	03-08-28	156.00	32.20	10.00	7.50	14.0	14184	4255	20248		9400
48	0555	西昌海	XICHANGHAI	巴拿马	木材船	199708	中国	97-08-29	165.72	26.00	13.90	9.82	14.5	18070	9485	27276		5845
49	0556	瑞昌海	RUICHANG-HAI	巴拿马	木材船	199709	中国	97-11-18	165.72	26.00	13.90	9.82	14.5	18070	9485	27276		5845
50	0641	交城	JIAOCHENG	中　国	普通杂货船	197803	日本	97-12-25	148.16	22.00	12.50	8.89	16.8	10481	6990	16250	312	5880
51	0648	安东江	ANDONGJIANG	中　国	普通杂货船	197902	英国	03-09-14	144.00	20.42	11.75	8.86	13.0	9182	6152	15160		5670
52	0717	赤云	CHIYUN	中　国	普通杂货船	198308	中国	98-03-01	119.01	18.00	10.40	7.40	14.5	6472	2905	7126		3234
53	0730	黄山	HUANGSHAN	中　国	普通杂货船	198201	西班牙	98-03-13	144.00	21.40	12.20	8.96	15.0	9445	6084	15631	251	5288
54	0731	华山	HUASHAN	中　国	普通杂货船	198210	西班牙	98-04-13	144.00	21.40	12.20	8.96	14.5	9445	6084	15635	327	5184
55	0732	庐山	LUSHAN	中　国	普通杂货船	198207	西班牙	98-01-09	144.00	21.20	12.20	8.96	14.5	9445	6084	15635	290	5182
56	0734	富阳山	FUYANGSHAN	中　国	杂货集装箱两用船	198701	中国	97-10-29	162.00	23.00	14.00	9.20	15.0	13890	6233	17139	336	5618
57	0735	富文山	FUWENSHAN	中　国	杂货集装箱两用船	198606	中国	98-02-08	162.00	23.00	14.00	9.20	15.0	13823	5826	17000	336	5619
58	0736	富清山	FUQINGSHAN	中　国	杂货集装箱两用船	198904	中国	97-11-25	162.00	23.00	14.00	9.20	14.0	13823	5826	17139	336	5617

（续上表）

序	代码	船名	英文船名	船旗	船型	建造年月	建造国家	接船日期	船舶主要尺度（米）				航速（节）	总吨	净吨	总载重吨	标准箱位（TEU）	功率（千瓦）
									总长	型宽	型深	吃水						
59	0737	富新山	FUXINSHAN	中　国	杂货集装箱两用船	199006	中　国	98-02-13	162.00	23.00	14.00	9.20	13.0	13823	5826	17258	336	5618
60	0738	富康山	FUKANGSHAN	中　国	杂货集装箱两用船	198912	中　国	98-02-12	162.00	23.00	14.00	9.20	15.0	13823	5826	17139	336	5615
61	0741	衡山	HENGSHAN	中　国	普通杂货船	198407	南斯拉夫	98-04-03	157.64	22.90	13.00	9.31	14.0	12448	6548	16670	518	5640
62	0742	凉山	LIANGSHAN	中　国	杂货集装箱两用船	198401	南斯拉夫	97-11-09	157.54	22.90	13.00	9.31	14.0	12448	6548	16670	610	5645
63	0743	松山	SONGSHAN	中　国	杂货集装箱两用船	198401	南斯拉夫	98-02-27	157.60	22.90	13.00	9.31	14.1	12448	6548	16670	610	5645
64	0744	丰安山	FENGANSHAN	中　国	杂货集装箱两用船	198505	日　本	98-04-18	156.00	24.70	13.45	9.61	15.0	13367	7286	18270	614	5290
65	0745	丰顺山	FENGSHUNSHAN	中　国	杂货集装箱两用船	198501	日　本	98-03-01	156.00	24.70	13.45	9.61	15.0	13367	7286	18277	614	4769
66	0746	丰康山	FENGKANGSHAN	中　国	杂货集装箱两用船	198509	日　本	97-12-04	156.00	24.70	13.45	9.61	15.0	13367	7286	18264	614	7200
67	0747	富源山	FUYUANSHAN	中　国	杂货集装箱两用船	198511	日　本	98-06-06	151.00	25.00	13.60	9.90	15.0	13482	7799	20225	604	5110
68	0748	富裕山	FUYUSHAN	中　国	杂货集装箱两用船	198512	日　本	97-11-27	151.00	25.00	13.60	9.82	15.0	13482	7799	20225	604	5111
69	0754	黄云	HUANGYUN	中　国	普通杂货船	198406	中　国	03-07-12	119.01	18.00	10.40	7.40	14.5	6472	2905	7137		3235
70	0755	橙云	CHENGYUN	中　国	普通杂货船	198306	中　国	03-07-12	119.01	18.00	10.40	7.40	15.0	6472	2905	7137		3235
71	0765	白沙岭	BAISHALING	中　国	木材船	198406	日　本	03-07-11	174.00	26.00	14.80	10.65	13.5	18639	10508	30881		4192
72	0766	金沙岭	JINSHALING	巴拿马	木材船	199001	日　本	05-10-20	169.03	27.20	13.60	9.74	13.5	16725	10435	28457		5162
73	0767	金牛岭	JINNIULING	巴拿马	木材船	199206	日　本	06-01-18	169.00	27.00	13.60	9.74	13.5	16712	10435	28470		5733
74	0768	金达岭	JINDALING	巴拿马	木材船	199805	中　国	07-05-29	169.00	27.20	13.60	9.71	14.0	17784	9924	28164		7100
75	0771	金广岭	JINGUANG-LING	巴拿马	木材船	200907	中　国	09-07-29	177.50	28.20	14.20	10.00	13.9	19993	11046	32000		6480
76	0772	金远岭	JINYUANLING	巴拿马	木材船	200911	中　国	09-11-02	177.50	28.20	14.20	10.00	13.9	19993	11046	32000		6480
77	0901	亚龙湾	YALONGWAN	香　港	沥青船	200701	中　国	07-01-08	106.84	17.60	10.10	6.45	14.0	5530	1659	6012		4440

（续上表）

序	代码	船名	英文船名	船旗	船型	建造年月	建造国家	接船日期	船舶主要尺度（米）				航速（节）	总吨	净吨	总载重吨	标准箱位（TEU）	功率（千瓦）
									总长	型宽	型深	吃水						
78	0902	木兰湾	MULANWAN	香　港	沥青船	200704	中　国	07-04-24	106.92	17.63	10.10	6.58	13.5	5530	1659	6011		4440
79	0903	大鹏湾	DAPENGWAN	香　港	沥青船	200708	中　国	07-08-28	106.84	17.62	10.10	6.45	14.0	5530	1659	6011		4000
80	0904	福宁湾	FUNINGWAN	香　港	沥青船	200801	中　国	08-01-10	106.84	17.62	10.10	6.45	14.0	5530	1659	6109		4400
81	0905	珍珠湾	ZHENZHUWAN	中　国	沥青船	200807	中　国	08-08-08	106.84	17.60	10.10	6.60	14.0	5569	1671	6315		4000
82	0906	澎湖湾	PENGHUWAN	中　国	沥青船	200811	中　国	08-11-11	106.84	17.60	10.10	6.60	14.0	5569	1671	6327		4000
83	0907	月亮湾	YUELIANGWA	香　港	沥青船	199906	中　国	07-04-17	126.81	21.40	11.80	8.10	12.0	9020	2706	11048		4200
84	0908	平海湾	PINGHAIWAN	巴拿马	沥青船	200908	中　国	09-08-12	106.99	17.60	10.10	6.50	12.9	5565	1669	6115		3060
85	0909	安海湾	ANHAIWAN	巴拿马	沥青船	200911	中　国	09-11-17	106.99	17.60	10.10	6.45	12.9	5596	1669	6165		3060
86	0968	安吉江	ANJIJIANG	中　国	沥青船	198606	中　国	01-04-21	106.04	16.00	9.00	6.67	12.0	3951	1285	4926		2238
87	0969	安达江	ANDAJIANG	中　国	沥青船	198611	中　国	86-11-08	106.04	16.00	9.00	6.67	13.0	3951	1285	4926		2205
88	0970	雅江	YAJIANG	香　港	沥青船	198512	中　国	85-12-18	106.04	16.00	9.00	6.67	13.0	3951	1285	4926		2207
89		富裕星	WEALTHSTAR	巴拿马	普通杂货船	199110	英　国	91-10-15	158.87	22.80	13.40	9.96	13.5	12453	7389	16979		10200
90		天王星	TIAN WANG XING	巴拿马	杂货集装箱两用船	200703	中　国	08-02-05	122.20	19.80	10.70	7.20	13.5	7460	3295	9106	630	3300
91		海王星	HAI WANG XING	巴拿马	杂货集装箱两用船	200703	中　国	08-03-20	122.20	19.80	10.70	7.20	13.5	7460	3295	9106	630	3300

（薛平）

2. 广远营运船舶船东、船籍、船级、主辅机型号一览表

序号	代码	船名	建造年月	船型	船东公司	船籍	船级 Class	呼号	营运耗油 (吨 / 天)	主机型号	额定功率(kw)	辅机型号	辅机功率(kw)
1	0005	大　中	199806	重大件船	中远航运	巴拿马	LR	3FNK8	21.3	KAWASAKI MAN–B&W 5S5OMC	6031	WARTSILA 4L20	645
2	0006	大　华	199807	重大件船	中远航运	巴拿马	LR	3FPC8	21.3	KAWASAKI MAN–B&W 5S5OMC	6031	WARTSILA 4L20	645
3	0007	大　富	199810	重大件船	中远航运	巴拿马	LR	3FUL8	21.3	KAWASAKI MAN–B&W 5S5OMC	6031	WARTSILA 4L20	645
4	0008	大　强	199811	重大件船	中远航运	巴拿马	LR	3FWI8	21.3	KAWASAKI MAN–B&W 5S5OMC	6031	WARTSILA 4L20	645
5	0012	乐　鼎	199811	杂货集装箱两用船	广　远	中　国	CCS	BOUF	27.0	MAN–B&W 6S50MC	7550	4L 20	550
6	0013	乐　盛	199901	杂货集装箱两用船	中远航运	中　国	CCS	BOUF	27.0	MAN–B&W 6S50MC	7550	4L 20	550
7	0014	乐　泰	199903	杂货集装箱两用船	广　远	中　国	CCS	BOQB	28.3	MAN B & W 6S50MC	7550	Warlsila 4L20C	540
8	0015	乐　昌	199907	杂货集装箱两用船	广　远	中　国	CCS	BOQC	30.0	MAN B & W 6S50MC	7550	Warlsila 4L20C	540
9	0016	乐　宜	200004	杂货集装箱两用船	中远航运	中　国	CCS	BOKX	22.7	SULZER 5RTA48T	6300	WARTSILA 4L20	600
10	0017	乐　里	200009	杂货集装箱两用船	中远航运	中　国	CCS	BOKW	22.7	SULZER 5RTA48T	6300	WARTSILA 4L20	600
11	0018	乐　从	200012	杂货集装箱两用船	中远航运	中　国	CCS	BOKU	24.5	5RTA48	6300	4L20C	620
12	0019	乐　和	200102	杂货集装箱两用船	中远航运	中　国	CCS	BOKV	24.0	SULZER 5RTA48T	6300	Warlsila 4L20	620
13	0049	乐　民	199906	杂货集装箱两用船	中远航运	中　国	CCS	BOQF	27.0	MAN B & W 6S50MC	7550	Warlsila 4L20C	540
14	0050	乐　业	199912	杂货集装箱两用船	广　远	中　国	CCS	BOQE	28.0	MAN B & W 6S50MC	7550	Warlsila 4L20C	550
15	0051	乐　同	200005	杂货集装箱两用船	广　远	中　国	CCS	BOQD	28.5	MAN B & W 6S50MC–MK6	7550	Warlsila 4L20C	540
16	0052	乐　荣	199904	杂货集装箱两用船	中远航运	中　国	CCS	BOQI	30.0	MAN B & W 6S50MC	7550	Warlsila 4L20C	540

（续上表）

序号	代码	船名	建造年月	船型	船东公司	船籍	船级 Class	呼号	营运耗油（吨／天）	主机型号	额定功率(kw)	辅机型号	辅机功率(kw)
17	0053	乐　山	199909	杂货集装箱两用船	广　远	中　国	CCS	BOQH	29–32	MAN B & W 6S50MC	7550	Warlsila 4L20C	540
18	0054	乐　锦	199911	杂货集装箱两用船	广　远	中　国	CCS	BOQG	28.5–29	MAN / B&W 6S50MC	7550	WARTSILA 4L20	540
19	0215	桃　江	198501	普通杂货船	中远航运	中　国	CCS	BOUM	20.0	6RLA56	5582	6UL–UT	400
20	0216	碧　江	198509	普通杂货船	中远航运	中　国	CCS	BOUN	19.0	6RLA56	5578	6UL–UT	400
21	0313	甬　江	197803	杂货集装箱两用船	中远航运	中　国	CCS	BOVH	20.0	M.A.N16V 40/54A	8690	MAK 6M281AK	588
22	0314	闽　江	197805	杂货集装箱两用船	中远航运	中　国	CCS	BOVI	20.0	M.A.N16V 40/54A	8690	MAK 6M281AK	588
23	0315	湘　江	197802	杂货集装箱两用船	中远航运	中　国	CCS	BOVG	17.0	M.A.N16V 40/54A	8690	MAK 6M281AK	588
24	0318	凤凰松	200904	杂货集装箱两用船	中远航运	香　港	CCS	VRET6	29.0	6UEC50LSII	8250	6N21AL–UV	800
25	0322	大丹霞	200910	杂货集装箱两用船	中远航运	香　港	CCS	VRFO3	29	B&W6S40ME–B	6810	6EY18 (A) L	660
26	0333	永　盛	200209	杂货集装箱两用船	中远航运	香　港	LR	VRCA4	30.0	MAN B&W 6S46MC–C	7860	6BDXC–750–100A	662×2
27	0351	安华江	198709	杂货集装箱两用船	中远航运	中　国	CCS	BOAW	13.6	IHI SEMT PIELSTICK 10PC2–6V	3970	YANMAR 6UAL–ST	625
28	0352	安宝江	198709	杂货集装箱两用船	中远航运	中　国	CCS	BOAX	14.0	PIELSTICK 10PC2–6V	3971	YANMAR 6UAL–ST	625
29	0356	安康江	198504	杂货集装箱两用船	中远航运	中　国	CCS	BOUR	19.0	SULZER 5RTA58	6397	YANMAR T220L–UT	500
30	0357	安龙江	198506	杂货集装箱两用船	中远航运	中　国	CCS	BOUS	18.0	SULZER 5RTA58	6395	YANMAR T220L–UT	610
31	0358	安宁江	198508	杂货集装箱两用船	中远航运	中　国	CCS	BOUT	23.7	SULZER 5RTA58	6397	YANMAR T220L–UT	610

(续上表)

序号	代码	船名	建造年月	船型	船东公司	船籍	船级 Class	呼号	营运耗油(吨 / 天)	主机型号	额定功率(kw)	辅机型号	辅机功率(kw)
32	0361	安庆江	198512	杂货集装箱两用船	中远航运	中　国	CCS	BOKA	205	YICHANG-SULZER 6RLB 56	6218	DAIHATSU 6DSB-22	550
33	0363	安新江	198606	杂货集装箱两用船	中远航运	中　国	CCS	BOAR	20.5	YICHANG-SULZER 6RLB 56	6218	DAIHATSU 6DSB-22	550
34	0364	安岳江	198612	杂货集装箱两用船	中远航运	中　国	CCS	BOAS	20.5	YICHANG-SULZER 6RLB 56	6218	DAIHATSU 6DSB-22	550
35	0365	安泽江	198702	杂货集装箱两用船	中远航运	中　国	CCS	BOAT	20.5	YICHANG-SULZER 6RLB 56	6218	DAIHATSU 6DSB-22	550
36	0366	安广江	198710	杂货集装箱两用船	中远航运	中　国	CCS	BOAU	21.0	YICHANG-SULZER 6RLB 56	6218	DAIHATSU 6DSB-22	550
37	0367	安顺江	198712	杂货集装箱两用船	中远航运	中　国	CCS	BOAV	20.0	YICHANG-SULZER 6RLB 56	6218	DAIHATSU 6DSB-22	550
38	0368	安涛江	198006	杂货集装箱两用船	中远航运	中　国	CCS	BOOF	25.0	MAN KSZ 52 / 105	4400	MAN 7L20 / 27	630
39	0369	安武江	198004	杂货集装箱两用船	中远航运	中　国	CCS	BOOG	23.0	MAN KSZ 52 / 105	7943	MAN 7L20 / 27	590
40	0401	赤峰口	198003	滚装船	中远航运	中　国	CCS	BOKL	15.0	14PC2-5 V	6691	6PSHTC-26D	560
41	0402	三江口	198006	滚装船	中远航运	中　国	CCS	BOQZ	15.0	PIELSTICK 14PC2-5	6023	DAIHATSU 6PSHTC-26D	640
42	0403	关河口	198009	滚装船	中远航运	中　国	CCS	BOYO	15.0	14PC2-5 V	6691	6PSHTC-26D	560
43	0408	富康口	198301	汽车船	中远航运	中　国	CCS	BOOI	12.5	B&W 7L35MC	3183	YANMAR S185L-UT	310
44	0411	常发口	198503	汽车船	中远航运	中　国	CCS	BOOR	21.0	NKK 6PC4-2L	6906	YANMAR 6T220L-UT	560

（续上表）

序号	代码	船名	建造年月	船型	船东公司	船籍	船级 Class	呼号	营运耗油（吨／天）	主机型号	额定功率(kw)	辅机型号	辅机功率(kw)
45	0412	富瀚口	198601	汽车船	中远航运	中　国							
46	0435	泰安口	200105	半潜船	中远航运	中　国	CCS	BOKD	49.0	WARTSILA9L32	4700×3	WARTSILA 6L20	1020
47	0436	康盛口	200202	半潜船	中远航运	中　国	CCS	BOKF	49.0	WARTSILA9L32	4700×3	WARTSILA 6L20	1020
48	0555	西昌海	199708	木材船	广　远	巴拿马	ABS	SFRC7	23.0	MAN-B&W 5L50MC MARK 5	5846	YANMAR M200L-X	485
49	0556	瑞昌海	199709	木材船	广　远	巴拿马	ABS	SFSQ7	23.0	MAN-B&W 5L50MC MARK 5	5845	YANMAR M200L-X	485
50	0641	交　城	197803	普通杂货船	中远航运	中　国	CCS	BOBG	20.0	MITSUI B&W 6L5GF	6372	YANMAR 6MAL-HT5	390
51	0648	安东江	197902	普通杂货船	中远航运	中　国	CCS	BOKE	16.0	SULZER 4RND68M	5594	ALLEN 4 BCS12-D	438
52	0717	赤　云	198308	普通杂货船	中远航运	中　国	CCS	BOHA	13.0	B&W 5L45GA	3235	6ML-HTS	280
53	0730	黄　山	198201	普通杂货船	中远航运	中　国	CCS	BORW	20.0	B&W 8K45GFCA	5288	F-3335DSIM	376
54	0731	华　山	198210	普通杂货船	中远航运	中　国	CCS	BORY	20.0	B&W 8K45GFCA	5184	F-3335DSIM	441
55	0732	庐　山	198207	普通杂货船	中远航运	中　国	CCS	BORX	20.0	B&W 8K45GFCA	5202	F-3335DSIM	376
56	0734	富阳山	198701	杂货集装箱两用船	中远航运	中　国	CCS	BOHS	18.0	DALIAN-B&W 5L60MCE	5620	6PSHT6-26H	456
57	0735	富文山	198606	杂货集装箱两用船	中远航运	中　国	CCS	BOHT	18.0	B&W5L60MCE	5619	6PSHT6-26H	456
58	0736	富清山	198904	杂货集装箱两用船	中远航运	中　国	CCS	BOHU	20.0	B&W5L60MCE	5620	6PSHT6-26H	456

(续上表)

序号	代码	船名	建造年月	船型	船东公司	船籍	船级 Class	呼号	营运耗油 (吨 / 天)	主机型号	额定功率(kw)	辅机型号	辅机功率(kw)
59	0737	富新山	199006	杂货集装箱两用船	中远航运	中　国	CCS	BOHW	18.0	B&W5L60MCE	5617	6PSHT6–26H	550
60	0738	富康山	198912	杂货集装箱两用船	中远航运	中　国	CCS	BOHV	20.4	B&W5L60MCE	5615	6PSHTB–26H	551
61	0741	衡山	198407	普通杂货船	中远航运	中　国	CCS	BOSM	15.5	SULZER 6RL B56	5640	MAN B&W 5T23CIH–2XBSOTS	440
62	0742	凉山	198401	普通杂货船	中远航运	中　国	CCS	BOSL	18.0	SULZER 6RL B56	5640	MAN B&W 5T23LH–2	530
63	0743	松山	198401	普通杂货船	中远航运	中　国	CCS	BOSN	20.0	SULZER 6RL B56	5640	MAN B&W 5T23LH–2	530
64	0744	丰安山	198505	杂货集装箱两用船	中远航运	中　国	CCS	BOST	22.0	B&W 5L60MCE	5290	YANMAR M200L–ST	420
65	0745	丰顺山	198501	杂货集装箱两用船	中远航运	中　国	CCS	BOSV	15.5	B&W 5L60MCE	5295	YANMAR M200L–ST	470
66	0746	丰康山	198509	杂货集装箱两用船	中远航运	中　国	CCS	BOSU	16.5	B&W 5L60MCE	5295	YANMAR M200L–ST	463
67	0747	富源山	198511	杂货集装箱两用船	中远航运	中　国	CCS	BOHL	18.0	B&W 5L60MCE	4908	6DL–20	440
68	0748	富裕山	198512	杂货集装箱两用船	中远航运	中　国	CCS	BOHM	18.0	B&W 5L60MCE	5110	6DL–20	440
69	0754	黄云	198406	普通杂货船	中远航运	中　国	CCS	BOFF	11.0	B&W 5L45GA (D)	3235	6 ML–HTS	280
70	0755	橙云	198306	普通杂货船	中远航运	中　国	CCS	BOFG	11.0	B&W5L45GA	3235	6ML– HTS	280

（续上表）

序号	代码	船名	建造年月	船型	船东公司	船籍	船级 Class	呼号	营运耗油（吨/天）	主机型号	额定功率(kw)	辅机型号	辅机功率(kw)
71	0765	白沙岭	198406	木材船	中远远达	中　国	CCS	BOOM	17–18	B&W 4L60MC	7400	M200L–ST	440
72	0766	金沙岭	199001	木材船	广　远	巴拿马	NK	3EDH9	20.0	B&W 5S50MC	5740	DAIHATRU 6DLB–19	220
73	0767	金牛岭	199206	木材船	广　远	巴拿马	CCS	3ED05	21.8	MAN B&W 5S50MC	5736	DAIHATSU 6DL–19	750×2
74	0768	金达岭	199805	木材船	广　远	巴拿马	CCS	3EKM3	26.0	SULZER RTA 52	7100	YARMAR 6M200L–EX	500
75	0771	金广岭	200907	木材船	中远远达	巴拿马	CCS	H3WS	27.5	6S42MC	6480	6EY18L	500
76	0772	金远岭	200911	木材船	中远远达	巴拿马	CCS	3FHZ	27.5	6S42MC	6480	6EY18L	500
77	0901	亚龙湾	200701	沥青船	亚龙湾船务	香　港	LR	VRCK5	15.5	YMD B&W 6S35MC	4440	6N18L–DV	400
78	0902	木兰湾	200704	沥青船	木兰湾船务	香　港	LR	VRCU4	15.5	YMD B&W 6S35MC	4440	6N18L–DV	400
79	0903	大棚湾	200708	沥青船	大鹏湾船务	香　港	LR	VRDC8	16.5	WARTSILA 8L32	4000	6N18L–DV	400
80	0904	福宁湾	200801	沥青船	福宁湾船务	香　港	LR	VRDN9	18.0	WARTSILA 8L32	4400	6N19L–DV	400
81	0905	珍珠湾	200807	沥青船	中远南方	中　国	CCS	BQCY	18.0	WARTSILA 8L32	4000	6N18L–DV	400
82	0906	澎湖湾	200811	沥青船	中远南方	中　国	CCS	BQCZ	18.0	WARTSILA 8L33	4000	6N19L–DV	400
83	0907	月亮湾	199906	沥青船	月亮湾船务	香　港	CCS	VRCG7	15.5	MANB&W 6S35MC	4200	S185DL–ET	380

（续上表）

序号	代码	船名	建造年月	船型	船东公司	船籍	船级 Class	呼号	营运耗油 (吨/天)	主机型号	额定功率(kw)	辅机型号	辅机功率(kw)
84	0908	平海湾	200908	沥青船	平海湾船务	巴拿马	CCS	3FRU5	14.6	WARTSILA 8L26	3060	6EY18L	450
85	0909	安海湾	200911	沥青船	安海湾船务	巴拿马	CCS	HP6181	14.6	WARTSILA 8L26	3060	6EY18L	450
86	0968	安吉江	198606	沥青船	中远南方	中　国	CCS	BOKB	7.0	6PC2-5EL	2207	YANMAR6ML-HTS	309
87	0969	安达江	198611	沥青船	中远南方	中　国	CCS	BOKL	7.0	6PC2-5L	2306	YANMAR 6ML-HT	309
88	0970	雅江	198512	沥青船	中远南方	香　港	CCS	VRXU9	8.0	6PC2-5L	2206	ANMAR 6ML HT	240
89		天王星	200703	杂货集装箱两用船	香港天星	巴拿马	CCS	3EOW4	12.5	6PC2-6/2L	3300	TBD236V8	300
90		海王星	200703	杂货集装箱两用船	香港天星	巴拿马	CCS	3EOW6	12.5	6PC2-6/2L	3300	TBD236V8	300
91		富裕星	199110	普通杂货船	香港天星	巴拿马	3FHK5	3FHK5	26.0	MAN B&W 6DKPH67/170-7	9600	SULZER 5AL25D/750	504
92		毓骐海	198106	干散货船	广东省远洋	中　国	CCS	BOKH	35.0	SULZER RND 76M	10584	DAIHATSU 6PSHTB-26D	3×500

（杨向葵）

3. 广远退役船舶主要技术规范一览表

序	代码	船名	英文船名	船旗	船型	建造年月	建造国家	接船日期	船舶主要尺度（米） 总长	型宽	型深	吃水	航速（节）	总吨	净吨	总载重吨	标准箱位（TEU）	功率（千瓦）
1	0637	宣　城	XANCHENG	中国	普通杂货船	197707	日本	98-01-18	143.40	19.84	12.34	9.05	11.0	10150	5775	15112	0	3773
				退役时间	20090114		去向	江门市新会区中新拆船厂移交给买家“广东江门市新会区古井奇达金属加工厂”										
2	0639	晋　城	JINCHENG	中国	普通杂货船	197508	日本	98-01-08	147.70	22.86	13.00	9.61	16.5	11959	7525	18755	376	9400
				退役时间	20090122		去向	江门市新会区苍山拆船厂移交给买家“广东江门市新会区苍山拆船有限公司”										
3	0760	居庸关	JUYONGGUAN	中国	普通杂货船	197611	日本	03-08-29	151.50	22.40	12.75	9.50	14.0	11610	5782	17401	0	5806
				退役时间	20090211		去向	江门市新会区银湖拆船厂移交给买家“江门市新会区沙堆粤富金属加工场”										
4		宝　江	BAO JIANG	中国	普通杂货船	198305	中国	84-01-27	105.90	16.00	9.00	6.50	13.0	4042	2033	5082	0	2870
				退役时间	20090331		去向	江门市新会拆船										
5		岱　江	DAI JIANG	中国	普通杂货船	198411	中国	84-11-16	105.96	16.00	9.00	6.70	10.5	4042	2033	5082	0	2208
				退役时间	20090331		去向	江门市新会拆船										
6	0407	富源口	FU YUAN KOU	中国	汽车船	198209	日本	03-01-26	108.00	19.00	6.30	5.62	14.5	8553	2724	2796	0	4000
				退役时间	20090402		去向	江门市新会区银湖拆船厂移交给买家“江门市新会区沙堆粤富金属加工场”										
7	0967	安泰江	AN TAI JIANG	香港	沥青船	198512	中国	01-04-27	106.04	16.00	9.00	6.67	12.0	3951	1285	4926	0	2867
				退役时间	20090408		去向	舟山中远船务码头拆解										
8	0640	项　城	XIANGCHENG	中国	普通杂货船	197602	日本	97-09-30	147.70	22.85	13.00	9.63	15.5	11959	7525	18516	172	6909
				退役时间	20090428		去向	江门市新会拆船										
9	0605	丹　阳	DANYANG	中国	普通杂货船	197712	中国	98-01-11	161.90	21.20	12.50	9.20	13.5	10610	5953	13640	0	9000
				退役时间	20090428		去向	江门市新会拆船										
10	0645	浦　城	PUCHENG	中国	普通杂货船	197701	德国	97-11-16	149.80	21.00	12.25	9.25	15.0	9979	6653	16070	208	6440
				退役时间	20090428		去向	江门市新会拆船										
11	0758	山海关	SHAN-HAIGUAN	中国	普通杂货船	197703	日本	03-07-22	151.50	22.40	12.75	9.50	14.0	11920	7290	17325	0	5800
				退役时间	20090428		去向	江门市新会拆船										

（续上表）

序	代码	船名	英文船名	船旗	船型	建造年月	建造国家	接船日期	船舶主要尺度（米）				航速（节）	总吨	净吨	总载重吨	标准箱位（TEU）	功率（千瓦）
									总长	型宽	型深	吃水						
12	0409	富泉口	FU QUAN KOU	中国	汽车船	198501	丹麦	04-08-30	160.50	20.75	12.35	6.73	14.0	8362	6022	8558	0	6600
				退役时间	20090429		去向	江门市新会区移交给买家“江门市新会双水拆船钢铁有限公司”进行拆解										
13	0650	安阳江	ANYANGJIANG	中国	普通杂货船	198004	英国	03-11-17	144.00	20.42	11.75	8.86	13.0	9182	6152	15250	0	5670
				退役时间	20090515		去向	山东龙口移交给买家“黄石市恒风海运有限公司”经营										
14	0302	源　江	YUANJIANG	中国	杂货集装箱两用船	198105	英国	81-05-21	144.00	20.42	11.75	8.87	15.0	9182	6152	15200	44	5662
				退役时间	20090523		去向	福建省宁德三都澳锚地移交给买家“黄石市恒风海运有限公司”经营										
15		曲　江	QU JIANG	中国	普通杂货船	197710	日本	77-10-25	143.40	19.81	12.00	9.06	12.5	8751	5522	15200		3773
				退役时间	20090526		去向	秦皇岛港移交给买家“秦皇岛宏昌船务有限公司”经营										
16		桂　江	GUI JIANG	中国	普通杂货船	197709	日本	77-09-25	143.40	19.81	12.00	9.06	12.5	8751	5522	15200		4413
				退役时间	20090607		去向	江阴港移交给买家“营口港润海運有限公司”经营										
17	0762	嘉禾关	JIAHEGUAN	中国	木材船	198503	日本	03-06-27	109.60	17.80	9.00	7.15	14.0	4997	2728	7110	0	3500
				退役时间	20090723		去向	扬州港出售给买家继续营运										
18	0761	嘉荫关	JIAYINGUAN	中国	木材船	198508	日本	03-06-28	109.60	17.80	9.00	7.15	14.0	4999	2725	7164	0	3499
				退役时间	20090724		去向	张家港出售给买家继续营运										
19	0757	江埔关	JIANGPUGUAN	中国	普通杂货船	198411	日本	03-07-01	103.50	16.40	8.50	6.76	13.0	4107	2059	5593	0	2580
				退役时间	20090730		去向	防城港交给买家										
20	0725	大　田	DATIAN	香港	普通杂货船	197402	日本	97-12-11	154.00	22.00	12.00	9.08	12.0	11288	6157	14469	0	6102
				退役时间	20090811		去向	广东江门市新会区苍山拆船有限公司										
21	0763	嘉山关	JIASHANGUAN	中国	木材船	198505	日本	03-07-06	109.60	17.80	9.00	7.10	14.0	4999	2725	7149	0	3499
				退役时间	20090814		去向	张家港出售给买家继续营运										

（续上表）

序	代码	船名	英文船名	船旗	船型	建造年月	建造国家	接船日期	船舶主要尺度（米）				航速（节）	总吨	净吨	总载重吨	标准箱位（TEU）	功率（千瓦）
									总长	型宽	型深	吃水						
22	0759	江西关	JIANGXIGUAN	中国	普通杂货船	198501	日本	03-07-29	103.50	16.40	8.50	6.76	13.0	4107	2059	5593	0	2580
				退役时间	20090817		去向	防城港交给买家										
23	0756	江宁关	JIANGNING-GUAN	中国	普通杂货船	198410	日本	03-06-25	103.50	16.40	8.50	6.76	13.0	4107	2059	5593	0	2580
				退役时间	20090817		去向	北海港交给买家										
24	0972	涵　江	HAN JIANG	香港	沥青船	198510	中国	85-10-12	106.04	16.00	9.00	6.67	13.0	3951	1285	4914	0	2205
				退役时间	20090921		去向	江门新会拆解										
25	0971	洪　江	HONG JIANG	中国	沥青船	198412	中国	84-12-24	105.90	16.00	9.00	6.67	13.0	3951	1285	4971	0	2206
				退役时间	20091117		去向	深圳锚地移交给买家大连新纳斯船务代理有限公司										
26	0434	发　展之　路	DEVELOPING ROAD	香港	子母船	197805	日本	91-03-11	134.50	34.20	7.50	5.18	10.0	10941	3282	13299	0	4413
				退役时间	20091210		去向	江苏省江阴市移交给买家“江阴市夏港长江拆船厂”拆解										

（杨向葵）

4. 广远新增船舶主要技术规范一览表

序	代码	船名	英文船名	船旗	船型	建造年月	建造国家	接船日期	船舶主要尺度（米）				航速（节）	总吨	净吨	总载重吨	标准箱位（TEU）	功率（千瓦）
									总长	型宽	型深	吃水						
1	0318	凤凰松	FENGHUANG-SONG	香　港	杂货集装箱两用船	200904	中国	09-04-28	170.93	27.20	14.50	10.05	15.1	20609	11482	27299		8250
2	0771	金广岭	JINGUANGLING	巴拿马	木材船	200907	中国	09-07-29	177.50	28.20	14.20	10.00	13.9	19993	11046	32000		6480
3	0908	平海湾	PINGHAIWAN	巴拿马	沥青船	200908	中国	09-08-12	106.99	17.60	10.10	6.50	12.9	5565	1669	6115		3060
4	0322	大丹霞	DADANXIA	香　港	杂货集装箱两用船	200910	中国	09-10-15	166.31	27.77	14.22	10.10	15.0	20949	10345	28451	1706	6810
5	0772	金远岭	JINYUANLING	巴拿马	木材船	200911	中国	09-11-02	177.50	28.20	14.20	10.00	13.9	19993	11046	32000		6480
6	0909	安海湾	ANHAIWAN	巴拿马	沥青船	200911	中国	09-11-17	106.99	17.60	10.10	6.45	12.9	5596	1669	6165		3060

（薛平）

5. 广远新增船舶规范简介

【“大丹霞”轮简要船舶规范】 “大丹霞”轮是中远航运的重大件船。“大丹霞”轮长159.33米，宽27.4米，型深14.2米，28662载重吨，航速15.1节，配备有单吊200吨、并吊400吨的起吊设备。全船共有4个箱式船舱，其中第2、3、4舱的舱口尺寸为33.575×23米，适合装运各种大型机械、机车和设备。该轮拥有长110米、宽23米的开放式甲板，非常适合装载驳船等超长、超宽、超大货物。该轮首航在南通顺利装载了3艘110×12X4.5米大型驳船。其中，最重的一艘为1000吨，是中远杂货船历来装载最长、最重的单件货物。

（薛平）

【“金广岭”轮简要船舶规范】 “金广岭”轮是广远下属中远远达8艘32000吨系列木材船的首制船，2009年6月接船投入使用。该轮长177.5米，宽28.2米，货舱舱容42200立方米，最大舱口16.8×19.2米，配置4台30吨×24米电动液压克令吊，甲板共配活动立柱54根，适装散装货、原木材、钢材、矿物、谷物等干散货及各种大件设备货。其中，第一货舱还适装除1.4S危险品和2–9类危险品中除4.2、4.3外的所有危险品。

该轮是华南地区第一艘开工建造并交付的满足IACS(国际船级社协会)船体结构共同规范CSR的船舶，配置一台6480KW主机，3台500KW发电机；设置集合式驾控台，配置GMDSS组合电台、卫通F船站、自动避碰雷达、GPS定位仪、电子海图系统等各种先进通信导航设备。采用水润滑尾轴承以减少尾轴滑油污染的几率；所有机电设备采用中央淡水冷却。轮机入级AUT–O船级，满足无值班人机舱要求。

船　　型：散货/木材船

船舶尺度：总长177.5米；型宽28.2米；型深14.2米。

船舶吨位：总吨19990吨；净吨9900吨；载重吨32000吨。

满载吃水：10.0米。

货舱分布：5舱5口；最大舱口16.8×19.2米；最大舱容8995立方米。

主机功率：6480千瓦。

航　　速：设计航速13.9节，续航能力15000海里。

标准配员：25人。　　（薛平）

【“安海湾”轮简要船舶规范】 “安海湾”轮是广远下属中远南方经营管理的第8艘符合国际海事组织新公约要求的沥青船。该轮为目前最先进的双船壳沥青船，拥有全自动化的无人机舱，配备先进的航海驾驶操作系统，推进器采用可变螺距，带有艏侧推，同时还有电子液位遥测系统、装卸货电子跟踪系统和电子海图系统。其优良的硬件设备、先进的软件系统，在沥青运输市场中具有较强的竞争力。（薛平）

船　　型：艉机型

船舶尺度：总长106.99米；型宽17.6米；型深10.10米。

船舶吨位：总吨5565吨；净吨位1669吨；载重吨6165.36吨。

吃　　水：夏季吃水6.5米。

干　　舷：3.61米。

主　　机：WARTSILA 9L26。

额定功率：3060千瓦×1000转/分。

推 进 器：可变螺距，艏侧推。

航　　速：营运航速12.5节。

6. 广远船舶主要通导设备一览表

中高频组合电台

型号	生产国家	数量(台)	型号	生产国家	数量(台)
SAILOR 2000	丹麦	2	SAILOR 4000	丹麦	10
FS2570	日本	10	SAILOR 600	丹麦	1
JSS710	日本	7	JSS800	日本	36
JSS850	日本	2	ANRITSU	日本	2
JSS720	日本	1	FS1500	日本	1
TRP8500	丹麦	2	FS1562	日本	1
SAILOR HC4500	丹麦	3	TRP9000	丹麦	15
SAILOR RE2100	丹麦	2			
合计：95（台）					

甚高频无线电话

型号	生产国家	数量(台)	型号	生产国家	数量(台)
TRP3000	丹麦	20	RT2048	丹麦	39
RT4822	丹麦	2	RU224	日本	2
JHS31	日本	4	JHS32	日本	63
FM8500	日本	5	FM8800S	日本	32
GC600	中国	4	RT-5022	丹麦	20
合计：191（台）					

卫星紧急无线电示位标

型号	生产国家	数量(台)	型号	生产国家	数量(台)
KAN-NAD406AUTO	英国	15	JQE3A	日本	6
KANNAD406FH	法国	17	KAN-NAD406WH	法国	25
KAN-NAD406PRO	法国	9	MCMURDO	英国	6
MCMURDOE3	英国	2	TRON40S	挪威	3
MCMURDOE5	英国	5	EB-10	韩国	2
合计：90（台）					

航行警告接收机

型号	生产国家	数量(台)	型号	生产国家	数量(台)
LO-KATA	丹麦	1	NCR300A	日本	4
NCR300	日本	39	NCR333	日本	17
NX500	日本	21	NX700	日本	3
合计：85（台）					

双向甚高频无线电话

型号	生产国家	数量(台)	型号	生产国家	数量(台)
AXIS150	英国	138	AXIS250	英国	18
JHS7	日本	36	RU207	日本	3
SP3110	丹麦	6	TRP9110	丹麦	12
R1	英国	6	FM-8	日本	12
TRON VHF	挪威	6	SP3300	英国	30
MCMRRDO M1	英国	3	IC-GM1600E	日本	6
R2	英国	9			
合计：285（台）					

卫通船站（A、B、F、M）

型号	生产国家	数量(台)	型号	生产国家	数量(台)
F33	丹麦	16	F77	丹麦	33
MINI-M	丹麦	22	NEAR-B	挪威	2
FELCOM70	日本	2	FBB250	丹麦	2
RSS402	日本	15	JUE310	日本	15
OPENPORTR	美国	1	JUE300B1	日本	2
合计：110（台）					

卫通 C 站

型号	生产国家	数量(台)	型号	生产国家	数量(台)
FELCOM11	日本	1	RSS405A	日本	1
JUE75A	日本	6	JUE75C	日本	9
H2095B	丹麦	40	H2095C	丹麦	15
SCANSAT CG	丹麦	17	FELCOM15	日本	20
合计：109（台）					

气象传真机

型号	生产国家	数量(台)	型号	生产国家	数量(台)
FAX207	日本	31	FAX208	日本	34
TF708	日本	3	JAX-9B	日本	4
FAX408	日本	21	JAX90	日本	2
合计：95（台）					

全球定位系统（GPS）

型号	生产国家	数量(台)	型号	生产国家	数量(台)
GP31	日本	5	GP32	日本	5
GP50	日本	1	GP80	日本	72
GP90	日本	10	GP150	日本	38
JLR7700	日本	25	JLR4110	日本	15
KGP911	日本	3	JLR6800	日本	5
MX200	美国	3	KGP912	日本	10
KGP913	日本	4			
合计：196（台）					

雷达应答器

型号	生产国家	数量(台)	型号	生产国家	数量(台)
JOTRON	挪威	4	RESCUER	法国	144
JQX20	日本	8	JQX30	日本	10
S4	英国	16	SAR9	韩国	4
PATH FINDER	英国	2	SALAS-9	英国	2
合计：190（台）					

雷达

型号	生产国家	数量(台)	型号	生产国家	数量(台)
BR3440	日本	7	MASTER E	英国	5
FR1510	日本	2	FR1941	日本	1
FR2125	日本	6	FAR2827	日本	23
FAR2825	日本	10	FAR2837S	日本	4
FAR2830	日本	1	JMA6000	日本	2
FR2120	日本	1	JMA8000	日本	9
JMA625	日本	2	JMA9823	日本	2
JMA7000	日本	8	KH6000	英国	1

(续上表)

型号	生产国家	数量(台)	型号	生产国家	数量(台)
JMA9000	日本	53	JMA9253-9CA	日本	1
JMA9923	日本	17	JMA9253-7CA	日本	3
MR1210S	日本	2	JMA9303	日本	4
JMA850	日本	1	FAR2822	日本	6
JMA9123	日本	10	JMA8263	日本	1
FAR2837	日本	3			
合计：185（台）					

电罗经

型号	生产国家	数量(台)	型号	生产国家	数量(台)
ANS-4	德国	11	ANS-12	德国	1
ANS-20	德国	5	TG8000	日本	13
MK10	英国	1	MK37	美国	27
TG200	日本	3	TG3000	日本	1
TG5000	日本	17	TG6000	日本	9
CMZ300	日本	5	TG8000	日本	10
CMZ500	日本	10			
合计：113（台）					

测深仪

型号	生产国家	数量(台)	型号	生产国家	数量(台)
ATLAS461	德国	5	ED162	英国	4
F850	日本	1	F851-SD	日本	24
FE680	日本	5	FE700	日本	21
FE800	日本	21	JFE570	日本	10
JFE582	日本	2	SIMRAD	英国	5
FE880	日本	2	DS-1068	中国	1
FE-6810	日本	1			
合计：122（台）					

计程仪

型号	生产国家	数量(台)	型号	生产国家	数量(台)
DL-1	英国	1	DS70	日本	10
DS80	日本	34	EML112	日本	8
SRD301	美国	4	TD310	日本	3
TD501	日本	15	JLN-202	日本	1
RLA	瑞典	2			
合计：78（台）					

船舶自动识别系统（AIS）

型号	生产国家	数量(台)	型号	生产国家	数量(台)
FA100	日本	41	JHS180	日本	6
X-PACK DS	澳大利亚	1	FA-150	日本	47
合计：95（台）					

船舶保安报警系统（SSAS）

型号	生产国家	数量(台)	型号	生产国家	数量(台)
TT3000SSA	丹麦	78	FELCOM16	日本	11
FELCOM-15	日本	6			
合计：95（台）					

航行记录仪（VDR/SVDR）

型号	生产国家	数量(台)	型号	生产国家	数量(台)
HLD-B2	中国	12	HMT-S100	中国	9
HLD-S	中国	10	JCY1850	日本	18
SLT-18C	中国	1	VR3000S	日本	31
合计：81（台）					

（钱汉东）

7. 广远退役船舶船东、船籍、船级、主辅机型号一览表

2009 年退役船舶主要技术规范一览表

序号	代码	船名	英文船名	船旗	船型	建造年月	建造国家	接船日期	船舶主要尺度（米）				航速（节）	总吨	净吨	总载重吨	箱位 (TEU)
									总长	型宽	型深	吃水					
1	0637	宣城	XUAN-CHENG	中国	普通杂货船	197707	日本	1998-1-18	143.4	19.84	12.34	9.05	11.0	10150	5775	15112	
2	0639	晋城	JINCHENG	中国	普通杂货船	197508	日本	1998-1-18	147.7	22.86	13.0	9.61	16.5	11959	7525	18755	376
3	0760	居庸关	JUYONG-GUAN	中国	普通杂货船	197611	日本	2003-8-29	151.5	22.4	12.75	9.5	14.0	11610	5782	17401	
4		宝江	BAO JIANG	中国	普通杂货船	198305	中国	1984-1-27	105.9	16.0	9.0	6.5	13.0	4042	2033	5082	
5		岱江	DAI JIANG	中国	普通杂货船	198411	中国	1984-11-16	105.9	16.0	9.0	6.7	10.5	4042	2033	5082	

	船东公司船级 Class		呼号	营运耗油（吨/天）	主机型号	额定功率 (kw)	辅机型号	辅机功率 (kw)	退役时间	船龄（年）	去向
续 1	中远航运	CCS	BODY	14.0	12PC－2VB&W 7K62EF	3773	6PSHT6-18D	225	2009-01-14	31.5	江门市新会中新拆船厂拆解
续 2	中远航运	CCS	BOBC	17.0		9400	DAIHATSU 6P8HTB-26D	750	2009-01-22	33.4	江门市新会区苍山拆船厂拆解
续 3	中远航运	ZC	BOEE	20.0	B & W 9K45GF	5292	6DS-18	441	2009-02-11	32.3	江门市新会区银湖拆船厂拆解
续 4	福建捷安	CCS	BOQR	9.2	6PC2-5L	2865	6ML-HT	279	2009-03-31	25.8	江门市新会拆船
续 5	福建捷安	CCS	BOUP	8.0	6PC2-5L	2208	6ML-HT	280	2009-03-31	24.3	江门市新会拆船

序号	代码	船名	英文船名	船旗	船型	建造年月	建造国家	接船日期	船舶主要尺度（米）				航速（节）	总吨	净吨	总载重吨	箱位(TEU)
									总长	型宽	型深	吃水					
6	0407	富源口	FU YUAN KOU	中国	汽车船	198209	日本	2003-1-26	108	19.0	6.3	5.62	14.5	8553	2724	2796	
7	0967	安泰江	AN TAI JIANG	香港	沥青船	198512	中国	2001-4-27	106	16.0	9.0	6.67	12.0	3951	1285	4926	
8	0640	项城	XIANG CHENG	中国	普通杂货船	197602	日本	1997-9-30	147.7	22.85	13.0	9.63	15.5	11959	7525	18516	
9	0605	丹阳	DANYANG	中国	普通杂货船	197712	中国	1998-1-11	161.9	21.2	12.5	9.2	13.5	10610	5953	13640	
10	0645	浦城	PUCHENG	中国	普通杂货船	197701	德国	1997-11-16	149.8	21.0	12.25	9.25	15.0	9979	6653	16070	208
11	0758	山海关	SHAN-HAIGUAN	中国	普通杂货船	197703	日本	2003-7-22	151.5	22.4	12.75	9.5	14.0	11920	7290	17325	

	船东公司船级 Class		呼号	营运耗油（吨/天）	主机型号	额定功率(kw)	辅机型号	辅机功率(kw)	退役时间	船龄（年）	去向
续 6	中远航运	CCS	BOOH	9.0	HANSHIN 6EL-44	2646	YANMAR 6MAL-HT	320	2009-04-02	26.6	江门市新会区银湖拆船厂拆船
续 7	中远南方	CCS	VRXA9	10.0	6PC2-5L	2207	6ML-HTS	280	2009-04-08	23.3	舟山中远船务码头拆解
续 8	中远航运	CCS	BOBB	26.0	B&W 7K62EF	6918	6PSHT-26D	550	2009-4-28	33.2	江门市新会拆船
续 9	中远航运	CCS	BOMS	18.0	6ESDZ 76/160	6615	SKL 8BVD36A1	425	2009-4-28	31.3	江门市新会拆船
续 10	中远航运	CCS	BOMF	16.0	MAN 14V 40/54A	6440	6T23LH 4ED	552	2009-4-28	32.3	江门市新会拆船
续 11	中远航运	ZC	BOEC	20.0	B & W 9K45GF	5292	6DS-18	441	2009-4-28	32.1	江门市新会拆船

序号	代码	船名	英文船名	船旗	船型	建造年月	建造国家	接船日期	船舶主要尺度（米）				航速（节）	总吨	净吨	总载重吨	箱位 (TEU)
									总长	型宽	型深	吃水					
12	0409	富泉口	FU QUAN KOU	中国	汽车船	198501	丹麦	2004-8-30	160.5	20.75	12.35	6.73	14.0	8362	6022	8558	
13	0650	安阳江	ANYANG JIANG	中国	普通杂货船	198004	英国	1984-7-20	144.0	20.42	11.75	8.86	13.0	9182	6152	15250	
14	0302	源江	YUANJIANG	中国	杂货集装箱两用船	198105	英国	1981-5-21	144.0	20.42	11.75	8.87	15.0	9182	6152	15200	44
15		曲江	QU JIANG	中国	普通杂货船	197710	日本	1977-10-25	143.4	19.81	12.0	9.06	12.5	8751	5522	15200	
16		桂江	GUI JIANG	中国	普通杂货船	197709	日本	1977-9-25	143.4	19.81	12.0	9.06	12.5	8751	5522	15200	

	船东公司船级 Class		呼号	营运耗油（吨 / 天）	主机型号	额定功率 (kw)	辅机型号	辅机功率 (kw)	退役时间	船龄（年）	去向
续 12	中远航运	CCS	BOON	16.0	MAK 8M552	4900	BENZ OM424A	310	2009-4-29	24.3	江门市新会双水拆船钢铁有限公司拆解
续 13	中远航运	CCS	BOUO	17.0	SULZER 4RND68M	6848	PAXMAN- 8RPH CZ MK7	350	2009-5-15	29.1	移交给买家“黄石市恒风海运有限公司”经营
续 14	中远航运	CCS	BOUE	17.0	SULZER 4RND 68M	5590	YANMAR 6UL-UT	350	2009-5-23	28	移交给买家“黄石市恒风海运有限公司”经营
续 15	福建捷安		BOUC	16.0	12PC2V	3827	6PSHTC-20	820	2009-5-26	31.6	移交给买家“秦皇岛宏昌船务有限公司”经营
续 16	福建捷安		BOUB	14.0	12PC2V	3827	6SHTC-20	820	2009-6-7	31.8	移交给买家“营口港润海運有限公司”经营

序号	代码	船名	英文船名	船旗	船型	建造年月	建造国家	接船日期	船舶主要尺度（米）				航速（节）	总吨	净吨	总载重吨	箱位(TEU)
									总长	型宽	型深	吃水					
17	0762	嘉禾关	JIAHEGUAN	中国	木材船	198503	日本	2003-6-27	109.6	17.8	9.0	7.15	14.0	4997	2728	7110	
18	0761	嘉荫关	JIAYIN-GUAN	中国	木材船	198508	日本	2003-6-28	109.6	17.8	9.0	7.15	14.0	4999	2725	7164	
19	0757	江埔关	JIANG-PUGUAN	中国	普通杂货船	198411	日本	2003-7-1	103.5	16.4	8.5	6.76	13.0	4107	2059	5593	
20	0725	大田	DATIAN	香港	普通杂货船	197402	日本	1997-12-11	154.0	22.0	12.0	9.08	12.0	11288	6157	14469	
21	0763	嘉山关	JIA-SHANGUAN	中国	木材船	198505	日本	2003-7-6	109.6	17.8	9.0	7.1	14.0	4999	2725	7149	

	船东公司船级 Class		呼号	营运耗油（吨/天）	主机型号	额定功率(kw)	辅机型号	辅机功率(kw)	退役时间	船龄（年）	去向
续17	中远远达	ZC	BOEL	13.0	B&W TL35MC	3499	6DS-19A	353	2009-7-23	24.3	扬州港出售给买家继续营运
续18	中远远达	ZC	BOEN	13.0	B&W7L35MC	3499	6DS-19A	353	2009-7-24	23.9	张家港出售给买家继续营运
续19	中远航运	ZC	BOEH	10.0	B & W 6L35MC	2580	6ML-HTS	309	2009-7-30	24.7	广西防城港交给买家
续20	中远航运	CCS	BOCB	13-15	B&W 6K62EF	6105	B&W 5T23HH	460	2009-8-11	35.5	广东江门市新会区苍山拆船有限公司拆解
续21	中远远达	ZC	BOEM	13.0	B&W7L35MC	3499	6DS-19A	353	2009-8-14	24.3	张家港出售给买家继续营运

序号	代码	船名	英文船名	船旗	船型	建造年月	建造国家	接船日期	船舶主要尺度（米）				航速（节）	总吨	净吨	总载重吨	箱位(TEU)
									总长	型宽	型深	吃水					
22	0759	江西关	JIANGXI-GUAN	中国	普通杂货船	198501	日本	2003-7-29	103.5	16.4	8.5	6.76	13.0	4107	2059	5593	
23	0756	江宁关	JIANG-NINGGUAN	中国	普通杂货船	198410	日本	2003-6-25	103.5	16.4	8.5	6.76	13.0	4107	2059	5593	
24	0972	涵江	HAN JIANG	香港	沥青船	198510	中国	1985-10-12	106.04	16.0	9.0	6.67	13.0	3951	1285	4914	
25	0971	洪江	HONG JIANG	中国	沥青船	198412	中国	1984-12-24	105.9	16.0	9.0	6.67	13.0	3951	1285	4971	
26	0434	发展 之路	DEVELOP-ING ROAD	香港	半潜船	197805	日本	1991-3-11	134.5	34.2	7.5	5.18	10.0	10941	3282	13299	

	船东公司船级 Class		呼号	营运耗油（吨／天）	主机型号	额定功率(kw)	辅机型号	辅机功率(kw)	退役时间	船龄（年）	去向
续 22	中远航运	ZC	BOEI	10.0	B & W 6L35MC	2580	6ML-HTS	309	2009-8-17	24.6	广西防城港交给买家
续 23	中远航运	ZC	BOEG	10.0	B & W 6L35MC	2580	6ML-HTS	309	2009-8-17	24.8	广西北海港交给买家
续 24	中远南方	CCS	VRXX4	8.0	6PC2-5L400	2868	6ML-HT	280	2009-9-21	23.9	江门市新会拆船
续 25	中远南方	CCS	BOUQ	7.5	6PC2-5L	2205	6ML-HT	240	2009-11-17	24.9	深圳锚地移交给买家大连新纳斯船务代理有限公司
续 26	中远航运	CCS	9HFE3	12.5	PIELSTIC 6PC2-2L	2205 × 2	DAIHATSU 6DS-18	352	2009-12-10	31.6	江苏省江阴市移交给买家“江阴市夏港长江拆船厂”拆解

（杨向葵）

8. 广远船型、吨型结构表

（截止 2009 年 12 月 31 日）

DWT 分组		滚装船	沥青船	木材船	普通杂货船	汽车船	多用途船	半潜船	重大件船	合计
5000以下	艘数		8	2			3		1	14
	DWT		49065	64000			45511		28451	187027
	平均船龄		1.6	0.3			2.1		0.2	1.4
5000–10000	艘数						6	2		8
	DWT						154661	40868		195529
	平均船龄						9.0	6.7		8.4
10000–15000	艘数		1	3			9		4	17
	DWT		11048	82716			195552		67828	357144
	平均船龄		10.5	12.1			10.6		11.4	11.1
15000–20000	艘数			1	1		1			3
	DWT			28470	16979		17258			62707
	平均船龄			17.6	18.3		19.6			18.5
20000–25000	艘数		3	1	1	2	19			26
	DWT		14778	28457	15510	20978	317083			396806
	平均船龄		23.6	20.0	24.3	24.4	23.5			23.5
25000以上	艘数	3		1	10	1	8			23
	DWT	41434		30881	131891	3516	122027			329749
	平均船龄	29.6		25.6	27.5	27.0	29.0			28.2
合计	艘数	3	12	8	12	3	46	2	5	91
	DWT	41434	74891	234524	164380	24494	852092	40868	96279	1528962
	平均船龄	29.6	7.9	12.5	26.4	25.3	18.5	6.7	9.1	17.5

（薛平）

第五节　运输生产效率指标完成情况一览表

指标	计算单位	2009 年	2008 年	比上年增减	
				绝对数	相对数(%)
运量	万吨	1197.8	1493.6	−295.8	−19.8
周转量	亿吨海里	585.5	737.1	−151.6	−20.6
平均运距	海里	4888	4935	−47	−1.0
吨船产量	吨海里	36189	40883	−4694	−11.5
营运率	%	97.3	95.6	1.7	1.8
航行率	%	58.3	61.3	−3	−4.9
平均航速	海里/天	287	284	3	1.1
载重量利用率	%	60.9	67.3	−6.4	−9.5
船舶总吨天	千吨天	597983	559153	38830	6.9
营运吨天	千吨天	581759	534550	47209	8.8
航行吨天	千吨天	315981	327739	−11758	−3.6
船舶吨位海里	千吨海里	90614215	93218499	−2604284	−2.8
平均使用船舶数	载重吨	1638310	1847071	−208761	−11.3
燃油单耗	千克/千吨海里	4.61	4.69	−0.08	−1.7
燃柴油消耗量	吨	417884	437364	−19480	−4.5
平均在港停时	天/艘次	3.13	3.23	−0.1	−3.1

（杨向葵）

第六节　经营主要航线一览表

航线	班/月	主要挂靠港口和地区
波斯湾线	2	新港、上海、卡拉奇、阿巴斯、迪拜、阿里山、达曼、科威特
孟加拉线	1	新港、上海、青岛、横滨、大阪、仁川、釜山、吉大港、仰光
美洲航线	2	上海、天津、大连、曼萨尼略、克萨尔（圣何塞）、阿卡胡特拉、圣洛伦索、科林托、卡尔德拉、瓜亚基尔、卡亚俄、圣安东尼奥
欧地航线	1	新港、大连、青岛、烟台、鹿特丹、安特卫普、不来梅、莫特里尔、土耳其
东南亚线	1	新港、上海、青岛、新加坡、巴生、雅加达、泗水、胡志明市、科锡昌
红海航线	2	新港、苏丹、荷台达、吉达、阿咯巴、吉布提、亚丁、穆卡拉
非洲航线	2	新港、上海、南韩、日本、达累斯萨拉姆、拉各斯、欧尼港、特马

（薛平）

第五章 企业管理

第一节 综合管理

【总经理办公室简介】 总经理办公室（以下简称总经办）是协助广远领导贯彻执行上级指示和部署，协调各部门关系，确保广远经营管理和其他行政工作正常运转的综合性部门。主要职责是负责为广远领导决策提供各种信息，发挥参谋作用；负责广远上传下达和综合协调工作，发挥桥梁作用；开展调查研究，掌握广远生产经营和安全质量情况并提出建议，草拟广远年度工作计划、目标并组织实施，发挥助手作用；根据广远领导指示，组织召开企业综合性行政会议、庆典活动，组织实施和督促、检查广远行政和生产经营各项会议决议的贯彻落实；负责广远重大对外接待工作；负责广远信访综合管理工作；负责处理广远涉及的法律事务和有关法律问题；负责广远往来业务文电的接收、登记、编号、分发、流转、催办、审核、打印和归档，以及广远印章的保管和使用；负责广远的保密管理和对内、对外以及船舶机要通信工作；负责广远信件和报刊订阅和收发；负责广远行政事务等后勤保障工作；负责对以广远名义参加的各类协会以及企业层面各种证件的管理；负责广远工商证照事务处理。

总经办下设文秘单元、法律单元（对外保留法顾室）、机要行政单元（对外保留机要室）。

时任主任林旭东，主任助理张莲芳。文秘单元业务经理张维伟，法律单元业务经理周学茵，机要行政单元业务经理郑潮藩。员工20人。 （林海霞）

【总经办工作概况】 2009年，总经办坚持实践科学发展观，努力提高自身素质，认真做好各项工作。1. 围绕企业中心工作，积极参与企业的深化改革和重大项目的推进工作。①总经办作为“广远新办公大楼装修工作顾问小组”的成员，积极参与小组的各项工作，通过综合协调，提供了广州中远系统内各单位和其他港航单位对广远新办公大楼——广州远洋大厦的功能需求、面积需求等情况；负责筹备组织每月一次的广远新办公大楼——广州远洋大厦装修工作小组会，加强协调、推进、沟通工作，促进项目的开展。②积极筹备、策划、组织广远深化改革项目工作组涉及的研究会、专题会和汇报会，并做好会务和后勤保障工作。③积极做好企业法律事务工作，为企业的深化改革提供法律支持。2. 配合有关部门做好稳定工作，努力维护企业稳定的形势。对到广远上访的人员，积极做好综合协调工作，维持企业的正常办公秩序。3. 认真收集、整理信访信息，保持对外联系畅通无阻。4. 实行精益管理，做好节能减排工作。精心组织大型会务、仪式和接待工作；做好OA流程有关事宜，进一步加强办公用品和礼品采购、发放管理；协调完成广远与中远航运对各驻国内港口办事处的房产、车辆、物品的清理工作，并签订车辆过户转让合同。5. 深入调研，积极上报广远信息，为企业领导决策提供参考。6. 通力合作完成2008年年报、年鉴工作。7. 做好日常文秘工作。做好各项办文工作和催办事宜，制定多项措施，有效提高执行力。8. 认真做好机要保密工作，加强机要保密管理力度，全年没有发生泄密现象。9. 做好行政（车队）工作 。邮件收发和机要文件交换工作顺利进行，没有出现差错；车辆管理有序，精心保养，安全行车无事故，并节约燃油费 10%。10. 紧密配合企业职能部门做好非诉讼法律业务，完成各项诉讼业务，为广远及下属基层单位提供大量法律咨询，规避了经营法律风险。（林海霞）

文秘管理

【文秘工作概况】 2009 年，文秘单元做好各项办文工作，提高企业公文质量和流转效率；加强督办工作，督促广远领导指示、会议纪要及文件的贯彻落实，保证企业政令畅通，提高执行力和工作效率；会同信息中心对 OA 系统进行技术改进，进一步完善日常办公信息化、流程化和规范化；做好企业生产经营管理会议的组织和接待工作；做好信访登记和处理工作，促进企业和谐稳定；规范和加强礼品采购和发放管理，为企业对外联络和业务往来提供便利。（林海霞）

【做好各项办文工作】 2009 年，文秘单元起草各类文件、资料、函电、讲话稿、情况通报、工作简报、精益管理简报、汇报、会议纪要等文稿材料 390 份；按照国家和企业的公文处理办法，认真对企业领导所分管的部室呈阅、发文等文件把关 1300 份；做好外来文件收发流转，共处理外来文件 2736 份。其中，纸面文件 52 份、机密文件 216 份、秘密文件 140 份、传真件 1086 份、OA 文件 1190 份、机要交换收件 295 份。（林海霞）

【组织或承办会议情况】 2009 年，总经办组织承办的主要会议有：2 次安全专题领导办公会暨安全工作座谈会，维护企业稳定工作专题会议，劳动法律风险座谈会，信访、维稳督导检查工作专题会议；企业领导与广远本部、各航运公司、岸产事业部及各岸产企业专题座谈会以及广远专题工作会议；广远学习实践科学发展观活动联系点调研会、广远民主生活暨述廉议廉会议；广远深化改革项目启动会、专题汇报会；组织安排广远与广州港签署合作协议会；广远年中工作会议和 2009 年务虚会。是年，总经办还多次协助安排中远集团电视、电话会议广州分会场等会务工作。（周益桥）

【召开经营管理委员会例会】 2009 年 4 月 28 日，广远召开经营管理委员会 2009 年例会暨经济成本分析会。参加人员有总经理徐惠兴、党委书记刘书田、副总经理翁继强、纪委书记兼工会主席马宗梅，广远本部各部室、下属航运公司、岸产事业部、各岸产企业等有关领导和人员。会议由翁继强主持。会议对企业第一季度的生产经营情况以及应对国际金融危机、拓展市场的经验进行了总结，分析了制约广远科学发展的主要矛盾和突出问题，提出了深入学习实践科学发展观，促进广远科学发展的重点工作要求，并对下阶段创新经营、稳定效益等工作作出规划。（周益桥）

【采集编发企业信息】 2009 年，总经办积极做好企业信息采集编发工作，采集企业经营生产中的重大事项以及中远集团在广州地区重要活动信息，形成专题简报。全年编发《广远办公室工作信息》12期、《广远工作简报》7期、《情况通报》34期、《广远信息交流》21期。上报中远集团信息共206条。其中，被采用61条。总经办的采集编发信息工作，得到中远集团总裁办公室和兄弟单位的好评。（林海霞）

【完成方志年鉴工作】 2009年，总经办根据广东省、广州市方志年鉴部门关于上报资料的要求，按时保质完成了2008年广东省、广州市年鉴和广州市地方志年报资料。组织专人编写出版《广州远洋运输公司年鉴》（2008年）。2008年广远年鉴共420页，约600千字，精选彩照33P（115张）、内插黑白照片22张。对年鉴文稿修改6次之多，核对10次。精心撰写了《解放思想，深化改革，坚持走科学发展之路——广远改革开放30年纪实》、《天灾无情 人间有爱——广州远洋情系地震灾区》2个长篇专题。与此同时，年鉴工作做到深入调查研究，多方采访，对获全国荣誉称号和广东省劳模的先进人物，精心提炼其主要事迹。是年，广远方志年鉴质量总体比2007年有所提高，突出了航运主业，富有企业特点，受到上级有关领导的好评。（林海霞）

【公关接待情况】 2009年，总经办做了大量的公关接待工作。主要有：1. 全程接待中远集团总裁魏家福到广远进行春节慰问活动；2. 策划安排蛇口中远老干部春节团拜会；3. 协助接待广东省总工会领导到广远慰问指导；4. 全程接待中远集团副总裁许立荣参加广远学习实践科学发展观活动联系点调研会；5. 全程接待中远集团副总裁许立荣参加广远民主生活会暨述廉议廉会议；6. 接待中远战略发展部领导参加广远深化改革项目启动会；7. 组织安排广远代表中远集团参加广州——中央企业战略合作活动，总经理徐惠兴代表广远与广州港签署合作协议；8. 协助中远远达完成“金达岭”轮首航西非仪式；9. 协助接待中远集团总会计师孙月英及预算调研组一行到广远调研；10. 全程接待中远集团副总裁张良一行莅临广远进行安全督查；11. 全程接待中远集团副总裁李建红一行参加广远深化改革项目专题汇报会；12. 陪同广州市交委领导参加国际海运（中国）年会；13. 协调广州第十六届亚运会组委会 关于“阔阔真公主”号“亚洲之路”系列宣传活动岸基支持工作。（张敏仪）

【精益管理工作】 2009年，总经办积极开展精益管理工作，制定精益管理活动方案，上报《精益管理工作简报》4份。其中总经办《严审把关，减少办公电梯改造费用》课题，实施结果节约21498元；《精打细算，减少车辆修理费用》课题，实施结果节省费用36500元；《货比三家，降低车辆零件费用》课题，实施结果节约7000元；《努力攻关，减少我司绿化植树费用》课题，实施结果减免绿化植树代管费64930元。以上4项课题，共节省129928元。（郑潮藩）

【加强督办工作】 2009年，文秘单元加强督办工作，提高了执行能力。全年下发和跟进《任务下达书》等督办任务340项；对领导指示、会议记录及文件加强督办力度，每周定期催办，全年共催办180项。（林海霞）

【对 OA 系统进行技术改进】 2009 年，文秘单元会同信息中心对 OA 系统进行技术改进：一方面了解广远本部处室和企业领导对外活动的需求，一方面使部分 OA 流程的操作步骤比以前更加科学高效，从而提高文件流转速度，缩短管理链条，提高了工作效率。（林海霞）

【加强礼品采购和发放管理】 2009 年，总经办的礼品采购和发放加强管理，一方面了解广远本部各部室和企业领导对外活动的需求，一方面根据礼品实际库存和使用效率制定合理的采购计划，做到既满足实际需要，又避免库存积压；采购中实行货比三家，力求做到物美价廉，降低采购成本；礼品发放既严格坚持申领手续，登记造册，又做到服务热情周到。是年，总经办共发放礼品 1114 件。（林海霞）

法律事务

【法律工作概况】 2009 年，总经办法律单元作为广远法律工作部门，积极做好企业法律事务工作。在非诉讼法律业务方面，修改了 100 多份合同，参与多个项目小组，消除法律隐患，并做好工商证照及刻章业务；在诉讼法律业务方面，办理了 10 多件诉讼案。2008 年年底经过审查，广东省司法厅授权广远进行公司律师试点。5 月 19 日，广远系统 3 名员工取得了企业律师证，开始以律师身份执业。（周学茵）

【非诉讼法律业务】 2009 年，法律单元修改了合同 183 份，涉及合同标的人民币 74.55 亿元、13.96 亿美元、8867 万日元，均未发现所审的合同出现纠纷；吸取 2008 年合同管理不足的经验教训，梳理了合同管理流程，加强合同管理，主动向业务员追收合同原件。是年，法律单元将 2008 年以前的全部合同归档并移交给企业档案管理中心。

法律单元参与多个项目小组，消除法律隐患，努力促成项目完成。参与项目的小组包括广远深化改革项目工作组、土地房产确权工作小组、广远新办公大楼——广州远洋大厦项目小组、缩短管理链条项目小组、船员管理改革后续问题处理工作小组、住房货币分配小组、汽车船项目小组等，并为各项目小组提供了法律支持。

是年，法律单元着力提高人员素质，鼓励工作人员利用业余时间自学，并组织集体学习。同时，积极与广东省劳动厅、产权交易所、广州市工商局、律师所、税务所建立联系，提高了法律单元员工的整体水平。法律单元人员对企业员工咨询的问题能及时、准确地回答，对企业经营管理中涉及的法律问题能准确把握法律法规，进行妥善处理，从而促进了广远依法治企的能力。（周学茵）

【工商证照及刻章业务】 2009 年，法律单元完善广远及所属基层单位的证照管理，顺利完成广远系统年检。

法律单元根据项目组要求，对广远及下属单位的证照管理进行风险排查，并对可能出现的问题进行提醒，完成了电脑公司、广远的企业名称预先核准工作及电脑公司的更名工作。是年，广州市工商年检特别严格，营业执照上的特许经营事项均要有批文才能通过年检，这使广远和天河远洋大厦、黄埔招待所的年检遇到前所未有的困难。同时，广州市工商局将 1000 万

元以下注册资本企业下放到工商分局管理，年审由对应的街道办事处工商管理所完成，这大大地增加了物业公司等企业的年检工作量（要变更注册登记号才能完成年检，年检后还要变更系列证书）。面对这些困难，法律单元迎难而上，通过协调，取得各有关方面的支持和合作，顺利完成了广远及下属企业的年检工作，为广远深化改革项目的按时推进奠定了基础。此外，法律单元还协助远洋宾馆取得销售月饼的行政许可，完成广远4个商标使用期的续展。

（周学茵）

【诉讼法律业务】 2009年，法律单元经办广远14件诉讼案、海洋厂1件诉讼案、广远1件非诉讼案、1件执行案。在15件诉讼案中，3件终审胜诉、2件和解、10件审理。其中，2件败诉（均为一审败诉，二审正在审理当中）。执行案1件处理完毕（收回东方祥麟公司19.4万元货款）。

（周学茵）

机要保密

【机要工作概况】 2009年，广远机要工作以“确保绝对安全，确保绝对畅通”为目标，加强机要工作管理，开展机要业务专项检查活动。进一步加强对机要设备监管力度，加强机要值班制度，加强对机要通信设备的维护保养，完成机要通信安全保密设备更新，开展了机要作风建设活动。是年，总经办机要人员扎扎实实做好各项机要通信工作，为企业的安全、稳定、效益提供了机要通信保障。（郑潮藩　吴彩区）

【加强机要值班制度】 2009年，总经办机要工作加强了机要值班制度，每个值班人员做到高标准、严要求，认真办理每一份往来电报，做到传发电报不拖延，接收电报及时快捷，电报质量“零投诉”。全年共收发办理文件电报3454份，12747页，无一差错。（郑潮藩　许德茂）

【加强机要通信设备的更新和维护保养】 2009年，总经办机要人员做好日常通信设备的维护保养工作，发现隐患及时排除，确保机要通信设备处于正常工作状态。全年共维护保养各种机要通信设备112次，确保了机要通信设备的正常运行，并圆满完成了机要通信设备的更新工作。

（郑潮藩　许德茂）

【保密工作概况】 2009年，广远保密管理工作坚持以“积极防范，突出重点，积极推进保密工作的制度化和规范化，确保国家、企业秘密安全”方针，开展保密宣传教育活动和保密大检查，组织员工进行保密培训和签订《保密承诺书》，实施《广远保密专用U盘使用管理规定》；根据形势发展和企业实际情况，不断完善保密要害部门部位、核心涉密人员的保密管理责任、职责，加强对企业涉密场所、涉密通信设备和密件文件的规范管理检查力度，以及规范涉密计算机、通信和办公自动化设备定点维修、维护管理工作，加强对密级文件的规范管理（含涉密纸质文件和电子文档）。是年，广远没有发生任何泄密事件。（郑潮藩　许德茂）

【开展保密宣传教育活动】 2009年，总经办机要保密部门充分利用广远数字平台、广远内部局域网《保密知识之窗》栏目，宣传党和国家保密工作的方针政策、法律法规，共摘编12期保密知识，供广大员工学习；同时，积极开展“保密宣传教育月”活动，制订广远开展保密“宣传教育月”活动的具体措施；编辑4期《广远保密工作信息》，及时反映广远保密管理工作的情况，促进企业保密工作的开展。是年，广远开展的保密宣传教育活动，收到较好的效果，增强了广大船岸员工的保密意识。

（郑潮藩　许德茂）

【组织员工签订《保密承诺书》】 2009年5月13日，广远下发了《关于开展保密承诺书签订工作的通知》，组织1396名员工签订了《广远在岗人员保密承诺书》。通过签订《保密承诺书》，坚持用制度规范保密管理，强化了全体员工保护国家和企业秘密的义务和责任，促进了企业的保密建设。

（郑潮藩　许德茂）

【组织召开省直第十五保密协作组第一次会议】 2009年6月26日，广远作为省直第十五保密协作组组长单位，组织召开了本保密协作组成员单位2009年第一次会议。各成员单位的办公室主任及保密主管16人参加了会议。会议由广远总经办主任林旭东主持。会上，传达了广东省保密工作会议、省直协作组组长会议精神；广东省国家保密局科研中心主任马远文，广远密码和保密委员会副主任马宗梅作了讲话。马远文对全省保密形势、泄密案例进行了剖析，对今后省直单位保密管理工作提出了要求，并回答了与会人员提出的关于保密工作中的一些难点、疑点问题；马宗梅介绍了广远保密管理工作情况、企业领导对抓好保密管理工作的体会。　（郑潮藩　许德茂）

【配备USB安全管理系统和保密专用U盘】 2009年9月5日，广远为企业全系统的涉密计算机安装配备了USB安全移动存储、管理系统和专用保密安全U盘，制定了《广远保密专用U盘使用管理规定》，有效地解决了移动存储介质交叉使用、公私滥用等重大泄密隐患，防止了密码通信系统和信息失、泄密事件的发生，确保了涉密信息安全。　（郑潮藩　许德茂）

【规范涉密设备维修维护保密管理工作】 2009年9月10日，广远为规范企业系统涉密计算机、通信和办公自动化设备的定点维修维护保密管理工作，指定了涉密设备维修维护负责人，做到专人操作、专人管理，事事有章可循、有据可依，从源头上堵住了办公设备失、泄密事件的发生。

（郑潮藩　许德茂）

【组织开展保密大检查】 2009年9月15日，广远保密委员会根据企业实际情况，开展保密大检查：由保密办主任郑潮藩带领广远保密检查小组成员，对广远系统重点涉密部门、部位、计算机移动介质、涉密文件（含纸质文件和电子文件）进行认真、细致的检查和清理；由计算机信息中心对广远的信息系统、局域网进行全面保密检查和测试。通过保密大检查，消除了隐患，防止了失、泄密事件的发生，确保了企业保密工作场所安全。

（郑潮藩　许德茂）

【组织召开省直第十五保密协作组第二次会议】 2009年12月11日，广远充分发挥省直单位保密协作组平台的作用，以组长身份组织召开了省直第十五保密协作组

2009年第二次会议。各成员单位的办公室主任及保密主管17人参加了会议。会议由广远保密办主任郑潮藩主持。会议传达学习了上级保密管理工作文件精神，各成员单位交流了保密管理工作经验和体会，以及保密检查开展情况和今后保密管理工作的重点、要点。会上，广东省国家保密局科研中心科长梁维宪解答了与会人员提出的问题。（郑潮藩　许德茂）

【参加保密岗位证书培训】　2009年12月18日，为增强广远经管国家秘密人员的整体素质，提高做好保密管理工作能力和水平，广远保密办公室组织相关岗位的8名员工，参加广东省国家保密局举办的经管国家秘密岗位证书再教育培训班。8名员工通过学习培训，更新了保密新知识，掌握了保密管理新方法，拓宽了保密工作新视野，增强了做好保密工作的新能力。

（郑潮藩　许德茂）

行政管理

【行政管理工作概况】　2009年，总经办行政管理单元做了大量的行政管理工作，主要有：协调完成广远与中远航运对驻国内港口8个办事处的房产、车辆、物品的清理工作，并签订了车辆过户转让合同；进行机要文件的交换；收发邮件数千件，无一差错；加强办公用品的管理，节约了开支；完成员工出差需要的订票工作。

（郑潮藩）

【做好邮件收发工作】　2009年，总经办行政管理单元共收到从国内外寄给广远本部、船员信件96858封（包括普通信件、特快专递、挂号信）；汇款单2542份；包裹单1216份；收发报纸、杂志30多种16520份/次。广远本部寄往国内外信件（包括普通信件、特快专递、挂号信）28268封、资料杂志2036份；登记、送签、机密件824件。上述工作均未发现错漏及投诉。（郑潮藩）

【节约办公用品费用】　2009年，总经办行政管理单元加强对广远本部办公用品的管理，采购货比三家，做到采购物品质优价廉；严格执行发放制度，完善认领手续。是年，广远机关本部办公用品费用控制在原计划的70%以内，节约30%。

（郑潮藩）

【广远新办公大楼室内装修工作】　2009年2月28日，广远为了能如期搬入新办公大楼——广州远洋大厦（广州远洋大厦只有部分楼层属广远办公室）办公，成立了“广远新办公大楼装修工作顾问小组和装修联络小组”。总经办是该小组的主要成员，负责广远自用办公室部分的室内装修。主要做了如下工作：1. 综合协调、组织、汇总了广远新办公大楼的功能需求、面积需求、会议室设备需求共6份补充方案，及时提供给建设实业、设计单位和信息中心；2. 每月筹备组织一次广远新办公大楼室内装修工作领导小组会，加强协调推进和沟通，促进项目的顺利开展；3. 召集相关部门、单位，研究广远新办公大楼的管理和后勤服务工作；4. 组织协调有关部门研究搬到新办公大楼办公后，现有广远办公楼的处置问题以及过渡期工作的衔接问题；5. 参与广远新办公大楼室内装修中会议设备、家具、地毯、办公设备等的考察及招

投标工作。（郑潮藩　莫凡凡）

【信访工作】　2009年，广远信访工作坚持以科学发展观为指导，以维护社会、企业稳定为目的，制定措施，确保重要节日期间的安全稳定；制定领导包案和干部下访制度，完善维稳工作机制；热情接待员工来访，认真排查信访积案化解工作，加大信访案件解决力度；畅通信访渠道，按照信访排查和矛盾化解工作的要求，有效化解信访突出问题，防止矛盾堆积，最大限度地减少不和谐因素；做好情况汇报工作，全年上报《广远信访工作季度报表》和《广远不稳定问题排查季度报表》5期。是年，由于广远信访工作到位，有效维护了企业稳定，促进企业经营管理工作的正常开展。（莫凡凡）

【车队管理工作】　2009年，总经办车队以抓好行车安全、节能降本为目标，认真做好车辆维护保养、降低成本、提高服务质量等工作。在确保车辆安全性能达标的前提下，抓好“车辆使用申报制度”、“车辆修理费用控制管理办法”、“零件采购费用控制管理办法”、“车辆燃油费用控制管理办法”等规章制度的贯彻执行，并取得了良好效果：车辆行驶安全无事故；驾驶人员工作协调，思想稳定；加强了车辆安全检查，确保车辆处于良好状态；对已签订的车辆保险、加油站、汽车修理厂等合作协议，重新进行评估、选定，使成本控制工作做得更细、更好；对车辆进行认真保养，延长车辆使用寿命和安全系数。是年，总经办车队通过积极开展精益管理、降本增效、节能减排工作，在燃油费升价等不利因素影响下，降低了成本，比原计划节约费用10%。（郑潮藩）

第二节　航运与安全管理

【航运管理与安全监督部简介】　航运管理与安全监督部（以下简称航安部）于2004年9月27日正式成立。航安部是广远航运管理与安全监督的主管部门。主要职责是负责对广远投资及控股航运企业实施行业管理和安全监督指导；负责航运综合业务管理；负责管理中远集团层面的战略客户；经广远领导授权，负责签署和管理广远与各下属航运公司之间的租船合同和船员租赁合同；定期组织广远下属各航运企业召开经济成本分析会，分析企业经营形势，并提出建议；负责组织、协调相关航运公司研究和讨论生产经营中存在的突出问题；负责广远运输生产统计工作；按照广东省、广州市有关部门和中远集团的要求，上报有关航运经营的材料和统计报表；负责对广远投资及控股公司的安全管理活动、综合治安治理工作，进行宏观指导和监督考核；负责广远安委会的日常事务工作；负责武装、交通战备工作。航安部业务主要分为三个模块，即：投资控股企业安全监督管理、航运行业管理和航运综合业务管

理（含行业管理、航运综合业务、运输生产统计、商务管理、战略客户管理）、保卫/武装/交通战备。此外，还承担了广远安委办、防抗台指挥协调小组、应急领导小组、节能减排工作小组、安全长效管理工作小组的日常工作。对外保留保卫处、武装部的牌子和公章。广远安全顾问挂靠航安部。

时任总经理蔡梅江（1~5月），总经理助理周维民。业务经理温锐波。员工10人。（周维民）

【航安部工作概况】 安全是航运企业的生命线，对于广远系统来说尤其如此。广远船队平均船龄老、吨位小、航速慢、货载多样、舱位复杂、船员工作量大。2009年，航安部面对广远安全管理的特殊性，始终坚持安全工作“没有终点”、“没有老本”、“没有退路”的安全管理理念。在航运市场持续低迷的困境下，在企业效益受到国际金融危机严重影响的情况下，时刻警醒，在市场阴霾中锻造坚固的安全盾牌。

是年，航安部坚持管理就是服务的理念，内抓管理，着力提高员工素质；外抓协调，强化执行力建设，围绕重点和关键问题认真抓好安全工作的落实。以吸取中远南方管理的香港籍船舶“安泰江”轮事故教训为契机，督促广远系统航运公司对老旧船舶安全进行认真梳理，严格整改；重视安全管理理念创新，把安全管理长效机制建设和阶段性安全工作相结合；以“四大战役”（雾航战役、防台战役、冬防战役、沿海航行和进出港安全战役）为安全主线，按照“五早”（即早研究、早动员、早布置、早检查、早落实）的工作方法，着力抓好船舶航行、防海盗、防工伤事故等重点、难点和热点问题，确保企业安全稳定。全年，广远按统计口径内没有发生上报等级安全事故，没有发生船舶被海盗劫持事件，安全形势基本稳定。

是年，航安部克服部门总经理长期缺位的不利情况，自我加压，勇于承担责任，做到队伍不乱，人心不散，工作不减，质量不降，较好地完成广远布置的各项工作任务。航安部与广远系统航运公司共同跟踪船舶136艘次，指导船舶防台抗台62艘次，防台跟踪覆盖率100%，成功率100%；跟踪、指导、检查船舶进出港操纵1033艘次，雾航191艘次，大风浪操纵228艘次，船舶现场监督检查268艘次。

（周维民）

【防海盗工作】 2009年，广远有180艘次船舶航经海盗活动猖獗的海域，船舶遭遇海盗袭扰事件22起。其中，5艘船舶受到海盗的武装袭击。广远船队成为中远系统遭遇海盗袭扰最为严重的船队之一，不仅遭袭船舶数量众多，次数频繁，而且情况复杂，险象环生，较量过程惊心动魄。广远在中远集团的正确领导下，紧紧围绕“预防为主、保障安全”的工作方针，对船舶防抗海盗工作加强了组织领导，周密安排、狠抓落实、严密部署，采取了一系列有效的防抗自卫措施，船岸齐心努力，同仇敌忾，共御海盗，保障了人、船、货的安全。（刘锐祥）

【“安泰江”轮火灾事故】 2009年1月9日，中远南方管理的香港安泰江航运有限公司（AN TAI JIANG MARITIME CO., LTD.）所属沥青船“安泰江”轮从韩国蔚

山港装载沥青驶往宁波港途中，发生机舱火灾事故。事故造成2名船员死亡、1名船员落水失踪，机舱和部分生活区着火。（周维民）

【召开安全生产工作会议】 2009年1月12~13日，广远召开了“第十二届四次职代会暨2009年工作会、思想政治工作会、安全生产工作会”。会议传达贯彻中远集团关于安全工作会议精神,认真总结广远2008年安全工作，分析广远安全生产面临的严峻形势，按照中远集团安全工作的思路，部署广远2009年安全生产目标和任务。（刘启清）

【召开安全专题领导办公会】 2009年1月16日，广远召开安全专题领导办公会暨安全工作座谈会。参加会议人员有广远领导班子成员，广远本部各部室、中远航运、中远远达、中远南方、岸产事业部负责人。会议由总经理徐惠兴主持。会议分析了广远各单位在安全管理中存在问题和薄弱环节，并对存在问题和整改隐患、消除风险进行了认真研究，对确保春节期间安全稳定和安全主要工作提出了明确要求。会上，徐惠兴与有关单位签订了《2009年安全管理目标责任书》。（刘启清）

【召开安委会2009年第一次安全专题例会】 2009年3月2日，广远召开安委会2009年第一次专题例会。参加会议人员有广远领导，广远各部室、岸产事业部负责人、安委会各成员单位主要负责人、主管安全工作领导等36人。会议由副总经理翁继强主持。

会议传达了广东省安全生产工作会暨防范重特大事故会议精神，传达了中远集团关于转发国务院安委会办公室《关于开展全国安全生产检查的通知》和上级抓好“两会”（全国人民代表大会、全国政治协商会议）期间安全生产工作的通知，通报了中远南方管理的香港籍船舶“安泰江”轮火灾事故调查情况，总结广远冬防安全工作，布置春季以及“两会”期间安全生产工作。会上，中远航运、中远远达、中远南方3家航运公司和广远岸产事业部分别作了专题发言；总经理徐惠兴、党委书记刘书田、副总经理翁继强作了讲话，就贯彻落实会议精神提出了具体要求。（刘启清）

【召开劳动安全研讨会】 2009年4月14日，广远召开劳动安全研讨会。参加会议人员有人力资源部/组织部总经理黎光葵，工会副主席符雄，中远航运副总经理郭福祥以及广远下属各基层单位有关负责人共24人。会议由广远副总经理翁继强主持。

会议认真研究了发生工伤事故的规律，查找了劳动安全管理上存在的薄弱环节，提出了有针对性的防范对策和整改措施。会上，翁继强作了会议总结，提出了下一步工作的重点和要求。（刘启清）

【召开防抗热带气旋工作会】 2009年5月8日，广远召开“2009年防抗热带气旋工作会”。参加会议人员有广远副总经理翁继强，中远航运、中远远达、中远南方等航运企业安全生产负责人。会议由航安部总经理蔡梅江主持。会议特邀广东省气象台专家孙汉明莅临指导。

会议传达了“2009年中远集团防抗全球热带气旋工作会”会议精神，总结了

2008 年广远防抗台风工作的经验、不足和存在问题。孙汉明在会上作了发言，对 2009 年西北太平洋热带气旋生成和发展情况进行了预测；翁继强结合广远实际，就如何做好 2009 年防抗台工作进行了部署。会议还对《广州远洋运输公司船舶防抗台管理规定》进行了讨论和修订。

（刘启清）

【举办消防业务知识培训】 2009 年 6 月 4 日，航安部在天河远洋大厦举办消防业务知识培训班，组织岸产企业的有关领导、安全保卫人员等 33 人参加了培训。培训班邀请了广州港公安局消防支队专家授课。经考核，参训人员均领取了《消防安全培训合格证》。（伍英华）

【召开安全长效管理机制建设推进（研讨）会】 2009 年 6 月 10 日，广远召开安全长效管理机制建设推进（研讨）会。参加会议人员有广远副总经理翁继强，中远航运、中远远达、中远南方主管安全工作领导以及体系主管人员，省远洋体系主管人员，远洋宾馆、建设实业、金桥学院、供应公司安全主管人员，广远本部党工部、工会、岸产事业部、航安部有关人员。会议由航安部总经理助理周维民主持。

会议总结了广远安全长效管理机制第三阶段工作，对新实施的《广远安全管理规定》进行读解，就贯彻落实中远集团关于建立健全安全长效管理机制第四阶段的推进方案和工作计划提出了落实建议；中远航运、中远远达、中远南方、省远洋分别对安全管理（综合）体系的运行、执行、审核和持续改进等方面的情况进行了交流和研讨；翁继强就体系管理与长效管理机制建设提出了具体要求。（刘启清）

【举行联合消防演习】 2009 年 6 月 16 日，广远为进一步提高在办公大楼办公的员工和远洋宾馆员工的消防意识和灭火自救能力，结合“安全生产月”活动，举行联合消防演习。演习过程，由航安部人员讲解了有关消防器材的使用，组织进行了人员疏散、抢救人员及灭火模拟演练。广远副总经理翁继强在大楼消防控制中心现场组织指挥，大楼消防指挥机构其他成员参与了组织协调工作。（伍英华）

【开展“安全生产月”活动】 2009 年 6 月，广远围绕“关爱生命，安全发展”的主题，开展“安全生产月”活动。针对安全生产的特点、薄弱环节和突出问题，将“安全生产月”活动与季节性安全工作重点结合起来，与开展“安全生产年”活动结合起来。通过一系列安全活动，船岸员工安全意识明显提高，遵章守纪自觉性明显增强，各类事故大幅度下降，在全企业形成了人人“关爱生命，关注安全”的良好氛围。（刘启清）

【召开反恐防范工作会议】 2009 年 7 月 16 日，广远召开反恐防范工作会议。参加会议人员有：航安部、总经理办、党工部、人力资源部/组织部等部门领导，中远航运、中远远达、省远洋主管安全工作领导及有关人员。会议由广远副总经理翁继强主持。会上，航安部传达了中远集团《关于加强中远驻外机构及远洋船舶安全防范工作的通知》和广远总经理徐惠兴、党委书记刘书田所作的批示，提出了落实反恐防范工作的措施和意见。与会人员发表了

意见，提出了建议。翁继强对会议进行了总结，对如何进一步做好反恐防范工作提出了具体要求。（刘启清　伍英华）

【召开安全专题领导办公会】 2009年8月21日，广远召开安全专题领导办公会。参加会议人员有总经理徐惠兴、党委书记刘书田、副总经理翁继强，中远航运、中远远达、中远南方、省远洋、天星公司、岸产事业部、总经理办、党工部、航安部主要领导。会议由徐惠兴主持。会议传达了中远集团总裁魏家福、党组书记张富生在8月20日中远集团调度会议上的讲话精神，总结回顾了2009年以来的安全工作情况，分析了安全管理中存在的问题和薄弱环节，提出了有效消除风险和确保安全的对策、措施，听取了确保国庆期间安全稳定的工作计划汇报。徐惠兴、刘书田、翁继强根据各单位的汇报进行了点评，并对下阶段的安全工作重点提出了要求。

（刘启清）

【召开国庆安全工作专题布置会】 2009年8月26日，广远召开国庆安全工作专题布置会。参加会议人员有广远副总经理翁继强，航安部、岸产事业部负责人，中远航运、中远远达、中远南方、省远洋主管安全工作领导，岸产企业主管安全工作的领导共22人。会议由航安部总经理助理周维民主持。会议就落实中远集团关于做好国庆期间安全工作的要求，细化各项措施；还通报了国庆期间安全督查工作计划，介绍了劳动安全画册内容及编辑情况。会上，翁继强分析了安全形势和不确定因素，并对国庆期间安全重点工作进行了布置。

（刘启清）

【对岸产企业进行安全督察】 2009年9月1~4日，航安部和岸产事业部对岸产9个企业进行了安全督察。安全督察结果表明：岸产9个企业的安全形势总体平稳，均能及时传达贯彻广远领导安全专题办公会会议精神，结合实际研究制定落实措施（计划），广泛开展班组安全自查、单位检查活动，落实领导值班（带班）制度；9个企业都能积极开展“查隐患、促整改、保安全、迎国庆”百日隐患排查治理专项活动，对发现的隐患和不安全因素有条件的都进行了整改；对内部不稳定因素进行了排查，并做好防控、跟踪工作；结合“红树林”工程，加强对员工的安全教育、培训，不断提高员工的安全意识和技能，加强了对汽车驾驶员的教育管理。

（伍英华）

【召开船舶冬防安全专题会】 2009年10月20日，广远召开船舶冬防安全专题会。参加会议人员有广远副总经理翁继强，航安部、中远航运、中远远达、中远南方、省远洋、中远鞍钢等安全工作主管领导和海务、机务管理人员共16人。会议由航安部总经理助理周维民主持。会议总结了船舶2008年度冬防安全工作情况，剖析了近期安全工作的薄弱环节，研究部署了2009年度船舶冬防安全工作。翁继强对会议作了总结，并就如何打赢2009年的冬防战役提出了具体要求。（刘启清）

【召开冬防安全专题研讨会】 2009年12月15日，广远召开冬防安全专题研讨会。参加会议人员有总经理徐惠兴、副总经理翁继强，航安部、中远航运、中远远达、中远南方、天星公司、省远洋、中鞍航运安全工作主管领导和海务、机务管理人员共 15 人。会议由翁继强主持。会上，广远安委办通报了近期发生的安全事故，组织与会人员对事故原因、教训及整改措施进行了认真研讨。徐惠兴在会上作了发言，要求各级领导、各航运公司要高度重视安全工作，采取坚决措施，迅速遏制不利态势，扭转被动局面；会上，翁继强对近期安全工作作了具体布置。（刘启清）

【广远安全管理概况】 2009 年初，广远安全工作开局极为不利，形势非常严峻，局面十分困难。在中远集团的正确领导下，广远及时总结经验教训，寻找薄弱环节，坚持“安全是压倒一切的工作”的指导思想，采取有效措施坚决整改，很快就扭转了安全生产的被动局面，全年保持了安全形势的基本稳定，为企业集中精力抓好生产经营，提高效益创造了较好的内部安全环境。

是年，广远没有发生统计口径内上报等级海损、机损、污染、货损等责任性安全事故；发生工伤事故 17 起，重伤 1 人、轻伤 15 人、1 人失踪；船舶遭遇海盗袭扰事件 22 起，5 艘船舶受到正面袭击，未造成船员伤亡和财产损失；船舶接受 PSC/FSC 检查 312 艘次，无船舶被滞留；岸产企业无发生火灾、交通、食物中毒及群体事件。

是年，广远涌现出一批安全生产先进单位和集体：中远远达、省远洋、建设实业、海运公司、物业公司、远洋大厦、远洋宾馆、供应公司等 8 家单位荣获广远“2009 年度安全生产先进单位”称号；航安部、岸产事业部、党工部、工会荣获广远“2009 年度安全生产先进集体”荣誉称号。（刘启清）

【进一步增强安全理念】 2009 年，广远面对国际金融危机冲击影响，加强了安全管理，对广远各级领导和广大船岸员工加强了安全理念教育，使“安全是压倒一切的工作”，是“民心工程”，是“学习实践科学发展观的试金石”等理念深入人心，使每位员工深知广远的安全工作没有老本可吃、没有退路可走，从而人人自觉抓安全。广远领导严格落实“一把手”工程、“一岗双责”、“一票否决”制度，为下属各级领导做出了表率。航安部和广远下属各单位的主要负责人把握本单位安全生产情况，以科学的思路，严格的管理，务实的措施，进一步加强了安全生产管理，落实安全生产责任，健全安全管理体系，开展了隐患排查治理，推进“红树林”工程新进展，保持了企业安全稳定。（刘锐祥）

【持续改进安全管理体系】 2009 年，航安部把安全体系建设作为安全工作的基础工程，与广远系统各航运公司按照体系功能，不断致力于体系文件的改进和自我完善，使体系文件在符合性、充分性、可操性和有效性方面有了进一步提高。

中远航运在原安全管理体系的基础上，建立了《质量管理体系》和《职业健康安全管理体系》，完成了 13 艘船舶《操作规程》的编写，并通过审核认证进一步丰富了企业体系管理的内涵；中远远达结合新公约、法规或修正案生效的实际情况，及时对相关体系文件进行了修订，使之更符合中远远达的管理实际；中远南方通过日常管理，加强体系内审、船舶检查、管理复查和评审，两次修订体系文件；广远下属其它航运公司和岸产企业的安全管理体系通过内外审，保持正常运行；广远本部组织力量对原安全管理规则及配套文件进行了认真梳理，使企业在安全制度保障上更加健全完善。（刘锐祥）

【合理有效投入安全经费】 2009年，广远系统各航运企业受国际金融危机影响，经营效益普遍下降，但各航运企业仍进行安全经费的合理有效投入，广远系统各航运企业全年投入安全经费3.7424亿元。其中，中远航运投入2.9亿元，中远远达投入3581万元，中远南方投入4843万元。岸产企业投入249.75万元。（刘锐祥）

【提高员工安全素质】 2009年，广远落实“人才强企”战略，坚持“以人为本”，进一步加大了“红树林”工程推进力度，并创新培训观念和培训方法。航安部组织力量编写了《劳动安全画册》和《海务资料汇编》，组织驾驶和轮机模拟器进行针对性培训，把“送学上船”的理念落实到具体工作中。通过一系列培训，使员工素质有所提高，为保证安全创造了条件。

是年，广远系统航运公司船员培训投入经费385万元，培训员工1410人次。岸产企业员工培训投入经费50多万元，主要用于安全主任培训、员工安全培训、保安消防培训、特种作业人员培训等。

（刘锐祥）

【有效控制安全风险】 2009年，航安部和广远系统各航运公司、岸产企业分别对认定的海上和陆上风险项目进行评估，对本单位高风险项目逐一落实措施。通过实施有效的控制，将风险降到最低限度，达到了风险预控目标。是年，广远从源头上抓好老旧船的管理，全年共退役26艘老旧船，解决了部分老旧船无法整改的隐患。

（刘锐祥）

【排查治理隐患】 2009年，航安部和广远系统各单位把隐患排查治理作为常态工作，按照《广远公司2009年深入开展安全隐患排查治理活动方案》，开展“安全生产年”“三项行动”（安全生产监督检查、安全生产隐患排查、安全生产宣传教育）、“三项建设”（安全生产规章制度、安全生产保障投入、安全生产执行力）活动，开展“查隐患、促整改、保安全、迎国庆”百日隐患排查治理专项活动，落实“无责报告制”，建立广远系统航运公司、岸产企业、航安部督查的三级监督机制，进一步加大自查、督查、整改力度，深化隐患排查治理工作。是年，船岸单位排查治理隐患1791项，完成整改1789项，整改率99.9%，投入各类隐患整改资金4952万元。船舶接受PSC检查312艘次，无缺陷批注213艘次，无缺陷批注率68.27%。是年，广远通过隐患排查，不仅船舶的安全状况得到改善，而且培育了广大船岸员工遵章守纪的良好风尚。（刘锐祥）

【提高应急应变处置能力】 2009年，广远各船岸单位以吸取“安泰江”轮事故教训为契机，进一步完善应急预案，加强人员培训，结合应急预案演练周活动，开展各类应急演练。广远系统各航运公司针对海盗劫持船舶事件，立足自防，强化防海盗培训演练，向船舶增加和储备防海盗装备和物资，在一定程度上化解了海盗劫持船舶的风险。（刘锐祥）

【做好节能减排工作】 2009年，航安部和广远各单位落实企业关于节能减排倡议书、节能减排指导意见和使用经济航速的文件精神，采取多项措施，持续推进节能减排工作：加强基础管理，推进节能工作的持续性；深入摸底调查，提高技术节能的针对性；应用科技成果，提高节能的科技含量；加强船舶管理，提高管理节能的效率；使用经济航速，提高航次效益。（刘锐祥）

【与广州港商务谈判达成协议】 2009年3月27日，中远集团下发通知，要求广远代表中远集团与广州地区和长江流域港口相关单位就商务优惠问题进行具体谈判。4月2日，由广远副总经理翁继强召开专门会议研究。根据会议决定，航安部代表广远与广州港就港口使费优惠问题具体谈判。在中远集团指导下，经过多轮谈判，中远集团与广州港务集团于9月1日正式签署了《船舶港口使费协议》，中远集团取得优惠待遇。（周维民）

【组织国庆和春节安全督察】 2009年，广远组织国庆和春节安全专项督察。督察由广远领导带队，航安部和其他相关部门派人参加，分别成立华北、华东、华南和岸产企业4个督察组。4个督察组共督察船舶30多艘和全部岸产企业。

（周维民）

【航运统计工作概况】 2009年，航安部按照《中远集团船舶运输生产统计报表制度》和《中远集团船舶运输生产统计工作管理办法》，在保证数据质量的基础上，按时完成了广远运输生产统计报表及月度统计分析，及时上报中远集团财务部。除此之外，航安部还收集汇总月度运输生产经营效益分析、内贸货物运输月报、租船货物运输月报、船舶代理委用情况季报、下季度预计租入租出船舶、生产周报、生产经营动态周报、船舶增减情况等共160多份，及时上报中远集团运输部；完成广东省、广州市、越秀区统计局、交通运输部综合规划司、广东省交通厅、广东省海洋与渔业局、国家发改委、广东省经贸委等政府部门布置的定期、不定期或年度统计调查表及相关材料共50余份；对运输生产总体情况、非生产性停时等效率指标进行分析，制作演示文稿PPT参加经济成本分析会，起草相关会议纪要；为广远领导及相关部门整理、提供有关生产经营的各种数据、材料上百次。（薛平）

【增加广远运输生产统计“差额表”】 应中远集团财务部要求，航安部从2009年1月开始，每月的运输生产统计报表增加广远“差额表”，再汇总成广远的生产统计报表。广远“差额表”主要是针对广远光租给中远航运的7艘“小乐”字号船舶进行的特殊处理，即对中远航运来说将7艘“小乐”字号船舶作为租入船来统计，而广远合并统计报表又必须将其还原为广远自有船来统计。为此，航安部对这7艘“小乐”字号船舶的运输生产数据进行了单独提取，并编制成单独的统计报表，其有关报表数据主要以负值体现。最后，广远下属各航运公司的报表与上述编制的单独报表汇总之后，该7艘“小乐”字号船舶的租入数据得以抵消。于是，在广远汇总的报表中，该7艘“小乐”字号船舶的生产数据则体现为自有船数据。（薛平）

【参加全国经济普查工作】 2009年，航安部接受了参加全国经济普查工作的任务。全国经济普查每5年进行一次。普查内容包括法人单位基本情况、企业经济活动情况、能源消费调查等内容。航安部按照广州市经济普查领导小组的统一部署，派人参加了经济普查布置会，并组织广远相关部门共同参与填报工作，由航安部汇总上报，圆满完成了经济普查任务。

（杨向葵）

【开展“安全生产年”活动】 2009年，广远以“三项行动”和“三项建设”为内容，在全企业范围内开展“安全生产年”活动。通过活动，进一步深入排查治理隐患，落实合理安全投入，切实解决安全生产中存在的薄弱环节和突出问题，落实安全生产主体责任，提高员工安全意识，提升安全管理水平，有效地促进了广远安全生产形势稳定。（刘启清）

【安全管理现状评估】 2009年，航安部根据《广远公司安全现状评估实施细则》，组织对广远下属各单位2009年安全管理工作进行全面考核评估。航安部针对认定的风险，提出改进措施，促进了广远下属各单位安全生产责任制的落实。（刘启清）

【制订安全生产管理制度】 2009年，航安部为贯彻落实“安全第一，预防为主，综合治理”的方针，根据有关法律、法规，制订了《广州远洋运输公司安全生产事故约谈、现场会、通报制度》。该《制度》的制订，对促进广远投资控股企业安全生产主体责任的落实，强化广远投资控股企业加强安全生产管理，预防和减少安全生产事故，总结经验，吸取事故教训，落实防范措施，推广安全生产经验，促进安全生产起到了重要作用。（刘启清）

【海务安全工作概况】 2009年，航安部海务安全工作认真贯彻落实中远集团2009年安全工作指导意见，克服了年初、岁末安全形势不稳定的不利影响，围绕安全生产目标,坚持以季节性安全生产工作为主线，以航行安全为核心，以“四大战役”为抓手，求真务实，严肃值班纪律，整顿驾驶作风，着力提高驾驶员操作水平，增强航行事故的预防、预控能力，取得了明显成效；按照“早研究、早动员、早布置、早检查、早落实”的工作要求，组织召开“冬季安全工作总结暨春季安全生产工作会”、“防抗热带气旋工作会”、“安全长效管理机制建设推进（研讨）会”、“国庆安全工作专题布置会”，研究、分析季节性安全生产规律和特殊变化，吸取教训，总结交流经验，全面部署打好“四大战役”的具体措施。航安部在日常工作中，把确保航行安全作为重中之重，牢牢把握防抗台、雾航、防止与渔船碰撞、大风浪航行、船舶进出港操纵等关键环节，对船舶实施全方位、全过程跟踪；加强应急管理，完善应急预案体系，加强船岸互动，开展船岸联合应急演习，提高船岸管理人员应急处置能力，预防事故减少损失；依法依规监督，加强预警提示，全年共下发安全提示8份，及时预警安全风险，提出工作要求和落实措施。（王涛）

【开展“平安之旅”活动】 2009年，航安部把“平安之旅”活动和“安全经验分享”作为重要工作来抓，积极开展和推进事故案例教育，培养和增强员工安全文化意识。为了更加系统地分析以往海事教训，分享经验，更好推动案例教育，航安部完成了《海务资料汇编》项目。该项目把广远以往出版的《广远海务》和《海务资料》重新进行分类、筛选，编辑印刷出版，作为船舶安全教育的素材。（王涛）

【加强安全长效管理机制建设】　按照中远集团《安全长效管理机制项目推进方案》，从2009年2月24日到2010年2月23日，为项目第4阶段。2009年，广远结合工作实际，紧紧围绕第4阶段的工作重点开展工作，在行为上切实加强和落实安全生产管理工作，强化安全工作执行力，推进安全管理的标准化建设。其主要内容有五个方面：抓安全行为，深入开展安全行为自查活动；抓应急管理，强化培训演练和应急过程控制；抓安全责任制，完善并严格执行事故报告制度；抓安全执行力，层层开展安全检查和督察活动；抓安全标准化，使先进的安全理念深入人心。（王涛）

【应急管理工作概况】　2009年，航安部加强应急管理工作，主要有：1. 建立、健全应急管理工作体制和机制，建立和完善各级应急体系，整合应急救援资源，加强应急管理队伍建设，做到优势互补、信息共享，形成“广远统一指挥，各部门协调配合，各单位自主到位，反应灵敏、运转高效”的应急管理工作格局；2. 进一步完善预案和措施，加强事故前预警、事故中响应和事故后处置与恢复能力，制订和完善各类应急救援预案，组织对专项预案进行演练，积极参与各航运公司船岸应急演习，确保应急救援预案的可靠性；3. 切实加强队伍和装备建设，包括应急预案和有关信息，不断改善技术装备，强化培训和演练，逐步提高应急处置、抢险和救援能力；在广远系统内初步建立起视频电话应急救援指挥系统，使之成为应急指挥体系的支持系统。（王涛）

【机务安全管理工作概况】　机务安全管理是船舶管理的核心，是确保船舶安全、防止海上污染的关键。航安部是广远机务宏观管理的部门，设有一名高级主管，主要负责对广远系统各航运公司的老龄船舶管理、港口国检查、节能减排、防污染和机务基础管理等工作的宏观协调与管理，对中远集团安监部机务口负责。2009年，广远机务安全管理工作认真贯彻中远集团制定的老龄船舶管理规定和要求，全面落实广远年初工作会议下达的安全管理目标和成本控制目标，紧紧围绕提高经济效益这个中心，抓住确保船舶安全、机务安全两条主线，以提高机务管理水平为突破口，扎扎实实地开展工作，取得一定的成效。

广远系统航运企业以质量安全管理体系为依据，认真对船舶的技术状况进行评估，深入开展隐患排查，船舶定期自查自纠。广远机务主管定期对船舶进行检查考核，并对船舶存在的缺陷进行分析，制定纠正措施，限期整改，从而达到持续改进、不断完善的目的，确保全年机务安全工作形势平稳，为构建平安和谐的新广远作出贡献。是年，广远没有发生上等级机损、污染和船舶滞留事故。（钱汉东）

【加强PSC工作的管理】　2009年，广远加强了PSC工作的管理，主要表现在下面几方面：

1. 加强自查自纠，深入开展隐患排查。船舶积极开展自查自纠，及时发现隐患，及时整改；凡不能现场整改的，制定计划，采取措施，将隐患消除在萌芽状态，消除在国内开航前。

2. 抓好现场管理，发挥现场工作的重要作用。船抵国内，广远系统各航运公司海务、机务、政工、通导主管人员和驻国内港口办事处人员上船，现场协助船上解决和处理实际问题，把船舶存在的缺陷、管理难题和船舶管理死角解决在国内，解决在船舶离港前。船在国外与中远集团驻外机构联系，及时解决出现的问题。

3. 加强岸基支持，搞好航修和坞修。凡船上无能力解决的大缺陷和重大缺陷，航安部聘请中国船级社专家进行专门评估，科学制定修理方案，安排进行厂修或坞修解决。

4. 加强公约学习，有针对性地开展工作。根据船舶航次任务、挂靠港口，针对不同地区港口国的检查特点，加强对船员进行培训、演练，加强对船舶进行安全检查，侧重检查消防、应急、救生、防污染等设备是否正常运转及载重线结构方面的缺陷，加强救生、消防演习的应急应变能力；在船舶抵港前搞好船舶卫生，统一部署，迎接 PSC 检查；检查时船舶领导亲自陪同，流利讲解，抢修队随时待命。

5. 加强沟通，搞好船岸协调管理。广远系统各航运公司广泛开展信息交流工作，海务、机务、通导等管船人员与业务部门主管经常进行沟通，根据船舶的状况和当地港口国检查的特点，共同制定有效措施，周密安排，做好港口国检查的迎检工作。同时，充分发挥中远集团海外网点现场管理的作用，及时将港口当局的检查通知船舶，协助船舶做好 PSC 受检准备工作。航安部按中远集团的要求与海外签订了服务协议，使船舶现场 PSC 检查多一层保护，有利船舶顺利通过 PSC 检查。（钱汉东）

【PSC 工作概况】 2009 年，各备忘录地区相继开展了 PSC 专项行动，国际公约更新生效的速度不断加快，国际上的港口国检查和控制越来越严格，检查范围及检查频度不断扩大。对此，航安部保持清醒头脑，与时俱进，找差距，找根源，抓落实，抓整改，总体保持较好的港口国检查记录。是年，广远系统各投资控股航运企业总受检船舶 330 艘次，无缺陷批注 227 艘次，无缺陷批注率 68.79%。其中，中远航运总受检船舶 263 艘次，无缺陷批注 171 艘次，无缺陷批注率 65.02%；中远远达总受检船舶 33 艘次，无缺陷批注 32 艘次，无缺陷批注率 96.97%，无滞留船舶；中远南方总受检船舶 34 艘次，无缺陷批注 24 艘次，无缺陷批注率 70.59%，无滞留船舶。全年，广远船舶共被批注缺陷 454 项。其中，中远航运船舶被批注缺陷 419 项、中远远达船舶被批注缺陷 2 项、中远南方船舶被批注缺陷 33 项。上述各航运企业的缺陷到及时进行了整改。（钱汉东）

【老龄船舶评估工作概况】 2009 年，广远系统各航运公司重视老龄船舶评估，做了大量富有成效的工作。

中远航运加强对老龄船技术状况的调查，加大对船舶存在缺陷的跟踪处理和整改力度，充分利用船舶厂修的机会消除船舶存在的缺陷，尤其是消除船舶结构上存在的隐患和缺陷，对于影响船舶结构安全的缺陷通过航修及时纠正。是年，中远航运完成计划修船坞内评估31艘，并给每艘船舶建立了评估技术档案，制定详细的缺陷整改计划，按照体系的要求逐项跟踪落实。中远远达完成4艘老龄船年度安全评估计划，对存在问题评定风险等级，制定整改措施，落实专项经费，科学制定船体结构及机械设备检查维护计划，加强维护保养力度。机关管理人员加强监督管理，认真审阅船舶《装卸货设备及场所检查表》、《船东加强检查报告》等老龄船专用报表以及各类月度维护保养报表，确保安全主管人员对船舶的船体结构、机械设备的安全技术状况做到心中有数，同时加强对船舶的现场检查力度，凡跑长航线回国内的船舶，上船检查率达100%；凡跑东南亚短航线的船舶，至少两个航次上船检查一次，掌握第一手资料，开展现场办公解决存在问题。中远南方通过对现有小“江”字号老旧船状况的评估，安排“安泰江”、“洪江”、“涵江”轮等3艘老旧船退役，对仍保持营运的船舶加大投入，提前安排“雅江”轮进坞大修，同时新接“澎湖湾”、“安海湾”轮。（钱汉东）

【防污染工作概况】 2009年，在国际上对船舶安全、防污染的要求日益严格、检查面越来越广、频度越来越密的情况下，航安部和广远系统航运公司船舶管理部门，深入细致研究港口国对船舶防污染方面的要求、规定和检查尺度，有针对性地进行指导与跟踪监督，把船舶防污染工作作为安全工作的重中之重来抓，具体措施主要有：1. 加强船岸员工防污染教育和培训，提高防污染意识和操作技能；2. 及时通报国际上有关污染事故的经验教训，引起船岸员工的重视；3. 船舶定期组织溢油演习和训练，提高船员对发生油污事故的应急反应能力；4. 加强船舶设备的维护，确保船体结构强度和机电设备的正常运转，尤其是确保防污染设备保持完好；5. 定期对船舶防污器材的状况、数量、存放地点进行核查，发现问题及时整改，确保防污器材完好；严格按照安全质量管理体系的相关程序和须知进行防污染操作和管理，确保在装卸货油、加装燃润油时采取相应防污染措施到位；6. 严格按公约、法规和港口国主管当局的规定对污油水、垃圾等污染物进行处理和记录；7. 加强对抵港船舶进行防污染检查，检查船舶防污设备的状况是否正常、涉及防污的各项操作是否符合公约、法规及企业体系文件的规定、记录是否完整等，重点检查油类记录簿、垃圾记录簿的记录是否规范、是否符合要求，并及时提出整改要求。（钱汉东）

【节能减排工作概况】 2009年，广远结合精益管理工作的开展，深入推进节能减排工作，具体做法：1. 开展船舶节能减排技术使用情况调查摸底统计，有的放矢地开展节能减排工作；2. 召开船舶使用经济航速研讨会，下发《运用精益管理理念指导船舶正确使用经济航速，确保航次经营效益最大化指导意见》，大力推广船舶使用经济航速工作；3. 在全国“节能减排宣传

周”活动期间，充分利用网络、制作节能宣传周PPT开展宣传活动，增强员工节能意识，营造节能减排的良好氛围。组织开展分油机技术培训，邀请专家讲解分油机的专业技术，进一步提高相关技术人员推进节能减排工作的技术能力；5. 利用《广州远洋》、《中远航运简讯》连续刊发多篇节约燃油成本的宣传专稿，并在上述杂志上设立《节能减排》专栏，积极宣传船舶节能先进经验，引导船员积极参与节能降耗工作；6. 派出相关节能减排岗位管理人员参加交通系统节能减排培训学习，并聘请专家进行讲课。是年，由于航运市场大环境不够理想，运输收入下降过多，广远的综合能耗比2005年增加了7.93%，千吨海里油耗与2005年相比下降了15.1%。其中，燃油单耗下降10%，虽达到指标要求，但综合能耗没有完成指标。 （钱汉东）

【航运主业技术节能取得可喜成绩】 2009年，广远系统航运公司技术节能取得良好成绩。中远航运结合精益管理工作，把恢复船舶航行使用单台辅机作为重点攻关，基本上解决了老旧船不能辅机单机运行的问题，对所有老旧船航行由双机改为单台辅机运行，有效降低燃油消耗。同时，对部分老旧船进出港时长期使用轻油的情况进行调查，对技术条件允许的船舶进行适当改造，使船舶进出港时由使用轻油改为使用重油，降低轻油消耗，减少燃油成本，并且在航运管理、机务管理、加装燃油和设备的技术改造方面精益管理，加大投入，取得了可喜成果，节约了可观的能源费用。中远远达结合船舶实际，推进船舶使用经济航速；为摸索经验选定“西昌海”轮作为代表船进行测算，用实际数据进行比较分析，从中摸索出经济航速的规律，指导同类型船舶正确选择经济航速，经过借助先进的科学技术，有效提升船舶节能减排工作。中远南方实施节能减排狠抓日常管理、精益管理，抓经济航速算细账，实现长效精益管理；合理投入，减少主机燃油损失；改善辅机的工作条件，全面实现航行停泊期间单机运行；提高造水效率，充分利用废热抓节能；查找热油锅炉散热点，提高热油锅炉的热效率。中远南方实施上述措施，使节能工作取得良好成效。

广远系统的中远航运、中远远达、中远南方还大胆使用新技术：在“泰安口”、“康盛口”、“大中”、“大华”、“大富”、“大强”、“凤凰松”、“大丹霞”轮等8艘船舶上应用了燃油均质器技术；在24艘船舶保持使用导流罩技术，改进螺旋桨效能，节约了燃油；在所有船舶上使用无锡抛光漆技术；分别在多艘船舶安装士帕能节油装置和上海金山化工生产的新型纳米技术的燃油添加剂JM-1试验使用。这些新技术的使用，节油效果显著。 （钱汉东）

【劳动安全工作概况】 2009年，广远劳动安全管理工作始终坚持“以人为本、关爱生命”的管理方针，加强了劳动安全的宣传教育和劳动安全管理的投入力度，完善劳动安全管理机制，加强劳动安全管理的监督管理，全年共发生工伤事故17起，重伤1人，轻伤15人，1人失踪，无死亡事故，劳动安全形势总体平稳，完成了中远集团下发的劳动安全管理指标。

（林举德）

【劳动安全宣传教育工作取得良好效果】 2009年，航安部为进一步做好员工劳动安全教育培训工作，提高员工劳动安全意识，规范劳动安全行为，专门组织人员编写了《劳动安全案例（画册）》及视频教育材料，印刷4000册,下发船岸基层单位学习。广大船岸员工通过学习案例分析，总结经验教训，进一步提高了劳动安全意识，进一步促进企业劳动安全工作的开展。

（林举德）

【保卫工作概况】 2009年，广远保卫工作坚持“预防为主、保障安全”的方针，加大“监督、检查、指导、服务”的工作力度，下发防海盗安全提示6期，转发上级治安保卫简报、信息11期，组织治安、消防安全检查、调研等13次，举办消防安全培训1期，并对9个基层单位的安全保卫工作进行了评估、考核，重点对船舶防海盗工作进行部署和跟踪。参与10多次重大活动的安全保卫工作，协助有关部门做好上访人员疏导、维护秩序工作、防止了群体性事件的发生。协助公安部门调查“安泰江”轮火灾事故，以及参与有关治安等事件的调查工作。是年，广远船岸没有发生爆炸、凶杀、毒品走私、组织偷渡等重大刑事案件，内部治安持续稳定。

（温锐波　伍英华）

【武装交通战备工作概况】 2009年，广远武装交通战备工作完成了国防后备力量组织整顿，船舶运力潜力调查统计，预备役船艇运输队的2期集训，摘编、印发民兵预备役政治教育材料12期，对照正规化建设标准，制定、完善有关工作程序、动员预案，加强自身建设，不断提高正规化建设水平。

（伍英华）

【组织撰写航海学术论文】 2009年初，中国航海学会海洋船舶驾驶专业委员会征集“新、大、特船舶操纵性能、耐波性能、系泊特性等”学术论文。航安部积极组织人员撰写，共收到船舶操纵、大型集装箱船舶操纵、特殊船舶操纵、船舶安全航行、安全管理和船舶避碰等方面的论文10篇。6月4日，中国航海学会海洋船舶驾驶专业委员会在大连海事大学召开“新、大、特船舶操纵性能、耐波性能、系泊特性等”学术研讨会。会上共宣读和交流论文15篇。其中，广远高级工程师戎嘉隆在会上宣读了题为“船舶发展趋势和发展工作”的论文，受到与会领导和专家的好评。

（刘启清）

【徐惠兴主编航海学会论文集出版】 2009年，中国航海学会海洋船舶驾驶专业委员会出版《特大型船舶操纵和船舶安全与管理》论文集。该论文集由中国航海学会海洋船舶驾驶专业委员会负责征稿，中国航海学会海洋船舶驾驶专业委员会主任委员、广远总经理徐惠兴任主编，大连海事大学教授王逢辰、教授夏国忠审稿，大连水产学院教授文干负责出版。（刘启清）

第三节　发展规划投资管理

【发展部简介】　发展部是广远战略发展与策划、投资决策管理、企业研发和综合管理的职能部门。主要职责是负责广远发展战略、产业发展规划、资本运作、投资公司管理、项目决策管理、经营管理指标考核、企业环境研究管理、科研管理等事务；负责企业管理相关数据统计、分析、评估；负责主持广远船舶更新改造和船舶买卖等可行性研究；负责组织广远航运经营的市场营销策划；负责广远资本运营策划和投融资项目的实施；负责广远投资者关系管理和信息披露；负责广远各投资航运企业的董事会管理工作。管理信息技术中心。

发展部下设资本运营投资单元、企业管理单元、发展规划单元。

时任总经理谭力，总经理助理张庆华。资本运营投资单元业务经理任鑫，企业管理单元业务经理谢小梅，发展规划单元业务经理张新伟。员工20人（其中，返聘1人）。（王平）

【发展部工作概况】　2009年，发展部按照广远深化改革的工作思路，认真做好优化股权结构、理顺资产关系等方面的工作，完成了广远下属公司股权结构调整和清理工作，并配合广远相关部门完成企业股权的理顺工作；抓好广远重大投资项目的管理，保证各投资项目的顺利推进；加强对广远各投资企业的管理及考核，完成广远相关企业责任书的制订和签订，进一步规范了企业的经营管理；针对广远船队的经营状况、发展战略、市场开发、租船经营等方面的情况进行了专题研究，特别是对特种船市场和多个细分市场的研究；积极推进QC小组活动，认真做好企业相关数据的统计、分析、评估工作。

在推进广远深化体制改革，优化股权结构、理顺资产关系方面，发展部协调广远各专业项目组和中介机构进行联系沟通，协商解决问题，跟踪相关事项进展，制定工作计划，拟定项目会议纪要，形成备忘录，并编制项目周报；先后开展和完成天星公司持有的境内公司股权进行内部转让工作、广州远洋电脑系统公司的工商变更工作、广州远洋劳务公司的注销工作、新贸股权转让项目工作；完成福建捷安4艘船舶出售；配合中远航运展开发行中期票据、设立上海子公司，与NYK在香港成立合资汽车船公司等项目的立项、上报等工作；配合广远岸产部门完成江林水电站股权转让、广远职校完善登记及解决开办资金等项目；协助办理北京市方庄房产过户手续、协议转让广远历史遗留的房改房问题、福建捷安土地房产证用地性质统一、中远南方房产出售等工作，保证了各项目的顺利进行。

在应对市场变化，适时调整船队结构方面，发展部协助广远系统各航运企业完成新造船接船6艘。其中，接多用途船2艘、接木材船2艘、接沥青船2艘；协助相关部门完成出售退役船26艘（占广远船队总艘数的23%，退役吨位28万载重吨，占广远船队总吨位的16.2%）。同时，完成了12艘在巴拿马注册的新造船单船公司变

更及船旗变更、7 艘小“乐”字号船解除抵押、4 家沥青船香港单船公司注销、4 艘特案免税船所有权转移。此外，还完成了 2010 年广远退役船计划及特批计划、2010 年新造船平台研究和广远 2015 年和 2020 年船队规模、收入和利润的预测。

在对特种船市场和多个细分市场研究方面，发展部根据航运市场形势和广远船队实际情况，加强了特种多用途船和各项细分市场的专题研究，完成了《2009 年下半年特种船市场展望》、《2009 年中国对外工程项目承包情况分析》、《2010 年特种多用途船市场走势展望》、《近期沥青市场分析》、《沥青市场季度分析》、《沥青船市场主要竞争对手》、《2008 年中国原木进口分析和 2009 年预测》、《中国对西非五国海运贸易分析》、《近期中国木材市场走势分析》、《2009 年上半年中国非洲贸易观》、《2009 年初航运及租船市场形势分析》、《近期国际干散货市场走势分析》、《三季度航运市场分析及展望》等 10 多篇分析报告。同时，完成了《中国木材销售报价》10 篇，供中远远达参考；编写《杂货运价走势及市场综述》（月报）10 期，上报中远集团研发中心；协助中远集团完成每月大调度会汇报材料；积极参与市场调研活动，完成《天津市场调研报告》、《关于进一步加强西非航线合作事宜的报告》；编发《决策参考》17 期，编辑《国际航运资讯》45 期，每周编辑一期《一周市场综述》。此外，还为广远领导和相关经营单位提供包括 BDI、BCI、BPI、BSI 指数、燃油价格指数和海关数据、关键市场信息，以及沪、深股市指数行情等；制作年中、年终航运市场研讨会的广远 PPT 和广远每季度召开的经济成本分析会发展部的 PPT 等。

在强化企业经营管理方面，发展部加强了对广远各下属企业的管理和考核，完成了 3 家全资企业、1 家控股企业和岸产事业部《企业负责人年度经营业绩考核责任书》的制订和签订，并针对航运市场面临的严峻形势，把责任书指标体系的成本控制和精益管理作为重要内容，新增了收入成本变动率、平均每吨天固定费用等 6 项考核指标，成为对广远下属企业的经营业绩考核工作的一种战略导向；在全面深化精益管理活动中，发展部作为广远精益管理主要联系和协调部门，完成了 2009 年广远“精益管理年”活动方案及年初工作计划的制订，在 2008 年的基础上加强了量化工作，推行了结果导向的思想，指导广远各单位做好成本预控工作，并组织好精益管理例会，做好精益管理工作总结，为 2010 年的精益管理工作打下良好基础。同时，发展部加强了董事会的日常监督、管理工作，全年共召开广远投资航运企业董事会议 12 次，对董事会决议执行情况及时进行跟踪；为做好广远“十二五”发展规划编制工作，发展部先后组织召开“十二五”发展规划编制工作动员会暨研讨会，对战略规划的制订进行培训和指导，统一思想，明确分工，确保广远的战略规划达到前瞻性、综合性和可操作性。是年，发展部还按照中远集团要求，完成了 2009 年全球契约、可持续发展工作，搜集和统计的相关数据，由 2008 年不到 500 项增加到 2009 年 560 多项。广远“汽车船配载系统（二期）”正式列为中远集团 2009 年度科技开发项目，是中远集团科技管理部门近 5 年来首次给予广远科技开发经费方面的支持项目。根据中远集团关于开展《2020 年的中远》课题编制工作要求，发展部积极配合、协助完成了组织调查问卷的填写工作，做好中远集团对广远调研的接待和配合工作。

在QC小组管理工作和其它基础管理工作方面，发展部在完成QC成果发表评审和申报工作基础上，为提高申报广东省、广州市级QC成果的发表水平，对成果材料及演示文稿（PPT）进行多次修改和反复演练，使发表成果的质量水平得到明显提升，并取得优异成绩；认真做好其它基础管理工作，为配合国家“质量月”活动，于10月中旬递交《广远公司开展2009年“质量月”活动的情况总结汇报》，完成了《实施方案》；为了让更多员工了解航运市场走势，每月整理一期当月航运市场分析，刊登在《广州远洋》上；加强了广远研发信息网的日常维护，做好每天的信息收集、发布等工作，将有关信息资料及时更新和录入宏观信息基础数据库；每两个月上报一次《广远技术分中心工作情况汇报》，完成中远集团交办的4篇决策参考；每月向中远集团报告广远《经营业绩责任书》的完成情况；完成收集、统计广远科技创新数据（快报和年报）上报中远集团；完成国家统计局和当地政府部门下达给广远的各项统计报表；完成广远参加的有关协会的联络工作和履行会员义务；完成广远境外直接投资经营活动统计工作和清理整合中央企业所属企业减少管理层级的工作；做好OA、文件、资料收发、催办、存档、销毁工作；完成2009年广远年鉴中的发展规划投资管理部分的编撰工作。

是年，发展部总经理谭力被中远集团党组评为“2008~2009年度优秀共产党员”、被广州市评为“QC小组优秀领导者”，黎清被广州市评为“QC小组活动优秀咨询师”，梁俊被广远团委评为“青年岗位能手”。 （王平）

资本运营

【资本运营投资单元简介】 资本运营投资单元主要负责编制及实施广远的资本运营方案及进行投资管理，通过对资本的组织、筹划、管理运作以实现资本最大限度的增值。负责广远资产重组、上市、兼并、收购、出售等资本运营管理；负责广远新增项目的开发、论证、申报和实施过程的跟踪管理、投资项目清算审查等工作；负责清理广远存量资产；负责跟踪、操作广远下属投资控股企业的资本运作；制订广远资本运营中、长期工作计划。时任业务经理任鑫。员工5人。 （任鑫）

【资本运营投资单元工作概况】 2009年，资本运营投资单元围绕广远深化改革、优化股权结构、理顺资产关系、抓好重大投资项目管理等方面开展工作，完成广远下属公司股权结构调整和清理工作；配合相关部门完成企业股权的理顺工作；完成各项目的推进工作。 （王平）

【做好深化体制改革项目有关事宜】 2009年4月，中远集团总裁办公会通过广远深化改革项目，标志着广远深化改革项目正式进入实施阶段。发展部作为广远深化改革项目的主协调人，加强与广远各专业组和中介机构的沟通，协调解决问题，跟踪相关事项进展，制定工作计划，形成备忘录，拟定项目会议纪要，做好编制项目周报等工作。 （任鑫　王平）

【对广远下属公司股权结构进行调整和清理】 2009年，资本运营投资单元配合广远深化改革项目，进行相关股权结构调整：将天星公司持有的境内公司股权进行内部转让，对远洋宾馆、东海大厦、省远洋的股权进行转让；先后完成电脑公司的工商变更工作和广州远洋劳务公司注销工作以及新贸股权转让项目。（任鑫 王平）

【福建捷安增资项目】 2009年，福建捷安4艘船舶出售完毕。为解决福建捷安的发展问题并降低广远的风险，发展部组织实施对方股东增资工作，增强企业的抗风险能力。（任鑫 王平）

【配合上市公司开展资本运营工作】 2009年，发展部配合上市公司开展中远航运发行中期票据、设立中远航运上海子公司、与NYK在香港成立合资汽车船公司等项目的立项、上报等工作。（任鑫 王平）

【理顺岸产企业股权工作】 2009年，发展部配合广远岸产部门开展各项工作，先后完成江林水电站股权转让、广远职校完善登记及解决开办资金等项目，完成了岸产企业股权的理顺工作。（任鑫 王平）

【理顺广远房产土地】 2009年，发展部把配合岸产事业部开展广远资产土地清理工作作为广远资产清理工作的一项内容，协助办理北京市方庄房产过户手续、协议转让广远历史遗留房改问题房、福建捷安土地房产证用地性质统一、中远南方存量房产出售等工作。（任鑫 王平）

【开展前瞻性储备项目分析】 2009年，发展部开展了一系列前瞻性储备项目的分析研究，主要有研究分析中远远达、天星公司及中远南方的增资工作；广远新办公大楼——广州远洋大厦项目的未来使用方式；协同财金部完成“广远税务筹划之税法变化及对广远的影响”等项目。是年，发展部开展前瞻性储备项目分析，为各项目的顺利进行打下了良好基础。（任鑫 王平）

企业管理

【企业管理单元简介】 企业管理单元主要职责是负责广远各投资航运企业的管理及考核，通过建立及修订考核体系实现对广远各投资航运企业的经营绩效考核评价；负责广远各投资及控股航运企业的船队结构调整工作，制订和修订5年规划及年度计划，推进各项船舶投资和处置工作；负责广远经营管理委员会的日常工作；负责广远信息库的建立和维护，搭建企业信息交流平台；负责广远企业管理的基础工作，包括QC管理、计量管理、综合统计、科技工作、全球契约可持续发展工作。时任业务经理谢小梅。员工7人（其中，返聘1人）。（谢小梅）

【企业管理单元工作概况】 2009年，企业管理单元重点抓好广远船队结构调整工作，协助广远系统各航运企业完成新造船接船项目6艘，退役船出售26艘；完成中鞍航运、天星公司新造船项目的技术研讨和申报工作，完成12艘在巴拿马注册的新造船单船公司变更及船旗变更、7艘小“乐”字号船解除抵押、4家沥青船香港单船公司注销、4艘特案免税船所有权转移，以及2010年广远退役船计划及特批计划、2010年新造船平台研究等工作；做好科技创新工作，为汽车船配载系统（二期）做了大量基础工作。同时，加强对广远各投资企业的管理及考核，完成相关企业责任书的制订和签订，进一步规范经营管理；加强董事会的日常监督、管理工作，及时对董事会决议执行情况进行跟踪；完成2009年全球契约、可持续发展的相关数据搜集、统计工作和上级下达给广远的各项统计报表；完成广远参加的有关协会的联络工作和履行会员义务；完成国家"质量月"活动有关要求和实施方案；积极做好QC基础工作、成果评审和材料申报，提升QC成果发表水平；加强广远研发信息网的日常维护，搞好中远企划网建设，做好OA、文件、资料收发、催办、存档、销毁工作，完成2009年广远年鉴中的发展规划投资管理部分的编撰工作。（王平）

【调整船队结构】 2009年，广远按原计划进行船队结构调整，新造船接船完成了6艘。其中，多用途船接船2艘、木材船接船2艘、沥青船接船2艘。退役船舶26艘，占广远船队总艘数的23%，退役吨位合计28万载重吨，占广远船队总吨位的16.2%。与此同时，广远完成了12艘在巴拿马注册的新造船单船公司变更及船旗变更、7艘小"乐"字号船解除抵押、4家沥青船香港单船公司注销、4艘特案免税船所有权转移、2010年广远退役船计划及特批计划。（谢小梅　王平）

【完成中鞍航运新造船项目】 2009年，发展部成立了中鞍航运新造船项目工作小组，完成了新造船的技术规格书定稿、船厂考察、询价和项目财务测算等工作，并上报中远集团获得批准。

（谢小梅　王平）

【完成天星公司新造船项目】 2009年，发展部成立了天星公司新造船项目小组。发展部根据船舶运输需求，将天星公司新造船舶吨位由原8400吨改为12000吨，克令也加大为80吨。项目工作小组对此进行了技术研讨，由设计院完成技术规格书制作。（谢小梅　王平）

【综合统计工作】 2009年，发展部按要求完成了国家统计局广州企业调查队下达的"企业景气调查"月报、季报和年报报表（纸面和网上同时报）的报送工作；完成了国家统计局的非制造业采购下达的经理调查问卷（月、季、年报）报表；完成了广州市越秀区统计局下达的广远固定资产投资统计报表（年报）纸面报送工作。另外，年内又完成了增加的此项报表网上数据报送任务；完成了广远境外直接投资经营活动统计工作。（谢小梅　王平）

【计量管理工作】 2009年，发展部为贯彻国家计量法令、法规，及时将相关信息上传下达；保持与广东省计量协会、交通计量管理部门的联系，履行了会员的义务与权利。（谢小梅　王平）

【企业协会工作】 2009年，发展部按时完成广远参加的广东省企业家联合会、广东省质量协会、全国交通行业企业协会、广州市质量协会等各个协会相关信息的跟进管理联系工作和会员义务相关的联络工作。（谢小梅　王平）

【企业管理及考核】 2009年，发展部为了进一步规范经营管理，加强对广远各投资航运企业的管理及考核，完成了相关企业责任书的制订和签订；加强监督、管理广远下属各企业董事会工作及适时召开董事会会议；加强企业信息库建设，及时更新完善系统相关数据信息；完成2009年《企业负责人经营业绩责任书》自查的考核评分上报工作。（谢小梅　王平）

【做好投资计划月报】　2009年，发展部完成2009年度广远投资计划的分解、下达工作，以及月度投资计划完成情况的汇总；每月做好各投资单位的非船舶投资计划完成情况的汇总及统计月报和统计分析。（谢小梅　王平）

【签订责任书】　2009年，发展部完成了3家全资企业、1家控股企业、岸产事业部的《企业负责人年度经营业绩考核责任书》的制订和签订。同时，针对国际金融危机影响下航运市场面临的严峻形势，责任书指标体系将成本控制和精益管理作为重要内容，新增了收入成本变动率、平均每吨天固定费用等6项考核指标，使其成为对广远下属企业的经营业绩考核工作的一种战略导向。另外，针对岸产事业部应收账款回收的考核办法、检查制度、报告制度等进行研究讨论，并对岸产企业应收账款情况进行了核查。（谢小梅　王平）

【召开董事会会议】　2009年，发展部组织召开广远投资航运企业董事会会议12次，及时搜集资料、反馈意见，进行董事会的会前准备、会务等一系列工作，并对董事会决议执行情况进行跟踪。（谢小梅　王平）

【董事会日常管理】　2009年，发展部根据广远下属企业单位各董事会运作状况，为完善和履行董事会监督机制，加强对董事会的日常管理工作，处理各投资航运公司董事会提交给广远董事通讯审签的董事会决议、提交董事会审议的议案以及各投资航运公司总经理提交的需要其董事长（通常是广远领导）双签的日常生产经营中的重要事项报告。（谢小梅　王平）

【中远企划网及广远企业信息库建设】　2009年，发展部根据中远集团要求，积极支持中远企划网建设，加强了对广远企业信息库的维护，更新完善系统相关数据信息，及时、适时更新录入广远及其下属航运、岸产企业的各项基本信息，并将相关信息数据及时录入中远企划网，保证了广远各企业资料信息的完整。（谢小梅　王平）

【全球契约、可持续发展工作】　2009年，发展部按照中远集团要求，需要搜集和统计的全球契约、可持续发展报告等相关数据由2008年不到500项增加到2009年的560多项，数据内容涉及更加广泛，项目划分、分类更加细致，数据统计的时间范围比较大（5年内数据），工作难度、工作量增加。发展部收集整理了人权、环保、反腐败、劳工、环境，以及综合类等各方面的报告所需文字素材和图片及影像素材，校对了各项数据及完成数据的录入；参加中远集团在北京召集的相关会议、培训6次。（谢小梅　王平）

【开展“质量月”活动】　2009年8月，发展部为落实上级有关开展“质量月”活动的精神，下发了《广远公司2009年“质量月”活动实施方案》，并通过发文、电子邮件、电话等形式进行推进。经过一个多月的努力，于10月中旬递交了《广远公司开展2009年“质量月”活动的情况总结汇报》，按实施方案圆满完成了开展“质量月”活动的各项工作，取得了较好的成绩。

（谢小梅　王平）

【科技创新工作概况】　2009年，发展部向中远集团申报的2009年度科技开发项目“汽车船配载系统（二期）”获得批准，正式列为中远集团2009年度科技开发项目。这是自中远集团科技管理部门5年来首次给予广远科技开发经费方面的支持。为确保此项目的开发工作能够顺利完成，发展部进行了项目开发所需的大量基础工作，包括：用户需求调研，与用户代表进行座谈，调查、梳理、明确用户的具体要求；与项目开发具体承担部门进行业务讨论，明确项目开发的具体技术方案；落实项目开发所需的协作单位；搜集准备项目开发所需的原始技术资料；筹措项目开发广远所需配套资金；按照集团科技管理部门的要求准备项目开发的相关文档。

（谢小梅　王平）

【企业调查统计报表情况】　2009年，发展部根据广州调查局《关于认真做好企业景气和采购经理调查2008年统计年报和2009年定期报表工作的通知》、《关于2009年企业景气问卷调查增加按月报送的通知》、《企业景气调查制度》等要求，完成了《企业景气调查问卷》的2008年年报和2009年各月度、季度和年度定期报表的报送任务；完成了《非制造业采购经理调查问卷》的2008年年报、2009年每月的定时报表报送国家统计局的任务。以上两项报表获得国家统计局广州调查队颁发的“2009年度企业景气和采购经理调查统计工作先进奖”荣誉证书。

（黎清）

【资产投资统计工作】　2009年，发展部根据广州市统计局2008年统计年报和2009年定期报表的《固定资产投资统计报表制度》上报要求，按时完成了广远2009年度固定资产投资统计（2009年计划和2008年年报）纸面报送广州市越秀区统计局的报表任务。

（黎清）

【企业相关协会联络工作】　2009年，发展部根据中国交通企业管理协会，广东省质量协会、广东省企业联合会、广州市质量协会等协会的要求，完成了以上各协会的联络工作和保持了广远会员义务权利及企业通报相关信息等联系工作。（黎清）

【计量管理工作】　2009年，发展部为了贯彻国家计量法令、法规，按时上传下达了相关文件信息，保持与广东计量协会会员义务权利及相关信息互通联系工作。

（黎清）

QC 管 理

【QC小组活动管理工作】　2009年，发展部组织广远所属单位（含代管的广东中远船务）注册的QC小组活动骨干组员、广远QC评审组成员、广远各下属单位QC推进员代表60人进行了专题培训；对注册登记的广远各单位的QC小组，除现场指导外还利用电话、信件等方法进行跟踪联系60人次，发放QC培训材料100多份；派出6人次参加国家级、广东省级、广州市级诊断师或咨询师培训，以充实QC诊断师队伍；带队参加国家、广东省、广州市级QC成果发表、交流工作会议5场次。

（王平　黎清）

【QC小组活动成果评审及材料申报】 2009年，发展部组织广远QC成果报告，进行了评审及推荐申报：年内注册活动的QC小组25个，收集QC小组活动成果材料24篇；对收集的QC成果材料进行精心指导，组织了广远级的年度QC成果评审交流，在评选出广远级QC成果22个材料的基础上，选优申报中远集团级QC成果材料6份，申报广东省级QC成果材料4份，广州市级QC成果材料14份，申报广东省、广州市QC活动优秀推进者材料共5份。

（王平　黎清）

【开展QC小组活动取得好成绩】 2009年，广远QC小组活动获得各级别优秀QC成果奖名次有：广远级23个、广州市级15个、中远集团级6个、广东省级7个、交通运输部级5个、全国优秀小组1个；获广东省、广州市级QC优秀推进员5名。年度QC小组活动创经济效益420万元，减少费用1010多万元，同时在确保安全、技术创新改造、提高管理水平、用户满意度、精神文明建设等项目中也获得了一批无形成果。

（王平　黎清）

广远 QC 小组活动获奖一览表

登记	小组名称	课题项目	组长、副组长	获奖级别
2008012	远洋大厦工程部 QC 小组	增加制冷系统热水回收量	温武伦、田新民	集团、市、省、部
2008017	信息中心应用 QC 小组	建立 BUG 管理平台	张筱玲、梁碧泰	集团、市、省、部
2008018	信息中心软件事业部 QC 小组	自主产权汽车船配载系统研发	杨涛、张帆	集团、市、省、部、国优
2008019	东海大厦客房结构规划 QC 小组	丰富客房类型提高大厦营收	何向宁、陶雁施	市
2008020	供应公司运输部 QC 小组	统一协调调度，降低运营成本	赵后捷、马伟强	市
2008021	海运公司技术工程部 QC 小组	提高船舶修理工作效率，增加营业收入	韩峰、林振生	市
2008023	物业公司精益小组	降低办公用品费用	吕英翼、张国明	市、省
2008026	广东中远船务“一目了然”QC 小组	提高船舶修理检验报告的一次签收率	邹少东	市、省
2008001	广东中远船务“保障”QC 小组	提高船体合拢缝一次报验合格率	文俊峰、廖明东	集团、市、省、部
2008002	广东中远船务吊装 QC 小组	改进散货船分段吊环布置	庄瑞民、王习稳	市
2008003	广东中远船务船体工艺 QC 小组	提高等离子数控切割机工作效率	游 俊、李 辉	市
2008004	广东中远船务技术部 QC 小组	VM 设备参数化建模程序的开发使用	林宇峰、刘世明	集团、市、部
2008007	中远航运船员管理部业务处 QC 小组	降低报表数据修改率	尤扬斌、邱进宗	集团、市、省
2008009	中远航运船员管理部船员一处 QC 小组	缩短船员在港口候船时间	林光桂、徐琦武	市
2008010	中远航运船员管理部党工处 QC 小组	提高高级船员中的党员率	林耀强、尤扬斌、易宝森	市

广东省级 QC 小组活动优秀推进者：廖明东

广州市 QC 小组活动优秀领导者谭力，广州市 QC 小组活动优秀推进者杨涛\尤扬斌，广州市级 QC 小组活动优秀咨询师黎清。

说明：

1. 获奖级别栏“集团”即：中远集团级；“市”即：广州市级；“省”即：广东省级；“部”即：交通运输部级的优秀 QC 小组奖；“国优”即：全国优秀 QC 小组奖。

2. 2009 年广远 QC 小组活动获集体奖的有：中远集团级小组 6 个、广州市级小组 15 个、广东省级小组 7 个、交通运输部级小组 5 个，全国优秀小组一个。

获个人奖有：广东省级 1 人；广州市级 4 人；创效益 420 万元、节约费用达 1010 万元。（黎清）

【增加制冷系统热水回收量 QC 课题成果】 2009 年，远洋大厦工程部 QC 小组围绕“增加制冷系统热水回收量”议题开展活动，经过改造的水罐系统每天多回收 6 吨热水，供桑拿、沐足、员工洗澡使用，减轻原客房热水系统的压力，白天降低冷却系统散热负荷节电，晚上减少锅炉生产热水，节省了燃油。该热水罐及系统投入使用后，45 天（活动期间）降耗计算：储水量每天 6.5 吨，按每吨 32 元计（查“暖通”数据，吨水/5 升柴油，6.4 元/升），节约费用 9360 元，完成了小组目标。

（田新民　黎清）

【建立 BUG 管理平台 QC 课题成果】 2009 年，信息中心应用 QC 小组对课题立项后，通过分析比较两种 BUG 管理软件：Bugzilla、Bugfree,最终选择了 Bugzilla 作为建立 BUG 管理平台的工具软件，在确定工具软件后，制定了用户管理制度，建立了管理员—Bug、跟踪员—Bug、指派员—Bug、被委派人员—Bug、质控员的管理体系，实现在 BUG 状态发生变化时系统自动发送邮件提醒的功能；在邮件的提醒之下，BUG 跟踪员不会错过 BUG 的任何一种状态。对新项目船员系统的 BUG 的统计表明：所有 BUG 在其生命周期均处于跟踪之下，小组制定的对 BUG 的 100%跟踪目标获得成功，达到了预定目标。

（梁碧泰　黎清）

【自主产权汽车船配载系统研发 QC 课题成果】 2009 年，信息中心软件事业部 QC 小组围绕汽车滚装船配载解决方案的研究开展活动。该小组经过了选择课题、现状调查、设定目标、要因确定、制定对策、对策实施、效果检查和巩固措施等过程，完成了《自主产权汽车滚装船配载解决方案》这一课题的预定目标。活动成果——“汽车滚装船配载解决方案”在国内属于首创，弥补了国内空白。据调查，如果购买国外类似产品，需要花费约 2500 万元。

（王粤宁　黎清）

【丰富客房类型提高大厦营收 QC 课题成果】 2009 年，东海大厦客房结构规划 QC 小组通过对东海大厦周边市场、客源和客户需求进行了数据搜集和详细分析，围绕目标——丰富客房类型，吸纳主流客源，提高大厦营收展开攻关。通过一系列的小组活动，成功实现合理利用大厦空间改造，丰富客房类型，使大厦增加了 15 间经济单人房，工程投入成本 5.6 万元，完成了预定目标。（方志斌　黎清）

【统一调度，降低运营成本 QC 课题成果】 2009 年，供应公司运输部 QC 小组围绕降低运营成本展开活动。QC 小组研究的课题取得了良好的效果，降低了运营成本，提高了货运效率，完成了预定目标，平均每月降低油耗 1600 升，全年节约油耗 10 万元。（赵后捷　黎清）

【提高船舶修理工作效率，增加营业收入 QC 课题成果】 2009 年，海运服务公司技术工程部 QC 小组围绕缩短船舶修理周期开展活动。活动期间为船东节约了 15 天船期，4 个修理工程项目共取得的经营收入超过 2000 万元，有效地增加了企业的经济效益，完成了课题目标。

（韩列艺　黎清）

【降低办公用品费用QC课题成果】 2009年，物业公司精益QC小组围绕如何降低办公费用议题展开活动，在与各单位职能、业务联系过程中，通过多方面对文函往来、传真接收等纸张的重复利用、充分使用打印机硒鼓，节约了办公费用。该QC小组的研究课题为单位降低了办公成本，达到了小组活动的预期目标。

（卓斯涛　黎清）

【提高船舶修理检验报告的一次签收率QC课题成果】 2009年，广东中远船务“一目了然”QC小组围绕“提高船舶修理检验报告的一次签收率”展开活动。通过PDCA活动，找出了问题的症结所在，做好修理检验工作并通过实施相应的措施，使问题得到了解决，为企业创造了一定的经济效益和社会效益，完成了活动的预定目标。　（文俊峰　黎清）

【提高船体合拢缝一次报验合格率QC课题成果】 2009年，广东中远船务“保障”QC小组围绕“提前船体合拢缝一次报验合格率”开展活动，经过QC小组的艰苦努力，实现了船体合拢缝及时完工并一次报验合格，既缩短了船舶的坞修时间，又节约了修船费用，达到了预期目标。

（文俊峰　黎清）

【改进散货船分段吊环布置QC课题成果】 2009年，广东中远船务吊装QC小组对设计人员进行了专业知识培训，提高其业务能力，理解吊环布置图的出图要求，熟悉门吊的技术性能。在确保安全性的前提下，本着减少吊耳数量及种类，降低吊耳装焊难度，简化司索施工及降低吊车占用率等原则，对各后续分段的吊环布置优化改进；提高了吊环利用率，改进了分段的翻身方式，从N181的18种吊环改进为N182的12种吊环，吊环数量减少了8%，现场的投诉信息减少了85%以上。课题成果达到了预期目的。　（文俊峰　黎清）

【提高等离子数控切割机工作效率QC课题成果】 2009年，广东中远船务船体工艺QC小组选定课题后，以改装船“铁面前锋”、“畅运”、“河北天才”轮的数控下料为活动主题，结合现场生产，逐步完善数控下料的整体过程，改进数控下料中可能出现的技术问题，提高等离子数控切割机的工作效率。通过QC小组活动，大大提高了数控下料的效率，使后期的改装船“恒洋”、“埃德伯”轮数控下料的周期不断缩短，为更好、更快地服务船东打下了基础，顺利完成了小组活动目标。

（文俊峰　黎清）

【VM设备参数化建模程序的开发使用QC课题成果】 2009年，广东中远船务技术部QC小组选定课题后，以生产设计为基础，重点从技术源头研发船舶生产设计新方法，缩短设计周期，探索现代化船舶设计新模式，从传统设计上发现设计需改善的地方，结合现场实际生产提出设计新思路，开发研制出设计新方法。通过QC小组活动，大大提高了小组成员对船舶设计的兴趣，增加了设计知识，提高了专业技能，为更好地服务现场打下了基础，顺利完成了小组目标。　（文俊峰　黎清）

【降低报表数据修改率QC课题成果】 2009年，中远航运船员管理部业务处

QC 小组由业务处、船员一处、船员二处、船员三处统计业务主管组成，目标是通过对船员信息统计的流程进行优化，明确责任分工，提高船员信息统计各类报表的准时率和准确率。根据 QC 基本原理，该 QC 小组首先确定了目标，对影响目标实现的各类因素进行了分析，确认了主因，然后制定对策，并逐一实施，使船员信息统计各类报表的准时率和准确率均达到 100%，达到了预期效果。（葛晓红　黎清）

【缩短船员在港口候船时间 QC 课题成果】 2009 年，中远航运船员管理部船员一处 QC 小组，根据课题的内容，按照 PDCA 循环，制定了相关的活动计划，并严格按照制定的步骤进行了课题活动：经过现状调查、设定目标、分析原因、确定主要原因、制定对策、按对策实施、效果检查、制定巩固措施、总结及下一步打算的攻关。经过全体组员艰苦的努力，实现了既定的目标，船员在港口候船天数从活动前的平均 3.8 天，缩短为平均 2.5 天，有效地降低了船员换班费用，降低了船员的人工成本，达到企业精益管理的要求和降本增效的目的。（黄超文　黎清）

【提高高级船员中的党员率 QC 课题成果】 2009 年，中远航运船员管理部党工处 QC 小组围绕“提高高级船员中的党员率”课题，针对高级船员党员比例低的问题展开活动，通过设定目标、可行性分析、分析原因、确认要因、制定对策、按对策实施、检查效果、制定巩固措施、总结和下一步打算等 9 个步骤开展活动。船舶党支部加大了培养发展航海院校毕业生党员的工作力度，发展高级船员入党，使高级船员党员比例有了显著提高，达到了 QC 小组活动目标。（黄桥伙　黎清）

发展规划

【发展规划单元简介】 发展规划单元主要是负责组织并参与对广远经营管理密切相关的国内外政策、经济、贸易、航运市场及岸上产业相关的信息进行分析、研究；协助广远有关部门进行可行性专题研究，为企业领导和有关部门的经营决策提供参考依据；负责广远发展战略委员会的日常工作；负责对广远的结构调整、航运企业的重大结构调整、项目开发、企业改革等调研规划；负责对广远船队结构调整、发展工作机构、组织制定船队结构调整、发展研究项目工作纲要和工作计划；负责广远发展工作机构与广远相关下属企业沟通、交流，共同设计、制定其发展战略；负责中远集团技术中心广远分中心工作；负责航运市场信息与研究系统共享平台、广远研发信息网的维护工作。时任业务经理张新伟。员工 7 人。（王平）

【发展规划单元工作概况】 2009 年，发展规划单元根据航运市场形势和广远工作部署，重点围绕广远现有船队的经营、发展战略、市场开发、租船经营等状况，进行特种船市场、航运细分市场的专题研究，特别加强了特种船方面的研究和多个细分市场专题项目研究，先后完成专题研究课题报告有：《2009 年下半年特种船市场展望》、《2009 年中国对外工程项目承包情况分析》、《2010 年特种多用途船市场走势展望》等 3 篇专题分析报告；《近期沥青市场分析》、《沥青市场季度分析》、

《沥青船市场主要竞争对手》等3篇沥青市场《决策参考》专题分析报告；《2008年中国原木进口分析和2009年预测》、《中国对西非五国海运贸易分析》、《近期中国木材市场走势分析》、《2009年上半年中国非洲贸易观》等4篇《决策参考》专刊；《中国木材销售报价》等10篇报告；《2009年初航运及租船市场形势分析》、《近期国际干散货市场走势分析》、《三季度航运市场分析及展望》3篇干散货市场《决策参考》专题分析报告；上报中远集团研发中心《杂货运价走势及市场综述》（月报）共10期，完成《天津市场调研报告》1篇，完成《关于进一步加强西非航线合作事宜的报告》1篇。此外，发展规划单元还协助中远南方完成了硫黄船项目可行性研究报告提纲的编写工作。

（王平）

【进行特种多用途船细分市场研究】 2009年，发展部根据航运市场和广远船队经营情况，加强对特种船的研究，并按照计划完成了《2009年下半年特种船市场展望》、《2009年中国对外工程项目承包情况分析》、《2010年特种多用途船市场走势展望》等3篇分析文章。（张新伟　王平）

【进行沥青船项目研究】 2009年，发展部根据广远领导要求，对沥青市场进行跟踪和研究。通过与中远南方业务员的沟通了解，对中远南方具体经营情况以及存在的市场困境和问题有了更深的认识。在此基础上，发展部完成了《近期沥青市场分析》、《沥青市场季度分析》、《沥青船市场主要竞争对手》等3篇沥青市场《决策参考》专题分析报告。（张新伟　王平）

【进行木材船项目研究】 2009年，发展部根据木材市场状况，加强了木材船项目研究，先后完成《2008年中国原木进口分析和2009年预测》、《中国对西非五国海运贸易分析》、《近期中国木材市场走势分析》、《2009年上半年中国非洲贸易观》等4篇木材船项目专题报告；同时完成了10篇《中国木材销售报价》，供中远远达领导及业务人员参考。（张新伟　王平）

【完成干散货市场项目】 2009年，发展部针对航运市场在低位徘徊，波动剧烈的形势，先后完成了《2009年初航运及租船市场形势分析》、《近期国际干散货市场走势分析》、《三季度航运市场分析及展望》等3篇干散货市场专题研究分析报告，并以《决策参考》的形式上报广远领导，供企业领导把握市场脉搏，作出正确决策参考。（张新伟　王平）

【完成每月中远集团大调度会汇报材料】 2009年，发展部通过对航运市场变化和中远航运情况的关注，研究杂货运价和市场走势，协助中远集团完成每月大调度会的汇报材料，以《杂货运价走势及市场综述》（月报）的形式上报中远集团研发中心，全年共10期。（张新伟　王平）

【提供信息咨询服务】 2009年，发展部为协助广远相关经营单位发展木材船、水泥船和冷鲜船等项目，广开信息渠道，对每日航运指数、市场报告以及租船报告等，进行定期或不定期的特定内容研究，为相关经营单位提供海关数据、关键市场信息等。（张新伟　王平）

【配合船队经营进行市场调研活动】 2009年，发展部配合中远远达赴天津地区进行调研，完成《天津市场调研报告》；随广远副总经理翁继强到中远航运、中远远达调研，完成《关于进一步加强西非航线合作事宜的报告》；赴中远南方调研，参与硫黄船项目的研究，完成可行性报告提纲的编写。 （张新伟 王平）

【制订“十二五”发展规划】 2009年，为实现广远的可持续发展，做好广远“十二五”发展规划编制工作，发展部组织召开了“十二五”发展规划编制工作动员会暨研讨会，统一思想、明确分工，并对战略规划的制订进行了培训和指导，确保广远的战略规划达到前瞻性、综合性和可操作性的要求。 （张新伟 王平）

精益管理

【全面深化精益管理活动】 2009年，广远以降本增效、控制风险、节能减排为重点，全面深化精益管理活动。发展部作为广远精益管理主要联系和协调部门，加强了量化工作，推行了结果导向的思想，完成了2009年广远“精益管理年”活动方案及年初工作计划的制订，制定下发了操作性较强的多种具体指导意见，指导广远各单位做好成本预控工作；组织精益管理例会，把会议精神传达给广远各单位，并做好精益管理的总结工作。

（张新伟 王平）

【精益管理成效显著】 2009年，广远的精益管理工作在发展部和广远各单位、各部门的共同努力下取得了丰硕成果。中远航运、中远远达、中远南方3家航运企业全年的统计项目的发生额为326107万元，与2008年同比减少98139万元，减少23.13%；与财务预算相比减少24921万元，减少7.10%。岸产企业全年的统计项目的发生额为21883万元，与2008年同比减少1419万元，减少12.45%；与财务预算相比减少973万元，减少4.26%。广远本部全年的行政经费发生额为704万元，与2008年同比减少572万元，减少44.84%；与财务预算相比减少221万元，减少23.86%。从总体看，广远总体统计项目全年的发生额为348645万元，与2008年同比减少100130万元，减少22.31%；与财务预算相比减少26115万元，减少6.97%。

（王平）

【精益管理活动获奖情况】 2009年，广远开展精益管理活动，广远本部、各航运企业、岸产企业等积极参与，均取得了较好成绩，获得各种奖励。1. 银河奖2项：中远航运、建设实业；2. 阳光奖4项：“乐同”、“大华”、“西昌海”、“木兰湾”轮；3. 月光奖6项；4. 星光奖12项。

月光奖

序　号	单　位	部门/船舶	项目名称
1	中远航运	船舶管理部	控制油料成本
2	中远航运	“大强”轮	打响回归经营第一战役
3	中远远达	业务部	加强船舶垫绑物料费用控制
4	广远本部	平台合作小组	开展境外融资平台
5	海运公司	海运公司	开拓船舶配套产品业务（绑扎立柱），增加效益
6	物业公司	经营部	优化租赁程序，合理评估分摊面积，提高租金收益

星光奖

序　号	单　位	部门/船舶	项目名称
1	中远航运	航运经营部	经济危机期间创新成本管理，节省使费
2	中远航运	船员管理部	做好劳务经营，维护公司和船员利益
3	中远航运	财务资金部	降低财务成本　防范人民币升值风险
4	中远航运	“富文山”轮	仰光破纪录卸货，节省 7 天以上船期
5	中远航运	“泰安口”轮	齐心协力再创 DP 安装作业纪录
6	中远远达	“白沙岭”轮	合理设计装货程序，有效节省港口使费
7	中远南方	“珍珠湾”轮	解决主甲板软管吊故障问题，确保卸货安全和效率
8	远洋宾馆	销售部	加大开发力度，提升社会知名度
9	通导公司	物资部	自主研发生产通导配套产品，降低生产成本
10	远洋大厦	工程部	减少线路损耗电量，节约成本支出
11	广远本部	发展部	及时处理“关”字号退役避免损失
12	广远本部	发展部	科学筹划节约财务费用及税收支出

（姚辉　王平）

【编写研发刊物《决策参考》】 2009年，发展部共编写研发刊物《决策参考》18期。《决策参考》作为发展部研发部门的不定期刊物，为广远领导决策提供参考服务。（张新伟 王平）

【编发定期刊物《国际航运资讯》】 2009年，发展部根据航运市场形势，每周定期编写一期《国际航运资讯》刊物，全年共编发45期。（张新伟 王平）

【每月市场走势分析】 2009年，发展部定期制作月度航运市场走势分析，以PPT形式每月18日在广远大调度会上进行汇报，全年共完成汇报材料8期。

（张新伟 王平）

【完成《广州远洋》杂志约稿】 2009年，《广州远洋》为了让更多的船员和员工了解航运市场走势，特约发展部每月撰写一篇当月航运市场分析稿件。发展部每月精心撰写当月的航运市场分析，刊登在《广州远洋》杂志上，供广大船员、员工阅读。

（张新伟 王平）

【相关信息的收集发布】 2009年，发展部每工作日完成《国际干散货指数》，包括BDI、BCI、BPI、BSI等指数、原油和燃油价格等的收集、编写和发布，并录入数据库；每周完成一期《一周市场综述》报告，全年共完成48期；每工作日整理编写主要租家的租船成交记录，每周汇总后呈交企业有关领导。（张新伟 王平）

【加强广远研发信息网的日常维护】 2009年，发展部加强对广远研发信息网的日常维护，认真做好每工作日的信息收集、发布等工作，积累各方面的相关信息资料，参与相关专题研究，将有关信息资料及时更新和录入"宏观信息基础数据库"，为广远领导和经营管理部门提供相关的资料参考；协助维护广远信息网，做好航运经贸动态信息的更新、维护等工作。

（张新伟 王平）

【日常指数更新】 2009年，发展部每工作日将BDI、燃油等各有关指数提供给广远领导以及广远下属航运企业的领导，并提供每周在调度会上报告BDI的最新指数行情；每周上报《一周市场综述》，包括干散货指数、燃油指数和上海、深圳股票指数行情及短评等，并将最新的指数更新到宏观数据库中。（张新伟 王平）

【提供信息咨询工作】 2009年，发展部根据广远下属各航运公司提出的需求，展开不定期的跟踪和研究，为其提供航运信息、资料等服务，并将情况汇报及时提交给广远领导。（张新伟 王平）

【组织专题会议和撰写各种会议材料】 2009年，发展部根据航运市场及广远船队经营情况，参加了广远召开的航运经营管理人员座谈会、经济成本分析会、中远集团年中、年终航运市场研讨会等；负责制作了年中航运市场研讨会PPT、年终航运市场研讨会广远PPT，以及以发展部参加广远每季度经济成本分析会PPT等，并协助撰写上述相关会议材料，提供相关资料。（张新伟 王平）

【配合中远集团做好相关工作】 2009年，

发展部根据中远集团关于开展《2020年的中远》课题编制工作要求，协助完成了组织调查问卷的填写工作。同时，做好中远集团对广远调研的接待和配合工作。此外，完成了对广远2015年和2020年船队规模、收入和利润的预测。　（张新伟　王平）

【中远集团技术分中心的工作】　2009年，发展部作为中远集团技术中心广远技术分中心，按照中远集团要求，每两个月上报一次《广远技术分中心工作情况汇报》，同时完成了上报中远集团层面的《决策参考》研究报告4篇。　（张新伟　王平）

第四节　财务管理

【财金部简介】　财金部是广远财务会计工作的主管部门。主要职责是根据国家法律法规和中远集团的规章制度完成广远的财务会计工作，负责制定广远财务、会计核算管理制度；负责组织广远的会计核算、资金管理、税务、会计检查和监督、财务预算、财务分析，组织年度会计决算；负责编制广远年度财务报告；负责编制年、季、月度种类财务会计报表；负责税金的申报和缴纳，申领和保管发票，配合相关部门加强会计档案的管理工作；负责保管库存现金，保管有关印章和支票；负责投资项目资金的来源、投资项目财务分析和投资项目风险预测的审核和监控，对投资分析提供测算基础财务数据；按照广远财务委派负责人管理办法，配合相关部门完成对财务委派负责人的选拔、考核和日常管理等。

财金部下设资金管理业务单元、财务管理业务单元、会计核算业务单元。

时任总经理佟文华，总经理助理邓伟荣。资金管理业务经理叶苑群，财务管理业务经理林曦，会计核算业务经理张美琴。员工19人。　（邓伟荣　林曦）

【财金部工作概况】　2009年，财金部坚持以科学发展观统领全局，坚决贯彻执行中远集团“谋发展，控风险，抓机遇，拼效益”的战略部署和中远集团财务“固基础、保资金、控风险”的整体指导思想，结合广远2009年工作总思路和发展战略，坚持财务集中管理，服务生产经营，以服务企业保增长为目标，推进打造“资本广远”，改革创新，开拓进取。财金部在配合广远做好改革项目的顺利实施，提供财务保障基础上，加强资金管理，完善广远大额资金调动和支付管理办法，保证企业资金正常周转；配合相关部门开展买造船工作，开拓融资渠道，完成“珍珠湾”、“澎湖湾”轮和广远新办公大楼——广州远洋大厦的融资工作，保证了企业船队调整的正常进行；做好广远2008年度年终决算的编报工作，以及《企业年度工作报告》的撰写工作；按时按质完成税务自查工作；加强会计档案管理，协同人力资源部/组织部档案管理人员，完成了8个驻国内港口办事处的档案调回工作；按时保质完成2009年年中调整财务预算报表的编报工作和2010年财务预算编制工作；按时按规定完成每月财务快报编制工作；做好资产评估及产权管理工作；修订财务工作流程，推进财务管理流程化；加强财务会计人员队伍建设，加强岗位专业培训；配合人力资源部/组织部做好委派财务负责人的日常业务管理工作；加强与政府税务部门的沟通，认真落实有关财务政策和规定，做好税务筹划工作，为股东利益最大化作出应有的贡献。（邓伟荣　林曦）

【做好企业深化改革项目】 2009 年，财金部积极参与企业的深化改革，对相关现金流量、资产负债、经营效益等进行详细测算，加大往来账款的清理，支持和配合清理不良资产、优化辅业资产、理顺投资企业的股权结构等工作，配合有关部门做好清理历史遗留存量房工作，及时、按质提供了资产评估资料，有效推进了企业的深化改革。（邓伟荣）

【加强资金管理】 2009 年，财金部严格执行中远集团和广远对资金管理的规定，完善企业资金管理，加强现金流量分析预测，将现金流量管理贯穿于企业管理的各个环节，重视企业的支付风险和资产流动性风险，严格执行各项资金计划和指标；发挥广远整体资金优势，上下联动，盘活资金，提高整体资金使用效率，降低资金使用成本，提高资金效益，防范财务风险。（叶苑群）

【加强经济成本分析】 2009 年，广远在每季度末召开企业季度生产经营分析会。财金部按照每次会议要求，针对经营效益、成本控制及资金、融资买造船等重要问题进行研究分析；对企业的经营管理活动进行价值上的总结和分析，将定量和定性结合起来，针对宏观政策变化和国际政治经济环境变化及各种因素对航运市场的影响，在经济分析报告中紧密结合企业船队的经营特点，力求对现状分析透彻，找出存在问题，提出应对策略，同时对汇率、利率等财务风险进行专题研究，提出防范对策，为企业管理层决策提供了科学依据。（林曦）

【召开年中财务工作会议】 2009 年 8 月 24 日，广远召开年中财务工作会议。总经理徐惠兴，广远本部各部室负责人以及广远下属企业负责人和财务总监参加了会议。财金部总经理佟文华在会上作了报告，回顾总结了上半年财务工作情况，部署了下半年财务工作任务。会上，徐惠兴作了发言，充分肯定上半年财务工作所取得的成绩，对下半年的财务工作提出了要求。会议还安排了税务专业人员培训。（邓伟荣　林曦）

【首次组织境外财务人员培训】 2009 年 8 月，财金部协同人力资源部/组织部首次组织境外财务人员为期 5 天的“岗位专业培训”。这次岗位培训，主要是针对境外天星公司及广远本部新招财务人员所进行的全方位培训。培训期间邀请了航安部、发展部、中远远达、信息中心的专业人员授课。通过培训，使受训人员对企业的主要经营管理流程有了一个系统认识，提高了财务工作能力。（邓伟荣　林曦）

【修订财务工作流程】 2009年，财金部为进一步推进财务管理流程化，提高财务管理能力，组织人员修订各业务模块的工作流程。是年，完成了财务决算管理、税务管理、融资管理、快报管理、预算管理、资产评估管理及产权登记管理等业务模块工作流程。 （邓伟荣 林曦）

【加强财会队伍建设】 2009年，财金部积极组织各种业务培训，组织委派财务负责人参加国家总会计师学习班学习；贯彻落实中远集团培训财务人才的整体部署，派出7名财务人员参加中远集团SAP2009项目组工作培训，通过培训提高了财务人员的整体素质。 （林曦）

资金管理

【资金管理单元简介】 资金管理单元主要负责广远及广远下属单位资金管理、银行账户管理、资金结算、融资管理、广远本部行政费用日常核算管理、工资发放、航运财务核算与管理等工作。时任资金管理业务经理叶苑群。员工6人。

（邓伟荣 叶苑群）

【资金管理单元工作概况】 2009年，资金管理单元严格执行中远集团、广远有关资金管理的规定，把资金管理作为日常财务管理的核心，以提高资金使用效率为出发点，加强现金流量分析预测，将现金流量管理贯穿于企业管理的各个环节，加快各投资单位分红款的催收；重视企业的支付风险和资产流动性风险，完善广远大额资金调动和支付管理办法；根据广远整体发展规划，开拓多种融资渠道，完成“珍珠湾”、“澎湖湾”轮和广远新办公大楼——广州远洋大厦的融资工作；配合广远企业结构调整，做好相关工作；做好广远系统的资金集中管理，加强资金统一调度；密切关注汇率和利率的变化趋势，减少财务费用开支；加强企业与银行的联系，推行委贷业务，利用不同的贷款组合，降低企业的资金成本；调整广远本部员工差旅费及有关费用开支标准；严格执行各项财务计划、指标，较好地完成了企业下达的各项任务。 （邓伟荣 叶苑群）

【配合完成中远航运发行中期票据】 2009年，中远航运为解决长期以来一直制约企业发展的船队老化、市场竞争力薄弱等问题，积极推进船队结构调整。中远航运为低成本筹集资金买造船，实施成本领先战略。对此，财金部积极给予配合，在债券市场发行不超过7.3亿元的中期票据融资额度。 （邓伟荣 叶苑群）

【加强资金管理，提高资金安全性】 2009年，财金部为进一步强化资金管理，规范资金运作，完善内部控制制度，有效防范和控制资金风险，保证资金安全，制定了《广州远洋运输公司资金使用审批权限的补充规定》，下发了《关于启用新版地方税收发票的通知》，进一步健全资金管理制度。与此同时，财金部做好日常资金管理工作，按时收集和上报资金月报，全面了解广远下属各单位的资金周转情况，确保各单位资金的正常周转，并及时将情况向中远集团汇报。是年，财金部按照中远集团加强资金集中管理，严控资金风险的精神，全面进行银行账户自查工作，进一步加强资金集中管控力度。其中，新增纳入集中管

理的银行账户15个，注销不需用的银行账户17个。（叶苑群）

【把控货币政策机遇，防范汇率风险】 2009年，财金部抓住各国政府积极救市、货币政策适当宽松的机遇，根据美元利率仍处在较低水平的情况，企业借款主要以美元为主。是年，财金部在调整债务结构、减少外汇资产、增加外汇负债等防范人民币升值等方面的措施，均取得良好成效，有效地防范了汇兑损失。（叶苑群）

【统筹资金，节约财务费用】 2009年，财金部为了盘活广远部分下属企业的闲置资金，严格按照中远集团资金管理的要求，完备内部资金调拨手续。通过财务公司申请委托贷款和通过内部资金之间的有效调拨，进一步提高广远系统内部资金使用效率，节约了利息支出。（叶苑群）

【争取银行授信额度，加强资金预算管理】 2009年，财金部为了贯彻落实中远集团和广远领导关于备足资金、抵御企业寒冬的指示精神，积极与各家银行洽谈，争取银行适量的授信额度。根据经营需要提取贷款，巩固企业资金链条，确保企业正常的资金周转和生产经营活动的顺利开展。是年，广远共取得银行授信48.4亿元，该授信额度获得中远集团同意，广远本部已提取授信4.1亿元，剩余可使用授信44.3亿元。与此同时，财金部加强资金预算管理，坚持“先有计划、后有收支”的理财思路，严格按融资计划的项目内容与规定标准予以落实，保证投资计划顺利开展。财金部在对未来资金需求及融资形势作充分调研的基础上，向中远集团财务部编报了2010年融资计划。（叶苑群）

【开展境外融资平台工作】 2009年，中国新税法执行后，航运行业的纳税环境发生了很大变化。为降低税赋支出，防范税务监管风险，广远在下属企业天星公司建立境外融资平台。对此，财金部和相关各方积极配合，使融资平台工作顺利开展，有效地消除了新税法条例实施后对企业增加的税赋。（叶苑群）

综合财务

【财务管理单元简介】 财务管理单元主要负责广远财务管理工作和综合事务，包括财务快报、财务预算、财务经营活动分析、委派财务负责人业务管理、财务人员培训、OA文书管理、资产评估、财务风险管理、企业产权登记，配合企业进行深化改革以及综合事务管理等工作。时任财务管理业务经理林曦。员工6人。

（邓伟荣　林曦）

【财务管理单元工作概况】 2009年，财务管理单元主要完成以下工作：完成广远年中预算调整报表编制工作和2010年预算编制工作；编制每月财务快报和经济分析；对广远本部及下属投资企业的投资项目进行财务监督和审核；完成广远本部固定资产投资计划和固定资产清查的管理工作，对在建工程和固定资产进行相关监督管理；协助广远相关职能部门推进企业重组后的相关项目小组工作；完成广远所属投资企业产权变更登记等工作；根据企业改制所需做好相关资产评估工作和备案工作；参与广远改制分流工作，配合有关部门加强对委派财务负责人的业务管理；以严控成本为重点，设计广远本部机关行政经费和广远下属航运公司船舶费用对标指标；加强对财务人员的培训力度，进行了税务培训。（林曦）

【加强财务快报管理工作】 2009年，财金部狠抓财务快报管理工作，明确规定广远下属单位按照快报编制说明格式、内容和时间每月上报，并针对快报编制过程中出现的种种问题，督促广远下属各单位及时进行整改。是年，广远财务快报时效性不断提高，内容逐步丰富，财务信息质量越来越好，决策支持作用进一步提升。（徐臣涛）

【严格控制成本，实施管理对标】 2009年，财金部根据广远统一部署，以精益管理为平台，以严控成本为重点，设计了广远机关行政经费和广远下属航运公司船舶费用对标指标，并初步建立了对标评价体系。是年，财金部通过对标评价体系的过程实行预算管理，使企业成本费用按预算进度控制使用，各项成本费用比2008年有了大幅度下降。（林曦）

【完成年中调整财务预算报表编制】 2009年6月，财金部根据中远集团《关于做好中远集团2009年年中调整财务预算编报工作的通知》精神，对广远下属各单位、各部门的预算提出了切实可行的指导、监督和跟踪管理，于7月完成了2009年年中调整财务预算报表编制工作，并报广远预算管理委员会审议通过。（林曦）

【完成中远集团财务预算调研工作】 2009年9月3~4日，由中远集团总会计师孙月英带领的调研组对广远2010年财务预算情况进行检查调研。在此期间，财金部协助调研组召开了预算调研会、经营业务预算管理、财务预算管理、投资预算、现金流预算管理等4个研讨会。中远集团调研组听取了财金部和广远各相关职能部门的汇报。调研组对广远财务预算工作表示满意，并给予了表扬。（林曦）

【完成广远2010年财务预算编报】 2009年10月，财金部根据中远集团《关于做好中远集团2010年财务预算编报工作的通知》要求，结合广远的实际情况，加强对市场的分析，进一步明确职能部门职责，把握全年资金状况，制定谨慎的资金计划，并严格控制资产负债率的增长，并按照精益管理理念，合理确定成本费用开支的预算目标，顺利完成了2010年财务预算的编制工作。（徐臣涛）

【协同调整预算委员会成员，细化预算管理】 2009年，财金部以全面预算管理为目标，加强预算管理，协同人力资源部/组织部对预算管理委员会及预算管理工作小组成员进行了调整，增补了成本中心的负责人，明确分工，细化责任，强化管理，做好各业务板块的经营预算，推进财务预算与投资计划、人工成本计划、信息化成本计划的深入衔接，提高了预算编报效率、质量及财务预算管理水平。（林曦）

【配合完成资产评估工作】 2009年，随着广远改革的不断推进，财金部充分发挥财务管理作用，做好资产评估、备案等工作。以7月30日、11月30日为评估基准日，对广远存量房产分3批累计240套房产进行了评估工作。财金部还分别办理了“江埔关”轮等12艘船舶、深圳湖滨大酒店等38处房产、海洋厂等3个单位的资产评估备案工作。是年，广远资产评估工作的有序开展，逐步优化了企业产权结构，促进了企业深化改革。（翁哲）

【做好产权管理工作】 2009年，财金部根据《广远国有资产产权登记管理细则》的要求，完成中远航运国有资本额变动产权变动登记、中远日邮国有资本额变动的产权变动登记、省远洋非国有股东变更的产权变动登记、电脑公司更名为“广州远洋投资管理公司”以及营业范围变更的产权变动登记、远洋宾馆非国有股东变更的产权变动登记、广州远洋宾馆酒店管理有限公司国有出资人及出资比例变动的产权变动登记、通导公司各股东按占股比例增资，国有法人资本增加而办理产权变动登记。同时，财金部还完成了广州经济技术开发区创业房地产咨询服务有限公司、广州远洋劳务合作有限公司、广州远洋明珠房地产开发有限公司3家企业解散办理产权注销登记等10家企业的产权变更工作。（翁哲）

【开展固定资产清查和清理】 2009年11月，财金部根据《广州远洋运输公司固定资产管理办法》的要求，为了核实固定资产的数量、质量、性能以及归属部门，保证固定资产账、卡、物相符，下发了《关于开展2009年固定资产清查的通知》。广远各单位按文件要求进行固定资产自查盘点。财金部会同发展部、监督部/审计部等相关人员组成清查小组，对广远各部门、各单位的固定资产自查情况进行检查，保证了资产的安全性和完整性。（翁哲）

【协助开展存量房处置工作】 2009年，财金部根据中远集团《关于广远处置未房改存量房的批复》，为更好地解决广远历史遗留未房改存量房问题，配合广远实施深化改革的整体战略部署，进行大量的历史房产账务清理工作，并出具有关房产账务清查报告，协助有关部门理清广远全部房产的状况；对28套协议转让存量房进行资产评估备案；对240套挂牌转让的存量房进行资产评估备案；协助处理存量房处置过程中遇到的财务方面的问题，为广远房产处置工作提供了财务保障。（林曦）

会计核算

【会计核算单元简介】 会计核算单元主要负责广远会计核算管理和税务管理工作，包括会计制度与会计政策的制定、会计基础工作的规范管理、广远下属企业会计检查与指导、各项税费的计缴与筹划、会计决算管理、会计报表的编制与审核、对广远下属企业决算的审核与批复、会计信息系统日常管理、会计档案管理等工作。时任会计核算业务经理张美琴。员工5人。（张美琴）

【会计核算单元工作概况】 2009年，会计核算单元完成2008年度广远年终决算工作、汇算清缴工作、《企业年度工作报告》填报工作、部署2009年广远年终决算工作及2009年所得税汇算清缴工作；加强与税务及政府相关主管部门的公关工作，合理、合法、科学地进行税务筹划工作；根据税务部门及中远集团要求，完成 2005~2007 年度税务自查工作；进一步规范广远下属企业的财务核算工作；参与企业缩短管理链条的有关工作；检查广远下属企业会计工作；完善会计档案保管工作；配合广远深化改革，做好相关工作。（张美琴）

【规范会计基础，创新财务管理】 2009 年，财金部为进一步提高企业会计基础工作，为财务管理提供规范的基础信息，制定《广州远洋运输公司内部会计凭证稽核管理办法》，并组织人员按此办法对广远本部会计凭证进行稽核，进一步规范了会计凭证制作。（张美琴）

【完成 2008 年度年终决算工作】 2009 年 1~3 月，财金部根据中远集团《关于做好中远集团 2008 年度财务决算工作的通知》及中远集团《关于中远集团 2008 年度财务决算报告编制有关工作的通知》要求，按时完成了 2008 年度财务决算工作及后续针对管理建议书的整改工作。（张美琴）

【配合企业进行深化改革工作】 2009 年，财金部根据广远深化改革的总体安排，在完成 2008 年度财务决算的基础上，完成存续范围 131、改制范围 331 单家和合并财务报表的编制工作，组织和安排会计师事务所进驻现场审计及沟通工作；根据广远深化改革项目的要求，进行大量的船舶和房产出售及无偿划拨的涉税测算等，为企业深化改革方案的科学决策提供完整的材料；完成广州远洋劳务合作有限公司清算所需的税务清算及注销工作；清理了大量历史往来账项。是年年底，财金部将境内代理的备用金全部收回，境外备用金的催收也富有成效，应付账款均按会计制度规定进行了清理。（张美琴）

【做好年终决算工作部署】 2009 年，财金部按照中远集团 2009 决算工作会议精神，为保证广远系统 2009 年度的财务决算工作顺利进行，做了大量的、富有成效的工作：组织召开广远系统 2009 年度财务决算布置会，传达中远集团决算会议精神，转发中远集团决算要求文件，并征求广远下属企业关于做好决算工作的意见；牵头联合广远本部各部室，做好《企业年度工作报告》的汇编工作，并按时上报中远集团；与北京中瑞辉会计师事务所、广州勤正税务师事务所联系，结合企业实际，完成 2009 年度广远系统的财务预审、终审工作，以及税务的预审、终审工作；布置广远系统内久其报表期初数核对，保证决算系统数据的正确性；严格按照中远集团决算工作要求，审核广远各下属企业决算报表，保证广远各下属企业的财务报表质量；制定广远本部财务决算工作计划表及责任书，把任务落实到每个单元，将责任落实到每个人。（张美琴　卢鸿程）

【完成税务自查及相关汇报工作】 2009 年 6 月 10 日至 9 月 30 日，财金部根据国家税务总局及中远集团有关税务自查的要求，成立税务自查领导小组及工作小组，做好税务自查的准备工作，聘请广州勤正税务师事务所协助进行税务自查；下发通知要求广远各下属企业做好 2005~2007 年税务自查工作，并派员参加了中远集团的税务自查电话会议，召开了广远税务自查工作会议。是年，财金部给中远集团上报了 9 次税务自查周报、税务自查报告、一

系列自查报表，并根据广东省国税局、地税局进行联合辅导式自查的要求，配合广州市中区稽查完成了自查工作。（张美琴）

【进一步规范会计档案管理工作】 2009年，财金部为加强会计档案的管理，会同人力资源部/组织部档案管理人员完成原广远驻上海、青岛、连云港、天津、北京、大连、厦门、湛江等8个办事处的会计档案调回工作；完成已注销的广州远洋劳务合作有限公司会计档案移交工作，保证了会计档案的完整和安全。（王玲　董穗）

第五节　人力资源管理

【人力资源部/组织部简介】 人力资源部/组织部接受广远党委和行政的双重领导，行政职能向总经理负责，组织工作向党委负责。主要职能是负责人力资源的总体规划、广远管理权限内员工的招聘、调配、培训、培养及绩效考核；管理广远劳动用工合同、劳动工资、员工外派、退休审核、机构设置、职能分配和编制制定工作；组织制订并实施企业员工岗位目标绩效考核制度和本部奖励制度；管理广远本部内退、待岗、下岗人员；负责党的组织建设和统战工作。管理档案管理中心、劳动保险统筹中心、离退休服务中心3个挂靠中心。

人力资源部/组织部下设员工管理单元、薪酬管理单元、组织管理单元、档案管理中心、劳动保险统筹中心、离退休服务中心。

时任总经理、组织部部长黎光葵，总经理助理郑深恩。员工管理业务经理吴思，薪酬管理业务经理张丛，组织管理业务经理周佐成，档案管理中心主任徐鹰，劳动保险统筹中心主任叶勇，离退休服务中心主任谢汉波。员工41人。（吴思）

【人力资源部/组织部工作概况】 2009年，人力资源部/组织部围绕广远战略重点，主要完成了几项重点工作：

1. 认真做好战略性人力资源管理工作。根据企业的发展战略开展好人力资源队伍建设，加强员工的培训培养，加强内部机构的优化等工作；做好日常人事管理工作，做好员工调配和动态管理，加强员工工资管理，做好员工招聘和劳动关系管理等工作；做好党建组织工作；组织开展深入学习实践科学发展观活动和学习贯彻中共十七届四中全会精神，进一步提升企业党建工作的科学化水平；做好服务窗口工作；为企业员工提供优质的档案、户口、社保、离退休管理等各类服务。

2. 认真做好人力资源管理工作。完成中远远达、中远南方、省远洋、中鞍航运等航运公司总经理、越洋船务副总经理和广远航安部主要负责人、广远本部财务负责人及派出财务经理共12人次的岗位轮换工作；对岸产企业的领导班子副职进行调整，组织并完成广远本部2个业务经理岗位和越洋船务副总经理的竞聘工作；组织完成第6批援藏干部的选派工作；为广州结算中心选调2名员工；对岸产事业部的内设机构和编制进行调整，增设了岸产事业部房产管理部；调整大富酒店、综合门诊部的管理模式；做好广远相关投资企业董、监事的调整和委派工作；做好中远营港航运有限责任公司（以下简称中远营港）、福建捷安船务有限公司（以下简称福建捷安）歇业后的人员安置工作；对广远安全保卫人员的情况进行调研；指导协助做好后续船员的处理工作，解除57名船员的劳动合同，终止46人的劳动合同；对广远船员安排上船工作进行专题研究，并提出解决问题的方法；启动第2代残疾人证的换证工作，完成换证76人；协助湛江供应公司处理相关遗留问题；完成3批“三个三百”人员培训的选派工作；完成岸产企业内退人员的统一管理工作，理顺岸产企业182名内退人员的劳动关系；高效、高质完成工资日常动态变动审核；按时完成广远本部员工2008年度工资收入统计；加强工资宏观管理工作，编制并上报广远2009年工资总额计划；对工资总额使用情况进行了调控。

3. 认真做好党建工作。主要完成了对岸产单位领导班子进行聘期届满和精神文明建设、创建“四好领导班子”等综合考核；组织广远下属各单位对困难党员进行摸底，并对25名困难党员利用专项经费进行帮扶；召开以转变作风为主题的专题组织生活会；开展深入学习实践科学发展观活动；开展向吴大观学习活动；按照中远集团党组《关于开展创建“四好领导班子”活动的通知》要求，评出了中远航运等10个符合“四好”标准的基层单位领导班子；对2008~2009年度的中远航运党委等3个基层党组织、“泰安口”轮等30个党支部、蔡连财等99名优秀共产党员、周作友等24名优秀党务工作者进行了表彰。

4. 认真做好档案管理工作。档案管理中心会同财金部先后6次（共25人次）前往8个广远驻国内港口办事处，现场检查、清点和接收各办事处的会计档案3110卷（册），是广远有史以来最大规模的档案接收工作；积极配合中远集团首次利用远程视频技术，特别邀请中国人民大学教授讲课，组织广州地区中远系统档案工作人员52人次参加档案培训；接受广东省档案局检查，被评为“优秀”等级，被确认为“广东省省直单位档案管理工作免检单位”。

5. 认真做好各项保险工作。保险中心按照国家地方政策法规，开展养老、医疗、工伤、生育、失业等5项社会保险，以及中远集团员工因公交通意外伤害保险、补充养老保险、企业年金、员工计划生育等工作；积极开展创建“文明示范窗口”活动，为员工多办实事、做好事，通过不懈努力，争取到“特事特办、个案解决”的优惠政策，基本解决困扰广远稳定工作多年的大难题——离职员工社保异地转移接续难的问题，促进了企业和谐，充分发挥了社会保险的保障功能，为企业安全发展保驾护航。

6. 认真做好离退休服务工作。离退休服务中心做好“三委一室”（党工委、管委会、关工委和活动室）工作，重点抓好离退休老干部的生活、政治待遇和党支部建设、思想政治建设以及自身队伍建设，做好常规性服务和企业退休统一管理工作，促进企业和谐稳定；做好关工委工作，撰写的《立足公司实际，探索特色关工工作路子》论文，在中共广东省直关工委工作经验交流会上进行了交流并得到充分肯定。

（阮亦欢）

【调整企业非常设机构】 2009年，广远为适应企业机构改革和人员变动的需要，

确保各项工作正常运作，对非常设机构进行调整，新成立的机构有“亚洲之路”宣传推广活动支持协助工作小组、广远新办公大楼——广州远洋大厦装修工作顾问小组和联络协调小组、广远系统企业年金工作机构、编制广远“十二五”发展规划领导小组和工作小组、广远深化改革项目机构人员整合领导小组和工作小组、广远对口扶贫工作机构；调整了预算委员会及工作小组、广远新办公大楼——广州远洋大厦管理工作和监督工作领导小组的成员。（吴思）

【成立“亚洲之路”宣传推广活动支持协助工作小组】 2009年2月，广远为做好第16届亚运会“亚洲之路”宣传推广活动，为该活动提供支持，协助相关工作，成立了“亚洲之路”宣传推广活动支持协助工作小组，并为此下发了相关通知，对协助工作小组的职责进行了明确规定。（吴思）

【成立广州远洋大厦装修工作顾问小组和联系协调小组】 2009年3月，根据广州远洋大厦建设进度及工作需要，成立了新办公大楼——广州远洋大厦装修工作顾问小组和联系协调小组，并为此下发了相关通知，对顾问小组和联系协调小组的职责进行了明确的规定。（吴思）

【成立广远系统企业年金工作机构】 2009年7月，广远根据中远集团推进企业年金工作的整体部署及相关文件精神，为扎实开展广远系统年金工作，成立了广远系统企业年金工作领导小组和工作小组，并为此下发了相关通知，对领导小组和工作小组的职责进行了明确规定。（吴思）

【成立编制广远“十二五”发展规划领导小组和工作小组】 2009年9月，根据广远“十二五”发展规划编制工作的需要，广远成立了编制广远“十二五”发展规划领导小组和工作小组，并为此下发了相关通知，对领导小组和工作小组的职责进行了明确规定。（吴思）

【成立广远对口扶贫工作机构】 2009年11月，广远为更好地完成帮扶梅州市兴宁市坭陂镇东兴村的任务，实现稳步脱贫目标，成立了广远实施广东省扶贫开发工作领导机构和工作小组，并为此下发了相关通知，对领导小组和工作小组的职责进行了明确规定。（吴思）

【坚持不懈做好甲型H1N1流感防控工作】

2009年5月，广远针对甲型H1N1流感不断蔓延的趋势，依照5月6日企业H1N1流感防控工作紧急会议的部署，建立H1N1流感防控联络人制度；协同医疗中心督促各单位落实《船舶防控甲型H1N1流感措施》。

6月，为落实企业甲型H1N1流感防控工作专题会议精神，广远下发了《关于进一步做好甲型H1N1流感防控工作的通知》、《甲型H1N1流感防控指南》、《关于防控甲型H1N1流感的提示》。

11月，广远下发了《关于继续加强甲型H1N1流感防控工作的通知》并附《船舶防治甲型H1N1流感药品配置标准及使用说明》。是月，广远分别向广东省卫生厅和广州市卫生局发函，为远洋船员申请优先注射甲流疫苗，获得批准。（关锦庭）

员工管理

【员工管理单元简介】 员工管理单元主要职责是负责贯彻国家和中远集团人力资源政策，负责广远人力资源总体规划、管理权限内员工的招聘、调配、培训、培养及绩效考核，为企业发展配备恰当人才；负责培养各类人才队伍，建立与完善企业员工培训与发展体系，制订年度培训计划，并对培训计划的实施进行跟踪、效果评估和监督，管理广远劳动用工合同、劳动年审、员工外派、机构设置、职能分配和编制制定工作，协调劳动关系管理；管理广远本部内退、待岗、下岗人员。时任业务经理吴思。员工5人。（吴思）

【员工管理单元工作概况】 2009年，员工管理单元认真做好人力资源管理工作，努力提升管理水平，抓好人才队伍建设，对广远下属航运公司负责人、广远本部财务负责人进行岗位轮换；加强后续船员的管理和处置；完成援藏干部第5批的派出和第6批的选拔；积极做好深化改革相关人事工作等；完成广远本部员工月度、年度考核工作，并公布考核优秀员工名单；完成4人次试用期满的考核工作；对中远远达、中远南方、省远洋、中鞍航运等总经理和越洋船务副总经理、航安部主要负责人、广远本部财务负责人及派出财务经理共12人次的岗位进行轮换；对岸产企业的领导班子副职进行调整，组织并完成了广远本部2个业务经理岗位和越洋船务副总经理的竞聘工作；为广远结算中心选调了2名员工；完成2名应届毕业生的招聘工作。

对岸产事业部的内设机构和编制进行了调整，增设了岸产事业部房产管理部；调整大富酒店、综合门诊部的管理模式；做好相关投资企业董、监事的调整和委派工作；做好中远营港、福建捷安歇业后的人员安置工作；做好广远深化改革项目中人事的有关工作，完成离退休人员的费用计提测算，制订改制涉及的相关人事方案；对广远安全保卫人员的情况进行调研。

指导协助做好后续船员的处理工作，解除了57名船员的劳动合同，终止46人的劳动合同；对广远船员安排上船工作情况进行专题研究，并提出解决问题的方法；完成陆地11人劳动合同续签工作；完成残疾人就业年度审核和劳动年度审核工作；启动第二代残疾人证的换证工作，完成换证76人；协助湛江供应公司处理相关遗留问题。此外，员工管理单元积极抓好“红树林”工程的相关工作，制订并落实广远2009年培训计划，认真细致做好日常人事管理工作。（吴思）

【对中远南方、中远远达领导班子成员聘期届满进行考核】 2009年12月，广远成立联合考核小组，对中远南方和中远远达的领导班子成员进行聘期届满考核。考核按照召开考核动员会、班子成员述职、民主测评、个别谈话、意见汇总、结果反馈和考核报告的程序进行。共考核了10名领导班子成员，参与考核的员工达72人次。（吴思）

【对广远本部员工聘期届满进行考核】 2009年12月，广远对企业本部员工进行聘期届满考核。其中，业务经理及以下员工的考核由各部门组织。通过考核评出优秀业务经理10名、优秀员工12名。（吴思）

【调整航运企业负责人】 2009年5月，广远为了加强航运企业的管理，对中远远达、中远南方、中鞍航运、省远洋4家航运公司的总经理和广远本部航安部的总经理进行了岗位轮换。 （吴思）

【调整部分基层单位领导班子成员】 2009年，广远对派往广州埃尔夫副总经理、天星公司副总经理、越洋船务副总经理进行人员调整；对物业公司总经理进行聘任；对金桥学院和物业公司领导班子成员进行调整，解聘3人，提拔1人。 （吴思）

【对派出的财务负责人进行岗位交流】 2009年2~3月，广远为了加强对财务派出人员的管理，对派出的财务负责人进行岗位交流，分别对2个岸产企业的财务经理进行轮换，并向中鞍航运派出了财务副经理。 （吴思）

【完成援藏干部赴藏工作和选派工作】 2009年3月，广远选派的中远集团第5批援藏干部、岸产事业部副总经理王珂赴西藏从事为期一年半的援藏工作。王珂援藏工作期间，挂职担任西藏昌都地区洛隆县县委常委、常务副县长。是月，根据中远集团的要求，广远开展了第6批援藏干部的选派工作。广远按照组织动员、自愿报名、初步筛选、体检、确定人选的程序进行，并经中远集团党组审批，确定保险中心主任叶勇为中远集团第6批援藏干部人选。 （吴思）

【公开招聘中层管理人员】 2009年，广远推行中层管理岗位公开招聘工作，进一步完善干部公开选择任用机制，对岸产事业部组织人事部经理、房产部经理、越洋船务副总经理进行公开招聘工作，共有16人次报名应聘，有3名员工分别被聘任到相应岗位上。 （吴思）

【调整大富酒店管理模式】 2009年4月，广远对大富酒店的管理模式进行调整，将大富酒店委托给物业公司进行管理。在行政管理上，大富酒店从广远的二级企业调整为三级企业，同时撤销了大富酒店党总支。 （吴思）

【调整岸产事业部岗位】 2009年2月，广远对岸产事业部组织人事部的岗位设置进行了调整，将组织人事部/办公室经理与团委书记职能、职责合并，将原团委书记岗位调整为宣传文秘高级主管，并于当月完成了相关岗位的人员聘任。 （吴思）

【设立岸产事业部房产管理部】 2009年5月，广远为规范和加强企业及下属单位土地房产的管理，在岸产事业部内增设房产管理部。主要职责是负责理清和完善广远及下属企业土地房产的产权关系和财务关系，理清广远权属土地房产租赁经营的法律关系，做好日常经营管理工作；负责广远权属土地房产的处置工作；对广远下属企业土地房产的经营活动、处理工作实施监督管理。房产部定编4人，设经理1人。6月，广远完成了房产管理部相关岗位的人员聘任工作。 （吴思）

【制定《广远公司"十二五"人力资源发展规划》】 2009年，广远根据中远集团"十二五"发展规划通知精神，着眼于广远人力资源现状及"十二五"发展规划对人力资源的总体需求，为实现企业整体经营目标及企业整体发展战略提供人力资源方面的保证与服务，制定《广远公司“十二五”人力资源发展规划》。（阮亦欢）

【对安全保卫工作人员配备情况进行调研】 2009年11月，员工管理单元对广远安全保卫工作人员的配备情况进行了调研。通过调研分析了广远本部、航运企业、岸产企业安全保卫机构和人员配备情况、工作现状及存在问题，并对下一步的安全保卫工作人员的配备提出了意见和建议。（关锦庭）

【举办QC管理知识培训班】 2009年1月16日，广远组织了一期50多人参加的QC管理知识培训班，邀请广州市质量协会国家级资深咨询师孙桂春授课。通过培训，拓宽了QC小组骨干、推进员、评审员的知识面，提高了成果编写、成果分析、成果鉴定的操作技能，促进了企业QC活动的开展。（钟新勇）

【举办“JAVA”技术培训班】 2009年12月，广远组织一期“JAVA技术”培训班，广远信息管理中心的19名相关技术管理人员参加了培训。通过培训，参培人员基本掌握了JAVA技术，了解了船员管理系统的总体结构及各功能模块的主要功能和作用。（钟新勇）

【举办社保业务培训班】 2009年9月，广远组织社保业务培训班，共有52人参加培训，就社保关系转移、医保业务操作规程、中远集团有关规定等进行学习、探讨。通过培训，参加培训人员更好地理解了有关社保政策，提高了社保业务技能，熟悉了操作方法，促进了企业社保、医保各项工作的开展。（钟新勇）

【安排中远营港员工】 2009年3月，中远营港船舶封存后，广远对派往中远营港的7名员工重新安排工作。其中，安排在航运企业的5人，留守1人，广远本部安排1人。（吴思）

【安排福建捷安员工】 2009年5月，福建捷安暂时停业。广远对派往福建捷安的6名员工重新安排工作。其中，安排在航运企业的1人，广远本部安排3人，留守1人。（吴思）

【黄继忠退休】 2009年2月，广远党委副书记黄继忠年满60周岁，经中远集团审批同意，办理了退休手续。（吴思）

【调整企业党校校长】 2009年3月，广远企业党校校长黄继忠（兼）退休，广远党委任命纪委书记、工会主席马宗梅兼任企业党校校长。（吴思）

【解除吴尽劳动合同】 原威海鸿霞房地产公司总经理吴尽，因涉嫌刑事犯罪，由广州市公安局东山区分局对其执行拘留。鉴于吴尽自2004年7月逃匿至今，考虑到其长期脱离工作岗位，不履行相应的劳动合同义务，为严肃纪律，广远根据《劳动法》第三十九条的规定，于2009年11月解除与吴尽的劳动合同。（吴思）

【招聘新员工】 2009年，广远共招聘新员工108名，均为高等院校毕业生。其中

水上专业毕业生106名。　　（阮亦欢）

【完成企业劳动年审】 2009年，广远按照《广东省分散按比例安排残疾人就业办法的规定》的要求，完成了企业按比例安排残疾人就业的工作，顺利通过残疾人分散按比例就业年审，并完成了企业的劳动年审。　　（赵卫）

【解除及终止劳动合同】 2009年，广远解除或终止劳动合同员工103人，包括协议终止劳动合同34人，解除劳动合同69人。其中，依据相关劳动法律法规和《中远集团远洋船员管理办法》，分别与20名违纪船员解除了劳动合同。　　（赵卫）

薪 酬 管 理

【薪酬管理单元简介】 薪酬管理单元主要职责是负责贯彻执行国家和中远集团薪酬福利政策，实施对岸产事业部、广远航运投资及控股企业（岸上投资及控股企业由岸产事业部负责）工资总额的核定、调控和监督检查的职责；合理调控以上单位薪酬水平，审定以上各单位经营者年度的激励机制和奖惩制度，促进完善员工福利制度，调动员工的工作积极性，努力实现广远的战略发展目标；承担劳动统计报表、广远本部工资政策制定、发放及管理的职责。时任业务经理张丛。员工2人。

（张丛）

【薪酬管理单元工作概况】 2009年，薪酬管理单元紧紧围绕航运主业发展需要，为航运全资及控股企业董事会决策提供工资分配方面的理论帮助与数据支持，先后为中远航运、中远远达、中远南方、省远洋等单位的广远方董事提供建议或意见。薪酬管理单元根据《广州远洋运输公司租船经营激励实施办法（试行）》，发放了2008年度租入船专项奖励；完成劳动工资统计、广远本部员工工资发放等日常工作；按照广远有关基层单位企业负责人年薪的文件规定和考核结果，兑现了广远基层单位企业负责人2008年度的年薪。

（张丛）

【完成自查工资总额工作】 2009年，中远集团监督部和人力资源部组成检查组对广远工资总额使用情况进行专项检查。薪酬管理单元联合监督部/审计部、财金部对广远工资总额使用情况进行了全面自查，认真做好迎检基础准备工作。中远集团检查组检查了广远系统2007~2008年两个年度的工资总额计划执行情况、工资列支及发放渠道、工资内外收入情况、个人所得税扣缴等情况，对广远工资总额管理表示满意，并给予了较高评价。　　（张丛）

【调整年功补贴操作办法】 2009年，广远根据中远集团要求，在广泛听取广远本部员工意见基础上，经公示通过，对年功补贴操作办法进行调整：2007年6月至2009年5月在岗员工的年功补贴不再投保商业保险，改为直接发放现金；从2009年6月1日起，在岗员工的年功补贴直接随每月工资发放。　　（张丛）

【申报2008年度个税】 2009年，薪酬管理单元与财金部密切配合，为员工提供收入统计数据查询，协助年收入达到个税申报标准的员工做好2008年度个税申报工

作。（张丛）

【劳动工资管理】 2009年，薪酬管理单元向中远集团人力资源部上报《广远公司2009年度工资总额计划》，统筹安排广远系统内各单位工资总额使用计划。文件下发后，广远及下属各单位的劳动工资实行统一管理，各单位工资总额使用合理、有序，有力地保障了企业生产经营的开展。（张丛）

【做好地方劳动综合统计报表工作】 2009年，广远按广州市统计局的要求，遵循在地统计的原则，按属地统计过渡期统计报表实行"双轨制"报送的要求，做好地方劳动综合统计报表报送工作。薪酬管理单元填报广远报表，并收集审核汇总所属基层单位的季度、年度劳资报表报送到广州市统计局；填报广远报表上报到区统计局，督促所属基层单位向所在区统计局报送季度、年度劳资报表，完成广州市布置的劳动工资统计报表上报工作。（陈慧华）

【完成地方劳资统计报表网上报送工作】 2009年，广远按广州市统计局的要求，通知广远所属单位做好地方劳资统计报表网上报送工作，驻穗单位劳资统计季度、年度报表全部在《广州市宏观经济数据库采集平台》报送。是年，广远及所属各企业完成地方劳资统计报表网上报送工作。（陈慧华）

【完成劳资统计报表工作】 2009年，广远根据中远集团的统一部署，做好中远集团布置的劳资统计工作，完成《交通行业二〇〇九年劳动工资统计年报》、《中远集团二〇〇九年人工成本统计年报》及《中远（集团）总公司各直属单位劳动工资统计季度报表》等上报工作。（陈慧华）

【介绍企业劳资统计情况】 2009年第一季度，广州市统计局举办经济分析会。广远派员参加了会议，并在会上介绍了国有企业人员情况和工资总额使用、员工人均收入等情况，与到会人员进行了交流。（陈慧华）

【为早期离开广远人员查询资料】 2008年，政府出台了解决早期下海人员的社保问题的政策。2009年，部分早期离开广远的人员陆续回广远查询在广远的一些原始材料。是年，薪酬管理单元为60人查找进出广远时间等资料。（陈慧华）

【做好工资日常管理工作】 2009年，薪酬管理单元完成广远本部退休员工60人档案工资核定工作，为员工开具工资收入证明17份。（陈慧华）

【完成固定资产清查工作】 2009年，薪酬管理单元根据广远的安排，完成了填报本部门《投资完成情况简表》、《中远集团2009年非船舶投资调整计划表》、《中远集团2009年非船舶投资建议计划表》及2009年固定资产申请报废及清查工作。（陈慧华）

档案管理

【档案管理中心简介】 档案管理中心（以下简称档案中心）主要职责是负责为广远

系统提供人事档案、文书档案、行业业务档案、技术档案管理、职称管理、户口管理等服务工作。2009年，档案库存共131473卷（件）。其中，文书档案5221卷、9018件，合同档案714件，基建档案371盒，会计档案29618卷，船技档案235盒，航运档案1583卷，声像档案162卷/盒，照片档案2615张，旧印模641个，缩微档案3456张，实物档案281件，基层单位档案27360卷，保卫档案1852卷，干部人事档案15797卷，户籍档案28214件，职称档案4635卷。档案机读目录案卷级7672条（含人事5268条），文件级254851条。

时任主任徐鹰。员工8人。（徐鹰）

【档案中心工作概况】 2009年，档案中心本着“依法治档、强化基础、管理创优、利用创效”的档案工作目标，坚持把依法治档、服务航运作为搞好档案工作的核心来抓，健全档案机构和组织，完善档案规章制度，实现档案管理现代化，努力开发、利用档案信息资源；认真抓好档案各项基础业务工作，保证各类档案的收集齐全，进一步提高档案的归档率；从严着手，对企业各类档案进行全文扫描，按标准化进行录入。是年，档案中心接收文件档案1168件，整理文书档案1168件；接收1艘新船技术档案25盒，1450份，并进行了盖档案号章、起钉，整理装订、目录翻译处理、电脑录入、上架排列等整理工作；接收本部会计档案119卷（册），全部扫描处理，上架排列；接收2002~2007年广远动态声像档案一卷共8碟；增加全宗卷档案65卷1950份、证书产权档案4卷69份、实物档案235件、旧印模档案28卷559枚。是年，档案中心在广东省档案局组织的档案检查评估中，被评为优秀等级。

（甘光荣）

【接收原广远驻国内港口办事处档案】 2009年2月10日至3月5日，档案中心会同财金部先后6次（共25人次）到广远8个驻国内港口办事处，检查、清点和接收会计档案3110卷/册。其中，账册480册、凭证2316卷、报表97册；回收“密”级文件资料179份、印章38枚，总计62箱，4820公斤。（甘光荣）

【科技、文书档案利用情况】 2009年，档案中心高度重视档案服务工作，充分发挥档案人员的服务作用，变被动服务为主动服务，编制了各种检索工具，从库房的档案借阅工作走向社会查找利用工作，从被动等利用者上门查阅，到主动为企业各项经济活动服务。是年，档案中心利用借阅档案816卷次，9673件次，1180人次，档案利用工作直接或间接产生经济效益达1300万元（含船舶减少港口停时，土地确权，产权纠纷，追收账款，报建出租增值，基建维修等）。（甘光荣）

【档案编研工作】 2009年，档案中心续编《广远大事记》、《广远公司组织沿革》、《历届领导任职时间》、《机关干部任免名单》、《历年船舶发生重大事件登记表》、《广远之最》、《文件归档情况说明》、《全宗简介》、《集体授奖登记簿》、《个人立功受奖》、《历年各种会议索引》、《红线图、四至图、报建资料索引》、《文号档案号对照表》等。（甘光荣）

【档案库房管理】 2009年，档案中心加强对档案库房管理工作，坚持对各库房进行系统检查，重点检查防盗、防火、防光、防潮、防尘、防高温、防虫、防鼠等“八防”工作；针对南方多雨、天气潮湿，及时调整库房温湿度，全年进行库房通风、抽湿、清洁1050次；调节档案库房温湿度登记2080次，并对广远下属单位的档案工作进行组织检查和指导，拟写和转发各类档案管理方面的通知8次。 （甘光荣）

【召开档案工作会议】 2009年12月17~18日，档案中心组织召开广远系统档案工作会议。参加人员45人。会议由档案中心主任徐鹰主持。会议特邀广东省档案局业务督导处专家进行指导，为广远的档案工作人员进行业务授课、现场答疑。

（徐鹰）

【培训档案管理人员】 2009年，档案中心坚持“走出去”、“请进来”的培训理念，不断培训和提高专兼职档案人员的管理水平，加快档案现代化建设所急需人才，全年培训153人次。同时，积极配合中远集团，首次利用远程视频技术，邀请中国人民大学教授讲课，广州地区中远系统档案工作人员52人次参加了培训。

（甘光荣）

【人事档案管理工作概况】 2009年，档案中心接收人事档案共628份。其中，供应公司、大富酒店、远洋宾馆等基层单位交来退休和退养员工的人事档案122卷；供应公司、金桥学院等单位交来广远办理退休的人事档案119卷；供应公司交来已故员工人事档案28卷；中远航运船员管理部交来2006~2009年毕业的大学生船员人事档案95卷、原农合工签中远航运劳动合同的船员人事档案263卷；新员工人事档案1卷。

档案中心接收并完成5243份归档材料入库工作。其中，较为重要或数量大的有：船岸员工解除或终止劳动关系证明书235份；船岸员工入党材料1323份；船岸员工退养和退休审批表497份；船员适岗资格审批表1059份。转出转递人事档案167份。

档案中心根据保险中心提供的早期离开广远（解除或终止劳动关系），并已建立社保关系的1090名员工名单（其中，转出社保关系的108名，未转出的982名），通过人事档案系统、名册、转档通知单和电脑的转出记录表格等，查找、调出、分类和核对；清查结果：转出社保关系的108人中，档案仍在广远的有5人（2009年转出3人的档案）、档案转出的有91人，另有12人无档案记录在册；未转出社保关系的982人中，档案仍在广远的有260人（2009年转出22人的档案）、档案转出的有627人，另有95人无档案记录在册。

是年，档案中心按国家一级标准重新整理人事档案，共完成460卷；提供人事档案进行扫描共4441卷；提供人事档案由外包扫描，对扫描的档案进行复核90卷。

（黄旭刚）

【人事档案利用】 2009年，档案中心管理档案查阅858份，借阅人事档案533份，复印以供利用档案548页。 （黄旭刚）

【人事档案清点核对】 2009年，档案中心对所有库房里的人事档案进行清点核对，修正了30人的档案名册和电脑系统的信息

数据。（黄旭刚）

【退休等员工人事档案转库】 2009年，档案中心将广远退休、退养、死亡、解除和终止劳动关系等员工档案转库570份，并在名册、电脑系统中更改档案号码。此外，将350个破旧档案袋更新。

（黄旭刚）

【基层单位档案转回广远入库】 2009年，广远下属基层单位档案转回广远本部的共269卷，档案中心将其进行杀虫药消毒，然后编号入册入库。其中，供应公司、大富酒店、远洋宾馆等基层单位交来已办理退休和退养员工的人事档案122卷；供应公司、金桥学院等基层单位交回广远办理退休员工的人事档案119卷；供应公司交来已故员工人事档案28卷。（黄旭刚）

【技师培训鉴定】 2009年，档案中心完成技师培训和鉴定14人，鉴定成绩合格14人。其中，13名水手长、1名机工；技师评议通过26人。其中，水手长16人，机工长10人。（徐鹰）

【职业资格认定】 2009年，档案中心首次组织召开广远船舶机工、水手初、中、高级职业资格认定会。其中，高级工19人，中级工9人；船舶水手专业21人，船舶机工专业7人。整理上报中远集团材料28份。经鉴定，黄斌等28人分别取得船舶机工4级等相应工种和级别的职业资格证书。

（徐鹰）

【专业技术职务人员任职资格考评】 2009年，档案中心确认全日制正规院校大中专毕业生专业技术职务任职资格，初次认定12人；组织人员参加职称全国统考50人；参加交通运输部船舶高级系列评审6人，评审通过高级轮机长6人；参加中远集团专业技术职务评审10人，评审通过高级政工师1人，高级工程师1人，高级会计师2人，政工师1人，讲师5人；广远专业技术职务评委会评审通过工程师4人，助理工程师1人；会计考试通过中级2人，初级1人；组织人员参加专业技术职务答辩7人。是年，档案中心修改广远专业技术职务人员信息库1200人次，办理专业技术职务任职资格证书20本。（徐鹰）

【专业技术职务人员管理】 2009年度，档案中心考核广远本部高级专业技术人员17人；发放广远本部高级专业技术人员17人职称津贴；完成2009年度广远本部高级专业技术人员17人书费报销审核工作。

（徐鹰）

【推荐全国交通技术能手候选人】 2009年，档案中心根据《全国交通技术能手评选表彰管理办法》，整理申报全国交通技术能手候选人材料3份上报中远集团。其中，吴禄伟被授予“全国交通技术能手”称号。

（徐鹰）

【推荐全国杰出专业技术人才和专业技术人才先进集体】 2009年，档案中心整理申报全国杰出专业技术人才和专业技术人才先进集体的推荐材料2份上报中远集团。

（徐鹰）

【推荐高级专业技术评审委员会评委】 2009年，档案中心整理推荐交通运输部海洋船舶、经济系列高级专业技术评审委员会评委的推荐材料5份上报中远集团。经交通运输部批准广远总经理徐惠兴入选交通运输部高级专业技术职务任职资格评审委员会专家库，任海洋船舶系列副主任委员，任期3年（2009~2011年）。

（徐鹰）

【户口管理工作】 2009年，广远集体户管理6674人。户口管理的主要工作是办理集体户口，管理户口迁入、迁出，死亡户口注销，员工结婚、离婚、户口项目变更及身份证办理等事务的处理。是年，档案中心办理随父母迁入户口2人、大学生入户88人；市外迁移户籍证明寄出154份、迁出户口261份，寄出户口80份；办身份证290份，寄、发身份证358份，交回公安局旧身份证248份；借用户口登记结婚110人次；办理户籍证明154份；复印户口卡1778份；借用户口办理因私护照838人次；借用户口办理购买房子128份（次），死亡注销户24人，交民政部门火化证24份；申报企业员工家属小孩户迁材料3份；到公安部门查核姓名、年龄有误的3人；两证为一人的委托书2份；查核户口历史资料9份；上报公安部门办理更改户籍资料9份。（陈献平）

劳动保险管理

【劳动保险统筹中心简介】 劳动保险统筹中心（以下简称保险中心）是广远管理员工劳动保险的职能部门，挂靠广远人力资源部/组织部管理。保险中心主要职责是负责广远本部及下属全资公司在职员工和离退休人员、合资公司的广远派出人员的养老保险、医疗保险、工伤保险、生育保险、失业保险等社会保险业务，员工家属医疗费用的报销管理工作，以及企业内部的补充养老保险业务管理和中远集团驻粤单位员工因公交通意外伤害保险管理工作。此外，保险中心还负责管理员工的计划生育工作。

从2005年开始，保险中心受北京社会保险管理中心委托，设立北京中远社会保险管理中心广州分中心（简称广州分中心，与广远保险中心为一套人员两块牌子）。保险中心除了管理广远系统员工的医疗保险，还管理部分中远驻粤单位员工的医疗保险工作，包括中国船舶燃料供应公司广州分公司和湛江分公司的在职员工和离退休人员，以及广州中货、广州物流、广东船务、中远散运等单位异地安置在广州市的退休人员。

时任主任叶勇（兼广州分中心主任、广远计生办主任），主任助理邝占罗。员工14人。（叶勇）

【保险中心工作概况】 2009年，保险中心主要完成基本养老、基本医疗保险、工伤保险、生育保险、失业保险工作。

在基本养老方面，做好广远各参保单位人员增减、单位内部人员流动的社会保险台账的管理，采集各单位参保人员的上年度工资性收入，申报核定参保人员各险种的缴费基数，征缴各参保单位的各项社会保险费用；办理参保人员的退休、退休养老金的核发、离退休人员基本养老金的调整和发放，以及离职人员的养老保险关系转移等工作。

在基本医疗保险方面，做好参保人员的参保登记和动态变更、定点医院更改等个人基本信息修改，对参保人员医疗费用的审核与结算，对广远下属各航运公司船舶购药费用、船员国外就医费用（500美元以下免赔部分）、船员上船体检费用的审核与结算；对员工体检费用的审核与结算，对参保人员个人医保卡的发放和注资工作，对退休人员异地安置的接收和转出工作，以及离休干部、员工供养亲属的医疗费用报销工作。

在工伤保险方面，做好工伤员工医疗费用的审核、申报、发放工作，工伤人员的伤残评审和待遇发放，工伤员工伤残津贴和供养亲属抚恤金的调整和发放；年度新增员工因公交通意外伤害保险费的征缴。

在生育保险方面，做好女员工的产前检查和生育医疗费用的审核、申报、发放，以及落实发放生育女员工的生育保险待遇；做好计划生育政策的宣传工作以及员工计划生育的日常管理工作。

在失业保险方面，做好失业人员的失业保险待遇申报工作。此外，做好员工补充养老保险的到期支付和理赔工作；对居住上海市员工的家属参加上海市小城镇社会保险的审核、付款工作。（叶勇）

【调整离休干部基本养老金和生活补贴】 2009年1月，广东省社保局《关于2008年度调整省直参保企业离休干部基本养老金的通知》，调整了离休干部的基本养老金，从2008年1月1日起，每人每月增加222元；从2008年1月1日起，按已核定的本人缴费年限（含视同缴费年限），每一年增加1.50元基本养老金；从2006年7月1日起，补调基本养老金，调整增加额为原2006年度基本养老金正常调整额与粤人发〔2007〕57号文规定增加离休费标准之间的差额。2009年，广远健在的离休干部有97名，基本养老金人均水平调整前、后分别为4950.52元（最高6087.47元，最低3469.32元）和5678.61元（最高7484.09元，最低3983.19元），增幅达15%。企业支付的离休人员生活补贴额，调整前，生活补贴发放人数71人，月发放款额为39276.94元（最高2162.53元，最低17.26元）；调整后，生活补贴发放人数19人，月发放款额为6786.16元（最高765.91元，最低35.29元）。（陈卓驹）

【调整退休人员基本养老金】 2009年3月，保险中心根据广东省社保局《关于2009年度调整省直参保企业退休人员基本养老金及有关事项的通知》，调整退休人员基本养老金。广远符合基本养老金调整条件的退休人员有7901人。调整前，人均月基本养老金水平为2705.78元（最高4641.47元，最低1186.35元）；调整后，人均月基本养老金水平为2927.58元（最高4956.94元，最低1329.07元），每月人均基本养老金增加额为221.76元，增幅达8%。（陈卓驹）

【调整离休人员补贴】 2009年8月，保险中心根据中远集团《关于统一规范全系统离休人员补贴办法的通知》，从1月1日起，统一执行北京市中央企业离休人员与机关事业单位离休人员的养老待遇拉平政策，冲减原执行地方拉平政策在基本养老金中包含拉平增加部分的待遇，费用列入企业成本开支。广远符合企业补贴调整条件的离休人员有94人。调整前，只有18人享受企业补贴，调整后，有94人享受企业补贴，人均月企业补贴为66.41元（最高765.91元，最低35.29元），人均月企业补贴为1552.16元（最高2210元，最低1230元），增幅达23.38倍。调整前后离休人员养老待遇月人均水平分别为5751.66元和7235.41元，增幅达26%。

（陈卓驹）

【调整退休军转干部生活困难补助标准】 2009年8月，保险中心根据广东省《关于调整省直及中直驻穗企业退休军转干部生活困难补助标准的通知》，从2008年7月开始，给劳永任等90名退休军转干部发放2008年7月至2009年7月生活补助费。是年，保险统筹年度生活困难补助共计235988.48元。（陈卓驹）

【调整离休干部护理费标准】 2009年11月，保险中心根据《关于提高离休干部护理费标准的通知》广东省规定，从2009年1月1日起，调整离休干部护理费，调整标准如下：1937年7月6日前参加革命工作的离休干部由每人每月800元提高到900元；抗日战争时期参加革命工作的离休干部由每人每月300元提高到400元；解放战争时期参加革命工作的离休干部由每人每月200元提高到250元；生活完全不能自理的护理费和护理补助费的离休干部，不重复享受，按照额度高的一项标准执行。是年，广远调整护理费标准的离休干部94人，人均增加58.51元。

（陈卓驹）

【做好2009年度职工缴费工资基数采集】 2009年，保险中心根据北京社保部门和中远集团的规定，以各单位申报的员工2009年度社会保险缴费工资，按2008年广东省在岗员工平均工资2759元的300%封顶和60%保底，封顶值为8277元，保底值为1655元，为核定员工养老保险缴费基数范围。养老保险缴费比例，单位为20%，个人为8%，农民合同工船员，以上年度北京市职工月最低工资标准800元为养老保险缴费基数。工伤、生育保险单位缴费比例分别为0.8%和0.2%。（刁海静）

【清理转续滞留社保关系】 自1994年1月1日至2007年12月31日，与广远终止劳动关系而社保关系没有转出的离职人员共有954人。广远为做好有关工作，成立了“滞留社保关系人员清理转移办公室”，按照人力资源和社会保障部《关于印发研究解决原中远驻粤企业职工养老保险关系转续问题会议纪要的函》的要求，采取“特事特办、个案解决”的方式，重点解决这一遗留问题。2009年，办公室通过船员调配系统、离退休系统、人事信息系统、档案中心、比照同地区人员的信息、电信114查号台、互联网等渠道，打电话4000多次，寄出信件1400多封，接到来电咨询4000多个，接待来访600多人次。已经联系上的人员641名，没有联系上的人员313名，已办妥社保关系转续的人员249名。（李日宝）

【医疗参保登记与基本信息维护】 2009

年，保险中心全面负责广远参保单位和个人信息采集、参保登记、审核，定点医院变更（参保人每年5月份可申请变更）、人员动态变更等信息变更维护；参加北京市基本医疗保险的参保人员均按要求填写《参加社会保险人员情况登记表》送到保险中心；保险中心医保专管员负责将参保登记表资料录入中远劳动保险管理信息系统，并打印北京市医疗保险手册、办理医保卡发给参保人，参保人即能享受医疗保险待遇。2009年，保险中心录入参保人员情况登记表119人，定点医院更改592人次，医疗卡注资确认220人次；人员动态调整退休940人、死亡67人、辞职226人、系统内调动73人次、增员116人，身份证号码修改255人次，办理报销地点变更102人次，接收异地安置人员14人次，定点医院目录整理2063个。（邝占罗）

【宣传医保政策】 2009年，保险中心在对外开放的广州远洋网站宣传了北京医保政策和中远集团的相关政策，宣传了当年的新政策和政策指南、问答、“三特病”、特困救助、医疗救济、药品目录、定点医院等内容，使广大员工有所了解。在宣传中，特别提醒参保人，在保险中心报销医疗费用是按广东省基本医疗保险药品目录和诊疗目录来审核报销的；报销时，一定要使用广东省基本医疗保险药品目录和诊疗目录范围的药品、检查和治疗项目，才能报销医疗费用并享受医保的优惠政策。是年，保险中心对医保政策的宣传深受广大员工的欢迎。（邝占罗）

【调整诊疗目录】 2009年，北京市人力资源和社会保障局批复同意中远京外单位员工在执行当地医保诊疗目录时，诊疗目录相同的项目可按北京市医保诊疗目录标准执行。这是政府社保部门给中远京外单位的优惠政策，其主要体现在：1. 中远京外参保人员（广州、上海、天津、大连、青岛、南通、厦门、深圳分中心）医疗费用报销，在执行当地医保诊疗目录时，与北京市诊疗目录相同的项目，外埠是乙类北京是甲类的，按北京市医保诊疗目录执行；2. 同属乙类的诊疗项目需要个人部分负担的，其个人负担比例高于北京市的，按北京市诊疗目录规定的个人负担比例执行。此项优惠政策从2009年7月1日起执行，2009年6月30日前发生的费用仍按原规定执行。这些优惠政策的实施，充分体现了北京市人力资源和社会保障局对中远集团医保工作的高度重视和对参保员工的关怀，进一步提高了中远员工的医保待遇水平，在促进中远和谐发展方面起到了重要作用。（邝占罗）

【调整医疗费用标准】 2009年，中远集团为了提高员工的医保待遇水平，对医保政策进行了调整：1. 对住院大额医疗保险费用（超出基本医疗保险基金最高限额7万元以上至大额医疗保险资金17万元止）报销比例进行调整，在职员工个人负担比例由原来的15%调整为5%，退休人员个人负担比例由原来的10%调整为3%；2. 对住院超大额医疗费用（超出大额医疗保险资金最高限额17万元以上至40万元止）补充医疗保险报销比例进行调整，在职员工个人负担比例由目前的15%调整为5%，退休人员个人负担比例由目前的10%调整为3%；3. 将基本医疗保险目录内乙类（含药品、诊疗项目）、超限额医用材料纳入企业补充医疗保险基金支付范围，员工发生符合医保规定医疗费用报销起付线后，乙类、超限额医用材料按50%报销。另外，还争取了优惠政策，调整药品目录和诊疗目录：中远京外参保人员医疗费用报销，在执行当地医保药品目录、诊疗目录时，与北京市药品目录、诊疗目录相同的药品、诊疗项目，外埠是乙类北京是甲类的，按北京市医保目录执行；同类需要个人部分负担的，其个人负担比例高于北京市的，按北京市医保目录规定的个人负担比例执行。通过医保政策调整，中远集团员工的医疗待遇越来越高，个人负担越来越少。医保政策调整后的住院医疗费报销水平以三级医院为例，扣除住院起付标准1300元和乙类先自付及自费项目后，属医保范围的40万元以下的医疗费用个人负担3%~5%。

附表：

项目	1300元~3万元		3万~4万元		4万~基本最高限额7万元		基本最高限额7万~40万元	
人员	基本支付	个人负担	基本支付	个人负担	基本支付	个人负担	基本支付	个人负担
在职	94.75	5.25	96	4	97.5	2.5	95	5
退休	97.3	2.7	97.9	2.1	98.65	1.35	97	3

（邝占罗）

【做好医疗费用报销工作】 2009年，保险中心严格执行中远集团医保的规定，加强医保管理，落实“双审”制度，对医疗报销票据实行“双人双审”制，严格把关，对审核有问题或怀疑有问题的医疗费用实行登记和查处或退回处理。保险中心查处了退休人员张某某及其妻子明某某先后采取冒名顶替、虚假发票单据报销等手段，骗取医疗保险基金共计49844.36元。另外，还查处了张某某2008年9月至2009年4月期间未报销的虚假医疗费发票303张，涉及金额159516.98元。是年，由于保险中心对医疗费用严格把关，减少了医保基金损失，确保了医保基金安全。

2009年，保险中心完成医疗费用收单、录入、审核费用单据40497张，费用34590429.84元，报销金额26851810.65元。其中，门诊费用单据38706张，医疗费用10535458.22元，报销金额6935972.34元；住院报销单据1142份，医疗费用14262819.53元，报销金额11362631.13元；“三特病”报销单据647份，医疗费用9790939.56元，报销金额8552018.85元；计划生育2人次，医疗费用1212.53元，报销金额1188.33元。（邝占罗）

【北京医保联合检查组来广远检查医保工作】 2009年11月12日，北京市人力资源和社会保障局医保处副处长孙德尧、北京市西城区医保科主任张长庚及中远集团劳动保险统筹中心副主任黄祖力、医保部经理张学军组成的医保联合检查组来广远检查医保工作。为此，广远召开了汇报会。在会上，由广远保险中心向北京医保联合检查组汇报了制度落实、参保管理、医疗管理、医疗费用报销、医疗救助、健康体检和医保检查发现的问题以及整改措施等8个方面的情况。孙德尧对广远多年来的医保工作给予充分肯定。黄祖力赞扬2009年广远医保管理和基础建设有很多亮点，并对广远今后的医保工作作了指示。

（邝占罗）

【特困人员医疗救助】　2009年，保险中心根据《中远集团特困人员医疗救助管理暂行规定》的精神，整理出2008年度药费报销符合特困医疗救助条件19人，向中远集团申请特困人员医疗救助金125648元，发给19位特困人员。其中，享受特困人员医疗救助金1万元以上的有3人。

（邝占罗）

【医疗救济概况】　2009年，中远集团为了解决各地区间医保差异导致员工医疗负担过重问题，从中远集团企业补充医疗保险基金中，按照上一年单位企业补充医疗保险缴费工资基数的0.4%核定并拨给中远集团各直属单位管理使用，主要用于支付本人经济状况无力承担的一些医疗费用，使员工特别是患严重疾病员工的基本医疗得到进一步保障。

2009年1月1日，广远根据《中远集团企业补充医疗保险管理暂行办法》和《中远集团企业补充医疗保险下拨资金管理暂行办法》，结合企业实际，制定了《广远企业补充医疗保险医疗救济管理办法》，该办法适用于广远系统参加中远集团企业补充医疗保险的单位及其在职员工和退休人员。

广远企业补充医疗保险医疗救济条件：1. 享受中远集团特困医疗救助后，参保人员因患大病或患慢性病个人负担的医疗费用过重，本人经济状况无力承担的医疗费用；2. 参保人员发生心脏移植、肝脏移植、肝肾联合移植等未列入医保范围的重大疾病手术的住院医疗费用（不含移植组织源及特需床位费用）；3. 参保人员住院因危急重症抢救时或“三特病”患者使用报销地区医保目录外的治疗性自费药品费用、因输血而产生的输血互助金（凭医院出具的证明）；4. 参保人员超过门诊或住院（含“三特病”、家庭病床）医疗费用最高支付限额标准以上符合医保规定的医疗费用；5. 在北京市基本医疗保险目录范围内，但不在报销地区基本医疗保险目录范围内，需要参保人员个人负担的医疗费用；6. 其他规定的医疗费用。

广远企业补充医疗保险医疗救济起付标准：在一个自然年度内，符合上述规定的医疗费用，在岗员工累计超过2万元，内退职工和退休人员累计超过0.8万元，其他人员（包括待岗及因各种原因不能上船工作的船员）累计超过0.5万元。医疗救济比例：一个自然年度内，超过起付标准以上部分，符合本办法第五条第一款规定的医疗费用，按50%比例救济。医疗救济最高限额：一个自然年度内，不限定救济次数，已按比例救济的医疗费用不能再救济，最高救济限额5万元。

是年，保险中心给4名符合医疗救济的病故人员和达到最高救济限额的人员共发放医疗救济金177616元。（邝占罗）

【船舶医疗管理工作】　中远集团规定：远洋船员在船医疗包括船舶药品、船员在国外就医（含香港、澳门特别行政区、台湾地区医疗）和上船体检。保险中心负责广远系统各航运企业和船员在船医疗管理工作。

2009年，保险中心根据《中远集团远洋船员在船医疗管理暂行规定》和《广州远洋运输公司远洋船员在船医疗管理办法》，全年审核结算广远系统各航运公司在船医疗费用：船舶购药334船次，结算船舶购药费1426624.73元。国外就医16人次，医疗费25910.73元；上船体检2530人次，体检费用451154.2元。其中，252714.4元在“在船医疗包干费用”中列支；198439.8元在员工健康体检费用中列支。是年，由于保险中心工作到位，认真做好在船医疗工作，给广远系统各航运企业节省生产成本190万元。（邝占罗）

【员工健康体检】 根据《中远集团职工健康体检工作管理暂行办法》，广远员工和离退休人员健康体检工作主要由保险中心负责管理。保险中心委托广远综合门诊部、广远离退休服务中心和广远所属各基层单位组织实施。2009年，广远体检总人数7180人（不含船员上船体检）。其中，在职员工1303人、退休人员5877人（含退休船员5117人）。总费用2450652.05元（不含船员上船体检费用204934.3），人均341.00元。（邝占罗）

【工伤（亡）认定、工伤评残】 2009年，广远劳动鉴定委员会先后召开3次会议，认定船员工伤16人、工伤残疾等级初评15人，并上报中远集团员工劳动能力鉴定及伤残评审委员会确认，获得中远集团员工劳动能力鉴定及伤残评审委员会2009年度评审会议复审通过和北京市劳动鉴定中心认定。（杨树沛）

【工伤保险待遇计发】 2009年，广远按月计发享受工伤保险待遇共897人次，计发金额249.7万元。（杨树沛）

【调整工伤保险定期待遇】 2009年，保险中心按照中远集团《关于中远集团2009年调整工伤职工伤残津贴的通知》，对2008年12月31日以前按月领取伤残津贴（不包括已经办理退休手续后按月领取基本养老金的伤残一级至六级工伤职工）、生活护理费的工伤职工以及按月领取供养亲属抚恤金的工亡职工供养亲属，待遇调整由2009年1月1日起。（杨树沛）

【员工生育保险工作】 2009年，保险中心按照中远集团《关于进一步完善中远集团职工生育保险待遇申报审批制度的通知》和《关于调整中远集团职工生育津贴计算办法的通知》，落实生育女员工生育保险待遇，全年计发生育保险基金12.56万元。（杨树沛）

【调整员工失业保险缴费基数】 2009年，保险中心调整员工2009年度（2009.7.1~2010.6.30）失业保险缴费基数：1. 以员工2008年全年实发工资性收入的月平均工资数，并按广州市2008年员工月平均工资3780元的300%封顶和60%保底，封顶值为11340元，保底值为2268元，确定失业保险缴费基数；2. 单位缴纳失业保险费为员工个人缴费基数的0.2%，个人缴纳失业保险费为员工个人缴费基数的0.1%，均为阶段性调整的缴费比例；农合工只缴纳单位部分，个人部分免缴。（林仕东）

【申办领取失业保险金】 2009年，保险中心为81名失业人员申请办理了领取失业金手续。（林仕东）

【计划生育工作】 2009年，广远完成与广州市越秀区华乐街签订的“机团单位人口和计划生育目标管理”各项工作。保险中心出具各种计生证明 43 人次（不含船员）；办理计生关系转移 16 人次，给办了独生子女证未满 14 周岁的员工小孩发放“六一”玩具费；办理广远本部 4 名员工小孩独生子女证，发放办证一次性奖金 5 人次；在广远本部员工体检中增设女员工专项体检，通过验证、体检工作，完成有关数据报表，完善计划生育信息库，跟踪广远本部员工生育情况；完成对广远本部待定岗、待岗、退养男员工计划生育验证工作；发放 2009 年广远机关本部计生奖。

广东省发布了修订后的《广东省人口与计划生育条例》，从 1 月起，对独生子女父母退休奖励办法进行了修改。据此，广远于 3 月 3 日下发文件，停止执行原企业退休员工计划生育一次性奖励办法。

（陈瑞芬）

【征集各项社保费】 2009 年，保险中心向广远下属各单位和有关单位征集养老保险费 11764 万元、医疗保险费 8209 万元、工伤保险费 402 万元、失业保险费 144 万元、生育保险费 101 万元、交通意外险保险费 2 万元。（岑倩碧）

【上缴各项社保费】 2009 年，保险中心向中远集团上缴养老保险费 11714 万元、医疗保险费 8176 万元、工伤保险费 368 万元、生育保险费 92 万元、交通意外险保险费 2 万元；向广州社保部门上缴失业保险费 144 万元。（岑倩碧）

【企业年金工作概况】 2009 年，保险中心参加了中远集团在京组织召开的全系统企业年金专项培训会，学习了《中远集团企业年金试行办法》、《中远集团企业年金“中人”待遇衔接办法》和《中远集团原企业补充养老保险清理、移交办法》；清理、核查了广远下属单位原企业补充养老保险；根据《关于集团各单位确认企业年金基础数据的通知》，重新核对了广远年金数据；召开了企业年金工作机构成立暨业务培训会，企业年金工作进入具体实施阶段。

（刁海静）

【员工因公交通意外伤害保险参保】 2009 年，根据中远《承担因公交通意外伤害保险责任确认书》的通知，杨国发等 6 名在职员工经中远劳险中心审核确认参保并由中远集团备案。杨国发等 6 名在职员工的因公交通意外险的理赔给付责任从 2009 年 3 月 10 日零时起，由中远集团按照《中远集团员工因公交通意外伤害保险管理暂行办法》的规定执行。

根据中远《承担因公交通意外伤害保险责任确认书》的通知确认：1. 广远林小剑等 12 名在职员工经中远劳险中心审核确认参保并由中远集团备案。2. 林小剑等 12 名在职员工的因公交通意外险的理赔给付责任从 2009 年 7 月 8 日零时起，由中远集团按照《中远集团员工因公交通意外伤害保险管理暂行办法》的规定执行。

根据中远（劳险）2009 年第 35 号《承担因公交通意外伤害保险责任确认书》的通知确认：1. 广远梁宇等 101 名在职员工经中远劳险中心审核确认参保并由中远集团备案。2. 梁宇等 101 名在职员工的因公交通意外险的理赔给付责任从 2009 年 10 月 16 日零时起，由中远集团按照《中远集团员工因公交通意外伤害保险管理暂行办法》的规定执行。（林仕东）

【信息化建设】 2009年，保险中心根据中远集团信息化建设要求，整合LIMS系统和劳险系统数据，分类整理、新增、注销、修改和补充广远下属单位社会保险登记信息，LIMS和劳险系统信息数据进行对比，完成基本养老保险数据并入北京市四险合一系统。是年，保险中心召开数据并轨工作会，核对跨统筹系统调入人员数据、处理滞留人员数据、手工补缴基金及清算个人账户，并参加中远集团劳险中心的“中远集团劳动保险管理信息（SIMIS）系统”联调测试。 （刁海静）

离退休管理

【离退休服务中心简介】 离退休服务中心（以下简称离退休中心）挂靠广远人力资源部/组织部。主要职责是负责广远离退休人员的管理服务工作，并承担中远航运退休人员代管工作；负责“三委一室”（指离退休中心党工委、离退休管委会、广远关工委和离退休人员活动室）的管理，以及离退休人员的学习教育、督促有关待遇的落实、发放福利待遇款项、日常服务（包括接纳谈话、建档造册、开展活动、组织体检和疗养、探访慰问、来访接待、信函答复、后事处理）等。时任主任谢汉波。员工8人。 （胡伟民）

【离退休中心工作概况】 2009年，离退休服务中心坚持以人为本，注重管理，完善服务。是年，离退休人员8285名。其中，离休干部95人（含代管1人），退休人员8190人。新接收退休人员414人，代管中远航运退休人员374人，协助办理离退休人员后事78次。离退休中心完成的主要工作有：

1. 坚持日常的慰问走访工作。老人节进行送温暖活动，给203名高龄老人送去企业的关怀；全年探望广州住院病员233人次；慰问离退休人员中的转业、复退伤残军人20人次；为生活困难的离退休人员申请、发放补助499人次，116350元，另发特困补助7人10000元。

2. 及时落实离退休人员各项福利待遇。按时发放春节一次性慰问金计7849人，劳模（先进）春节慰问金计40人、起义（北归）船员生活补贴计24人、居住北方人员冬季取暖费计1475人、防暑降温费计7851人、中秋慰问金计7893人、书报费计7904人、省内活动费计7921人、新办退休纪念品费计414人、生日费计7974人、未参加外疗的离休干部营养费计82人，老干部订报费计103人，老干活动证费计111人。

3. 组织开展活动。分别组织495名离退休女员工到越秀公园进行“三.八”妇女节活动；先后组织离休干部215人次到云台花园、华南植物园进行休闲活动；组织30名离休干部（含家属）到云南、桂林进行健康疗养。

4. 做好医疗保健工作。全年组织体检5954人，并建立健康档案；办理住院借款手续344人次，审核离休干部巡诊药费277人次；申办退休人员医疗补助、救济共18人次，办理救助卡205个。

5. 完成其它事务性工作及临时任务。对94名离休干部信息情况进行统计、对389名退休军队转业干部在部队任职情况进行查对，核查上报符合提高医疗待遇条件的10名离休干部《提高待遇审批表》及79名符合定期生活困难补助条件的退休军转干部资料，审核离退休人员的《住房货币分配申请表》及《住房差额货币补贴申请表》共32份；为上海地区退休人员办理“副食品补贴”、“援外人员生活补贴”证明及出具其它各类证明203份；协办换发“第二代残疾人证”54人，为19名离休干部遗孀按月度发放生活困难补助，为36名退休人员办理、发放供养直系亲属丧葬补助费。（胡伟民）

【走访慰问离退休人员】 2009年，离退休中心在重大节日期间以多种形式走访慰问离退休人员。其中，1月14日，在远洋宾馆举行“广远公司离退休人员2009年春节团拜会”；元旦、春节走访慰问了离退休老干部（含离休遗孀）、远洋创始时期人员、原香港招商局起义（北归）船员、劳模（先进）及特困人员等共699人次；春节、“八一”节慰问复转退伤残军人20人次；国庆60周年前夕走访慰问老干部、老工人、老党员133人。（胡伟民）

【对岸产单位与中远航运退休人员实行统一管理】 从2009年1月起，离退休中心按广远决定，对广远岸产单位和中远航运的退休人员实行统一管理与服务。当月，分别接管广远岸产单位退休人员304人，代管中远航运退休人员151人。

（胡伟民）

【落实离退休人员待遇】 2009年，广远执行国家、广东省的规定，对离退休人员待遇进行了一系列的调整，主要有：1. 根据中共中央组织部《关于提高部分离休干部医疗待遇的通知》精神，提高了10名离休干部的医疗待遇。其中，李覃桂享受副省（部）长级医疗待遇，席淑文、张建刚、赵德田、宫毓富、刘子明、李庆功、田志恒、蔡毓敏、宋敬贤享受副司局级医疗待遇。2. 统一规范了中远集团全系统离休人员补贴办法。3. 提高了离休干部护理费标准。4. 对部分已故企业离休干部配偶给予定期生活困难补助。5. 给部分退休军队转业干部发放生活困难补助。是年，离退休中心认真落实各项政策，做好政策宣传解释工作，完成了资料核查统计和意见收集反映等工作。（胡伟民）

【离退休党建工作】 2009年，离退休中心党工委积极参与广远开展深入学习实践科学发展观活动，每季度召开一次党工委（扩大）会议并安排各党支部进行政治理论学习；举行纪念中国共产党建党88周年暨“七·一”表彰会，评选、表彰优秀党员22名，先进党支部4个；根据年初接代管工作增加党员变化的情况，对个别党支部的组织架构进行重新设置；办理离退休人员子女的入党、任职政审36人次；全年按规定完成党费收缴工作；发放“七一”党员座谈经费；两次下拨党支部活动经费；办理外地党员组织关系转移81人。（胡伟民）

【关工委工作】 2009年，广远关心下一代工作委员会（简称广远关工委）上半年完成了各二级关工委辖内的中小学生情况

摸底和人数统计；5月，在广东科学馆参与协办了以《集邮与祖国》为主题的“第六届广州青少年集邮论坛”活动；暑假期间，组织43名中小学生参观大学城的“广东科技中心”；9月，组织200多名在校学生参加“‘我爱伟大的祖国’国庆60周年知识竞赛活动”；10月15日，接待了中共广东省直关工委主任曾利德一行5人来广远进行关心下一代工作调研并获较高评价；广远关工委撰写的《立足公司实际，探索特色关工工作路子》专题材料，在2009年中共广东省直关工委工作经验交流会上进行交流，并得到与会领导的好评。

（胡伟民）

第六节　信息技术管理

【信息技术中心简介】　信息技术中心（以下简称信息中心）于2001年8月6日成立，是广远信息化及通信管理职能部门，属于企业内部核算单位。主要职责是负责参与和配合广远信息系统建设规划的制定和实施；负责广远信息系统和网络通信的开发、建设和维护；负责和确保广远船岸通信畅通稳定；授权负责广远计算机、通信等设备及有关设施的统一管理（包括软硬件引进、开发和维护）。

信息中心下设应用开发部、市场拓展与软件事业部、通信管理与船舶资讯部、系统运行部、综合管理部。

时任主任杨涛，副主任张筱玲、刘韶昶。应用开发部经理张筱玲（兼）、副经理梁璧泰，市场拓展与软件事业部经理张帆，通讯管理与船舶资讯部副经理曾宪民（主持工作），系统运行部经理陈维宣、副经理杜笑洋，综合管理部经理庄逸川。员工43人。

（杨涛）

【信息中心工作概况】　2009年，信息中心做了大量的富有成效的工作，在产品研发，深化改革，提高效率、信息安全、QC小组活动等方面都取得了令人振奋的成绩，保证了广远及下属各单位的信息化建设顺利推进，为广远全面、健康、可持续发展发挥了应有的作用。

在信息化建设方面，信息中心大力支持中远航运打造先进的船员管理模式，组织IT技术人员积极参与中远航运船员管理系统的开发；在中远南方全面推广船舶管理系统的应用和实施；改造天星公司经营管理平台；贯彻落实广远的战略部署，研发汽车运输船的配载系统；完成对广远房地产管理系统的开发，实现了对广远及下属单位房地产的信息化管理。

在计算机和通信管理方面，坚持“技术创新，优质服务”，做好广远计算机软、硬件系统日常维护，确保网络、通信畅通，为信息保驾护航，完成广远和中远集团总部之间的专线升级工作；全面参与广远新办公大楼——广州远洋大厦的电力、通信及网络设备的布置工作，完成其弱电系统的网络规划和详细设计以及会议系统的规划设计；完成了邮件服务器COSCOGZ-SVR3的升级工作，大大改善了企业邮件系统的性能。

在对外经营方面，完成新现金流量表及新航次盈亏表的新程序，减少财务人员处理新算法的工作量。是年，信息中心被中国交通企业管理协会评为“全国交通行业质量信得过班组”。（杨涛）

【QC 项目创佳绩】 2009 年，信息中心坚持开展 QC 活动，成绩喜人。“建立 BUG 管理平台”QC 小组被评为中远集团、广东省、广州市、交通运输部优秀 QC 小组。（张筱玲　庄逸川）

【安全工作】 2009 年，信息中心把安全工作落到实处，成立了“安全工作检查小组”和“安全工作监督小组”，定时巡查总机房和办公室区域，对三大机房（总机房、计算机房、电传机房）及安全重点部位进行安全检查和评估，不放过任何安全隐患。是年，信息中心进一步强化网络安全，确保企业的网络信息安全，并保证了三大机房及计算机设备系统的正常运行，全年没有发生任何事故。（庄逸川）

【应用部简介】 应用开发部（以下简称应用部）是广远计算机应用软件研发和日常维护的工作部门。主要职责是根据广远的业务发展需要，对广远应用系统的开发提出建议，并进行可行性分析；与广远业务部门共同进行业务需求调研；组建项目开发组，进行系统设计、开发、测试、培训、投产及验收等工作；按《应用开发规范》编写软件开发项目中的各阶段开发文档，包括系统分析书、系统设计书、程序说明书、测试报告、操作说明书、维护说明书、用户操作手册、系统开发的技术报告等；负责对广远投产的应用系统进行维护和功能扩充，确保系统正常运作和数据安全。时任经理张筱玲（兼），副经理梁璧泰。员工 11 名。（张筱玲）

【应用部工作概况】 2009 年，应用部认真完成本部门日常的软件维护工作，完成对广远房地产管理系统的开发，该系统的开发实现对广远及下属单位的房地产的全方位管理，包括房地产的实体信息、财务资产卡片信息、权属证明信息、租赁合同信息等；以应用部为主力的项目开发组继续努力开发《中远航运船员管理系统》，完成对旧系统的大量数据移行到新系统的工作，使该系统在 10 月 1 日投入试运行。（张筱玲）

【开发广远房地产管理系统】 2009 年初，应用部根据广远对所属房地产管理的需要，对岸产事业部、发展部提出的具体需求，做了深入的调研，开发广远房地产管理系统，实现对广远及下属单位的房地产实体信息、财务资产卡片信息、权属证明信息、租赁合同信息的综合管理。广远房地产管理系统开发沿用广远航运管理系统的核心架构，技术成熟稳定，日常维护成本较低。该系统于 7 月正式上线运行，为广远运用信息化手段管理房地产相关业务提供了统一的解决方案。（何旭健）

【中远航运船员管理系统的开发】 2009 年，应用部继续对 2008 年启动的《中远航运船员管理系统》项目进行研发，完成了项目编程、调试、数据移植、用户培训等各方面的重要工作，实现了当初预定的业务管理流程化以及全面整合与船员管理有关联的若干旧系统的目标，并于 10 月投入

试运行。（梁璧泰）

【市场拓展与软件事业部简介】 市场拓展与软件事业部（以下简称软件事业部）是信息中心开展对外经营业务的主管部门。主要职责是负责广远本部之外的航运信息化项目的开发，以及对外市场的产品战略发展路线的制定；负责对外经营、市场开拓、客户管理和服务、售前技术支持、对外项目管理等。时任经理张帆。员工4人。（张帆）

【软件事业部工作概况】 2009年，软件事业部的工作重点主要为广远下属全资、合资以及控股的航运公司信息化建设服务，参与中远航运船员管理系统的开发以及科研技术储备工作。针对广远下属全资、合资、控股的航运公司信息化建设的情况，全面推广中远南方船舶管理系统，系统正式上线时已对4艘船舶进行管理，另对3艘船舶进行了系统实施工作，处于试运行阶段；对天星公司财务平台进行大规模改造，实现香港、广州及海南三地的远程同步使用。在中远航运船员管理系统开发过程中，软件事业部全体员工积极投入到项目管理、调研、开发、测试、实施、发布等各个软件项目开发工作，并起到关键作用。在科研技术储备工作中，软件事业部根据中远集团战略发展部及广远的要求，针对中远日邮公司汽车船配载模拟工作，进行深度、高度的研发，与大连海事大学合作对船舶配载过程中的船舶稳性及强度进行计算，为船舶在配载过程的安全性提供了科学的依据和指导。是年，软件事业部还完成了中远集团、省远洋、越洋船务、中远日邮公司、中发航运、中远鞍钢、香港寰宇船务公司、福建捷安、中远南方等16家公司的软件应用系统的日常维护工作。（张帆）

【对天津天惠船务公司调度系统进行安装实施】 2009年1月，中远散运下属天津天惠船务公司由于船舶调度的需要，委托信息中心将微机版调度系统进行适应性改造，并为天惠船务公司安装实施。软件事业部针对天惠船务公司的需求进行了相应的系统改造，并派员前往该公司进行系统安装、实施及人员培训。信息中心为天津天惠船务公司安装的调度系统，不仅为天津天惠船务公司提供了科学管理的工具，并且为中远散运对下属公司的数据管理提供了便利。（张朝辉）

【开发财务系统新现金流量表、新航次盈亏表】 2009年3月，中远集团对现金流量表及航次盈亏表提出新的要求。为此，软件事业部成立专门项目组，针对财务系统中的现金流量表、航次盈亏表的功能进行改造开发。项目开发要求质量高、周期短。为此，开发组加班加点，精心投入，并与广远各下属公司的财务人员积极沟通，于4月份按时提交了新现金流量表及新航次盈亏表的新程序，减少了财务人员处理新算法的工作量。（张朝辉）

【全面推广船舶管理系统】 2009年，中远南方鉴于2008年使用船舶管理系统对生产、管理起到良好作用的情况，提出全部船舶系统上线的要求。软件事业部从5月份开始，深入了解中远南方的船舶动态，配合船期，对中远南方船舶进行系统实施。由于船舶系统实施难度较大，项目组对安

装、使用方面进行了重点研究，使操作整个过程简单便捷；项目组还提供了详细简易的操作说明书，以利于船员快速掌握，同时还经常上船指导使用及整理数据，解决船舶在操作过程中遇到的各种问题。是年，软件事业部在中远南方7艘船舶上安装了该系统。其中，“木兰湾”轮、“大鹏湾”轮、“安吉江”轮、“珍珠湾”轮正式上线，而“平海湾”轮、“安海湾”轮、“星海湾”轮处于装船实施阶段。截至12月，中远南方正式系统上线的船舶达到10艘。（张朝辉）

【改造天星公司经营管理平台】 2009年，随着国家新企业所得税法、营业税法的陆续实施，航运企业的纳税环境发生了巨大的变化。为了消除新税法条例实施后对广远增加的税负，天星公司、中远远达、中远南方三家航运企业在董事会上决议通过了境外船舶经营管理平台改造方案，并明确新的管理模式于8月1日正式启动。广远将经营管理平台的改造任务交给了信息中心软件事业部。软件事业部专门成立了项目组，项目组深入进行调研，了解到经营管理平台的改造，对财务系统平台提出了相应的改造需求，而最大的难点则是香港、广州及海南三地的操作平台共享、实时操作及数据同步问题。该项目组提出了租用网络专线及将天星公司服务器托管在广远的方案来解决三地的问题。三家公司对该方案均认可，并要求9月快速推进，同时要求财务系统的改造工作同步进行。为此，软件事业部加快了对财务系统的改造，及时解决了多账套、简繁体转换、报表合并等难题，并于10月按时完成了改造工作。该系统的完善及稳定，保证了经营管理平台的平稳过渡。（张朝辉）

【汽车船配载系统合同签订及开发】 由软件事业部牵头组织开发的汽车运输船配载系统1期于2008年开发完成并投入使用，解决了汽车船配载所需的船图文件制作、甲板舱内平面图与车辆配载信息平面示意图叠加、配载报表输出、尾跳标高和船舶吃水与对装卸港潮高要求的计算等问题，而对于船舶稳性与强度的计算未作考虑。但船舶稳性及强度计算对船舶装载是关键性的安全指标。2009年，软件事业部认真研讨了汽车运输船配载系统，认为必须解决此问题。于是，信息中心与大连海事大学航海学院合作开发“广远汽车运输船配载系统2期”项目，并于10月签订了合作开发合同。软件事业部项目组与中远日邮公司港口船长进行了调研并收集了装载手册等资料，密切配合大连海事大学开发组的开发工作，整个研发过程进展顺利。（张帆）

【系统运行部简介】 系统运行部（以下简称运维部），是广远计算机硬件管理和日常维护的主管部门。主要职责是负责广远计算机系统运行管理、机关通讯设备维修管理、数据网络运行管理、网络及计算机系统技术的研发；负责计算机供电系统管理及计算机主机房、通讯主机房等的值班管理。时任经理陈维宣，副经理杜笑洋。员工11名。（陈维宣）

【运维部工作概况】 2009年，运维部完成了广远和中远集团总部之间的专线升级，带宽由2M升级到4M，大大提高了SAP财务系统、中远电视电话会议系统的速度和性能；同时完成了另外三条数据专线的搭建和相关配置等网络工程（包括广远到省远洋 2M 专线、到天星公司 2M 专线、到远洋大厦 SAP 项目组 2M 专线）。运维部参与广远新办公大楼——广州远洋大厦的准备工作，完成弱电系统的网络规划和详细设计以及会议系统的规划设计；完成邮件服务器 COSCOGZ-SVR3 的升级工作，使企业的邮件系统性能大大改善；新装一批 win2003 服务器，并安装虚拟机软件，将原 S06、S12、S10、信息中心 OA 等几台机器的功能整合到虚拟机中，充分增强服务器的资源利用率，提高管理效率；为加强企业的网络安全管理和涉密计算机管理，运维部采取技术手段加强对用户的上网行为管理；完成了中远航运船员管理部 60 套电脑的升级和系统安装、数据迁移等；为船员管理系统并行工作准备相应的系统环境，为 100 台电脑安装了新的船员管理系统；完成 RS6000 小型机操作系统和系统软件的补丁安装和升级，并对系统进行调优，对系统的性能、故障进行分析并排除。(其中，AIX 操作系统版本从 5300-05 升级到 5300-11；WebSphere 软件从原来 6.1.0.0 更新到 6.1.0.27，并进行系统调优，加强了系统的性能和稳定性；Oracle 软件从原 10.2.0.1 升级到 10.2.0.3，并将数据库的字符集更改为 GBK，以适应以后从 SQL 数据库迁移数据的需要)，完成新的船员管理系统软件在小型机上的安装和调试等工作。是年，运维部采用各种技术手段为用户清除计算机木马病毒，保证系统正常运转，并制作“广远电脑系统安装光盘”，极大地方便了企业用户电脑系统的安装和使用。

（陈维宣）

【通信管理与船舶资讯部简介】 通信管理与船舶资讯部（以下简称通信部）是广远通信设备管理和日常维护的主管部门。主要职责是负责广远在通信业务技术和相关设备规范、标准、制度的贯彻实施；负责协调广远所属各航运企业通信现场管理及相关业务；负责广远本部日常通信服务和值班管理（含电传、电话、船岸通讯）；负责船舶遇险、紧急的通讯协调和指导工作；负责通讯新技术推广应用工作；负责广远本部通讯费用的审核与统计。时任副经理曾宪民（主持工作）。员工 12 人。

（曾宪民）

【通信部工作概况】 2009 年，通信部坚持“技术创新，优质服务”方针，认真履行和发挥通信管理职能作用，在广远船舶信息化建设和机关、船岸通信工作过程中，收发各类电报 12412 份，电报发送投递质量实现无差错；电话转接坚持落实服务承诺措施，为用户提供优质的通信服务；开通广远到天星公司 2M 宽带电路，实现天星公司在境外和广远的数据传输更加快捷；同时分别开通省远洋及广远新办公大楼——广州远洋大厦 SAP 项目组与广远各 2M 宽带电路的连接。

为了提前规划好广远新办公大楼——广州远洋大厦的通信方案，通信部提前进行市场调研工作，分别与广州电信、广州网通及程控电话交换机代理商等进行技术交流和咨询，最终确定广远新办公大楼——广州远洋大厦使用通信设备选型。此外，还完成编辑该大厦通信设备招标文件的撰写。

（曾宪民）

【做好降本节支工作】 2009 年，通信部坚持在广远机关通信工作中开展降本节支活动，在话音和各类电报为用户选择或指导用户选择经济通信路由，以达到降本节支的目标。据统计，全年通信费用为66.5万元，比2008年的全年通信费用70.2万元，节约了3.7万元。（曾宪民）

【开展文明窗口活动】 2009年，通信部深入开展文明窗口活动，落实服务承诺，狠抓服务质量。该部在完成日常业务和管理工作的同时，把文明窗口建设工作中落实承诺服务作为常抓不懈的一项重要工作，有针对性地召开经理及管理人员会议，分析落实承诺服务存在的问题，做好现场管理和督促工作，服务工作做到领导满意、员工满意、自己满意。是年，通信部为广远员工交缴住宅、手机费用1285人/次；为员工办理固话、手机等业务126人/次；对电话转接和电报收发投递工作进行了抽查，抽查结果表明：整个服务质量符合服务承诺标准，得到用户的充分肯定。

（曾宪民）

【综合管理部简介】 综合管理部（以下简称综合部）是信息中心的日常事务及综合管理部门。主要职责是负责广远大型计算机设备MA商务管理、安全管理、承包实施监管、计算机易耗品管理、固定资产管理、后勤管理、生产统计、办公室日常行政管理、文件保管及归档等；负责了解人员管理方面的情况，并向信息中心领导汇报或提出建议，同时负责建设、完善、推广信息中心内部管理的相关制度和章程。时任经理庄逸川。员工5人。

（庄逸川）

【综合部工作概况】 2009年，综合部协调信息中心各部门之间的工作关系，加强和改进管理工作，做好后勤服务工作，确保信息中心内部事务及各项工作的正常运行；综合部作为信息中心和广远各部门的联系人和主要沟通渠道，圆满完成企业布置给信息中心的各项工作；完善了管理办法及相关制度；做好计算机设备等资产投资计划和计算机设备维修计划的控制和实施；做好信息系统各类合同及文件的保管和归档工作；做好相关软件产品的版权申报工作。是年，综合部协助岸产事业部对原电脑系统公司进行更改公司名称、法人、业务范围、财务账的清理、点算等相关工作，为理顺广远管理机制，加快广远的改革发展做了大量富有成效的工作。

（庄逸川）

第六章
党群工作

第一节 党委工作

【中共广州远洋运输公司委员会简介】 中共广州远洋运输公司委员会（以下简称广远党委）隶属中远集团党组，挂靠中共广东省直属机关工作委员会（以下简称省直工委），实行双重领导。2009 年 1~2 月，广远党委领导班子由刘书田、徐惠兴、黄继忠、马宗梅、翁继强 5 人组成。3 月，黄继忠退休，不再担任广远党委委员、副书记。

广远党委下设党委工作部、组织部、纪委等工作部门。是年，广远本部及所属党委 9 个，党工委 2 个，党总支 10 个，党支部 219 个，党员 5894 人。

时任党委书记刘书田，党委副书记徐惠兴，纪委书记马宗梅。（曾晓平）

【广远党委工作概况】 2009 年，广远党委在中远集团党组、省直工委的正确领导下，坚持以邓小平理论和“三个代表”重要思想为指导，全面贯彻落实科学发展观，紧紧围绕“树信心、拼效益、保稳定、促发展”的任务目标，团结带领全体党员和船岸员工沉着应对国际金融危机挑战，奋力拼搏经营效益，全力保障生产安全，努力维护和谐稳定，创新党建工作，充分发挥党组织的政治核心作用和党员的先锋模范作用，为完成企业各项任务和目标提供了坚强的政治保障。广远党委主要工作及成效体现在以下六个方面：

1. 深入开展学习实践科学发展观活动，圆满完成学习调研、分析检查和整改落实三个阶段各项“规定动作”，并结合“转变作风抓落实”党建主题实践活动，创新开展一系列“自选动作”，得到党员和员工群众的充分认可以及上级党组织的高度评价，群众满意度达 95%以上。

2. 认真贯彻中共十七届四中全会精神，坚持以中心组理论学习为龙头的思想建设，抓好以船舶和上市公司中远航运为重点的基层党组织建设，着力推进“三大机制”（党建动力机制、职工思想状况常态分析机制、精神文明建设任务书考核机制）建设，党建工作科学化水平明显提升，基层党组织和共产党员整体素质显著增强。

3. 抓好领导班子和人才队伍建设，广远领导班子被评为中远集团 2008 年度“四好领导班子”。

4. 结合庆祝中国共产党建党 88 周年和新中国成立 60 周年，大力加强宣传思想工作和形势任务教育，推进以爱国主义为核心的企业文化建设，组织开展一系列形式多样、内容新颖的宣传文化活动，企业科学发展“软实力”得到明显提升。

5. 深化党风教育和廉洁从业教育，坚持开展全员廉洁从业教育和“纪律教育月”活动，制定下发《广远公司贯彻落实〈中远集团建立健全惩治和预防腐败体系 2008—2012 年实施方案〉的实施计划》，惩防腐败体系建设日趋完善。

6. 强化工会、共青团组织群众优势，广泛开展以安全生产、创新创效、节能减排、精益管理和劳动技能竞赛等为主题的各类群众性活动，大力加强青年思想政治工作，深入开展困难员工帮扶工作和“送

温暖”工程，企业保持和谐稳定的良好态势。（曾晓平）

【精神文明建设】 2009年，广远党委坚持以科学发展观统领全局，深入学习贯彻中共十七大和十七届四中全会精神，在严峻的市场形势面前，围绕中远集团党组“树信心、拼效益、保稳定、促发展”的任务目标，大力构建和谐企业、凝聚企业力量，加强社会主义精神文明建设，并取得了显著成效，涌现出一批先进集体和先进个人：广远纪委书记、工会主席马宗梅荣获“全国五一劳动奖章”、轮机长吴志刚荣获“中央企业劳动模范”称号、广远岸产事业部党工委书记陈建钦被评为“2007~2009年度全国交通运输系统优秀思想政治工作者”；中远航运航运经营部商务组被评为“全国三八红旗集体”、中远航运航运经营部和中远远达“白沙岭”轮荣获“广东省工人先锋号”称号、广远团委被团中央确定为共青团基层组织建设和基层工作试点单位。此外，还有一批优秀集体和优秀个人受到中共广东省委、省直工委和中远集团党组的表彰和奖励。（谢志达）

【深入开展学习实践科学发展观活动】 2009年3~6月，广远党委按照中共中央和中远集团党组的战略部署，在全系统广泛开展深入学习实践科学发展观活动，坚持“重实际、办实事、求实效”，深入发动，周密安排，狠抓落实，圆满完成了学习调研、分析检查和整改落实三个阶段各项“规定动作”；结合“转变作风抓落实”党建主题实践活动，创新开展了一系列“自选动作”，取得了丰硕成果，得到广大党员和员工群众的充分认可。广远党委通过开展学习实践活动，进一步找出了广远存在的问题和不足，明确了科学发展的方向和目标，出台了一系列有针对性的工作举措，提高了广远应对国际金融危机、拼搏效益、科学发展的信心和勇气，较好地实现了“党员干部受教育、人民群众得实惠、科学发展上水平”的目标；在科学发展观的正确指引下，广远最大限度地解决了影响和制约企业科学发展的突出问题和党员、员工群众反映强烈的热点问题，有效地克服了诸多不利因素，经济效益保持了整体盈利，为中远集团实现全年盈利目标作出了积极贡献，受到中央企业学习实践活动第四指导检查组等上级组织的高度评价，群众对开展学习实践科学发展观活动满意度达100%。（谢志达）

【开通学习实践活动专题网站和征求意见渠道】 2009年3月13日，广远学习实践活动领导小组开通了学习实践科学发展观专题网站：http://www.coscogz.com.cn/gzyy/kxfzg/index.htm，并在《广州远洋》宣传网：http://www.coscogz.com.cn/gzyyxcw 主页上设置了“学习实践活动”浮动图标。专题网站的内容包含上级指示精神、中远集团动态、活动情况、转变作风抓落实、研究思考、工作简报和图片报道等，全面、立体、及时地反映企业深入学习实践科学发展观活动的开展情况和整体面貌。此外，还同

步开通了征求意见、建议渠道，方便党员、干部、群众向学习实践活动建言献策。

（谢志达）

【建立学习实践活动联系点制度】 2009年3月19日，广远制定学习实践活动联系点制度，明确广远领导分工责任：学习实践活动领导小组组长、党委书记刘书田联系点为党工部、中远远达；领导小组副组长、总经理徐惠兴联系点为发展部、中远航运；领导小组成员、纪委书记兼工会主席马宗梅联系点为监督部、岸产企业；领导小组成员、副总经理翁继强联系点为航安部、中远南方。广远党委紧扣学习实践活动要求，努力把联系点建设成为学习实践活动的示范点。 （谢志达）

【调研小组召开座谈会询计问策】 2009年3月20~23日，广远学习实践活动领导小组办公室调研小组分别在“碧江”轮和广远本部召开座谈会，邀请来自机关本部、航运企业、岸产单位和船舶的各层次党员群众代表参加座谈。座谈会上，调研小组向与会代表通报了企业开展学习实践活动的具体情况，就影响制约企业科学发展的突出问题和员工群众反映强烈的热点问题展开意见征集；同时，对中远集团党组工作部调研课题“影响和制约中远集团科学发展的文化现象”开展调研。会上，与会人员从推动广远科学发展的大局出发，畅所欲言、建言献策。 （曾晓平）

【许立荣莅临广远调研学习实践科学发展观活动情况】 2009年4月1日，中远集团学习实践活动领导小组成员、中远集团副总裁许立荣带队到广远，对广远学习实践活动开展情况以及“半潜船发展现状与未来市场前景”的课题进行调研。调研采取座谈会的形式了解情况、听取意见。广远学习实践活动领导小组组长、党委书记刘书田汇报了广远学习实践活动第一阶段的各项工作，以及下一阶段的工作重点；副组长、总经理徐惠兴汇报了广远生产经营管理情况以及存在的突出问题；中远航运专题汇报了半潜船队的经营管理现状、市场前景分析以及未来发展思路。许立荣对广远学习实践活动组织保障有力、目标措施明确、学习调研扎实、紧扣发展主题、实践特色突出的做法给予高度评价，对广远下一步如何更好地开展学习实践活动以及发展半潜船队作了指示。（谢志达）

【徐惠兴作学习实践科学发展观学习报告】

2009年4月10日，广远以举行报告会的形式，进行党委中心组（扩大）集体学习。广远领导班子成员，广远本部部长助理以上管理人员，中远航运、中远远达、中远南方、各岸产企业领导班子成员、合资合营企业广远负责人、专职监事等参加了学习报告会。在报告会上，广远学习实践活动领导小组副组长、总经理徐惠兴作了题为《深入学习实践科学发展观，推动广远事业可持续发展》的学习报告。徐惠兴从广远的历史发展、企业实际与具体实践出发，结合学习调研阶段的思考摸查，深刻阐述了学习实践科学发展观的重大意义、科学内涵和精神实质。徐惠兴在报告中对广远学习实践科学发展观所取得的成绩作了回顾，指出广远一方面始终坚持发展不动摇，牢固树立科学发展是第一要务的观点，立足于在科学发展中解决存在的矛盾和问题；另一方面始终坚持统筹兼顾、把发展质量放在第一位，又好又快、“好”字为先，在发展中更加注重船队运力结构、人才队伍结构和投资结构的调整和优化，大力发展特种船运输业务、主力船型由杂货船调整为多用途船，有力促进了广远航运主业的可持续发展；徐惠兴指出以科学发展观统领全局，坚持改革创新，正是广远走出低谷，不断取得骄人发展业绩的宝贵经验和强大思想武器。徐惠兴在报告中，还进一步阐述了广远下一步开展深入学习实践科学发展观活动，要着力解决广远在思想观念、体制机制和发展模式不适应等问题。（曾晓平）

【召开学习实践科学发展观活动专题民主生活会】 2009年4月24日，广远党委召开2009年度党员领导干部学习实践科学发展观专题民主生活会暨述廉议廉会议。中远集团党组成员、副总裁许立荣，中远集团人力资源部船员管理室副经理秦江平，中远集团学习实践活动领导小组办公室陈成进到会指导。会议由广远学习实践活动领导小组组长、党委书记刘书田主持。广远党委领导班子成员紧紧围绕会议主题，分别作了汇报发言，全面汇报了广远在改革发展、经营管理、安全生产、和谐稳定、廉洁从业等方面影响和制约广远科学发展的突出问题和主要矛盾，并结合各自对科学发展观的学习思考，深入分析和查找了这些存在问题的深层次原因，提出了破解发展难题、促进科学发展的思路和想法。广远党委领导班子成员填写了“国有企业领导人员落实“七项要求”情况登记表”；与会的广远纪委全体成员、本部各部室负责人、工会代表、民主党派人士代表和员工代表填写了“企业领导班子党风建设和反腐倡廉情况民主评议表”，对广远一年来的反腐倡谦建设和领导班子廉洁从业进行了测评。整个会议准备充分、程序规范、议程紧凑、重点突出、交流深入。广远领导班子成员通过真诚的批评与自我批评，深刻的思考剖析，进一步统一了思想，坚定了信心，对推动广远实现科学发展的思路达成了共识。许立荣对会议进行了点评，认为这次会议领导重视，准备充分，紧扣主题，重点突出，交流充分，畅所欲言，方向明确，措施有力；许立荣对广远一年来领导班子建设和廉洁从业等各个领域取得的工作成绩给予充分肯定，指出最近几年是广远发展最快、效益最好、员工最满意的几年，这充分说明广远领导班子是一个坚强的领导班子，具有很强的政治意识、大局意识、责任意识和廉洁意识，深受员工爱戴；许立荣还对广远党委今后进一步加强党建工作和领导班子建设提出了具体要求。通过本次会议，广远领导班子进一步强化了对科学发展观的理解，找准了影响和制约广远科学发展的突出问题和主要矛盾，明确了应对国际金融危机、促进科学发展的战略思路和工作举措，增强了推进反腐倡廉建设的自觉性和坚定性。

（曾晓平）

【广远党委分析检查报告获员工群众肯定】

2009年5月27日，广远党委召开贯彻落实科学发展观情况分析检查报告员工群众评议会，接受员工群众对《广远公司党委贯彻落实科学发展观情况的分析检查报告》（以下简称《分析检查报告》）的评议。广远领导班子，广远本部中层以上管理人员，基层单位党、政主要负责人，合资合营单位广远方派出人员，专职监事，党员和群众代表、船员代表、离退休老同志代表共62人参加了评议会。中远集团学习实践活动指导检查组成员陈成进出席了会议。评议会上，与会代表在仔细阅读、认真思考、充分酝酿的基础上，填写了《分析检查报告评议表》，从广远领导班子对科学发展观认识的深刻性、查找问题的准确性、剖析问题的透彻性、发展思路的前瞻性和工作措施的可行性等方面，对《分析检查报告》进行了评议。会议共发出评议表58份，回收58份，均为有效问卷。据统计，员工群众对《分析检查报告》各项指标的满意度均达95%以上。代表们认为，《分析检查报告》站在深入贯彻落实科学发展观，打造“资本广远”，构建“和谐广远”，建设“百年广远”的高度，查找问题准确到位，剖析原因深入透彻，改进措施扎实具体，内容翔实、文风朴实、实事求是，凝聚了广远广大党员干部群众的共识，具有较强的思想性、实践性、指导性，对推动广远科学发展起到了重要指导作用。 （曾晓平）

【中央企业学习实践活动第四指导检查组莅临广远检查指导】 2009年6月10日，中央企业学习实践活动第四指导检查组组长车书剑、副组长李荣芝等一行5人，在中远集团学习实践活动领导小组办公室副主任、中远集团党组工作部副部长辛加和陪同下莅临广远，检查指导学习实践活动。指导检查组听取了广远学习实践活动领导小组组长、党委书记刘书田关于广远生产经营和开展学习实践活动的情况汇报，观看了企业形象宣传片，并深入广远控股的中远航运进行具体的检查指导。车书剑对广远近年来在贯彻落实科学发展观方面所取得的成绩给予高度评价，指出广远是一家历史悠久、荣誉众多，真正国际化的航运企业，尤其是近年来以科学发展观为指导，坚持解放思想，改革创新，坚定不移地走特种专业运输道路，以“双轮驱动”推动企业快速发展，在班子建设、深化改革、优化创新、经营创效、以人为本等方面都取得了显著的成绩，充分表明广远的领导班子是一个成熟的班子、团结的班子、实干的班子，也是一个能吃苦的班子，具有带领企业实现科学发展的能力。车书剑还指出，广远开展学习实践活动做到领导重视、主题明确，坚持深化学习、注重联系群众、突出实践特色，取得扎实成效。指导检查组还听取了中远航运结合上市企业和远洋船舶实际情况开展学习实践活动，有效应对国际金融危机挑战的情况汇报，并通过卫星远程视频系统，连线远航在印度洋的高科技半潜船“泰安口”轮，车书剑向船员们表示亲切的慰问，对船舶在远离祖国的艰苦环境中始终奋力拼搏，联系实际、工学互进地开展好学习实践科学发展观活动表示充分的肯定。（曾晓平）

【深入学习贯彻中共十七届四中全会精神】

2009年，广远党委坚持把深入学习贯彻中共十七届四中全会精神作为全年党建工作的重点任务，制定下发了《关于深入学习贯彻落实党的十七届四中全会精神的通知》。广远党委理论中心组制定了详细学习安排表，向中心组全体成员下发了学习读本、学习辅导百问等各类材料，组织部分党员干部参加中远集团学习中共十七届四中全会精神延安培训班。广远党委所属各级党组织结合开展学习实践科学发展观活动、“转变作风抓落实”主题活动、庆祝新中国成立60周年活动等，深入学习贯彻中共十七届四中全会精神，通过会议、简报、内刊、网络等渠道，采取中心组学习、民主生活会、网络论坛和举办专题讲座、学习座谈等形式，营造了学习贯彻落实中共十七届四中全会精神的浓厚氛围；各级党员领导干部充分发挥模范带头作用，带头学习、带头宣讲，带动企业各个层面深入开展学习贯彻活动，有效地把广大党员、员工群众的思想和行动统一到中共十七届四中全会精神上来，为战胜国际金融危机冲击，进一步推动广远科学可持续发展提供了强大精神动力。（谢志达）

【加强干部队伍建设】 2009年，广远党委高度重视加强干部队伍建设，调整交流了下属5个航运企业的主要负责人，对广远本部相关部门及部分岸产企业的财务负责人进行了岗位轮换，完成了中远集团第五批援藏干部派出工作和第六批援藏干部选拔工作。同时，全面加强学习型党组织和学习型企业建设，将理论学习作为提升党员干部领导科学发展能力的重要载体，结合“转变作风抓落实”主题实践活动和“四好领导班子”创建活动，强化学风建设，加大学习力度，认真组织党员领导干部重点学习了科学发展观理论要点、中共十七届四中全会精神、社会主义核心价值体系等专题，将党员干部的思想统一到落实科学发展观的具体实践上来，提升了领导干部带领员工坚定信心，推进改革，维护稳定的工作能力。全年共组织中心组（扩大）集体学习10次、个人自学12次，开辟专题学习网页5个，编发学习材料数十期。是年，广远领导班子被中远集团评为2008年度“四好领导班子”。2009年，广远本部机关被省直工委授予“书香机关”荣誉称号。（谢志达）

【加强党员队伍建设】 2009年，广远党委以科学发展观指导党建工作，开展“转变作风抓落实”主题实践活动，深化一年一个党建主题活动的经验做法；巩固先进性教育的成功经验，完善丰富“送学上船”制度；召开“转变作风”专题组织生活会，认真学习《中共中央关于加强和改进党的作风建设的决定》；拓展基层党建载体，在船舶党支部广泛开展“保安全、创效益、科学发展”主题党日活动，对进一步提升远洋党建工作水平进行了有益探索；认真贯彻中共中央《2009~2013年全国党员教育培训工作规划》要求，抓好党员队伍发展、管理工作，改善党员队伍结构，全年发展党员352名，党员队伍整体素质有了提高。各级党组织和广大党员在2009年应对国际金融危机、拼搏效益、抵御海盗、保障安全等各项工作中，充分发挥了党组织的战斗堡垒作用和共产党员的先锋模范作用。（曾晓平）

【加强党建长效机制建设】 2009年，广远党委坚持教育目标、教育观念、教育内容、教育方法“四个创新”，各级党组织深入船舶、基层一线，扎实开展党建工作调研；组织党员和员工积极参加思想状况问卷调查，开展党员、员工思想状况分析；广泛征求党员、员工群众意见和建议，及时了解党员、员工群众思想脉搏；制定下发了《广远公司基层党组织工作制度》、《广远公司党委党员管理办法》、《政工人员随船调研工作方案》等一系列规章制度，进一步规范了党建工作，增强了基层党组

织的工作活力。（谢志达）

【加强思想政治工作】 2009年，广远党委把拼搏效益、保障安全、维护稳定、促进发展作为思想政治工作的切入点和着力点，紧密联系市场形势，研究解决事关企业发展全局的战略问题，以“超限战”思维引导经营创新，推动经营理念转变；高度重视严峻形势对员工思想状况和思维观念的冲击影响，在船岸深入开展“员工思想状况问卷调查”和“影响和制约中远集团科学发展的文化现象”调研，及时发现并排查化解各种矛盾；坚持做好党委信访工作，帮助党员、员工正确把握形势，明确认识，坚定发展信心，确保人心不散、队伍不乱、干劲不减。是年，广远在有关政府部门和中远集团的支持下，解决了以往年度终止劳动合同员工社保转移等历史遗留问题，促进了企业的和谐稳定。

（谢志达）

【开展群众性教育活动】 2009年，广远党委深入开展一系列群众性教育活动，主要有：结合“读书·思考·进步”专题读书活动，开展读书心得征文和读书成果讲述，拓宽员工理论视野；组织学习吴大观、杨庆文的先进事迹，使党员、员工深刻认识自身在企业改革发展中的角色定位和责任使命；举办“拼搏杯”员工登山比赛，增强员工努力工作、多做贡献的凝聚力；结合庆祝新中国成立60周年纪念活动，组织党员、员工参加60位中华人民共和国成立以来感动交通人物投票、“双百”评选活动投票、“祖国在我心中”广东省直机关迎接新中国成立60周年演唱会和摄影比赛、观看全国“迎国庆，讲文明，树新风”礼仪知识电视竞赛，使党员和员工在接受爱国主义教育的同时，进一步弘扬“求是创新、图强报国”的企业精神。

（谢志达）

【召开“红树林”工程总结暨经验交流会】 2009年11月18日，广远召开“红树林”工程总结暨经验交流会，对3年多来开展“红树林”工程活动情况进行全面总结，对活动中涌现出来的先进典型和经验进行交流推广。广远党委书记刘书田，副总经理翁继强，纪委书记、工会主席马宗梅，广远本部业务经理以上人员、基层单位领导班子成员和相关工作人员，以及船员代表共120多人参加了会议。刘书田在会上作了讲话，充分肯定“红树林”工程取得的丰硕成果，指出“红树林”工程在推动广远科学可持续发展方面发挥的重要作用；刘书田还对如何以改革创新精神，进一步加强人才队伍建设提出了要求。会上，中远航运、“白沙岭”轮、“木兰湾”轮、远洋宾馆的代表介绍了实施“红树林”工程的经验和做法。（谢志达）

【加强企业安全文化建设】 2009年，广远党委坚持以人为本，以法为纲，推动企业安全文化建设，结合推进员工教育培训“红树林”工程，健全安全管理体系，深入开展“平安之旅”安全文化创建活动，加大安全理念的宣传力度，通过文化创新引导员工立足岗位，践行安全，服务企业；举办“安全在我身边，降本增效从我做起”活动、安全文化作品征集和安全作品表演活动，与广东省海员工会、《南方工报》社联合举办以“关爱生命，安全护航”为主题的安全论坛；积极探讨“送学上船”

工作，编辑出版了《劳动安全案例》和视频光盘等培训教材。是年，广远的企业文化建设取得明显成效，推动了企业改革发展。（谢志达）

【党委工作部简介】 党委工作部（以下简称党工部）是广远党委党务工作的日常办事机构及共青团和青年工作的主管部门。主要职责是负责监督广远党委决议、决定的贯彻执行；负责管理广远党委文秘及日常事务工作；负责广远本部机关党委工作和广远共青团、青年工作；负责广远思想政治工作、精神文明建设和企业文化建设；负责广远政研会工作；负责广远内部宣传和对外企业形象宣传，并协助做好企业业务宣传；负责编辑出版《广州远洋》杂志。

时任部长姚勇，部长助理章晓彤，团委书记王茜，《广州远洋》编辑部主任王雷。员工11人。（曾晓平）

【党工部工作概况】 2009年，党工部在广远党委的领导下，认真履行工作职责，取得较好成效。党工部党支部被广远党委评为“2008~2009年度先进党支部”，党工部工会被广远工会评为机关“先进工会”。完成的主要工作有：1. 完成党工部办公室日常工作及机关党建工作。2. 深入宣传发动，深入开展学习实践科学发展观活动。3. 强化理论教育，认真执行广远党委中心组学习制度，增强广大干部科学发展能力。4. 深入调查研究，结合开展学习实践活动，协助广远党委深入船舶、基层一线调查研究，协助中远集团在船岸开展“影响和制约中远集团科学发展的文化现象”调研；开展党建工作调研和员工思想状况分析，准确把握企业党建及思想政治工作的新形势、新要求。5. 协助广远党委抓好以“转变作风抓落实”为主题的实践活动，牵头组织对构建党建工作“三大机制”进行初步探索和研究，有力促进了企业党建思想政治工作创新。6. 加强群众教育，广泛开展各类群众性文化学习活动，着力提升船舶、基层员工凝聚力和创造力，如组织参加“说说好作风”，参加省直机关第二届“读书·思考·进步”专题读书活动成果讲述会，组织参观“敢为天下先——广东改革开放三十年成果展览”等，让员工深刻认识自身在企业改革发展中的角色定位和责任使命，进一步增强员工努力工作、多做贡献的凝聚力和激情。7. 弘扬企业传统，加强具有广远特色的企业文化建设，积极推进中远企业文化案例库的工作，收集整理了一批文化建设成果。8. 总结交流经验，部署在新形势下推进“红树林”工程的相关工作，协助广远党委在应对国际金融危机、增创效益、保障安全等方面，大力开展企业传统教育和形势任务教育，加强船岸党员和员工群众的思想政治教育、业务技能培训和职业道德建设；积极探讨“送学上船”工作，编辑出版《劳动安全案例》和视频光盘等培训教材，抓好“送学上船”活动和技能竞赛两项工作；重视做好经验总结推广工作，挖掘新形势下开展员工教育培训“红树林”工程先进典型，推动员工教育培训工作向纵深发展。9. 落实目标责任，大力加强精神文明建设，对中远集团下达的精神文明建设任务书进行分解，制定下发《精神文明建设任务书》，明确各部室、各单位精神文明建设目标任务，在年中、年末组织广远本部各部室、各单位落实精神文明建设工作的自查、督查和考核、评先，并完成“大华”轮申报广东省

文明单位等工作。10. 加强共青团和青年工作，大力推进团建工作创新，一批基层团组织和共青团员受到上级表彰。

（曾晓平）

【公文处理工作】 2009 年，党工部认真做好广远党委公文处理工作，全年处理公文 38 份，印发公函 33 份，起草领导讲话材料 32 份，收取外部文件 620 份，未发生文件丢失和泄密事件。（曾晓平）

【信息调研工作】 2009 年，党工部认真履行职责，扎实做好党务信息收集编辑和专题信息报送工作，全年编辑学习实践活动简报 39 期、《广远党务工作信息》2 期，报送中远集团党组工作信息 39 条，被采用 38 条（不含学习实践科学观活动期间与简报合并报送的信息）。同时，党工部还认真搞好专题调研活动，按照广远党委统一部署，抓好党建、思想政治工作、企业文化建设等各个领域的专项调研，获得广远党委高度评价。（曾晓平）

【信访接待工作】 2009 年，党工部认真贯彻广远党委关于构建和谐广远的要求，秉承“热情、依法、负责、奉献”信访工作方针，扎实做好员工群众信访接待工作。全年处理员工信访 13 起，接待员工来访 4 批次，接听员工来电信访 24 次，并给予妥善处理。是年，党工部做好信访接待工作，为构建和谐广远、维护企业稳定创造了良好条件。（曾晓平）

【新闻媒体对广远的重要报道】 2009 年，党工部从树立企业良好社会形象出发，大力宣传广远深化改革、经营管理、人才队伍建设等方面的宣传工作。全年在社会媒体发布宣传稿件共 80 余篇。其中，重点报刊《中国远洋报》在头版刊发了 11 篇稿件，如《首制木材船“金广岭”轮天津港首航》、《“亚洲第一船”成功承载“亚运船”》等，以突出的位置报道广远业务的发展情况；大篇幅刊登的《为中远发展培育高素质人才队伍》、《“乐民”轮的“兄弟”们》，对广远大力开展“红树林”工程进行了介绍；《认真学习贯彻四个法规文件，促进党风廉政建设上水平》，总结了广远结合生产经营实际，就如何加强国有企业反腐倡廉进行了深入思考；《“康盛口”轮“之最”》、《节省一分钱，节约一滴油》，宣传了广远厉行精益管理、节能减排的做法和取得的成效；《广远公司深入开展安全隐患排查治理活动》、《在亚丁湾成功摆脱海盗追击》、《确保船岸安全生产形势持续稳定》等，反映了广远的安全管理、防抗海盗等工作；《中远航运 2.7 万吨多用途船首制船交付使用》、《中远航运精彩亮相波斯湾》、《中远南方承载首批国产出口散装液态沥青》、《中远航运重吊船首次承运台湾重型货物回大陆》、《与客户实现互惠共赢》，从完善船队结构到加强客户管理，对广远给予了高度关注和评价。《中国远洋航务》刊登了广远“金广岭”轮首航、实施大客户战略等经营活动的情况，对广远的改革发展持续给予重点宣传。此外，《中国交通报》、《中国水运报》等也刊登了报道广远的文章。（王雷）

【开展“三学一创”活动概况】 2009 年，广远坚持以科学发展观统领全局，深入学习贯彻中共十七大和十七届四中全会精神，在严峻的市场形势面前，围绕中远集团党组“树信心、拼效益、保稳定、促发展”的任务目标，充分发挥学创活动载体作用，构建和谐企业，凝聚各方力量，加强两个文明建设，取得显著成效；为表彰先进，树立典型，在各单位推荐、自荐的基础上，对2009年度“三学一创”活动情况进行了综合评审，经广远“三学一创”活动领导小组审核批准，评选出双文明建设先进单位2个、学习“华铜海”先进船舶13艘、优质服务外派集体标兵1个、文明示范窗口4个。是年，广远学创活动的主要特点如下：

1. 以科学发展观统揽全局，促进作用进一步凸显。广远开展深入学习实践科学发展观活动，强化了科学发展观的引领作用。各单位将提升科学发展能力作为学创活动重点，努力确保学习实践活动与生产经营“两手抓，两不误，两促进”。在国际金融危机冲击和航运市场低迷的双重压力下，各单位广大员工始终坚定信心，艰苦奋斗，以解决影响企业科学发展的突出问题为着力点，积极拓展业务合作、全力推进船队调整、强化内部管理，有效地抵御了国际金融危机的冲击。如中远航运全力以赴抓好航运经营，利用一切渠道全力开发市场，在困难形势下取得全年盈利的成绩；中远南方协助客户建立销售网络，实现主导中国沥青出口运输市场；建设实业注重解决广远新办公大楼——广州远洋大厦项目营销问题，创新开展定向精准销售，不仅获得业界认同与市场肯定，而且提前超额完成年度利润指标；海运公司积极推动发展路径因势而变，以良好信誉与优质服务，签订8艘新造船配套产品业务合同，实现了重点业务调整转型。

2. 准确把握学创精神实质，创建内涵进一步深化。广远各单位与时俱进推动学创活动，在活动中，融合以爱国主义为核心的民族精神和以改革创新为核心的时代精神以及社会主义荣辱观，进一步丰富了“三学一创”内涵，更加凸现了“华铜海”精神新的时代特征。如，中远远达在开展学创活动中，加强客户管理，深化服务意识，制定客户满意度管理体系,履行“为客户服务，让客户满意，与客户共赢”承诺；“瑞昌海”轮把学创活动落实到实际行动上，发扬大无畏的爱国主义精神，临危不惧阻击武装海盗登船；“乐里”轮持续开展“乐里是我家，建设靠大家”活动，以人为本调动船员积极性、创造性，营造了船舶和谐向上的良好氛围；“康盛口”轮发扬“勇于拼搏、甘于奉献”的精神，积极应对航运市场低迷，以实际行动践行科学发展观，厉行节约，增收节支，取得良好的经济效益；《广州远洋》编辑部为适应形势需求，开展以“化危为机”、“情动广远”为专题的一系列宣传活动，发挥了先进典型引导作用，极大地鼓舞了员工的信心和斗志。

3. 切实推动学创活动创新，活动质量进一步提升。广远在开展学创活动中，坚持结合经营创效、安全生产、教育培训、精益管理和党建实践，不断创新活动载体，推动学创活动向纵深发展。如，“泰安口”轮提出“一把手负责制”、“一岗双责制”、“一票否决制”的“三个一”管理理念，努力确保船舶安全生产；“白沙岭”轮推进“红树林”工程，突出“领导挂帅、言传身教、因人施教、分层推进”4项原则，有效提高教育培训成果；“乐宜”轮努力实现“学创活动航次化”，以航次为各项工作基本单元，管理监督船舶维护保养，促进了航次效益最大化；“亚龙湾”轮按体系文件要求，切实加强维护保养，顺利完成既定各种维护保养计划；“毓骐海”轮建立“党员责任区”，每个党员负责与2~3名群众结对子，开展工作有的放矢，大大提高了思想政治工作实效性；通导公司技术工程部在开展学创活动中，贯彻“谋求共同发展、追求完美服务”理念，手把手开展安全生产及技术培训，不断提高技术服务水平；物业公司沙园管理处坚持“业主至上、服务第一”，为业主办好事、做实事、解急事，得到广大业主高度赞扬。

（谢志达）

【《广州远洋》编辑部简介】 《广州远洋》是广远的综合类月刊，创刊于1977年3月，至2009年底共出版454期。《广州远洋》杂志经广东省新闻出版局审批登记，是广东省资料性出版物，登记证号为：粤内登字O第10006号；发行范围覆盖广远本部、基层、船舶，以及上级有关部门、兄弟单位等。2009年发行数量达6200册。《广州远洋》编辑部主要职责是编辑出版《广州远洋》，同时兼顾企业对外宣传，媒体沟通，网络宣传等工作。时任《广州远洋》编辑部主任王雷。员工2人。

（王雷）

【《广州远洋》编辑部工作概况】 2009年，《广州远洋》编辑部主要做了以下工作：1. 按照广远党委部署,紧密围绕企业中心工作策划《广州远洋》专题宣传内容，在鼓舞员工信心、凝聚人心上下功夫。全年共策划了“群策群力，化危为机”、“情动广远”、“国庆60年”等8个专题系列报道。通过访谈、通讯、评论等多种手段，对企业党建、航运经营、安全生产、精益管理活动、节能减排、“红树林”工程等重点工作，进行了深入、连续的报道，按计划编辑出版13期《广州远洋》，约90万字。2. 着力创新《广州远洋》栏目和版式，提高版面、内容编排质量。增加了《重点》、《深入学习实践科学发展观》、《心水》、《视线》等4个栏目，同时做好《广州远洋》的发行、出版等编务工作，及时回复读者来信和更改邮寄地址，跟踪印刷质量以及发行数量，积极配合出版部门登记审查。3. 积极做好企业品牌形象宣传和对外宣传报道工作，在外部报纸杂志刊发各类宣传广远的稿件共80余篇，配合《中国远洋报》纪念中远成立48周年、庆祝中华人民共和国成立60周年重点报道，提供素材和稿件；在《中国远洋航务》发布广告12个；与《南方日报》、《南方都市报》等媒体保持紧密联系，配合广远赞助广州亚运会工作，为亚组委提供赞助商广告。4. 与CI策划单元通力合作，做好视频宣传工作。拍摄编辑录像片52部，通过OUTLOOK发给广远本部员工，通过广州远洋宣传网进行在线播放，同时在中远集团每月的《中远报道》上片40部，扩大影响；创新制作专题片，协助航安部拍摄“红树林”工程教学片，编辑制作广远总经理徐惠兴劳模片、劳动安全案例光碟、飞越亚丁湾朗诵背景视频，协助中远航运拍摄业务录像资料，制作“红树林”工程三年回眸纪录片。5. 充分发挥宣传职能作用，与广远下属企业、有关部门加强协作，制作了《劳动安全案例画册》、《精益管理优秀案例汇编（二）》、《海务资料汇编》等出版物；配合中远远达“金广岭”轮首航，做好宣传工作，为中远航运成立10周年等宣传工作提供支持。6. 做好宣传网络的维护更新工作，及时更新广州远洋宣传网和外部网内容，管理好员工论坛《交流园地》。7. 开展企业文化活动，举办了中华人民共和国成立60周年图片展，激发员工的爱国热情和自豪感，营造了良好的舆论氛围。是年，《广州远洋》编辑部被广远和中远集团评为“文明示范窗口”，被广东省直属机关继续认定为“青年文明号”。

（王雷）

【机关党委简介】 机关党委负责广远本部（含省远洋党总支）党的建设、思想政治工作和精神文明建设，根据广远党委的中心工作，制定党组织工作计划，抓好所属党组织及党员的教育、管理和监督；负责审批下属党支部的换届、改选和党组织的发展工作。2009年，机关党委有党支部12个，党员274名。机关党委由朱航员、林旭东、姚勇、谭力、黎光葵5名委员组成。时任机关党委副书记、机关纪委书记姚勇（兼）。

（张穗莎）

【机关党委工作概况】 2009年，机关党委根据广远党委统一部署，结合广远本部工作实际，认真开展深入学习实践科学发展观活动、“转变作风抓落实”主题实践活动、纪律教育学习月活动、“读书·思考·进步”专题读书活动，全面提高党员思想政治素质；推进机关党建工作信息化建设，认真做好党费收缴、新党员发展和党组织关系接转等日常管理工作。完成2009年党内统计工作；指导岸产事业部、财金部、省远洋等党支部进行换届选举。是年，机关党委派出3人参加省直党校入党积极分子培训班学习，发展党员4名，预备党员转正3名，接转组织关系74人次，收党费176311.40元，上缴党费141049.12元。

（张穗莎）

【开展创先争优评比活动】 2009年，机关党委开展“创先争优”活动，做好2008~2009年度“创先争优”评比表彰工作。“七一”前夕，机关党委评选表彰先进党支部2个、优秀共产党员15名、优秀党务工作者4名，并颁发了奖牌、证书及奖金。推荐先进党支部1个、优秀共产党员5名、优秀党务工作者2名呈报广远党委评选，均得到广远党委表彰。

（张穗莎）

【开展“七一”纪念活动】 2009年，机关党委结合开展学习实践科学发展观活动，中国共产党成立88周年纪念活动，下发了《关于组织开展建党88周年纪念活动的通知》。机关党委下属各党支部召开了专题组织生活会，开展党日活动。通过活动，广大党员回顾了中国共产党成立88年来的光辉历程，加深了对党的热爱，增强了党性修养。

（张穗莎）

组织党建工作

【组织工作概况】 2009年，组织部开展创建“四好领导班子”活动，评选出10个符合“四好”条件的领导班子；按照中共广东省委组织部通知要求，广远党委下辖223个党支部召开了以转变作风为主题的专题组织生活会，全体党员认真对照《中国共产党党章》和中共十七大精神，认真学习《中共中央关于加强和改进党的作风建设的决定》，学习活动内容丰富，形式多样，取得了较好效果；按照中共中央和中远集团党组学习实践活动领导小组的统一部署，广远作为第二批开展深入学习实践科学发展观活动的单位，3月11日，召开开展深入学习实践科学发展观活动动员大会，全面启动学习实践活动；组织部加强了对学习实践科学发展观活动的组织指导，学习实践科学发展观活动于7月份结束，群众满意度为100%；广远党委所属18个单位（含代管）党组织先后召开了党员领导干部专题民主生活会暨述廉议廉会议，参加生活会的各单位党员领导干部共52人，列席会议的董事、监事、财务总监等共11人，各单位党组织的民主生活会以学习实践科学发展观为主题，总体评价均在良好以上；广远党委组织开展了向吴大观学习活动，广大党员立足本职，学习吴大观坚定的政治信念，高尚的道德情操，模范的敬业精神。是年，组织部通报了发展党员工作和党费管理工作情况，完成了年度党内统计报表，全年发展党员352名，转出党员组织关系243名（其中移交地方党组织属地化管理的退休党员128名），转进党员组织关系98人。（周佐成）

【广远党委下属党组织概况】 2009年，广远党委下属党委8个（含代管）。其中，二级党委6个：广远本部机关党委，中远航运党委，中远远达党委，金桥学院党委，物业公司党委，广东中远船务工程公司党委（代管）；三级党委2个：中远航运船员管理部党委、中兴海陆工程有限公司党委（代管）。

党工委2个：岸产事业部党工委，离退休服务中心党工委。

党总支10个。其中，二级党总支8个：中远南方党总支，通导公司党总支，建设实业党总支，海运公司党总支，供应公司党总支，远洋宾馆党总支，远洋大厦党总支，招商局集团广州办事处党总支（代管）。其中，三级党总支2个：大沙地离退休党总支，晓港离退休党总支。

党支部219个。其中，岸上115个（含代管29个，离退休支部21个），船舶104个（自营船舶97个，外派船舶7个）。

（周佐成）

【广远党员基本情况统计】 2009年12月，组织部对2009年度广远党委直属党组织党员基本状况进行了统计。

2009 年度广远在册党员基本情况统计表

项目		党员数（人）	其中在岗职工（人）
总计		5894	3297
其中	预备党员	493	490
	女	331	185
	少数民族	59	41
年龄	35 岁以下	1387	1355
	36 岁至 45 岁	1025	1002
	46 岁至 54 岁	775	680
	55 岁至 59 岁	1171	259
	60 岁以上	1536	1
入党时间	1937 年 7 月 6 日以前	0	0
	1937 年 7 月 7 日至 1945 年 9 月 2 日	9	0
	1945 年 9 月 3 日至 1949 年 9 月	37	0
	1949 年 10 月至 1966 年 4 月	505	0
	1966 年 5 月至 1976 年 10 月	1667	193
	1976 年 11 月至 2002 年 10 月	1936	1390
	2002 年 11 月及以后	1740	1714
学历	研究生	80	74
	大学本科	1109	893
	大学专科	1422	1085
	中专	1096	634
	高中、中技	924	542
	初中及以下	1263	69

（蔡主清）

【基层党组织变动情况】 2009 年，广远党委所属基层党支部比 2008 年减少 4 个；中远航运船员管理部减少 15 个船舶党支部，岸上基层党支部增加 11 个；供应公司党委改为党总支。（周佐成）

【开展创建“四好领导班子”活动】 2009 年，广远党委坚持开展以“政治素质好、经营业绩好、团结协作好、作风形象好”为主要内容的“四好领导班子”创建活动，把这项活动作为在新形势下加强基层单位领导班子建设、发挥党的政治核心作用和战斗堡垒作用的有效措施。是年，经广远党委考核评比，确定岸产事业部、建设实业、海运公司、供应公司、通导公司、远洋宾馆等 7 个基层单位领导班子为 2009 年度“四好领导班子”达标单位。

（周佐成）

【党组织换届选举】 2009 年，广远党委下属中远远达党委、中兴海陆工程公司党委、供应公司党总支完成了换届选举工作。

（周佐成）

【党员发展工作】 2009年，广远各级党组织遵照中共中央组织部“坚持标准，保证质量，改善结构，慎重发展”的发展方针，加大发展党员工作力度，重点发展有文化、有理想的优秀青年、高级船员入党。按照《广州远洋运输公司2007—2010年发展党员工作规划》，全年共发展党员352名。其中，35岁以下288名，占发展总数的81.81%；大专以上文化程度182名，占发展总数的51.70%；生产一线325名（其中发展船员党员312名），占发展总数的92.32%。

2009年度广远发展党员情况表

项目	发展党员数			年龄			学历			岗位		入党积极分子	申请入党人数	非党员职工数
	数总	女	少数民族	35岁及以下	36岁至59岁	60岁及以上	大专以上	中专高中	初中以下	生产一线	其中船员			
总计	352	9	1	242	71	0	170	137	6	290	276	949	1145	

（蔡主清）

【加强党员管理工作】 2009年，广远各级党组织不断完善《中国共产党党务管理信息系统》，发挥其在日常党员管理和党内统计中的作用。是年，共转出党员243名。其中，128名退休员工党员的组织关系转到居住地党组织，实行属地化管理。转入党员98名。广远党委所属各级党组织按照党章规定，及时处理不履行党员义务、不按时交纳党费、不参加组织生活等不合格党员，取消预备党员资格的8名，保持了党的纪律严肃性和党员队伍的纯洁性。

（周佐成）

【党费收缴管理情况】 2009年，广远各级党组织认真执行新的党费交纳标准，坚持制度，严格管理，不断提高党费管理工作水平，使党费收缴、使用和管理工作进一步制度化、规范化。是年，广远党委系统所属5894名党员（含代管单位党员，不含已转到属地管理的3819名党员）交纳党费152.77万元，在职党员人均每月交纳党费31.72元。广远党委将收缴的党费按70%比例上交给省直工委101.276万元，广远各基层党组织按20%比例留用党费共35.39万元。

（谭伟）

【进行党内表彰】 2009年，广远党委对2008~2009年度的先进基层党组织、优秀共产党员和优秀党务工作者进行表彰：授予中远航运、中远远达、岸产事业部等3个基层党组织“先进基层党组织”称号；授予“泰安口”轮等30艘船舶党支部“先进支部”称号；授予蔡连财等99名党员“优秀共产党员”称号；授予周作友等25名党务干部“优秀党务工作者”称号。

（周佐成）

广远党校

【中共广州远洋运输公司委员会党校简介】 中共广州远洋运输公司委员会党校（以下简称广远党校）主要担负广远船岸党员干部培训任务，培训对象为广远本部和广远下属基层单位中层以上、中级专业技术职称以上党员干部、船舶政委、党员船长、轮机长、大副等高级船员，以及广远本部、船舶及基层党支部书记、入党积极分子。

时任校长黄继忠（兼，1~2月）、马宗梅（兼，3~12月）；副校长凌保平。员工2人。（陈明兆）

【广远党校工作概况】 2009年，广远党校根据广远党委的工作安排，完成了一期船舶政委轮训任务，为学员提供了教学、教务管理、住宿、伙食安排等服务。此外，党校人员自行进修，努力提高自身素质和教学水平。（陈明兆）

【举办政委轮训班】 2009年4月16~27日，广远党校和中远航运船员管理部联合举办了一期船舶政委培训班，参加培训班学员22人。广远党校按照中远航运的培训要求和企业党校的教学计划，积极主动做好接待、教学、教务管理和后勤工作，为学员提供优质服务。培训班课程主要有：现代企业管理及中远航运全面流程管理、中共十七大精神学习辅导、企业文化建设、船舶党建、船舶党支部领导班子建设、船舶思想政治工作、船舶工会工作和团支部工作等。在广远党校的精心安排下，政委轮训班的培训学习安排紧凑，白天学员上课，晚上组织学员开展讨论交流，交流内容包括如何搞好船舶安全生产、如何加强船舶班子建设、船舶思想政治工作等。学员通过学习，提高了自身素质和工作能力。（陈明兆）

第二节　纪委工作

【中共广州远洋运输公司纪律检查委员会简介】 中共广州远洋运输公司纪律检查委员会（以下简称广远纪委）是在广远党委领导下的纪律检查机关，受中远集团党组纪检组及中共广东省纪委派驻省经贸委纪检组双重领导。主要职责是围绕广远中心工作，协助广远党委抓好党风廉政建设和反腐败工作，维护党的纪律、国家法律法规和企业规章制度，保证党和国家的路线方针政策在企业的贯彻落实，促进广远健康发展。

广远纪委下设监督部/审计部（对外保留检查室、审理室和审计室的牌子）。监督部/审计部的主要职责是在企业开展党风教育和反腐倡廉教育，增强广大党员的党性修养，提高各级管理人员廉洁从业意识和遵纪守法自觉性，构筑拒腐防变的思想道德防线；发挥组织协调作用，完善各项反腐倡廉制度，健全企业内部监控机制，提高企业经营管理制度化的水平；开展监督检查、效能监察和审计监督，发挥专职监事的监督作用，协调广远下属合资合营单位建立健全监事会并发挥监事会的职能作用，贯彻落实党的路线方针政策和企业规

章制度，促进企业依法依规经营和管理人员廉洁从业，以及管理水平、运营效率的提高，确保国有资产的保值增值；做好信访举报、案件检查和审理工作，维护党员和员工群众的合法权益，对违反法律法规、党纪政纪行为的人和事进行调查处理，营造企业和谐稳定的内部环境。

时任纪委书记马宗梅，副书记朱航员，纪委委员马宗梅、朱航员、黎光葵、姚勇、陈建钦、赖奕光、林耀强。

时任监督部/审计部总经理朱航员（兼），监督部/审计部总经理助理张访苏。综合室主任余松亮，检查室主任郑意，审计室经理所春阁。员工 16 人（另有专职监事 2 人，不列入部门编制）。（余松亮）

【纪检监察审计工作概况】 2009 年，广远纪委贯彻落实中共十七大、十七届四中全会，十七届中央纪委三中、四中全会，广东省十届纪委三次全会和中远集团 2009 年纪检监察审计工作会议精神，深入学习实践科学发展观，充分发挥组织协调作用，紧紧围绕企业生产经营，拼搏创效、应对国际金融危机的中心任务，积极开展各项纪检监察审计工作，有力推进以惩防腐败体系为重点的反腐倡廉建设，促进广远的和谐健康发展。

在制度方面，广远纪委以推广中远航运惩防体系融入经营管理为契机，协调和督导广远各职能部门和下属各投资单位对防治腐败相关的经营管理制度和业务操作流程进行修订完善，强化内控机制，规范权力运行。广远各部门及各直属、控股单位全年新建制度 21 个、业务操作流程 7 个，修订制度 22 个、流程 67 个，进一步加强了制度化建设。

在教育方面，广远纪委开展了学习贯彻“三项法规和专项治理工作意见”（《中国共产党巡视工作条例（试行）》、《关于实行党政领导干部问责的暂行规定》、《国有企业领导人员廉洁从业若干规定》和《关于开展工程建设领域突出问题专项治理工作的意见》）的专题宣传教育和自查自纠活动。广远本部和广远各直属、控股单位采取中心组学习、上辅导课、观看辅导光碟、廉洁从业谈话、座谈研讨等多种形式，开展富有成效的专题学习贯彻活动，着重对照《国有企业领导人员廉洁从业若干规定》和工程建设领域突出问题专项治理工作意见，认真开展自查自纠，针对存在问题和薄弱环节，从制度、监督、管理等方面制定整改措施，边查边改。广远纪委廉洁教育网页和《广州远洋》杂志加强宣传报道，营造了浓厚的学习氛围。7~9 月，广远纪委在广远系统内开展了“廉洁从业纪律教育月”活动，党委书记刘书田和纪委书记马宗梅对广远 23 名从事船贸、买造船、退役船处理业务的领导和管理人员进行集体廉洁从业谈话；广远纪委和工会联合举办了加强党性锻炼和思想道德修养主题报告会；自下而上广泛开展了反腐倡廉动漫作品征集、评比和展播活动；开展案例警示教育和保密教育，增强党员干部尤其是领导干部的廉洁从业意识和遵纪守法观念。

在监督方面，广远纪委围绕企业应对国际金融危机、降本增效和防范风险，重点开展了财务管理、成本控制、内部消费、执行“三重一大”决策制度、贯彻落实“三项法规和专项治理工作意见”、治理商业贿赂、领导人员廉洁从业、工程建设以及流程建设等方面的监督检查和效能监察，及时发现和整改存在问题，促进规范经营、增收节支和领导人员廉洁从业。全年共检查单位71个（次），进行监督检查144项，发现问题29个，提出整改建议29条，建立健全规章制度18项，直接节约成本255.42万元。

在审计方面，广远纪委针对广远下属航运公司负责人的调整轮换、离任经济责任审计任务大量增加的情况，调整了年度的审计计划，将内控审计、管理审计、风险审计、机务审计和基建审计等方面内容融进经济责任审计的全过程，加强对广远下属全资、合资、合营和上市公司中远航运的审计监督，发挥了审计在规范财务核算、完善内控管理、促进降本增效、防范风险方面的重要作用。全年共完成财务综合类审计19项（其中，离任审计9项，任中审计2项，专项审计4项，内控审计1项，财务及经营管理审计3项），完成原计划的158%，审计中发现问题143个，提出并被采纳审计意见和建议132条（其中，关于内控建设方面39条，经营管理风险方面68条，会计核算方面14条，税务风险方面7条，投资效益方面1条，其他方面3条）；船舶机务管理审计1085项，审计核减额324.40万元；日常基建审计38项，审计金额14381万元，节约建设成本1911万元。

在监事管理方面，针对广远投资企业改革及监事岗位变动情况，监督部/审计部联合人力资源部/组织部，及时选派、调整广远下属5家投资企业的派出监事；编发《广远监事业务与管理》信息简报4期；坚持每周例会制度，加强对广远下属全资或控股企业监事业务工作的指导；以股东名义分别向广远航运投资企业、岸产投资企业提出《关于在当前市场环境下如何降本增效的议案》、《关于规范管理，建立岗位工作流程的议案》，督促各投资企业制订降低经营成本、应对国际金融危机措施，逐步完善规章制度，规范企业管理；发挥专职监事现场监督和重大问题信息反馈作用，强化广远下属各投资企业的监督，维护广远的合法权益。是年，广远纪委发现存在问题12项，提出8条解决问题的意见和建议，有力促进了有关单位的整改。

（佘松亮　利惠玲　池锡锋）

纪检监察

【贯彻中远集团纪检监察审计暨“垂直监督体制”推进会精神】 2009年2月5日，广远纪委组织广远系统中层以上管理人员、纪委委员和广远本部机关纪检监察审计人员共113人，参加中远集团纪检监察审计暨“垂直监督体制”试点工作推进会，同时向各基层单位转发了中远集团会议文件。16日，广远召开了2009年纪检监察审计工作会议，进一步传达中远集团会议精神，对企业全年党风建设和反腐倡廉工作进行部署。同时，广远纪委还制定下发了《2009年纪检监察审计工作要点》、《监督检查暨效能监察工作计划》、《纪检监察宣传教育工作计划》。为了进一步贯彻中远集团推进会精神，推动广远党风廉政工作，纪委书记马宗梅带队深入9个基层单位开展调研，了解基层工作的难点、热点，并有针对性地提出指导意见，促进基层单位的党风廉政建设。（佘松亮）

【落实党风责任制，促进党风廉政建设】2009年，广远纪委开展了党风责任制的专题调研，修订完善了责任制实施办法和责任追究细则，进一步细化检查考核标准，并于年底组成3个检查组，对广远各部门、各航运和岸产单位党风廉政责任制建设进行检查考评。从检查的情况看，广远落实党风建设责任制总体情况良好，各级单位党政主要领导认真落实"一岗双责"，保证了党风廉政建设各项任务的落实；各级领导人员认真履行党风廉政建设责任制第一责任人的政治责任，基本做到重要工作亲自部署、重大问题亲自过问、重点环节亲自协调、重要案件亲自督办。是年，广远纪委加大了责任追究力度，对通导公司原个别领导违反国有企业领导人员廉洁从业规定的行为给予严肃查处。（佘松亮）

【广远领导做党风廉政的带头人】2009年，广远党政领导以身作则，率先垂范，带头参加党委中心组学习和党委、纪委组织的各项反腐倡廉教育活动；带头讲党课、作辅导；带头执行民主集中制，凡重大决策、重要人事任免、重大项目安排及大额度资金运作事项，一律集体讨论决定；带头遵守廉洁从业规定，严格执行述职述廉制度、重大事项报告制度，认真开好民主生活会，自觉接受民主评议和民主测评等各方面监督；加强对配偶、子女以及身边工作人员的约束，个人和亲友没有违规违纪问题；强化对所管辖单位、部门的监督管理，切实抓好企业反腐倡廉工作。（佘松亮）

【推进惩防体系建设，提高防腐能力】2009年，广远纪委强化惩防体系建设，制订了《广远公司贯彻落实〈中远集团建立健全惩治和预防腐败体系2008—2012年实施方案〉的实施计划》（以下简称《实施计划》），对2012年前惩防体系建设进行了系统规划，明确了83项构建任务的内容、要求和责任分工。广远各直属、控股单位结合本单位实际认真制定了落实《实施计划》的具体工作计划，进一步细化了各项任务。与此同时，广远纪委充分发挥组织协调作用，大力推进惩防腐败体系建设。如，牵头召开体系领导工作小组会议；协助中远航运对惩防体系相关流程进行审核、督导和总结，推广中远航运惩防体系融入经营管理；充分发挥业务部门的职能监督、教育作用，强化对容易发生腐败的业务关键点的监督制约；举办流程培训班，并通过审计和效能监察督导各单位建立健全业务操作流程；组织对广远各部门、各单位进行惩防体系工作考核评估等。是年，广远各部门和直属、控股单位新建和修订制度97个、流程105个，广远惩防体系融入经营管理的架构基本建立，企业预防腐败能力逐步增强，各级领导人员廉洁自律，保持良好作风形象，没有发生违法违纪案件。（佘松亮）

【学习中共十七大精神，推进党风、反腐倡廉建设】2009年，广远纪委部署广远各级党组织以中心组学习、支部会议、部门例会、员工大会、浏览廉洁教育网页及邮件自学等形式，组织广大党员、干部和员工深入学习贯彻中共中央总书记胡锦涛，中共中央政治局常委、中共中央纪律检查委员会书记贺国强在中共十七届中央纪委三次全会上的重要讲话和中共中央政治局委员、中共广东省委书记汪洋在广东省纪委十届三次全会上的重要讲话，以及《广远公司贯彻落实〈中远集团建立健全惩治和预防腐败体系2008—2012年实施方案〉的实施计划》，提高对反腐败斗争形势和任务的认识，进一步增强大局意识和责任意识，以开拓创新的精神，狠抓构建惩防体系和应对国际金融危机、防控风险、拼搏效益各项工作措施的落实，推进党风和反腐倡廉建设。（佘松亮）

【开展“三项法规和专项治理工作意见”活动】 2009年7月23日，广远纪委受中远集团党组纪检组的委托，组织中远部分驻穗单位领导班子成员及广远中层以上管理人员74人，参加中远集团贯彻落实“三项法规和专项治理工作意见”深入推进廉洁从业学习动员视频大会。会后，广远纪委及时下发了《广远公司关于对“三项法规和专项治理工作意见”的学习贯彻方案》和《关于认真抓好“三项法规和专项治理工作意见”学习贯彻和自查自纠工作的通知》，部署开展“三项法规和专项治理工作意见”的专题宣传教育和自查自纠活动。

8月5日，广远党委组织中心组（扩大）学习，中心组全体成员、各直属单位领导班子成员及财务负责人67人参加了学习。在学习会上，党委书记刘书田、纪委书记马宗梅传达了中远集团专题学习动员视频会精神并进行专题解读。8月19日，广远纪委召开扩大会，对贯彻落实中远集团专题动员会和纪委书记述职会精神认真研究布置。9月初，广远纪委组织广远本部及广远部分直属单位党员、员工300人观看了《国有企业领导人员廉洁从业若干规定》辅导讲座光碟，并订购发放了《三项法规》专题辅导视频光碟90张，《反腐倡廉教育读本（2009）》、《从政提醒——党员干部不能做的150件事》和《腐败泯灭亲情》等学习资料共106份。8~9月，广远纪委廉洁教育网页和《广州远洋》杂志加强了宣传报道，刊登了“三项法规和专项治理工作意见”原文及辅导资料20多篇，营造了浓厚的学习氛围。广远各直属、控股单位采取中心组学习、上辅导课、观看辅导光碟、廉洁从业谈话、座谈研讨等多种形式，开展丰富多彩的学习活动。广远各部门、各单位按照广远纪委部署，对照《国有企业领导人员廉洁从业若干规定》和工程建设领域突出问题专项治理工作意见，认真开展自查自纠，针对存在问题和薄弱环节从制度、监督、管理等方面制定整改措施，边查边改。与此同时，广远纪委成立了检查组开展了专项检查，督促广远各单位整改存在问题，进一步健全规章制度和业务流程，规范经营管理行为，促进领导人员廉洁从业，强化风险防范。据统计，广远各部门、各单位在专项自查整改中新建制度1个，修订制度11个，修订业务操作流程26个。是年，广远各级领导人员认真执行《国有企业领导人员廉洁从业若干规定》，做到了勤政廉政。

（佘松亮）

【开展反腐倡廉动漫作品征集、评选展播宣传活动】 2009年，广远纪委按照中远集团党组纪检组的部署，开展反腐倡廉动漫

作品征集活动。广远各直属、控股单位对此高度重视，广泛发动和组织员工积极创作，共征集反腐倡廉动画作品 8 部，漫画作品 30 幅。8 月 28 日，广远纪委组织评委对作品进行了认真评审，共评出优秀动画作品 3 部、优秀漫画作品 6 幅、优秀组织奖 1 个、参与奖 7 个。其中，金桥学院刘振坤等人创作的《贪欲毁了我一生》获得动画作品一等奖，退休船舶政委林子伟创作的《筑起反腐钢铁长城》获得漫画作品一等奖。广远纪委对所有获奖作品的创作人员给予了奖励，并将获奖优秀作品推荐上报中远集团党组纪检组参加中远集团层面的评选。同时，广远纪委为进一步营造廉洁文化氛围，加强了宣传力度，在广远系统内部署开展反腐倡廉动漫作品播放宣传活动，并联合党工部将优秀动漫作品制作成视频，在广远本部办公楼电梯口宣传屏幕上循环播放，以扩大创作成果的教育作用。　　（余松亮）

【深入开展案件警示教育】　2008 年底，中远集团监督部向各直属单位、控股公司、代管单位转发了广远纪委上报的《广州金桥管理干部学院原院长谢朝东、招生办主任赖逊荣违纪违法案例剖析》。2009 年 1 月，广远纪委在广远系统部署开展谢朝东、赖逊荣案件警示教育，并于 2 月上旬结合贯彻新年、春节廉洁自律、勤俭节约的有关规定，对广远各单位开展该案例剖析的教育、自查整改情况进行检查。从检查的情况看，广远各单位、各级纪检监察审计组织认真贯彻落实中远集团监督部的部署和要求，广泛深入开展谢朝东、赖逊荣案件警示教育，使广大党员干部吸取教训，提高遵纪守法的自觉性。　　（余松亮）

【开展典型案例教育】　2009 年，广远纪委坚持“每月一案”教育制度，先后开展了李培英、黄坚、凌康元、莘伟峰、林惠纯、林玉坤等 6 个反面典型案例和王瑛先进事迹教育。广远各基层单位组织观看了中纪委和广东省纪委摄制的《国门惩腐》、《贪之害》、《天使情怀》、《“蚁穴”透视》等反腐专题电教片；广远纪委组织广远本部及部分直属单位党员、员工共 288 人观看了《国门惩腐》电教片。是年，广远纪委开展的典型案例教育，使广大党员、员工受到了教育警醒和启迪，进一步提高了遵纪守法和廉洁从业的自觉性，进一步激发了爱岗敬业的热情。　　（余松亮）

【举办加强党性锻炼和思想道德修养主题报告会】　2009 年 8 月 25 日，广远纪委和广远工会联合举办加强党性锻炼和思想道德修养主题报告会。报告会邀请原广东省人大常委会副主任、原省总工会主席、广东省委党校客座教授汤维英作专题报告。广远领导、广远本部及中远远达等单位的部分员工、中远航运业务经理以上人员、各岸产企业领导班子成员，中远南方和广远派出合资合营企业负责人、各基层工会委员和专兼职纪检监察审计人员共 250 多人聆听了专题报告。汤维英结合亲身阅历和切身体会，围绕如何加强党性锻炼和思想道德修养，创造幸福、美好、和谐生活的主题，给广远广大党员和员工作了一场生动而富有哲理的报告。　　（余松亮）

【落实廉洁承诺和廉洁从业谈话制度】

2009 年，广远纪委督促广远各部门、各单位抓好新员工和新任职领导人员签订《廉洁从业承诺书》。全年，广远中层以上管理人员 56 人签署了《廉洁从业承诺书》；广远各单位党政"一把手"和财务负责人 30 人签订了《不设"小金库"承诺书》。是年，广远纪委领导与组织人事部门对 9 名新任职的企业高管进行了任职前廉洁谈话。广远本部各部门和各直属单位领导人员按照党风责任制分工，开展对所管辖党员干部，进行廉洁从业谈话，及时给予廉洁提醒和激励，全年进行廉洁从业谈话共 259 人次。（佘松亮）

【召开廉洁从业集体谈话会】 2009 年 7 月 3 日，广远纪委组织召开广远从事船贸、买造船、退役船处理业务主要领导和管理人员廉洁从业谈话会。有关单位主管领导、相关重点部门负责人和主要业务人员 23 人参加了谈话。党委书记刘书田和纪委书记马宗梅分别在会上作了讲话。刘书田深入浅出分析了船舶经营相关业务中腐败与反腐败斗争的规律，指出违法违纪行为的危害和后果；刘书田还代表广远党委表示了惩治和预防腐败的决心和信心，要求谈话人员时刻保持警醒，警钟长鸣，严于律己，遵纪守法，廉洁从业。马宗梅结合中远系统和广远近年来发生的典型案例，提出了加强政治理论和党纪法规学习，增强廉洁自律意识，强化制度执行力，严格工作纪律，按照党风责任制加强监督、管理等六个方面的具体要求。广远纪委通过这次廉洁从业集体谈话教育，进一步提高了从事船贸、买造船、退役船处理业务人员的遵纪守法和廉洁从业的自觉性。（佘松亮）

【开展元旦、春节廉洁自律工作监督检查】 2009 年元旦、春节前夕，广远纪委转发了中远集团《关于做好 2009 年元旦春节期间廉洁自律工作的通知》，并下发了《关于重申严禁领导干部收送现金、有价证券和支付凭证的通知》，对元旦、春节廉洁自律工作进行了部署。春节后，广远纪委组成检查组对所属 14 个二级单位领导干部贯彻执行元旦、春节廉洁自律情况进行了专项监督检查，没有发现违反廉洁自律规定的情况。（佘松亮）

【开展成本管理专项效能监察】 2009 年 5 月，广远纪委转发了中远集团《关于转发〈关于开展企业成本管理效能监察的通知〉的通知》，并对广远所属单位物资设备采购、废旧物资处理、基建工程、船舶燃油采购、运费回收、租船业务、应收账款以及日常生产、非生产性费用支出等方面开展成本管理专项效能监察，及时发现和整改存在问题，促进企业规范管理，堵塞漏洞，降低成本，提高效益。广远纪委经对 31 个工程、物资设备采购项目招投标活动进行监督，招标金额共 12364.51 万元，直接节约成本 255.42 万元；协助海运公司和中远南方收回民营企业浙江造船有限公司新厂长拒付的"大鹏湾"轮保修欠款 74.9 万元；督促金桥学院收回应收账款租金 5.75 万元。（佘松亮）

【开展内部消费效能监察，促进广远各单位抱团取暖】 2009 年 6 月，广远纪委成立 3 个检查组分别对中远远达、供应公司等广远 9 个下属单位进行内部消费专项检查，从船舶修理、物料供应、通导修理、油漆、培训和业务招待费 6 个方面，检查同等优先使用广远系统内单位提供的产品和服务的情况，以及提供内部消费产品或服务单位的服务水平、质量、价格和服务保证承

诺等情况。检查结果表明：中远远达、供应公司等9个单位执行广远内部消费情况良好，广远纪委开展的内部消费效能监察见成效。通过检查，进一步强化了广远一盘棋的大局意识，推动广远各单位的通力合作，积极推进内部消费，促进了企业降本增效。（佘松亮）

【加强对财务管理、资金管理的监督检查】 2009年，广远纪委加强对广远各单位企业财务管理、资金管理的监督检查，重点检查财务规章制度是否健全、是否合法合规；检查业务操作流程是否涵盖重要经营业务活动、是否规范和具有操作性；检查财务制度是否落实，有否设置账外账、“小金库”，大额度资金调动和使用是否符合“三重一大”有关规定。从检查情况来看，广远各单位财务规章制度比较健全，贯彻执行财务法规和制度规定较好，财务管理比较规范，对自查和检查中发现的问题和风险，能高度重视，认真整改。是年，广远纪委通过监督检查促进了企业进一步完善财务制度，堵塞管理漏洞，加强了成本控制和资金风险防范。（佘松亮）

【加强对“三重一大”的监督检查】 2009年，广远纪委加强对广远各单位执行“三重一大”集体决策制度情况的监督检查，检查各单位在人事、财务、基建房地产项目、物资采购、合同管理等业务中执行“三重一大”规定的情况，重点是“三重一大”论证的科学性、决策的合法性、操作的规范性和手续的完备性。全年共抽查了4项重大决策、6个重大项目、32名中层以上管理人员的任免、60笔共20848.34万元的大额度资金调动和使用情况。从检查情况来看，绝大多数单位按规定程序规范操作，未发现违反“三重一大”制度问题。广远纪委在检查中，针对一些单位存在制度不完善等问题，督促其及时整改，进一步强化了企业内控监督和风险管理。

（佘松亮）

【开展治理商业贿赂的监督检查】 2009年，广远纪委认真贯彻中共中央《关于深入推进治理商业贿赂专项工作的意见》、《关于严格禁止利用职务上的便利谋取不正当利益的若干规定》，深入开展治理商业贿赂的监督检查，重点对广远所属企业改制重组、产权转让、工程项目招投标、工程款结算、备件物料采购、买卖修造船、租船揽货、资金管理、选人用人、学校招生、房屋销售和出租等容易发生商业贿赂问题的关键业务、关键环节进行排查，并针对存在的薄弱环节制订强化制度、教育和监督的措施，并认真进行整改。是年，广远纪委开展的治理商业贿赂的监督检查取得了较好成效，从源头上防范了商业贿赂行为的发生，保障了企业依法依规经营和健康发展。（佘松亮）

【加强对工程建设项目的监督检查】 2009年，广远纪委对建设实业等5个单位的31个工程项目招投标活动进行监督检查，审阅并督促修改招标文件31份，基建、装修工程、采购经济合同31份，招标金额共12364.51万元，直接节约成本255.42万元。（佘松亮）

【加强对广远新办公大楼——广州远洋大厦建造的监督】 2009年，广远纪委加强对广远新办公大楼——广州远洋大厦建设项目的监督。该项目管理领导小组、监督领导小组以及效能监察、审计监督两个专项工作小组，每月召开会议听取具体监督工作情况汇报，协调解决工作中遇到的问题。效能监察专项工作小组密切配合审计监督专项工作小组，根据监督方案及配套的10项工作管理制度切实履行职责，加强对广远新办公大楼——广州远洋大厦21个工程项目的招投标活动及施工现场的监督，检查督促建设、施工和监理3方的现场管理人员是否履行监管职责，监督检查是否遵守《国有企业领导人员廉洁从业若干规定》和廉洁承诺。是年，广远纪委通过监督，有效控制了该项目建设成本，确保该项目的顺利进行，防止了违法违纪违规行为的发生。 （佘松亮）

【进一步规范案件查办工作】 2009年，广远纪委组织本部纪检监察人员认真学习《关于省直机关案件质量检查情况的通报》，进一步理解“事实清楚，证据确凿，定性准确，处理恰当，手续完备，程序合法”的办案要求的内涵，树立科学执纪、依纪依法办案的理念，强化办案质量意识，进一步完善了立案、调查、审理、处分等方面的程序和手续，认真审核证据，准确把握定性，规范案卷归档工作，部署开展案例警示教育，堵塞漏洞，充分发挥查案的治本功能，促进了广远案件查处工作的规范化和程序化建设。 （佘松亮）

【依法依纪做好信访和案件查办工作】 2009年，广远纪委依法依纪做好信访和案件查办工作，积极协调解决信访反映的问题，严惩违法违纪行为，做到有案必查、查案必实，有错必纠、纠错必果，维护党员和群众的合法权益、党纪政纪的严肃性和企业的和谐稳定，尽可能为企业挽回经济损失。同时，广远纪委定期上报信访工作分析报告和查办案件工作报告，及时掌握信访举报反映的倾向性、苗头性，有针对性地采取防范措施，消除隐患；及时编发案例剖析材料，以查促教，以查促纠，以查促建，堵塞管理漏洞，发挥案件检查的治本功能，提高源头防治腐败的能力，使案发率逐年呈现下降态势。是年，广远纪委共受理信访举报6件，了结6件，了结率为100%；接到上级转来信访3件，了结2件；受理初核6件，办结6件，办结率为100%；立案1件，结案1件，党纪处分1人，挽回经济损失54.8万元。

（佘松亮）

【加强纪检监察审计队伍自身建设】 2009年6~11月，广远纪委以开展“做党的忠诚卫士、当群众的贴心人”主题实践活动为契机，切实加强广远各级纪检监察审计机构队伍建设，促进纪检监察审计监督工作上新水平。广远纪委开展的主题实践活动，分学习教育、对照检查、问题整改和巩固提高四个阶段。通过活动，广远纪检监察审计机构人员深入查找和解决在思想观念、工作思路、工作作风、工作效率、工作质量、廉洁自律和履职能力等方面存在的不适应科学发展观要求的问题，不断提高纪检监察审计干部队伍整体素质和工作水平。与此同时，广远纪委还着力建立健全业务操作流程和经营管理监督制度，完善自身建设长效机制，促进纪检监察审计队伍自身建设及纪检监察审计工作的科学化、制度化和规范化。是年，广远各级纪检监察审计机构开展主题实践活动举办培训班

(研讨班) 28 期，组织专题调研 28 次，形成调研报告 16 篇，征求意见和建议 109 条，查找和整改突出问题 39 个，没有发现纪检监察审计人员违纪、违规问题。

（余松亮）

审计监督

【内部审计工作】 2009 年，监督部/审计部按照中远集团规定离任必审的原则，调整了工作计划及审计重点，以经济责任审计为基础，向内控审计、管理审计和风险审计延伸，充分发挥内部审计对规范企业经营管理的作用。如对通导公司原总经理离任审计的同时，重点关注企业内部控制、经营管理的风险情况；对中远航运原首席执行官进行离任审计时，结合船队结构调整、船员管理、内部控制和风险管理等问题，提出企业可持续发展的意见和建议；对境外的天星公司在财务收支及经营核算风险方面提出了合理化审计建议。

（利惠玲）

【做好“关键点”和“风险点”的审计工作】 2009 年，监督部/审计部结合应对国际金融危机工作的需要，把主要精力和力量投入到对影响生产经营较大的方面，重点加强了对内部控制的“关键点”和“风险点”，特别是船舶退役出售、税务风险、船舶厂修、金融衍生品、物品采购、船舶租赁、工程建设招投标、房地产销售等重点业务和领域的审计。如在税务风险方面，对天星公司审计时，注意到由于实行了新税法，广远以境内外企业关联交易的方式降低税费的操作模式存在较大的税务风险，有针对性地提出了改变注册地、建立新的境外船舶经营管理平台的建议。天星公司在广远相关职能部门的共同努力下，初步完成了新平台的建设，有效地减少了税务成本和风险；在船舶退役出售的审计中，发现广远部分下属公司按照拆解船的习惯做法，将船存燃油和伙食物品等随船清理，未进行折价出售的问题，提出了应当完善船舶退役出售的相关规章制度，合理安排船舶退役前的物资采购，争取将多余物资合理回收或折价出售等多项审计意见，对规范船舶退役出售操作，防止国有资产的流失发挥了积极作用；在对航运企业租船业务审计中，发现福建捷安在船舶租赁交接过程中，因对船存燃油处置不当，导致产生较大经济损失的问题。对此，广远领导高度重视，行政“一把手”作出批示，责成落实整改，防止了此类问题再度发生。是年,监督部/审计部就发生问题的根源进行了调查研究，并制定了完善的操作细则和标准合同范本，督促广远所属各企业严格落实，确保了国有资产的安全保值。

（利惠玲）

【加强沟通配合，发挥监督资源的整体优势】 2009 年，监督部/审计部按照中远集团“大监督格局”的要求，加强同纪检监察人员的沟通协调，注重吸取和运用来自纪检监察等方面的信息和资源，增强监督整体效果，帮助广远所属各企业及时发现问题和解决问题，得到了被审计单位的理解和支持。特别是在广远新办公大楼——广州远洋大厦项目建设的过程中，监督部/审计部一方面协调审计与纪检监察人员的配合，延伸监督网络，形成合力效应，提高“大监督格局”的整体效能；另一方面又严格遵守内部审计的独立性原则，坚持以客观公正的态度开展审计工作。是年，广远纪委由于发挥了监督资源的整体优势，有效地促进了广远的廉政建设。

（利惠玲）

【强化事前和事中的审计，规范经营管理】

2009年，监督部/审计部将审计关口前移，将事前、事中、事后审计相结合，注重事前和事中审计；为配合广远改革的需要，审计人员积极参与广远各重点项目的可行性研究，对各种方案和建议进行经济分析和论证，提出意见和建议，供广远决策部门参考；在广远新办公大楼——广州远洋大厦工程建设过程中，监督部/审计部一直以贴身服务的方式保持跟踪审计，分别于事前和事中对多个项目进行全面、综合审查、分析和评估，并及时提出改进意见，使该项目进展顺利，保质保量，取得了良好效果。（利惠玲）

【强化“三性”审核，促进机务管理制度进一步完善】 2009年，监督部/审计部船舶机务管理审计工作在加大效益审计的同时，把机务管理内控制度的审计摆在了第一位，突出了船舶机务管理制度及机务管理审计制度的“三性”（符合性、可行性、有效性）的审核，促进了广远系统内船舶机务工作流程、机务审计制度的不断修订完善，充分发挥了机务管理审计对生产经营管理的服务作用，提高了机务管理审计工作的规范性。（利惠玲）

【全面深入开展基建审计】 2009年，监督部/审计部积极有效地开展基建审计工作。基建审计以提高投资效益和预防腐败为目标，以精益管理理念为指导，以强化事前控制为主线，帮助和督促广远各单位完善项目管理，并紧紧围绕工程招投标、施工合同签订、重大设计变更和主要材料设备采购等关键环节，不断创新招标模式，加大对投标单位的考察力度和对工程招标文件的审核力度，优化评标小组结构，提高评标办法的有效性，严格重大设计变更审批制度，打破材料设备采购工作的瓶颈，提升企业内部风险控制能力。是年，监督部/审计部强化“三性”审核，加强了对广远基建项目的质量控制、成本控制、进度控制，做到防患于未然，切实维护了企业的利益。（利惠玲）

【配合中远集团开展工程招投标管理和安全管理审计】 2009年4月20~24日，中远集团审计组对广远2007~2008年开展工程招投标管理和安全管理审计。对此，广远领导高度重视，安排了监督部/审计部主管人员积极配合，从而确保了中远集团审计工作的圆满完成。5月21日，监督部/审计部组织召开了“远洋宾馆工程招标和安全管理工作专题研讨会”，与会人员根据中远集团审计组抽查远洋宾馆3楼餐厅装修工程后提出的8点意见和关于远洋宾馆今后工程招标及安全管理工作方面的建议，深入分析远洋宾馆以往工程操作过程中存在的不足，认真研讨远洋宾馆工程实施面临的实际困难和解决方法,并在远洋宾馆2009年的改造项目中认真贯彻中远集团审计意见，组织公开招标，办妥施工许可证和消防报建手续，确保项目建设合法合规。

（利惠玲）

【编报航运企业运输收入内控审计操作流程】 2009年，监督部/审计部认真贯彻落实中远集团监督部关于“对航运主业收入的内控审计实施进行研究，编写运输收入内控审计操作流程”的部署，成立了流程编写专项工作小组，结合开展审计工作，集中骨干力量，深入广远所属多家航运企业，与财务、业务和商务人员进行了研讨，在中远集团监督部副总经理梁冠球的现场指导下，按时完成了散杂货运输收入内控审计操作流程的编制和上报工作。这一套运输收入内控审计操作流程突出广远特色，具有很强的操作性和创新性，为提升广远航运领域的审计和内控管理水平奠定了良好基础。（利惠玲）

【制订下发经济责任审计工作办法】 2009年，监督部/审计部按照中远集团经济责任审计工作办法的要求，结合广远的实际情况，修订下发了《广州远洋运输公司经济责任审计工作办法》，扩大了审计工作的覆盖面，提高了审计工作的规范性。

（利惠玲）

【将管理审计向新造船领域拓展】 近年来，广远投入大量资金建造新船30多艘。船舶建造属重大投资项目，而广远内部审计2009年前从未涉及到对新造船工程项目建造过程的审计。2009年，监督部/审计部根据造船市场变幻莫测，实施审计所涉及的面非常广泛和复杂，建造过程是否规范，成本和质量能否得到有效控制，均对航运企业的经济效益和可持续发展有着直接影响的实际情况，对广远新造船舶进行了内部审计尝试性的探索，积累了经验，为下一步造船审计工作的开展打下了良好的基础。（利惠玲）

监事业务管理

【监事业务管理工作概况】 2009年，广远派出的专职和兼职监事，认真履行工作职责，充分发挥其监督管理作用，坚决贯彻执行广远的投资意图，通过参加投资企业有关会议或其他活动，掌握各投资企业的经营管理情况。同时还积极参与广远组织的相关监督检查工作，加大了对所派驻企业的监督管理力度。是年，广远派出监事通过监事会会议或列席董事会会议，从经营管理、安全稳定、廉洁从业、企业效益等方面，实事求是地向所派出企业提出意见和建议共20项（其中，提出存在问题的意见12项，解决问题的建议8项），促进了投资企业规范经营与健康发展。

（池锡锋）

【编发信息简报】 2009年，监督部/审计部依照实用性、可读性的原则向广远派出监事编发了《广远监事业务与管理》信息简报4期，约15000字。简报根据派出监事的业务需要，刊登了“财务管理在企业发展中的目标”、“管理者财会基础知识”等内容，使派出监事在了解广远以及中远集团有关监事业务管理信息的同时，进一步学习并掌握有关财务会计方面的监事业务技能，不断提高监督管理水平。

（池锡锋）

第三节　工会工作

【中国海员工会广州远洋运输公司委员会简介】 中国海员工会广州远洋运输公司委员会（以下简称广远工会），隶属于中国海员工会中国远洋运输集团委员会，同时隶属中国海员工会广东省委员会属地化管理。广远工会在广远党委和上级工会的领导下，贯彻执行党的路线方针政策，依照《工会法》开展工作。主要职责是履行工会组织维护、参与、建设、教育四大职能，搞好民主管理、民主监督，积极组织职工参政议政，代表和维护职工民主权利；负责广远职代会、工代会的组织筹备以及闭会期间的日常工作；负责组织对职工进行思想政治、道德法制等教育，协助有关部门做好职工素质提升工作；负责组织职工开展群众性的劳动竞赛、合理化建议活动；监督检查国家有关劳动保护、安全技术、职工卫生等法律、法规、条例的贯彻执行情况，维护职工的合法权益；组织会员广泛开展健康有益的文体活动，积极配合有关部门搞好职工的生活福利，负责困难职工的帮扶工作，帮助困难职工解决实际困难；组织开展建设“职工之家”活动，增强企业凝聚力和向心力；指导和参与做好职工工伤、死亡事故的调查和善后处理工作，以及劳动争议调解工作，维护企业和谐稳定；负责广远工会的组织建设，发挥广远基层工会组织的作用，发展工会会员，努力加强职工队伍建设。

广远工会管辖 14 个基层工会，会员 8313 人。其中，女会员 704 人。广远工会委员 21 人，常委 9 人，经审会员 3 人。广远工会设办公室。

时任工会主席马宗梅（兼），副主席符雄，办公室主任蔡兆聪。员工 5 人。

（蔡兆聪）

【广远工会工作概况】 2009 年，广远工会在广远党委和广东省总工会、省海员工会、中远集团工会等上级工会的正确领导和关心支持下，全面实践科学发展观，积极面对国际金融危机给企业带来的严重影响，紧紧围绕安全、效益、稳定、和谐这一中心，以落实“组织起来，切实维权”工作方针为重点，在维护职工合法权益、调动职工积极性与企业共渡时艰，促进企业增创效益、保障安全和维护稳定等方面充分发挥工会的作用，企业双文明建设取得较好的成绩。工会主席马宗梅被授予“全国优秀工会工作者”、“全国五一劳动奖章”等光荣称号，吴志刚被授予“中央企业劳动模范”荣誉称号，中远远达工会被授予“广东省模范职工之家”光荣称号。

（蔡兆聪）

综合协调

【办公室简介】 办公室主要职责是负责广远工会文秘、督办、协调、信息、信访、调研、财务等工作；负责定期组织召开广远工会工作会、工会全委会、工会常委会、年度（年中）工会总结会议；负责汇集整理有关信息和编辑出版《广远工会信息》刊物，为企业工会和领导决策提供参考意见和依据；负责对外来公文和广远、基层工会公文的接收、流转、管理和归档；协调工会内外、上下之间的各种工作关系，确保工会各项工作顺利进行；负责指导广远各基层工会工作，帮助新建企业组建工会组织和日常工会组织建设工作；负责广远职工代表大会、工会会员代表大会的筹备，指导广远各基层工会召开职工（代表）大会和工会会员（代表）大会；负责筹备召开广远职代会联席会议；负责企业民主管理、企（船）务公开的日常工作和开展调研活动；组织职工代表对职工（代表）大会决议的落实和集体合同履行情况的巡视检查；指导广远各基层工会开展创建“职工之家”活动；结合形势任务，围绕企业中心工作，运用有效的载体和方法，加强职工宣传教育、文化体育，推进职工素质工程建设；负责组织职工开展劳动竞赛、合理化建议、岗位技术练兵活动；指导检查广远各基层单位、船舶开展工会劳动保护工作；参与调查处理广远职工工伤、死亡事故，协调处理职工死亡善后抚恤工作；参与调解劳动关系，维护企业和谐稳定；组织评选先进集体和个人；实施送温暖工程，关心职工生活，对困难职工进行各种帮扶、补助；组织开展职工疗休养活动；协助广远女工委开展工作。时任办公室主任蔡兆聪。员工4人。 （蔡兆聪）

【办公室工作概况】 2009年，办公室制订下发了《广州远洋运输公司工会2009年工作要点》，对广远工会全年的工作进行了部署；协助广远工会领导组织召开了广远工会八届九次全委会暨2009年工作会、广远工会八届七次常委会；配合做好广远第十二届四次职代会的各项筹备工作；认真做好广远“拼搏杯”职工登山比赛、广东省海员系统首届《工会论坛》、广远安全文化作品表演总决赛等活动以及送温暖、慰问活动的组织工作；认真做好各项工会财务预决算工作；组织召开了工运理论研讨会暨工会信息工作会，传达了中远集团政研会和广远政研会精神，总结部署了工会信息工作和工运理论研讨工作，表彰了一批工会信息工作和工运理论研讨工作先进集体和个人；编辑出版6期《广远工会信息》、12期《广远工会信息》电子版，增强了信息的时效性，加强工会信息的沟通交流。 （蔡兆聪）

【信息工作受广东省海员工会表彰】 2009年1月，广东省海员工会表彰了一批2008年度信息工作成绩突出的单位和个人。广远工会获“广东省海员工会信息工作先进单位”称号，米军喜获“广东省海员工会信息工作先进个人”称号。 （米军喜）

【表彰工会信息工作先进单位和优秀信息员】 2009年1月，广远工会表彰了一批工会信息工作先进单位和优秀信息员。其中，中远航运工会、供应公司工会、物业公司工会、通导公司工会、“常发口”轮工会、“瑞昌海”轮工会等6个单位被授予广远2007~2008年度“工会信息工作先进单位”称号；王雷、具石华、练锦荣、吴江波、郭铁兵、许声旺、周幸忠、李智敏、韩列艺、尹志刚等10名职工被授予广远2007~2008年度“优秀信息员”称号。

（米军喜）

【表彰优秀工运理论研讨论文作者】 2009年1月26日，广远工会组织评委对收集的论文进行了评审，评选出一等奖1名，二等奖3名，三等奖6名，在广远工运理论研讨年会上进行了表彰。二年来广远工会积极开展工运理论研讨活动，得到了下属各级工会组织、理事及广大工运理论爱好者的积极响应，纷纷撰写富有研究价值的工运理论文章。活动共收集论文29篇，内容涉及企业经营管理与安全生产、职工队伍建设、思想政治工作、工会建设等方面。

（米军喜）

【召开工会八届九次全委会暨2009年工作会】 2009年2月14日，广远召开工会八届九次全委会暨2009年工作会。第八届工会委员会、经审委委员，各全资及控股企业工会主席、副主席及工会负责人、广远本部工会全体人员共30多人参加了会议。会议由工会副主席符雄主持。会议回顾总结了2008年工会工作，对2009年工会工作作了部署；通报了中远集团工会关于调整广远工会八届委员会部分委员的批复；表彰奖励了一批达标模范工会、达标先进工会。工会主席马宗梅在会上作了讲话，对工会干部提出了新的要求。

（米军喜）

【2家企业工会和5名工会干部受中远集团表彰】 2009年2月26日，中远集团召开2009年工会工作会议。会上，中远集团工会表彰了一批“模范职工之家”、“优秀工会工作者”。中远航运工会、远洋宾馆工会获中远集团“模范职工之家”称号，符雄、黄雁、吕英翼、黄爱军、周仪章等5名工会干部获中远集团“优秀工会工作者”称号。（米军喜）

【广远代表队在中央企业职工技能大赛中取得优异成绩】 2009年9月16~18日，由国资委和人力资源和社会保障部联合举办的2009年中央企业职工技能大赛船舶水手、船舶机工决赛，在青岛船员学院举行。来自全国的18支代表队、97名选手参加了决赛。国资委副主任、党组成员黄丹华，山东省委常委、青岛市委书记阎启俊，山东省副省长李兆前，中远集团党组书记张富生等领导莅临现场指导并观摩了比赛。广远派出由马朝辉、陈赞金、吴禄伟、何鹏辉、黄红亮、梁仕慧6名选手组成代表队参赛。在强手如林的比赛中，广远代表队沉着应对，勇于拼搏，夺得了3枚金牌、2枚铜牌。其中，水手项目，马朝辉获金牌，陈赞金获铜牌；机工项目，何鹏辉、黄红亮获金牌，梁仕慧获铜牌。本次大赛设10枚金牌，中远集团7支代表队共夺得6枚。在18支代表队中，广远代表队夺取金牌最多，其卓越表现和突出成绩，得到了中远集团和上级领导的高度赞扬。

（米军喜）

【一批优秀论文在广东省海员系统评比中获奖】 2009年3月12日，广东省海员系统工会表彰了一批优秀工运论文。其中，广远工会主席马宗梅撰写的《浅谈工会在构建和谐企业中的作用》获一等奖、广远工会副主席符雄撰写的《新形势下企业工会加强维权的思考》获二等奖；中远航运工会撰写的《股份制企业工会工作探索》和中远航运戴世华撰写的《如何做好船舶工会劳动保护监督工作》获三等奖。

（米军喜）

【马宗梅获“全国五一劳动奖章”】 2009

年9月1日，中华全国总工会表彰一批全国优秀工会工作者，并给部分全国优秀工会工作者授予“全国五一劳动奖章”荣誉称号。广远工会主席马宗梅被评为“全国优秀工会工作者”，并被授予“全国五一劳动奖章”称号。马宗梅还出席了9月1日召开的全国优秀工会工作者表彰大会暨先进事迹报告会，得到中共中央政治局委员、全国人大常委会副委员长、中华全国总工会主席王兆国和中华全国总工会副主席、书记处第一书记孙春兰的亲切接见。

（米军喜）

【工会财务获广东省海员工会财务会计工作竞赛特等奖】 2009年，广东省海员工会在省海员系统开展工会财务工作竞赛活动。广远工会认真按照广东省海员工会的总体要求，克服国际金融危机带来的影响，出色地完成了广东省海员工会下达的工会经费收缴任务，工会经费管理规范，工作水平有新的提升。经考核，广远工会财务被广东省海员工会评为工会财务会计工作竞赛特等奖。（米军喜 关雨标）

【表彰、奖励参加中央企业职工技能大赛获奖者】 2009年9月21日，广远工会举行庆功宴会，表彰、奖励参加中央企业职工技能大赛的参赛选手和有关人员。总经理徐惠兴，工会主席马宗梅，中远航运CEO韩国敏、副总经理郭福祥和参赛选手以及金桥学院负责人、各项目组培训老师及教练、组委会成员共40人参加了庆功会。宴会由工会副主席符雄主持。在庆功宴会上，马宗梅介绍了广远组队培训、选拔选手、参赛过程、比赛成绩及奖励办法；广远领导和中远航运高管向获奖选手、各培训项目小组颁发了奖金，并向全体选手敬献了鲜花。水手马朝辉代表参赛选手在会上作获奖感言。在会上，韩国敏讲了话，对选手们提出了要求；徐惠兴作总结发言，感谢工会、中远航运、金桥学院等单位的有效组织、大力支持和积极配合，感谢各位参赛选手的刻苦训练，在大赛中沉着应战，顽强拼搏，取得了优异成绩；徐惠兴还指出，这次参赛充分展现了广远职工良好的精神面貌和高超技能水平，为广远争了光、争了气。（米军喜）

【召开参加中央企业职工技能大赛总结会】

2009年10月16日，广远工会组织召开广远参加中央企业职工技能大赛工作总结会。参加中央企业职工技能大赛领导小组成员、工作小组成员20多人参加了会议。会议由领导小组成员、中远航运船员管理部党委书记林耀强主持。领导小组成员、工会副主席符雄在会上回顾了广远组队参加技能竞赛的情况，总结了好的做法、好的经验，实事求是地指出存在的薄弱环节。会议充分肯定了广远代表队取得的成绩，指出广远代表队在中央企业船员技能大赛中取得了3金2铜的优异成绩，为中远航运、为广远、为中远集团争了光、争了气，为广大船岸职工树立了榜样，充分展示了船员的良好精神面貌和高超技能水平，展现了船员队伍素质建设的成果。在会上，工会主席马宗梅作了讲话，对进一步做好船员技能培训工作提出了具体要求。

（米军喜）

【马宗梅参加广东省工会第十二次代表大会并再次当选广东省工会委员会委员】

2009年11月23日，广东省总工会召开第十二次代表大会。广东省总工会主席邓维龙代表省总十一届委员会在大会上作了工作报告。880名工会代表出席了本次大会。广远工会主席马宗梅、中远航运业务经理王叶红出席了广东省工会第十二次代表大会。马宗梅获全票通过，再次当选广东省工会第十二届委员会委员。

（米军喜）

【广远机关工会表彰一批先进集体和个人】 2009年12月3日，广远机关工会表彰一批在机关工会工作方面取得显著成绩的先进集体和个人。其中，党工部工会、监督部/审计部工会、人力资源部/组织部工会被授予“先进部室工会”称号；总经办机要行政工会小组、航安部安全管理工会小组、财金部业务核算工会小组、发展部资本运营单元工会小组、岸产事业部企管部工会小组、广远本部工会小组、房改办工会小组、信息中心软件项目开发工会小组被授予“先进工会小组”称号；张敏仪、曾晓平、梁玉春、杨小桦、关雨标、林树元、谭任经、佘松亮、蔡主清、吴卫青、董穗、李江云、伍英华、陶宏江等工会会员被授予“优秀工会积极分子”称号。

（关雨标 米军喜）

【召开工会八届七次常委会】 2009年12月18日，广远工会召开八届七次常委会。会议总结了2009年工会工作，对2010年工会工作进行了部署。会议听取了暂缓召开广远十三届一次职代会、九届一次工代会等工作的情况说明；会上，工会主席马宗梅对进一步做好2010年工作提出了具体要求。广东省总工会领导肖建葵，广东省海员工会主席卢晓露莅临会议指导，并在会上作了指示。

（米军喜）

【获广东省海员系统工会重点工作考核优秀单位】 2009年，广远工会认真贯彻科学发展观，坚持为职工服务，为党政分忧，为企业和谐发展出谋献策，在认真履行工会各项职能，促进各项工作不断发展等方面取得了显著成绩。是年，广远工会被广东省海员工会评为“2008年度省海员系统工会重点工作考评优秀单位”。

（米军喜）

【徐惠兴获“南粤杰出劳模”提名奖】 2009年，中共广东省委宣传部、广东省总工会、南方报业传媒集团、南方广播影视传媒集团联合开展“南粤杰出劳模”评选活动。“南粤杰出劳模”评选活动起点高、要求严、竞争激烈，参选者必须是1949年新中国成立以来广东省获得省部级以上劳模人员才有资格参评，全省提名60名。在广东省主流媒体上宣传其事迹，最后采取网络投票和手机短信投票等方式，评选出30名杰出劳模。广远总经理徐惠兴获得“南粤杰出劳模”提名奖。

（米军喜）

【符雄被评为广东省工会干部培训先进个人】 2009年，广东省总工会表彰了一批工会干部培训工作先进集体和先进个人。广远工会副主席符雄榜上有名。

（米军喜）

【吴志刚获“中央企业劳动模范”称号】 2009年，国家人力资源和社会保障部、国资委联合表彰了中央企业一批先进集体和授予中央企业一批先进人物“劳动模范”

称号。中远航运轮机长吴志刚被国家人力资源和社会保障部、国资委联合授予“中央企业劳动模范”称号。（蔡兆聪）

民主管理

【召开第十二届四次职代会】 2009年1月11~13日，广远召开第十二届四次职代会。152名正式代表、16名特邀代表、19名列席代表参加了会议。广远本着精益管理、节约成本的原则，将2009年工作会、思想政治工作会和安全生产工作会与职代会合并召开，会议仅用了2天时间就圆满完成了大会各项议程。

大会传达了中远集团2009年工作会、安全工作会精神，并结合广远的实际提出了贯彻意见；会议听取了职工提案工作报告；对企业2008年的经营管理、安全工作以及思想政治工作等方面情况进行了回顾总结，充分肯定取得的成绩，实事求是地指出存在问题和不足，并对2009年工作进行全面部署，提出坚持“生产经营和资本经营并重”的双轮发展战略和“整体规划，分步实施”的资本经营思路；对企业领导班子和领导成员进行了民主评议。经民主测评，5名企业领导的评好率均超过99%，领导班子的测评内容平均评好率达99.65%。其中，政治素质、经营业绩、团结协作三项测评内容评好率均为100%。此外，大会还表彰了一批双文明建设先进单位、先进集体、“文明示范”窗口和先进个人。广东省总工会党组成员、纪检组组长肖建葵，广东省海员工会主席卢晓露，广州市交通委员会副主任颉亚林等领导莅临大会指导，对大会的召开表示热烈祝贺，对广远2008年工作给予充分肯定。中远系统有关兄弟公司，企业部分船舶、船员家属联络站向大会发来了热情洋溢的贺电。会上，与会代表向广远全体船岸职工发出了《倡议书》。（米军喜）

【职代会代表巡视团深入基层巡视检查】

2009年10月26日至11月3日，由广远工会牵头组织的广远第十二届四次职代会代表巡视团一行14人，对广远下属航运企业、岸产企业以及部分船舶进行了巡视检查。为保证巡视检查工作顺利开展，帮助各单位解决实际问题，巡视前广远工会专门下发了巡视专题征集通知，事先了解各单位职工集中反映的问题，并组织巡视团成员进行培训。从巡视检查情况来看，虽然国际金融危机导致了企业经营效益下滑，但职工队伍思想总体稳定，职工更加关心如何增强应对国际金融危机能力，实现企业的可持续发展；各单位在全力拼搏效益的同时，对安全管理工作丝毫不放松，坚持把安全工作作为企业头等大事来抓，牢固树立安全就是效益、安全就是稳定的思想，将安全工作的各项要求真正落实到实际工作之中，各单位的发展情况良好。

（米军喜）

【表彰第十二届四次职代会优秀职工提案】

2009年，广远第十二届四次职代会职工提案的征集、审理工作取得了较好成绩，共征集到职工提案183项，确认有效提案183项。内容涉及经营管理、安全工作、船舶管理、队伍建设等方面的提案占总数的60%。这些提案对广远的发展战略和企业竞争力的提升提出了许多很好的建议。经企业职工提案审理工作委员会审核、评选，最终评选出职工优秀提案13项，并对

获选优秀提案的提案人给予通报表扬和奖励。（米军喜）

组织宣传文体

【召开文体协会五届七次理事会】 2009年3月5日，广远文体协会召开第五届七次文体协会理事会。文体协会第五届理事会成员，文体协会各分会会长、副会长、秘书长40人参加了会议。会上，工会副主席、文体协会常务副会长符雄向理事会汇报了企业文体协会2008年工作情况，对文体协会2009年的工作和广远成立48周年庆典系列文体活动进行了部署。会议还审议通过了2009年企业文体协会各分会活动经费使用方案，表彰了一批在2008年度工作突出的分会和优秀会员。（米军喜）

【“拼搏杯”职工登山比赛取得圆满成功】 2009年4月25日，广远工会在广州白云山举行以“树信心，拼效益，保稳定，促发展”为主题的“拼搏杯”职工登山比赛活动，这是庆祝广远成立48周年系列活动的主体赛事。比赛项目分5人登山接力赛和个人单项登山赛，共有400多名职工参与，参与人数是广远历史上较多的一次。参赛选手在比赛中表现出不怕苦、不怕累，团结拼搏、力争上游的可贵精神。登山比赛达到了鼓舞人心、激励人心、凝聚人心的目的。（米军喜）

【举办作品创作研讨会】 2009年10月11日，广远海洋文学分会与文体协会联合举办广远海洋文学暨安全文化作品创作研讨会。海洋文学部分骨干、安全文化作品部分作者30人参加了会议。在研讨会上，海洋文学分会回顾和总结了2009年工作，对2010年的工作进行了布置。会上，通报了参加企业安全文化作品评选、编辑等情况。工会副主席符雄在会上作了讲话，对海洋文学分会今后的工作提出了具体要求。（米军喜）

【马宗梅等八人获广东省职工艺术家称号】 2009年10月，广东省总工会、广东省文联共同主办广东省“职工艺术家”评选活动。马宗梅、黄森民（书法类），米军喜、管升（文学类），许耀启（音乐类），陈献平（摄影类），林子伟（美术类），刘绍杰（收藏类）等8名职工被授予广东省“职工艺术家”荣誉称号。（米军喜）

【举办工会干部业务培训班】 2009年11月6日，广远工会结合学习贯彻中共十七届四中全会精神，举办了工会干部业务知识培训班。培训班特邀广东省总工会干部学校副校长李晓明讲授如何做好企业工会工作，更好地为企业服务、为职工服务。广远工会委员、专职工会干部、广远本部各部室工会主席、广州地区广远各全资和控股企业工会委员以及分管工会工作的负责人共50多人参加了培训。（米军喜）

【调整工会第八届委员会部分成员】 2009年，由于广远工会第八届委员会部分委员工作的变动，为完善工会组织结构，更好地履行工会职责，根据《中远集团工会工作规则》第10条“工会委员会和经费审查委员会组成人员实行替补制”的规定，经广远党委和工会八届八次常委会审议通过，报中远集团工会批复，对广远工会第八届委员会部分成员进行了调整，增补佟文华、廖伟文、吕英翼3名职工为广远工会第八届委员会委员，佟文华为广远工会第八届委员会常委，郭智谋为广远工会第八届经费审查委员会主任。（米军喜）

【开展庆国庆60周年文体活动】 2009年国庆前夕，广远工会开展了一系列庆祝中华人民共和国成立60周年的群众性文体活动，主要有：1. 广泛深入开展“职工读书”活动，组织开展《做一名懂得感恩的员工》读书有感活动，并充分发挥互联网的优势，使互联网成为职工学习知识，了解国家以及企业改革发展成就，表达对党和国家热爱之情的重要平台；各基层单位还开展了读《做一名懂得感恩的员工》、写一篇读书心得活动，以提高职工的综合素质，增强企业的凝聚力和向心力。2. 广泛开展爱国主义教育活动，如庆祝中华人民共和国成立60周年升国旗仪式、好歌大家唱、制作下发优秀革命歌曲光盘、组织观看爱国影视剧《建国大业》等。通过这一系列活动，激发了职工爱国主义感情，进一步增强职工战胜国际金融危机的决心和信心。

（蔡兆聪）

生产劳保和送温暖

【魏家福新春率团慰问广远员工】 2009年1月17~20日春节前夕，中远集团总裁魏家福率领由中远集团总裁办总经理石泽民、工会副主席陈永生、党工部副部长辛加和等成员组成的中远集团春节慰问组莅临广州，对广远及中远集团驻穗单位进行慰问。慰问期间，魏家福充分肯定了广远2008年取得的成绩，对广远下阶段的工作作了指示。

20日，中远集团春节慰问组举行中远广州地区离退休老领导新春团拜会，慰问了老领导，给老领导送上了慰问品和慰问金。魏家福在团拜会上作了讲话，通报了中远集团和广远2008年的经营生产情况，指出了广远下阶段工作的主要目标和重点。魏家福强调，中远和广远取得的每一点进步，都与老领导的支持和关心分不开，是老一代“远洋人”数十年奋斗，为中远和广远的发展打下了坚实基础。魏家福还代表中远集团领导班子，向广州地区的各位离退休老领导致以新年的美好祝愿。

20日晚，中远集团春节慰问组举行了中远驻穗单位2009年迎春团拜会。会上，魏家福作了激情洋溢的讲话，介绍了中远集团改革发展的整体形势，通报了中远集团生产经营的情况，指出在国际金融海啸的影响下，中远集团2008年仍然取得了百亿效益，进入世界500强，这是中远系统各单位共同奋斗的结果；魏家福还对各单位的工作提出了新的要求。会上广远和驻穗单位领导作了表态发言。

1月16~19日，中远集团春节慰问组看望了广远及中远系统在港船舶，对船员进行亲切慰问。此外，慰问组还慰问了患病老同志、离退休职工、劳动模范等。

（蔡兆聪）

【开展“送温暖”活动】 2009年，广远工会坚持做好经常性的“送温暖”工作，给困难职工困难补助1351人次，发放补助款724363元；发放13人次希望工程助学金7777元；发放38人次高教助学金88700元；大额救助特困职工3人共15000元。元旦、春节期间，通过寄发慰问金、上门慰问等形式，共走访慰问离退休和困

难职工965人次，慰问到港船舶33艘，发放慰问金60万元，给困难职工送去了企业的关怀和温暖。 （蔡兆聪 黄宜振）

【广远领导进行春节慰问活动】 2009年春节期间，广远领导于1月6~21日深入基层、船舶开展慰问活动，给船员职工带去新春的美好祝福。总经理徐惠兴慰问了广远退休老领导陈彰威、周锡涛、王光桢、张锡荣等；党委书记刘书田看望了离休干部李增亭遗孀周兰；副总经理翁继强看望了老领导朱汉雄遗孀孟敏；党委副书记黄继忠慰问了已故老领导周志诚的家人；纪委书记、工会主席马宗梅慰问了广远离退休干部的家属许恩霞、林文贞、康学坤和黄秀华以及退休的北归船长宁培增等。

春节前夕，广远领导还分赴各港口慰问船员。1月20~21日，副总经理翁继强在上海分别慰问了“富泉口”、“新荣耀”轮船员；1月20~22日，工会主席马宗梅在天津和青岛慰问了“乐宜”、“富文山”、“永盛”、“松山”、“闽江”轮船员。

（蔡兆聪 黄宜振）

【举办2009年迎春团拜会】 2009年1月21日，广远在远洋宾馆举办2009年迎春团拜会。广远领导、广远本部、中远远达全体职工，广远下属各全资和控股企业党政一把手、工会主席，参股企业广远方主要负责人共350人参加了团拜会。总经理徐惠兴在团拜会上致辞，指出2008年是广远丰收的一年，虽然受到国际金融海啸和航运市场下滑的冲击，但广远在中远集团的正确领导和支持下，科学经营、奋力拼搏、勇创佳绩，经营效益连续五年创历史新高，这证明广远坚定不移地以航运主业为中心，坚持发展特种船运输的道路是正确的；徐惠兴还谈到正在广州慰问的中远集团总裁魏家福对广远工作给予了充分肯定，寄予厚望，这不仅仅是中远集团对广远的信任，更是广远实现科学发展、可持续发展的内在需要，也是广大船岸职工的殷切期盼。徐惠兴致辞后，团拜会进行了精彩的文艺表演。 （米军喜）

【邓维龙莅临广远慰问指导】 2009年2月10日，广东省人大常委会副主任、省总工会党组书记、主席邓维龙率省总领导班子等一行11人莅临广远慰问并指导工作。广远总经理徐惠兴、党委书记刘书田和广远领导班子全体成员以及党工部、人力资源部/组织部、监督部/审计部、工会等职能部门负责人参加了座谈会。座谈会由刘书田主持。

在座谈会上，徐惠兴向邓维龙一行汇报了广远2008年在安全、稳定、效益三个方面取得了长足的进步，经营效益，连续5年创历史新高，精神文明取得了丰硕成果，先后获得“全国交通行业文明单位”、“中央企业思想政治工作先进单位”、“广东省创建学习型企业先进单位”和“广东省安全文化建设示范企业”等称号，广远工会被评为“全国交通建设系统工会工作先进集体”，广远帮扶中心获得“广东省工会困难职工帮扶中心工作先进单位”称号。徐惠兴还谈到2008年第4季度以来，由于受国际金融危机的影响，有的航运企业出现了较大的亏损，但广远经过努力拼搏，2008年第4季度仍然保持了较好的盈利水平。

在座谈会上，邓维龙代表广东省总工会向广远船岸职工致以亲切的慰问，对广

远2008年在经营效益、安全生产和企业稳定等各项工作上取得的成绩给予了高度评价，并对广远今后的工作提出了希望和要求。会上，刘书田作了发言，表示一定将省总工会领导的关心和厚爱转达给全体职工，作为推动广远工作的强大动力，努力实现广远新的奋斗目标。会后，邓维龙为广远题词“海缘”。（米军喜）

【肖建葵等领导莅临中远南方慰问指导】 2009年4月18日，广东省总工会党组成员、纪检组长肖建葵，广东省海员工会主席卢晓露、副主席陈小翠莅临广远下属航运企业中远南方慰问指导。中远南方召开座谈会，中远南方领导向肖建葵等汇报了生产经营等情况，以及国际金融危机给企业带来的挑战与机遇，企业积极应对取得了较好的成效。肖建葵对中远南方的工作给予充分肯定，其用16个字高度概括了中远南方的工作成效：“安居乐业，提高素质，打造品牌，创新形象。”（米军喜）

【马宗梅慰问杨庆文家人】 2009年3月14日，广东省海事局检查官杨庆文放弃休息时间，随同“海巡31”船对珠江口航道和锚地进行巡航监管。15:00，在担杆以北水域检查违法锚泊“勒达商船”号集装箱船时，由于大浪造成舷梯摇摆，直接撞向杨庆文的头部。杨庆文尽管戴有安全帽，但终因伤势过重，经全力抢救无效，不幸牺牲。

杨庆文为维护国家利益，以身殉职的先进事迹经《中国交通报》、《中国水运报》、《南方日报》、《羊城晚报》等多家媒体宣传报道后，在社会上引起了很大反响。国务院副总理张德江，交通运输部部长李盛霖、副部长徐祖远等领导批示，要深入开展向杨庆文学习活动。

4月15日，广远工会主席马宗梅带队慰问因公殉职的杨庆文的父母、广远退休双职工杨恒足、顾义萍夫妇。在杨庆文父母的家中，马宗梅对杨庆文父母说：杨庆文虽然走了，但其崇高的敬业精神，就是一笔宝贵的精神财富，值得好好学习，广远为有杨庆文这么好的职工子弟感到骄傲，广远要大力宣传杨庆文的先进事迹，让其精神鼓舞企业职工的斗志，进一步推进企业健康发展。（米军喜）

【召开劳动保护工作座谈会】 2009年5月20日，广远工会召开劳动保护工作座谈会。广远系统各航运企业工会主席、有关职能部室安全主管和部分船舶领导、工会主席、劳保检查员共40人参加了座谈会。座谈会由工会副主席符雄主持。会上传达学习了广远总经理徐惠兴在4月10日广远调度会上就预防工伤事故的讲话和广远劳动安全研讨会精神。广远航安部、中远航运、中远远达、中远南方、岸产事业部等单位在会上介绍了劳动安全工作情况，中远航运船员管理部工会介绍了船舶工会劳动保护工作情况。会上，与会代表畅所欲言，对劳动保护存在的薄弱环节进行了认真分析，对今后如何进一步搞好劳动保护工作提出了建议。会上，工会主席马宗梅作了讲话，对做好下一步工会劳动保护工作提出了具体要求。（米军喜 黄宜振）

【承办广东省海员系统首届《工会论坛》】 2009年5月26日，由广东省海员工会主办，广远和《南方工报》社共同承办的广东省海员系统首届《工会论坛》在广州远洋宾馆拉开帷幕。论坛活动以“关爱生命，安全护航”为主题。活动得到了广东省总工会、广东省安全生产监督管理局的大力支持，广东省总工会副主席张国兴，广东省总工会党组成员、纪检组组长肖建葵，广东省海员工会主席卢晓露、广东省安全生产监督管理局处长苏晓军等人出席了论坛。广远副总经理翁继强、工会主席马宗梅和广东省海员系统部分企业行政领导、工会干部以及主管安全生产的相关负责人和广远部分船员、职工代表100人参加了活动。翁继强向与会代表介绍了广远安全管理文化创建情况，与到会人员交流了安全管理、劳动保护方面的经验；苏晓军介绍了广东省安全管理形势及存在薄弱环节；各单位交流了安全管理的心得体会。肖建葵对首届《工会论坛》的成功举办给予充分肯定，对广远安全管理工作作了高度评价，并对如何进一步加强企业安全文化建设作了指示。（米军喜）

【举办2009年安全文化作品表演竞赛】 2009年7月20日，由广远工会、航安部、党工部联合举办的广远2009年年中安全工作会暨安全文化作品表演总决赛在远洋宾馆国际会议厅举行。广远领导、各基层单位领导和主管安全的负责人、工会主席、广州地区部分船员代表，以及广远本部全体职工250人参加了会议并观摩表演比赛。经过2个小时的安全文化作品表演总决赛，物业公司选送的朗诵《同心结》获一等奖；中远远达选送的朗诵《关注安全，关爱生命》和中远航运丹东船员家属联络站的小品《都是因为爱》获二等奖；广远本部选送的小品《义不容情》、物业公司选送的小品《情系平安》、远洋宾馆选送的小品《宾馆里的故事》和金桥学院选送的朗诵《安全之歌》获三等奖。

（米军喜）

【表彰优秀职工安全文化作品】 2009年，广远工会举行安全文化作品征集活动，共征集职工安全文化作品103篇。其中，18篇安全文化作品排练成节目参与汇演。8月25日，广远工会对优秀职工安全文化作品进行了表彰。中远航运严少波撰写的《关于纠正习惯性违章的经验体会》、物业公司吴卫锋撰写的《同心结》获得一等奖；中远远达雷彩云撰写的《关注安全，关爱生命》、船员家属张莉撰写的《安全——生命的赞歌》、广远本部刘新源撰写的《浅谈如何提高安全教育的效果》和中远航运船员唐文森撰写的《电脑游戏，他们不再沉迷》获得二等奖；中远航运船员周作友撰写的《引导青年船员为船舶安全保驾护航》、中远航运船员田波撰写的《提升个人素质，共筑安全堡垒》、中远航运孙德利撰写的《特殊安全会》、广远本部周维民撰写的《义不容情》、船员家属徐文凤撰写的《因为都是爱》、广远本部卢鸿程撰写的《望海》获得三等奖。此外，工会还将优秀作品编辑成册，出版了《职工安全文化作品集》一书。（米军喜）

【马宗梅慰问金桥学院教职员工】 2009年9月9日教师节前夕，广远工会主席马宗梅到金桥学院看望和慰问辛勤耕耘在教学一线的广大教职员工，代表广远党委、广远领导班子和广远工会给金桥学院送上10000元慰问金。金桥学院领导向马宗梅汇报了工作情况。马宗梅对金桥学院的工作给予了充分肯定，赞扬金桥学院在提高办学质量和改进学员知识结构上做了大量

工作，为大力推进企业“红树林”工程作出了贡献。（米军喜）

【马宗梅慰问家住青岛老职工及船员家属】 2009年9月17日，广远工会主席马宗梅利用参加中央企业在青岛船员学院举办的船员技能大赛的机会，抽时间慰问家住青岛的广远退休老职工及船员家属联络站的姐妹们。马宗梅向老职工和船员家属们介绍了国内外航运市场形势及企业生产经营状况，感谢老职工和船员家属为广远和新中国远洋运输事业所作出的贡献，并一一询问老职工和船员家属站姐妹们的身体健康及家庭生活情况。（米军喜）

【召开困难职工帮扶工作评审会】 2009年9月28日，广远工会组织召开广远困难职工帮扶中心评审工作会议。帮扶中心领导小组成员及相关部室人员共12人参加了会议。会议总结回顾了2008年10月至2009年9月广远三项基金使用情况；审议了2009年度困难职工申请高教助学、特困定期补助、一次性大额救助人员名单，并对原来定期补助人员进行年审；审议通过了新一轮特困定期补助人员名单、高教助学名单以及一批一次性救助人员名单等事项。会上还审议通过了《广州远洋运输公司困难职工帮扶中心工作制度》。

（黄宜振　米军喜）

【广远获全国职业安全知识竞赛优秀奖】 2009年11月2日，在国家安全生产监督管理总局、卫生部和中华全国总工会联合开展的2009年全国职业安全健康知识竞赛活动中，广远荣获竞赛优秀奖。

（黄宜振）

【发放劳动模范荣誉金】 2009年，广远工会根据《中远集团劳动模范管理办法》规定，于“五一”前夕给获得全国劳模、省部级劳模、中远集团劳模和广东省“五一”劳动奖章称号的在职劳模发放荣誉金。其中，全国劳模每年3000元；省部级劳模每年2000元；中远劳模、省“五一”劳动奖章获得者每年1000元。是年，工会为在职的1位全国劳模、4位省部级劳模、22位中远集团劳模、3位省“五一”劳动奖章获得者发放了荣誉金。（黄宜振）

【深入开展“安全在我身边，降本增效从我做起”活动】 2009年，广远工会针对企业面临的困难，深入开展“安全在我身边，降本增效从我做起”活动。活动的主题为“保障安全，降低成本，提高效益”，活动的主要方式为劳动竞赛、技能竞赛等。广远下属各基层单位、各船舶纷纷制定相关的活动方案，并将活动紧密与精益管理、节能减排、安全之旅、“红树林”工程等结合起来，重点围绕可控成本核心要素，在“降”字上下功夫、在“增”字上想办法，切实把降本增效活动渗透于企业生产经营的全过程，融入到企业生产经营和管理的每一个环节，活动取得了丰硕成果。

（蔡兆聪）

【深入开展“亲情祝安全”活动】 2009年，广远工会为进一步增强“亲情祝安全”活动的效果，更好地发挥亲情在安全工作中的作用，加强了“亲情祝安全”活动的督促、指导。是年，广远“亲情祝安全”活动进一步向纵深发展，活动形式由过去上船慰问座谈拓展到七种形式：上船祝安全、座谈嘱安全、探亲谈安全、帮扶促安全、远程问安全、嘱语记安全、心语寄安全。为此，“亲情祝安全”活动范围更扩大、要求更明确、方法更灵活，内容更丰富，成效更突出。 （蔡兆聪）

【开展“我为风险控制献一策”活动】 2009年，广远工会在广大职工中发起了“我为风险控制献一策”活动，以合理化建议活动的形式就风险控制向职工求计问策。通过这一活动，一方面提高了广大职工的风险控制意识，增强风险控制的执行力；另一方面引导广大职工立足岗位，围绕经营管理、投资、安全、财务、法律等方面，积极清查风险源，提出解决的建议和对策，促进了职工参与风险控制的积极性。

（蔡兆聪）

【“乐同”、“瑞昌海”轮获“安全优秀船舶”称号】 2009年，广远工会认真按照中国海员建设工会、交通运输部交通安全委员会和中远集团工会要求，组织开展船舶、班组安全竞赛活动，并取得较好的成绩。经逐级评选考核，“乐同”、“瑞昌海”轮荣获“全国水运系统安全优秀船舶”称号。 （黄宜振）

【开展扶贫开发活动】 2009年，中共广东省委办公厅、广东省人民政府办公厅下发了《关于我省扶贫开发“规划到户责任到人”工作的实施意见》，安排广远直接帮扶广东省梅州兴宁市坭陂镇东兴村，提出利用3年时间帮助该村改善生活条件和发展环境，加快脱贫致富步伐。广远为落实上级指示，成立了相关扶贫工作机构，并派工作小组到扶贫点进行现场对接，了解当地经济和扶贫发展规划情况，为开展扶贫开发工作打下了基础。 （黄宜振）

女工工作

【女职工委员会获广东省总工会女工委表彰】 2009年1月，广远女职工委员会被广东省总工会女职工委员会分别授予“2008年度广东省工会女职工组织建设工作先进集体”和“2008年度广东省总工会女职工组织实施女职工‘两项工程’工作先进集体”称号。

2008~2009年，广远女职工委员会坚持以维护女职工特殊权益为主要职责，以提高女职工素质为主要目标，以调动女职工为企业建功立业为主要任务，深入推进女职工素质提升和巾帼建功“两项工程”，取得了明显成效。广东省总工会女职工工作考评组称赞广远女工工作思路宽阔，富有创新，工作规范，基础扎实，亮点突出，特色明显。 （米军喜）

【金桥学院外语系和王叶红受中远集团表彰】 2009年3月4日，中远集团工会表彰一批巾帼建功先进集体和先进个人。其中，金桥学院外语系被中远集团授予“巾帼文明岗”荣誉称号，中远航运王叶红被中远集团授予“巾帼建功标兵”荣誉称号。

（米军喜）

【召开女工工作经验交流座谈会】 2009年4月15日，广远女工委召开女工工作经验交流座谈会。广远女工委委员、各基层单位女工委主任及相关人员参加了会议。会议由广远女工委副主任李惠霞主持。会议围绕应对国际金融危机，如何进一步组织女职工参与生产经营活动，如何有效做好女职工队伍稳定工作，如何继续深入开展素质提升和巾帼建功两项工程，如何发掘、培养、宣传先进典型等四项议题展开了深入交流和讨论。会上，广远工会副主席、女工委主任符雄就如何进一步做好女工工作作了发言。 （米军喜　关雨标）

【举办女职工礼仪知识讲座】 2009 年 7 月 31 日，广远女工委与广东省海员工会联合举办了一期女职工知识讲座，特邀中共广州市委文明办礼仪讲师团讲师、中山大学客座教授、高级培训师王春芝讲授高级服务礼仪、高级商务形象与礼仪等方面知识。王春芝围绕《良好的公务形象塑造与日常接待慰问礼仪》的主题，从如何处理好社交、礼仪和职业精神等方面作了深入浅出的讲解。广东省总工会党组成员、纪检组组长肖建葵，省海员工会副主席、女工委主任陈小翠，广远系统各单位在职女职工、广东省港航系统女职工及部分男职工共 400 人参加了知识讲座。

（米军喜　关雨标）

【表彰一批巾帼建功先进集体和个人】 2009 年 12 月 3 日，为进一步激励广大女职工岗位成才，建功立业，广远工会表彰一批在“巾帼建功”活动中涌现出来的爱岗敬业、诚实守信、奋发进取、开拓创新的先进集体和个人。其中，总经办法顾室等 17 个集体被授予“巾帼文明岗”称号；张访苏等 30 名职工被授予“巾帼建功标兵”称号。 （米军喜）

【召开女工工作暨机关工会工作总结表彰会】 2009 年 12 月 4 日，广远工会召开 2008~2009 年度广远女工工作暨机关工会工作表彰大会。广远本部及下属基层单位女工委全体委员、广远机关工会全体委员及各部室工会全体委员、受表彰的巾帼建功标兵、部分基层工会主席共 70 多人参加了会议。工会副主席、女工委主任符雄在会上作了《发挥群众组织自身优势，为广远科学和谐发展再立新功》的主题报告。工会主席马宗梅在会上传达了广东省工会第十二次代表大会精神，并对下一步女工委、机关工会工作提出了要求。大会总结两年来广远女工工作和机关工会工作，并对下一步工作作了全面部署。 （关雨标　米军喜）

【中远航运航运经营部商务组获“全国三八红旗集体”称号】 2009 年，全国妇女联合会对各行各业做出突出贡献的先进女职工和女职工先进集体进行了表彰。其中，中远航运航运经营部商务组获得“全国三八红旗集体”光荣称号。

中远航运航运经营部商务组有职工 10 名。其中，女职工 7 人。该商务组在航运经营管理中，发挥了重要作用。2008 年，在商务组的积极努力下，运费回收率达到 99.15%，节省、成功追回和拒付的港口使费 1987 万元。商务组先后荣获“全国女职工建功立业标兵岗”荣誉称号、广东省“巾帼文明岗”荣誉称号、中远集团 2006~2007“精益管理活动优秀成果奖”。

（蔡兆聪）

【黄雁等获广东省海员工会表彰】 2009年，广东省海员工会表彰了一批在推动科学发展、构建和谐港航实践中，立足本职，爱岗敬业，甘于奉献，勇于创新，用自己的辛勤劳动和聪明才智，在各项工作中发挥半边天作用和作出突出贡献的先进女职工工作者、先进女职工、职工家属先进工作者和女职工之友。其中，黄雁被评为“先进女职工工作者”、吕英翼被评为“女职工之友”、陶燕琼被评为“先进女职工”，青岛船员家属站崔钦枰、丹东船员家属站徐文凤、大连船员家属站李秀芳分别被评为“职工家属站先进工作者”。

（米军喜）

第四节 共青团工作

【共青团广州远洋运输公司委员会简介】

共青团广州远洋运输公司委员会（以下简称“广远团委”）在广远党委和上级团组织领导下负责广远共青团工作。2009年，广远有35岁以下员工总数3842人，28岁以下员工总数2577人，员工团员总数334人，院校学生团员500人。广远团委下属机关、基层、船舶团委6个、团总支6个、团支部145个（其中，船舶团支部104个）。在上述团组织中院校团组织总数27个。广远团委的主要职能是在广远党委工作部的领导下，全面贯彻落实党的路线方针政策和广远党委、上级团组织的指示、决定；制订广远共青团工作方针和工作计划，并组织贯彻实施；加强团的组织建设，督促落实团内生活的各项制度，组织召开广远团代会，指导下属各级团组织的换届选举工作，协助有关部门配备好各级团组织的专、兼职团干部，做好团员的发展、推优等工作，依时收缴团费，按照有关规定控制团费和活动经费的使用调拨；做好团员青年思想政治工作，组织学习培训，不断提高团员青年的思想素质和业务素质，提高团干部的组织能力和领导能力；团结带领广大团员青年深入开展“创建青年文明号，争当青年岗位能手”、“创建青年安全生产示范岗”、“青年创新创效”、及“创建五四红旗团委”等主题活动，并进行总结表彰；深入基层、船舶调查研究，及时准确把握和反映团员青年的思想动态和要求；结合企业和团员青年的特点，开展有益身心的文体活动，活跃团员青年的文化生活。

时任团委书记王茜。 （王茜）

【团委工作概况】 2009年，广远团委深入贯彻中共十七大、十七届三中、四中全会和共青团十六大、十六届二中全会精神，全面贯彻落实科学发展观，在广远党委和上级团组织的领导下，服务企业科学发展的大局，服务青年成长成才，以“试点工作”为契机，以创新精神推进共青团工作的全面发展，深入开展“践行科学发展观，我与企业渡难关”等主题活动，组织团员青年积极投身企业的改革发展，为实现企业的战略目标任务作出积极贡献。（王茜）

【被团中央确定为共青团基层组织建设和基层工作试点单位】 2009年6月25日，共青团中央下发了《关于开展共青团、少先队基层组织建设和基层工作试点工作的通知》，在各省级团委推荐的基础上，确定了10个类别共660个共青团基层组织建设和基层工作试点单位、200个少先队基层组织建设和基层工作试点单位，开展为期一年的团队建设试点工作。其中，广远团委被确定为国有和国有控股企业共青团基层组织建设和基层工作试点单位（这是广东省唯一的一家国有和国有控股企业试点单位）。广远团委在上级团组织的指导下，针对试点工作目标任务和推进方案，结合企业实际，围绕试点工作的原则、任务、要求，从基本途径和工作措施等方面制定了具体实施方案，相关人员参加了共青团广东省委举办的试点工作培训,较好地完成了试点工作准备阶段、第一轮推动阶段、中期总结评估阶段的各项工作任务。

（王茜）

【召开团员、青年学习实践科学发展观活动座谈会】 2009年4月3日，广远团委召开团员青年学习实践科学发展观活动座谈会。广远团委委员、部分基层单位团支部书记，团员青年代表共17人参加座谈。会议由广远团委书记王茜主持。广远党工部部长姚勇出席会议。座谈会上，与会团员青年踊跃发言，各抒己见，结合单位和各自岗位的情况畅谈了学习实践科学发展观的心得体会，交流了各自在学习实践中的经验和做法，并对照实际剖析了广远共青团工作中存在的问题和不足，提出了许多富有建设性的意见和建议。会上，王茜作了总结讲话，充分肯定了与会团员青年实事求是、畅所欲言，积极为企业发展和共青团工作建言献策的主人翁精神，并对各级团组织紧紧围绕效益、安全、稳定等企业中心任务，认真组织广大团员青年深入学习实践科学发展观所做的工作及取得的成效给予了高度评价，并对今后如何进一步深入学习实践科学发展观提出了要求。姚勇作了讲话，就各级团组织下一步继续深入推进学习实践活动提出了指导意见。

（王茜）

【组织团员青年开展义务植树活动】 2009年3月13日，广远团委组织部分团员青年在花都香草世界生态公园进行了义务植树活动。来自广远本部、基层和船舶的36名团员青年参加了活动。是日，团员青年们团结合作，冒雨挥锹抡镐，挖坑、填土、抚育幼苗，干得热火朝天，为植树造林、美化环境流下了辛勤的汗水，贡献了一份力量。

（王茜）

【开展纪念“五四”运动90周年主题活动】 2009年5月，广远团委为了纪念“五四”运动90周年，传承“五四”精神，弘扬爱国之志，开展了富有特色的主题教育活动。5月4日，组织160名团员青年集体观看了爱国主义教育影片《南京！南京!》，广远党委书记刘书田，党工部部长姚勇参加了活动。按照广远团委的部署，金桥学院团委、广远本部联合团支部组织团员青年参观了“纪念‘五、四’运动90周年图片展”；岸产事业部团委、物业公司团总支先后组织团员青年开展了“爱国主义教育之旅”活动，参观了孙中山故居、纪念馆及东莞虎门炮台、鸦片战争博物馆；中远航运船员管理部团委为了激发广大团员青年的工作热情，增强团组织的凝聚力和战斗力，结合深入学习实践科学发展观活动，举办了“践行科学发展观，我与企业渡难关”征文，得到船舶团员青年船员的积极响应。广远各级团组织通过丰富多彩的主题教育活动，团员青年更加深入地了解了中国近百年来的反帝反封建、反侵略的艰苦战斗历程，深切认识到弘扬“五四”精神，继承光荣传统，是当代团员青年共同的责任，从而增强了历史使命感和社会责任感。（王茜）

【举办“学习吴大观精神，激扬青春风采”演讲比赛】 2009年8月19日，广远团委举办了“学习吴大观精神，激扬青春风采”演讲比赛。来自广远本部、广远系统航运企业和岸产单位的15名参赛选手参加了比赛。选手们用丰富的情感与生动的语言，阐述了自己对吴大观爱党爱国、无私奉献、勇于探索精神的深刻理解，表达了对这位“航空发动机之父”的无限敬仰与热爱。党工部部长姚勇，人力资源部/组织部总经理黎光葵，岸产事业部党工委书记陈建钦，以及40多名团员、青年一道观看了比赛。姚勇对比赛进行了点评，表扬了参赛选手的精彩表现，充分肯定了选手们对吴大观“毫不利己，专门利人”宝贵精神的透彻理解，并号召广大团员青年要继续向吴大观学习，努力将学习成果转化为推动各项工作的不懈动力，更加自觉地投入到应对国际金融危机挑战、拼搏全年效益的具体工作中。在这次比赛中，中远航运选手潘彭军以题为《让青春在拼搏中闪光》的演讲夺得第一名。（王茜）

【举办“激情盛会，远洋传情”城市体验活动】 为了弘扬亚运精神，激发喜迎盛会、当好东道主的热情，2009年11月6日，广远团委举办了“激情盛会，远洋传情”城市体验活动。来自广远本部、基层、船舶的45名团员青年参加了活动。广远党工部部长姚勇应邀参加了活动。活动中，大家5人一队，利用地图、指北针等器材，穿大街走小巷，在规定的时间完成任务书的内容。在寻找完成任务书所需元素的过程中，参加活动的团员青年领略了广州悠久的文化传承、广州街坊的人情味、广州现代化的时尚魅力，品尝了富有广州特色的传统美食，与外籍友人一起互动游戏。广远团委举办的“激情盛会，远洋传情”城市体验活动，进一步增强了团员青年当好亚运会东道主的责任感、使命感和自豪感。（王茜）

【开展户外拓展培训】 2009年6月19日，广远团委与羊城晚报报业集团团委共同组织了一次户外拓展培训。来自广远、《羊城晚报》报业集团的60名团员青年参加了培训活动。团员青年通过体验性、挑战性、娱乐性极强的拓展活动和富有创意的团队建设活动，进一步提升了身心素质，激发了潜能，培养了更加积极、开放的心态，同时也进一步培育了团队精神，增强了团组织的凝聚力和战斗力。两个单位的团员青年在分享活动快乐的同时，进行了联谊，加强了交流，扩大了交流平台。（王茜）

【召开2009年团委工作总结会】 为更好地总结2009年共青团工作，部署安排2010年工作任务，广远团委于2009年12月25日召开了年度工作总结会议。广远各有关单位团组织负责人及团员青年代表共

22 人参加了会议。党工部部长姚勇出席了会议并作了讲话。会上，团委书记王茜全面总结了 2009 年企业共青团工作，客观剖析了现阶段企业共青团工作存在的问题和不足，提出了整改意见，针对当前共青团工作面临的形势和企业改革、发展、稳定等任务，提出了 2010 年广远共青团的工作思路，并对基层组织建设和基层试点工作进行了部署。会议期间，与会人员汇报了本单位一年来的团组织工作情况、存在的问题及今后的工作设想，并结合如何进一步做好新形势下的共青团工作进行了充分的交流和探讨。姚勇在会上作了总结讲话，充分肯定了广远共青团工作取得的成绩，指出各级团组织立足服务企业科学发展的大局、服务青年成长成才，充分发挥了团员青年在应对国际金融危机、拼搏效益中的生力军和突击队作用，对如何进一步做好共青团工作作了辅导，提出了具体要求。

（王茜）

【部分青年创新创效成果获中远集团表彰】 2009 年 4 月 27 日，在中远集团青年员工应对国际金融危机创新论坛暨青年创新创效成果表彰会上，广远部分青年创新创效成果获表彰。其中，《汽车运输配载系统》、《利用公司网络平台建立船岸家信系统》获青年创新创效项目一等奖，《创新半潜船单侧浮箱下潜》获青年创新创效项目二等奖，《自行更换 ssp 轴封及白钢套》获青年创新创效项目三等奖；黄晓晖、邓自云的《浅议我国远洋运输企业汇率风险的管理》获青年创新论文一等奖，李范斌的《发挥政委作用构建和谐船舶》、田明大的《关于中远航运股份有限公司市值管理的探索》及邓自云、戎文莹的《对航运企业运费回收管理的探讨》获青年创新论文二等奖，罗小光的《构建和谐企业需要公平的劳动关系》、李斌的《中远航运创建学习型企业的实践与体会》获青年创新论文三等奖；柯文伟的《用流程化管理来规范船舶日常工作》、王粤宁的《建立 IT 技术人员短期参与航运经营业务长效机制的建议》获青年建言献策优秀奖，广远团委获第三届中远集团青年创新创效竞赛活动优秀组织奖。

（王茜）

【部分团组织和团员青年受上级团组织表彰】 2009 年，广远部分团组织和团员青年获上级团组织表彰。其中，中远航运船员管理部团委被授予“2008 年度中央企业五四红旗团委”，“乐同”轮团支部获“广东省五四红旗团支部”称号；岸产事业部团委被授予“中远集团五四红旗团委”，金桥学院团委被授予“中远集团五四红旗团委创建单位”，物业公司团总支、“乐同”轮团支部、“大华”轮团支部分别被授予“中远集团五四红旗团支部”；吴冠翀获“中央企业优秀共青团员”称号；刘霖、王润玲被评为“中远集团优秀共青团员”；徐嘉骝被评为“中远集团优秀共青团干部”。

（王茜）

第七章
航运投资企业

第一节　中远航运股份有限公司

【中远航运股份有限公司简介】 中远航运股份有限公司（以下简称“中远航运”）成立于1999年12月8日，由广远作为主发起人，联合广远海运服务公司（以下简称“海运公司”）、广州外轮代理公司（以下简称“广州外代”）、深圳远洋运输股份有限公司（以下简称“深远”）和广州中远国际货运有限公司（以下简称“广州中货”）共同发起设立的股份有限公司。

该公司设立时的股本为23000万元。其中，广远以其所属主要从事远洋特种运输的25艘船舶经评估确认后的经营性净资产29095.09万元出资，海运公司以现金850万元出资，广州外代以现金350万元出资，深远以现金300万元出资，广州中货以现金200万元出资。经国务院财政部以财管字［1999］348号文批准，各发起人投入该公司的净资产及现金共计30795.09万元，同意按1∶0.7469比例折为股本23000万股（每股面值1元），分别由广远持有21731万股，占总股本的94.48%；广州外代持有261万股，占总股本的1.13%。上述股权性质均界定为国有法人股。海运公司持有635万股，占总股本的2.76%；深远持有224万股，占总股本的0.97%；广州中货持有149万股，占总股本的0.65%。上述股权性质均界定为法人股。未折股部分7795.09万元计入“资本公积”。

该公司于2002年4月3日向社会公众发行人民币普通股13000万股。同年4月18日，该公司A股股票（名称：中远航运，代码：600428）在上海证券交易所挂牌上市。

2009年，中远航运注册资本131042万元。拥有和控制各类多用途船、杂货船、重吊船、半潜船、滚装船和汽车船共68艘，118.44万载重吨，平均船龄为21.01年。中远航运以特种杂货远洋运输和沿海运输为主业，以杂货远洋运输市场中超长、超重、超大件、不适箱以及有特殊运载、装卸要求的货载运输为主要细分市场，向客户提供非定期运输服务。该公司主要经营远东——孟加拉、远东——西非班轮航线、东南亚和远东以西至波斯湾、东非红海、地中海、西北欧以及南美航线，形成全球范围的特种杂货远洋运输经营网络。

中远航运下设总经理办公室、人力资源部、投资发展部、财务资金部、安全质量部、航运经营部、船舶管理部、船员管理部和驻大连、青岛、宁波、厦门、湛江办事处、连云港代表处，以及天津中远航运有限公司（以下简称“天津中远航运”）、中远航运上海分公司、中远日邮汽车船运输有限公司（以下简称“中远日邮”）、中远航运（香港）投资发展有限公司（以下简称“中远航运香港公司”）。

中远航运设董事会、监事会。时任董事长许立荣，副董事长兼党委书记徐惠兴，副董事长刘书田；董事翁继强、韩国敏、郭京，独立董事金立佐、谭劲松、汪亦兵。监事会主席马宗梅，独立监事於世成，内部职工监事洪建春、张卓雁、方志伟。首席执行官（以下称CEO）韩国敏，党委副书记兼常务副总经理赖奕光，首席运营官（以下称 COO）郭京，副总经理杜俊明、郭福祥，副总经理兼财务总监林敬伟，董事会秘书薛俊东，首席执行官助理董宇航。员工 4434 人。其中，机关员工 372 人，船员 4062 人。（赖海燕）

【中远航运工作概况】 2009 年，国际金融危机给中远航运带来了重大影响,主要表现在：1. 因国际金融危机导致的全球经济衰退，货运量大减、运价大跌，大量船舶停航，企业经营业绩大幅下滑；2. 因企业融资困难，原来的新船订单推迟交船或取消订单；3. 索马里海域海盗猖獗；4. 安全压力大，经营成本增加。由于上述原因，导致中远航运经营的特种杂货运输市场承受着巨大的市场压力，经营效益遭受了成立以来最大幅度的下滑。

中远航运虽然面对如此艰难的局势，但在中远集团和全体股东的关心和支持下，在董事会的正确领导下，企业高管班子带领全体船岸员工，认真贯彻落实中共十七届四中全会精神，深入学习实践科学发展观，以市场为导向，坚定信心，团结拼搏，围绕主线，抓住重点，创新经营，及时把握市场机遇，转变经营思路，积极推进经营管理创新，发挥优势，克服困难，沉着应对，实现了全年整体盈利的预期目标，完成货运量 847.1 万吨，完成周转量 453.48 亿吨海里，实现营业收入 39.01 亿元，归属于上市公司股东净利润 1.355 亿元（见下表），基本每股收益 0.1 元。

中远航运主要财务数据和指标

项　目	金　额（元）
营业利润	82106899.25
利润总额	127733094.96
归属于上市公司股东的净利润	135500112.89
归属于上市公司股东的扣除非经常性损益后的净利润	87143485.97
经营活动产生的现金流量净额	161649348.97

2008~2009 年主要财务数据和指标对照

单位：元人民币

主要财务指标	2009 年	2008 年	2009 年比 2008 年增减（%）
营业收入	3901589083.65	6901060770.15	–43.46
利润总额	127733094.96	1730807269.92	–92.62
归属于上市公司股东的净利润	127733094.96	1448224695.09	–90.64
归属于上市公司股东的扣除非经常性损益的净利润	87143485.97	1451904204.59	–94.00
经营活动产生的现金流量净额	161649348.97	1727085990.65	–90.64
总资产	7328227625.46	7124666000.26	2.86

（续上表）

所有者权益（或股东权益）	4233376458.71	4366175520.27	-3.04
基本每股收益（元/股）	0.10	1.11	-90.99
稀释每股收益（元/股）	0.10	1.11	-90.99
扣除非经常性损益后的基本每股收益（元/股）	0.07	1.11	-93.69
加权平均净资产收益率（%）	3.15	36.55	-33.4%
扣除非经常性损益后的加权平均净资产收益率（%）	2.03	36.63	—34.6%
每股经营活动产生的现金流量净额（元/股）	0.12	1.32	-90.91
归属于上市公司股东的每股净资产（元/股）	3.23	3.33	-3.00

是年，中远航运的主要工作有以下特点：

一、抓好航运经营，拓展市场营销

（一）采取有效措施缩小和控制生产规模，降低亏损。加快船舶退役，全年退役老旧船舶16艘,载重吨20.4万吨,及时止损；控制租入船规模和调整租入船策略，通过停租、谈判降低租金等方式，减少租入船艘数，降低租船成本；针对东南亚和孟加拉两条一度严重亏损的航线，多次组织专题研究，通过细化管理、调整货源结构等方式，有效降低了亏损程度；优化运力配置，将运力向受市场影响小的航线倾斜，提高了企业整体效益。

（二）进一步加大客户开发力度，积极拓宽揽货渠道。中远航运采取多层次、高频率走出去拜访客户，与国内数十家大中型对外工程承包企业和国内外主要物流公司建立联系；建立了大项目跟踪机制，盯住各类大项目，积极组织投标；在北京、上海等地利用船舶装货机会，举办了多次客户交流和推介会，并主动参展国际上的各类杂货及海洋石油展会，极大地提升了中远航运在国内外特种杂货市场上的品牌形象和影响力。

（三）转变营销思路，建立适应市场要求的营销机制。中远航运牢固树立了“以市场为导向，以客户为中心，以效益为目标”的营销思路。一方面不断强化营销职能，积极引入和培养营销人才；另一方面重点加强客户管理，进一步促进客户资源的公司化。针对营销职能存在的问题，聘请了专业咨询公司，研究营销职能整合问题，并制定系统化的解决方案；高度重视营销网络建设，积极加强海外网点营销力量，加快推进与NMA合资或建立独资公司的工作，以搭建半潜船和重吊船海外营销平台。

（四）根据市场变化，及时调整运价政策，确保经营效益。中远航运根据市场变化，先后三次调整运价政策。第一次是在年初倡导积极的运价政策，在市场下滑时力争稳住运价；第二次是在市场开始复苏时，提出积极提升运价；第三次是在进入第四季度后，提出正确协调和处理好与其他船东、货主、货代三方面之间的利益关系，推动运价的上升。实践证明，这些措施加快了企业对市场的反应速度，提高了经营效益。

（五）积极开拓新航线、新区域、新货种。中远航运先后从POOL中收回“大中”、“大华”、“大富”、“大强”4艘重吊船，开始以欧洲线为基础自营重吊船。该公司在缺乏重吊船客户资源和营运经验的情况下，利用一切渠道开发市场，千方百计揽取重件货，取得较好效果，很快实现了高于POOL中的经营水平，保证了重吊船经营的稳定；积极开拓北美、巴西等航线，并对台湾、澳洲等地区的航运市场进行深入调研；利用新接船的机遇，积极揽取风电设备、驳船等新货种，获得了良好收益。

二、明确发展规划，推进企业发展

中远航运面对严峻的市场形势，积极规划并完善发展战略，积极推进船队结构调整，加强人力资源规划，为企业可持续发展打下了坚实基础。

（一）制定和完善船队发展规划。中远航运在认真分析未来市场发展趋势、竞争环境以及船队和资金等方面现状的基础上，制定了《中远航运2009年至2012年船队发展规划》，明确了船队结构调整工作的方向和目标，严把质量关，抓好在建船舶的监造和技术调整。一是认真抓好监造工作，加强沟通，把好质量和进度关，顺利完成了两艘船舶的交接工作；二是根据市场需求，利用造船市场下跌的有利时机，对在建船舶的结构和功能进行适当调整，加大起吊能力，改变货舱结构，大大增强了船舶的适货性能；三是合理把握新造船舶与船舶退役节奏，满足运输需求,认真研究航运市场发展方向，根据各航线业务经营需要，制定了合理的造船计划和船舶退役计划。

（二）制定并完善船员和机关人力资源规划。中远航运找出了人力资源存在的问题，明确了人才队伍建设的目标和工作重点，确保队伍建设的系统性、持续性,并认真做好船员教育培训工作，积极推进“红树林”工程，加强思想教育，提高船员队伍整体素质,在船员中树立起和企业荣辱与共的责任感和使命感，努力保障船舶安全，为企业多做贡献。与此同时，还着力解决人力资源管理方面的历史遗留问题。

三、严格财务管理，开拓融资渠道

（一）强化资金管理，确保资金安全。中远航运在国际金融危机伊始，就确立了“现金为王”的原则，高度重视资金管理；严格执行管理制度，加强资金预算管理和集中管理，合理调配资金，严控资金风险，降低财务费用，提高资金使用效益；同时，加大运费回收监管力度，在市场信用普遍降低的环境下，中远航运应收账款回收率达到99%。

（二）创新财务管理，做好税务筹划。中远航运针对汇率和利率的波动，利用美元与人民币的存贷差，在谨慎评估人民币升值预期的基础上，开展美元短期贷款，获得可观收益；针对税务环境的变化，在做好税务自查的同时，积极探讨税务筹划，推进在上海洋山港保税区设立子公司的工作，合理合法地规避了部分营业税。

（三）发挥企业优势，拓展融资渠道。中远航运利用企业较低负债率和较高信用评级的优势，加强了银企合作，与多家银行共签订了超过40亿元的授信；在利率相对低位时，完成了造船项目的贷款；为配合买造船计划，积极探讨并启动了发行中期票据的工作，以充足的资金储备提高了企业抵御国际金融危机的能力。

（四）挖掘降本潜力，严格控制成本。中远航运针对营业收入大幅下滑的情况，高度重视成本控制工作，成立专门的工作小组，落实成本控制工作，全方位、多环节挖掘降本潜力；组织全员参与“成本控制好点子”活动，船岸员工共提出1000多条好点子，经过整理后形成若干针对性的

措施，责成相关部门落实；全面梳理出146项成本项目，由各部门和岗位加以落实进行控制。是年，中远航运多项经营成本和管理费用比2008年均有显著降低，尤其是船舶修理费、改造费、润滑油成本以及绑扎物料等费用有大幅度的下降。

四、加强安全管理，确保安全稳定

（一）认真抓好安全管理工作。中远航运针对企业老旧船多，安全管理压力大的特点，进一步强化各项安全管理措施，积极开展排查隐患、“安全生产年”、“安全生产月”、冬季安全以及PSC救生设备等专项活动，确保了企业全年安全形势的基本平稳，安全工作达到“八无”（即无重大以上责任海、机损事故，无重大以上责任人身伤亡事故和船舶保安事件，无重大以上责任火灾事故，无发生船舶滞留事故，无重大以上责任污染事故，无重大以上责任货损货差事故）的要求。全年防抗台成功率达100%。

（二）防海盗工作取得好成效。是年，海盗活动愈发猖獗，并出现了一些新特点。中远航运一方面加强跟踪，充分依靠海军护航保障，做好防控措施的布置和指挥；另一方面积极学习国际上先进防抗方法，勇于创新，增加了各类防海盗设施。全年有18艘船舶受到海盗袭扰，4艘船舶被正面袭击。但在船岸的合力防范下，均成功脱离危险。

（三）体系审核获得“免开不符合项”通过。中远航运对综合管理体系的维护和有效执行，得到了监管部门的高度认可。在交通运输部海事局SMS年度审核中，中远航运再一次以“免开不符合项”获得通过，连续第5次获此殊荣，再创国内航运企业记录。

五、充分坦诚沟通，维护良好形象

2009年，航运市场不景气、资本市场的低迷以及经营效益的下滑，无疑给企业的投资者关系工作带来极大压力。中远航运本着“充分坦诚沟通、挖掘独特价值、积极正面引导”的原则，通过与投资者进行各种方式的交流沟通，让投资者、尤其是机构投资者认识到中远航运特种运输业务区别于其他航运细分市场的独特价值，愿意进一步密切与中远航运的合作关系。在中远航运8月份的认股权证行权期间，由于工作到位，宣传及时，平稳度过了行权期，避免了负面影响。是年，中远航运的股价走势优于同行业众多公司。

六、加强基础管理，确保方针目标

中远航运深入推进全面流程管理体系的建设，根据情况变化和管理需要，及时修改相关流程，以全面流程管理为基础,加强了各项管理制度的建设；按要求建立“三标体系”，使企业管理进一步规范化；积极建立并实施内部控制体系，提升风险防范能力；全力以赴推进建立全面预算管理体系的工作；积极推进企业信息化建设，做好船舶管理信息系统的开发工作。

中远航运由于加强了各项基础管理工作，确保企业方针目标，促进了各项工作的顺利开展。全年对船舶发放8类文件共5293份，未发生差错，超额完成“文件发放差错率≦5%”的目标，船舶内审完成率96%，外审完成率95.8%；派遣船员满足持证、健康合格标准，辞退率低于0.2%；船舶PSC滞留率低于同行业平均水平；全年持续降低船舶燃油消耗，提高了船舶废旧物资综合利用水平，节省3200万元；船岸员工年度培训计划履行率达95%。

七、开展节能减排，创节约型企业

（一）明确节能减排目标。中远航运认真贯彻落实科学发展观和节约资源基本国策，坚持企业发展与节能减排同步、开发与节约并举的指导方针，以船队结构调整为依托，以节能新技术、新工艺的引进推广为重点，以构建节能型产业体系为目标，切实加强组织领导，严格目标责任管理，确保实现“十一五”节能降耗目标。

（二）强化节能减排意识。中远航运利用中远航运网站、《中远航运》杂志、《中远航运简讯》电子版、《中远航运精益管理简报》等多种途径，宣传节能减排的重大意义、实用案例、节能先进经验，强化船岸员工的节能减排意识，积极引导员工主动参与节能降耗工作。同时，利用党日和工会活动，组织开展节能减排建言献策活动，征求员工对精益管理、节能减排等方面的意见，对好的建议予以立项实施。积极开展“节能减排宣传周”活动，充分利用网络、制作节能宣传周 PPT 开展宣传，营造了良好的节能减排氛围。组织节能减排技术培训，邀请有关专家讲解阿法拉伐分油机的专业技术，进一步提高相关技术人员推进节能减排的技术能力。此外，通过船队结构调整，最大限度地节约资源，有利于企业节能减排工作的开展。

（三）健全节能减排机制。中远航运加强对老旧船的维修保养工作，针对老旧船评估报告，有针对性地制定船舶设备维修保养计划，并按计划实施，为减少船期延误，提高设备完好率、减少油耗提供了有力保障。为更好地建立船舶节能减排联系机制，船舶管理部、航运经营部紧密配合，船舶每航次结束后，由调度员向船舶管理部机务总管填报《航次情况反馈表》，对船舶节能减排、机械设备运行状况等情况进行反馈。船舶管理部根据反馈跟踪船舶设备的运行情况及时采取措施，保证船舶正常营运。为准确统计船舶燃油消耗，机务总管利用上船检查机会对船舶存油情况进行量油核对，全年共 126 艘次，对船舶实际存油与船舶上报存油量总额超出 30 吨的船舶进行跟踪了解并予以纠正；针对在备件、物料采购中出现的部分采购内容分类不细的情况，重新对上述内容进行分类并明确责任人，有利于费用的预算及控制。

（四）推广节能减排技术。中远航运以建设节能型船队为目标，积极推广节能实用技术及新技术。根据船舶实际技术状况，分别采用多种节能技术。如在“泰安口”、“大中”轮等半潜船和重吊船上应用燃油均质器技术；为 24 艘老旧船安装螺旋桨导流罩，节能 6~9%；在大部分船舶上使用燃油添加剂，改善主机工况；在所有船舶上应用无锡自抛光油漆，减少船舶附着海生物而产生的阻力。中远航运还及时淘汰技术落后、耗能高的老旧船；按照“十一五”船队结构调整规划及 2009 年度老旧船退役计划，淘汰了“江浦关”、“大田”、“发展之路”轮等 16 艘吨位小、油耗高、航速低、不适货的老旧船，从而降低了老旧船的油耗。

八、加强党建工作，构筑和谐企业

中远航运党委以加强和改进党建工作为重点，结合股份制企业管理，探索党建的基本规律和方法，将党建工作与企业发展、抵御国际金融危机对企业经营的冲击融为一体，充分发挥党组织的战斗堡垒作用，确保企业的产权关系、管理体制、政企关系、内部运行机制等方面都得到高效运行，促进了企业的和谐建设。

（一）开展形势任务教育。中远航运党委针对2009年严峻的航运形势，通过座谈会、党日活动等形式加强形势任务教育，将市场压力传导到每一个岗位，把企业的各项决策部署，准确、及时、直接传递给每位船岸员工，把员工的思想行动统一到全力以赴拼搏效益上来，引导全体船岸员工认清形势、坚定信心、共渡时艰，积极应对国际金融危机，深化成本控制，积极开展降本增效“好点子”活动，既促进了党建工作，又控制了成本开支。

（二）加强思想教育工作。中远航运党委利用网络、专题会议等形式传达贯彻中共十七届四中全会精神，号召党员、员工增强信心，奋力拼搏，确保完成年度任务目标。安排船员管理部政工主管随船调研，深入了解船员思想状况，主动为船员释疑解难，充分调动党员、船员的生产积极性，发挥其创造性。

（三）加强企业文化建设。中远航运党委以案例引导、典型激励等形式，宣讲企业理念，弘扬企业精神，培育共同价值观。利用企业成立10周年机会，策划开展主题摄影比赛、发展回顾、员工寄语等活动，传承中远航运优良企业文化。

（四）加强党风廉政建设。中远航运党委建立和完善《中远航运惩治和预防腐败体系》，积极开展反腐倡廉宣传教育，加强廉政谈话，组织党员、员工学习“三项法规和专项治理工作意见”，举办廉洁从业学习辅导，积极倡导廉洁从业文化氛围，有效地促进了企业党建廉政工作。

（五）发挥工会、共青团的桥梁纽带作用。中远航运工会组织召开了第一届一次工代会，积极开展民主管理、职工之家、体育文化、技能竞赛、合理化建议等活动，取得良好效果。中远航运团委开展创建“青年文明号”、青年创新创效等活动，涌现出一批先进集体和个人。

是年，中远航运及所属一批单位（船舶）及个人荣获上级众多荣誉称号或荣获表彰。主要有：荣获中国上市公司优秀董事会奖、最佳董事会奖、2009年度中国上市公司百佳榜奖、中国上市公司价值百强奖、首届中国上市公司网站评选最受投资者欢迎上市公司网站和首届中国上市公司网站评选最佳投资者关系互动平台奖等重要奖项。独立董事金立佐荣获中国上市公司最具影响力独立董事奖，董事会秘书薛俊东荣获中国上市公司最具创新力董秘、中国上市公司百佳董秘等荣誉称号。航运经营部商务组荣获“全国三八红旗集体”称号，航运经营部荣获“广东省工人先锋号”称号，船员管理部团委荣获2008年度“中央企业五四红旗团委”称号；吴冠翀荣获“2008年度中央企业优秀共青团员”称号。

（赖海燕）

综合工作

【总经理办公室简介】 总经理办公室（以下简称总经理办）是中远航运综合协调工作的主管部门。主要职责是负责草拟中远航运的工作计划、总结以及经营管理等方面的文件；负责会议的协调，组织安排党委会、高管人员办公会和其它专题会议，组织实施和督促检查会议决议的贯彻落实；负责电话、传真、邮件往来文件和公用邮件的收发、登记、流转以及归档工作；负责发文的审核、登记和印发工作；负责报刊书籍的订阅和收发；负责高管人员的行政、文书工作；负责中远航运日常接待和信访工作；负责机要、保密工作；负责文书、科技、基建档案和其他声像资料的管理工作；负责宣传报道、业务广告宣传工作，编辑《中远航运》、《中远航运简讯》；负责党建工作、思想政治工作、精神文明建设和企业文化建设；负责党委、纪委日常事务性工作，负责指导共青团工作；负责工商登记、组织机构代码登记、国际水运许可证年审、变更等事务管理；负责物业管理和后勤保障工作；负责岸基办公设备、办公用品、礼品和物业易耗品的采购、管理工作；负责车辆管理工作；负责清洁工、保安员、外驻工管理；负责企业精益管理工作；负责驻国内港口办事处（代表处）的行政管理工作。

时任总经理吴杰，副总经理孙雄。员工 14 人。（赖海燕）

【总经理办工作概况】 2009 年，总经理办认真履行职责，积极做好为领导、为基层、为员工服务的工作，充分发挥参谋、助手、综合协调、督促检查作用。完成的主要工作有：1. 组织安排各类会议。策划新春联欢晚会、中远集团新春团拜会、主题党日活动等会议；做好高管人员办公会议、各项工作会议和专题会议的会务工作，整理编发周调度会纪要及各专题会议纪要，传达、落实企业有关部署；协助投资发展部召开董事会、监事会、股东大会；协助业务部门做好国内外航运业务的推介活动。2. 协调驻国内各港口办事处的行政工作，加强办事处与其他部门的信息沟通，及时将办事处现场管理报告、周报、月报上传企业网络。3. 做好文秘、档案、机要工作、处理外来文件 1200 多件，归档各类纸质档案 83 卷、电子档案 120 盘、实物档案 6 件，提供档案利用 1116 份、569 人次；重要部门、部位保密措施到位，高效转发机要文件，无泄密事件。4. 做好接待工作。先后接待了中国证监会、交通运输部体系审核组、中远集团领导及中远集团各部门及各有关单位到中远航运参观、访问、慰问和调研、巡查人员 105 批共 450 人次；接受中远集团财务工作、纪检工作调研和检查。5. 完成工商登记及有关证照的变更、年审，牵头办理企业船舶从事台湾运输许可证。6. 做好企业党建、宣传思想教育工作。以《中远航运》、《中远航运简讯》和公司网站为平台，加大对企业改革发展、经营管理、安全稳定、职业道德、先进典型等的宣传教育工作；出版《中远航运》6 期，编辑《中远航运简讯》65 期，《中远航运工作周报》50 期，及时更新企业网站新闻 75 条，并在《中国远洋报》、《中国远洋航务》、《中国水运报》、中远网、国资委网站等媒体刊登报道 120 余篇，中远集团报刊和中远集团信息报送稿件采用率居全中远集团前列；为船舶政委轮训班和新员工培训班讲授企业文化课程 6 次；以“乐同”轮抗击海盗为典型，强化船员大无畏精神教育；组织船员及岸基员工参加省直机关读书活动成果展示；开展全国“节能减排宣传周”活动，制作节能减排 PPT，利用卫生间、茶水间宣传画宣传节能意识，组织员工参加广东省科委举办的节能减排展览，开展节能减排、环保等主题宣传活动；深入贯彻落实中共十七届四中全会精神，组织党员及群众代表对学习实践科学发展观活动开展群众满意度测评，群众满意度达 100%；编发《中远航运党委 2009 年工作要点》，指导各基层党组织党建工作；开展“创先争优”评比表彰活动，组

织发动党员干部参加中远集团第六批援藏干部选派工作，开展向吴大观先进事迹学习活动，策划开展“献礼中远航运10周年”摄影比赛、制作10周年纪录片等。7. 抓好纪检工作和惩治、预防腐败体系工作。组织党员和员工群众学习“三项法规和专项治理工作意见”，举办廉洁从业集体学习辅导，参加广远和中远集团反腐倡廉动漫画展，倡导廉洁从业的文化氛围。8. 做好后勤保障工作。加强商旅管理，与机票代理公司签订机票集中采购协议，降低机票采购成本8%；加强办公楼日常管理，规范保安管理；科学合理安排交通用车，公务车成本与2008年同比减少15%；做好信件的收发工作和合理使用快递，邮寄费用与2008年同比降低30%以上。9. 积极参加社会公益活动，组织41名员工参加无偿献血活动。协调企业参加广州亚组委策划的“亚洲之路”系列活动。（赖海燕）

【召开第一届一次工会会员代表大会】 2009年1月11日，中远航运在珠江宾馆召开第一届一次工会会员代表大会。参加会议代表65名。其中，正式代表60名（来自一线船员代表45名），协作船员列席代表5名。会议由副总经理郭福祥主持。会上，代表们听取了《职工监事工作报告》；选举产生了中远航运工会第一届工会委员会、经费审查委员会；召开了中远航运第一届工会委员会第一次全委会，选举产生了工会委员会常委，选举产生中远航运工会主席、机关工会主席、船员工会主席。郭福祥、洪建春、戴世华、严少波、段腊春、邹彤、王叶红等7人当选为中远航运第一届工会常务委员会委员。郭福祥当选为中远航运第一届工会委员会主席，洪建春当选为中远航运第一届机关工会主席，戴世华当选为中远航运第一届船员工会主席。会议还安排了中远航运高管与代表现场沟通会，企业高管与代表互通信息，相互沟通，共谋发展。中远航运召开这次会议，对贯彻实施《工会法》、完善工会组织建设有着积极意义，会议进一步统一了全体员工的思想，组织、动员和团结广大员工坚定信心，迎接挑战，有效抵御国际金融风暴的强烈冲击，促进了中远航运的持续、健康、和谐发展。（孙雄）

【举行“拼搏2009”新春联欢会】 2009年1月15日，中远航运举行“拼搏2009”新春联欢会。中远航运董监事、高管和岸基员工370多人参加了新春联欢会。联欢会由常务副总经理赖奕光主持。中远集团副总裁、中远航运董事长许立荣，副董事长徐惠兴以及中远航运CEO韩国敏先后致辞。晚会还演出了精彩纷呈的文艺节目。

（赖海燕）

【马世超一行访问中远航运】 2009年2月3日，广州市开发区地税分局局长马世超一行16人应邀到中远航运进行访问。马世超一行在中远航运副总经理兼财务总监林敬伟及相关人员的陪同下参观了“泰安口”轮。“泰安口”轮船长向客人们详细介绍了半潜船作业特点、船员工作及生活情况。林敬伟等适时向主管的税务领导反映船员个人所得税按月缴纳数额不均衡，难以体现行业工作特点的问题。地税局有关领导对此表示理解，并就船员个税按年合并征收的做法达成共识。这一举措在一定程度上降低了船员个人所得税纳税成本，保障了船员个人正当权益。（赖海燕）

【田长松一行访问中远航运】 2009年2月26日，天津港（集团）总裁田长松、副总裁赵明奎一行8人到中远航运访问。中远航运副董事长徐惠兴、CEO韩国敏、COO郭京、副总经理杜俊明等与客人进行了友好交流。双方就进一步加强港航合作广泛交流了意见，双方表示要加强沟通、深入合作，共同应对国际金融危机带来的不利因素。（赖海燕）

【赖奕光会见来访的英国劳氏船级社客人】 2009年3月31日，中远航运常务副总经理赖奕光会见了来访的英国劳氏船级社中国船东业务拓展部总经理田靖一行，宾主双方就船舶业务的合作交换了意见。（赖海燕）

【中远航运名列2008年度广东纳税百强第89名】 2009年4月3日，广东省国家税务局与广东省地方税务局在广州联合举行2008年度广东纳税百强发布会。中远航运名列2008年度广东纳税百强第89位。中共广东省委副书记、省长黄华华为纳税百强企业授牌。（赖海燕）

【董事会连续3年获金圆桌奖“优秀董事会”殊荣】 2009年4月11日，由《董事会》杂志举办的“第五届董事会金圆桌奖颁奖典礼”在北京举行隆重颁奖仪式，中远航运董事会再次获得“优秀董事会”殊荣。这是继2007年以来，中远航运董事会连续3年获得这一奖项。此外，中远航运独立董事金立佐获得“最具影响力独立董事”、董事会秘书薛俊东获得“最具创新力董秘”单项奖。（赖海燕）

【韩国敏勉励入职前培训的2009届大学生船员】 2009年4月14日，中远航运CEO韩国敏专程看望了正在进行入职前培训的2009届大学生船员，介绍了企业当前经营状况和发展规划，勉励大学生船员爱岗敬业、岗位成才。（赖海燕）

【韩国敏等拜访金川集团国际贸易公司】 2009年4月15日，中远航运CEO韩国敏、副总经理杜俊明专程前往甘肃金昌拜访了金川集团国际贸易公司总经理、党委书记肖增德和该公司原料一部经理刘永勤、原料二部经理马峰等客户，双方就友好合作充分交换了意见，并取得共识。（赖海燕）

【船岸家信系统项目获好评】 2009年4月27日，中远集团以电视电话视频会议的形式，召开了中远集团青年员工应对国际金融危机创新论坛暨创新创效竞赛表彰会。中远集团机关和下属各公司的青年骨干和青年代表分别在北京主会场和32个分会场参加了会议。会上，中远航运利用视频全面展示创新创效项目《利用公司网络平台建立船岸家信系统》，介绍了项目开发的动机、过程中遇到的困难和船员使用家信系统的动人事例，引起了与会人员的强烈反响，称赞船岸家信系统是远洋船员的生命线、是维系婚姻的感情线、是沟通感情的红娘线、是学习科技知识的信息线，充分体现了中远航运人性化管理的企业文化。中远集团总裁魏家福、党组书记张富生、中央企业团工委书记许高峰等领导到会并作讲话，高度评价了中远航运的船岸家信系统，魏家福还建议把这个成果推广到中远系统其他航运公司，为广大船员做一件好事。（赖海燕）

【"凉山"轮承运亚运使者仿古船"阔阔真公主"号】 2009年5月3日，2010年广州第16届亚运会亚运使者仿古船"阔阔真公主"号在阿联酋jebelali被吊装到"凉山"轮，并随即开往下一个巡回展览国家泰国。

中远集团、广远是2010年广州亚运会的赞助商，中远航运积极参与2010年广州亚运会的宣传推广活动，主要赞助承担仿古船"阔阔真公主"号由广州至波斯湾、波斯湾至东南亚海上运输及其委托代理任务。（赖海燕）

【承运的亚运使者"阔阔真公主"号仿古船"回娘家"】 2009年7月9日，广州亚运会组委会在广州白天鹅宾馆码头举行2010亚运重访海上丝绸之路归航仪式，热烈欢迎亚运使者"阔阔真公主"号仿古船"回娘家"。广州市副市长许瑞生、广州市体委主任刘江南等领导向"阔阔真公主"号船员赠送了紫荆花环和航行纪念品，向赞助商代表赠送了"阔阔真公主"号模型。中远航运COO郭京作为赞助商代表参加了活动。

在中远集团、广远直接赞助下，在中远航运、中远西亚公司等具体操作下，"阔阔真公主"号历时3个多月，航经9个国家和地区10多个亚洲港口，圆满完成远航宣传任务之后，顺利、安全回到了2010年亚运会的主办地广州。"亚洲之路"是亚奥理事会和广州亚组委联合主办的大型宣传推广活动之一，通过海上丝绸之路、陆上丝绸之路及空中友谊之路，以多种形式向沿途亚洲国家和地区宣传广州亚运会。（赖海燕）

【获"2009年度中国上市公司市值管理百佳榜"奖】 2009年5月24日，"第三届中国上市公司市值管理高峰论坛"暨"2009中国上市公司市值管理百佳颁奖盛典"在北京举行。中远航运荣获"2009年度中国上市公司市值管理百佳榜"奖，中远航运董事长许立荣、董事会秘书薛俊东分别获得"2009中国资本市场最佳创富创新奖"和"2009中国资本市场最佳创富IR奖"。（赖海燕）

【韩国敏等高管会见厦门港务发展股份有限公司客人】 2009年6月2日，中远航运CEO韩国敏、副总经理杜俊明会见了来访的厦门港务发展股份有限公司总经理蔡立群和厦门港务发展股份有限公司东渡分公司经理助理林毓群，双方对长期、密切合作表示满意，对中远航运立足海西市场，开拓南北美市场达成共识。（赖海燕）

【车书剑一行到中远航运检查指导工作】 2009年6月10日，中央企业学习实践活动第四指导检查组组长车书剑、副组长李荣芝一行7人到中远航运检查指导开展深入学习实践科学发展观活动情况。中远航运党委副书记赖奕光向检查指导组汇报了中远航运结合股份制企业实际开展学习实践活动情况，并介绍了企业积极应对国际金融危机的思路和措施。检查指导组在调研期间，还通过远程视频系统连线在印度洋航行的"泰安口"轮，听取船舶有关学习及工作情况汇报。指导检查组对中远航运结合实际开展学习实践活动、积极应对国际金融危机、推进企业科学发展所取得的成效给予充分肯定。（赖海燕）

【韩国敏等高管拜访广西北部湾国际港务集团有限公司】 2009年6月15~16日，中远航运CEO韩国敏、副总经理杜俊明分别拜访了广西北部湾国际港务集团有限公司董事长叶时湘和防城港务集团有限公司总经理谢毅，宾主就北部湾地区密切港航合作交换了意见。（赖海燕）

【韩国敏与华南中货进行业务交流】 2009年6月24日，为进一步开拓新市场、新货源，充分发挥中远系统揽货网点优势，中远航运CEO韩国敏、COO郭京等与华南中货副总经理吴士泉率队的云、贵、湘、桂、琼、穗、深、湛、汕地区公司总经理进行业务交流，以加强件杂货业务的全面拓展与合作。（赖海燕）

【获“2008年度中国上市公司价值百强”等五个奖项】 2009年6月26日，由《证券时报》社主办的“2008年度中国上市公司价值评选暨首届中国最受投资者欢迎上市公司网站评选”颁奖典礼在北京举行。中远航运分别获得“2008年度中国上市公司价值百强”、“2008年度中国上市公司百佳董秘”、“首届中国上市公司网站评选最佳创新沟通网站”、“首届中国上市公司网站评选最受投资者欢迎上市公司网站”和“首届中国上市公司网站评选最佳投资者关系互动平台”等五项奖项。（赖海燕）

【举办“化危为机 科学发展”主题党日活动】 2009年6月27~28日，中远航运党委举办一年一度的主题党日活动，活动主题为“化危为机 科学发展”。中远航运在广州地区的党员、入党积极分子以及员工200余人济济一堂，共度党日、共谋企业发展大计。在党日活动中，党委副书记赖奕光总结了开展深入学习实践科学发展观活动的初步成效；CEO韩国敏介绍了企业上半年生产经营形势及企业采取的有效应对措施，并提出了拼搏下半年，努力实现董事会下达的目标要求。此外，活动还表彰了中远航运2008~2009年度先进党支部、优秀共产党员和优秀党务工作者。（赖海燕）

【企业高管会见Biglift公司总经理AriePeterse】 2009年6月30日，中远航运CEO韩国敏、COO郭京和副总经理杜俊明会见了来访的Biglift航运公司董事总经理AriePeterse，双方对在重吊船领域的合作表示满意，并对国际金融危机下的航运形势和重吊船市场情况交换了意见。（赖海燕）

【中远集团党组纪检组到中远航运检查调研】 2009年8月12日，中远集团党组纪检组副组长、监督部总经理李宗豪一行4人，到中远航运检查调研惩防体系构建情况。中远航运党委副书记、常务副总经理赖奕光向纪检组汇报了企业依托流程管理构建惩防体系的情况及主要做法。纪检组对中远航运构建惩防体系的做法给予了肯定，并就深入贯彻落实“三项规定”和专项治理工作意见，进一步做好监督检查工作提出了要求。（赖海燕）

【魏家福等领导检查“安新江”轮安全工作】 2009年8月20日，中远集团总裁魏家福、副总裁张良一行登上停泊在天津新港的“安新江”轮检查安全工作，对船

舶安全工作作了指示。 (赖海燕)

【韩国敏带队拜访东方电气股份有限公司】 2009年8月28日，中远航运CEO韩国敏、副总经理杜俊明、CEO助理董宇航等到四川省成都市拜访了东方电气股份有限公司，向该公司副总裁吴焕琪等有关领导介绍了中远航运打造特种船运输服务品牌情况，双方就海外工程项目的运输服务合作等问题交换了意见。 (赖海燕)

【韩国敏会见广船国际总经理韩广德一行】 2009年9月28日，中远航运CEO韩国敏等高管会见到访的广船国际总经理韩广德一行，双方就正在建造的2艘5万吨级半潜船的情况进行了交谈，并就双方进一步加强合作、共同发展交换了意见。

(赖海燕)

【韩国敏慰问"乐山"轮船员】 2009年10月4日，中远航运CEO韩国敏登上停靠在上海张华浜港6号泊位装货的"乐山"轮，慰问在国庆、中秋佳节加班的全体船员，并与船长、政委进行了座谈。

(赖海燕)

【郭京参加2009年首届中非物流与采购发展论坛】 2009年10月24~25日，2009年首届中非物流与采购发展论坛在龙口南山国际会议中心举行。本次论坛由中国港口协会、烟台市港航管理局、龙口市人民政府共同举办，中非民间商会、非洲投资网协办，中国最大的对非贸易出口口岸——龙口港集团有限公司承办。非洲部分国家驻华使节、港务局负责人、国家有关部委及山东省政府有关部门领导、知名航运企业、参与非洲建设的"中"字号企业、省内外大型制造业和建材企业界代表、物流与采购行业专家等近200人参加。论坛以"友谊、发展、佳作、共赢"为主题。中远航运COO郭京应邀参加论坛，并在大会上发表了主题演讲。 (毛洪泉)

【孙月英一行到中远航运检查工作】 2009年10月30日，中远集团总会计师孙月英一行到中远航运检查工作。孙月英听取了中远航运CEO韩国敏的工作汇报，对中远航运的预算管理试点工作进行了检查和指导，并提出了具体工作意见。(赖海燕)

【获第11届中国高交会主题展览最佳展示奖】 2009年11月16日，第11届中国国际高新技术成果交易会在深圳会展中心隆重开幕。中远集团率中远航运半潜船等5个项目组团首次参展被誉为"中国科技第一展"的高交会展。中远航运以模型、文字、图片、多媒体等方式，集中展示了近年来中远集团在航运、物流、修造船领域提升自主创新能力所取得的一系列成就，展示了中远航运作为全球第一家采用DP技术对石油平台进行海上浮托安装，为国际油服企业提供运输、安装一体化解决方案，实现运载单件货物从100吨到50000吨全面覆盖的风采。同日，原国家计委副主任甘子玉、国家发改委副主任张晓强、海关总署关税司副司长姜皓等领导来到中远展位参观、指导，关切地询问了有关半潜船、汽车滚装船的情况。中远航运参与的中远参展组团获得第11届中国高交会"加强自主创新，推动产业振兴"主题展览最佳展示奖。 (赖海燕)

【召开2010年工作研讨会】 2009年11月20日，中远航运召开2010年工作研讨会。中远航运高管、各部门长及投资控股公司的主要负责人30余人参加了会议。会议由常务副总经理赖奕光主持。会上，各部门领导总结了2009年工作及存在问题，提出了2010年的工作计划；与会人员就企业存在的主要问题和2010年重点工作达成共识，形成了一致意见。会上，中远航运CEO韩国敏和赖奕光分别作了讲话。

（赖海燕）

【韩国敏一行拜访中国电工设备总公司等企业】 2009年11月24~26日，中远航运为进一步拓展半潜船和重吊船等特种船运输业务，CEO韩国敏、COO郭京、副总经理杜俊明等一行6人前往北京，分别拜访了中国电工设备总公司、首钢股份有限公司和中国海洋石油总公司，向对方介绍了中远航运在海洋工程等特种货物运输方面的业务情况，并与对方就未来进一步开展业务合作等事宜达成了共识。（赖海燕）

【荣获“2009年度董事会”奖】 2009年12月18日，由上海证券交易所主办，国资委、经济与合作组织（OECD）支持举办的第八届中国公司治理论坛在上海举行。论坛还举行了中国公司治理专项奖颁奖仪式。中远航运被授予“2009年度董事会奖”荣誉称号。CEO韩国敏代表中远航运参加论坛并上台领奖。（赖海燕）

【多个项目获广远精益管理项目奖】 2009年，中远航运持续开展精益管理活动取得良好成效，多个项目获得广远表彰。中远航运获广远2009年度精益管理“银河奖”；“乐同”、“大华”轮获精益管理“阳光奖”；船舶管理部“控制油料成本”和“大强”轮“打响回归第一战役”项目获精益管理“月光奖”；航运经营部“经济危机期间创新成本管理，节省使费”项目、船员管理部“做好劳务经营，维护公司和船员利益”项目、财务资金部“降低财务成本，防范人民币升值风险”、“富文山”轮“仰光破记录卸货，节省7天以上船期”项目、“泰安口”轮“齐心协力再创DP安装作业纪录”项目获精益管理“星光奖”。

（孙雄　廖再文）

资本运作

【投资发展部简介】 投资发展部是中远航运战略规划与市场研究、生产经营统计分析、资本运营和投融资项目策划及实施、投资者关系管理和信息披露以及股东大会、董事会、监事会（以下简称“三会”）日常事务的主管部门。主要职责是负责中远航运发展战略规划、产业发展规划以及项目决策管理工作；负责宏观经济环境、航运市场环境、资本市场信息的收集、整理、分析和预测；负责航运生产经营相关数据的统计、分析与评估；负责主持船舶更新改造和船舶买卖工作的可行性研究；负责投资管理和控股公司的归档管理；负责资本运营策划和投融资项目的策划、实施；负责投资者关系管理、信息披露、“三会”的日常事务以及与证券监管部门的沟通；负责对外宣传相关内容的审核及对证券媒体的宣传工作；负责日常法律事务。时任总经理董宇航（兼）。员工8人。（孙雄）

【投资发展部工作概况】 2009年，投资发展部积极研究并推进企业发行中期票据再融资及其他资本运作项目；加强信息和市场研究工作，参与船队结构调整、船舶市场分析等专项研究，提供分析材料；开展上市公司治理专项活动，提升企业治理水平；加强对信息披露的管理；做好2008年年度利润分配实施及债券派息工作；做好权证行权的相关工作；高质量地完成了“三会”工作，全年召开董事会8次、监事会7次、年度股东大会1次和临时股东大会2次；加强投资者关系维护工作，建立投资者资料库；重新定位企业网站，有针对性地推进网站改版；配合航运经营部做好市场推介工作；做好日常统计工作，加强综合法律工作。（孙雄）

【推进与NYK在香港成立合资汽车船公司项目】 2009年，投资发展部为利用香港政策优势，进一步提升企业汽车船运输实力，尽快占领中国出口汽车运输市场，积极研究、推进与NYK在香港成立合资汽车船公司项目。投资发展部在前期与NYK在框架方案达成一致的基础上，双方对合资合同的谈判达成了共识，并上报中远集团审批。（孙雄）

【推进与NMA成立合资公司项目】 2009年，中远航运为进一步掌控半潜船市场和技术，促进半潜船业务的发展，加紧推进与NMA成立合资公司的项目。年初，正式成立了NMA项目工作小组，并聘请了法律顾问，在认真研究的基础上确定了合资方案和谈判策略。中远航运以此为基础，先后和NMA在美国、广州和香港进行了3次商业谈判。（孙雄）

【推进再融资工作】 2009年，投资发展部为了多渠道、低成本筹集资金，保障船队结构调整的实施，积极跟踪和研究债务融资和股权融资的各种融资方式，结合企业实际情况进行深入研究和分析，积极推进发行中期票据和配股融资两个融资项目。在中介机构的协助下，中远航运中期票据项目上报监管部门审批，使配股项目按计划推进。（孙雄）

【加强信息和市场研究工作】 2009年，投资发展部以《杂货市场周报》、《项目信息周报》、《经营参考》等刊物为载体，搜集整理与企业经营密切相关的经贸、航运、产业发展等方面的信息并定期发布，为企业经营提供信息参考；拓宽专题市场研究的范围，包括对竞争对手、钢材市场、非洲市场、海洋工程市场、澳洲市场等的研究，并相应调整了定期刊物侧重点，新增了《竞争对手及特种船市场动态》、《新能源产业动态》栏目，把握最新的同行动向，为捕捉特种船运输市场增长点提供参考。投资发展部还参与了企业多个专题项目研究，包括船队结构调整、船舶市场分析、燃油采购等方面的研究。此外，投资发展部还做好企业的长期战略规划，牵头并协调各相关职能部门编写《中远航运“十二五”发展规划》。（孙雄）

【做好权证行权的相关工作】 中远航运于2008年发行的分离交易可转债权证于2009年8月到期。从2009上半年开始，投资发展部多次与上海证券交易所、登记结算公司等相关部门以及券商沟通，做好权证行权事项的前期准备工作。行权期间，投资发展部为投资者进行了大量的解释工作，保障了投资者热线畅通。同时，协调《中国证券报》等媒体开展大量正面宣传引导工作，协同券商开展投资者教育工作，避免了投资者情绪波动而引发的不必要纠纷，最终做到权证行权平稳过渡。（孙雄）

【做好信息披露工作】 2009年，中远航运坚持以“真实、准确、完整、及时”为原则，诚实履行信息披露义务，主动披露相关信息，不断提升信息披露质量，增强企业透明度。利用企业网站，定期披露每月生产经营数据，根据生产经营状况，针对投资者关心的问题，不定期在企业网站上刊载行业专家和企业研究部门的专业报告，使投资者能更加客观、详细、及时了解企业经营情况和行业发展趋势。是年，中远航运修订《信息披露制度》，进一步明确信息披露具体事项的责任人，细化各类信息的收集、反馈及传递制度，及时跟踪了解相关政策及规定的更新情况，较好地完成了2008年度报告的编制和发布工作。（孙雄）

【做好2008年年度利润分配实施及债券派息工作】 2009年上半年，中远航运经与中国证券登记结算公司上海分公司沟通，登记公司同意加快中远航运年度利润分配节奏，将利润分配事项由正常的15个工作日缩短至7个工作日完成，成为A股市场利润分配实施最快的公司。7月8日，完成了2008年度利润分配方案，以2008年12月31日股本131040万股为基数，向全体股东每10股派发现金红利2元（税前），共计派发现金红利26208万元（税前）。投资发展部在分离交易可转债的首次付息前，提前做好与登记结算公司的相关工作，顺利完成了派息工作。（孙雄）

【加强投资者关系维护工作】 2009年，投资发展部积极开展投资者关系服务，在做好调研接待、热线电话、投资者信箱等服务之外，先后在上海、北京、深圳等地开展年报路演活动，参加了中信证券、中金公司、兴业证券、平安证券、招商证券、申万证券、光大证券、瑞银证券、广发证券等国内外机构组织的各类投资推介活动，全年共接待各类投资机构来访211人次。同时，中远航运新版网站投入使用后，引入全景网投资者关系专区作为企业网站投资者关系专页的平台，为投资者提供了更专业、更便利的服务。此外，投资发展部为更好地维护投资者关系，初步建立投资者调研资料库，对与投资者的交流进行了记录，并定期对股东持股情况进行分析。（孙雄）

【开展上市公司治理专项活动】 2009年，中远航运按照中国证监会《关于开展加强上市公司治理专项活动有关事项的通知》要求，持续深入开展上市公司治理专项活动。通过持续开展治理专项活动，促进了企业治理水平的改进和提高。是年，投资发展部结合国家财政部等五部委颁布的《企业内部控制基本规范》，成立内部控制专项工作小组，聘请外部专业咨询机构，建立健全企业内部控制体系，对企业各业务控制环节进行了全面梳理和测评，制订整改方案和措施，逐步建立和完善企业内部控制和风险管理的长效机制，进一步提升了企业的治理水平。（孙雄）

【推进网站改版工作】 2009年，投资发展部积极推进网站改版工作，上半年通过对企业内部各部门的需求进行调研，比较国内外航运业、资本市场、500强企业等网站定位，最终确定将企业网站建立成为重大件运输和设备运输领域门户网站的目标。下半年，企业招标选定了网站设计公司，梳理了内部需求，形成新网站的整体架构，并积极实施网站改版工作。12月8日，新版网站于中远航运成立10周年之际上线开通。是年，新网站发挥“名片”和“工具”功能，全面展示企业形象，向客户、投资者提供了专业的航运业务及信息服务。 （孙雄）

【配合开展市场推介工作】 2009年，投资发展部协助航运经营部进行多项推介会、展览会的资料准备和组织工作。其中，包括举办北京、上海航运市场推介会，参加上海石油展、北京石油展、新奥尔良杂货展、美国石油展等。通过共同努力，达到了把握行业趋势、拓宽信息渠道、推介企业航运业务的目的。 （孙雄）

【做好制度性统计报表工作】 2009年，投资发展部完成了定期的运输生产统计年报、运输生产统计月报、运输生产周报、月度沿海、月度租船等中远集团要求上报的制度性统计报表，并在每季度针对当季的热点、重点问题开展经济效益分析；完成了《燃油消耗及180等油种加油平均油价等信息和图表》、《燃油单耗分析》、《细化到港口或区域的在港停时》等大量的临时性统计工作。 （孙雄）

【加强综合法律工作】 2009年，投资发展部加强法律事务工作，除了根据各部门和各专门项目小组的工作需求，配合做好法律咨询解答、合同草拟和谈判、法律分析和研究等日常工作以外，还重点强化了以事前控制为主的法律工作机制：参与了船员伤、病、亡赔付的相关流程制订、船员租赁及劳务派遣、船员改革后续工作、解除劳动合同等各项工作，从源头上把关，将船员诉讼风险控制在最小范围之内；推进企业合同管理等工作流程和制度的研究和制订工作，将法律风险事先控制的理念深入到企业各项事务之中，防患于未然。此外，收集新出台的法律法规和与上市公司相关的违规信息披露、大股东占用资金等各类案例，编写了《中远航运法律法规解读和案例汇编》，供企业董事、监事、高管人员和相关管理人员参阅。 （孙雄）

【完成董事会、监事会、股东会有关事宜】 2009年，中远航运共召开董事会8次、监事会7次、年度股东大会1次和临时股东大会2次，审议通过了董事会、监事会和高管换届选举、2008年年度报告等定期报告的编制、发行中期票据预案、下属子公司借贷款及买卖船等工作。 （孙雄）

【召开第三届董事会第二十七次会议】 2009年1月15日，中远航运召开第三届董事会第二十七次会议。应到董事9人，实到8人。企业部分监事、高管列席了会议。会议由董事长许立荣主持。大会以书面记名表决方式审议通过了《关于提名中远航运第四届董事会董事候选人的议案》、《关于2009年度公司船舶退役计划的议案》、《关于公司建立企业年金制度的议案》、《关于中远航运（香港）投资发展有限公司新造船项目贷款的议案》、《关于高

管人员2008年薪酬待遇的议案》、《关于召开2009年第一次临时股东大会的议案》。（孙雄）

【召开第四届董事会第一次会议】 2009年2月13日，中远航运召开第四届董事会第一次会议。应到董事9人，实到8人(副董事长徐惠兴因公务未能参加会议，书面委托副董事长刘书田代其参加会议并行使表决权)。企业全体监事、高管列席了会议。会议由董事长许立荣主持。会议以书面记名表决方式审议通过了《关于选举第四届董事会董事长、副董事长的议案》，同意选举许立荣为企业第四届董事会董事长，选举徐惠兴、刘书田为企业第四届董事会副董事长，任期与本届董事会任期一致。会议还审议通过了《关于聘任第四届董事会专门委员会组成人员的议案》、《关于聘任韩国敏先生为公司首席执行官的议案》、《关于聘任赖奕光先生等高管人员的议案》、《关于聘任薛俊东先生为公司董事会秘书的议案》、《关于审议增加2009年度退役船舶的议案》。（孙雄）

【召开第四届董事会第二次会议】 2009年3月28日，中远航运召开第四届董事会第二次会议。应到董事9人，实到9人。企业部分高管列席了会议。会议由董事长许立荣主持。会议以书面记名表决方式逐项审议通过了13项决议：《中远航运2008年度首席执行官工作报告》、《中远航运2008年度董事会工作报告》、《中远航运2008年度财务决算报告》、《中远航运2008年度利润分配预案》、《中远航运2008年年度报告及摘要》、《董事会关于公司内部控制的自我评估报告》、《中远航运2008年度社会责任报告》、《中远航运2008年度独立董事述职报告》、《中远航运2008年度审计工作总结》、《中远航运与部分银行签署授信额度协议》、《公司章程》、《关于确认2008年度部分关联交易额度的议案》、《关于召开中远航运2008年年度股东大会的议案》。（孙雄）

【召开第四届董事会第三次会议】 2009年4月17日，中远航运发出通知，第四届第三次董事会以书面表决的方式进行，全体董事于27日前以书面通讯表决方式进行表决。董事会审议并通过了《关于审议中远航运2009年第一季度报告全文和正文的议案》。（孙雄）

【召开第四届董事会第四次会议】 2009年5月26日，中远航运发出通知，第四届董事会第四次会议以书面通讯表决形式进行，全体董事于6月3日前以书面方式进行表决。董事会审议通过了《关于审议聘任中远航运2009年年审会计师事务所的议案》。（孙雄）

【召开第四届董事会第五次会议】 2009年8月14日，中远航运召开第四届第五次董事会，应到董事9人，实到9人。会议审议通过了《关于审议中远航运2009年半年度报告全文及摘要的议案》。（孙雄）

【召开第四届董事会第六次会议】 2009年10月19日，中远航运发出通知，第四届董事会第六次会议以书面通讯表决的方式进行，全体董事于29日前以书面通讯表决形式进行表决。董事会审议通过了3项决议：《关于审议中远航运2009年第三季

度报告全文及正文的议案》、《关于审议中远航运认股权证募集资金使用的议案》、《关于修订中远航运〈公司章程〉的议案》。

（孙雄）

【召开第四届董事会第七次会议】 2009年11月12日，中远航运发出通知，第四届董事会第七次会议以书面通讯表决的方式进行，全体董事于16日前以书面表决的方式进行表决。董事会审议通过了4项决议：《关于中远航运发行中期票据的议案》、《关于向中远日邮购买“常发口”轮的议案》、《关于向香港子公司提供一亿美元内部借款额度的议案》、《关于召开2009年第二次临时大会的议案》。

（孙雄）

【召开第三届监事会第十四次会议】 2009年1月15日，中远航运召开第三届监事会第十四次会议，应到监事6人，实到6人。部分高管列席了会议。会议由监事会主席马宗梅主持。会议以书面记名表决方式审议通过了《关于提名中远航运第四届监事会监事候选人的议案》。中远航运第三届监事会于1月22日任期届满，根据控股股东广远书面推荐，与会监事一致同意提名马宗梅、於世成为第四届监事会监事候选人。1月13日，员工大会以差额选举方式选举了洪建春、方志伟、张卓雁为第四届职工监事。（孙雄）

【召开第四届监事会第一次会议】 2009年2月13日，中远航运召开第四届监事会第一次会议。应到监事5人，实到5人。全体董事、高管列席了会议。会议由监事会主席马宗梅主持。会议以书面记名表决方式审议通过了《关于选举中远航运第四届监事会主席的议案》，与会监事一致同意选举马宗梅担任中远航运第四届监事会主席；会议还审议通过了《关于中远航运独立监事年度津贴的议案》。（孙雄）

【召开第四届监事会第二次会议】 2009年3月27日，中远航运召开第四届监事会第二次会议。应到监事5人，实到5人。部分董事、高管列席了会议。会议由监事会主席马宗梅主持。会议以书面记名表决方式审议通过8项决议：《中远航运2008年度首席执行官工作报告》、《中远航运2008年度监事会工作报告》、《中远航运2008年度财务决算报告》、《中远航运2008年度利润分配预案》、《中远航运2008年年度报告及摘要》、《董事会关于公司内部控制的自我评估报告》、《中远航运2008年度社会责任报告》、《中远航运股份有限公司监事会议事规则》。

（孙雄）

【召开第四届监事会第三次会议】 2009年4月17日，中远航运发出通知，第四届监事会第三次会议以书面通讯表决的方式进行，全体监事于4月27日前以书面表决方式进行表决。会议审议通过了《关于审议中远航运2009年第一季度报告全文和正文的议案》。（孙雄）

【召开第四届监事会第四次会议】 2009年8月14日，中远航运召开第四届监事会第四次会议。应到监事5人，实到5人。会议由监事会主席马宗梅主持。会议审议通过了《关于审议中远航运2009年半年度报告全文及摘要的议案》。（孙雄）

【召开第四届监事会第五次会议】 2009年10月19日，中远航运发出通知，第四届监事会第五次会议以书面通讯表决的方式进行，全体监事于29日前以书面表决的方式进行表决。监事会审议通过了《关于审议中远航运2009年第三季度报告全文及正文的议案》。 （孙雄）

【召开第四届监事会第六次会议】 2009年11月12日，中远航运发出通知，第四届监事会第六次会议以书面通讯表决方式进行，全体监事于16日前以书面的方式进行表决。监事会审议通过了《关于审议中远航运发行中期票据的议案》。 （孙雄）

【召开2009年第一次临时股东大会】 2009年2月13日，中远航运召开了2009年第一次临时股东大会。出席本次会议的股东及授权委托代表6人，代表股数689655540股，占该企业有表决权股份总数的52.63%。会议由企业董事会召集，副董事长刘书田主持。部分董事、监事、高管人员及律师出席了会议。会议审议通过了《关于选举中远航运第四届董事会董事的议案》。根据《公司章程》规定，会议以累积投票制选举产生中远航运第四届董事会的9名董事，分别为许立荣、徐惠兴、刘书田、翁继强、韩国敏、郭京、金立佐、谭劲松和汪亦兵。其中，金立佐、谭劲松和汪亦兵为中远航运第四届董事会独立董事；会议还审议通过了《关于选举中远航运第四届监事会监事的议案》。根据《公司章程》规定，会议以累积投票制选举产生马宗梅和於世成为中远航运第四届监事，於世成为独立监事。 （孙雄）

【召开2008年年度股东大会】 2009年2月29日，中远航运召开2008年年度股东大会。出席会议的股东及授权委托代表7人，代表股数689815740股，占该企业有表决权股份总数52.64%。会议由董事会召集，副董事长徐惠兴主持。部分董事、监事、高管人员及律师出席了会议。会议审议通过了9项决议：《中远航运2008年度董事会工作报告》、《中远航运2008年度财务决算报告》、《中远航运2008年度利润分配预案》、《中远航运2008年年度报告及摘要》、《中远航运2008年度独立董事述职报告》、《通过聘任中远航运2009年年审会计师事务所》、《中远航运2008年度监事会工作报告》、《关于中远航运独立监事年度津贴的议案》、《关于修订中远航运〈公司章程〉等规章制度的议案》。 （孙雄）

【召开2009年第二次临时股东大会】 2009年12月4日，中远航运召开2009年第二次临时股东大会。出席会议的股东及授权委托代表5人，代表股数669887185股，占该企业有表决权股份总数51.12%。会议由董事会召集，副董事长刘书田主持。部分董事、监事、高管及律师出席会议。会议审议通过了《关于中远航运发行中期票据的议案》、《关于修订中远航运〈公司章程〉的议案》；同意中远航运申请注册发行总额不超过10亿元的中期票据，以进一步优化债务结构，降低融资成本。 （孙雄）

航运经营

【航运经营部简介】 航运经营部是中远航运的生产经营、调度管理、保险理赔和航运市场开发、维护的主管部门。主要职责是负责贯彻执行国际和中国政府主管部门有关运输生产的政策和法规，负责船舶运输生产、船舶调度等业务；组织制订、完善和贯彻执行航运生产经营的规章制度；根据企业下达的利润指标、生产指标、安全经营指标，拟定生产计划并组织实施；对航运生产及管理状况进行分析，组织研究和总结各航线的经营情况，提出经营对策；负责市场调研、市场营销和业务拓展，拜访和维护客户，广揽货源；负责对企业所属船舶的指挥调度，根据货源和市场情况，优化运力投放，合理安排航线和货载，保证货运质量和安全，提高经济效益；负责组织落实运费回收和港口使费的审核工作；负责船舶保险、货物理赔业务工作，协同各有关部门解决保险、理赔案件；负责指导船舶货物的装卸工作、督促船舶改进货运质量，调查处理货损事故；当船舶发生紧急情况（遇险或遇难）时，及时向企业有关领导报告，并在应急领导小组的指挥下，按《机关应急部署和程序》对船舶实施应急措施；参加应急领导小组工作，做好各种紧急情况的反应；指导和监督船舶进行安全运输生产，对危及船舶和人员安全的货物运输有否决权；对设备有严重问题可能危及船舶安全的船舶提出停航或改变用途、退役的建议；对危及人身安全的船岸设备、设施、生产场地等提出修理、整改以至停工或停产处理的建议和意见；对发生各类事故的有关责任人员提出处理意见和建议。

时任总经理郭京（兼），常务副总经理杜俊明（兼），副总经理陈楚明、邱晓虹、吴亮明（12 月 1~31 日）。员工 68 人。

（李斌）

【航运经营部工作概况】　2009 年，航运经营部面对航运市场艰难困苦的局势，沉着应对，艰苦拼搏，全力以赴抓好航运经营，稳妥推进船队规模调整，缩小和控制生产规模，加快老旧船退役，控制租入船数量，优化运力配置，降低经营亏损；通过拜访客户、参加行业展会和举办客户推介会，进一步加大客户开发力度，积极拓宽揽货渠道；牢固树立“以市场为导向，以客户为中心，以效益为目标”的营销思路，建立了适应市场要求的营销体制，构建海内外营销网络；根据市场变化，及时调整运价政策；积极开拓新航线、新区域和新货种，寻找新的利润增长点。是年，航运经营部为实现企业全年整体盈利的预期目标作出了重要贡献。　（李斌）

【完成生产指标情况】　2009 年，中远航运拥有和控制各类多用途船、杂货船、重吊船、半潜船、滚装船和汽车船共 68 艘，118.44 万载重吨，平均船龄 21.01 年。是年，累计完成 879 个航次，与 2008 年同比减少 88 个航次，降幅为 9%；累计完成货运量 846 万吨（计费吨，下同），与 2008 年同比减少 155 万吨，降幅为 15%；周转量完成 452 亿吨海里，与 2008 年同比减少 100 亿吨海里，减少了 18%；营运天 29551 天，与 2008 年同比减少 4918 天，降幅为 14%；平均换算租金水平为 8052 美元/天，与 2008 年同比下降 45.92%；船舶平均在港停时 3.1 天/次，与 2008 年同比减少 0.1 天/次，降幅为 3%；燃油单耗 8.1 千克/千吨海里，与 2008 年同比增加 0.98 千克/千吨海里，增幅为 14%。是年，中远航运实现营业收入 39.01 亿元，比 2008 年同期下降 43.46%；实现净利润 1.355 亿元，比

2008年同期下降90.64%；每股基本收益0.1元。（李斌）

【半潜船经营概况】 2009年，中远航运拥有2艘半潜船，4.08万载重吨，主要承运钻井平台、大型储油平台、集装箱桥吊等海上工程和大型机械设备。是年，半潜船运输货源较充足，为企业创造了较好的经营效益，实现营业收入3.78亿元，占船队营业收入10.26%，运输利润1.88亿元，占船队营业利润153.37%。（李斌）

【“康盛口”轮成功整体安装CSP-1石油平台】 2009年5月6日，新型半潜船“康盛口”轮，在波斯湾中南部阿拉伯联合酋长国的Umm Shaif油田，用船上装备的DPS（海上动态定点安装）系统，成功整体安装CSP-1石油平台。这是中远航运新型半潜船第一次在波斯湾海域展示超极限海洋运输与安装技术，是该轮投入经营以来第3次成功整体安装超大型海上石油平台。

CSP-1平台由韩国蔚山制造，连底座总重量8327吨，造价近5亿美元，每天处理2亿立方英尺石油气。（李斌）

【“泰安口”轮第36航次创下单航次最高收入】 2009年6月，新型半潜船“泰安口”轮第36航次装载重达9500吨的海上石油钻井平台，从PASIRGUDANG到DOHA，创造5260.22万元营业收入，毛利为4048.71万元，成为当年该船型营业收入最高的一个航次。（李斌）

【重吊船经营概况】 2009年，中远航运拥有5艘重吊船，9.63万载重吨。全年实现营业收入3.06亿元，占船队营业收入8.3%；实现船队营业利润1.11亿元，占船队营业利润90.4%。（李斌）

【重吊船回归自主经营初战告捷】 多年来，中远航运“大中”、“大华”、“大富”、“大强”轮4艘500吨联吊、重吊船一直以联营的形式与国外公司合作经营。2009年起，中远航运将其陆续回归自营。3月中旬，作为回归经营主营重大件货物运输的首艘船“大强”轮在韩国、日本装载15000多立方设备及重件货，到上海加载后开往欧洲。其中，超100吨的重大件就有21件，满足了更多货主的需求。重吊船回归自营初战告捷，增强了中远航运特种船运输核心竞争力。（李斌）

【“大强”轮回归自主经营第一站取得优异成绩】 2009年5月14日，“大强”轮靠英国NEWPORT港。在没有一名码头工人上船工作的情况下，船员以主人翁的责任感，完成了全部货物的解绑、吊卸等工作，安全、优质、按时完成了航次任务，打赢了回归自主经营第一战。15日，船员按照卸货要求，共卸下设备、重大件等货物35件、2673吨，取得优异成绩。（李斌）

【“大华”轮首次承运台湾重型货物回大陆】

2009年6月19日，“大华”轮在台湾高雄装载重型货物。该批货物为台湾厂商加工的镍矿冶炼厂生产线组件。其中，最大单件为4575立方米，重量为175吨。货物由货主安排运到中国大陆进行深加工后，再运到澳大利亚某镍矿组装生产线。6月22日，“大华”轮将该重型货物安全运抵青岛港卸下，圆满地完成了两岸间重大件货物的运输。“大华”轮通过使用船舶装

备的重吊在高雄和青岛完成装卸的良好操作，展现了中远航运独立经营重吊船运输服务的魅力，给客户留下了深刻印象。

（李斌）

【“大中”轮安全吊装365吨疏浚船】 2009年8月22日，“大中”轮在荷兰鹿特丹安全装载疏浚船前往印度。该疏浚船长49.06米，宽12.54米，高11.30米，重365.26吨。（李斌）

【“大丹霞”轮首航创重吊船最长、最重装货记录】 2009年10月24日，中远航运在山东黄海船厂订造的8艘28000吨多用途重吊船首制船——“大丹霞”轮在南通加载货物之后，开始了首航欧洲之旅。“大丹霞”轮首航装载了3艘大型驳船。其中,最重的一艘为1000吨，是中远航运重吊船历来装载最长、最重的单件货物。（李斌）

【“大华”轮开辟新航线】 2009年11月2日，“大华”轮在韩国装载18件，单件重113吨至210吨不等模块，共11000立方大件设备货物驶往罗马尼亚。这是中远航运重吊船开辟国际重大件运输又一新的航线，也是韩国到罗马尼亚有关运输项目的第一批重大件设备货物运输。（李斌）

【“大富”轮第81航次创营业收入最高】 2009年2月“大富”轮第81航次在INCHOH港装载21818吨钢材等货物运往LAGOS港。营业收入1661.34万元，毛利1215.92万元，创下当年重吊船型单航次最高营业收入记录。（李斌）

【汽车船经营概况】 2009年，中远航运拥有3艘汽车船，2.45万载重吨。汽车船全年营业收入0.894亿元，占船队营业收入2.42%。（李斌）

【汽车船“GOLIATHLEADER”轮第11航次创最高效益】 2009年4月，中远日邮租入船“GOLIATHLEADER”轮第11航次在上海港装载450辆陕汽卡车，驶往阿尔及利亚的阿尔及尔港。营业收入1105万元，毛利29.4万元，创下当年该船型单航次最高营业收入记录。（李斌）

【多用途船、杂货船经营概况】 2009年，中远航运拥有和控制多用途船、杂货船55艘、98.13万载重吨。中远航运多用途船和杂货船具有规模优势，航线布局广，可为同一客户提供全球运输服务。为了应对国际金融危机影响，中远航运合理调配航线运力，加强市场营销，采取积极的运价策略，加强成本控制，提高航线整体效益。是年，中远航运由于受国际金融危机影响，运量大减，运价大跌，加上船龄老化，成本高，多用途船和杂货船经营效益受到较大影响。中远航运为了降低安全风险，减少亏损，退役老旧杂货船和多用途船共13艘。中远航运多用途船和杂货船全年营业收入25.18亿元，占船队营业收入68.24%。

（李斌）

【多用途船“丰康山”轮第89航次创最高收入】 2009年2月，多用途船“丰康山”轮第89航次在SHANGHAI港装载20908吨设备货物驶往LAGOS港，该航次营业收入2359.01万元，毛利1759.57万元，创下当年该船型单航次最高营业收入记录。（李斌）

【杂货船“交城”轮第87航次创最高收入】 2009年1月，杂货船“交城”轮在SHANGHAI港装载12600吨设备货物驶往KARACHI港，营业收入683.54万元，毛利468.60万元，创下当年该船型单航次最高营业收入记录。（李斌）

【滚装船经营概况】 2009年，中远航运拥有滚装船3艘，4.14万载重吨。滚装船全年营业收入3.98亿元，占船队营业收入10.78%。（李斌）

【滚装船“赤峰口”轮第244航次创最高收入】 2009年2月，滚装船“赤峰口”轮在天津新港装载24009吨设备货物前往SHUWAIKH港，营业收入1033.96万元，毛利677.33万元，成为当年该船型营业收入最高的航次。（李斌）

【远东——孟加拉航区的件杂货班轮运输概况】 2009年，根据各港口代理的统计资料显示：中远航运在日本市场该航区件杂货班轮运输的市场占有率约50%；中远航运在韩国市场该航区件杂货班轮运输的市场占有率约60%；在中国市场该航区件杂货班轮运输的市场占有率约95%。（李斌）

【远东——非洲航区的件杂货班轮运输概况】 2009年，根据各港口代理的统计资料显示：中远航运在日本市场该航区件杂货班轮运输的市场占有率约90%；在韩国市场该航区件杂货班轮运输的市场占有率约70%；在中国市场该航区件杂货班轮运输的市场占有率约60%；在南非市场回程班轮运输的市场占有率约40%。（李斌）

【中国——美洲航区的件杂货班轮运输概况】 2009年，根据各港口代理的统计资料显示：中远航运在中国出口南美西市场的占有率约30%；在中国出口加勒比市场的占有率约40%；在南美回程鱼粉运输的市场占有率约80%；在巴西回程石材运输的市场占有率约60%。（李斌）

【中国——波斯湾、红海航区件杂货班轮运输概况】 2009年，根据各港口代理的统计资料显示：中远航运在中国出口该航区件杂货班轮运输的市场占有率约为80%；在波斯湾、红海回印度或东南亚地区的市场占有率约40%。（李斌）

【远东——欧洲、地中海航区件杂货班轮运输概况】 2009年，根据各港口代理的统计资料显示：中远航运在远东——欧洲杂货船市场出口市场设备货的占有率约60%；远东——欧洲杂货船市场出口市场钢材的占有率约25%；欧洲——远东杂货船市场进口市场的占有率约20%。（李斌）

【召开第一次航运经营专题会】 2009年2月2日，中远航运召开第一次航运经营专题会。CEO韩国敏、COO郭京、副总经理杜俊明等高管召集航运经营部各航线经理及相关人员参加了专题会。专题会由郭京主持。会上，韩国敏介绍了企业当前面临的严峻形势，并就如何做好下一阶段航运经营工作进行了部署；各航线经理就本航线经营情况作了汇报。会议还就航运经营中的租船、货运质量、使费控制等有关问题进行了研讨。（赖海燕）

【参加首届亚太杂货运输展】 2009年2

月16~19日，由中远航运COO郭京带队参加了在新加坡举行的首届亚太杂货运输展览，并拜访相关客户。在2天展期内，400多名客户来到设计新颖的中远航运展台咨询、洽谈业务。通过这次参展，进一步加大了中远航运在国际市场的品牌宣传和业务拓展力度，加强了公司与客户的交流和沟通，有利于企业依托市场营销寻求新的商机。（李斌）

【首次举行大型航运业务推介会】 2009年3月12~13日，中远航运分别在上海和北京首次举行大型航运业务推介会。CEO韩国敏、COO郭京，CEO助理、投资发展部总经理董宇航，航运经营部副总经理陈楚明，以及航运经营部所有航线业务经理等参加了推介会。上海电气、东方电气、南钢集团、恒达钢结构、湖南华菱、沙钢集团等31家企业的总经理和代表等出席了上海推介会。中石油、中石化、中海油、哈电、中钢国际、中设储运等企业的领导和代表70多人参加了北京推介会。

（李斌）

【在OTC推销50000吨新造半潜船】 2009年5月4~7日，一年一度的国际石油天然气展览会（OTC）在美国休斯敦举行。中远航运与合作伙伴NMA公司在展览会共同设置展位，热情接待八方来客，并利用三维模拟图像重点推销新造的50000吨半潜船，展现中远航运在半潜船运输市场的核心竞争力。（赖海燕）

【召开第二次航运经营专题会】 2009年5月18日,中远航运召开第二次航运经营专题会，CEO韩国敏、COO郭京和航运经营部人员参加了会议。会议由副总经理杜俊明主持。会议总结、分析了各航线回程货现状和开发情况，杜俊明对各航线回程货情况作了点评；韩国敏作了讲话。会议提出各航线的负责人要站在企业效益和可持续发展的战略高度，加大对回程货市场的研究、信息宣传，利用中远和海外网络加大揽货力度，优化货源结构，加强航线区域的协调与合作，提升服务水平，稳定提升运价。（赖海燕）

【举行区域性业务推介会】 2009年6月25~26日，中远航运趁“大华”轮在韩国蔚山港装货的机会，在船上举行了区域性业务推介会。韩国物流公司、港口装卸公司和有关业务代理等17名代表参加了推介会。在推介会期间，中远航运的业务代表、中远韩国公司的有关业务人员详细介绍了中远航运服务的航线设置、船队结构、新造船运力和未来市场开发的思路等，重点介绍了中远航运重吊船、半潜船和多用途船的经营及完成的特殊运输案例；与会人员现场参观了“大华”轮先进的重吊设备及船舶驾驶台、生活区等区域，了解了船舶管理和船员服务等情况；双方对重大件货物的装卸和运输等有关技术、业务联系等问题进行了交流，并就合作事宜进行了磋商。通过在“大华”轮举行业务推介会，使韩国有关客户加深了对中远航运的全面了解，特别是通过特殊案例的介绍和现场参观，与会人员亲眼目睹了中远航运的经营实力、规范管理和优质服务，促进了与韩国有关客户的合作。（赖海燕）

【首次参加第20届美国新奥尔良杂货展】

2009年10月13~15日，中远航运副总经理杜俊明带队参加了第20届美国新奥尔良杂货展。这次参展展示了中远航运特种杂货运输综合实力和服务能力，并与参展船东和客人进行了交流，取得了预期效果。在展会期间，杜俊明还拜访了多家专业物流公司和装卸公司，以进一步寻求合作机会，拓展欧美市场。 （赖海燕）

【召开半潜船2010年营销工作会】 2009年12月31日，中远航运召开半潜船2010年营销工作专题会。会上，航运经营部副总经理邱晓虹、驻美国休斯敦首席代表吴小明分别对2009年半潜船营销工作进行了总结，并提出了2010年半潜船营销工作思路。CEO韩国敏、COO郭京等高管充分肯定了企业半潜船取得的历史最好成绩，并就半潜船发展规划和2010年营销战略作出部署。 （赖海燕）

船舶管理

【船舶管理部简介】 船舶管理部是中远航运控制及代管船舶的设备技术、安全管理和岸基技术管理、物料备件管理、燃润油料管理、通讯导航管理、岸基技术支持管理的主管部门。主要职责是负责船舶的航海、安全技术指导和跟踪管理；负责船舶机电、通导、航海设备技术的维护和修理；负责船舶设备技术改造、更新以及设备技术状况跟踪管理；负责船舶买卖，新造船舶技术拟定、鉴定和建造技术监督；负责船舶备件、物料、燃油、润油的采购和船舶使用管理；负责指导船员做好船舶设备的维护、维修、更新，确保船舶处于良好技术状态；负责指导船员做好设备安全管理，确保船舶安全运输顺利开展；负责指导船员做好船舶防污工作，尽职尽责保护海洋环境；负责收集国内外船舶管理和防止污染的公约法规、安全管理规范、标准，以及国际先进船舶管理技术资料等，提出相应的管理规范和技术要求、技术创新意见和建议。

时任总经理赖奕光（兼），常务副总经理郭福祥（兼），副总经理张建浩（海务），副总经理刘建华（机务），副总经理洪颖（1月~10月25日）（技术）、吴必忠（10月25~12月31日）。员工68人。

（廖再文）

【船舶管理部工作概况】 2009年，船舶管理部重点抓了以下工作：

1. 综合管理工作。严格执行《综合管理体系》，根据船队旧船多、船型多、新旧船技术差异大，航经海区、港口复杂等特点，坚持各项管理工作早研究、早动员、早布置、早检查、早落实，突出重点抓好船舶海上航行安全、船舶技术管理和安全管理与指导；狠抓海务安全、机务安全、技术管理和监督，抓好岸基电脑网络设备维护和船舶通导设备维护、维修、技术指导及设备更新，抓好油料、物料、备件采购供应和船舶使用监督，抓好造船技术监督等各项管理工作，给船舶安全经营、顺利完成各项经营任务提供强有力的技术支持和安全技术保障。坚持自查为主，加强以跟踪、监督、检查、整改为着力点的现场管理。通过开展精益管理、现场管理、老旧船管理、燃润油和物料采购、内部控制等工作，促进船舶技术和安全管理，提高船舶技术管理水平，保障船舶安全经营的顺利开展。全年没有发生海损、机损、污染、滞留、火灾和上等级的管理事故。

2. 安全体系管理工作。根据公约法规的变化和船舶对安全管理体系复查的建议，全年对 11 个体系文件进行了修改，新增加了 13 个操作文件，完成 13 艘船舶《操作规程》的编写整理，确保体系符合公约法规和实际操作需要。引入 ISO9001:2000; ISO14001：2004 和 OSHAS18000 理念，管理方针增加“优质服务、守法经营、回报股东和回馈社会”的承诺；实施目标增加“积极承担社会责任，回馈社会；持续不断提高客户满意度，不断超越客户期望；按规定时限及时处理客户投诉，派遣船员满足持证、健康合格标准，辞退率低于 0.2%；出租船舶技术状况满足适航、适货标准，因船东责任退租率为零；持续降低船舶燃油消耗，不断提高船舶废旧物资综合利用水平”等内容。建立了完整的质量管理体系。通过认证审核，取得《质量管理体系认证证书》、《质量管理体系认证证书》(UK)、《职业健康安全管理体系认证证书》、《环境管理体系认证证书》。将《TPC 培训考试系统》纳入体系，使其成为日常管理的一种手段。制定了《船岸 TPC 系统运行与管理操作须知》，进一步规范了 TPC 的培训工作。此外，完成了对新聘员工的体系培训，体系运行情况正常。

3. 海务管理工作。在安全管理上研究规律，创新发展，加大安全投入、依靠科技进步，给船队安全经营提供安全技术保障。布置和组织船舶开展“三项行动”、“三项建设”暨“安全生产年”活动，“安全长效管理机制建设”、“安全生产月”、“安全隐患排查治理”、“查隐患、促整改、保安全、迎国庆”为主题的国庆维稳百日隐患排查治理专项活动等，开展了船舶安全生产大检查、船舶火灾隐患排查治理工作暨冬季船舶防火工作、船舶冬防安全活动和组织举行冬季安全研讨会等，完成了年度安全管理评估考核工作。认真贯彻上级关于防抗海盗的指示，布置落实到每一艘船舶，对通过亚丁湾及航行在西印度洋的船舶实行单船跟踪指导，没有发生船舶被劫持和船员受伤事件。全年，跟踪指导船舶安全进出港口 637 艘次，对新任船长和进出新港口的船长培训指导 116 人次，上船现场检查指导船舶 196 艘次，为船舶解决海务、人事、培训和劳动安全等问题 1647 项。每天跟踪全球气象和船舶的动态，根据不同的天气情况实施个性化的指导。是年，在西北太平洋共生成台风 21 个，受影响船舶 186 艘次，船舶管理人员自始至终跟踪台风动态和可能受影响的船舶，与船员共同努力，确保了全年防抗台成功率 100%。此外，全年跟踪指导大风浪航行船舶 118 艘次，雾航船舶 145 艘次，中国沿海船舶跟踪率达到 100%。制定《中远航运开展安全生产百日督查专项行动的方案》，建立和完善了《航行资料》、《TPC 培训考试系统》、岸基船舶应急资料库等；认真做好老旧船管理，根据各类船型的结构和船龄特点给予重点指导管理，对航行特殊航区重点货物船舶、特殊要求货物船舶、超老龄船舶等始终实行跟踪指导管理；海务人员跟踪全球气象和船舶动态，根据不同的天气情况实施个性化的指导。

4. 机务管理工作。管理船舶 87 艘。其中，20 年以上老龄船舶 64 艘，占船队总数 73%，30 年以上船舶 21 艘，占船队总数 24%，最大船龄“大田”轮 35 年（2009 年 10 月退役）。是年，船舶管理部根据船队中科技含量高、自动化程度高的新型半潜船、设备先进的重吊船与普通多用途船和杂货船等，设备技术超前先进与设备陈旧老化并存的船队现状，围绕船舶设备技术、安全管理和岸基技术支持，指导船员做好船舶设备维护、维修和安全管理，确保船舶处于良好技术状态，为船队的安全经营提供技术保障。是年，中远航运按计划完成了49艘船舶厂修，按计划完成船舶航修和船员自修保养工作，完成了新造船舶黄海28000项目“大丹霞”轮、口岸27000项目“凤凰松”轮的接船工作，并按计划做好接“大紫云”、“孔雀松”轮的准备工作。跟踪新造黄海28000项目、口岸27000项目、50000半潜船项目船舶的技术监督监造。根据老龄船安全风险大的特点，开展对老龄船进行安全和技术评估，全年完成坞内评估船舶49艘，完成所有管理船舶的年度技术状态评估，并按操作须知要求消除存在缺陷、制定风险预控措施。邀请CCS对29年船龄以上船舶进行技术状态评估，针对存在的问题和缺陷，制定风险预控措施。完成了“山海关”、“居庸关”轮等13艘船舶的退役工作。

是年，机务现场检查船舶263艘次，解决船舶设备缺陷3156项。全年船舶接受PSC检查共221艘次。其中，无缺陷批注137艘次，占受检船舶的62%。机务各项费用预算与实际支出误差小于10%。投入25900万元改善安全设施和培训船员及机关有关船舶管理人员；举办船舶管理技能等培训班83个，培训岸基人员1826人次，船员岗前和在岗培训6575人次。及时跟踪和改进船舶各种设备存在的问题和缺陷，使之保持正常工作状态，全年经营管理船舶设备完好满足适航适货要求，船舶应急设备完好率100%。船队全年营运率达到97.1%；全年机务管理和船舶没有上等级机损、污染、海损、火灾、保安事件；全年“安全诚信船舶”28艘，“USCG21世纪优质船舶”3艘。 (廖再文)

【“凤凰松”轮投入营运】 2009年4月28日，中远航运在江苏泰州口岸船厂建造的4艘27000吨多用途船首制船“凤凰松”轮交付使用。该轮首航上海、天津等地装载123节火车厢等货物开往红海。

“凤凰松”轮总长179.50米、型宽27.20米，型深14.50米，装备并吊118吨的大吊，舱内配有两层吊离式活动二甲板，装有最新一代海事卫星通讯设备。该设备的宽带通信能力实现了船舶高速接入因特网，大大拉近了船舶与陆地联络的距离，船舶与外界的联系更加紧密、及时。该轮适货能力强，市场前景广阔，成为中远航运特种船队的生力军，标志着中远航运向打造“以特种船为主的多用途船队”发展目标迈出了坚实的一步。 (廖再文)

【50000吨半潜船首制船进入搭载总装阶段】 2009年8月31日，中远航运50000吨半潜船项目，首制船的船体首个分段(机舱后段底部分段)在广州中船黄埔船厂龙穴厂区吊装进坞搭载，标志着该船由分段制造转入实质性分段搭载总装阶段。

中远航运建造的50000吨半潜船，采用数字化操控、电力推进等先进技术，总长216米，型宽43米，下潜吃水26米，上浮装载货物最大吃水10米，是运输和安装大型深水钻井平台的主流船舶。

(廖再文)

【28000吨多用途重吊船“大紫云”轮命名

下水】 2009年8月31日，中远航运在山东黄海船厂举行28000吨多用途重吊船“大紫云”轮命名和下水典礼，中远航运董事会秘书薛俊东、船舶管理部副总经理洪颖，以及造船有关负责人出席了仪式。该轮于当天10:28顺利下水。 （廖再文）

【27000吨多用途船“孔雀松”轮命名下水】 2009年10月23日，中远航运订造的4艘27000吨多用途船的第二艘船“孔雀松”轮，在江苏泰州口岸船厂举行命名下水仪式。中远航运董事会秘书薛俊东代表企业出席命名仪式，独立董事金立佐伉俪出席了命名仪式，并为“孔雀松”轮命名揭牌。 （廖再文）

【监控全球热带气旋，防抗台成功率为100%】 2009年，中远航运海务管理人员连续跟踪全球46个热带气旋。其中，重点海区西北太平洋21个。防台指挥人员坚持“以防为主、防抗结合，适时早避、留有余地”的方针，台风影响船舶总时间8884小时，海务管理人员跟踪船舶119艘次，防台小组人员指挥受影响船舶51艘次，加班跟踪908小时，指导船舶通过绕航、滞航、安全抢过台风进路、锚泊等方法，以最小的船期损失，取得了防抗台风100%成功。 （廖再文）

【加强安全管理】 2009年，中远航运经营和管理87艘船舶中，平均船龄20.4年。船队中有科技含量高、自动化程度高的新型半潜船，有设备先进的重吊船，还有普通多用途船和杂货船等。设备技术超前先进与设备陈旧老化并存是中远航运的船队现状。船舶管理部针对船队特点，采取有效措施，认真抓好安全管理，促进船队稳定经营、控制成本、降低损耗、提高效益。进一步强化各项安全管理措施，积极开展排查隐患专项活动、“安全生产年”活动、“安全生产月”活动、PSC救生设备专项行动、冬季安全活动等，确保了整体安全形势平稳，实现全年无上等级机损、污染、海损事故，无船舶滞留。

船舶管理部根据船舶技术设备现状，结合季节性安全工作的特点，针对安全工作的重点、热点和难点问题，以开展专项活动等多种形式，深刻剖析影响安全生产的主观因素，深入查找安全生产的薄弱环节，深入排查安全隐患。通过对安全体系的持续改进和严格执行，真正解决安全生产中的重点、难点和热点问题，取得实质性的进步。 （廖再文）

【联合举行PCS检查工作研讨会】 2009年1月10日，中远航运与广州海事局、中国船级社广州分社联合举行中远航运船舶管理暨2008年PCS检查工作研讨会。广州海事局副局长肖明，中国船级社广州分社总经理谭好修、副总经理陈林龙、陈裕彬，CCSI广州分公司总经理黄雄明，特邀军代表大连旅顺海军4810厂经营处吴海波，中远航运常务副总经理赖奕光、副总经理郭福祥，以及船舶管理部全体人员、安质部有关人员共78人参加了研讨会。研讨会由郭福祥主持。

会上，中远航运船舶管理部副总经理刘建华作了中远航运2008年PSC情况报告，副总经理张建浩作了2008年中远航运防台工作情况介绍，郭福祥就如何抓好防台工作提出了要求。CCS广州分社沈小清、广州海事局徐伯友就抓好船舶安全管理工作和抓好 PSC 检查作了发言。与会人员就 2008 年国际 PSC 检查的新动向、遇到的新问题、应该注意的事项和怎样做好 2009 年船舶管理、安全管理、船舶安全、设备安全，如何提高船员综合管理素质和设备操作技能、如何解决 PSC 检查中出现的问题等进行了广泛的讨论和交流。肖明、陈林龙、赖奕光分别作了讲话。这次研讨会内容丰富，涉及面广，有利于促进船舶技术管理、安全管理水平和提高指导船舶应对 PSC 检查能力，促进船舶顺利通过 PSC 检查。（廖再文）

【召开海务安全研讨会】 2009 年 3 月 20 日，船舶管理部召开海务安全研讨会。CEO 韩国敏、常务副总经理赖奕光、副总经理郭福祥，总经理办总经理吴杰，航运经营部副总经理邱晓红，船舶管理部主管海务的副总经理张建浩以及全体海务总管和部分机务业务经理等出席了会议。会议由船舶管理部安委办主任严少波主持。会上，对 2008 年海务管理工作进行了总结、研讨、分析，找出了海务管理的规律、特点，以及面临的困难，研究如何做好 2009 年海务安全工作。会上，张建浩、陆海鸣、严少波分别作了 2008 年防抗台风、船舶大风浪航行安全和船舶劳动安全等情况总结。韩国敏、赖奕光、郭福祥分别对抓好安全工作作了指示。（廖再文）

【组织部署“安全生产年”活动】 2009 年 5 月 14 日，中远航运对 2009 年“安全生产年”活动进行了部署。中远航运“安全生产年”活动以深入贯彻落实科学发展观和中远集团安全工作会议精神为指导，坚持“安全、稳定、效益”和“安全第一、预防为主、综合治理”的方针，着力开展企业安全生产宣传教育、安全生产监督检查、安全生产治理，抓好企业安全生产体制机制、安全生产能力、安全管理队伍，切实解决企业安全生产存在的突出问题和薄弱环节，坚决遏制重特大安全生产事故，保持企业安全形势稳定，为船舶经营提供安全保障。通过开展“安全生产年”活动，进一步巩固隐患排查和防碰撞防泄漏活动的成果，切实解决安全生产可能存在的薄弱环节和突出问题，隐患排查治理工作得到进一步深化，安全生产主体责任得到进一步落实，安全发展理念深入人心，安全意识得到明显加强，安全投入得到有效保障，安全管理水平得到进一步提升。

（廖再文）

【组织开展2009年“安全生产月”活动】 2009 年 5 月 27 日，中远航运下发了《中远航运 2009 年安全生产月活动方案》，于 6 月份组织开展“安全生产月”活动。在活动中，中远航运以“关爱生命、安全发展”为主题，深入开展“安全生产月”活动，坚持“安全第一、预防为主、综合治理”的方针，紧紧围绕“安全生产年”的总体部署和各项指标，面向船舶、基层，面向船员、岸基员工，进一步贯彻落实安全生产的方针、政策，进一步落实了安全责任制，强化了安全工作的执行力；开展了隐患排查，解决了安全生产的薄弱环节和突出问题；牢固树立了安全发展理念，提高了员工的安全意识和安全技能，为全年安全生产形势基本稳定打下了坚实基础。

（廖再文）

【部署2009年冬季安全工作】 2009 年 11

月 19 日，中远航运安全生产委员会（以下简称”安委会“）本着早研究、早动员、早布置、早检查、早落实的原则，制定了做好冬季安全工作措施，发出了《关于做好冬季安全工作的通知》并向岸基各部门和各船舶作了部署。中远航运在冬季安全工作中，船岸通力合作，切实落实各项安全措施，为企业安全经营提供了安全保障。

（廖再文）

【召开预防船舶航行安全事故研讨会】 2009 年 12 月 8 日，中远航运安委会召开预防船舶航行安全事故研讨会。会上，船舶管理部副总经理张建浩介绍了一起船舶离港时突遇大风、失控压碰码头的事故。与会人员对该事故的原因进行了研究讨论，提出了防止船舶发生事故的措施。会上，还对冬季船舶海上航行安全和航行期间防海盗工作进行了研讨。副总经理郭福祥在会上作了总结发言，对如何做好船舶安全航行工作提出了具体要求。（廖再文）

【“浦城”轮紧急抢修辅机】 2009 年 12 月 24 日，“浦城”轮 1 号辅机发生故障紧急停车，船上启动 2 号辅机但合不上闸，而 3 号辅机又在检修之中，因而造成船舶暂时失电漂航。当时海面风力 6~7 级，船舶横摇 15~20 度，情况十分紧急。为协助“浦城”轮尽快排除故障，船舶管理部成立了临时岸基支持小组，研究对策，指导船舶逐项排查和排除设备故障。该轮按照岸基的指导逐项重新检查和复位，重新启动辅机并电试验。经过紧急抢修，“浦城”轮恢复了正常供电。（廖再文）

【“乐山”轮在亚丁湾突击吊缸】 2009 年 12 月 19 日，“乐山”轮第 74 航次在 HOPA、ODESSA 装货回新加坡，加入中国海军护航编队。22 日，在即将结束护航航行时，船上例行检查发现主机油循环柜油位下降速度较快，主机第 2 缸残油偏多，确定为该缸活塞漏油。在海盗猖獗的亚丁湾，停车检修容易成为海盗攻击的目标。但不及时检修，则会引起主机严重损坏，甚至危及船舶安全。船上确定在护航编队结束点趁海军舰队离开前立即停车检修，并报中远航运主管部门。获得批准后，“乐山”轮召开了动员大会，船员一方面严防海盗，一方面抢修主机。14：36，“乐山”轮到达护航解护点立即停车。经盘车检查发现一根连接活塞头与活塞杆螺栓齐根部断裂并引起活塞漏油。机工长带着 2 名机工冒着缸头和排烟管 100 多度高温拆卸缸头各种附属配件，轮机员拆开主机曲拐箱道门后，冒着 60~70 度高温的油气进入曲拐箱拆卸活塞下部组件；其他人员拆卸缸头和组装备用活塞。此时，海面 5~6 级风力，使停车后的船舶受到横风横浪的影响横摇 20 度，对抢修各项工作增加了难度。在缸头、活塞吊出缸体时，甲板部人员用 4 根绳子死死拉住，防止缸头和活塞摇晃碰撞损坏或伤人。经过 3 个多小时的努力，把缸头和活塞都吊了出来。22:30，轮机长对主机进行了认真检查，各种性能参数全部正常，突击吊缸获得成功。

（廖再文）

【“富文山”轮9天通过两个PSC/ISPS检查】 2009 年 12 月 12 日，“富文山”轮在哥伦比亚布埃那文图拉港无缺陷通过 PSC/ISPS 的严格检查。时隔 9 天，该轮在新奥尔良港又以无缺陷批注通过美国海岸

警备队的 PSC/ISPS 检查。（廖再文）

【开展节能减排工作】 2009 年，中远航运进一步加强节能减排工作，坚持发展与节能同步、开发与节约并举的指导方针，以船队结构调整为依托，以节能新技术、新工艺的引进推广为重点，以构建节能型产业体系为目标，切实加强组织领导，严格目标责任管理，确保实现“十一五”节能降耗目标。为有效促进节能减排工作，中远航运利用企业网站、《中远航运》、《中远航运简讯》、《中远航运精益管理简报》等多种形式宣传节能减排的重要性，宣传船舶节能先进经验，增强船岸员工的节能意识和开展节能减排工作的积极性。

中远航运针对企业老旧船比例多，安全管理压力大的特点，加强了对老旧船维保管理，有计划开展老旧船评估，提高了设备完好率、减少了油耗。为准确统计船舶燃油消耗情况，机务总管对船舶存油情况进行量油核对 126 艘次，对船舶实际存油与船舶上报存油量总额超出 30 吨的船舶进行跟踪了解并予以纠正。（廖再文）

【推广节能技术】 2009 年，船舶管理部根据船队技术状况和企业节能工作部署，有针对性地在船舶中推广节能技术。1. 在半潜船、重吊船以及新造 50000 吨半潜船上应用燃油均质器技术，提高燃烧效率，既提高功率，又节约燃油；2. 为 24 艘老旧船安装螺旋桨导流罩，对主机透平、空冷器、调速器及其油门位置定位器、主机和螺旋桨测速装置进行检修、改装、校验，并加强对主机缸头、进排气阀、活塞、缸套等部件的维修保养工作，使主机工况得到进一步改善，提高了主机转速，通过测试可节能 6~9%；3. 在所有船舶上使用燃油添加剂，既改善了主机工况，又实现了节能；4. 在所有船舶上应用无锡自抛光油漆，减少船舶附着海生物及产生的阻力，既提高了船舶航速，又降低了燃油消耗；5. 按照“十一五”船队结构调整规划，退役和淘汰了“江浦关”、“大田”、“发展之路”轮等 13 艘吨位小、油耗高、航速低、适货差、性能差的老旧船，既保障了在役船舶经营的安全，又有效降低了老旧船的油耗。（廖再文）

【主动降低燃油成本】 2009 年，船舶管理部通过市场调查，深入船舶现场等途径，力争在燃油价格波动过程中的低点锁定燃油价格，确保所定燃油的价格基本上低于市场的平均价格。船舶管理部通过与多家石油公司谈判、协商取得优惠燃油价格，节约燃油成本 2000 多万元。（廖再文）

【“乐同”轮降本增效成绩显著】 2009 年，“乐同”轮紧密结合船舶管理实际，通过抓船期、扩大自修、回收绑扎索具和垫料，以及节油节水等有效措施，深挖降本增效潜力收到明显效果，节约费用 280 万元。（廖再文）

【“泰安口”轮自修更换右后SSP轴封】 2009 年 10 月 14 日，“泰安口”轮第 38 航次航行途中发现右 SSP 螺旋桨后轴应急气封失效。SSP 是该轮推进装置的重要设备，价值几千万元，要定造一只需 3 年。中远航运指派船舶管理部副总经理吴必忠和机务总管黄秀文、业务调度船长朱文清赴新加坡上船，组织船员独立完成更换 SSP 轴封。“泰安口”轮召开了多次抢修

准备会议，从人员安排、工具准备、到锚地后压排水方案等都做好了准备。27日16:40，“泰安口”轮抵达新加坡抛锚，中远航运派来的人员于16:45上船，与船员一道对电动液压设备的启动系统进行了改装，于28日23:00恢复了电动液压设备的正常工作。29日，继续进行紧张抢修。30日13:15，突然下起了大雨，船岸人员冒雨轮流上阵，4人一组抬着笨重的液压力矩扳手，按要求对压盖螺丝进行分步上紧，右SSP轴封试验运转正常。经过船岸人员的通力合作，原定3天的抢修，提前了一天完成自修更换右后SSP轴封。

（廖再文）

【“乐泰”轮努力挖潜拼搏增效】 2009年，“乐泰”轮船员坚持“公司有效益，我才有收益”的理念，以强化管理、控制成本为抓手，在工作中挖潜增效，力求航次效益最大化。特别是第76航次采取了合理配载多装货，设法节约港口使费和船期，船员自己解绑扎，以及节约用水等措施，节约船期3天、港口使费30000元、淡水费1000美元。（廖再文）

安全质量管理

【安全质量部简介】 安全质量部是中远航运综合管理体系，质量、环境职业健康安全全面流程管理体系，安全管理（船舶保安管理）体系、DOC（符合证明）的维护、有效运行、持续改进，以及船舶SMC、ISSC审核认证与维护和船舶机务、通导、物料、备件费用的审计，船舶年度安全管理及“三学一创”活动考核的主管部门。主要职责是负责维护中远航运的综合管理体系，质量、环境职业健康安全全面流程管理体系，安全管理体系和船舶保安体系的有效运行，负责体系文件按照国际公约、法规、标准和国内主管部门最新有效的法规和建议进行完善；负责检查、监督岸基和船舶执行企业安全管理体系、船舶保安方针的情况；负责指导和督促新接船舶有效运行安全管理体系和保安体系，包括组织内外审核和认证，以及取得认证后的维护；负责质量、环境职业健康安全全面流程管理体系的有效性评价、内审、外审和有效运行维护；负责组织企业安全管理体系有效性评价和管理复查工作；负责在计划时间内组织实施岸基安全管理体系的内部审核、外部认证审核；负责在计划时间内组织实施船舶安全管理体系和船舶保安体系的内部审核、外部认证审核、DOC年审；负责协助指定人员和保安员收集安全管理体系和船舶保安体系运行的信息并提出改进建议；负责监督和验证岸基、船舶“不合格、事故和险情”纠正措施的实施效果；负责控制安全综合管理体系和船舶保安计划文件的签发、修改和发放；负责企业新聘、转岗员工对体系熟悉的培训；协助人力资源部/组织部对船员进行体系熟悉培训；负责对船舶的修理、通导、物料和备件的费用进行审计，对不合理费用的支出提出建议和改进意见；负责推动船舶开展“三学一创”活动。

时任总经理钟森运（1~8月），洪颖9~12月（兼企业指定人员）、副总经理陈望权（兼企业保安员）。员工11人。

（廖再文）

【安全质量部工作概况】 2009年，安全质量部建立了散运船安全防污管理体系；

全面实施ISO9001/ISO14000和OSHAS18000管理概念，完善“三标”体系，加强全面流程管理体系建设，梳理、完善船员管理体系文件，为企业可持续发展夯实基础；加强对船岸综合管理体系活动的督促和指导，维护企业综合管理体系及船舶安全/保安体系的有效运行和持续改进；组织机关人员对岸基安全综合管理活动进行内审，在交通运输部海事局SMS年度审核中，再一次以“免开不符合项”获得通过；根据实际情况、结合新生效国际法规和强制性规定共修改了5个“安全管理手册与程序”文件、11个操作须知文件、新增操作须知13个，使企业体系文件更具覆盖性、符合性和适用性。安全质量部管理船舶（年初97艘，年底79艘）SMC和ISSC证书全部得到有效维护；全年对78艘船ISM和ISPS进行了内部审核，指导41艘船接受并通过了ISM中间/换证审核、指导38艘船接受并通过ISPS中间/换证审核，维护所有船舶证书的有效性；指导新接船舶“凤凰松”、“大丹霞”轮建立安全管理体系，并通过了SMS和ISPS临时外部审核，取得临时SMC证书，为上述两轮按计划投入营运提供了保证条件；全年对船舶的140项“不符合”和事故险情采取纠正和预防措施，并进行验证审核；全年派出132人次赴国内港口上船对船舶SMS体系活动和船舶保安工作进行现场检查、指导和培训；对86名接班船长、政委和大副进行船舶保安培训和保安工作谈话；对新招院校毕业生和在职高级船员220人进行体系熟悉培训；全年在国内外港口无发生潜船偷渡事件，阻止船舶遭遇海盗袭扰或袭击事件7起，指导35艘船舶在国外港口提高保安等级应对措施；全年共完成船舶备件、物料、通导和修船专项审计678份，共涉及金额11526.3万元，核减金额95.3万元。

2009年，安全质量部进一步加强全面流程管理体系的建设，根据情况变化和管理需要及时修改相关流程，以全面流程管理为基础，强化各项管理制度建设；按要求建立“三标体系”，使企业管理进一步规范化；全年对船舶发放文件5293份，未发生差错，超额完成“文件发放差错率≤5%”的目标；全年船舶内审完成率为96%，外审完成率为95.8%，年度船舶内审、外审的完成率95%；全年没有发生船舶保安事件，船舶责任性保安事件（潜船偷渡、海盗劫船、毒品走私）事故为零；全年派遣船员满足持证、健康合格标准，辞退率低于0.2%；重大以上责任海损，机损，人身伤亡事故，火灾事故，污染事故，货损货差事故为零；全年船舶PSC滞留率低于同行业平均水平；全体船岸员工年度培训计划履行率达95%。其中，船员培训计划履行率100%，企业机关员工培训计划履行率87%。全体船岸员工年度培训合格率达98.9%。其中，船员培训合格率98.3%。机关员工培训合格率100%。

（廖再文）

【安全质量部领导变更】 2009年10月26日，中远航运CEO韩国敏聘任原船舶管理部副总经理洪颖为安全质量部总经理（从12月1日起任ISM中的指定人员和ISO9001、ISO14001中管理者代表及OHSAS18001中的管理者副代表）。原安全质量部总经理钟森运退休。（廖再文）

【连续5年“免开不符合项”通过ISM外审】

2009年11月11~13日，交通运输部海事局ISM审核组对中远航运进行SMS年度审核，再一次以“免开不符合项”获得通过。这是自2004年以来中远航运连续5年“免开不符合项”通过交通运输部海事局ISM外审，再创国内航运企业ISM审核新纪录。 （廖再文）

【2009年度先进船舶】 2009年，中远航运有37艘次船舶被评为“华铜海”式船舶和先进船舶。1. 被广远评为学习“华铜海”先进船舶9艘：“康盛口”、“泰安口”、“大富”、“乐里”、“乐宜”、“乐同”、“乐从”、“安宁江”、“富裕山”轮。2. 被中远航运评为“华铜海”式船舶9艘：“康盛口”、“泰安口”、“大富”、“乐里”、“乐宜”、“乐同”、“安宁江”、“湘江”、“富裕山”轮。3. 被中远航运评为先进船舶19艘：“康盛口”、“泰安口”、“大富”、“乐里”、“乐宜”、“乐同”、“安宁江”、“湘江”、“富裕山”、“赤峰口”、“乐锦”、“富康山”、“永盛”、“乐民”、“闽江”、“乐从”、“安武江”、“大西洋商人”、“安泽江”轮。 （廖再文）

【“康盛口”、“乐锦”轮获“全国水运系统安全优秀船舶”称号】 2009年，中远航运各轮将开展“安全第一、预防为主、综合治理”和“隐患治理”为主题的船舶、班组安全竞赛活动融入到安全生产的各项工作中，取得了较好成效。其中，“康盛口”、“乐锦”轮被中国海员建设工会和交通运输部交通安全委员会授予“全国水运系统安全优秀船舶”称号。 （廖再文）

【通过“质量/环境/职业安全健康”体系管理认证审核】 2009年1月16日，中国船级社认证公司“质量/环境/职业安全健康管理体系”审核组，以“免开不合格”通过了中远航运ISO9001/ISO14001/OSHAS18001“质量/环境/职业安全健康”体系管理认证审核，分别取得《质量管理体系认证证书》(UK)、《环境管理体系认证证书》、《职业健康安全管理体系认证证书》。中远航运还结合实施“质量/环境/职业安全健康管理体系”，深入推进全面流程管理体系的建设，根据情况变化和管理需要及时修改和完善相关流程，确保了以全面流程管理为基础的“质量/环境/职业安全健康”体系管理的有效实施，并有效促进了各项管理制度的建设。 （廖再文）

【发布“环境质量健康管理评审报告”】 2009年，中远航运按照“质量/环境/职业安全健康”管理体系文件以及相关适宜环境质量安全法律法规的要求，以确保企业所建立的质量、环境、职业健康安全全面流程管理体系的持续适宜性、充分性与有效性，包括对管理方针目标的评价，依据ISO9001:2800标准；ISO14001：2004和OSHAS18000标准，12月30日，中远航运举行了企业高管、各部门总经理、副总经理参加的管理评审，并发布了“环境质量健康管理评审报告”。 （廖再文）

财金管理

【财务资金部简介】 财务资金部（以下简称“财金部”）是中远航运的财务管理、融资管理、资本运作、资产管理的主管部门。主要职责是负责承办中远航运资产产权界定、登记、变更等管理和固定资产产权管理工作；负责编制财务预、决算，平衡收支；负责核收运费、租金、使费、备用金支付；负责财务管理工作，统计和分析企业生产经营财务等相关数据、相关经济效益财务指标分析、成本监控，为生产经营提供正确的决策依据；负责监督和反馈各项财经制度的执行情况并根据企业实际情况向董事会提出修订会计制度和财务管理制度办法的建议；负责核算经营成果，为投资者、各监管部门提供合法准确的各类财务信息；负责资金运作，合理调配运用资金，平衡收支，为经营生产提供足够的财力资源；负责各项固定资产的管理和核算，按监管部门的要求办理资产产权界定、登记、变更、清产核资等工作，协同各部门定期盘点各类固定资产，做到账实、账卡相符；负责税收筹划工作，依法纳税，合法节税；负责协同有关部门加强运费催收管理，提供运费挂账的相关信息，减少坏账，提高资金周转效率；负责协同相关部门开展资本运作工作，对投资项目进行财务分析；负责指导和监督投资控股企业的财务管理，及时反馈各项投资项目的投资效果，参与项目后评估工作；负责组织和实施内部审计工作，及时监督和反馈经营管理过程中出现的异常情况。

时任总经理黄晓晖，副总经理戎文莹、李惠霞、邓自云。员工 38 人。

（洪建春）

【财金部工作概况】 2009 年，财金部为应对国际金融危机的冲击，加强成本控制工作，对初步项目进行梳理，并结合预算加强了成本分析；加强新营业税税法及实施细则的学习和研究，积极研究新税法实施对企业税负的影响，并开展税务自查工作，积极实施防范税务风险措施，并采用了适宜的会计核算办法；完善各项船员财务管理制度，积极推进船员管理信息系统建设工作；进一步加强运费回收管理，控制坏账风险，加速资金回笼；积极开展全面预算管理试点工作；加强资金管理，提高了资金使用效率和效益，规避人民币升值风险，提高了资金的融通能力，为企业的可持续发展提供了资金保障；结合企业内部控制项目的实施，以全面流程管理为指导，建立健全了财务治理结构。

（洪建春）

【加强成本控制】 2009 年，中远航运为应对国际金融危机的冲击，开展了控制成本、降本增效活动。通过细化分解成本项目和加强成本分析，加强了成本控制工作；通过对成本项目的全面梳理，整理出 147 项明细项目，并按责任分解至各部门，对各部门成本指标进行分解，落实到责任人或岗位，制定本部门成本控制细化措施，确定年度可控成本及部分可控成本项目节支比例及节约额度，为相关部门提供了详细参考。每月，财金部按货种、运价、货量、营运效率等指标分单船、分航线、分客户对企业市场开拓和经营状况进行分析，为企业加强市场开拓和经营管理、控制成本提供支持；将机务费用按明细项目与预算进度、2008 年同期数进行比较分析，编制明细比较表，并编制《十项机务费用预算进度月度简报》提供给船舶管理部，为其控制机务费用提供支持；对船员费用及外派船员收入分单船及费用明细项目与预算进度、2008 年同期数进行比较分析，编制明细比较表，并编制船员收支情况报告

提供给船员管理部，为其控制船员费用提供支持；对船员在船、后备情况及后备船员费用分摊情况及时反馈给相关部门，为其加强船员管理提供支持；对管理费用分明细项目和责任部门进行分析并及时反馈给各部门，为各部门控制管理成本提供支持。（洪建春）

【加强税务管理工作】 2009年，中远航运结合新营业税法的实施，开展税务自查工作，深入学习研究相关规定，重点探讨运费佣金等业务的具体会计核算方法，科学评估了新税法对企业税负的影响，并对营业税、印花税、个人收入所得税等税种的会计核算及纳税申报进行全面梳理，发现企业的涉税风险点，并形成专题整改报告，及时总结经验教训，完善内部操作流程和监控制度。此外，财金部还详细分析了利用上海设立航运中心有关营业税税费政策的税务筹划方案，及时提出在上海设立子公司的建议，合理合法降低税负。

（洪建春）

【梳理、规范船员管理业务】 2009年，财金部对船员财务业务进行全面梳理。通过加强与船员沟通，对“预扣个人所得税”标准进行了重新评估和调整，分析、探讨实施下发薪政策的可行性，并与各船舶充分沟通，确定从2010年1月份开始将上发薪政策调整为下发薪政策，为大幅降低船员往来账，切实提高船员管理工作效率奠定了基础。是年，财金部对船员路费管理制度进行了探讨，对船员路费报销流程、费用标准进行了大量的信息采集工作，拟定了船员路费报销改革方案，经与相关部门和船员充分沟通，从2010年开始正式实施。（洪建春）

【加强船员信息系统管理，提高工作效率】 2009年，财金部针对船舶取消专职管事职务，船舶管事由船舶政委兼任的情况，为规范船舶管事记账核算，降低船舶政委兼职管事的工作量，提高船舶管事账核算的工作效率，正式启用船员管事账核算系统，并全部实现船端安装，为船舶管事账自动化核算奠定了良好基础；对各项船员管理系统（工资系统、劳资系统、收入统计系统、公积金系统等）进行全面梳理，成立了开发新的船员管理信息系统的开发小组，正式启动开发新系统工作。（洪建春）

【加强运费回收管理，加速回笼资金】 2009年，财金部综合运用运费回收率和运费回收期管理指标，对运费回收进行分析、管理，每周定期按航线经营责任人分客户、航线、单船、单票运费的运费回收情况进行统计、分析（包含回收率、已收运费的回收期、未收运费的占用天数等），协助经营部门准确把握运费回收详情并及时催收运费，收到良好效果。是年，在航运市场极度低迷的条件下，中远航运运费回收率再创历史新高，运费回收期大幅降低，保障了营运资金，节约了企业资金成本。此外，财金部尝试对保赔款进行回收跟踪管理，对促进衡量企业事故损失费用结案效率及赔款回收期限，为加快事故赔款回笼速度提供了支持。（洪建春）

【推动全面预算管理试点工作】 2009年，中远航运作为中远集团预算系统实施项目的试点单位，在中远集团的统一指导下，与普华永道咨询公司展开合作，对企业现有的预算架构和管理流程进行了全面梳理。财金部根据全面预算管理的理论和成功实践的经验，制定了经优化后的可用于预算系统实现的管理模式；基于与普华永道咨询的成果，IBM 公司对 SAP 预算系统实施配置。（洪建春）

【加强资金管理，控制人民币升值风险】 2009 年，中远航运营运收入以美元为主，人民币升值是中远航运的一项重大风险因素。中远航运非常重视汇率风险管理工作，通过调整外汇资产、负债结构，调整收入结构以及利用金融工具等手段来加强汇率风险管理。在美元对人民币汇率维持相对平衡的状况下，通过新增 8800 万美元流动资金借款，不但有效防范了人民币升值风险，而且利用人民币存款和美元贷款的利差，节约了财务成本。（洪建春）

【以加强内部控制为契机，建立健全财务管理流程】 2008 年，国家财政部等五部委联合颁布了《企业内部控制规范》，要求上市公司从 2009 年 7 月份开始实施。2009 年，中远航运成立内部控制工作小组，进一步加强了内部控制工作，以《企业内部控制规范》为指引，全面梳理了财务、会计业务，建立和修订了《岸基资金支付管理规定》、《岸基银行存款管理规定》、《岸基内部资金往来账管理规定》、《银行账户管理规定》、《银行票据管理规定》、《银行预留印鉴管理规定》《岸基现金管理规定》、《岸基管事账处理操作须知》、《岸基船舶财务管理规定》、《岸基船员工资核算管理规定》、《岸基船员公积金核算管理规定》、《岸基船员差旅费管理规定》等多个流程，结合企业《会计制度》和《财务管理制度》及其他管理制度和流程，基本搭建较全面的财务管理流程框架，为各项财务会计业务操作提供指南，为各项财务会计内部控制奠定了基础。

（洪建春）

人力资源管理

【人力资源部简介】 人力资源部是中远航运人力资源规划、开发与管理，为企业战略目标的实施和长远发展提供人力资源支持的主管部门。主要职责是负责中远航运人力资源的战略规划，为企业重大人事决策提供建议和信息支持；负责企业组织机构设置和调整、各岗位职能的设计和优化工作；负责建设和管理人力资源管理信息系统；负责机关员工和船员的招聘与录用、培训与开发以及劳动关系管理；负责建立、完善和执行激励机制；负责制定、修改、完善和组织实施绩效管理体系和企业薪酬福利制度，并负责员工及船员的各项社会保险统筹管理；负责岸基员工计划生育工作；负责行政监察；负责收集和整理同行业和相关行业人力资源管理的最新信息，为改进和优化企业人力资源管理提供必要的信息支持。

时任总经理陈昆，副总经理陆启扬、周伟民。员工 22 人。（徐波）

【人力资源部工作概况】 2009 年，人力资源部紧紧围绕企业各项中心工作和发展战略开展工作，以人力资源配置、培训与开发、工资与福利、制度建设为重点，以求才、用才、育才、激才为主线，执行人力资源管理新政策、新机制，推动企业人力资源管理从传统人事管理向现代企业人力资源管理转变。是年，人力资源部认真履行部门职责，保证船员正常上船工作，及时办理员工因公出境手续，确保业务工作的正常开展；梳理各项工作流程，使人事管理走上规范、高效的良性轨道，使船员招聘、劳动合同签订、培训、工资管理等基本做到规范有序，并着手解决一些历史遗留难点问题；围绕企业中心工作，向业务部门提供人力资源的支持配合；加强人力成本管理控制，并取得较好的效果。全年共新招聘船岸员工 111 人。其中，航海院校毕业生船员 98 人，机关员工 13 人；办理船员解除或终止劳动合同 119 人（终止 8 人，船员单方面解除 78 人，企业解除 33 人），退回并终止使用协作船员 98 人；办理船岸员工退休 224 人。其中，船员 213 人，机关 11 人；组织举办培训班 70 多个，培训船员 1145 人次，机关员工 169 人次；办理船员各类证件 5430 余本；办理机关员工境外出差手续 75 人次（其中，加急 28 人次）；审核处理船员工资动态 24000 多条，核对船员工资动态信息近 50 万条。（徐波）

【加强人力资源管理，减少人工成本】 2009 年，人力资源部加强了人力资源管理，减少人工成本，坚持协作船员“在船待遇与自有船员同体系，社保与待派待遇属地化”的薪酬福利策略，在保证协作船员基本利益的同时，全年节约协作船员工资性成本 2500 万元，节约社保规费 1000 万元；节约外聘船员费用 100 万元。此外，对不能上船的船员进行及时清理，节约人工成本 500 万元。全年，减少人工成本共 4000 多万元。（徐波）

船员管理

【船员管理部简介】 船员管理部（以下简称船员部）是中远航运船员管理及对外劳务业务合作的主管部门。主要职责是负责中远航运船员的调配、管理、考核等日常管理工作；代表中远航运组织开展对外劳务合作及相关业务；负责船舶党支部建设、船员思想政治工作、工会工作、共青团工作，指导船舶开展各种群众性活动；协同人力资源部等部门对船员人才队伍建设进行规划、实施，开展船员任免、奖惩、招聘、教育培训工作，以及进行船员薪酬福利、劳保管理等工作。

船员部下设船员一处、船员二处、船员三处和业务管理处、党委工作处、综合管理处。同时设置党委、纪委、工会和团委。

时任总经理兼党委副书记尤扬斌，党委书记兼副总经理林耀强，副总经理梁伟民，党委副书记兼纪委书记易宝森，工会主席戴世华。员工 59 人。（黄森民）

【船员部工作概况】 2009 年底，中远航运自有船员 4000 多人、协作船员 1300 多人。其中，在船船员 2700 多人（自有船员近 2000 人、协作船员 700 多人、外聘船员 70 多人），分别在 154 艘船上工作。其中，有 103 艘船是全套船员。在国际金融危机和航运市场不景气的形势下，船员部全体员工围绕企业安全、效益、发展这个中心，扎实做好船员调配和管理，稳定船员队伍，确保企业生产运营的顺利进行。是年，完成的主要工作有：1. 认真做好船员调配管理工作。坚持把配好班子作为搞好船舶建设的重要工作来抓，坚持每周调配会制度，严格执行调配流程，实施优化组合，确定船舶领导班子，并加强与船舶管理部沟通联系，齐心协力调配好船舶班子；全年调配7685人次上船，没有发生因调配而影响船期的问题；配合广远信息中心完成新船员调配系统的建立与试行，进一步推进船员管理规范化；坚持现场检查考核制度，全年有253人次出差到国内各港口上船考核船舶190艘次，不断推动船舶全面建设。2. 加强船员思想教育。狠抓船员派前教育，坚持每季度编写一期船员派前教育提纲，全年船员派前教育培训达3857人次，强化了船员安全意识、责任意识、效益意识、大局意识；抓好船员思想教育，全年共编写48期《中远航运简讯》、撰写文稿246篇（其中，专题宣传提纲12篇），及时宣传报道船舶各方面的好经验、好做法，适时引导船员紧跟形势搞好船舶建设；实施"亲情祝安全"活动，用亲人的嘱托强化船员安全意识；根据不同时期的安全管理重点，如沿海航行安全、防海盗、防甲流等，加强船舶安全指导，全年发通电或通电话对船舶进行布置、提醒1420艘次，收到了较好的效果。是年，中远航运所有通过亚丁湾等海盗猖獗海域的船舶，没有发生被劫持事件，沿海航行的船舶也安全平稳。"大华"、"新丰泰"、"新荣耀"、"隆安城"轮等4艘船舶成功遏止了海盗袭扰，"天王星"轮在塞舌尔岛附近成功阻止了海盗登船。3. 做好船员甲型H1N1流感防控工作。传达、转发上级有关文件，及时宣传防范甲型H1N1流感有关要求，制定了中远航运《船舶防控H1N1流感措施》发到各轮，严密监控，狠抓防范措施落实，船上没有发生甲型H1N1流感疫情，没有因船员感染甲型H1N1流感耽误船期。4. 做好船员劳务外派工作。积极与船东开展船员租金洽谈，14家合作船东全部按中远航运合同版本签订了《船员租赁协议书》；12月底，散派在船的高级船员103人，散派船员租金比2008年平均提高3%，船员劳务外派工作得到中远集团的肯定，同时也受到广东省外贸厅、广州市外贸局的表扬，并给予16.02万元"走出去"专项资金支持；全年船员租金回收率100%，创历史最好成绩。5. 加强船员队伍结构调整。安排1541人次参加90个业务技能培训班学习，提升高级船员职务323人次；积极推进船舶"驾报合一"，新增"驾报合一"船舶19艘，按照1名电报员1年总费用16万元计算（不含年终奖），相当于节省在船人工成本304万元；推进船舶重新定编工作，61艘船舶减少水手、机工等共66人，按每人每年10万元计算（不含年终奖），相当于节省在船人工成本660万元；进一步清理长期不上船船员，办理解除合同153人，办理代管广远船员解除劳动合同123人；对115名调不动、技能较低或表现较差的协作船员退回协作中心；办理船员退休手续213人。6. 积极开展QC小组活动。船员部6个处室积极开展精益管理活动，各有一个QC成果在广远QC优秀成果发布会上发布。有的还获广东省、广州市、中远集团QC优秀成果奖。7. 推进"红树林"工程。制订《中远航运2009年"红树林"工程推进计划》，协助组织召开实施"红树林"工程推进会，及时宣传推广船舶实施"红树林"工程好经验、好做法，编发《"红树林"工程简报》8期；组织船员参加中远航运2009年"红树林"工程技能竞赛；组织6名船员参加人力资源和社会保障部、国资委联合举办的水手、机工技能竞赛并夺得3金2铜的优异成绩；协助总经理办编辑《中远航运“红树林”工程专刊》，制作“红树林”工程宣传光盘和图片展版，对3年多来实施“红树林”工程的工作进行全面总结，并推广了好经验、好做法。8. 做好维护企业稳定工作。耐心做好集体上访，个别船员、家属闹访、缠访的接访工作和解释劝导，对确实困难的员工家庭给予适当的帮扶，对于外地的信访人员，通过电话或派出工作组，深入细致开展工作，努力化解矛盾，维护了企业的稳定。9. 组织船舶开展深入学习实践科学发展观活动。按照中远集团党组及上级党委的部署，船员部党委结合船舶实际，制订了《远洋船舶开展深入学习实践科学发展观活动实施办法》，组织110个船舶党支部、2134名船员党员参加了学习实践科学发展观活动，圆满完成了各项工作，有力促进了船舶建设。10. 加强船舶党建工作。先后下发了《船舶党支部2009年工作要点》、《发展党员工作通报》等文件、通报，组织船舶开展创建“四好领导班子”活动；举办一期船舶政委轮训班，共22名船舶政委参训；圆满完成21个船舶党支部、114名优秀船员党员和19名船舶优秀党务工作者的“创先争优”推荐表彰工作；抓好船员党员发展工作，全年预备党员转正271名；发展船员党员312名。其中，高级船员167名、占新发展党员总数的53.5%，超额56%完成年度发展计划；组织政工人员随船调研，深入了解船舶党建工作和船员思想状况，为加强船舶党建工作，做好船员思想政治工作提供一手材料。11. 热心为船员和家属做好事办实事。按政策规定做好伤、亡、失踪船员的后续工作；坚持节日慰问困难员工，为患病船员办理医疗借支、医疗结算175人次；协助医疗保险中心对8名特困船员办理医疗救助；加强对76个船员家属站的指导管理工作；认真办理船员计生证明、退休优待金、档案转移、准生证等手续726人次。

（邱进宗）

【中远集团安全检查组到船员部调研】 2009年2月11日，中远集团安全工作检查组陈正杰一行3人到船员部进行调研。船员部总经理尤扬斌、党委书记林耀强和各处业务经理、船员调配主管、政工主管等20多人参加了调研汇报。船员部向安全检查组汇报了2008年以来船员安全管理工作情况。安全检查组对船员部在船员安全管理工作中所取得的成绩给予了肯定，并对今后的安全工作提出了要求。

（黄森民）

【广东海事局领导到船员部调研】 2009年2月11日，广东海事局船员管理处副处长林立新等一行3人到船员部检查调研。船员部副总经理梁伟民和相关部门业务经理、业务主管参加了调研活动。双方就《中华人民共和国船员服务管理规定》的实施以及船员出境管理、办证等有关问题进行了讨论和信息沟通。 （黄森民）

【紧急调配“洪江”轮接班船员】 2009年7月14日，中远南方“洪江”轮在开往新加坡途中，有4名船员感冒。由于正值甲型H1N1流感盛行期，船员部接到报告后，立即报告副总经理梁伟民并启动“甲型H1N1流感防控”应急预案。广远、中远航运领导对此非常关心和重视，指示把该轮临靠海口港，做好全船换班准备，要求接班船员7月15日到达海口市。船员部立即开始紧急调配船员。15日，经海口市检疫部门检查、化验，4名感冒的船员并未患甲型H1N1流感，仍回船工作。此时，准备接班的21名船员相继抵达了海口市。这次人员调配虽然没有换上班，但船员部从决定全体船员换班至被调船员到达指定地点只有24小时，这在广远船员调配史上是十分罕见的。（黄森民　刘朝贵）

【“大西洋商人”轮查获一名潜船偷渡人员】 2009年7月13日，“大西洋商人”轮在西非加纳的特马港（TEMA）完货后，组织船员进行离港前检查时，在2舱二层柜货物间隙处查获1名20多岁的潜船偷渡人员，其人穿着与港口工人一样的马褂衫，备有5包饮用水、1包干粮和1张象征港口工人身份的证件。“大西洋商人”轮将潜船偷渡人员交由港口保安人员处理，避免了一起潜船偷渡事故的发生。（练锦荣）

【QC小组活动成果显著】 2009年9月8日，广东省质量管理协会在广州召开2008~2009年度第29次QC代表大会，会议向广东省、广州市QC活动优秀单位和个人颁发了获奖证书。船员部总经理尤扬斌获得“广州市质量管理小组活动优秀推进者”光荣称号，业务管理处QC小组获得“广东省优秀质量管理小组”、“广州市优秀质量管理小组”称号，船员一处QC小组和党工处QC小组获得“广州市优秀质量管理小组”称号。（黄森民）

【徐惠兴等慰问“富阳山”轮】 2009年9月22日，中远航运副董事长、广远总经理徐惠兴，中远航运董事、广远副总经理翁继强和中远航运副总经理郭福祥等登上停靠在黄埔港的“富阳山”轮检查慰问。徐惠兴一行检查了驾驶台、甲板、船员生活区等，并召开了会议听取船长何桂森、政委耿振江、轮机长李国强关于船上工作的汇报。徐惠兴对“富阳山”轮全体船员重视安全生产，尤其是重视海上航行、进出港安全、节日安全和船员思想稳定工作表示满意，对“富阳山”轮今后的工作作了指示。（林光桂　黄森民）

【船员一处简介】 船员一处主要职责是负责制定本处船员调配计划，熟悉并掌握船员岗位技能总体情况；负责船员调配管理工作，为船舶选派合格、持证、健康船员；负责船舶党、团组织建设和船员思想工作，指导船舶开展学创活动，定期组织对船舶党支部、领导班子实施考核；负责接待来访船员及家属，并协助职能部门处理相关事宜；负责对违纪船员和不服从调配船员的调查，并提出处理意见；负责船员的使用、教育、考核、任职、培训、提升、奖惩等工作。时任经理林光桂、副经理徐琦武。员工12人。（刘小苑）

【船员一处工作概况】 2009年，船员一处负责36艘船舶、2003名船员的调配管理工作。按照船员调配原则，为船舶选派健康、持证、合格的船员，全年完成船员调配3046人次，办理船员退休手续84人；对150艘次航行沿海船舶进行安全提示，对船舶进行防海盗、预防甲型H1N1流感以及其它安全工作的布置、指导，有效地促进了船舶的安全生产；认真实施船员教育培训“红树林”工程，抓好船员上船前

培训教育工作，上船前培训教育1421人；提升高级船员133人；现场考核船舶62艘次。其中，优秀船舶14艘，占船舶总数38.9%；良好船舶20艘，占总数55.6%；及格船舶2艘，占总数5.5%；加强船舶党建工作，全年发展党员116名。其中，高级船员59名，普通船员57名。预备党员转正105名。是年，船员一处获广远2009年度“文明示范窗口”称号；《缩短船员在港口候船时间》QC成果分别获广远级、广州市级QC活动成果优秀奖。（刘小苑）

【“乐和”轮巧装超长大件设备】 2009年1月26日，“乐和”轮第65航次在上海张华浜港装载各种大件设备至土耳其卸。其中，有4件特大型设备，每件长47米、宽4.5米、高4.3米，重90吨。因为货件太长，只能横跨装在3舱和4舱的2个舱盖上。由于该轮干舷加舱口围高达11米，以及受浮吊支臂长度及钩头高度的限制，浮吊无法将特大型设备装放到船舶的远侧。故此，若要装完特大型设备，就需要租用更大的浮吊，费用也更昂贵，或者等潮水将船舶调头后再装。这两种方法都将影响船期和花费大笔的引水费和拖轮费，或增加租用浮吊费。为减少船期损失和节省开支，船长卞礼铿提出：首先用现有浮吊将该超长设备吊到舱盖能放下的地方，然后使用船上2台70吨的克令并吊，将此件吊到码头上，留出舱盖上的空间；再用浮吊将另一件大型设备吊放到舱盖上，然后再用2台70吨的克令并吊，将此件调整到舱盖的准确位置，然后再将码头上的大型设备吊上船装好。经过大家分析论证，确认此方法可行。船员们经过3个多小时奋战，将4件超长大件设备终于安全顺利地摆放在3、4舱的舱盖上，既节省了大笔费用和船期，也为“乐”字号船舶装卸超长重大件提供了宝贵经验。（刘小苑）

【“安泽江”轮挑战吊重极限】 2009年4月，“安泽江”轮第134航次从沙特阿拉伯达曼港装载钻井设备前往印尼巨港卸。在货物中，有2件货各重48吨。“安泽江”轮船龄23年，大吊限重50吨，如用船吊卸48吨多的设备风险性极高。为了企业多创效益，该轮领导决定挑战极限。在得到中远航运船舶管理部门的技术指导后，船长王雨来指导船员分头落实准备工作，检查设备、更换吊货钢丝、分解货件、培训操作大吊人员。25日，在船长的指挥下，开始卸载2件重货，先将货物吊离舱底约10厘米停下，各监控人员检查确认设备运转和索具情况正常后，再慢慢地抬高、摆向码头，然后放到卡车上。经过全体船员的共同努力，2件各重48吨的货物很快被安全卸下。“安泽江”轮船员精心利用船吊，挑战卸货重量极限获得成功。

（刘小苑）

【“大田”轮成功吊装270多吨变压器主体】

2009年5月19日，具有35年船龄并即将退役的“大田”轮在上海港用自身300吨的V型大吊将270.7吨的变压器主体平稳地吊落在2舱预定的位置。这是“大田”轮又一次刷新该轮吊装重大件货物重量的纪录。（刘小苑）

【“大田”轮优质服务赢信誉】 2009年7月16日，哈尔滨电站工程有限责任公司给中远航运副总经理杜俊明发来感谢函，对中远航运和“大田”轮竭诚服务客户的工作精神表示赞扬和感谢。感谢函称："由贵公司承运的我公司越南锦普项目I期4个大件设备（发电机定子195T，锅炉气泡119T，厂用电变压器76.7T，启备电变压器64.7T）于7月5日晚靠海防港。贵公司对此次大件运输非常重视，专门从国内派港口船长许建生到海防港指导卸货工作。在港口船长许建生，'大田'轮船长徐传俊，大副方军、吴慧辉，政委艾武斌，轮机长唐伯辉的努力配合下，仅4个小时便将4个大件安全地卸到我们的驳船和汽车上。对于贵公司相关工作人员的工作责任感我们表示钦佩，对给我们工作的大力支持深表谢意。希望在今后工作中能继续得到你们更多的支持和帮助。" （刘小苑）

【张良等领导慰问"乐泰"轮船员】 2009年9月8日，中远集团副总裁张良一行10人和中远航运副董事长、广远总经理徐惠兴、副总经理翁继强、中远航运CEO韩国敏、副总经理郭福祥等，冒着炎热天气登上正在黄埔新港卸货的"乐泰"轮，对该轮进行督导并对船员进行亲切慰问。张良等领导认真巡查了全船，了解"乐泰"轮船期、所到港口和船员的工作生活等情况后，对"乐泰"轮保养到位、干净整洁、船员有礼貌、船期抓得紧等工作深表满意，并对"乐泰"轮今后的工作提出了要求。

（刘小苑　黄森民）

【"三江口"轮在亚丁湾举行特别国庆仪式】 2009年10月1日，中国海军护航编队在亚丁湾海域执行第117批护航任务，海军编队官兵举行庆祝新中国成立60周年活动，19艘接受护航的各国商船挂满旗，与海军护航编队一起共同庆祝中国国庆。同日，"三江口"轮刚好航经亚丁湾海域，与中国海军护航编队遥相呼应。"三江口"轮船员在舱盖上写上10×8米"祖国万岁"的巨幅标语，身穿崭新的"COSCOL"工作服，头戴安全帽，手舞彩带，站在驾驶台上高高飘扬的五星红旗下面，面向东方，回望祖国，高呼"祖国万岁"，表达了船员们对祖国的热爱和忠诚。 （赖海燕）

【船员二处简介】 船员二处主要职责是负责制定本处船员调配计划，熟悉并掌握船员岗位技能总体情况；负责船员调配管理工作，为船舶提供合格、持证、健康的船员；负责船舶党、团组织建设和船员思想工作，定期组织对船舶党支部、领导班子实施考核；负责指导船舶开展学创活动，协助有关职能部门处理相关事宜；负责对违纪船员调查，并提出处理意见；负责船员的使用、教育、考核、任职、培训、提升、奖惩等工作；负责接待船员及家属来信来访工作。时任经理陆润洪、副经理李国才。员工12人。 （练锦荣）

【船员二处工作概况】 2009年，船员二处年初管理船舶42艘，年中"宣城"、"晋城"、"浦城"、"富源口"、"富泉口"、"发展之路"轮等6艘船舶退役，调入"衡山"轮和新接"大丹霞"轮，至年末实际管理船舶38艘（其中，半潜船3艘、重吊船5艘、汽车船2艘、杂货船28艘）。管理船员1841人。其中，自有船员1292人，协作船员525人，外聘船员24人。是年，船员二处认真执行《中远集团船员调配工作标准》和《中远航运质量体系文件》，按照调配程序，优化组合，选好船员，配强班子，完成船员换班176艘次，

调配船员上船 1252 人次、下船 1351 人次；坚持船员派前办班教育制度，船员派前教育 1252 人次，不断增强船员安全意识和服从、服务意识；加强跟踪指导，根据企业安全生产形势以及阶段性安全工作重点，分别给船舶发邮件 339 艘次、打电话 330 艘次，及时对船舶进行安全、保安工作提示及指导；做好船员队伍结构调整工作，加快年轻船员培养，全面提高船员队伍综合素质，选派 178 名船员分别参加考证、知识更新、“驾报合一”、英语班等培训，提升高级船员 131 名；加大现场检查、考核力度，派出 43 人次分别对船舶检查考核 67 艘次（其中，优秀船舶占 18%，良好船舶占 82%）；派出政工主管随“湘江”、“丰康山”、“新荣耀”、“闽江”、“衡山”轮等 5 艘船舶进行调研，了解船舶建设情况和船员思想状况。积极推动船舶实施加强船员教育培训“红树林”工程，督促和指导船舶落实教育培训计划，取得较好效果；派员参加国资委和人力资源和社会保障部联合主办、中远集团承办的中央企业职工技能大赛船舶水手、船舶机工决赛中，取得优异成绩；办理船员适任证书、职务证书、GMDSS 等 746 份，因私护照 85 本、服务簿注册 1432 份。清退长期不服从调配和在船工作表现差等不适岗船员 72 名；抓好船舶党建工作，发展党员 106 名，预备党员转正 91 名；“泰安口”、“康盛口”、“大华”、“大强”、“发展之路”、“乐荣”轮等 6 艘船舶党支部被广远党委评为 2008~2009 年度“先进党支部”；选派 9 名政委参加政委轮训班；考核政委 53 名。其中，优秀 10 名，良好 41 名，称职 1 名，基本称职 1 名。政委李玉海、王瑞军、柯秋芳、唐川等 4 人被广远党委评为“2008~2009 年度优秀党务工作者”。（练锦荣）

【韩国敏上“大华”轮检查工作】 2009 年 6 月 4 日，“大华”轮停靠在广州黄埔新港期间，中远航运 CEO 韩国敏，常务副总经理赖奕光上船慰问检查工作。韩国敏、赖奕光深入船员房间、驾驶台、贮藏库、机舱、甲板检查，并与船长、政委、轮机长进行座谈交流，对该轮建设、管理、安全生产等各项工作给予了高度评价。韩国敏说：“大华”轮船风船貌很好，船员的工作状态和精神状态很好，甲板、机舱和生活区整洁干净；设备养护好，主机转速仍然保持 11 年前出厂时的额定转速 123 转/分钟，250 吨的重吊仍能保持出厂时的起吊能力，很不简单；团结协作好，船舶部门之间、船岸之间相互配合，形成和谐干事的良好氛围，中远航运为有这样优秀的船舶感到骄傲。（练锦荣）

【刘书田等上“大华”轮慰问检查】 2009 年 6 月 5 日，“大华”轮停靠在广州新港装货期间，中远航运副董事长、广远党委书记刘书田上船慰问检查，中远航运常务副总经理赖奕光、广远党工部部长姚勇陪同前往。“大华”轮船长、政委向刘书田等介绍了船舶安全生产、全面建设、降本增效等方面的情况。刘书田对“大华”轮的船风船貌、船舶建设给予了充分肯定，指出该轮投入营运 10 多年来，一直保持一级船舶的风貌，多次荣获广远、中远集团“华铜海”式船舶，被授予“广东省文明单位”，这是中远航运加强特种船队建设的成果，也凝聚了一批批船员的心血。刘书田还对“大华”轮今后的工作提出了要求。

（黄森民　练锦荣）

【徐惠兴等上“大华”轮检查工作】 2009年10月15日，中远航运副董事长、广远总经理徐惠兴，中远航运常务副总经理赖奕光到停泊在广州新港码头的“大华”轮检查工作。徐惠兴对“大华”轮多年来良好的船风船貌以及领导班子的精神状态表示非常满意，对船舶以预防为主的安全管理模式和船员降本增效意识给予高度评价，对广大船员多年来对广远、中远航运所做出的成绩给予充分肯定。徐惠兴指出，过去“华铜海”轮船员讲的是爱国奉献，说到底就是一个“干”字，而今“大华”轮的机舱保持得非常整洁，无“跑、冒、滴、漏”现象，这也是“干”的结果，“华铜海”轮精神在“大华”轮得到充分体现和发扬光大，并取得了可喜的成绩，中远航运已将“大华”轮的好作风、好经验向全企业各船舶推广。 （练锦荣）

【“泰安口”轮力拼创效千万元】 2009年5月20日，“泰安口”轮提前1天抵达新加坡待命，计划开往马来西亚承运SDE公司的海上石油设备。突然接到中远航运要该轮改往宁波港装运5艘挖泥船去卡拉奇的指令。“泰安口”轮在人员少、时间紧、任务重的情况下，全体船员奋力拼搏，按时、保质、保量完成了备舱及下潜作业等各项准备工作。29日10:30船舶下潜装货，16:30完成装货，赢得了2天船期。“泰安口”轮利用等货间隙多跑了一个航次。根据合同有关条款，从5月20日始，“泰安口”轮每天仍然可获得租金2万美元，加上承运5艘挖泥船的运费，两项收益合计达千万元。 （练锦荣）

【“富文山”轮在仰光港卸货破纪录】 2009年6月15日，“富文山”轮第102航次抵仰光港卸货。由于缅甸港口设施落后，工人卸货技能差，卸货效率低。“富文山”轮船员为了尽快完成卸货任务，积极参与卸货作业，与工人密切配合卸货。由于船员积极参与卸货，6月28日，便将6226件/12210吨设备、钢材等安全卸完，共用了13天时间，打破了中远航运船舶在该港通常需要20天左右才能卸完此类货物的纪录。 （练锦荣）

【“大中”轮创“大”字号单航次载货量最多纪录】 2009年5月，“大中”轮第80航次接中远航运业务人员通知，载货量可能达到23000多吨，希望船上尽量将所有货物装船，不甩货。“大中”轮船舶领导接到通知后，针对船舶航次靠港、海区特点和货物的特殊要求等情况进行了精心配载，并做好了装货的各项准备工作。该轮在日本木更津港装货，并于26日到大连，29日到达上海加载。在装货过程中，船员认真监装、密切配合工人装货，及时开关舱，加班加点移货，充分利用舱容，最终装了23577吨货，创下了“大”字号船单航次载货量最高纪录。 （练锦荣）

【船员三处简介】 船员三处主要职责是负责外派船员的调配、管理、教育和考核等工作。根据船员岗位技能总体情况，负责制定船员外派的调配计划，为船东选派合格、持证、健康的船员；负责外派船舶党建、工会、共青团工作和船员思想工作；负责接待来访船员及家属，并会同职能部门处理相关事宜；负责对违纪船员的调查，并提出处理意见；负责承办并上报船员办证、任职、培训、提升、奖惩、辞退等工

作。时任经理李锐源、副经理黄春生。员工 12 人。（李耀祥）

【船员三处工作概况】 2009 年，船员三处管理的船员 1580 人（含协作船员），整套班子外派船 38 艘，半套 2 艘，散派船员 86 名，合作船东 16 家。船员三处紧紧围绕“优质服务，让船东满意”的工作思路，坚持以思想教育为基础，以严格管理、实施“红树林”工程为手段，以体系文件为依据，按照“板块管理，有序流动，优化组合”的原则，加强与船东沟通,持续了解船东的期望，严格把关，配好、配强外派班子，为船东提供持证、健康、合格的船员。全年实施调配船舶 126 艘次、安排船员上船 1009 人次、离船 1027 人次，没有因船员换班而耽误船期，使船舶准时开航率 100%；办理各种证书 1938 本、办理因私护照 530 本，按照海事局新规定办理船员重新注册 1200 人，占总人数 75.9%；积极抓好船员派前教育、派后跟踪、现场指导等管理工作，船员上船前教育培训 1009 人次，对抵国内港口的外派班子进行考核，派出 59 人次考核船舶 34 艘次（其中，优秀班子 20 个，良好班子 14 个）；配合相关部门实施加强船员教育培训“红树林”工程，提升高级船员 99 人次，外派船员参加中远航运 2009 年“红树林”工程技能竞赛，取得优秀成绩。努力满足船东船队结构调整需要，先后完成“天坛海”、“天山海”、“嘉禾关”、“嘉荫关”、“嘉山关”、“洪江”、“涵江”、“安泰江”轮等 8 艘船的卖船/关约、退役工作，完成“平海湾”、“安海湾”、“星海湾”、“金广岭”、“金远岭”、“武夷山”轮等 6 艘船的外派接船任务。

加强外派船舶党支部建设，指导船舶党支部学习贯彻中共十七届四中全会精神，开展学习实践科学发展观活动，发展船员党员 90 名，预备党员转正 70 名；外派船“白沙岭”轮被广东省总工会命名为“广东省工人先锋号”，一批外派船舶和外派船员党员受到广远党委表彰。其中，“西昌海”、“亚龙湾”、“木兰湾”、“毓骐海”轮党支部被评为“先进党支部”，廖新炽等 16 名船员党员被评为“优秀党员”，戴来兴等 3 名政委被评为“优秀党务工作者”。此外，船员三处还结合形势任务，指导外派船舶做好治安综合治理和劳动安全工作，向外派船舶编发防海盗、防偷渡、防人身伤害等《工作信息》10 期，以及单船布置、提示 60 多艘次，确保了所管理的外派船舶安全生产基本平稳。（李耀祥）

【外派“白沙岭”轮连续5年无缺陷通过澳检】 2009 年 9 月 11 日，“白沙岭”轮在澳大利亚达尔文港接受澳大利亚保安专项检查，并获得无缺陷通过。这是该轮连续 5 年 6 次无缺陷通过澳大利亚 PSC、ISPS 检查。

“白沙岭”轮是一艘有 26 年船龄的老龄船，全体船员坚持“刻苦经营”理念，不断强化队伍建设，加强安全管理、维修保养、培训演练等各项船舶建设，不但建立了一套规范的管理制度，培养了良好的船风船貌，更重要的是保住了澳洲航线经营权，为船东多创效益。（李耀祥）

【外派“白沙岭”轮荣获“广东省工人先锋号”称号】 2009 年，“白沙岭”轮积极响应中华全国总工会的号召，为创造一流工作、一流服务、一流业绩、一流素质的目标，深入开展创建“工人先锋号”活动，积极应对国际金融危机给企业带来的影响，主动做好船舶降本增效工作，取得了优异成绩，为船东又好又快发展作出了重要贡献。是年，被广东省总工会命名为“广东省工人先锋号”。（李耀祥）

【外派“毓骐海”轮连续5次零缺陷通过安全检查】 2009年9月10日，外派“毓骐海”轮在秦皇岛港装货时，接受了秦皇岛海事局半年一度的严格安全检查。秦皇岛海事局检查官员对检查结果表示满意，对船长赞许说：“从各方面的检查结果看，你们船管理非常不错，设备管理和船员管理都很到位，经我们认定：今天你们无缺陷通过我们的安全检查，而且对你们热情的迎检工作表示感谢。”这是该轮第5次无缺陷通过安全检查。（李耀祥）

【于顺明受壳牌租家的表扬】 2009年8月，外派“木兰湾”轮船长于顺明在离船休假前，新加坡壳牌租家Steven Tay发来邮件，对于顺明在船期间的优质服务提出表扬。来函称：“获悉您本航次将在HXS港休假，在此谨表达我们对你在‘木兰湾’轮工作和操作的欣赏。于顺明船长于2008年10月25日上‘木兰湾’轮，将于2009年8月底离船。自从第29航次至现在的第39航次曾经历4次PSC检查（澳大利亚1次、菲律宾2次、新西兰1次）和1次新加坡壳牌油公司检查，均无缺陷通过；在第30至31航次新加坡—阿德莱德—新加坡期间，使用新航线节省船期2天、燃油29吨；在第32至33航次威兰努瓦—乌山—库罗—苟捣期间，提出调整挂港（第一卸港为苟捣，第二卸港为库罗）节省了去马尼拉加油和3天船期；第39航次在钦州港靠泊时没有使用拖轮，又节省了拖轮费。我们再次希望您回‘木兰湾’轮工作并祝公休愉快!”（李耀祥）

【业务管理处简介】 业务管理处主要职责是负责劳务外派业务洽谈、管理，客户关系维护，租赁合同管理等；负责船员租金的催收和船员劳务政策研究、信息收集等工作；负责船员安全管理信息收集、整理以及材料起草上报和相关数据汇总及上报工作；负责船员计划生育管理工作；负责办理船员出境证明和船员服装管理工作；负责船员部行政口的工作计划、总结以及对外公文起草等文秘工作；负责文件管理和船员、船舶邮件的收发工作；受中远航运总经理办的委托负责船员使用车辆调配管理工作和负责船员部的重要会务以及日常行政事务等后勤管理工作。时任经理邱进宗，副经理黄森民。员工6名。

（黄森民）

【业务管理处工作概况】 2009年，业务管理处完成的主要工作：1. 全力做好船员劳务外派经营业务。14家合作船东全部按中远航运合同版本签订了《船员租赁协议书》；与广州发展、天津跨洋、广州船务、中泉国际、上海隆洋等航运和劳务公司开展船员合作洽谈，续签了7家劳务公司，新开拓了中远劳务等5家公司；散派的高级船员的租金2009年比2008年提高3%以上，年底散派高级船员在船103人，全年船员租金回收率100%。2. 认真做好甲型H1N1流感防控工作。及时转发上级有关文件、传达中远航运领导指示，制定中远航运《船舶防控甲型H1N1流感措施》，认真监督落实，船舶没有发生H1N1流感疫情，没有船员因患甲型H1N1流感而影响船舶正常生产。3. 做好后勤保障工作。为船员办理各项计生证明等543人次。其中，独生子女一次性优待金22人次、独生子女保健费动态25人次；准生证等计划生育证明87人次、船员看护假54人次、建立船员计生档案129人次；做好独生子女一次性优待金政策变化的宣传、解释工作；获得广东省外贸厅和广州市外贸局16.02万元“走出去”专项资金支持；办理出境证明270份、1333人次，申报香港上船办理海员出境证明资料18艘船舶、109人次；办理特快专递邮件3577件、普通邮件6271件，分理从国内外寄回船员部各处邮件3401件；收发各种报纸杂志7510份次和汇款、包裹单1229份；认真做好公务车辆使用管理，累计调派830车次、乘员1450多人次，无发生误派或漏派现象；做好员工办公家具、办公设备，环境管理维护等270多项次。4. 做好本部门的工作计划、总结，船员管理情况汇报以及信息收集工作，完成年度工作计划、工作总结、安全管理情况和中远集团船员管理工作经验交流会议材料以及劳务出租业务情况汇报等材料的起草上报工作，共撰写文稿20多篇、约70000多字；了解收集、撰写整理和上报船员管理信息50期、190多条、约56000字。5. 认真组织开展QC小组活动，并取得显著成绩。6. 认真准备每周大调度会演示文稿和每天调度会议材料，做好调度会议室与中远航运本部的通讯连接等会务工作。此外，还做好密级文件、联系函件、每月退休人员等材料的传阅、督办、催办等处理工作，完成本部门工作计划的汇总上报工作、完成代管广远业务情况统计工作，按时上报季度船员信访、不稳定问题情况报表，积极做好船员部内外审迎审工作。（邱进宗）

【中远航运被评为年度计划生育达标单位】

2009年4月16日，中远航运被评为2008年度“华乐地区人口与计划生育工作达标单位”。（黄森民）

【陈奇一行来访】 2009年4月15日，大连春安海运有限公司经理陈奇一行3人前来访问中远航运船员部。船员部总经理尤扬斌、业务处经理邱进宗和相关主管人员参加了洽谈，双方就船员劳务合作等事项进行了友好磋商。陈奇等对船员进行了面试，并与船员部签订了有关船员租赁协议书。（黄森民）

【党委工作处简介】 党委工作处（以下简称党工处）主要职责是负责船员部党委、纪委、团委日常工作和文秘工作；负责船员思想政治教育、职业道德教育、爱国主义教育、企业文化宣传，以及对违法、违纪船员查处工作；负责船舶党、团组织建设，指导船舶党支部工作、党员教育工作；负责指导、督促船舶开展两个文明建设。时任主任易宝森（兼）、副主任罗小光。员工7人。（罗小光）

【党工处工作概况】 2009年，党工处围绕拼效益、保安全、谋发展三项中心工作开展宣传教育，编辑了《中远航运简讯》48期，刊登稿件227篇；编写了船员派前教育提纲4期，撰写了专题宣传教育材料12份，对重点培育的先进典型船舶、船员宣传报道材料115篇；组织、安排政工人员随船调研19艘次；组织召开了10次政工例会，分析讨论船舶管理和船员思想存在的主要问题和解决办法，促进船舶党建和思想政治工作；组织船舶开展深入学习实践科学发展观活动，向船舶下发了《远洋船舶开展学习实践科学发展观活动实施办法》，向公休船员党员邮寄学习资料741套，指导713名公休船员参与学习实践活动；协助组织业务经理分析研究船员队伍建设状况并完成上报材料；编写了《学习实践活动简讯》11份，宣传报道了30多个船舶党支部开展活动的好做法；下发了《船舶党支部2009年工作要点》等文件和通报4份，修改完善了《船舶党支部工作记录簿》；组织船舶做好"创先争优"评比活动，完成21个船舶党支部、114名优秀船员党员和19名船舶优秀党务工作者的"创先争优"推荐表彰工作；指导督促船舶党支部抓好船员党员发展工作，全年发展党员312名，预备党员转正271名；布置船舶开展"七·一"党日主题活动和学习贯彻中共十七届四中全会精神；抓好22名政委轮训；制定《2009年"红树林"工程推进计划》，协助组织、举办年度推进会，参与"红树林"工程督导工作，协助组织船员"红树林"工程技能竞赛和总结表彰大会，撰写大会发言材料，制作宣传光盘和图片展版，编辑出版"红树林"工程简报8期，协助总经理办编辑《中远航运"红树林"工程专刊》；对集体上访和个别上访、闹访、缠访船员、家属，做好教育、引导和调解工作，维护企业稳定；党工处QC小组《提高高级船员中的党员率》QC成果荣获"广州市优秀质量管理小组"称号；先后处理船员违法违纪事件11起，编发了《关于船员违纪违规情况的通报》；组织船舶团支部开展学习实践科学发展观活动，28个船舶团支部投稿39篇，参与企业"践行科学发展观，我与企业共渡难关"征文活动；组织、指导青年船员开展创建"青年文明号"、争创"青年岗位能手"、"青年安全生产示范岗"、"青年创新创效"活动，船员部团委荣获"中央企业五四红旗团委"称号。（罗小光）

【船舶开展学习实践科学发展观活动】 2009年3月18日至6月20日，船员部党委结合船舶实际制定了《远洋船舶开展深入学习实践科学发展观活动实施办法》，组织指导110个船舶党支部、2134名在船船员党员和公休船员党员参加学习实践科学发展观活动，有力促进了船舶党组织建设。（易宝森）

【组织船员参加2009年"红树林"工程技能竞赛】 2009年11月10日，中远航运在金桥学院举行2009年"红树林"工程技能竞赛活动。船员部组织了66名船员参赛选手进行了消防、救生、驾驶模拟器和油轮模拟器竞赛。经过激烈的角逐，船员三处代表队获团体总分第一名。（罗小光）

【综合管理处简介】 综合管理处的主要职责是负责依法维护员工的合法权益；负责健全工会基层组织，发挥其功能开展多项

活动，大力促进企业文化建设；负责对不适岗船员、伤病船员、内退船员的管理，营造稳定和谐的企业氛围；负责进行解困帮扶送温暖活动；负责检查考核船舶工会劳动保护监督员，预防和减少工伤事故的发生；负责清理工亡船员供养亲属抚恤金待遇的历史遗留问题。时任经理段腊春、副经理崔一立。员工6人。（崔一立）

【综合管理处工作概况】 2009年，综合管理处积极参与策划中远航运第一届一次工会会员代表大会；推进“亲情祝安全”活动，用家属的叮嘱强化船员安全意识；加强对船舶安全规范管理及劳保检查员的检查，不断完善考核制度，充分发挥船舶水手长、机工长在船舶劳动保护现场监督检查的作用，全年举办2期劳保检查员培训班、共培训船员65名，并为其中的40名船员颁发了检查员适岗证书，对400余名劳保检查员进行了考核；利用船长、政委、轮机长轮训的机会，开展劳保知识的培训，进一步增强船舶领导对劳动保护重要性的认识；逐步形成了劳动安全互保、安全检查提示卡、安全管理评议等船舶工会劳保工作新经验；在防控甲型H1N1流感中，积极与广东省卫生厅、广州市卫生局等相关部门联系沟通，最终获得500支疫苗接种并及时安排了部分船员实施，避免了甲型H1N1流感传染到船舶，保证了船舶正常运输生产；加强对76个船员家属站的具体指导管理工作，对个别船员家属站进行了人员整合，完善了船员家属站整体布局和工作网络建设，积极推广丹东、大连等18个船员家属站开展“亲情祝安全”活动的经验，充分发挥了船员家属站的作用，全年向船员家属站寄发宣传资料606件次、办公费和劳务费35万余元。是年，有16名优秀船员家属、4个优秀船员家属站、2名优秀船员家属站站长受到中远集团表彰。帮助困难船员解决各种实际问题，全年办理船员医疗借支和医疗结算146人次，整理收集船员工伤认定、工伤评残和劳动能力鉴定材料并按时上报21人，向129名困难船员发放春节慰问补助金，对住院危重伤病船员及特困船员进行慰问139人次，发放希望工程助学基金13人次，有计划、分步骤地妥善安置不适岗船员，全年办理不适岗船员终止劳动合同手续39人，解除船员劳动合同15人，为42名因个人原因提出单方面解除劳动合同的船员办理相关手续。（崔一立）

中远日邮汽车船运输有限公司

【中远日邮汽车船运输有限公司简介】 中远日邮汽车船运输有限公司（以下简称“中远日邮”）是中远航运与日本邮船的合资公司，专营汽车船运输业务，为中国汽车出口厂商提供出口滚装海运服务，同时以中远航运汽车船分部的名义提供内贸沿海运输服务。主要职责是贯彻执行国际和中国政府主管部门有关运输生产的政策和法规，组织制订、完善和贯彻执行企业航运生产经营的规章制度；负责组织汽车船运输市场研究、揽货及客户维护工作；负责总结市场开发和船舶经营情况，提出经营对策；负责自有船舶的指挥调度，代理安排；根据客户需要在船舶市场上租入适当的舱位或船舶；组织落实运费回收和港口使费的审核工作；负责在现场组织货物的装船工作，保证货运质量和安全，调查处理货损事故；在自有船舶发生紧急情况时，对船舶实施应急措施；负责与船舶管理公司协调，做好船舶管理工作；执行国家的各项税务规定，遵守财经纪律；建立健全会计核算各项制度，编制并实施年度各项收支预算，编制会计报表。

中远日邮下设市场部、航运部、质量安全部、财务总务部。

时任董事长郭京，总经理 AYUMI TSUBOI，副总经理刘云武。员工 20 人。

（唐安辉）

【中远日邮工作概况】 2009 年，中远日邮为应对国际金融危机的影响，对汽车船队进行了调整，退租、退役了一批船况差、竞争力低的船舶，并采用租舱位的形式获得船况好、成本低的运力，为客户提供服务。是年，受国际金融危机影响，汽车船运输市场因国际汽车贸易量大幅度下降而受到极大冲击，中国汽车出口也未能幸免，出口量仅为 2008 年的 54%；但国内汽车贸易未受影响，销量超过 1300 万辆，海运量也有所提高。中远日邮经营内贸沿海航线、中国—地中海航线、中国—波斯湾—东南非航线、中国—西非航线，总共完成了 133 个航次（其中，24 个内贸航次，2 个期租航次，7 个外贸航次，100 个租入舱位航次），共承运 57470 辆汽车（其中，内贸运输 29066 辆，外贸运输 28404 辆）。主要客户为一汽丰田、中电气、广汽丰田、长安、奇瑞、江淮、陕汽、三一重工等。是年，中远日邮实现外贸运输收入 28935.74 万元。 （唐安辉）

【首次在广州新沙港承运比亚迪汽车出口】 2009 年 3 月 10 日，中远日邮租用舱位的“ARTEMIS LEADER”轮在广州新沙港成功装载 200 辆比亚迪 F0 汽车起航，开往中东地区叙利亚。中远日邮在了解到比亚迪的出口需求和车辆产地在深圳后，主动与比亚迪沟通，安排船舶挂靠新沙港承运这批出口车，并积极协调新沙港相关方面落实装船的各个环节，成功装载了第一批出口中东地区的 200 辆比亚迪 F0 汽车。这也是比亚迪汽车首次在新沙港装船出口。

（徐波）

【郭京会见三一重工客人】 2009 年 4 月 15 日，中远航运 COO、中远日邮董事长郭京会见了来访的三一重工股份有限公司副总裁黄建龙一行，双方进行了交流业务，并对相互友好合作表示满意。（唐安辉）

【顺利通过ISO外审】 2009 年 5 月 7 日，中远日邮接受中国船级社质量认证公司的 ISO9001：2000 年度审核，获得顺利通过。

（唐安辉）

【“富瀚口”轮首航西非】 2009 年 6 月 8 日，中远日邮“富瀚口”轮首次在龙口港 16 号泊位，装载中国重汽 217 辆重型车辆开往西非，龙口市有关领导以及港口、货主和“富瀚口”轮船长等参加了首航仪式。这是中远日邮首次开通中国—西非航线。

（唐安辉）

【首次承运东风轻卡批量出口】 2009 年 6 月 29 日，中远日邮承接租舱的东风轻卡出口沙特交车及出运仪式，在上海海通码头“SUIJIN”轮边隆重举行。东风汽车股份有限公司副总经理、武汉东风对外贸易有限公司董事长刘耀平，襄樊市进出口检验检疫局副局长张兴慧，上海海通码头总经理孙建国等嘉宾和中远日邮驻上海港代表方小寒等30余人参加交车及出运仪式。在交车及出运仪式上，刘耀平作了讲话，表达了在东风整车出口过程中，中远日邮作为重要的战略合作伙伴给予了大力支持及密切配合，相互合作获得了双赢。这次139辆东风轻卡是东风轻卡的首次批量出口，标志着中远日邮与东风汽车合作开创了新篇章。（徐波）

【获得中国银行及农业银行授信额度】 2009年7月，中远日邮与中国银行、中国农业银行分别签订了2009年度的授信贷款合同，共计8800万元，为企业发展取得了资金支持。（唐安辉）

【“常发口”轮首航伊拉克】 2009年11月20日，“常发口”轮在上海承运奇瑞1800辆轿车、比亚迪48辆轿车出口伊拉克，这是中远汽车船首次挂靠伊拉克。（唐安辉）

【承运吉利轿车首次出口古巴】 2009年11月21日，中远日邮通过租舱位船舶“LIBRA LEADER”轮于上海海通码头承运吉利汽车1200辆轿车前往古巴哈瓦那。中远日邮于8月中标吉利汽车公司古巴项目，其后，根据吉利汽车公司的要求多次调整船期，协调舱位，最终实现顺利承运。（徐波）

大连办事处

【大连办事处简介】 大连办事处是中远航运的派出机构，隶属中远航运总经理办管理，代表中远航运处理中远航运辽宁地区的工作事务。主要职责是负责中远航运抵葫芦岛港、锦州港、营口鲅鱼圈港、丹东港、大连及周边港口船舶的现场管理，对船舶安全生产进行检查、督促和布置工作；做好疏港抓船期工作；协助中远航运海务、机务主管人员对抵港船舶进行安全检查和布置其他任务；为船舶和船员提供优质服务；协助处理船上突发事件；协助中远航运对大连地区船员进行管理；完成中远航运交办的其他事宜。时任主任许明顺。员工5人。（许明顺）

【大连办事处工作概况】 2009年，中远航运及广远所属各航运公司船舶抵靠辖区港口计60艘次（外派船员的船舶8艘次不计在内），船舶在港停时为2.25天/艘次,与2008年同比增加0.03天/艘次；船舶在港非生产性停时为0.20天/艘次，同比增加0.05天/艘次。全年共接待船员上下船343人次；办理船员体检和防疫注射140人次，办理船员出入境手续120人次；接送到船探亲船员家属82人次；看望慰问患病船员及特困家庭7人次；协助处理、照料因工受伤住院船员1起；节日慰问船舶4艘次；协助船员部处理船员问题1人次；及时化解船员家庭内部矛盾、邻里矛盾和船员与企业的矛盾多起；召集船员家属站会议1次；对抵港船舶现场安全督导52艘次，协同中远航运及广远所属航运公司船舶安全检查8艘次，陪同中远集团督导员安全检查船舶12艘次，协调大连海事局安全检查船舶6艘次；协助处理船舶在港应急事件4起；圆满完成14艘次危险品装船任务，安全率达100%；转运船舶备件、代购或转递航海图书36艘次，76票次，协助安排通导设备修理6项次；接待中远航运、广远各下属单位来连出差人员38人次，安排会议活动8次；接待大连地区关系单位、客户70批次，260余人。向机关报送信息200多项次。是年，大连办事处被大连市政府连续三年授予外地驻连先进办事处并通报表彰。（许明顺）

【争取到港船舶直靠装卸】 2009年，受国际金融危机的影响，航运市场处于低迷状态。大连办事处把年度工作重点始终放在疏港抓船期上。中远航运抵大连等港口的船舶众多，不少船舶往往因无泊位不能及时靠泊装卸。大连办事处积极主动与港口沟通联系。经过不懈努力，得到港方的支持与合作，使中远航运抵大连等港口的90%的船舶基本达到抵港直靠，及时进行作业，节约了船期。（许明顺）

【协助中远远达船舶疏港】 2009年4月12日，中远远达“金达岭”轮抵大连港和尚岛码头装成套设备货，航次船期排得特别紧。而时值该港没有空闲泊位不能直靠。大连办事处积极与港口协调，港方把港内8号泊位正在作业的船舶进行移泊，将泊位让给“金达岭”轮，使“金达岭”轮得以当天靠泊受载。

11月12日，中远远达“金牛岭”轮首航到营口鲅鱼圈港装货，时值北方寒潮暴风雪天气，港口已经封航一周。“金牛岭”轮至少要等4~5天才能靠泊。中远远达请求大连办事处协助疏港，让船舶尽快靠泊装货。大连办事处经过与港方协调，得到港方的支持，“金牛岭”轮于2天后顺利靠泊，避免了船期损失。（许明顺）

【妥善处理船舶应急事件】 2009年11月12日，“大华”轮第85航次在大连港和尚岛码头装货。17:00，船舶准备开航。正在这时，船上医生朱荣辉在甲板边缘绑扎集装箱时，摔落到码头上，造成脚部和腰部骨折。大连办事处工作人员在现场立即协助船上组织抢救，及时联系救护车，将朱荣辉送到辽渔医院进行救治。同时，又与该港口业务部门及代理、边防协调调换船员事宜。大连办事处只用了3个小时就协助船舶解决了一系列问题，使船舶按时开航。（许明顺）

【安全、快速、准确装运危险品】 2009年，全年到大连港装运危险品船舶有14艘次。船舶每一艘次装运时，大连办事处均派人到现场协助工作，使船舶装载达到安全、快速、准确、优质的管理目标。

（许明顺）

【协助广远物业提取驻地船员住房维修基金利息】 2009年，大连办事处经过长时间的努力，与大连市政府有关部门密切沟通、协调，完成报批和实地勘察船员住房一系列的工作，终于在年末成功地将驻地船员住房维修基金利息部分32万元划拨回广远物业公司的账户。（许明顺）

【荣获驻连先进办事处称号】 2009年，大连市政府从800余家外地政府、企业驻连单位中评选出30家先进单位和30名先进个人。大连办事处被大连市政府授予外地驻连先进办事处，大连办事处主任许明顺被评为外地驻连先进工作者。这是大连办事处连续第3次获得此殊荣，也是全国航运界驻连单位独此一家获得此荣誉。在大连市政府举办的联谊表彰会上，大连市

市长李万才高度赞扬了这些先进驻连单位为大连市的经济繁荣、社会稳定所做的贡献。（许明顺）

天津中远航运

【天津中远航运有限公司简介】 天津中远航运有限公司（以下简称天津中远航运）于2008年1月15日由原中远航运天津办事处、中远航运北京市场部、天津中远航运分公司合并改制而成。天津中远航运代表中远航运处理在天津、华北地区的工作事务。主要职责是为中远航运抵天津、华北各港口船舶进行现场管理工作，做好船舶配载、疏港抓船期和货源组织工作，对船舶进行安全检查、监督，与港口有关部门联系、沟通，做好疏港抓船期工作。贯彻执行国家规定的各项财务制度、税务规定，遵守财经纪律。组织建立、健全会计核算各项制度，负责企业年度各项收支预算、核算以及跟踪，并参与对各部门的考核和清算，负责编制会计报表。为船舶提供优质的服务及妥善处理船舶突发事件，协助中远航运做好船员换班及家属接待工作。完成中远航运交办的其他工作。

天津中远航运下设业务部、市场部和财务部。时任董事长韩国敏（兼），总经理赖奕光（兼），常务副总经理张秀河。员工13人。（徐波）

【天津中远航运工作概况】 2009年，天津中远航运以“科学发展和安全发展”理念为指导，深入开展“安全生产年”活动。是年，挂靠辖区港口（天津、秦皇岛、京唐、黄骅、唐山港）船舶共327艘次（其中，天津港挂靠装卸货物船舶287艘次），出口货物装运量851459吨，进口货物运量386297吨，完成危险品货物监装船舶69艘次，共40249.842吨。船舶生产在港总停时为479.256天，船舶锚泊总停时229.397天；加大疏港工作力度，直接疏港船舶105艘次，节约船期160多天。全年没有因货物装载问题和现场管理责任而延误船期；协助做好中远航运来港船舶及有关部门交办的各项工作，为争取船期提供保障。同机务、海务主管人员密切沟通，全年对中远航运来港的121艘次船舶布置安全工作，协同中远集团督察组检查船舶38艘次，陪同天津海事局检查船舶13艘次，均无缺陷或重大缺陷；PSC检查5艘次，均无缺陷或重大缺陷批注；全年接送船员办理上下船手续395批次，1868人次，按代理公司市场价格，仅此一项，就节省遣返代理费30多万元；协助在船船员办理体检296人次；组织接班船员岗前培训100多艘次，共300多人次；接待船员家属51人次；受中远航运安全质量部委托，为船舶配送保安器材26艘次。

（张秀河）

【天津海事局领导到天津中远航运调研】 2009年6月2日，天津海事局副局长孔繁弘一行6人到天津中远航运调研。中远航运副总经理郭福祥、天津中远航运常务副总经理张秀河与孔繁弘一行进行了座谈，郭福祥介绍了中远航运的安全管理体系以及持续改进、完善体系等情况，双方就如何搞好海上安全和船舶安全管理等问题进行了广泛交流。（徐波）

青岛办事处

【青岛办事处简介】 青岛办事处是中远航运派出机构，隶属中远航运总经理办管理，代表中远航运处理中远航运在山东地区的工作事务。主要职责是负责中远航运抵威海、石岛、烟台、蓬莱、莱州、龙口、岚山、日照、青岛港的船舶现场管理；做好疏港抓船期工作；妥善处理船上突发事件；协助中远航运做好船员换班和船员家属接待工作；协助中远航运安全主管人员对抵港船舶进行安全生产检查，督促和布置工作；协助中远航运维护好当地重要客户；完成中远航运交办的其他事宜。时任主任毛洪泉。员工3人。 （毛洪泉）

【青岛办事处工作概况】 2009年，青岛办事处较好地完成了现场管理工作。全年抵山东境内港口的中远航运船舶83艘次，比2008年多20艘次。其中，有79艘次为装卸船舶，共装卸货760114计费吨，比2008年多236916计费吨。船舶平均在港总停时3.18天，比2008年降低了0.27天。全年组织船员换班53批次、289人次，安排船员体检打针41批次、166人次，协助船员换班14批次、28人次，接待各有关客人68批次、141人次。协助完成在龙口召开的中远航运董事会参会人员的接待等工作；春节、国庆期间现场慰问船舶8艘次。及时取送、转运船舶备件、信件；遵照中远航运党委的指示，结合青岛办事处党支部的实际，加强党支部建设，认真开展深入学习实践科学发展观活动。

（毛洪泉）

【中远航运抵烟台港船舶连续3年直靠作业】

2007~2009年，青岛办事处加强与烟台港集团调度室的协调沟通，友好互动，为中远航运抵烟台港作业船舶创造了良好的生产环境。2007~2009年中远航运27艘次船舶抵烟台港，除天气原因外，全部都是直靠码头作业，为中远航运节省了船期。

（毛洪泉）

【协助“永盛”轮赶在港口封航前开航】

2009年4月20~23日，中国海军为庆祝中国人民解放军海军成立60周年，在青岛举行多国海军参加的海上阅兵庆祝活动。庆祝活动前夕，整个青岛从部队到地方，特别是港航单位都围绕这个庆祝活动开展工作“永盛”轮于4月17日抵青岛港。当天23:10靠妥青岛西港公司73泊位装铸管6500立方。按正常情况计算，该轮计划在18日24:00前完成装货和绑扎后前往山东龙口港加载。18日，青岛办事处接到西港公司调度的通知：前来参加阅兵活动的各国舰艇已陆续抵达青岛港水域，为配合阅兵，方便舰艇进出港，青岛市交管中心将于18日20:00起，对航道封航一天，除军舰外的所有船只均不得进出港。这意味着即使“永盛”轮18日24:00前，完成装货和绑扎也不能开航。青岛办事处为了争取船期，立即派人到达装货现场，一边与“永盛”轮船长苏水平和港口船长梁姚兴通报情况，一边与西港公司调度人员协商增派工班、生产车辆和机械，把能装货的舱全部打开，全力以赴抢装。此举得到港方的大力支持。由于各方人员配合默契，各个环节协调得当，“永盛”轮于18日18:40完货并绑扎好，船舶顺利开航，为此抢回了一天多船期。 （张志耘）

【为"大华"轮卸货疏港】 2009年6月16日，青岛办事处接中远航运业务调度通报："大华"轮首次从台湾高雄港承运台湾制造的27件12512立方米大型设备货物回大陆。其中，最大单件4575立方米重195吨，预计6月22日抵青岛港卸。为了做好工作，青岛办事处派人进行调研，经了解，"大华"轮所装货物收货人是海洋石油工程（青岛）有限公司，其公司设于青岛西部黄岛开发区，"大华"轮必须靠泊在码头长度仅有530米共3个泊位的青岛港西港公司。当时在锚地等待靠西港公司泊位的外贸船就有11艘，压港现象非常严重。为使"大华"轮及时靠泊，青岛办事处积极与港务局生产业务部进行沟通，取得其支持。港务局生产业务部主持召开了多方协调会，会议达成了"船到即靠，卸完货即开航"的共识。22日17:55，"大华"轮顺利靠妥青岛港西港公司74泊位。在"大华"轮船员与港方的密切配合下，经过一昼夜的连续奋战，"大华"轮迅速、安全卸下27个大件12512立方米货物。 （张志耘）

【协助做好会务接待工作】 2009年8月13~14日，中远航运第四届董事会第五次会议在龙口市开发区召开。为协助做好会务接待工作，青岛办事处提前派人抵达龙口，与有关方面进行联系，积极协助中远航运总经理办、投资发展部会务人员做了大量周到、细致、热情的接待服务工作，受到了中远航运领导和与会者的好评。

（毛洪泉）

【为上船船员办理健康证】 2009年7~8月，国内各港口卫生检疫部门必备的"黄热病"疫苗预防针均断货，导致部分船员因无法接种该疫苗而不能及时上船换班。青岛办事处了解此情况后，主动联系青岛市检疫部门，得知该部门还存有少量该疫苗可供来青岛上船的船员接种的信息。青岛办事处及时将此情况向中远航运船员部报告，船员部即安排7名船员进行体检打针，解决了船员上船办理健康证事宜。

（刘建全）

【协助接待广州交通委员会人员】 2009年11月12日，2009年国际海运（中国）年会在青岛举行。广州市交通委员会一行5人由广远总经办主任林旭东陪同参加本届年会。青岛办事处受广远总经办和中远航运总经理办的委托，热情周到接待了广州市交通委员会人员。 （毛洪泉）

连云港代表处

【连云港代表处简介】 连云港代表处是中远航运派出机构，隶属中远航运总经理办管理，代表中远航运处理连云港地区的工作事务。主要职责是负责中远航运抵港船舶的现场管理；协助中远航运安全主管人员对抵港船舶的安全生产进行现场管理；做好疏港抓船期工作；为船舶和船员提供优质服务；协助处理船上突发事件；完成中远航运交办的其他事宜。时任代表处代表顾锦贤。 （顾锦贤）

【连云港代表处工作概况】 2009年，连云港代表处根据中远航运部署，完成了各项现场管理工作。全年抵达连云港的船舶共79艘次。其中，中远航运71艘次，其它公司及外派船8艘次。装卸货共587992

计费吨，船舶平均在港总停时 2.649 天；检查和跟踪检查船舶 42 艘次，督导抵港船舶安全率达 100%，抵港船舶的安全生产面达 100%。连云港代表处及时向抵港船舶传达落实中远航运安全通电、安全会议纪要和领导指示精神等；协助船舶安全主管人员做好各项安全工作；全年接待船员换班 32 艘次，占抵港船舶 79 艘次的 45.07%，办理上、下船船员手续，接送上下船船员共 474 人次，接待上船船员家属达 22 人次，送船舶邮件、资料、备件共 187 件，均无差错。（顾锦贤）

【全力做好疏港工作】 2009 年，连云港代表处熟悉港口资源，发挥技术技能，协助船舶做了大量工作：避免吃水大的船等潮水，提前通知业务员尽可能让船舶加速；在大雨来临前，协助船舶抢装抢卸按时离港；对在港装卸作业的船舶，紧盯作业进度，加强现场管理和与各方协调，缩短船舶在港停时。在连云港代表处的努力下，抵连云港船舶每艘船平均停时从 2008 年的 2.76 天下降至 2009 年的 2.649 天，每艘次减少 0.111 天。（顾锦贤）

【节约港口使费】 2009 年，连云港代表处按连云港港口集团的相关条例，应该签付 31 艘次的船舶速遣费 405008 元。经代表处据理力争，最终只签了 19 艘次速遣协议，速遣费 20.85 万元。在签的 19 艘次速遣协议中，代表处经过和连云港港务局生产业务部沟通，据理力争，又免除了其中 5 艘次船舶速遣费 6.55 万元，实际只支付了 14.3 万，总计节约 26.2 万元。是年，从多疫区到连云港的船舶 12 艘次，按连云港国检局的规定均需锚地检疫。这样不仅影响船期而且船舶每艘次要支付拖轮费 1 万元；若船是夜晚到锚地，检疫部门第二天早上才出海检疫，还要耽搁半天船期。为此，连云港代表处从节约港口使费和节省船期出发，对每艘从多疫区来的船舶，都积极与连云港国检局沟通，取得对方的支持协助，采取了检疫和引水同时上船检疫，或靠泊后检疫的办法，不仅为企业节约了港口使费，并且还节约了船期。（顾锦贤）

上海分公司

【中远航运上海分公司简介】 中远航运上海分公司（以下简称“上海分公司”）是中远航运派出机构，隶属中远航运总经理办管理，代表中远航运处理中远航运在上海、浙江省和长江内江苏省各港口（除连云港外）的工作事务。主要职责是负责中远航运抵上述港口船舶的现场管理工作；对船舶进行安全检查、监督和布置工作；加强与港口及有关部门的沟通，做好疏港抓船期工作；为船舶和船员提供优质服务；妥善处理船上突发事件；协助中远航运对家居上海地区的船员、家属和船员家属站进行管理；完成中远航运交办的其他事宜。时任总经理董宇航（兼）。员工 8 人。

（沈利）

【上海分公司工作概况】 2009 年，上海分公司加强了船舶现场安全生产管理和疏港力度，为船舶和船员提供优质服务，完成了中远航运交办的各项任务，安全生产形势保持稳定。是年，上海分公司辖区靠港自营船舶 304 艘次、外派船舶 20 艘次，总在港停时为 893.3 天，每艘船舶平均在港停时 2.95 天；为 208 艘次船舶提供一类

现场管理服务，对59艘次船舶进行工作检查和现场慰问，接送上下船员1783人次，协助船员办证135人次。（沈利）

【上海分公司乔迁新址】 2009年2月18日，上海分公司为了改善办公环境，营造良好形象，办公地点从原来的海宁路55号迁往杨树浦路248号瑞丰国际大厦912室。是日，上海分公司举行了乔迁揭牌仪式。中远航运CEO韩国敏、董事会秘书薛俊东、航运经营部副总经理陈楚明、中远航运上海分公司总经理董宇航以及上海分公司全体员工参加了揭牌仪式。（沈利）

【做好疏港工作】 2009年，上海分公司把抓船期作为头等大事来抓，把疏港工作做细做实，使船舶在港停时不断降低。通过与上海港务局保持沟通联系，及时安排船舶靠泊作业；上海分公司业务人员在船舶靠泊后，第一时间上船为船舶和船员服务，详细了解船舶装卸情况，以及积极与港方协调装卸货进度，并协助船舶联系加油、加水等；对辖区内装卸货的船舶，每天2次以上了解船舶作业情况和进度；对在港装卸重大件、危险品和重要货物的船舶，每天坚持到现场协调作业，协助船舶及时解决作业中出现的问题。（沈利）

【做好为船员服务工作】 2009年，上海分公司把船员管理作为现场管理的重要内容，全心全意为船员服务。是年，接送船员上下船1783人次，办理入出境手续1185人次，接送船员家属30人次。

（沈利）

【确保“乐荣”轮装货、修船两不误】 2009年12月8日，“乐荣”轮靠泊上海张华浜装货。由于该轮吃水较大，装了一半货后需要调头再装。当船上接到代理通知移泊调头时，船上正进行检修主机锅炉。为了不影响装货，上海分公司多方协调海事、码头和口岸等单位，提出让船员先把主机恢复，然后才移泊调头，等移泊完后再行检修的意见。此意见得到各方的同意，确保了“乐荣”轮修船和装货两不耽误。（沈利）

【处置“安岳江”轮碰擦问题】 2009年12月30日，“安岳江”轮靠泊上海张华浜装危险品。由于船舶靠泊操作不慎，擦碰了岸吊。为了不影响装货，上海分公司多方联系，及时处理，使船舶受载不受影响，确保了船期。（沈利）

厦门办事处

【厦门办事处简介】 厦门办事处是中远航运派出机构，隶属中远航运总经理办管理，代表中远航运处理中远航运在福建辖区内的工作事务。主要职责是负责中远航运抵靠厦门港、三都澳港、福州马尾港、莆田秀屿港、泉州肖厝港、后渚港、石湖港、深沪港、漳州港、东山港以及周边新开发的港口船舶现场管理工作，对船舶安全生产进行检查、督促和布置工作；做好疏港抓船期工作；协助中远航运海务、机务主管人员对抵港船舶进行安全检查和布置其他任务；为船舶和船员提供优质服务；协助处理船上突发事件；协助中远航运对福建地区船员进行管理，完成中远航运交办的其他事宜。时任主任官雄，员工2人。

（官雄）

【厦门办事处工作概况】 2009年，厦门办事处在人员少的情况下，克服种种困难，积极做好船舶现场管理和安全督导、船员上下船接送及处理在港船舶发生突发事件等工作。是年，中远航运和广远所属航运公司抵港船舶78艘次，船舶在港停时平均为1.23天，安排接送船员780人次，对船舶进行安全督导检查的船舶67艘次。此外，厦门办事处完成了中远航运交办的各项工作任务。（官雄）

【协助船舶抓船期】 2009年10月4日，“安华江”轮抵泉州石湖港卸石头，因港口风浪大，要推迟一天进港。厦门办事处立即与泉州港务局引水等部门联系，取得对方的协助，使该轮及时靠泊，节约船期2天。12月29日，“大中”轮抵厦门港卸大件，通过厦门办事处的努力，得到港方的合作，使“大中”轮及时靠码头，顺利卸货开航。（官雄）

湛江办事处

【湛江办事处简介】 湛江办事处是中远航运派出机构，隶属中远航运总经理办管理，代表中远航运处理中远航运在湛江及广西、海南地区的工作事务。主要职责是负责中远航运抵靠湛江、水东、北海、钦州、防城、海口等港口的船舶现场管理，负责与港口及有关部门的沟通，做好疏港抓船期工作；协助中远航运海务、机务主管人员对抵港船舶进行安全检查和布置其他任务；为船舶和船员提供优质服务；协助处理船上突发事件；协助中远航运对湛江地区船员进行管理，完成中远航运交办的其他事宜。时任主任黄华强。员工3人。（黄华强）

【湛江办事处工作概况】 2009年，湛江办事处积极做好船舶现场安全生产管理和疏港工作，及时处理在港船舶发生突发事件等工作，为船舶和船员提供优质服务。是年，湛江办事处所辖港口的抵港船舶71艘次，平均在港总停时4.02天/艘次；接送上下船船员95人次、船员家属35人次，看望慰问患病船员6人次。湛江办事处尽己之能，协助抵港船舶抓船期、保安全，全年在港船舶安全无事故。此外，还完成了中远航运交办的各项工作任务。

（黄华强）

【为“乐盛”轮争得船期】 2009年4月12日，“乐盛”轮抵北海港卸货。由于该港仅有4个泊位，NO1、2泊位为浅水泊位，“乐盛”轮靠不了，只能靠深水的NO3、4泊位。但NO3、4泊位港方已定于4月11日开始修整，停止靠船。因此，“乐盛”轮至少要等3~5天才能靠泊。湛江办事处为了争取船期，即派人前往北海港，积极与港方协商，提出了推迟修整泊位，先让“乐盛”轮靠泊作业，待“乐盛”轮卸完货离港后才进行修整的建议。港方采纳了该建议，使“乐盛”轮得以直接靠泊，保证了该轮在4月14日完货开航，为船舶争取了船期。（黄华强）

【为“富文山”轮尽快靠泊加快装货争得船期】 2009年10月15日，“富文山”轮抵防城港装货。当时防城港受热带风暴“芭玛”的影响，造成了严重压港，锚地已有24艘船舶在等泊。按排队“富文山”轮至少要等一周。湛江办事处即派人和中远航运经营部相关人员前往疏港。经过多方努力，使“富文山”轮于10月19日提前

靠泊。靠泊后港口仅派2个工班到“富文山”轮作业。而船上的货物需要割袋，工人一天才装400吨左右，进度很慢。为此，湛江办事处又积极与港方进行沟通，要求增加工班和直接奖励工人。港方采纳了此建议。为此，工人加快了装货速度，4200吨货在2天内装完，“富文山”轮得以按时开航。（黄华强）

中远航运香港公司

【中远航运（香港）投资发展有限公司简介】 中远航运（香港）投资发展有限公司（以下简称“中远航运香港公司”）是中远航运在香港投资成立的全资子公司，2005年5月4日注册，9月5日正式成立。成立宗旨是积极利用香港国际化的航运和金融中心的地位，使中远航运香港公司成为中远航运境外融资、买造船的平台，以达到调整中远航运船队结构、保持可持续发展能力的目的。中远航运香港公司的主要职责是利用香港资本市场发达的优势，拓展信息来源，收集行业信息，积极联系中介机构，以服务于中远航运事业的发展。经过几年的努力，其注册资本已由295万美元增至11280万美元。

中远航运香港公司设董事会。时任总经理陈春。员工4人。（陈春）

【中远航运香港公司工作概况】 2009年，中远航运香港公司按照中远航运的部署，完成了口岸船厂、黄海船厂各一艘新造船的接船任务；与中远航运相关部门协作完成增资工作，注册资本在原基础上增至11280万美元；通过与中国银行长时间的谈判，完成黄海船厂1~4号船融资项目的签约工作，融资金额8960万美元。是年，中远航运香港公司内部管理进一步规范，完成全部信息资料的电子化；严格执行费用内控制度，全年成本费用控制效果明显，并保证了全部境外资金的安全。

（陈春）

【接入“凤凰松”轮】 2009年4月28日，由泰州口岸船厂承建的中远航运4艘27000吨多用途船首制船“凤凰松”轮在口岸船厂交付中远航运。中远航运香港公司总经理陈春代表船东在交接仪式上签字。这是中远航运香港公司成立以来，接收的第一艘新造船。（陈春）

【代表赞助商参加在香港举行的亚运活动】 2009年6月27日，中远航运香港公司总经理陈春受广远和中远航运委派，出席了中国香港体育协会暨奥林匹克委员会欢迎广州亚运会组委会“阔阔真公主”号仿古船访港的欢迎仪式。（陈春）

【以优惠条件取得中国银行8960万美元贷款】 2009年7月，中远航运香港公司，在中远集团和中远航运的支持下，与中银香港在山东黄海船厂建造的28000吨多用途重吊船1~4号船的融资达成共识，并签署协议，落实了8960万美元的融资安排。

（陈春）

【接入“大丹霞”轮】 2009年10月15日，中远航运在山东黄海船厂订造的8艘28000吨多用途重吊船首制船“大丹霞”轮投入使用，中远航运香港公司总经理陈春代表船东方在交接仪式上签字。

（陈春）

第二节　中远远达航运有限公司

【中远远达航运有限公司简介】　中远远达航运有限公司（以下简称“中远远达”）原为深圳市蛇口远达航运企业有限公司（以下简称“蛇口远达”），成立于1989年7月21日，由广远与招商局蛇口港务公司（以下简称“招商港务”）为利用深圳的特区优势和广远航运管理上的实力合资组建而成。注册资本300万元，注册地为深圳市蛇口。第一任董事长张胜来，第一任总经理周景林。

1989年12月26日，蛇口远达正式营运。蛇口远达成立之初，广远以“嘉玉海”、“江都”轮折价450万美元投入，占股权的90%；招商港务以现金50万美元投入，占股权的10%。从1995年3月10日起，原股东招商港务退出蛇口远达经营管理。2003年5月23日，招商港务将所持有的蛇口远达10%的股权全部转让给广远全资子公司海南船务企业有限公司（现中远南方）。2005年5月16日，企业名称由原“深圳市蛇口航运企业有限公司”变更为“中远远达航运有限公司”，注册资本由原300万元变更为5800万元。中远远达增资后，原股东比例维持不变。2007年10月17日，为简化股权关系，中远远达股东会决定，以2006年12月31日经审计的账面余额为基准，将中远南方持有的中远远达10%股权无偿划拨回广远。至此，中远远达成为广远全资子公司，企业类型相应变更为有限责任公司（法人独资）。

中远远达成立之初，拥有“嘉玉海”、“江都”轮2艘船舶。2003年，中远集团实施船舶资产重组，中远远达被首次定位为木材船专业运输公司，并从大连远洋运输公司陆续购入“嘉禾关”轮等4艘木材船，总载重吨52340吨。2004年9月27日，在广远资产重组改革的大背景下，中远远达重组成功，其成为中远集团专业木材运输船队的定位也进一步明晰。同时，中远远达开始经营国际船舶管理业务，经营管理和安全代管广远船舶5艘。

2009年初，中远远达拥有“嘉禾关”、“嘉山关”、“嘉荫关”、“白沙岭”轮等专业木材/散杂货两用船4艘，受委托经营管理广远木材/散杂货两用船5艘，总载重吨19.19万吨。中远远达主要从事国际木材/散杂货运输经营，主营中国—西非、中国—东南亚、中国—澳新等航线的木材运输。是年，“嘉禾关”、“嘉山关”、“嘉荫关”3轮陆续退役；同时，接入“金广岭”、“金远岭”轮。中远远达实际经营管理船舶8艘，总载重吨23.42万吨；租入船舶3艘次，总载重吨11.99万吨。

中远远达下设业务部、安技部、办公室、财务部。

中远远达设董事会、监事会。时任董事长徐惠兴，董事翁继强、赵寿春（1~5月）、李伟（6~12月）、蔡梅江、佟文华。监事会主席张访苏，监事谭力、邓伟荣。时任总经理兼党委副书记赵寿春（1~5月）、李伟（6~12月），党委书记兼副总经理龚艳平，副总经理刘海平、曾远祥，财务总监黄雁。员工36人。　（曾艳萍）

【中远远达工作概况】　2009年，中远远达在广远和企业董事会正确领导下，以学习实践科学发展观活动为契机，以“应对危机、拼搏效益”为主线，采取“紧缩经营规模、紧控管理成本”等措施，虽然全年经营出现亏损，但下半年的经营效益呈上升态势。是年，中远远达拥有和控制船14艘。其中，自营船11艘，租入船3艘，共完成66个航次运输任务。完成货运量131.6万吨，与2008年同比下降43%；航行率58.9%，与2008年同比下降1%；载重量利用率80.3%，与2008年同比增长3%；货运周转量871.80万千吨海里，与2008年同比下降27%；营运率97.1%，与2008年同比下降1%；完成运输收入33701万元。

是年，中远远达在交通运输部海事局“2008~2009年度‘安全诚信公司’、‘安全诚信船舶’、‘安全诚信船长’”评审中，被授予“2008~2009年度安全诚信公司”称号；在2009年度深圳港籍航运公司安全管理评级中，连续三年以综合评分第一名的成绩被评为A等级船公司；中远远达工会荣获广东省总工会“模范职工之家”称号；“白沙岭”轮被广东省总工会命名为“广东省工人先锋号”；中远远达荣获广远“安全生产先进单位”称号；“西昌海”轮荣获广远精益管理“阳光奖”；有2个项目获广远精益亮点“星光奖”，1个项目获“月光奖”；财务部获广远2009年度“优秀决算单位”称号、2009年度“巾帼文明岗”称号。　　（曾艳萍）

航运经营

【业务部简介】　业务部是中远远达航运生产、调度管理的主管部门。主要职责是负责中远远达市场营销策划、市场开发与研究、客户关系管理、揽货并签订运输合同（含租船业务）、运输生产任务的调度和指挥、航运综合业务、使费运费管理、保险理赔法律事务业务。时任经理刘海平（兼），副经理胡冠雄（1~2月）、林毅敏（3~12月）。员工11人。　　（曾艳萍）

【业务部工作概况】　2009年，业务部面对航运市场低迷不振的严峻形势，采取有力应对措施，及时调整经营策略，船队经营效益逐步向好。全年重点工作如下：1. 加强市场信息收集和利用。认真分析研究国际金融危机对实体经济、航运市场供需变化的影响，广泛收集西非木材运输市场起伏变化的信息，适时调整经营决策。下半年，采取自行揽货经营与航次期租相结合的方式，提升了船舶营运效果。2. 谨慎操作租船业务。根据租船市场风险和自身抵御风险的能力，严格控制租船规模，采取“以货定船”的策略，把握市场机会，灵活进行短期操作，力控经营风险。先后以航次期租方式租入3艘船，实现扭亏盈利。3. 积极推进大客户战略。坚持以“稳定货源、稳定效益”为着力点，采取多策并举、多管齐下的方法，重点加强与老客户的合作关系，同时开发新客户；利用“金广岭”轮首航机会，分别在天津和加蓬成功举办了大型货主联谊会，新华社、《天津日报》、外交部网站等多家媒体进行了报道，提升了企业知名度，扭转了揽货难的被动局面。4. 适时调整船队结构。根据航运市场的变化和船舶经营状况，将长期亏损的3艘“嘉”字号老龄船退役。同时，接入2艘新造船。船队结构调整后，提高了企业在航运市场的影响力，增加了控制力。5. 做好运费催收工作。认真做好运费回收工作，保证运费催收工作的及时性、准确性和连续性，确保正常结算期内的应收运费，全年运费回收率达到100%。

（曾艳萍）

【完成COA合同运量32.83万吨】 2009年，中远远达完成COA合同运输航次11个，完成COA合同货运量32.83万吨，周转量998640千吨海里。其中，印尼至中国铁矿COA完成2个航次，货运量5.89万吨，周转量190417千吨海里；澳洲—中国锰矿COA完成9个航次，货运量26.94万吨，周转量808223千吨海里。

（曾艳萍）

【拓展中国—西非航线】 2009年，中远远达把打造西非精品航线作为企业重要战略目标，夯实航线货源基础，加大运力投放。是年，中远远达开始自行揽取中国—西非去程航线货源，在船队运力投放上，除原有的5艘28000载重吨船外，陆续将32000载重吨新接船“金广岭”、“金远岭”轮投入该航线。全年共完成中国—西非往返航次25个，完成货运量62.95万吨，周转量6308605千吨海里。其中，西非—中国木材运输13航次，货运量32.04万立方米，周转量3089722千吨海里；中国至西非散杂货运输12航次，货运量30.91万吨，周转量3218883千吨海里。

（曾艳萍）

【运费回收率实现100%】 2009年，虽受到国际金融海啸的影响，中远远达采取有力措施，积极应对，运费回收率达100%，保持企业重组5年来的良好记录。运费、租金与滞期费回收率100%，超出年初预定的98%运费回收率目标，有效保证了企业效益的实现。

（曾艳萍）

【加强船舶垫绑物料费用控制】 2009年4月，中远远达对船舶垫绑物料管理流程进行梳理，从垫绑物料供应与绑扎服务商选择模式、绑扎质量监控、垫绑物料回收、船舶垫绑物料管理流程监督等四方面入手，加强船舶垫绑物料管理，使船舶垫绑费用明显下降。4~12月，中远远达自营出口西非揽取设备货源共8航次，按平均每航次节省25万元垫绑费用计算，全年共节约垫绑费用200万元。

【调整航线布局，降低船队经营风险】 2009年，中远远达主要经营中国—西非、中国—东南亚、中国—澳新航线。因东南亚航线船况要求低，运价水平不高，加上近年受东南亚木材出口政策紧缩影响，货量大幅减少，导致装港费用增加，航线盈利水平一直低于其他木材运输航线。7月，中远远达采取收缩策略，将3艘25年船龄的“嘉”字号船退出东南亚市场，从战略布局层次上降低了船队航运经营风险，有效地提升了船队总体盈利水平。

（曾艳萍）

【谨慎操作租入船，确保经营稳定】 2009年，在航运市场持续低迷的情况下，中远远达及时调整租船策略，紧缩租船经营规模，突出波段操作，充分把握市场机遇，采取航次期租方式，陆续租入“珠江”、“帕玛加”、“万蓬”轮，总载重吨11.99万吨。是年，完成货运量7.56万吨，周转

量 452021 千吨海里（扣除 1 个跨年航次）。不仅满足了大客户需求，而且全部实现了单船盈利。　　　　　（曾艳萍）

【与儋州永航不锈钢公司的合同纠纷获得胜诉】　2009 年 3 月 26~27 日，中远远达与儋州永航不锈钢有限公司就海上货物运输合同纠纷一案在海南省海口市海事法院开庭。经历举证及多轮激烈辩论后，一审判决中远远达获胜。12 月 1 日，海口市海事法院作出判决，驳回对方所有诉讼请求费 335 万美元，判对方赔付中远远达约 98 万美元滞期费、空载费；同时，承担诉讼费用 20 万元，直接挽回了国有资产损失共计 433 万美元，有效避免了国有资产流失。（陈琳）

【"金广岭"轮在天津港举行首航西非仪式】　2009 年 8 月 14 日，中远远达新型专业木材运输船"金广岭"轮投入中国天津——西非木材运输航线的营运。首航仪式在天津港隆重举行。天津市副市长熊建平、中远集团副总裁张良、广远总经理徐惠兴、天津市政府办公厅副秘书长董迎科、天津市交通港口局副局长李志刚、天津市出入境边防检验总站副总站长马瑞树，以及有关部门的代表 120 多人参加了首航仪式。

"金广岭"轮是中远远达 8 艘 32000 吨系列木材船的首制船。该轮长 177.5 米，宽 28.2 米，货舱舱容 42200 立方米，最大舱口 16.819.2 米，是华南地区第一艘能够满足 IACS（国际船级社协会）船体结构共同规范要求的船舶，拥有全自动化的无人机舱，所有主、辅机工况可以通过计算机进行监测，排、压舱水也可由计算机控制实现。　　　　　（曾艳萍）

【与天津港集团第一港埠有限公司签订合作协议】　2009 年 8 月 14 日，中远远达与天津港集团第一港埠有限公司（以下简称天津港一公司）就打造西非木材运输精品航线签订了合作协议。合作协议的签订，充分利用了各自资源，优势互补，实现互利共赢，有助于中远远达加快船货周转，进一步提升中远远达在西非木材运输市场的竞争力，也有助于天津港一公司迅速扩大业务量，增加营业收入，扩大市场影响力，实现跨越式发展。中远远达与天津港一公司的战略合作，为天津港与中远集团其他专业特种船队深化战略合作、实现"双赢"目标，起到了良好的示范和促进作用。　　　　　（曾艳萍）

【客户满意度达98.8%】　2009 年 12 月，中远远达按照企业安全质量管理体系要求，对企业重点客户进行了"2009 年度顾客满意度"调查。调查结果显示，客户对中远远达所提供的远洋运输服务满意度达 98.8%，全年未收到客户投诉。（陈琳）

【伦敦保赔协会高管来访】　2009 年 10 月 14 日，伦敦保赔协会（London Club）的首席执行官 Ian Gooch、伦敦总部董事 Lance L.Johnson，香港分公司 Lucinda Lau 一行 3 人拜访中远远达，受到中远远达领导班子热情接待。伦敦保险协会高管详细介绍了伦敦保赔协会的承保船舶情况与财务状况，并认真了解中远远达船队发展与安全管理情况，表达了合作意向。双方就合作意向展开了深入探讨。

伦敦保赔协会是国际保赔集团成员，也是船东责任险的主要承保人之一，同时也是中远集团的重要合作伙伴。（陈琳）

【英国皇家保赔协会高管来访】 2009年11月20日，英国皇家保赔协会（U.K. P&I Club）大中华地区董事长John Morris、伦敦总部承保负责人Paul Pelling、北京代表处韩冰一行拜访中远远达，受到中远远达领导的热情接待。英国皇家保险协会高管详细介绍了英国皇家保赔协会近年的承保船舶情况与财务状况，并认真了解中远远达船队发展与安全管理情况，表达合作意向。双方就合作意向展开了深入探讨。

英国皇家保赔协会是国际保赔集团成员，也是船东责任险的主要承保人之一，同时也是中远集团的重要合作伙伴。

（陈琳）

【调整船员伤亡一次性补偿金额】 2009年，中远远达调整与中国船东互保协会所签《协会保险条款》中关于“船员伤亡一次性补偿金额”的规定：“因工伤死亡及视同工伤死亡的，赔付40~60万元，参照香港劳工法的计算方法进行计算；因疾病离船治疗，自离船并接受境内医院治疗之日起六个月内死亡的，赔付30~40万元，参照香港劳工法的计算方法进行计算。”此规定的调整加大了对木材船板块船员的劳动保护，有效地提高了船员的生产积极性。

（陈琳）

船舶管理

【安技部简介】 安技部是中远远达安全质量管理体系、海务、机务及通导管理的主管部门。主要职责是负责中远远达船舶安全管理和成本控制、体系管理与维护、ISM规则及ISPS规则、海务监督和机务监督、船舶技术改造、PSC检查、环境保护与防污染、通讯导航管理和备件物料、燃润油供应、热工技术指导，货运质量管理与监督；负责中远远达船员租赁、考核工作，保证船舶正常营运；负责中远远达安全质量办公室日常工作。时任经理曾远祥（兼），副经理杨合武。员工11人。

（曾艳萍）

【安技部工作概况】 2009年，安技部坚持“安全第一，预防为主，综合治理”方针，全面落实安全责任，安全形势保持稳定，船队安全面达100%，防抗台成功率达100%，港口国检查通过率达100%，应急设备完好率达100%，实现了安全管理目标。是年，中远远达被交通运输部海事局评为“安全诚信公司”（中远系统唯一一家），被广远评为“安全生产先进单位”。全年重点工作如下：1. 坚持以船舶防范事故为重点，确保实现安全管理目标。大力开展“隐患排查治理”、“安全生产月”等主题活动，指导船舶全面自查自纠，加大对船舶现场检查力度，对船岸查出的206项缺陷，及时进行了整改；修订和完善安全管理体系文件，船舶通过内外审14艘次，企业“安全管理体系”顺利通过年度审核，无缺陷通过ISM规则、ISO9001:2000标准联合审核。2. 坚持以船舶防碰撞为重点，确保船舶航行安全。严格驾驶台纪律，遏制习惯性违章。全面落实季节性安全措施和安全预案，关注全球灾害性天气，对锚泊、进出港口、靠离码头、雾航、大风浪、受台风影响及复杂海域航行船舶，实施全过程、全方位跟踪指导292艘次的船舶安全航行。3. 坚持以机务管理为重点，确保船舶营运安全。加大“科技兴安”的投入，运用信息技术手段提升安全管理；

对 11 艘船舶的技术状况进行检验、评估，制定相关方案；加强对“四机一炉”的维修保养，做好港口国检查的迎检自查工作，船舶接受港口国检查 36 艘次。其中，无缺陷批注 33 艘次，占受检总数 91.67%。4. 坚持以防海盗、防偷渡为重点，确保船员和船舶安全。认真落实各项防范措施，严密细致布置船舶防海盗、防偷渡工作。在紧控管理成本的情况下，投入 15 万元为船舶配备防海盗装备。是年，有 7 艘船舶航经塞舌尔群岛、尼日利亚等海盗活动频繁的海域，均成功摆脱海盗袭扰。“瑞昌海”轮在拉各斯成功阻击海盗登船。全年未发生偷渡事件。5. 坚持以劳动保护为重点，确保船员人身安全。深入开展“红树林”工程建设，将防工伤作为一项重要培训内容，通过录像、图片、案例等形式多样的教育，不断增强船员的安全意识；管船小组严格跟踪《船舶每日防工伤工作计划》的落实情况。通过严查严管，全年实现安全事故为零的指标。（曾艳萍）

【第三次获深圳港籍航运公司安全管理A等级】 2010 年 2 月 5 日，深圳海事局发出《关于印发〈2009 年度深圳港籍船舶质量报告〉的通知》，中远远达在深圳港籍航运公司安全管理评级中被评为 A 等级船公司。

深圳港籍航运公司安全管理评级是依据 2007 年 2 月 1 日正式实施的《深圳港籍船舶质量综合管理办法》，按照船公司及其所属船舶在评级年度内的安全管理记录、PSC 或 FSC 检查结果、事故发生情况等数据，对港籍内所有船公司在 A—E 等级内进行综合评定。中远远达是 2009 年度受评 59 家船公司中仅有的 5 家 A 等级船公司之一，各项指标综合评分名列第一。这是中远远达继 2007、2008 两年度获评深圳港籍航运公司安全管理 A 等级后，第三次获此殊荣。（曾艳萍）

【海务管理实现三个100%】 2009 年，中远远达海务管理没有发生险情，实现三个 100%：全年跟踪指导船舶防抗台 22 艘次，实现 100%成功；跟踪指导船舶雾航 17 艘次，实现 100%成功；指导船舶沿海航行、进出港、冰区及大风航行 235 艘次，实现 100%成功。（田永刚）

【召开安全质量管理体系管理评审会议】

2009 年 2 月 25 日，中远远达召开安全质量管理体系管理评审会议。中远远达领导及各部门长参加了会议。会议由总经理赵寿春主持，会议对 2008 年企业安全质量管理体系运行情况进行客观评价，提出进一步完善安全质量管理体系的具体措施。会议认为企业安全质量管理体系的运行达到制定的目标，运行不仅有效，还得到了持续改进。（韩苑君）

【通过“双标”、“双证”联合审核】

2009 年 5 月 19~20 日，由中国船级社认证处组成的安全管理体系（SMS）审核组及中国船级社质量认证公司组成的质量管理体系审核组，对中远远达安全质量管理体系（SQMS）进行联合审核。审核组主要依据《国际安全管理规则》（简称 ISM 规则）、国际及国内相关公约、法规、规定等进行审核。经过严格、细致、认真的审核，对中远远达的安全质量管理给予了高度评价，并对中远远达巴拿马旗“符合证明”（DOC）进行了年度签注；对“质量管理体系认证证书”给予保持。这是中远远达继

2006 年年度审核后，再次通过“双标”“双证”联合审核。（韩苑君）

【安全管理体系年度审核（中国旗DOC）】 2009 年 7 月 1~3 日，由交通运输部海事局组成的安全管理体系审核组对中远远达安全管理体系（SMS）进行第 4 次年度审核。审核组重点审阅了文件修改部分与 ISM 规则的符合性和可操作性；审查了中远远达在体系执行、船员管理、船舶维护保养、驾驶台管理运行情况以及 SMS 整体运行的适用性和验证 2008 年审核活动的有效性。审核组经整体评估，认为中远远达 SMS 的运行有效，安全管理情况达到安全目标，安全面达 100%，建议交通运输部安全质量管理体系审核中心给予中远远达 DOC 年度签注。（韩苑君）

【对02版安全质量管理体系文件进行修改】 2009 年，中远远达对安全质量管理体系文件 02 版进行了修改。修改的主要内容是总经理变更有关内容和主管机关审核后提出文件存在的问题。（韩苑君）

【企业安全质量管理体系年度内审】 2009 年 12 月 8 日，中远远达安全质量管理体系进行了年度内审。经审核，认为中远远达体系文件符合 ISM 规则和 ISO9001:2000 质量管理体系标准的要求，符合适用的公约、规则、法规及体系文件规定，体系运行顺畅，实施有效，体系运行不断完善。（韩苑君）

【被中国海事局授予2008年度“安全诚信公司”】 2009 年 7 月 15 日，中华人民共和国海事局下发《关予授于中远远达航运有限公司等 8 家航运公司为 2008 年度安全诚信公司的决定》。中远远达凭借其良好的安全管理记录、DOC 审核无缺陷批注、PSC 记录，获得“安全诚信公司”荣誉称号。这是该年度中远集团系统内唯一的一家获此殊荣。（韩苑君）

【“嘉禾关”、“嘉荫关”、“嘉山关”轮退役】 2009 年，中远远达根据航运市场形势与船队经营情况，对船队结构进行调整，将“嘉禾关”、“嘉荫关”、“嘉山关”轮作退役处理。（韩苑君　田永刚）

【召开安全专题评估会议】 2009 年 8 月 28 日，中远远达安全生产委员会召开安全专题会议。会议总结回顾了 2009 年以来的安全工作情况，重点分析企业在安全管理中存在的主要问题和薄弱环节，研究和制定消除风险和确保安全的对策措施，并提出具体工作计划。会上，副总经理曾远祥对安全工作进行了点评，总经理李伟对安委会工作提出了要求。（曾艳萍）

【“金远岭”轮接船并投入营运】 2009 年 11 月 2 日，中远远达、广州中船黄埔造船有限公司在广州黄埔船厂龙穴厂区隆重举行了“金远岭”轮交接暨命名仪式。广远副总经理翁继强，中远远达总经理李伟、党委书记龚艳平，广州中船黄埔造船有限公司董事长陈妙根、总经理陈忠前、党委书记许光耀、中国船级社广州分社总经理谭好修、广州船舶工业公司总经理助理金学坚等出席了仪式。11 月 4 日，该轮离广州黄埔船厂龙穴厂区赴上海港装货，正式开始了处女航。（陈长清　韩苑君）

【"中远武夷山"轮顺利下水】 2009年11月18日，由福建马尾造船公司承建的中远远达32000吨新型专业木材/散装船"中远武夷山"轮下水仪式隆重举行。福建省国资委副主任林文生、武夷山市常务副市长金溢满、广远总经理徐惠兴、福建省船舶工业集团公司董事长冯志农、中远远达总经理李伟等出席了仪式。

"中远武夷山"轮是由福建省省长黄小晶和中远集团总裁魏家福于2006年11月5日共同命名的。"中远武夷山"轮的建造不仅是中国造船事业的发源地——福建马尾造船公司迄今为止建造的最大船舶，同时也标志着中远集团为加强与福建省的经济战略合作取得了成果。

（陈长清　曾艳萍）

【"金广岭"轮交付投入营运】 2009年7月29日，"金广岭"轮在广州中船黄埔造船有限公司龙穴厂区试航码头进行实体交接，由中远远达接船并正式投入营运。这是中远远达新造8艘32000载重吨木材船的首制船。中远远达已于7月24日为"金广岭"轮建立安全管理体系，申请船舶审核认证，并取得安全管理证书（SMC）和国际船舶保安证书（ISSC），确保船舶按计划投入营运。（陈长清　韩苑君）

【推广使用"士帕能"节油装置】 2007年11月，中远远达在"白沙岭"轮安装了"士帕能"节油装置，经武汉水运行业能源利用监测中心的技术人员随船检测，节油率达2.4%，节油功能稳定、有效。同时，船舶废气排放明显减少，节能减排成效显著。为此，2009年，中远远达推广使用"士帕能"节油装置，在"瑞昌海"、"金牛岭"轮安装了该装置。"白沙岭"、"瑞昌海"、"金牛岭"轮3艘船每航行天可节省燃油约1.40吨，按460美元/吨的国际燃油均价计算，折合节约燃油费642美元/航行天。

（曾艳萍）

【对JM-1燃油添加剂试用和评估】 2009年，中远远达在"金沙岭"、"金达岭"、"西昌海"轮对JM-1燃油添加剂进行试用和评估。在同船舶、同海域、同风向与风力、载货量相当的前提下，经过油耗对照分析，使用添加剂后，船舶平均单日油耗减少0.7吨，节油率达3.8%。同时，极大地减少了油柜中油泥的形成，保持分油机、过滤器、燃油加热器、黏度计和喷油嘴的清洁，从而减少了维护保养的工作量，降低了故障率。此外，均质的燃油减少了分油机的工作负荷，改善了燃油的喷射和雾化，提高了燃油燃烧效率，节省了燃油。

（曾艳萍）

【科学设计新造船节能设备】 2009年，中远远达陆续接入2艘32000载重吨木材船投入营运。中远远达新的船舶在设计和设备选型上，坚持高标准、严要求，从设备选型上把好节能减排关。1. 在辅助燃油锅炉的选型配置上，选用配置新型的旋转式油嘴的辅助锅炉，同时配置专用锅炉油柜，以回收利用油水分离器分离出来的油渣，并与干净燃油按比例混合后作为锅炉燃油使用。以32000吨木材船燃油消耗每天24吨、油渣出油率1%计算，充分利用油渣作为辅助锅炉的燃料，相当于每天可节省168公斤干净燃油。航行期间节能率达7%。2. 改进中央冷却系统。该批船舶的机电设备冷却系统全部采用中央冷却系统，降低泵辅一半功率、增加泵辅数量为3台、降低冗余为50%的配置方式。航行期间使用2台、1台备用；停航期间使用1台、2台备用。这不仅满足规范要求，并在船舶停航期间，主海水泵、淡水泵可以降低一半使用功率，达到了节能目的。

（曾艳萍）

【西非线船舶刮底清理】 2009年，中远远达船舶大多航行西非线，船舶在西非期间每个港口的持续停泊时间都比较长，而西非地区温度高、盐分浓度大，船底易滋生海生物，从西非开航后船速慢、主机负荷大、耗油量大，有时滑失率达到30%左右，每天超出正常耗油量多达0.5吨。对此，中远远达在充分评估的基础上，利用回航船舶在德班、新加坡等地加油时机刮船底，清除海生物。船舶经过刮底清理，船速提高0.5~0.8节，每往返航次按70天计，可节省船期3~4天，每天少耗油0.5吨，每往返航次少耗油103吨。中远远达全年刮船底8艘次，不仅节省成本62140美元，而且提高了船速，节省了船期。

（曾艳萍）

财务管理

【财务部简介】 财务部是中远远达财务管理的主管部门。主要职责是负责中远远达财务管理、会计核算、资产管理，编制财务预、决算，平衡收支；负责生产经营财务等有关数据统计、上报，实施定期经济效益分析、成本监控制度和风险管理；负责船舶及内部审计工作。时任经理黄雁（兼）。员工4人。 （李漫）

【财务部工作概况】 2009年，财务部按照中远远达董事会的要求，紧紧围绕企业中心任务，积极开展各项工作。1. 加强资金管理。为提高现金流量管理的适时性和有效性，开发了现金流量表自动生成系统，为适时监控现金流量、实行月度资金预算管理奠定了基础，为节约资金成本提供了重要保障；合理选择理财产品，有效甄选支付途径；加强运费回收及往来账的清理，加强企业内部资金周转，与业务部门通力合作做好运费回收工作，企业运费回收率达到100%。2. 利用境外平台，节约营业税。在广远财金部统一部署下，利用香港境外操作平台进行船舶经营运作，实现广远利益最大化。3. 根据内外部审计意见，梳理管理流程，完善内控制度。全年接受内部审计监督5次，外部审计4次，并通过国有大型企业2005~2007年税务大自查，全面梳理了企业税务项目及税务政策，为规避税务风险奠定基础。4. 加强学习，夯实基础管理，提高财务管理水平。企业财务管理工作步入了“管理规范、操作有序、运行高效”的轨道。5. 顺利完成2008年年报审计、税务审计工作及2009年年终决算工作。 （黄雁）

【搭建境外经营平台】 2009年，中远远达根据经营管理需要，为降低船舶租赁成本，规避经营风险，充分利用广远境外资源，以广远在香港的三级子公司达信置业公司为租船平台，开展船舶租赁业务，并制定了《境外木材船经营管理平台管理规范（暂行）》，规范操作流程与管理办法。7月，接入“金广岭”轮并将其纳入达信置业，境外木材船经营平台正式启用；10月，在广远信息中心的配合下，中远远达与

境外木材船经营平台间开通香港网络专线，实施异地账务处理和报表编制。（李漫）

【开发现金流量表自动生成体系】 2009年4月，中远远达为加强现金流量管理，在企业现有财务管理信息系统基础上，针对金融危机以来企业现金流量管理压力加大的现状，研究开发了一套符合企业财务管理实际的现金流量表自动生成体系。该系统最大限度地保证了数据的真实性及现金流量表的可用性，为适时监控现金流量、实行月度资金预算管理奠定了基础，为节约资金成本提供了重要保障。（曾艳萍）

【实施总经理离任审计】 2009年6月1日，中远远达根据广远干部轮换制度，原中远远达总经理赵寿春不再担任企业董事、总经理。是年，财务部根据内部审计流程，积极配合广远监督部/审计部开展总经理离任审计工作，使该项审计工作顺利开展并圆满完成。（李漫）

【开展税务自查】 2009年6月15日至7月31日，财务部对企业2005~2007年度的税收申报和缴纳情况进行了自查，全面梳理企业税务项目及税务政策，完善规范日常工作，为规避税务风险奠定了基础。

（李漫）

【执行财政部新规定】 2009年11月12日，国家财政部印发了《关于企业加强职工福利费财务管理的通知》。财务部组织企业全体员工认真学习通知精神，并按要求严格自查企业福利费使用情况，加强福利费审批流程，规范福利费使用渠道，堵塞管理漏洞。（李漫）

【全力抵御金融危机，严控各项成本】

2009年，中远远达以现金流量风险控制为核心，积极做好财务风险与成本控制工作：1. 加大财务分析力度，将原每季度一次的内部财务分析会议调整为每月一次，及时把握市场与成本走向，了解各时期成本结构，分析成本控制关键点。2. 全面实施单船成本核算，了解单船成本结构，采取措施，提升单船管理水平。3. 严格执行大额度资金审批程序，加强现金流量分析，确保现金流量安全。4. 加强预算管理和内控管理工作，对管理成本采取限额控制。5. 充分利用香港平台，合理纳税。6. 加强运费回收及往来账的清理。企业运费回收率达100%。通过不同航次运营成本关键点跟踪，全年船舶航次变动费用总体下降30.2%；船舶机务费用在全年预算消减的基础上，实际使用仍低于预算41.6%；行政管理费用较2008年同期下降32%。

（曾艳萍）

综合管理

【办公室简介】 办公室是中远远达行政管理的综合部门。主要职责是负责中远远达综合公共关系、行政文秘、人力资源管理、董事会管理、监督审计、船舶医疗、党群事务、企业文化等各项管理工作以及注册所在地留守相关业务。时任主任雷彩云。员工7人。（曾艳萍）

【办公室工作概况】 2009年，办公室按照企业质量目标，细致规划，有效执行，全面完成各项指标。是年，办公室主要工作有：1. 深入开展各项主题活动。持续推进第四个“精益管理年”活动，协作开展安全生产、“节能减排”等专项活动。2. 实施各项培训。协助开展教育培训“红树林”工程，持续推进人力资源体系建设，提高员工培训有效度，组织内部培训项目11项，共计176人次、441课时；外部培训18项，共计47人次、432课时。3. 做好医疗统筹工作。完成所属船舶在船医疗统筹管理工作，船舶医药费使用控制在计划额度内，药品费用全部完成统筹报销。4. 办理有关文件、会议事宜。根据董事会决议及企业实际状况，办理企业经营期限延长、董事变更、总经理变更的法律文件与工商变更手续，并按要求完成企业各项重要证照管理工作，确保证照有效性；积极策划、组织董事会、年度股东会的召开，保证董事会对重大事项进行及时、有效的管理与决策。5. 加强党建和思想政治工作，促进双文明建设。组织开展创建“四好领导班子”活动，大力开展廉洁从业教育，加强纪检监察工作，组织编写每月一期的《远达简报》，及时报道企业相关信息。

（曾艳萍）

【开展第四个“精益管理年”活动】 2009年，是中远集团第四个精益管理年，也是中远远达第四个精益管理年。中远远达按照广远2009年精益管理工作总体部署，在全球航运市场低迷背景下，以精益理念为指导，以成本风险控制、节能减排、安全管理、精益推广为重点，以全员成本控制系统为抓手，在船岸全面实施精益管理。中远远达全年船岸申报亮点项目70个，可直接量化效益超过1500万元。船舶参与率、员工参与率皆达100%。“西昌海”轮获广远精益管理“阳光奖”，业务部《加强船舶垫绑物料费用控制》获广远精益亮点“月光奖”，“白沙岭”轮《合理设计装货程序，有效减少港口使费》获广远精益亮点“星光奖”。

（曾艳萍）

【召开第七届董事会2009年第一次会议】

2009年2月20日，中远远达召开第七届董事会2009年第一次会议。出席会议的有广远总经理、中远远达董事长徐惠兴，广远党委书记刘书田，中远远达董事翁继强、赵寿春、池新旺、蔡梅江；广远有关职能部门负责人、中远远达监事及高管人员列席了会议。会议审议通过了《中远远达航运有限公司总经理工作报告》等7项决议，下达了《中远远达航运有限公司企业负责人2009年度经营业绩考核责任书》（以下简称《责任书》），由徐惠兴代表董事会，中远远达总经理赵寿春代表中远远达，在会上共同签署了《责任书》。会上，徐惠兴对中远远达2008年工作给予了充分肯定，并对2009年工作作了指示。刘书田、翁继强也分别对中远远达工作提出了具体要求。

（曾艳萍）

【召开职工大会暨工会会员大会】 2009年1月16日，中远远达召开职工大会暨工会会员大会。广远工会办公室主任蔡兆聪代表广远工会到会指导。会议审议并通过了《公司总经理工作报告》、《公司党委工作报告》、《公司工会工作报告》、《公司财务工作报告》、《2008年度职工提案报告》等5项议案。蔡兆聪代表广远工会讲话，对中远远达2008年度工会工作取得的成绩给予了肯定，并对中远远达2009年工会工作提出了具体要求。

（曾艳萍）

【召开深入学习实践科学发展观活动动员大

会】 2009年3月17日，中远远达召开开展深入学习实践科学发展观活动动员大会。企业领导班子成员和全体员工参加了会议。中远远达深入学习实践科学发展观活动领导小组组长、党委书记龚艳平传达了中远集团、广远深入学习实践科学发展观活动情况，并对下一阶段企业深入学习实践科学发展观活动提出了具体要求。（曾艳萍）

【开展解放思想讨论活动】 2009年4月7日，中远远达党委坚持以解放思想为先导，紧密联系当前应对国际金融危机实际，紧密联系企业经营管理实际，紧密联系领导班子和党员干部的思想实际，深入开展解放思想讨论活动。活动以科学发展为主题，以中远集团“树信心、拼效益、促发展、保稳定”工作思路和中共广东省直工委“转变作风抓落实”主题实践活动为载体，针对企业实际情况，就如何改进工作作风、创新党建工作、强化经营管理、强化安全管理、加强风险控制、保持企业稳健发展问题进行了讨论。在讨论会上，与会人员开诚布公、畅所欲言，充分讨论了企业践行科学发展观的工作思路以及推进企业可持续发展的可行措施，对转变工作作风、化危为机、促进效益增长等问题和如何有效应对国际金融危机提出了意见和建议。此外，中远远达党委通过电子邮箱平台，持续深入开展“继续解放思想、推动企业振兴”讨论，坚持问政于员工、问需于员工、问计于员工，不断推进学习实践活动深入开展，努力创造真抓实干、开拓进取、同舟共济的发展局面。（曾艳萍）

【企业领导班子调整】 自2009年6月1日起，原中远远达董事、总经理赵寿春不再担任中远远达董事、总经理职务。经中远远达全资股东广远推荐、中远远达董事会表决通过：自6月1日起，由李伟任中远远达董事、总经理；同时，中远远达广州分公司负责人相应由赵寿春调整为李伟。（曾艳萍）

【延长企业营业期限】 根据《中华人民共和国公司法》及中远远达章程有关规定，中远远达全资股东广远决定：因中远远达营业期限将于2009年7月21日届满，同意中远远达存续并延长营业期限10年，即营业期限变更为1989年7月21日至2019年7月21日。6月2日，中远远达完成了有关工商变更及备案手续。（曾艳萍）

【徐惠兴对企业进行调研指导】 2009年7月7日，广远总经理、中远远达董事长徐惠兴到中远远达进行调研指导。徐惠兴深入了解中远远达经营生产、安全管理、精益管理等方面的情况，召开部门经理助理以上管理人员会议，对企业下一步工作提出希望和具体要求。（曾艳萍）

【召开第七届董事会2009年第二次会议】 2009年7月17日，中远远达召开第七届董事会2009年第二次会议。出席会议的有广远总经理、中远远达董事长徐惠兴，董事翁继强、李伟、佟文华、蔡梅江，中远远达监事、广远有关职能部门负责人、中远远达高管人员列席会议。会议由徐惠兴主持。会议审议通过了《中远远达航运有限公司总经理工作报告》等6项议案。会上，徐惠兴作了讲话，指出中远远达领导班子是团结、协作、务实、高效的领导班子，这为企业拼搏效益、全力完成董事会下达的任务奠定了良好基础，徐惠兴还对中远远达下半年工作作了指示。会上，翁继强也作了发言，对中远远达工作提出了具体要求。（曾艳萍）

【荣获2009年安全文化作品表演竞赛二等奖】 2009年7月20日，由广远工会、航安部、党工部联合举办的广远2009年年中安全工作会暨安全文化作品表演，进行了总决赛。中远远达选送的诗朗诵《关注安全，关爱生命》获得二等奖。（曾艳萍）

【召开第二次党员大会暨学习实践科学发展观活动总结大会】 2009年7月6日，中远远达党委召开第二次党员大会暨学习实践科学发展观总结大会。会议听取了党委书记龚艳平所作的《党委工作报告》、《纪委工作报告》，听取了总经理李伟所作的《总经理工作报告》和办公室主任雷彩云所作的《深入学习实践科学发展观活动总结报告》，会议选举产生了新一届党委会委员和纪律检查委员会委员。（曾艳萍）

【学习实践科学发展观活动群众满意度100%】 2009年8月17日，中远远达党委召开深入学习实践科学发展观活动群众满意度测评大会。会议由学习实践活动领导小组组长、党委书记龚艳平主持。参加测评的26名员工，按照要求认真填写了群众满意度测评表，测评结果满意率达100%。参加测评的员工认为，企业开展学习实践活动，找准了制约和影响企业科学发展的突出问题和主要矛盾，制定了切实可行的整改措施，企业党委带领全体员工坚定信心、拼搏效益，实现了扭亏为盈，确保了安全形势，并产生了一批实用的成果，为推动企业科学发展注入了生机与活力。（曾艳萍）

【李福顺等出席“金广岭”轮首航西非庆祝仪式】 2009年10月30日，中远远达在加蓬奥文多港举行庆祝新型专业木材运输船“金广岭”轮首航西非成功仪式。中国驻加蓬共和国大使李福顺、经济商务参赞胡平，加蓬奥文多港港长，海关、移民局、卫生检疫、港口国检查机构官员，以及加蓬电视台、新华通讯社记者等共50多名嘉宾出席了仪式。李福顺在庆祝仪式上致辞，祝贺“金广岭”轮首航西非成功，表示“金广岭”轮顺利首航加蓬，不仅标志着中远远达的可持续发展迈出了重要的一步，也预示着中远远达在非洲的业务将拥有更加美好、更加广阔的发展前景；李福顺希望中远远达继续努力，为中非贸易发展作出更大的贡献。奥文多港港长在致辞中表示，希望与中远远达建立良好的工作关系，共同推进双方在航运领域的合作与发展。客户代表德嘉木业公司总经理徐恭德在庆祝仪式上表示，中远远达以全新的服务理念和高度负责的态度，竭诚为广大货主服务，充分体现了专业船公司的实力和优势，也充分说明了中远远达是值得信赖的合作伙伴。随后，嘉宾们参观了“金广岭”轮，对船舶良好的管理和面貌给予了充分肯定。

（曾艳萍）

【工会荣获广东省“模范职工之家”称号】 2009年11月，广东省总工会表彰了一批在开展“职工之家”建设活动中涌现出来的先进集体和先进个人。其中，中远远达工会荣获广东省“模范职工之家”称号。（曾艳萍）

【“金沙岭”轮驱赶2名偷渡人员】 2009年12月18日，“金沙岭”轮在刚果黑角装木材，当地时间01:30，值班人员发现2名偷渡人员企图从水面登船，船舶领导立即对其进行驱赶并报告当地警察，随后2名偷渡人员被当地警察带走。为此，“金沙岭”轮避免了一起偷渡事件的发生。（曾艳萍）

【郭崑一行登“瑞昌海”轮慰问】 2009年12月29日，“瑞昌海”轮在尼日利亚拉各斯港成功击退武装海盗袭击，确保了船员和船舶的安全。31日，中国驻拉各斯总领事郭崑、副总领事张正希一行在中远西非公司总经理卫其明的陪同下，到“瑞昌海”轮慰问船员，对“瑞昌海”轮应急处置得当、保证船舶和人员安全给予充分肯定；同时，郭崑还介绍了拉各斯地区安全状况，提醒船舶保持警惕，遇到威胁要及时与中国驻外领使馆联系。（曾艳萍）

第三节　中远南方沥青运输有限公司

【中远南方沥青运输有限公司简介】 中远南方沥青运输有限公司（以下简称“中远南方”）是2004年9月在原海南船务企业有限公司基础上组建的，是广远全资子公司，是亚洲最大的国际海上沥青运输专业公司。注册地为海南省洋浦经济开发区保税港区，注册资本5100万元。2009年，中远南方拥有和经营“雅江”、“安吉江”、“安达江”、“亚龙湾”、“月亮湾”、“木兰湾”、“大鹏湾”、“福宁湾”、“珍珠湾”、“澎湖湾”、“安海湾”、“平海湾”、“星海湾”轮等13艘散装沥青船，总载重吨8.06万吨。中远南方主要从事国际、国内沿海及长江中下游散装沥青运输，业务遍及全球。中远南方与埃克森、壳牌、BP、中石化等国际、国内顶级石油公司及SARGEANT MARINE等世界级沥青运输商建立了良好的战略合作关系，年沥青运输量达142万吨。

中远南方下设航运部、安技部、油轮检查监督部、财务部、办公室。

中远南方设董事会、监事会。时任董事长徐惠兴，董事翁继强、谭力、邓伟荣、何伟杰（1~5月）、蔡梅江（6~12月）；监事张访苏、顾卫东、佟文华。总经理何伟杰（1~5月），总经理、党总支副书记蔡梅江（6~12月），党总支书记、副总经理顾卫东，副总经理周佳忠、梁杰，财务总监盛开薇。员工35人。（蒲大同）

【中远南方工作概况】 2009年，中远南方围绕“安全、效益、发展”的工作目标，按照“优化管理，开拓市场，扩大效益，创新发展，构建和谐”的工作思路，努力打造沥青运输系统集成者，积极应对国际金融危机的严峻挑战，以客户需求为导向，加强市场调研，准确把握市场，通过品牌经营，拓展市场空间；积极推进精益管理，切实加强安全管理，保证船舶安全营运；实施新造沥青船项目，加快扩大船队规模步伐；加大信息化建设力度，全面提高管理水平；发动全员参与建设节约型企业、创建学习型企业；以“四好领导班子”（政治素质好、经营业绩好、团结协作好、作风形象好）为目标搞好班子建设；加强企业文化建设，不断提升企业的凝聚力和核心竞争力，实现企业价值最大化。是年，中远南方取得了较好的经济效益，基本完成了广远下达的各项任务指标，两个文明建设取得了较好成绩。全年完成货运周转量17亿吨海里，为年度指标的85%；完成利润总额为年度必保指标的76%；运费回收率99.74%，为年度指标的101.8%；安全生产形势基本稳定，完成了“安海湾”、“平海湾”、“星海湾”轮3艘新造沥青船建造任务。是年，中远南方被海南省评为2009年度“航运企业管理先进单位”。

（蒲大同）

【航运部简介】 航运部是中远南方航运生产、调度管理的主管部门。主要职责是负责企业航运生产、调度管理和市场开发、货运质量、租船揽货、客户维护；负责船舶燃油和淡水的采购供应，船舶港口使费的审核、决算和船舶保险理赔；负责经营南美航线、东南亚航线、澳大利亚、新西兰航线、非洲航线、欧洲航线、地中海航线及国内沿海航线。时任经理曾文进。员工7人。 （蒲大同）

【航运部工作概况】 2009年，航运部加强客户维护和开发，开拓货源市场，加强市场调研，把握市场机遇，增加船舶期租，保证稳定收入；开展出口运输和第三国运输，大力拓展市场空间，采取积极灵活的经营策略，提升自营船的经营水平。船舶全年共完成300个航次、完成货运量142.21万吨、完成货物周转量17亿吨海里。运输收入为年计划的99.2%，与2008年同比增长6.6%。 （蒲大同）

【安技部简介】 安技部是中远南方安全质量管理体系、海务、机务、船员及通导管理的主管部门。主要职责是负责中远南方船舶安全管理、船舶建造、修理和船舶买卖；负责船舶设备的维护与保养；负责船舶备件、物料与润料的采购供应；负责海务监督、机务监督、船员管理及通导管理工作。时任经理梁杰（1~5月）、蒋野林（6~12月）。员工12人。 （蒲大同）

【安技部工作概况】 2009年，安技部坚持“安全第一、预防为主、综合治理”方针，严格执行安全质量管理体系，认真落实安全生产责任制和各项安全管理措施，加强现场管理和船员教育培训，消除安全“短板”，保证安全生产形势基本稳定。是年，安技部针对船舶雾航、大风浪航行、防台抗台的不同情况，分别给予有针对性的全过程、全方位跟踪指导，全年共指导船舶防抗台风、飓风10艘次，雾航9艘次、大风浪航行33艘次，成功率均100%。船舶接受PSC检查31艘次，均顺利通过。其中，无缺陷通过20艘次，无缺陷率达65%。安技部还抓紧实施新造沥青船项目，全年共有3艘新造沥青船完工投入营运。

（蒲大同）

【油轮检查监督部简介】 油轮检查监督部于2009年12月1日设立。油轮检查监督

部是中远南方安全质量管理体系、油轮检查监督的主管部门。主要职责是负责安全质量管理体系的建立、实施和持续改进；负责船舶的油公司检查监督工作；负责企业安委会的日常工作。时任经理梁杰。员工 3 人。（蒲大同）

【油轮检查监督工作概况】 2009 年，中远南方严格执行安全质量管理体系，密切跟踪船舶的油公司检查监督，保证企业安全质量管理体系的持续改进和有效运行，顺利通过 DOC（符合证明）和质量认证证书的年度审核；船舶接受油公司检查 38 艘次，36 艘次获得通过，通过率 94.73%。（蒲大同）

【财务部简介】 财务部是中远南方财务的主管部门。主要职责是负责制订企业各项财务内控制度和实施财务管理、资金管理、投融资管理、资产管理；负责企业的财务收支预算、决算；负责企业会计核算、纳税申报、生产统计、机务费用审计；负责企业月度、季度、年度财务、统计报表的上报；负责核收运费租金、汇付船舶备用金及各项成本费用；定期进行经济效益分析，实施成本监控；负责编报重大投资的可行性研究报告。时任经理盛开薇。员工 6 人。（蒲大同）

【财务部工作概况】 2009 年，财务部制订了《收入管理办法》，不断完善规章制度，完成财务预算、核算、决算和审计，做好成本监控和经济效益分析，编报新造沥青船的可行性研究报告。（蒲大同）

【办公室简介】 办公室是中远南方行政管理的综合部门。主要职责是负责协助企业领导贯彻执行上级指示和部署，协调企业对外关系和各部门关系，保证企业运输生产和党政工作正常运转。时任主任蒲大同。员工 5 人。（蒲大同）

【办公室工作概况】 2009 年，办公室按照企业领导指示，草拟了企业工作计划、工作总结、请示、报告；安排了企业领导主持的各类会议，并组织实施和督促检查各项会议决议的贯彻落实；完成企业文件收发、对外接待、信访、文书档案的管理工作；抓好机关员工培训、人事管理、劳动工资、劳动合同管理和劳动社会保险的相关工作。（蒲大同）

【徐祖远等领导莅临中远南方慰问】 2009 年 2 月 13 日，交通运输部副部长徐祖远、海南海事局党委书记邱志雄等领导到中远南方慰问。（注：徐祖远是中远南方前身海南船务企业有限公司第一任总经理）徐祖远深入企业各部门，对员工进行亲切慰问，并与该公司领导班子进行了座谈。在座谈中，徐祖远对中远南方的工作作了指示，强调船员队伍建设是航运企业安全管理的基础，必须予以高度重视，企业必须着力夯实安全管理基础，确保安全生产形势的稳定。（蒲大同）

【召开第一届董事会第十次会议】 2009 年 2 月 20 日，中远南方召开第一届董事会第十次会议。董事长徐惠兴，董事翁继强、何伟杰、谭力、邓伟荣出席了会议；监事张访苏、佟文华、顾卫东，以及广远党委书记刘书田、人力资源部/组织部总经理黎光葵、航安部总经理蔡梅江、岸产事业部财务总监池新旺、中远南方高管梁杰、周佳忠、盛开薇，顾问金永昌列席了会议。会议由徐惠兴主持。会上，总经理何伟杰就2008年工作报告及2009年工作计划向董事会作了汇报。会议审议通过了《中远南方2008年工作报告和2009年工作计划》、《中远南方2008年财务报告和2009年财务预算说明》、《关于中远南方2008年利润分配的议案》、《关于向中国银行海南省分行办理流动资金的议案》、《关于2009年船队调整及投资的议案》、《关于公司注册地变更的议案》、《关于增加供应主管岗位编制的议案》、《关于变更聘请会计师事务所的议案》、《关于变更监事的议案》。（蒲大同）

【工会委员会换届选举】 2009年2月，中远南方进行第二届工会委员会换届选举。为做好换届选举，中远南方第一届工会委员会做了大量准备工作，广泛征求工会会员意见，反复酝酿，推荐周佳忠等8名员工为中远南方第二届工会委员会主席、委员候选人，并获得广远工会的批准。2月27日，中远南方召开工会会员大会，以不记名投票方式，选举周佳忠、何观文、蒋永根、陈世德、江运兴、金兴旺、陈蕾等7人为第二届工会委员，周佳忠当选为工会主席。（蒲大同）

【深入开展学习实践科学发展观活动】 2009年3月20日，中远南方召开深入开展学习实践科学发展观动员大会，对学习实践活动进行了部署。是年，中远南方根据会议部署，把深入开展学习实践科学发展观活动，作为贯穿企业全年党建工作的一项重大政治任务，“树信心、拼效益、保稳定、促发展”作为开展活动的任务目标。重点解决三个关键问题，取得了丰硕成果。1. 解放思想，抓住机遇，进一步开拓了全球沥青专业市场。中远南方以认真负责的态度、改革创新的精神，抓住机遇，迎接挑战，解决了企业突出问题，摆脱发展障碍，开拓了发展思路。尤其在国际金融危机和航运市场寒冬的双重压力下，努力提高了化解风险、应对危机的能力，凭借安全便捷、优质高效的海上专业沥青运输服务，不断提升市场占有率。2. 强化管理，苦练内功，树立了优质品牌。中远南方加强了基础管理，苦练了内功，做到“内控机制”、“风险防范”两手抓、两促进，认真整改存在问题，牢牢抓住发展机遇，不断学习，取长补短，树立了中远南方船舶管理优质品牌。3. 以人为本，凝聚人心，打造高素质员工队伍。中远南方加强了企业领导班子建设和员工队伍建设，促进了企业发展。（蒲大同）

【召开现场视频办公会】 2009年3月20日，中远南方召开现场办公视频会议。会议由广远总经理、中远南方董事长徐惠兴主持。中远南方总经理何伟杰和班子其他成员就企业近期工作作了汇报，主要内容为：1. 全面开展了船舶安全隐患大检查，加大安全投入，大力推进“红树林”工程建设，抓好船岸员工培训，夯实安全管理基础；2. 努力开拓市场，坚持大客户战略，稳定经营效益；3. 做好老旧沥青船退役工作，调整好船队结构，在会上徐惠兴对中远南方工作给予了充分肯定，并对下一步工作提出了具体要求。（蒲大同）

【召开骨干船员座谈会】 2009年3月26

日，中远南方在广州海员学校召开“沥青板块骨干船员座谈会”。中远南方党总支书记、副总经理顾卫东，副总经理梁杰，海、机务主管、船员主管以及沥青板块船长、轮机长、大副、大管轮等25人参加了座谈会。会议就船舶管理、安全管理、企业发展等问题广泛征求船员的意见和建议。与会船员结合船舶管理实际，对船舶安全、船员教育培训“红树林”工程建设、船舶隐患排查、船员管理、机制创新、船岸沟通等方面提出了意见和建议。中远南方高度重视船员提出的意见和建议，并分别进行了整理，制定了整改落实措施。

（蒲大同）

【通过方便旗船“双证”审核】 2009年4月15~16日，中远南方接受CCS认证机构审核组对企业方便旗DOC及ISO9001质量管理体系进行再认证审核。审核组经过对中远南方管理层、办公室、安质办、航运部、安技部、财务部的管理情况进行抽样检查和取证，对中远南方安全质量管理工作和企业发展给予了充分肯定，并对检查过程中存在的问题，提出了改进意见和建议。经审核，中远南方方便旗“双证”（DOC和质量管理认证证书）均获无缺陷通过。 （蒲大同）

【广东省总工会领导莅临中远南方慰问】 2009年4月18日，广东省总工会党组成员、纪检组组长肖建葵，广东省海员工会主席卢晓露一行莅临中远南方慰问指导工作，并与企业领导班子进行了座谈。在座谈会上，中远南方总经理何伟杰、工会主席周佳忠向省总工会领导汇报了企业安全管理、生产经营和员工队伍建设等情况。省总工会领导还深入了解员工的工作和生活情况，用“安居乐业，提高素质，打造品牌，树新形象”16个字，高度概括了中远南方所取得的成绩。 （蒲大同）

【开拓中国沥青出口市场】 2009年5月6日，中远南方“洪江”轮首次在茂名港装载中石化首批国产出口的散装液态沥青，前往菲律宾BATAAN港。这是中远南方和中石化强强联合，第一次使用专业沥青船大批量运输国产出口散装液态沥青，迈出国产沥青自主品牌走出国门的第一步，从而开拓了中国沥青出口运输市场，为企业增加了经济效益。 （蒲大同）

【召开领导干部民主生活会暨述廉议廉会议】 2009年5月5日，中远南方召开领导干部民主生活会暨述廉议廉会议。广远副总经理翁继强、人力资源部/组织部总经理黎光葵参加会议并作了讲话。中远南方党总支围绕“深入学习实践科学发展观，有效应对金融危机，促进企业科学发展上水平”这一主题，召开了专题组织生活会，每个党员，特别是领导班子成员认真查找自身存在的差距和不足，提高认识，明确方向；领导班子成员深入，分析制约企业发展的主要因素和关键问题，并提出解决问题的思路和对策。此外，会议还广泛征求群众意见，进行民主评议。

这次会议以学习实践活动为契机，结合群众意见，重点研究如何在破解企业经营难题上下功夫，在科学发展上见实效，明确了企业下一步需要着重解决的主要问题；会议取得了丰硕成果，达到了预期目的。 （蒲大同）

【调整企业领导班子】 2009年5月27日，中远南方召开领导班子调整大会。中远南方部门副经理以上人员参加了会议。广远副总经理翁继强，人力资源部/组织部总经理黎光葵出席了会议。黎光葵代表广远党委宣读了有关人事任免的决定：为了加强干部交流，自6月1日起，何伟杰不再担任中远南方董事、总经理，另行安排工作；聘任蔡梅江为中远南方董事、总经理，兼任中远南方党总支副书记。翁继强代表广远党委、领导班子讲话，指出这次干部交流的重要意义，并对中远南方新一届领导班子寄予厚望。 （蒲大同）

【通过五星旗DOC年度审核】 2009年5月31日至6月2日，以海南海事局副局长吴辉为组长的安全管理体系审核组一行，对中远南方进行了五星旗DOC年度审核。审核组对中远南方安全质量管理体系文件、岸基各项安全和防污染管理活动进行全面严格的审核。审核组通过对中远南方船岸体系运行情况的全面审核，认为中远南方安全管理体系覆盖有关强制性公约、法规规定，船岸活动符合体系要求，体系运行持续有效，建议交通运输部海事局审核中心给中远南方签发五星旗DOC证书年度签注。在此期间，审核组还委托江苏海事局于5月31日对停靠在南京港的“珍珠湾”轮作为代表船进行了严格审核，并给予该轮“体系运行正常有效”的评价。

（蒲大同）

【举行船岸联合应急演习】 2009年6月16日，广远、中远南方、“亚龙湾”轮举行船岸联合应急演习。通过演习，提高了船岸在船舶发生火灾情况下的应急反应能力，验证了船岸联系、企业与上级主管部门和对外部救助机构联系是否畅通，使船舶和岸基进一步熟悉应急反应程序，以保证船舶及人员的安全。此次演习得到广远的高度重视和大力支持，使演习顺利进行，收到良好效果。 （蒲大同）

【徐惠兴到中远南方现场办公】 2009年6月30日，广远总经理、中远南方董事长徐惠兴带领广远有关职能部门负责人到中远南方现场办公。在办公会上，徐惠兴通报了上半年广远的经营生产情况，对中远南方上半年工作及取得的成绩给予了充分肯定，并对中远南方下一步的工作提出了具体要求。 （蒲大同）

【“安全生产月”活动】 2009年6月，中远南方根据中远集团和广远统一部署，结合企业安全生产工作任务和季节性安全工作特点，船岸紧紧围绕“关爱生命，安全发展”主题，积极开展“安全生产月”活动，取得了良好的效果。在活动中，“木兰湾”、“洪江”轮表现突出，各项安全工作落实，被广远评为2009年“安全生产月”活动优秀船舶。 （蒲大同）

【召开第一届董事会第十一次会议】 2009

年7月17日，中远南方召开第一届董事会第十一次会议。董事长徐惠兴，董事翁继强、蔡梅江、谭力、邓伟荣参加了会议；监事张访苏、佟文华、顾卫东，以及广远人力资源部/组织部总经理黎光葵、航安部总经理助理周维民、发展部总经理助理张庆华，中远南方副总经理梁杰、财务总监盛开薇列席了会议。会议由徐惠兴主持。会上，中远南方总经理蔡梅江就2009年工作报告及2010年工作计划向董事会作了汇报。会议审议通过了《中远南方2008年上半年工作报告和下半年工作计划》、《中远南方2008年上半年财务报告及财务预算报告》、《关于增加岗位编制的议案》、《处置海口东方洋三栋别墅的议案》；审议并原则同意《关于改造一艘化学品船为12000吨级沥青船的议案》，审议《关于巴拿马旗船舶利用香港平台操作的议案》、《关于境外船舶经营管理模式的议案》、《关于变更巴拿马船籍为香港船籍的议案》。 （蒲大同）

【与中石化上海销售分公司签订战略合作协议】 2009年8月7日，中远南方在上海与中石化上海沥青销售分公司举行《散装液体沥青海上运输战略合作协议》签约仪式。广远副总经理翁继强，中远南方总经理蔡梅江，党总支书记、副总经理顾卫东及相关人员参加了签约仪式。双方一致认为，发挥双方在沥青运输、沥青贸易领域的专业优势，本着互惠互利、合作共赢的原则，进一步加强合作，对促进双方事业的更大发展有着重要的意义。（蒲大同）

【企业领导出访欧洲】 2009年7月22~31日，广远总经理、中远南方董事长徐惠兴，中远南方总经理蔡梅江、航运部副经理陈学江和香港天星公司总经理刘贤蒙，出访德国、希腊、意大利等国家。出访期间，徐惠兴等拜访了中远欧洲公司、ARS经纪公司、中远希腊公司、ASPHALTOS（希腊）、中远意大利公司、ENI公司（意大利）、Valexa oil，Ltd（黑海地区）等企业。通过出访，企业领导加深对欧洲市场，特别是对地中海、北非、西非市场的了解，进一步了解欧洲市场对沥青专用船在船型、多用途、硫黄船、煤焦油船等方面的需求趋势，有利于中远南方未来船队结构调整以及运力的市场布局定位，以及提高欧洲市场占有率和经营效益。 （蒲大同）

【举行“平海湾”轮交船暨命名仪式】 2009年8月12日，中远南方5900载重吨沥青船3号船交船暨命名仪式在广州中船黄埔造船有限公司隆重举行。广远副总经理翁继强，中远南方总经理蔡梅江，党总支书记、副总经理顾卫东，副总经理梁杰，中国船舶工业贸易公司经理陈建国、广州中船黄埔造船有限公司董事长陈妙根参加了命名仪式。翁继强在仪式上致辞。蔡梅江与陈建国、陈妙根在交接船合同文本上签字。广远许志娟在仪式上宣布中远南方5900DWT沥青船3号船命名为“平海湾”轮。是日，该轮在广州中船黄埔造船有限公司龙穴厂区进行实体交接，由中远南方接船并正式投入营运。 （蒲大同）

【与SHELL续签“木兰湾”轮期租合同】 2009年9月7日，SHELL公司沥青供应全球管理总经理MR.JOS WAN DER WERFF及亚太地区总经理MR. LOH DAN WEE来访，与中远南方举行了“木兰湾”轮续租合同签字仪式。双方就未来合作进行了广泛交流，对在亚太市场双方进一步进行了COA洽谈，对欧美区域市场探讨了拓展合作形式，对未来液体硫黄运输方面进行了合作探讨，对上述问题达成了共识。双方还就与SHELL亚洲区域公司签订战略合作关系协议事宜进行了正式磋商。（蒲大同）

【广远工会领导到中远南方慰问】 2009年9月22日，时逢国庆、中秋双节前夕，广远工会副主席符雄，代表广远工会主席马宗梅到中远南方向在海南工作的全体职工表示节日慰问，并与中远南方全体工会委员进行了座谈。座谈会上，中远南方工会主席周佳忠向符雄汇报了2009年中远南方工会工作情况。符雄肯定了中远南方工会的工作成绩，并代表广远工会对中远南方第二届工会委员会的努力工作表示感谢。（蒲大同）

【广远领导慰问“平海湾”轮】 2009年9月27日，广远副总经理翁继强一行3人对停靠在广东新会港的“平海湾”轮进行中秋节、国庆节慰问和安全检查。翁继强代表广远领导班子向中远南方全体员工致以亲切的慰问，并检查了船舶机舱，详细了解船舶设备出厂后的使用情况、存在问题和保修工作进展等；检查了驾驶台、生活区，并询问船舶的操纵性能及船舶航速耗油等；“平海湾”轮船长向翁继强等汇报了船员培训、安全操作、安全管理等情况。翁继强对“平海湾”轮在短短的一个半月时间里做了大量有效的工作，使船舶有了较好的船风船貌，安全生产形势稳定，顺利通过油码头、PSG、巴拿马船旗国、SHELL油公司等检查表示满意，并对“平海湾”轮今后的工作提出了要求。（蒲大同）

【广远职代会巡视组到中远南方巡视检查】 2009年11月2日，以广远人力资源部/组织部总经理黎光葵为组长的广远职代会巡视组一行7人到中远南方开展巡视检查工作。巡视组采取小组会议、与职工代表个别交谈等形式，对中远南方落实职代会提案、全心全意依靠职工办企业和维护职工合法权益等情况进行了检查。中远南方工会主席周佳忠向巡视组汇报了依靠职工办企业，保障职工合法权益，维护企业稳定，推动企业发展的基本情况；在安全管理上创新理念，提升品牌，与大型油公司管理标准对标的情况；在经营上，降本增效、控制风险，着力维护和开拓欧美高端市场的情况；在企业和谐上以人为本，注重细节、沟通协调，着力完善体制、机制，消除矛盾等情况。黎光葵代表巡视组对中远南方的工作表示满意，并就中远南方提出的人员补充交流问题、船员队伍建设问题、资金支持问题给予答复。（蒲大同）

【ASPHALTOS TRADING S.A.来访】 2009年11月12日，ASPHALTOS总裁CHRISTOPHER TUDGE和KONSTANTINO SPLOUSIOS拜访中远南方。双方正式确认了“月亮湾”轮的续租并恢复原租金水平；双方确认由中远南方改造一艘新的万吨级沥青船以较高的租金水平出租给ASPHALTOS，租期2年。中远南方与ASPHALTOS的合作将进一步扩大中远南方在欧洲的沥青运输市场份额，稳定企业经营收益。（蒲大同）

【RICHMOND来访】 2009年11月13日，RICHMOND萨尔曼、Capt.Pinto及中方代表拜访中远南方。双方就合作中出现的问题及未来合作方向进行了沟通和协调，并达成了共识。双方认为以较稳定的运价及双方相互配合维护并共同扩大市场；双方一致同意在油价浮动范围内，未来几个月中国出口印度东岸运价将稳定在一定水平，并在印度、波斯湾、澳洲市场进行合作。（蒲大同）

【SARGEANT MARINE INC.来访】 2009年11月22~24日，SARGEANT MARINE INC.一行4人拜访中远南方。双方正式签署“安海湾”轮期租协议，计划2010年2月份将该轮投放地中海市场；双方同意提高“亚龙湾”轮租金水平，直到原合同期满为止；双方还就由中远南方改造万吨级船由其承租的可行性，与其合作成立办事处，更好服务美洲地区市场的可行性进行了协商；此外，双方还在其它液货运输领域进行合作及管理其自有船舶的可行性方面进行了探讨。（蒲大同）

【“安海湾”轮投入营运】 2009年11月16日，5900载重吨新造沥青船“安海湾”轮正式投入营运。首航执行宁波至曼谷的散装沥青出口运输任务。这是中远南方在广州中船黄埔造船有限公司定造的第4艘5900载重吨沥青船，该轮与前6艘新造沥青船在设备配置上有新突破，增加了侧推及轴带发电机等设备，进一步提升了船舶的操控性能和船舶安全性能，同时具有新一代沥青船舶的节能优势。（蒲大同）

【企业领导出访美洲】 2009年12月1~11日，广远副总经理翁继强与中远南方总经理蔡梅江出访美国、巴拿马两国，拜访了中远美洲公司、中远巴拿马公司、SHELL美洲公司总部、Exxon Mobil（埃克森美孚）美国总部及巴拿马运河管理局。通过拜访，加深了对美洲市场特别是对沥青专用船需求情况的了解，同时进一步了解了半潜船、重吊船、多用途船和木材船在美洲地区的运营和市场需求情况。（蒲大同）

【举行企业注册地迁址揭牌仪式】 2009年12月19日，中远南方在海口市举行“中远南方注册地迁入洋浦经济开发区保税港区揭牌仪式”，广远总经理、中远南方董事长徐惠兴、党委书记刘书田，洋浦经济开发区管理局党委书记丁尚清、局长倪强，洋浦经济开发区有关单位领导，中远南方领导班子成员及各部门经理、副经理参加了揭牌仪式。在仪式上，洋浦经济开发区领导介绍了其发展战略和大型企业、项目进驻情况，希望在更多领域与广远所属企业合作；刘书田、倪强分别致辞；徐惠兴、丁尚清为中远南方揭牌。中远南方根据董事会决议，为最大限度争取有利于企业发展的优惠政策和纳税环境，将中远南方注册地由三亚市迁至洋浦经济开发区保税港区。（蒲大同）

【“星海湾”轮建成投入营运】 2009年12月28日，中远南方“星海湾”轮接船仪式在广州中船黄埔造船有限公司隆重举行，并于当天在广州黄埔船厂龙穴厂区试航码头进行实体交接，由中远南方接船并正式投入营运。这是中远南方在广州中船黄埔造船有限公司建造的第5艘5900载重吨的散装沥青船。至此，中远南方沥青船队圆满完成五年发展规划，实现了跨越式发展。（蒲大同）

第四节 天星船务有限公司

【天星船务有限公司简介】 天星船务有限公司（以下简称“天星公司”）是广远全资子公司，于1985年10月8日在香港成立。天星公司注册资本100万港元，以船舶经营管理人身份从事海上货物运输业务。该公司成立初期拥有“织女星”、“牛郎星”轮。1988年8月，购入“玉衡星”轮多用途杂货船。1993年，出售“玉衡星”轮。1995年，天星公司为进一步拓展营运业务，扩大船队规模，增强市场竞争力，购入“富裕星”轮。2004年6月，出售“织女星”轮。2008年2~3月购入“天王星”、“海王星”轮。5月，出售“牛郎星”轮。至此，天星公司成功进行了船舶资产置换，优化了船队船型和结构，提高了市场竞争力。

2009年，天星公司拥有“富裕星”、天王星”、“海王星”轮3艘船舶，总载重吨为35191吨。

天星公司下设航运部、财务部。

天星公司设董事会。时任董事长徐惠兴，董事谭力、刘贤蒙，时任总经理刘贤蒙，副总经理胡冠雄，财务总监陈小华。员工8人。（林海霞 刘贤蒙）

【天星船务工作概况】 2009年，天星公司全体船岸员工在广远和董事会的正确领导下，面对十分艰难的航运市场环境，努力拼搏，不断实践“创新经营”和“精益管理”理念，取得了较好的经营效益，企业稳步发展，航运维持盈利。是年，天星公司运费回收率100%，资金回收率100%，企业经营管理、资金管理和投资管理均达标。（林海霞 刘贤蒙）

【安全工作概况】 2009年，天星公司坚持“安全第一、预防为主、综合治理”的方针，与代管船舶安全的中远航运密切配合，狠抓安全管理，加强季节性安全、货运安全，特别是重大件货运安全和防海盗等安全工作；为了增强船舶安全管理的力量，天星公司增设了机务顾问岗位。是年，天星公司3艘自有船接受PSC检查9艘次。其中，4艘次是在公认检查较为严格的欧洲港口，均无重大缺陷，多次获得无缺陷通过；向24个作业港口派出港口船长，对货物装卸进行全过程监控；14艘次船舶安全通过海盗活动频繁的亚丁湾、索马里海域。是年，天星公司安全生产情况基本平稳，没有发生上等级的海损、污染和人身伤亡事故。（林海霞 刘贤蒙）

【坚持大客户战略，抓好自有船经营】 2009年，天星公司自始至终将自有船的经营视为重中之重。坚持大客户战略，为自有船提供稳定、高价位货。自有船经营由于众多的客观原因，虽未能盈利，但基本上达到预期目标。全年3艘自有船共完成15个航次，完成货运量10.85万吨、周转量7.51亿吨海里，实现经营收入1390万美元。（林海霞 刘贤蒙）

【徐惠兴带队拜访客户】 2009年7月，广远总经理、天星公司董事长徐惠兴带队

前往德国和意大利拜访货代、经纪和港口代理，认真听取对方意见和建议，深入了解对方之所需，密切相互关系。8 月，徐惠兴带队前往云南省昆明市拜访货主，并与对方签下战略合作协议。天星公司董事长出面拜访客户，令客户深感天星公司的真情实意，愿意加强双方合作，从而加强了与大客户的沟通，巩固和发展了双方的合作关系。（林海霞　刘贤蒙）

【谨慎开展租入船经营业务】　2009 年，天星公司在自有船难以获得盈利的情况下，采取了“高有高做，低有低做”的经营策略，谨慎地开展租入船经营业务。是年，天星公司全年租入船舶 20 艘次，完成 25 个航次，在自有船收入和效益大幅下滑的情况下，租入船业务在利润方面有效地弥补了自有船的亏损，在收入方面基本上赶上了自有船的经营收入，完成了年初制订的工作目标。（林海霞　刘贤蒙）

【实践创新经营，提高经营收入】　2009 年，天星公司运用“超限战”思维，拓宽思路，创新经营，在多个航次上取得了较好成效。例如：“天王星”轮第 9 航次、“海王星”轮第 8 航次、“富裕星”轮第 82 和 87 航次都取得了较好的成绩。

（林海霞　刘贤蒙）

【减少船舶在港停时】　2009年，天星公司以降低船舶在港停时为重点，狠抓船期，降低成本。为了降低船舶在港停时，全年派出业务人员和港口船长前往 24 个装卸港进行疏港，同时加强与港口办事处和代理的协调和沟通。是年，天星公司船舶平均在港停时为 3.013 天/港，比 2008 年的 3.605 天/港减少 0.592 天，下降 16.42%。

（林海霞　刘贤蒙）

【控制固定费用支出】　2009 年，天星公司强化成本预算管理，将各项成本费用进行细分，与管理公司的有关人员加强沟通，严格控制成本支出；按预算和计划落实各项成本费用控制措施，有效地抑制了成本的上升。如在航次费用方面，坚持按业务流程严控各项港口使费支出，合理、科学安排燃油添加，使相关费用受到有效控制。

（林海霞　刘贤蒙）

【理顺企业架构】　2009 年，天星公司为了理顺企业架构，在广远和相关职能部门的指导和大力支持下，处置了空壳公司——新贸航业有限公司（以下简称“新贸公司”）。根据广远发展部对转让新贸公司的有关要求，天星公司先豁免新贸公司的全部债务，使其空壳化，以象征性价格 1 元出售给中远（香港）置业有限公司。新贸公司的清理，进一步理顺了天星公司架构，节约了管理成本，使天星公司更专于航运主业的经营。（林海霞　刘贤蒙）

【完善规章制度，防控各项风险】　2009 年，天星公司持续努力完善财务、投资和资金管理制度，优化管理和业务流程，有效地做好了财务风险、市场风险、成本风险、投资风险、法律风险和安全风险的控制工作，确保了资金安全，没有发生法律纠纷。（林海霞　刘贤蒙）

【加强员工培训】　2009 年，天星公司聘请了 1 名机务顾问，新招 2 名员工，企业员工人数增加到 12 人（包括机务顾问和港口船长），并且加强了对员工的培训，从而有效地缓解了企业日益增加的业务量带来的工作压力，提高了企业的管理水平。

（林海霞　刘贤蒙）

【财务工作概况】　2009年，天星公司财务部主要完成以下工作：进一步清理历史上财务存在的问题，夯实企业财务基础，按时完成快报、年度决算报表；进一步加强资金管理，推进有限度网银工作，实现对资金的监控，确保资金管理安全；做好资金计划，保证还本付息及正常生产经营所需资金；逐步推进集中支付，降低财务成本；按照广远监督部/审计部要求，及时调整隔夜定存计划；进一步搭建广远海外账务处理平台，统一会计政策，统一管理会计基础要素，做好账务处理；进一步理顺企业框架，有效规避风险；妥善处置新贸公司；成立12家香港公司，对应收购了12家巴拿马公司资产，有效防范了税务风险。（林海霞　刘贤蒙）

第五节　广东省远洋运输有限公司

【广东省远洋运输有限公司简介】　广东省远洋运输有限公司（以下简称“省远洋”）1995年1月26日成立。10月15日，在广州经济技术开发区创业路普晖11街8号挂牌正式开业。省远洋是在广东省经贸委的倡导下，由广远、广东省电力集团公司（现今的广东省粤电集团有限公司）和香港鹏业国际有限公司（2007年8月30日全部股权转让给香港天星船务公司）、超康投资有限公司合资组建的中外合资的地方远洋运输公司，是广东省属第一家远洋运输企业。省远洋成立的宗旨是利用广东省沿海开放地区政策上的优势和广远人、财、物的实力，发展广东省远洋运输事业。

省远洋主要经营国际海上运输，承运广东省进口电煤及其他货物，仓储及船舶代理，并经营广东省沿海电厂的部分国内煤炭运输业务。

省远洋设董事会、监事会。董事长由广东省粤电集团有限公司副总经理高仕强出任，副董事长由广远党委书记刘书田出任。广远方董事有邓伟荣、李伟（1~5月）、赵寿春（6~12月）；粤电方董事陆结红和何茂贞，超康投资有限公司方董事何建时（1~10月）、汪辉（10~12月），天星公司方董事翁继强。监事会由所春阁（代表广远）、钟庆增（代表广东省粤电集团有限公司）和刘润其（省远洋职工代表）组成。

省远洋下设业务部、安技部、财务部、综合部。

时任总经理李伟（1~5月）、赵寿春（6~12月），副总经理何茂贞。员工15人。

（尹穗生）

【省远洋工作概况】　2009年，省远洋强化安全生产意识，坚持安全发展的原则，全方位抓安全促效益。船舶主要是从中国北方港口装载电煤回广东沿海电厂卸载。省远洋根据南北航线台风多、渔船密集、冬季寒潮大风威胁大、雾季时间长等特点，精心制定和落实防台、防碰撞措施和冬防、

雾航措施，保证船舶安全航行；督促船舶抓好设备的维修保养，保证船舶处于良好适航状态；上船检查、布置、落实船舶安全航行的各项工作，防患于未然。是年，省远洋由于思想重视，措施得当，工作细致，管理到位，在船舶运输生产中，没有发生任何事故，被广远评为“安全生产先进单位”，“毓骐海”轮被广远评为先进外派集体。

省远洋在抓船舶安全生产的同时，采取各种有效手段，做好船舶降本增效工作。发动船岸员工，把精益管理运用到船舶生产经营的各个环节，节能减排，实施经济航速，降低油耗；严格把好船舶备件、物料的申请、采购关，控制成本支出；鼓励船员扩大自修，减少修理费用；在天气、港口条件允许的情况下，支持船长自引自靠，节省引水费；想方设法增加载货量，降低非生产停时，加快船舶周转；紧密关注燃油价位，利用中远和中燃网上报价平台，对多家供油商询价，看准时机定舱，降低燃油成本；选择信誉、服务好，收费合理的港口代理，节约港口使费。是年，省远洋采取各种措施，降本增效工作取得良好成绩。

省远洋2008年与广州中船黄埔造船股份有限公司签订了新造2艘7.6万吨散货船的合同。2009年，由于航运市场极度低迷，造船市场的价格也大幅下滑。而这2艘船是在市场最高位时被批准建造的。此时如果仍然按照原先签订的合同建造和支付船款，企业将面临巨大的资金压力。省远洋为了企业的根本利益，在广远和中远的支持下，与广州中船黄埔造船股份有限公司就2艘新造船合同进行了多次谈判，虽然要求降低造价不果，但最终获得船厂承诺先付20%的船款，待船舶建好交付使用时再付余下80%船款，为企业节省了建造期的贷款利息。

2009年，国内外航运市场低迷，运力过剩，运价继续在低位徘徊，不少航运企业亏损。省远洋在各股东方的大力支持下，依托电煤货源相对稳定和运价比市场稍高的优势，坚持以电煤运输为主，并加强装、卸港的疏港工作，重点抓船期，提高船舶周转率，保证了效益不至于有太大的下滑。是年，省远洋船舶运输共完成26个航次，货运量161万吨，与2008年相比基本持平，超额70.46%完成董事会下达的年度利润指标。 （尹穗生）

【召开第七届董事会第五次会议】 2009年3月13日，省远洋召开第七届董事会第五次会议。董事长高仕强、副董事长刘书田，董事翁继强、邓伟荣、李伟、何建时、陆结红、何茂贞和董事会秘书张弛出席了会议。会议由高仕强主持。会议审议并通过了《二〇〇八年工作报告》、《二〇〇八年财务决算报告》、《二〇〇九年财务预算报告》，对在财务决算报告中提出的2008年利润分配的建议将以董事会的利润分配决议为准。董事会肯定了经营班子2008年的工作，认为企业的生产经营是卓有成效的。董事会同意薪酬委员会对2008年度经营者年薪协商达成的结果，同意薪酬委员会对2008年度员工工效挂钩工资总额协商达成的结果；董事会原则上通过了《关于省远洋二〇〇八年度员工工效挂钩工资总额的议案》、《关于二〇〇九年度〈经营负责人经营业绩考核责任书〉和〈员工工资总额工效挂钩考核办法〉的议案》，确定2009年度《经营负责人经营业绩考核责任书》和《员工工资总额工效挂钩考核办法》。根据《公司章程》的规定，经股东的推荐以及董事长的提名，第七届董事会从3月27日起，继续聘请李伟担任省远洋总经理，任期2年；继续聘请何茂贞担任省远洋副总经理，任期2年；继续聘请何茂贞担任省远洋财务负责人，任期2年。

（尹穗生）

【召开2009年第一次股东会】 2009年3月13日，省远洋召开2009年股东会第一次会议。股东广远授权刘书田作为其代理人参加会议，行使表决权。股东广东省粤电集团有限公司授权高仕强作为其代理人参加会议，行使表决权；天星公司授权翁继强作为其代理人参加会议，行使表决权；股东超康投资有限公司授权黄志生作为其代理人参加会议，行使表决权；会议由董事长高仕强主持。股东会原则通过了省远洋《二〇〇八年财务决算报告》和《二〇〇九年财务预算报告》。（尹穗生）

【调整企业领导】 2009年5月24日，省远洋股东会根据股东广远《关于推荐广东省远洋运输有限公司董事、总经理的函》的建议及《公司章程》的有关规定，一致同意股东广远改派赵寿春出任省远洋董事，任期与本届董事会一致；因工作需要，李伟不再担任省远洋董事和总经理。董事会根据《公司章程》的规定和股东广远的推荐以及董事长提名做出决议：聘任赵寿春为省远洋总经理，任期与本届经营班子一致。（尹穗生）

【召开第二次股东会】 2009年10月13日，省远洋召开股东会第二次会议。股东广远授权刘书田作为其代理人参加会议，行使表决权；股东广东省粤电集团有限公司授权高仕强作为其代理人参加会议，行使表决权；天星公司授权刘书田作为其代理人参加会议，行使表决权；股东超康投资有限公司授权严少杰作为其代理人参加会议，行使表决权；会议由董事长高仕强主持。股东会同意股东超康投资有限公司改派汪辉代表该公司出任省远洋董事，任期与本届董事会一致；股东会同意何建时因工作需要，不再担任省远洋董事。股东会决定省远洋开展购置二手船的前期调研工作，待时机成熟再议；决定2008年度可分配利润先分配50%，余下部分由股东再行研究决定。股东会原则同意股东广远将持有的省远洋33.33%股权划拨给广州远洋投资管理公司，同意天星公司持有的省远洋16.67%股权一并转让给广州远洋投资管理公司。（尹穗生）

【召开第七届董事会第六次会议】 2009年10月13日，省远洋召开第七届董事会第六次会议。董事长高仕强，副董事长刘书田，董事赵寿春、邓伟荣、陆结红、汪辉、何茂贞和董事会秘书张弛出席了会议。会议由高仕强主持，董事翁继强未能参加会议，委托刘书田为其代理人，代表其对董事会的议案行使权力。会议审议并通过了《二〇〇九年一至九月工作报告》和《二〇〇九年一至九月财务报告》；董事会决定先分配50%的2008年度可分配利润，余下的部分由股东再行研究决定；决定开展购置二手船的前期调研工作，待时机成熟再议；决定将2009年的净资产收益率指标和货运量完成指标进行调整。此外，董事会同意继续聘请中瑞岳华会计师事务所

有限责任公司进行年度财务决算审计。

（尹穗生）

【召开第一届第二次监事会】 2009年10月13日，省远洋召开第一届监事会第二次会议。监事所春阁、钟庆增、刘润其出席了本次会议。会议由所春阁主持。会议审议和通过了七届六次董事会的议案和工作流程。（尹穗生）

【举行新造船开工仪式】 2009年10月28日，省远洋新造76000吨巴拿马型散货船的建造开工仪式在广州中船黄埔造船有限公司龙穴厂区举行。至此，省远洋新造船项目正式进入了实施阶段。（尹穗生）

【“河北团结”轮3年租约期满】 2009年11月11日，省远洋租入的“河北团结”轮3年合同期满，在完成最后航次卸货后，在黄埔港西基码头进行还船交接。通过3年期租“河北团结”轮，为省远洋创造了可观的经济效益。（尹穗生）

【业务部简介】 业务部是省远洋航运业务的主管部门。主要职责是负责企业运输生产计划的实施和船舶营运的管理；负责船舶的调度指挥，合理安排航线和货载，洽谈揽货或租船业务，测算经济效益，签订运输合同；负责制定航次计划，向船舶布置航次任务；负责指导船舶合理配载，提高船舶载重利用率；负责船舶跟踪管理，准确掌握船舶动态；负责与港口、货主和代理的沟通联系，快装快卸，缩短船舶在港停时，提高船舶周转；负责选择加油港和决定加油量，努力降低燃油费用，航次结束后作出书面效益结算；负责船舶现场管理，掌握船舶货运设备状况，抓好船舶安全生产；负责办理船舶保险和货物理赔；负责计收运费、租金和速遣、滞期费，向货主或租家催收运费或租金；负责审核船舶的港口使费及有关劳务费用；负责收集航运信息，掌握航运市场动态，为企业领导科学决策提供有效依据。时任经理陈鸿。员工2人。（尹穗生）

【业务部工作概况】 2009年，业务部在国际国内航运市场低迷，各项船舶管理费用不断上升的情况下，通过加强对船舶的跟踪、管理，严格控制燃油费用和港口使费支出，加强与有关方面的沟通、协调，加大疏港力度，减少抛锚等泊时间，努力把船期损失降至最低限度。是年，省远洋由于措施得当，保证了租船盈利。

（尹穗生）

【安技部简介】 安技部是省远洋安全和海务、机务工作的主管部门。主要职责是负责执行企业的安全、环保方针，确保安全管理体系有效运行和对船舶实施海务、机务监督管理。时任经理林少衡（兼管海务），副经理郭立新（兼管机务）。员工4人。（尹穗生）

【安技部工作概况】 2009年，安技部坚持“安全第一，预防为主、综合治理”的方针，制定了省远洋2009年安全工作计划。是年，安技部主要工作有：加强对安全管理体系的监控，提高运行质量；根据有关公约、法规的变化，内外审和体系运行中所收集到的情况，进一步充实和完善体系的相关内容，提高体系的符合性、有效性和可操作性；指定人员定期、不定期上船了解岸基对船舶的支持情况，船舶不符合规定的整改情况，船员培训和船舶管理、维护、操作情况等，通过监控，确保安全管理体系有效运行并持续改进；做好环境保护和防污染工作，加强对船员防污染知识的培训和对船舶防污染的管理，对船舶的防污染设备重点检查，保证防污染设备100%良好；严格执行《老龄船管理办法》，加强跟踪管理，掌握船舶实际情况，指导船舶做好各项自查和整改工作，发现问题及时解决，保证船舶不带缺陷开航；船舶均无缺陷通过海事局和中远督导组检查，通过CCS保证书换证；抓好船舶季节性安全工作，雾季对雾航船舶实施跟踪指导，督促船舶严格执行雾航安全制度，确保雾航安全；成功指挥船舶避开了3号台风“莲花”和8号台风“莫拉克”的威胁，防、避台风成功率达100%；积极开展“安全生产月”活动，大力推进“红树林”工程，积极开展船员培训，提高船员全面素质；按照《船舶保安计划》进行防海盗应急训练，不断提高船员的应急反应能力。是年，省远洋没有发生海损、机损、污染、滞留等事故，保持了安全生产的稳定局面。

（尹穗生）

【财务部简介】 财务部是省远洋核算生产经营成本和对资金进行管理的主管部门。主要职责是负责筹措经营资金，参与企业经营决策；编制财务计划，做好资金的回收和管理工作，提高资金使用率；定期进行经济分析，对存在问题提出解决办法和建议；负责成本管理，想方设法降低成本、节省开支，增加企业盈利；做好财务基础工作，建立健全财务管理制度，严格执行财经纪律，实行财务监督。时任经理徐锡芳。员工2人。 （尹穗生）

【财务部工作概况】 2009年，财务部认真贯彻落实《企业会计准则》，严格遵守财经纪律、法规和省远洋制定的财务管理的各项规章制度，加强财务管理，抓好成本控制，严格审核单据，及时发现财务管理上的漏洞；控制预算成本，在每季度一次的经济分析会上，将每一项的收入、成本、费用支出进行分析对比，将各种成本费用控制在预算指标之内；积极参与企业重大投资决策，通过与广州中船黄埔造船股份有限公司多次谈判，取得了在该公司建造的2号船无限期延迟建造，1号船的2至4期付款时间推迟到接船时一次性付款的结果；与中国银行广东省分行签署了1号船的贷款合同，并争取到在贷款利率上给予最优惠待遇，节约了船舶建造成本；完成了国家税务总局及中远集团2005~2008年度的税务自查工作，并补缴了企业所得税及个人所得税，有效地防范了税务风险的发生；完成了广远3次评估、审计工作，并根据广远财金部的意见，就省远洋股权结构改变后税收优惠政策是否产生影响，咨询了有关职能部门，并将得到的信息反馈给广远财金部。 （尹穗生）

【综合部简介】 综合部是省远洋行政事务的主管部门。主要职责是负责企业的人事、劳资、船员管理等行政事务和后勤工作。时任经理张弛、副经理刘润其。员工5人。

（尹穗生）

【综合部工作概况】 2009年，综合部加大管理力度，做好降本节支工作，严格将行政费用控制在年度计划之内；完成企业

各种证、照的年度检验和换领新证的工作；以省远洋现办公地址注册成立了广州分公司，作为省远洋在广州的经营场所，解决了省远洋在广州经济技术开发区登记却在广州办公，而产生注册地址与经营住所不符的问题，避免了被工商部门查处的风险；在不违反财经纪律的情况下，企业与员工分享企业发展的成果，增加了员工的多项福利待遇和收入；协调财务部做好新造船建造合同和造船贷款合同的股东方审核工作，以及报董事会审议和授权工作，保证了第一艘新造船项目的顺利开展；购置了全套的电脑网络设备，租用电信光纤专线联通广远，使上网速度、邮件传递和OA系统的运行得到改善，提高了工作效率；组织好一年两次的董事会和股东会，根据股东会决议的要求，完成了有关股东和股权变更手续；按时完成中远集团、广远和粤电集团有限公司两大股东及政府有关部门要求报送的各种报表和汇报材料，完成了省远洋2008年年鉴的撰写；与中远航运密切合作，严格把关，确保所租用的船员身体状况好，业务水平高，安全意识和工作责任心强，为船舶实现安全生产提供了可靠保证。　　　　（尹穗生）

第六节　中远鞍钢航运有限责任公司

【中远鞍钢航运有限责任公司简介】　中远鞍钢航运有限责任公司（以下简称“中鞍航运”）是中远集团所属的广远与鞍钢集团所属的国际经济贸易公司各出资50%，于2004年6月6日在大连组建成立的合资合营公司。该公司注册地址为辽宁省大连市保税区中轻大厦5楼619C；经营地址为辽宁省大连市中山区人民路23号虹源大厦9楼903~907室。

中鞍航运是以经营鞍钢主副产品及原材料内外贸运输为主，并兼营其他物流运输业务的综合性物流企业。中鞍航运的经营宗旨是立足航运主业，开拓以海运为主的围绕钢铁制造业发展的物流产业，坚持与国内外贸易紧密结合的经营战略，增强企业在海运市场的竞争能力，使股东双方获得持续稳定增长的投资回报。

中鞍航运的经营范围为国际远洋货物运输和国内沿海货物运输、船舶租赁及水路货运代理业务等项目。该公司拥有鞍钢集团与中远集团在人、财、物方面的资源优势，为海内外客户提供安全、优质、经济、高效的内外贸运输服务。2009年，中鞍航运注册资金5000万元，拥有“鞍山”、“水城”轮2艘杂货船，总载重吨29351吨。

中鞍航运下设综合部、船技部、业务部、财务部。

中鞍航运设股东会、董事会和经营管理机构。股东会是企业的最高权力机构，董事会对股东会负责。中鞍航运实行董事会领导下的总经理负责制。时任董事长王恒，副董事长刘书田，董事翁继强、李东伟、刘凯、邱波（1~5月）、何伟杰（6~12月）。时任总经理邱波（1~5月）、何伟杰（6~12月），副总经理李曙光、周斌（1~3

月）。员工 13 人。 （黄成好）

【中鞍航运工作概况】 2009 年，中鞍航运在中远集团、鞍钢集团两大集团以及董事会的正确领导下，在《中远集团——鞍钢集团更紧密战略合作备忘录》的总体框架下，紧紧围绕董事会制定的发展战略，在国际金融危机造成对实体经济特别是国际贸易和航运业的巨大冲击的恶劣经营环境下，经过全体船岸员工同心同德，奋力拼搏，较好地完成了各项经营指标和安全质量管理目标，为构建中远——鞍钢战略合作平台发挥了重要作用。

中鞍航运在航运经营上，主要经营鲅鱼圈至黄埔、鲅鱼圈至上海、大连至上海 3 条航线的鞍钢钢材产品运输。是年，完成货运量 233 万吨，与 2008 年同比增长 72.63%。在安全质量管理上，始终坚持“以人为本”、“安全第一、预防为主、综合治理”和“以诚取信、优质服务”的原则，认真实践“安全就是生命，安全就是效益”的安全管理理念，全面履行 ISM 规则和 ISO9001：2000 标准，运行安全质量管理体系，全面落实安全责任制，不断推进安全质量管理长效机制和企业安全文化建设。全年未发生上等级的安全责任事故，安全面达 100%，防台成功率达 100%，PSC/NSC 检查通过率达 100%；货物运输无货损货差及货物索赔和顾客投诉发生，安全质量管理工作成绩显著。 （黄成好）

【召开第三届董事会第一次会议】 2009 年 1 月 7 日，中鞍航运召开第三届董事会第一次会议。董事长王恒，董事刘书田、李东伟、翁继强、刘凯、邱波出席了会议。会议由王恒主持。会议审议并通过了《中远鞍钢航运有限责任公司 2008 年度工作总结》、《关于抓住市场调整机遇适时扩张公司运力的建议》、《中远鞍钢航运有限责任公司 2009 年度财务预算报告》等议案。

（黄成好）

【企业管理人员变更】 2009 年 3 月，中鞍航运原副总经理兼财务部经理周斌因工作变动不再担任相关职务，由鞍钢国贸股东方赵艳波接任财务部经理职务。6 月，原董事、总经理邱波因工作变动不再担任总经理职务，由广远股东方何伟杰接任董事、总经理一职。此决议经董事会成员一致通过。 （黄成好）

【安全质量管理体系外审获得通过】 2009 年 2 月，交通运输部海事局对中鞍航运安全质量管理体系的运行情况进行第 4 次年度审核。审核结果表明，中鞍航运安全质量管理体系符合 ISM 规则的要求，体系运行基本有效，交通运输部海事局对中鞍航运 DOC 证书做了年度审核签注。

（黄成好）

【徐惠兴到中鞍航运现场办公】 2009 年 3 月，广远总经理徐惠兴率领有关职能部门人员到中鞍航运进行现场调研，并召开现场办公会。会上，中鞍航运总经理邱波汇报了企业经营管理、船队调整、安全生产等情况。广远各职能部门围绕中鞍航运的经营管理和发展方向进行了分析，并提出了具体意见和建议。徐惠兴在肯定中鞍航运所取得成绩的同时，也指出了不足，对该企业经营、管理、降本增效等工作，以及船队结构调整和发展思路等问题作了指示。 （黄成好）

【安全质量管理体系改版】 2009年，中鞍航运根据安全质量管理体系（SQMS）内、外审发现的不符合项和新生效的适用于安全和防污染管理的法律、法规等要求，对SQMS文件进行了相应的修改、补充和调整。经过船岸试运行，证明新版体系文件基本满足了ISM规则、ISO9001-2000规则及相关法律、法规要求，符合性、操作性和有效性更强，改版后的质量管理体系于10月1日起在船岸正式推广运行。

（黄成好）

【综合部简介】 综合部是中鞍航运行政日常办事机构和安全质量管理体系、船舶保安体系、海务安全以及船员管理的主管部门。主要职责是负责总经理办公会议决议、决策及交办事项的执行和企业行政事务管理；负责安全质量管理体系和保安体系的建立、运行和维护管理；负责船员租赁和管理；负责船舶海务安全管理等。时任经理林举德（1~9月）、黄成好（10~12月）。员工4人。（黄成好）

【综合部工作概况】 2009年，综合部认真执行中鞍航运的决策，在安全管理方面，坚持“安全第一，预防为主，综合治理”的方针，跟踪指导船舶的海务安全管理工作，全年未发生上等级安全、污染事故和保安事件；在体系管理方面，严格履行和不断完善安全质量管理体系和船舶保安体系，使体系对指导和监督船舶安全保卫工作发挥了应有的作用；在船员管理方面，坚持“以人为本”，大力倡导“严格要求，真诚关心”的人力资源管理理念，在船舶建立健全了船员激励和约束机制，为打造高素质船员队伍和培养船员后备力量做了大量工作，确保了船员整体素质的提高和船员队伍的相对稳定，为安全生产提供了可靠的保障；在行政管理方面，认真执行并不断完善企业行政管理各项规章制度，监督总经理办公会议各项决议、决策的落实执行，为确保企业日常行政管理的正常运行发挥了重要作用。（黄成好）

【船技部简介】 船技部是中鞍航运机务管理的主管部门。主要职责是负责对机务管理和船舶机电设备维护进行指导；负责油料、物料、备件的采购与供船；负责船舶修理计划制定与实施；负责机损事故调查处理；负责PSC/NSC检查指导与管理等。时任经理庄少平。员工1人。（庄少平）

【船技部工作概况】 2009年，船技部配合企业调整船队结构计划。在广远发展部的指导和协助下，完成了《中鞍航运15000吨沿海钢材运输专用船规格书》的编写、规格初审、技术评审和船厂甄选、考察、报价等工作，于5月底报董事会和广远总经理办公会批复。船技部为加强监督审计，配合参与了广远监督部/审计部开展的对“鞍山”轮修船结算单的审计核算工作；加强对船舶的技术维护和保养力度，提供远程岸基技术监控及支持，及时消除安全缺陷；在检验办证、航修、物料、配件、润料供应等方面做好控制，为船舶安全营运提供了保障。（庄少平）

【业务部简介】 业务部是中鞍航运运输生产计划实施、船舶营运的主管部门。主要职责是负责掌握和分析航运市场信息、揽载货物并签订运输合同（含租船业务）；负责运输生产任务调度与指挥；负责使运费管理、货运质量管理和船舶保险理赔以及船舶燃油订购等工作。时任经理卜康裕（1~9月）、袁伟贤（10~12月）。员工3人。
（袁伟贤）

【业务部工作概况】 2009年，业务部为抵御国际金融危机对航运经营造成的冲击，及时调整经营策略，一方面保障与合作方的良好关系，合理安排自有运力的经营工作；另一方面克服自有运力不足，积极开展租船业务，成功实现了企业成立以来期租船业务上的零突破，实现从拥有船到控制船的转变，使企业自控运力增加了60%，租船业务的收入比2008年增长了52.24%，货运量比2008年增长了120.5%。此外，业务部积极维护客户关系，打造钢材运输“精品航线”，配合企业运力调整计划，做好市场调研。是年，中鞍航运自营、租入和货代业务完成399个航次，运费回收率达100%。
（袁伟贤）

【财务部简介】 财务部是中鞍航运财务、金融、资产管理的主管部门。主要职责是负责企业财务、金融、资产管理；负责财务成本预控管理；负责财务会计核算管理；负责经济活动分析和监控；负责资金流动管理等。时任经理周斌（1~3月）、赵艳波（4~12月）。员工3人。
（赵艳波）

【财务部工作概况】 2009年，财务部加强了对中鞍航运各项财务的管理，完成了总经理离任审计工作；严格遵守国家关于财务管理的相关法律法规，认真执行中鞍航运各项财务管理规章制度。是年，财务部与银企、税企等单位建立了良好的关系，通过了审计部门的财务审核。全年无违纪投资、无超预算投资和违规现象，财务运作正常，较好地完成了董事会下达的全年财务指标。
（赵艳波）

第七节　广州越洋船务有限公司

【广州越洋船务有限公司简介】 广州越洋船务有限公司（以下简称“越洋船务”）是广州市属规模最大的散装货物海洋运输公司。该公司拥有船舶3艘，运力12.4万吨，主要承担国际及国内沿海货物运输和国内北方至南方港口的海上煤炭运输。

越洋船务下设业务部、安技部、安质办、总经办、计财部。

越洋船务设董事会。时任董事长林沃源，副董事长许遵武，董事陈江涛、杨振雄、翁继强、周小溪、熊健雄、邓伟荣。时任总经理杨振雄，党支部书记兼副总经理何兆祥，副总经理吴亮明。员工19人。
（冯丽玲）

【越洋船务工作概况】 2009年，越洋船务受国际金融危机的影响，经营出现极大的困难。越洋船务全体员工团结一致，坚决执行董事会的指示精神，勇于面对航运市场处于低迷的恶劣环境，坚持“保安全、促效益、开源节流”的战略举措，在培育和维持与货主长期合作的前提下，开拓华东航线，所属船舶长期从事珠江电厂燃煤运输，避免了“停航封船”的情况发生，

使企业保持盈利，安全生产形势良好。是年，越洋船务全面完成了董事会下达的各项指标。 （冯丽玲）

【开源节流，应对寒冬】 2009年，越洋船务应对国际金融危机影响，提出了“开源节流，应对寒冬”的战略思维。在生产经营方面，抓住货主和长期客户，保持了货源的稳定，坚持船舶正常运输，保持了企业盈利；在企业内部开展了降低成本的活动，对企业可控成本逐条分析，成本控制采取了“休克管理，分级保护”，船舶安全营运开支为一级——必保级，管理费除必缴规费外为二级——控制级，其余费用为三级——减免级。成本发生前，从立项开始控制，从而节约了开支，确保了企业资金流的安全。 （冯丽玲）

【节约润滑油成本开支】 2009年，越洋船务在中远散运的帮助下，参与船用润滑油团购，平均每吨下降2000余元。其中，汽缸油下降19.21%，机油下降6.02%。 （冯丽玲）

【节约备件、物料、油漆成本开支】 2009年，越洋船务的备件、物料、油漆的采购，依托中远系统并在中远散运的帮助下，获得不同程度的优惠价格，节约了成本开支。 （冯丽玲）

【安全工作概况】 2009年，越洋船务把“保安全、促效益”作为全年安全工作的重点。海务工作，以中国沿海航行和进出港安全、冬季安全、雾航安全、防抗台为主题，结合“安全生产月”，开展了一系列安全活动；机务工作，以加强机务监督检查，跟踪指导船舶的设备保养维护，鼓励船舶扩大自修，严格控制物料、备件费用，适时提供岸基支持，确保了船舶的正常营运；通信导航工作，通过加强船舶通导设备维护和跟踪管理，保证了船舶通导设备正常使用和船舶通讯畅通。是年，越洋船务防抗台成功率达100%，船舶安全面达100%。 （冯丽玲）

【体系维护和管理】 2009年，越洋船务不断强化对《安全与防污染管理体系》的学习与培训，使体系内人员加深对《安全与防污染管理体系》的认识，并严格实施。是年，越洋船务通过了《安全与防污染管理体系》外审。体系外审的不符合项达到《安全与防污染管理体系》“安全诚信公司”的标准，《安全与防污染管理体系》运行有效。 （冯丽玲）

第八章
岸上投资产业

第一节　广远岸产事业部

【广远岸产事业部简介】　广远岸产事业部（以下简称“岸产事业部”）于2004年9月27日成立。其主管广远岸产全资及控股企业12家：建设实业、海运公司、远洋宾馆、酒店管理公司、远洋大厦、大富酒店、物业公司、供应公司、通导公司、金桥学院、广远电脑公司、东海大厦。此外，还管理11家岸产参股企业。

岸产事业部是广远岸产企业的资产管理、财务管理、党组织管理、人事管理的主管部门。主要职责是负责岸上企业的产业结构调整、理顺、改制、发展等方面工作，包括战略经营、投资管理、产业管理；负责对该部门及各岸产投资控股企业人力资源管理工作，实行综合管理、指导、协调、监督与考核；负责对岸产投资企业的会计核算、财务工作、资金使用，实行综合管理、指导、检查和监督；负责该部门业务与行政管理工作；负责归口管理各岸产企业党组织，指导各岸产投资企业的领导班子建设、党群、宣传工作；负责岸产投资及控股企业实施资产管理，财务管理和党、团组织管理，人事管理。

岸产事业部下设企管部、财务部、房产管理部、组织人事部/办公室。

时任岸产企业运营总监林立兵，总经理兼党工委副书记王玉生，党工委书记兼副总经理陈建钦，党工委委员兼财务总监池新旺，副总经理王珂（派往西藏挂职）。员工19人。　　（江海珊）

【岸产事业部工作概况】　2009年，在国际金融危机的影响下，岸产企业生产经营面临严峻的考验。岸产事业部深入市场调研，加强对岸产企业的分类指导，紧紧围绕广远“树信心、拼效益、保稳定、促发展”的工作方针和打造“资本广远”的中心任务，坚持一手抓好效益、稳定，一手抓好深化改革；认真贯彻中远集团“现金为王”的指导思想，加强资金的统筹安排，加强客户资信评估，强化货款回收率考核，确保资金安全；狠抓流程管理建设，提高决策的科学性；勇于开拓经营，进一步盘活现有资源。岸产事业部下属建设实业太阳广场项目、海运公司船舶绑扎立柱制造安装、供应公司红酒业务等一批新项目取得良好效益。岸产事业部在广远的大力支持下，切实加强抱团取暖，积极争取航运主业的支持和合作；推进精益管理，大力开展降本增效工作，制订落实岸产2009年精益管理活动总体实施方案，下发了《关于严格控制费用支出的紧急通知》，深入开展“我为企业降本增效‘献一策，做一事’”活动。全年共向广远申报精益亮点74项，征集到优秀合理化建议91条，远洋大厦、海运服务、供应公司、物业公司等单位的QC小组分别获得交通运输部、广东省和广州市表彰。

岸产事业部进一步加快岸产企业历史遗留问题的清理，努力为打造“资本广远”扫清障碍。重点对广远早年投资项目重新进行国有产权登记、对股东权属进行法律确权、补齐相关资料等工作；加快广远房产的确权、清理和处置工作。同时，加快企业改革和清理工作，完成了大富酒店转型经营、江林水电站转让、远洋大厦合同风险清理、远洋幼儿园退出和商品房管理退出、南海厂挂牌转让、酒店管理公司股权收购、明珠公司清理等工作。广远新办公大楼——广州远洋大厦项目工程进展顺利，6月完成封顶。

岸产事业部党建、思想政治工作不断加强，深入开展学习实践科学发展观活动，圆满完成各个阶段学习任务；深入开展“解放思想、转变作风、廉洁从业”、“四好领导班子”、“讲党性，重品行，作表率”、“红树林”工程等活动，加强对岸产企业领导班子、后备干部的考核培养等工作，全面加强岸产企业的党建工作和思想政治工作。岸产事业部党工委被评为广远2008~2009年度“先进基层党组织”，岸产事业部党工委书记陈建钦荣获2007~2009年度“全国交通运输系统优秀思想政治工作者”和“中远集团2008~2009年度‘四优’党务工作者”荣誉称号。

是年，岸产事业部提前一个月完成全年任务指标，完成考核利润4970万元。岸产企业总体经营健康、稳定，发展态势良好。 （刘新源）

【财务部简介】 财务部是岸产事业部财务管理的主管部门。主要职责是负责广远下属岸产全资、控股和参股企业的财务管理和监督职责；负责建立、健全财务管理和会计核算等各项规章制度，对各岸产全资、控股及参股企业的财务管理和会计核算工作的指导和监督；负责组织编制和审核月度和年度等各种报表，为岸产事业部领导提供及时准确的决策依据；负责年度财务预算的分解、下达、监督和考核工作；根据广远财金部财务决算的要求组织编制和审核各岸产全资及控股企业的会计报表；根据广远授权与指示，履行广州远洋投资公司财务部门职责，负责该公司的会计核算、账务处理、财务管理与纳税申报等财务方面工作，参与对该公司名下的全资、控股及参股企业进行管理；参与对各岸产全资及控股企业经营管理目标责任书的签订和清算工作；参与对各岸产全资、控股及参股企业的领导班子和财务负责人的考核工作；协助广远人力资源部/组织部对各岸产全资及控股企业工效挂钩工资基金的核定及经营者年薪体系的制订；参与研究各岸产全资及控股企业的发展规划、产业结构调整及分流改制工作；参与对各岸产全资及控股企业投资立项的可行性研究和评估工作；组织和协调各级税收稽查及内、外审计单位对各岸产全资及控股企业税务和财务收支的检查工作。时任财务总监兼财务经理池新旺。员工3人。 （林珏）

【财务部工作概况】 2009年，财务部按照岸产事业部年初确定的工作思路和部署，扎实有效地开展各项工作，认真履行对岸产企业的归口管理职责；协调岸产企业在广远系统的内部委托贷款工作，实现财务资源的合理使用和有效配置；协调和监督管理岸产企业的资金使用和资产安全，严格执行对资产投资项目的监督和管理，从销售预测、资金成本及税前税后的投资收益情况等多方面对各投资项目的投资可行性进行合理评估、测算和变量风险分析，对岸上产业投资项目进行严格把关；参与存续公司财务管理框架与财务运营模式设计，切实履行对存续公司的财务管理职责；参与协调岸产企业和相关职能部门进行有效的沟通，就改制遇到的清产核资、审计、资产评估等相关问题，从财务法规角度出发，提出了合符规范的建议和实施措施，保证了企业平稳有序的经营发展。（林珏）

【企管部简介】 企管部是岸产事业部战略管理、投资管理、产业管理、目标管理的主管部门。主要职责是负责岸产企业总体发展规划的组织制定、修订和岸产企业各投资项目的审核、论证、申报；负责岸产企业年度投资计划的审定、编制，计划执行情况的跟踪、检查；负责岸产企业资本运营管理，包括资本运营、改制、重组方案的组织制定和实施；负责制订岸产企业经营管理绩效指标评价体系、考核标准；负责经营管理目标的管理、考核，实行量化管理和监督考核；负责岸产企业董事会事务的有关管理工作，协助派出董事代表广远履行出资者的有关职能。时任经理郑再利。员工4人。（郑再利）

【企管部工作概况】 2009年，企管部根据岸产事业部年初制订的工作思路和计划，进一步落实科学发展观，围绕做好航运主业重要补充和打造“资本广远”的中心任务进行工作；有效地推进了岸产企业改制、股权收购、转让、清理清算历史遗留投资问题等工作；加强和规范了岸产企业的经营管理，规范了岸产企业的投资行为；完成了2009年岸产企业负责人的年度考核工作，签订了岸产企业《2009年度经营业绩责任书》；做好岸产企业2009年度投资计划的申报和分解下达、管理工作；组织召开2009年岸产专题工作会和各季度经济分析会，协调相关部门召开各岸产企业2009年董事会议，对岸产企业的经营工作提出了具体意见和要求，加强了对岸产企业经营管理的服务和指导；组织召开了岸产精益管理专题会议，制订落实岸产2009年精益管理活动总体实施方案，对岸产企业“精益管理年”活动做了策划、安排和布置，保证了岸产企业精益管理活动的有效推进。（郑再利）

【房产管理部简介】 房产管理部成立于2009年5月18日。房产管理部是岸产事业部房产管理的主管部门。主要职责是负责理清和完善广远及下属企业土地房产的产权关系和财务关系；负责理清广远权属土地房产租赁经营的法律关系，做好日常经营管理工作；负责广远权属土地房产的处置工作；负责对广远下属企业土地房产的经营活动、处理工作实施监督、管理。时任经理陈钊。员工4人。（郭汝花）

【房产管理部工作概况】 2009年，房产管理部重点对广远及广远投资控股企业土地房产的有关情况进行了全面调查和统计分析，草拟对策，提出建议，逐步完善和规范了企业土地房产管理的各项工作；组织协调推进广远土地房产的确权办证和完善土地有偿使用手续；归口管理广远土地房产的权证档案资料；协调理顺和规范了广远土地房产的账务处理；协调推进广远房产管理信息系统的设计开发；研究制订了广远房产处置工作程序和总体方案，组织协调推进广远房产处置工作。

（郭汝花）

【组织人事部/办公室简介】 组织人事部/办公室是岸产事业部党的组织管理、人事管理、共青团工作的综合部门。主要职责是负责拟订和实施组织建设的工作规划、计划、程序、方针目标；建立健全组织、人力资源工作的基本管理制度；组织开展岸产企业党委（总支）书记岗位培训，指导基层党、工会、团组织建设；组织检查岸产企业党组织民主集中制、坚持集体领导和党内生活的情况，提出改进意见；审核岸产企业党组织的建制，督促做好各类党组织状况统计报表的填报工作；检查指导岸产企业党组织做好换届选举工作；组织实施岸产企业领导班子的考核，抓好岸产企业领导班子队伍建设；指导下属企业党组织的党员管理和教育，配合纪检部门抓好端正党风、严肃党纪工作；负责党工委统战工作；拟订和实施岸产企业人力资源开发与管理的工作规划、方针目标和工作计划；制订岸产企业人事工作程序，建立健全人力资源管理制度；组织实施广远授权管理权限内员工的招聘、调配、培训、培养工作；负责岸产企业领导班子的日常管理工作，定期组织绩效考核；负责检查、催办上级机关和岸产事业部领导有关指示以及决策的贯彻落实情况；组织和开展调查研究、收集信息资料，为岸产事业部领导的科学决策提供依据；负责处理岸产事业部党工委和行政管理等方面的文件、电报、信件，协调与广远本部各部门、岸产企业之间的工作关系；负责批转各类业务公文，核签以岸产事业部和党工委名义上报、下发的文件；负责岸产事业部工会、共青团和宣传教育以及纪检、监督等工作。时任经理兼团委书记江海珊。员工 4 人。

（江海珊）

【组织人事部/办公室工作概况】 2009 年，组织人事部/办公室认真履行人事管理和办公室职能，协助抓好各岸产企业的领导班子建设、团组织建设、党群、宣传、劳动用工管理、人事劳资管理等工作；协助做好岸产企业安全监督检查、纪检、审计、招投标、党员信息统计；协助做好员工培训和继续教育统计、职称评定等工作；加大岸产企业用工制度改革；加强了岸产企业工资总额和绩效激励机制的管理；协助做好金桥学院、大富酒店、物业公司、海洋厂等改革人事问题的处理及人员的统筹安置工作；编撰了岸产事业部 2008 年年鉴；加强岸产企业党建工作，精心组织，认真开展学习实践科学发展观、转变作风建设、“红树林”工程等各项主题实践活动；抓好岸产企业领导班子建设，完成了岸产企业领导班子任期届满考核工作；指导各岸产企业领导班子民主生活会；加强对青年骨干的考核和培养；坚持正面引导，加强了岸产企业的思想政治工作，确保岸产企业的改革发展稳定；坚持“党建带工建”、“党建带团建”，深入开展“青年创新创效”、“青年文明号”和“青年岗位能手”活动，增强了工会和团组织的凝聚力、战斗力。

（刘新源）

【安全生产工作概况】 2009 年，岸产事业部以保持广远安全生产形势稳定为原则，开展“安全生产月”、“安全隐患排查”、“平安之旅”、“百日安全督察”等活动，把重心放到基层，深入检查，排查隐患。加大对岸产企业安全管理监督力度，抓好员工的安全教育，提高员工的安全责任感，使岸产企业安全生产等各项工作稳步推进，全年没有发生事故，安全面达 100%。

（刘新源）

【团组织工作概况】 2009年，岸产事业部团委紧密围绕岸产事业部中心工作和广远团委的部署，全面落实科学发展观，努力做好团组织的各项工作，加强了团组织建设，召开了岸产事业部第二次团员代表大会，选举产生了团委新一届领导班子；印发了《进一步加强岸产企业团组织工作的意见》，明确了岸产企业团组织的地位，保障了基层团委（总支）负责人的政治、经济待遇，确定了团组织的经费来源，为基层团组织创造了良好的工作环境，提高了基层团组织的活力；指导东海大厦召开第一次团员大会，新成立了东海大厦团支部，实现了岸产全资及控股企业100%建立团组织；指导金桥学院改革后团组织的重新选举、运作，确保了共青团工作的延续；按照共青团中央《关于开展共青团、少先队基层组织建设和基层工作试点工作的通知》的要求，深入开展了“试点工作”，积极探索加强基层共青团组织的新途径、新方法；开展丰富多彩的共青团主题活动，深入开展了“传承五四精神，弘扬爱国之志”系列活动，组织团员、青年参观了孙中山故居、纪念“五四”运动90周年图片展览、举办“五四”征文活动、观看爱国主义电影、深入开展学习吴大观精神等活动。是年，岸产事业部团委被命名为“中央企业五四红旗团委创建单位”，所属团组织共有36个青年集体和17名个人获上级团组织表彰。（刘新源）

【精神文明建设和企业文化建设】 2009年，岸产事业部党工委以学习贯彻中共十七大精神和学习实践科学发展观活动为全年党建工作主线，切实抓好精神文明建设和企业文化建设，着力培育企业文化建设的先进典型；创新企业文化建设的形式，把深入开展学创活动作为企业文化的重要内容，积极开展创建“文明窗口”和“双文明建设先进单位”活动，把企业文化建设与精益管理、节能减排、QC活动等紧密结合，挖掘活动的新内涵；深入开展党建主题活动，大力宣扬学习吴大观精神，加强党风建设，全面转变作风、提高党员素质。是年，岸产企业精神文明建设和企业文化建设进一步加强，企业凝聚力、向心力进一步增强。岸产事业部党工委获得广远“先进基层党组织”荣誉称号，建设实业、海运公司获得2009年度广远“双文明建设先进单位”荣誉称号。（刘新源）

【精益管理和QC小组活动】 2009年，岸产事业部针对下属各企业经营的严峻形势，积极推进岸产企业“第4个精益管理年”活动和QC小组基础管理工作，深入细致、有效地开展精益管理工作，进一步化解了成本控制压力，提高下属各企业的管理水平和经营效益，岸产企业节约成本近千万元。是年，岸产事业部上报精益亮点74个。其中，建设实业、海运公司等单位的6个项目分别获得广远“银河奖”、“月光奖”、“星光奖”，QC小组获交通运输部、广东省、广州市、中远集团优秀成果奖共10个。（彭佳）

【深入开展“红树林”工程活动】 2009年，岸产事业部实施了第2个“红树林”工程活动年计划，印发了《关于进一步深入开展2009年“红树林”工程活动的通知》。各岸产企业紧密结合自身实际，制定活动方案，针对全年各个时期的工作重点，定期组织安全知识、安全技能、经营管理等方面的培训，并在教育培训的内容和形式上做了许多有益的探索，创造出一些操作性强、员工喜闻乐见的培训形式，取得较好的效果。 （刘新源）

【加强监督管理保证资金储备与资产安全】 2009年，岸产事业部按月编制各岸产企业资产情况、债务情况统计表，监控各企业资产负债的增减变化，通过中远财务公司向广远本部或广远系统内其他企业的委托贷款事项，进行协调工作，监督管理岸产企业的资金使用和资产安全；重点关注建设实业实施的广远新办公大楼——广州远洋大厦项目进度以及资金使用和资金储备状况，通过银行贷款、内部委贷、低楼层预售等多种方式解决资金缺口问题，实现资源的合理有效配置，确保国有资产的保值增值。 （林珏）

【落实财务负责人定期汇报管理体制】 2009年，岸产事业部根据《会计法》、《企业国有资本及财务管理暂行规定》等文件精神，并结合广远岸产企业的实际情况，严格执行广远岸产企业财务负责人定期汇报制度，明确规定岸产企业各单位财务负责人就企业有关财务状况、重大影响事项、财务工作动态等内容作定期汇报，随时掌握企业基本经营效益情况，强化内部控制，及时防范财务系统风险。 （林珏）

【财务预算指标编制调整】 2009年，岸产事业部根据中远集团的要求和广远财金部2009年的财务预算工作安排，综合考虑各岸产企业精益管理措施，以自身实际经营能力、业务结构调整计划、投资计划执行进度等为依据，以产权关系为纽带，对所属12家岸产企业的全年财务预算指标进行编制及调整，并对其进行进度跟踪，及时掌握岸产企业各单位2009年的预算执行情况，督导各岸产企业适时调整经营策略，确保年度财务预算考核指标的完成。

（林珏）

【建立有效的风险防范机制】 2009年，岸产事业部根据广远全面启动风险管理机制的工作要求，为应对国际金融危机的影响，落实对下属投资企业的风险控制，建立科学、适用的全面风险管理预警体系，增强了企业竞争力；积极参与广远全面风险管理工作，协助下属岸产企业进行全面的风险清查，对历史遗留问题加大清理力度，并对整改后续工作情况进行跟踪、及时反馈，消除了广远改制过程的不利因素。

（林珏）

【徐惠兴检查岸产企业安全工作】 2009年1月23日，广远总经理徐惠兴到供应公司、通导公司、物业公司、建设实业检查安全工作。徐惠兴每到一处均通报广远的经营生产情况，指出岸上产业是航运主业的重要组成部分，鼓励各单位鼓足干劲，进一步创新经营，打造精品企业，确保岸产企业科学发展。徐惠兴还对供应公司仓库等重点场所进行检查，对岸产企业的安全工作作了指示。 （刘新源）

【刘书田检查在建的广州远洋大厦安全工作】 2009年1月23日，广远党委书记刘书田对在建的广远新办公大楼——广州远洋大厦进行安全检查。刘书田详细询问工程的进展情况，提出要毫不懈怠地抓好施工质量和防工伤事故，周密部署，精心组织好节日“安全、安民、安保”工作，把安全生产抓细、抓实、抓好，确保安全形势稳定。（刘新源）

【召开第二次团代会】 2009年2月26日，岸产事业部召开第二次团员代表大会。岸产事业部及各岸产企业团员代表共32人参加了会议。会议由岸产企业部团委干事刘新源主持。岸产事业部党工委书记陈建钦、广远团委书记王茜参加了会议，并作了讲话。会议听取和审议岸产事业部团委书记江海珊所作的岸产事业部团委工作报告，审议通过岸产企业团委委员伍剑所作的团费收缴和使用情况报告等。会议选举产生了新一届团委领导班子，由5名成员组成，江海珊当选为新一届团委书记。（刘新源）

【开展“我为企业降本增效‘献一策，做一事’”活动】 2009年2月，岸产事业部为积极应对国际金融危机，把广大员工的积极性、主动性、创造性引导到加强管理、降本增效上来，下发了《关于开展“我为企业降本增效‘献一策，做一事’”活动的通知》。广大员工积极参与此项活动，发挥聪明才智，为企业降本增效出谋献策。是年，岸产事业部共收到员工报送的计策、事项91项，从中评选出优秀计策、事项32项，并给予表彰奖励。（刘新源）

【深入开展“解放思想、转变作风、廉洁从业”大讨论活动】 2009年3月，岸产事业部党工委在岸产企业党员中广泛开展“解放思想、转变作风、廉洁从业”主题大讨论活动。活动以党支部为基本单位进行，组织党员参加讨论；企业领导班子成员参与所联系的党支部的讨论活动；活动还邀请了部分非党员群众参与。各岸产企业党支部对党员和群众在大讨论中提出的问题，进行归纳整理，形成专题报告呈报岸产事业部党工委。（刘新源）

【协助解决退资问题】 1993~1996年，海运公司曾向广远员工集资，并于2000年办理了退资手续。但由于各种原因，截至2008年仍有155人未领取集资款。为此，由广远工会牵头、岸产事业部协助，于8月成立了专项工作小组，通知未退资人持有效证件和集资凭证到海运公司财务部退资。但由于时间久远，人事变迁，有相当部分人员无法联系上。到2009年4月，完成退资手续69人，仍有部分人员未领集资款。4月30日，海运公司在《工人日报》刊登公告，通知未领退资款人员于5月10日前来办理退款手续，逾期不来办理的，则不再补办退资手续。截至5月底，海运公司退资工作告一段落。（刘新源）

【大富酒店进行经营转型改革】 根据广远的部署，2008年底岸产事业部启动了大富酒店经营转型改革工作。2009年2月12日，根据岸产事业部批复的《大富酒店2009年机构改革及竞聘上岗方案》，组织实施中层干部岗位竞聘工作。实施改革后，大富酒店保留经营部、财务部和综合部三个部门，中层干部由原来的6人减少为3

人，员工人数为12人。4月，广远下发了《关于调整广州远洋大富酒店有限公司管理模式的通知》，将大富酒店委托给广远物业公司管理。（刘新源）

【127名干部报名响应广远援藏】 2009年3月11日，广远召开欢送第五批援藏干部暨第六批援藏干部报名动员大会。为配合广远做好援藏干部的报名选拔工作，岸产事业部党工委进行广泛动员，号召符合条件的领导干部积极响应，参与报名援藏。3月16日，岸产事业部党工委利用召开学习实践科学发展观动员大会的机会，再次进行了动员。截止16日，岸产企业共有127名符合条件的领导干部报名援藏，为广远选拔援藏人员提供人选。

（刘新源）

【深入开展学习实践科学发展观活动】 2009年，岸产事业部党工委深入开展学习实践科学发展观活动。3月16日，岸产事业部党工委召开广远岸产企业深入学习实践科学发展观活动动员大会，并印发了《广远岸产事业部党工委开展深入学习实践科学发展观活动实施意见》，提出了开展活动的具体方案。各岸产企业结合自身实际，迅速制定各自的学习方案，推动活动广泛深入开展。截至6月底，岸产事业部党工委和各基层党组织包括2个党委、6个党总支、36个党支部，坚持高标准、高质量，按期完成了学习调研、分析检查、整改落实三个阶段六个环节的各项工作，并认真制定了整改落实方案。8月12日，岸产事业部党工委组织学习实践活动群众满意度测评会，岸产事业部领导、岸产企业党政主要领导和岸产事业部全体员工共27人参加了测评会。经测评，群众满意度为100%。（刘新源）

【召开民主生活会暨述廉议廉会】 2009年4月28日至5月13日，岸产事业部党工委组织本部门及各岸产企业召开学习实践活动领导班子专题民主生活会暨述廉议廉会议。为确保高质量开好会议，岸产事业部党工委会前专门下发通知，指导各岸产企业党组织做好会议准备工作。会议期间，广远学习实践活动领导小组全体成员、办公室主要负责人分别深入到各岸产企业参加会议。4月29日，岸产事业部召开党员领导干部民主生活会暨述廉议廉会。广远党委书记刘书田，人力资源部/组织部总经理黎光葵，监督部/审计部总经理朱航员出席了会议，并分别作了指示。

（刘新源）

【组织签订《员工保密承诺书》】 2009年5月27日，岸产事业部员工及岸产全资及控股企业领导班子成员、派出的合资合营企业代表签订了《员工保密承诺书》。此外，各岸产企业根据自身实际，组织有关人员进行签订工作。是年，岸产事业部（含岸产企业）共签订《承诺书》1138份。

（刘新源）

【进行专项税务自查】 2009年7月，岸产事业部认真开展2005~2007年的专项税务自查。岸产企业以此次税务稽查为契机，认真全面梳理企业涉税风险点，清理有关涉税问题，注重与所在地主管税务机关的沟通，对其自查工作进度、就地入库补缴税款及滞纳金金额等进行动态跟踪，并及时将自查情况上报有关部门。（林珏）

【完成金桥学院分校区转让工作】 2009年，金桥学院根据广远改革发展部署实施定位调整，立足于为广远航运主业服务。金桥学院与广东省国防科技技工学校协商签署了分校区转让协议，将天河、番禺分校区整体转让，受让方分别接管了番禺校区和天河校区。4月15日，中远集团批准金桥学院分校区转让的资产评估备案工作。至此，金桥学院完成分校区转让、资产处置工作。 （彭佳）

【加强对岸产企业的宏观指导】 2009年，岸产事业部为加强对岸产企业的管理和分类指导，提高岸产企业的经营管理水平，坚持按季度召开经济分析会的制度。是年，岸产事业部分别在4、7、10月召开了三次经济分析会。各岸产企业党政“一把手”、财务负责人、广远派往参股企业代表、广远派驻岸产企业的专职监事及岸产事业部领导、相关人员参加了经济分析会。三次会议均分别听取各岸产企业经营、财务状况和下一步经营措施的汇报，岸产事业部领导对总体财务情况作分析，并根据各岸产企业的实际情况对下一步经营管理工作提出具体要求。 （彭佳）

【深入开展读书活动】 2009年4~6月，岸产事业部深入开展了“读书·思考·进步”专题读书活动。各岸产企业紧密结合学习实践科学发展观活动，巩固学习调研阶段成果，进一步提高岸产企业各级党组织理论指导实践的能力，认真按照“理论研读”、“主题阅读”和“自选泛读”三个层次组织员工参与活动。活动期间，岸产企业广大员工积极撰写读书心得体会。岸产事业部共收到员工撰写的读书心得240篇，从中挑选优秀文章48篇推荐给广远。岸产事业部通过活动，加强了理论学习和宣传教育，提高了员工的综合素质，促进了企业的和谐发展。 （刘新源）

【配合开发房产管理信息系统】 2009年下半年，岸产事业部房产管理部配合广远信息中心全面推进房产管理信息系统的设计开发，对系统设计思路进行改进和完善。截至年末，系统开发完善了基本信息、权属信息和财务信息三大功能模块，并且具备与之相关的较为完善统计查询功能。 （郭汝花）

【房产处置试点操作】 2009年6月，岸产事业部呈报《关于广远存量房处置问题的三个请示呈总经理办公会审批的请示》。7月3日，广远领导办公会审批同意。下半年，岸产事业部按照挂牌交易和协议转让两种方式分别进行试点操作。其中，挂牌交易试点房产6宗，成交2宗，另有2宗征集到意向受让方；协议转让试点房产24宗，均为未房改房，成交17宗，另有5宗签订转让协议书。 （黄高勇）

【进一步规范岸产企业薪酬管理】 2009年，岸产事业部为进一步规范岸产企业薪酬管理，合理控制企业间的薪酬差距，使财务数据更客观地反映各岸产企业真实经营状况和保持数据的可比性。岸产事业部下发了《关于规范岸产企业薪酬项目的通知》、《关于岸产企业工资总额计提办法的通知》，对岸产企业薪酬项目的构成、工资总额的计提方式进行明确规定，薪酬项目构成按企业所属板块逐项予以明确，除文件规定的项目外，各岸产企业原则上不得向员工发放其它奖金、津贴；工资总额的计提，除宾馆酒店业交易会当月计提当年工资总额的15%（其余每月计提7%），其它企业均按广远核定的工资总额平摊到每月提取。（刘新源）

【深入开展向吴大观学习活动】 2009年8月，岸产事业部党工委广泛开展向吴大观学习的活动。活动中，岸产事业部领导带头学，通过层层发动，迅速掀起学习高潮。截至19日，岸产事业部及各岸产企业召开学习吴大观先进事迹组织生活会10次、座谈会13次、开展演讲比赛活动1次、参加开展网上学习讲座76人次。（刘新源）

【深入开展"纪律教育月"活动】 2009年8月，岸产事业部深入开展"纪律教育月"活动。活动以"加强作风建设，保障科学发展"、"遵纪守法、廉洁从业"为主题。岸产事业部和各岸产企业把学习贯彻落实"三项法规和专项治理"活动作为纪律教育月的重要内容，组织学习《关于实行党政领导干部问责的暂行规定》、《国有企业领导人员廉洁从业若干规定》、《中国共产党巡视工作条例（试行）》和《关于开展工程建设领域突出问题专项治理工作的意见》，并认真进行了自查自纠。各岸产企业落实整改方案，周密部署，积极引导党员干部强化党性修养，弘扬党的优良作风，进一步提高遵纪守法、廉洁从业的自觉性，夯实拒腐防变的思想基础。（刘新源）

【全权接管广远电脑系统公司财务工作】

2009年，岸产事业部根据中远集团指示与广远改革的总体部署，接管了原广远电脑系统公司（以下简称电脑公司）财务系统与档案资料，全权负责其会计核算、账务处理、财务管理与纳税申报等财务方面工作，并积极配合广远系统内整体业务整合与资产调整进程，进行其资产移交与账务清理工作。经中远集团批准，原电脑公司于7月6日更名为广州远洋投资管理公司，并顺利完成了工商、税务与银行各方面的变更程序，经营范围也相应进行了变更，为广远进一步改制做好前期准备工作。（彭佳）

【江林水电站股权顺利转让】 2006年下半年，广远启动了江林水电站处置工作。2009年10月21日，广远将所持广东省四会市江林水电站44.44%的股权协议转让给四会市江谷镇经济发展实业总公司。至此，历时3年多的江林水电站股权转让工作终于画上了圆满的句号。（彭佳）

【对岸产企业领导班子进行任期届满考核】

2009年11~12月，在广远党委的直接领导下，由岸产事业部党工委牵头，组成由岸产事业部、广远人力资源部/组织部、党工部、监督部/审计部等部门有关负责人参加的考核工作小组，对岸产事业部党工委归口管理的各岸产企业领导班子和班子成员、财务总监（含广远委派的财务经理）进行任期届满考核。同时，为进一步加强岸产企业后备人才队伍建设，岸产事业部党工委还下发了《关于做好后备人选考核及推荐工作的通知》，对岸产企业青年业务骨干、中层以上管理人员进行考核。通过考核，进一步掌握了岸产企业领导班子和成员以及骨干队伍的德才表现、工作能力和工作绩效，为选拔调整岸产企业领导班子提供了依据。（刘新源）

【加强对后备人选的考核和选拔工作】　为进一步加强岸产企业领导人员后备人选队伍的建设，为企业的可持续发展提供人才保障。2009 年 10 月，岸产事业部根据《广远岸产全资及控股企业后备人选管理暂行办法》规定，下发了《关于做好后备人选考核及推荐工作的通知》，对后备人选相关工作进行布置。是年，岸产事业部共选拔后备人选 33 名。其中，新增后备人选 12 名，取消 6 名（含调离和提拔使用人员）原后备人选资格。　　（刘新源）

【转让海洋厂股权】　2009 年，岸产事业部根据广远提出的“资本广远”战略和深化企业改革，优化投资企业结构调整的指示精神，积极推进海洋厂股权转让工作，加强与股东间及与产交所的沟通，制定海洋厂股权转让实施方案。3 月 30 日，海洋厂股东会，南海二轻、南海华御两股东一致同意广远股东所持海洋厂 33.33%股权在产权交易所挂牌转让。海洋厂股权转让资料于 11 月 20 日至 12 月 24 日在上海联合产权交易所挂牌公示 20 个工作日，公开披露股权转让信息，广泛征集受让方，为实现海洋厂的转让股权打下了良好基础。

（彭佳）

【完成广远明珠房产开发有限公司清算注销工作】　2009 年初，广远明珠房产开发有限公司完成股权变更，由原来的建设实业、达信置业与创业三方股东变更为建设实业与达信置业两方股东。4 月 8 日，建设实业向广州市对外贸易经济合作局递交关于提前终止中外合作企业的申请及相关文件，并于 4 月 21 日得到批复。广远明珠房产开发有限公司从 4~12 月办妥了各项清算注销手续。12 月 31 日，完成广远明珠房产开发有限公司的国有产权注销工作。

（彭佳）

【确定广远土地房产总体处置方案】　2009 年 12 月，岸产事业部根据广远深化改革整体工作部署，向广远呈报《关于原拟划拨存续公司的广远房产处置方案的请示》。12 月 28 日，得到广远领导审批同意。广远有 716 宗土地房产。其中，177 宗经营性房产纳入企业改制范围，74 宗属于配套设施等类型的房产无偿划拨广州远洋投资管理公司，其余 465 宗房产列入处置范围。为做好广远房产处置工作，广远成立了土地房产处置领导小组，下设土地房产处置工作小组，专门负责组织实施。房产处置的具体工作统一委托广远物业公司办理。

（黄高勇）

【抵债物业公开挂牌转让】　根据广远深化改革需要，为推进深圳、珠海共 18 宗抵债物业的处置工作，2009 年 8 月 11 日，广远向中远集团呈报了《关于广远处置深圳、珠海三处存量房的请示》，并于 9 月 3 日获得中远集团批复同意。12 月 8 日，该三处共 18 宗抵债物业正式在上海联合产权交易所挂牌公告征集意向受让方，公告期为 20 个工作日。　　（黄高勇）

【成立广远土地房产处置领导小组和工作小组】　2009 年 12 月，根据广远领导审批同意的《关于原拟划拨存续公司的广远房产处置方案的请示》，广远成立了土地房产处置领导小组和工作小组，并明确规定了各自的工作职责。领导小组组长广远总经理徐惠兴、党委书记刘书田，副组长岸产企业运营总监林立兵、中远航运副总经理兼财务总监林敬伟。工作小组组长林立兵，常设办公室在岸产事业部，联系人黄高勇。

（郭汝花）

【确权办证和完善土地有偿使用手续】 2009年，岸产事业部作为广远土地房产确权工作小组的常设办公室，协调推进广远土地房产的确权办证和完善土地有偿使用手续。截至12月31日，广远及广远投资控股企业房产土地共769宗。其中，广远716宗，完成确权并完善土地有偿使用手续的共有437宗，相关的证照文件分成一、二级目录进行档案管理，另有61宗正在积极推进，剩余218宗情况相对比较复杂，列入下一步的确权工作计划；广远投资控股企业房产土地53宗，均完善相关产权手续。

（黄高勇）

【完成酒店管理公司股权收购】 2009年，广远收购颐和集团持有酒店管理公司10%的股权，于4月24日完成产权变更登记手续，5月26日领取《变更登记核准通知书》，完成工商变更登记。至此，酒店管理公司分别由广远和远洋宾馆持有90%和10%股权。7月20日，远洋宾馆将其持有的酒店管理公司10%股权，委托广州产权交易所通过上海联合产权交易所申请办理上市挂牌。广远成功摘牌，并于10月16日完成股权转让相关手续。10月20日，酒店管理公司呈报相关文件办理产权变更登记。12月31日经国资委核准，完成了产权变更。

（彭佳）

第二节　广州远洋船舶物资供应有限公司

【广州远洋船舶物资供应有限公司简介】 广州远洋船舶物资供应有限公司（以下简称“供应公司”）系中远集团旗下广远控股的有限责任公司。其前身是1961年4月成立的中远广州分公司黄埔仓库，属内部核算单位。1979年，改为广远供应站。1984年，广远为适应企业经营管理需要，试行管供合一，将广远供应站更名为广州远洋船舶物资供应公司。1989年，广远进行企业整顿，又将供应公司恢复为广远供应站。1996年11月12日，经中远集团批准，广远将供应站作为转制试点单位进行企业改制，由广远、中远国贸和广远供应站工会三家共同出资成立广州远洋船舶物资供应有限公司，并于1997年1月2日，经广州市工商部门批准正式挂牌对外营业。2006年10月，由供应公司职工和工会共同出资并由工会作为股东持有的该公司16%股权全部转让给广远。股权转让后，广远出资比例由64%增至80%，中远国贸的出资比例仍为20%，供应公司注册资本保持不变。2006年10月30日，供应公司完成上述股东变更的工商备案登记。

供应公司的主营业务是承担中远及航行于国际水域远洋船舶的物资供应业务，为中外远洋船舶、相关企业提供船舶物料、备件、油漆、润滑油、化工、食品、淡水等各类物资供应，建筑涂料销售和物资储运业务，范围遍及华南地区各港口、修造船厂和相关企业，并逐渐延伸至香港、新加坡等境外地区和国家港口，是华南地区规模最大、实力最强的船舶物资供应企业。

2007年，供应公司成功取得澳洲“酷马”红酒中国区域总代理权，正式开始拓展陆地红酒销售业务。2008年，供应公司取得希腊“希吉娅”橄榄油中国区域总经销权，产品得到市场的充分认可。

供应公司下设综合管理部、安监部/保卫科/质管办、财金部、代理部、食品部、油料部、物料部、运输部、贸易部9个部门及南沙分公司、湛江分公司。参股企业有广州布顿钢缆索具有限公司（供应公司持股40%）。

供应公司设董事会、监事会。时任董事长林立兵，副董事长李敏，董事陈建钦、方少彪、廖伟文。监事会召集人范桂新，监事洪广春、崔立霞。时任总经理兼党总支副书记方少彪，党总支书记兼副总经理甄伟，财务总监兼工会主席廖伟文。员工226人。（黄捷）

【供应公司工作概况】 2009年，供应公司按照广远和企业董事会以及岸产事业部的部署，全面贯彻落实科学发展观，坚持“安全、稳定、管理、效益”总体工作思路，坚持大客户战略，采取有效措施，积极应对国际金融危机，坚持依法依规经营，加大业务开拓力度，狠抓内部管理，严控各项成本费用。是年，供应公司提前一个季度完成了广远和董事会下达的利润指标任务，全年实现营业收入12238万元，与2008年同比增长1.8%；完成考核利润430万元，与2008年同比增加193万元，增幅81.43%，全年安全生产形势平稳，精神文明建设取得新的进步，各项工作均取得了较好成绩。（黄捷）

【创新创效，积极应对国际金融危机】 2009年，供应公司按照中远集团“谋发展，控风险，抓机遇，拼效益”的战略部署，坚持创新经营，积极采取措施应对国际金融危机：1. 统一思想、树立战胜一切困难的决心和信心；2. 抱团取暖，利用广远内部消费契机，大力拓展新造船供应业务；3. 坚持大客户战略，做强供船主业；4. 进一步加强财务管理，控制经营风险；5. 规范内部管理，严控成本开支，实现降本增效。（黄捷）

【安全工作概况】 2009年，供应公司始终坚持“把安全生产作为压倒一切的工作，作为群众满意的工程来抓”的工作思路，紧紧围绕防止人身伤害事故和保证危险品仓库及道路运输安全等方面全力做好安全工作：1. 加大安全检查力度和安全隐患的排查整改，全年共进行各类安全检查152次，共查找出安全隐患37项，并全部进行了整改；2. 加大安全投入和危险品仓库、危险品车队的安全管理，更新危险品车队，对危险品仓库进行改造，取得了新的危险品经营许可证；3. 积极推进“红树林”工程，加强对员工的安全培训教育。全年参加各类安全学习的人数达到686人次，提高了员工的安全意识和安全技能。是年，供应公司安全生产形势平稳，没有发生安全事故，被广远评为“安全生产先进单位”。（黄捷）

【深入学习实践科学发展观】 2009年，供应公司党总支根据中远集团和广远统一部署，顺利完成了为期4个月的深入学习实践科学发展观活动。为确保学习实践活动有计划、按步骤进行，确保学习实践活动措施到位、工作到位，取得实效，供应公司除完成各项“规定动作”外，还创造性地完成了一些“自选动作”，得到上级党组织的肯定和表扬。是年，供应公司通过学习实践活动，有效应对国际金融危机的冲击，推动了企业科学、健康和可持续发展。（黄捷）

【加入黄埔区酒协】 2009年3月，供应公司在广州市黄埔区经贸局和黄埔区贸促会等有关部门的大力支持下，正式加入广州市黄埔区酒类专卖行业协会，并被选举为副会长企业。供应公司加入广州市黄埔区酒协不仅有利于加强供应公司与酒类专卖行业和政府之间的联系和交流，还有利于供应公司酒类业务的健康拓展。

（黄捷）

【召开2009年第一次董事会】 2009年3月18日，供应公司召开2009年第一次董事会。会议由董事长林立兵主持。会议审议通过了《总经理工作报告》及《财务工作报告》；总结2008年的工作，明确了2009年努力方向和奋斗目标。（黄捷）

【质量管理体系顺利通过年审】 2009年7月29~30日，中国船级社质量认证公司派出审核组对供应公司ISO9001：2000版质量管理体系进行了年度审核。审核期间，审核组采取提问题、听汇报、查记录、与高层管理人员座谈等方式，对供应公司质量管理体系所涉及的相关部门进行了现场审核。审核组认为供应公司的服务质量满足规定要求，得到客户的认同，体系运行正常，符合GB/T19001-2000标准。

（黄捷）

【获得新的危险品仓库经营许可证】 2009年7月9日，供应公司成功取得了广州市安监局颁发的《危险化学品经营许可证》。危险化学品仓库经营许可证的取得，有利于供应公司依法依规持续经营，为赢得经济效益提供有效保障。（黄捷）

【参加第四届广东国际酒饮博览会】 2009年7月9日，供应公司参加了第四届广东国际酒饮博览会。供应公司代理经营的澳洲“酷马”系列葡萄酒和希腊原产的多个品牌葡萄酒在博览会上亮相展出。通过参展进一步提升了“酷马”系列红酒的市场影响力和品牌知名度，提高市场占有率，为拓展新的市场奠定了良好基础。

（黄捷）

【“酷马”红酒入驻广州保税区国际酒类交易中心】 2009年9月8日，位于广州保税区广保大道17段首层103号的“酷马”红酒专营店正式开张营业。这标志着供应公司经营的“酷马”红酒正式入驻广州保税区国际酒类交易中心。供应公司“酷马”

红酒专营店的设立，吸引了全国各地广大客户的浓厚兴趣，纷纷前来咨询洽谈，从而提升了“酷马”系列红酒市场影响力和品牌知名度。（黄捷）

【引进“两仓信息化”系统】 2009年10月，供应公司根据黄埔海关相关政策的要求和加强内部管理的需要，引进了“两仓信息化系统”。该系统是黄埔海关为加强海关出口监管仓和公共保税监管仓推出的新的物流信息化管理系统，系统包含报关数据管理、库存管理和与海关信息连接等功能模块。“两仓”信息系统的引入，使供应公司代理业务的库存管理进一步完善，仓储管理更加科学化和信息化。（黄捷）

【开展“我为企业降本增效‘献一策，做一事’”活动】 2009年3月起，供应公司党总支根据岸产事业部的部署，结合精益管理要求，深入开展“我为企业降本增效‘献一策，做一事’”活动。活动以“规范管理、降本增效”为主题，重点围绕可控成本核心要素，在“降”字上下功夫，在“增”字上想办法，切实把降本增效活动渗透于企业生产经营的全过程，融入到企业生产经营和管理的每一个环节，发动广大员工立足本职岗位，为节能减排和降本增效积极建言献策，从节约一分钱、一滴水、一度电、一张纸做起为企业创效益。是年，供应公司“拓展新造船业务”项目，创造营业收入750万元，获得广远岸产企业“献一策，做一事”活动一等奖。

（陈溪连）

【开展廉洁从业“纪律教育月”活动】 2009年7月，供应公司党总支根据广远廉洁从业“纪律教育月”活动部署，深入开展以“加强作风建设，保障科学发展”、“遵纪守法、廉洁从业”为主题，以学习贯彻“三项法规和专项治理工作意见”为重点的廉洁从业“纪律教育月”活动。活动期间，供应公司党总支积极组织理论学习，深刻领会各项法律、法规内涵和上级领导指示精神，进行反腐倡廉动漫作品展播和廉洁文化理念提炼宣传，开展保密法规教育和案例警示教育等。通过活动，加强了党员干部和关键岗位人员的党性修养和思想、职业道德修养，促进了企业的廉政建设。（陈溪连）

【党总支换届选举】 2009年11月23日，供应公司党总支在广远党委和岸产事业部党工委的指导下召开全体党员大会，选举产生新一届党总支委员会。会议采取无记名投票方式进行差额选举，甄伟、方少彪、廖伟文当选为新一届党总支委员会委员。

（陈溪连）

【供应公司领导班子评为“四好领导班子”】 2009年，供应公司积极开展创建以“政治素质好、经营业绩好、团结协作好、作风形象好”为主要内容的“四好领导班子”创建活动，结合企业实际，积极应对国际金融危机，顽强拼搏效益。经广远和岸产事业部的考核评选，供应公司领导班子被评为2009年度“四好领导班子”。

（陈溪连）

【发展6名党员】 2009年，供应公司党总支按照“坚持标准，保证质量，改善结构，慎重发展”的方针，做到有组织、按步骤地发展党员。经过学习培训，培养考

察，定期谈话，民主讨论等程序，全年发展党员6名。（陈溪连）

【工会换届选举】 2009年2月27日，供应公司召开第四届一次职代会、工代会暨2009年工作会。按照《工会法》和相关工作条例，民主选举产生了新一届工会主席、工会委员会委员和工会经费审查委员会委员。（陈溪连）

【工会文体活动】 2009年4月，供应公司工会组织员工积极参加广远成立48周年系列庆典文体活动。在各项文体比赛中取得了较好成绩，分别获得男子篮球比赛亚军，登山比赛团体第4名，乒乓球比赛团体第4名。供应公司工会被广远工会授予广远2009年度“达标先进工会”。

（陈溪连）

【推进共青团工作】 2009年，供应公司团总支在党总支的领导下，紧紧围绕企业经营目标，坚持“融入中心、进入管理、服务企业、服务青年”，团结带领广大团员、青年积极践行科学发展观，深入开展各类主题活动，努力争创一流业绩，为企业改革发展贡献青春、智慧和力量。是年，团总支被广远团委命名为“2008~2009年度五四红旗团（总）支部”，团总支书记姜楠被广远团委授予“2008~2009年度优秀共青团干部”，黄捷被广远团委授予“2008~2009年度优秀共青团员”，袁宏图被中远集团授予“2008~2009年度青年岗位能手”称号，陈溪连、袁宏图被广远团委授予“2009年度青年岗位能手”。

（陈溪连）

第三节 广州远洋建设实业公司

【广州远洋建设实业公司简介】 广州远洋建设实业公司（以下简称“建设实业”）是广远于1993年6月8日以原基建处为班底成立的。该公司主要从事房地产开发、物业经营、工程监理等多项业务。

建设实业下设营销部、策划部、开发部、工程部、广远新办公大楼——广州远洋大厦项目部（与工程部合署办公）、财务部、办公室、党工部、远晖商厦服务中心。

建设实业设董事会、监事会。时任董事长林立兵，董事佟文华、王玉生、陈建钦、郑培贤。监事赵洪先。时任总经理兼党总支副书记郑培贤，党总支书记陈建钦（兼），副总经理王庆来，财务总监杨泱。员工91人。（周幸忠）

【建设实业工作概况】 2009年，建设实业本着“研究市场并走在市场的前面，研究客户并服务至客户的面前”的经营理念，以超前的市场意识抓好主业及主业以外的经营，广远新办公大楼——广州远洋大厦建设项目获得业界的认同和市场的肯定，物业经营在业界获得良好口碑。建设实业坚持用“两公两严”（公道正派、公开坦诚+严格严厉）管理原则引导员工，营造了积极向上的企业文化氛围，带出一支“阳光高效”的员工队伍，企业凝聚力越来越强。是年，建设实业提前超额完成上级下达的年度利润指标，广远新办公大楼——广州远洋大厦建设项目进展顺利，企业安全稳定，并被广远授予"双文明建设先进单位"、"安全生产先进单位"、"达标模范工会"等荣誉称号，领导班子被广远党委评为"四好领导班子"。　（周幸忠）

【效益导向，贴紧市场】　2009年，建设实业坚持"效益导向，贴紧市场"经营策略，在做好开发主业工作的同时，用心经营出租物业，取得良好的经济效益。建设实业针对广远新办公大楼——广州远洋大厦项目整层销售、总价金额高、存在目标客户数量少、谈判时间长、价格折扣大等问题，为及时回笼资金用于建设投入，采取了合适的营销策略，立规章、定底价，利用中介客户资源和银行高端投资客户资源进行定向式精准销售，成功售出可售楼层9层中的6层，单价均高于市场价，获得业界的认同和市场的肯定。此外，建设实业通过改造经营物业、提升服务品质、增加服务附加值等一系列举措，使远晖商厦仅有的可租物业，在周边写字楼受经济形势影响租金下跌的情况下，仍达到接近满员的出租率和高位的租金，有效地实现了经营物业效益的最大化。　（周幸忠）

【《南方工报》载文介绍建设实业管理新方法】　2009年1月9日，《南方工报》刊登《国有企业管理新方法初探》一文，介绍了建设实业企业管理方面的成功经验和做法。近年来，建设实业在生产经营管理实践中，尝试一种适合于企业特点的、高效实用的管理方法，其主要内容是秉承务实前瞻的管理理念，大胆地走出"以前我都是这样做的"这一习惯性的思维怪圈，用"我应该怎样做才能比以前做得更好"这一新的思维方式去挑战传统的管理方法与习惯做法，一手抓"两公"（公道正派、公开坦诚），一手抓"两严"（严格、严厉），"两公"、"两严"两手并举，通过"三变"（变"公开、公平、公正"为"两公+两严"、变"说教"为"引导"、变"形式机械"为"实用高效"）。建设实业这种国有企业管理新方法，使企业的内部管理在实用性、人性化的方面发生了质的变化，促进了企业的发展。　（周幸忠）

【重视引导，营造阳光向上氛围】　2009年，建设实业重视对员工的个性化引导教育工作，为企业建设发展营造阳光向上的良好氛围。建设实业以网络邮箱、宣传园地为平台，通过调查问卷，让员工在专用电子邮箱讨论平台上自由表达自己的观点和想法等形式，在员工中开展"员工从业品德"讨论，从思想、生活、作风、纪律等多个方面去引导员工。建设实业还组织全体党员和广大员工群众以"移动党课"的形式与党员、员工进行双向交流，引导党员和员工正确理解科学发展观和市场经济中的等价交换原则在企业经营和管理过程中的深刻内涵，对形成市场经济条件下共同的价值取向、对营造阳光向上氛围树立企业正气起到了促进作用。（周幸忠）

【召开第二届第二次董事会】　2009年3月11日，建设实业召开第二届第二次董事会。参加会议的有董事长林立兵，董事佟文华、王玉生、陈建钦、郑培贤。会议由林立兵主持。会议审议通过了《2008年度总经理工作报告》、《2008年度财务决算报告》、《2009年度财务预算报告》、

《2009 年投资计划》及提请董事会研究的相关议题。董事会充分肯定了建设实业 2008 年的工作，并对 2009 年的工作提出了具体要求。（伍剑）

【深入开展学习实践科学发展观活动】 2009 年 3~6 月，建设实业扎实开展学习实践科学发展观活动。在开展活动中，坚持高标准、严要求，注重在深入学习调研、深刻分析检查、深化整改落实上下功夫，既按时、按质、有序地完成“规定动作”，又突出特色创新开展“自选动作”。通过学习实践活动的深入开展，建设实业党员干部和员工群众对科学发展规律的认识得到进一步深化，推动企业科学发展的能力得到进一步增强，降本增效和企业精益管理的能力得到进一步提升。（周幸忠）

【广州远洋大厦顺利封顶】 2009 年 6 月 15 日，建设实业开发的建设项目广远新办公大楼——广州远洋大厦主体结构顺利封顶。是年，在现场举行了简朴而又热烈的封顶仪式。岸产企业营运总监林立兵、建设实业领导班子及相关人员、施工监理审计单位负责人等出席了仪式。

（吴文刚）

【精益管理工作成效显著】 2009 年，建设实业精益管理工作坚持以成本控制、流程优化、节能减排为重点，将精益管理思想融入到企业生产经营管理的各个环节，取得了显著成效。“广州远洋大厦设计优化——缩短工程工期及降低工程造价项目”获得广远“星光奖”，“公司办公通信费用”和“远晖商厦电梯节能降本”两个项目获得广远“入围奖”。（周幸忠）

【远晖商厦服务中心提升服务质量得到客户认同】 2009 年，建设实业远晖商厦服务中心以安全生产为“经”、先进管理理念为“纬”，不断强化服务意识，提升服务质量。通过狠抓外围乱摆、乱卖现象和规范商铺用电、用水、排烟与店面装饰等措施，整治和改善了周边环境；主动对业主与租户作出服务承诺，为租户排忧解难并提供专业的物业服务，得到客户的认同，客户服务满意度达 98.5%。是年，建设实业远晖商厦服务中心被广远团委授予“青年文明号”荣誉称号。（阮智铭）

【协助住宅楼加装电梯】 自 2007 年底开始，建设实业根据广远领导的指示精神，调派专业人员组成专门工作小组，深入研究住宅楼加装电梯的可行性，通过积极寻找政策依据和办事信息，咨询了解加装电梯的相关环节和资料要求，反复与政府部门沟通交流，得到了政府部门的理解和支持。2009 年 1 月 15 日，首批加装电梯试点（广州天河东远洋小区 6 栋和 8 栋）取得了《城市建设规划许可证》。加梯项目在 2 月份顺利开工，并于 7 月正式投入使用。

（周幸忠）

第四节　广州远洋物业管理有限公司

【广州远洋物业管理有限公司简介】　广州远洋物业管理有限公司（以下简称“物业公司”）是广远和建设实业共同出资于1996年10月成立的国有全资企业，注册资本500万元。2008年6月，建设实业持有的物业公司股份无偿转给广远，物业公司成为广远独资企业，注册资本保持不变。物业公司主要业务是物业管理、室内装修、水电维修、国内商品及物资供销和房屋租赁。物业公司成立之初由建设实业代管，主要负责广远在广州地区的房产物业的管理工作。1997年12月，物业公司正式独立运作。2000年2月，广远撤销行政处，并将行政处原有的房租、水电费收缴、煤气供应等部分职能划归物业公司管理，同时将行政处房管科和房改办合并设置为物业公司房产部。11月，广远将原黄埔船员基地招待所划归物业公司管理，保持接待中远船员的职能不变。2001年4月，广远实行机构改革，将机关大楼管理、机关食堂管理、卫生处、机关车队等4项职能及相关人员划归物业公司管理。2005年，为进一步加强广远在外地的房产管理，物业公司成立了物业公司上海分公司，负责广远在上海的房产物业、商铺租赁的经营管理。至此，物业公司由成立之初单一的房改房宿舍管理增加了房产管理、招待所管理、写字楼物业管理、医疗保健、车队管理和广远本部员工食堂管理等服务职能。

2009年，物业公司根据广远改革的需要，在岸产事业部的统一领导下，分别退出位于湛江市和广州市两地共计建筑面积约28万平方米商住楼的物业管理。同年，退出天河幼儿园和大沙地幼儿园的管理，并按照国家的法律、法规妥善解决员工分流安置问题。5月，岸产事业部将大富酒店交由物业公司托管。至此，物业公司管辖的总面积为46万多平方米。其中，房改房40多万平方米，物业租赁近6万平方米。

物业公司下设综合办公室、党工部、安全质量部、财务部、经营部、工程部、房产部、物业管理部、医疗中心和大楼管理中心；企业分支机构有上海分公司、上川岛远洋酒店；独立经营核算的管理单位有黄埔远洋酒店、湛江物业管理分公司和大富酒店。

物业公司设董事会、监事会。时任董事长马宗梅，董事王玉生、陈建钦、佟文华、张清强。监事曾德如（1~3月）、赵洪先（3~12月）、沈仕乐。时任总经理、党委副书记张清强，党委书记王玉生（兼），副总经理林远平，纪委书记兼工会主席吕英翼。员工304人。　　　　（吴卫锋）

【物业公司工作概况】　2009年，物业公司坚持以“服务是根本，经营作保障”的经营管理理念，以“阳光、和谐、高效、有为”的八字方针为指导，全力推进企业的规范管理和市场开拓工作，较好地完成各项工作任务和上级下达的各项经营管理目标。是年，物业公司为促进企业发展，建立健全内部约束机制，规范财务管理行为和经营收费管理工作，强化企业财务风险控制，推进企业规范建设取得了实效。

在经营收费管理工作方面，物业公司成立了“规范经营管理专项工作小组”，以物业经营收费管理为切入点，以点带面，对涉及7个部门、16个经营管理点、11个收费点进行全面检查，发现问题及时整改。在加强内部收费管理工作的同时，进一步完善财务业务操作规程，加强物业收费管理，制定统一收费表模版，使物业收费管理水平得到明显提高。

在人力资源管理方面，物业公司着力做好商品房物业管理和幼儿园管理的退出工作，分别制定了《幼儿园人员分流安置方案》、《退出广州商品房人员分流安置方案》、《退出湛江商品房人员分流安置方案》，并通过上级主管部门和本企业职工代表大会审议。4~11月，物业公司分别完成湛江市和广州市地区商住楼宇物业管理的退出工作；完成天河幼儿园、大沙地幼儿园管理的退出工作；妥善分流安置员工160人。其中，安置员工19人，分流员工141人，给予分流员工发放经济补偿金250多万元，确保分流安置员工平稳过渡和整个员工队伍的稳定。

在物业租赁经营方面，物业公司从市场需求出发，深入分析市场形势的发展变化，掌握市场规律，熟悉市场法则，减少市场风险，积极开展各项物业租赁业务。尤其面对国际金融危机，将“转变作风抓落实”融入到实际工作中，用科学发展观分析在物业租赁经营过程中遇到的问题，通过采用创新经营等措施，降低国际金融危机对租赁经营工作的影响，使各项工作得到全面落实，保证了企业租金收入的稳定性和连续性，较好地完成了全年租赁目标。

在小区物业管理方面，物业公司把工作重点放在加强员工物业服务意识和专业技术水平的提高上，始终本着“稳定广远业主大后方”的工作原则，积极开展各项服务工作，实现“安全生产年”目标。3月，下发了《开展物业管理“优质服务年”活动实施方案》，加大提高服务质量、服务意识的教育力度，全年组织继续教育培训60人次，相关业务培训776人次，指导各单位开展安全应急演练3场450人次，组织小区保安员学习培训4950人次，组织员工岗位技能竞赛一场70人次。

在精神文明建设方面，物业公司党委积极开展深入学习实践科学发展观活动，带领广大党员、员工以积极开展“三创建、三促进”（创建学习型部门，促进思想解放；创建服务型部门，促进和谐稳定；创建创新型部门，促进科学发展）主题活动，使广大党员、员工进一步提高政治思想觉悟，推动“服务好远洋、服务好业主、服务好基层，创和谐企业”活动的深入开展，有效地促进服务水平的提高，促进企业的健康和谐发展。 (吴卫锋)

【变更领导班子成员】 2009年3月12日，岸产事业部聘任张清强为物业公司总经理兼党委副书记；11月16日，岸产事业部聘任林远平为物业公司副总经理，免去张玉凌物业公司副总经理职务和任紫侠物业公司副总经理兼党委副书记职务。物业公司领导班子调整后，党委书记王玉生(兼)，总经理张清强，副总经理林远平、纪委书记兼工会主席吕英翼。(何永佳)

【挖掘物业租赁经营效益】 2009年，物业公司经营部项目开发小组根据原有物业和岸产事业部新交付管理的物业情况，深入市场调查，不断创新经营理念，做好物业租金的预算；按照空置物业坚持早出租、早产生效益的原则，采用对租赁期满的物业制定转营出租的策略；对位置偏僻、人流稀少，商业氛围不浓的物业，制定“目的性”出租方式，分别将位于天河东商铺、东圃远洋宿舍首层（原化工城）、棠下商铺、华南医疗老厂等物业成功出租，为企业年增收入 100 万元。　（汪雪）

【发挥房产中介作用】　2009 年，物业公司中介中心在确保物业安全稳定的前提下，抓住机遇、摸清市场，创新经营，积极挖掘房屋出租潜能和资源，把旧房（空置、闲置物业）升级改造，提高出租率和提高租金作为新的经济增长点，整体租金收入有较明显提高。是年，物业公司将 168 套空置房成功出租 165 套，出租率达到 98%，收取中介服务费 4 万多元，租金总收入与 2008 年同比增加 13%。　（王新国）

【提高物业管理服务质量】　2009 年，物业公司为进一步提高物业管理服务意识和服务质量，开展“优质服务年”活动。在开展活动过程中，物业公司制定下发《开展物业管理“优质服务年”活动实施方案》和指导性文件 5 份，对各项工作管理流程进行细化，进一步明确各种岗位职责。同时，制定《停车场收费管理规定》、《小区停车场收费管理实施细则》，有效解决了停车场管理规章制度滞后的问题。通过活动的开展，员工的精神面貌有了明显的转变，服务质量有很大提高，整体服务水平迈上新台阶。是年，沙园管理处荣获广州市海珠区“2009 年度综合治理先进集体”、广州市海珠区“2009 年度创文明城市先进单位”、广州市海珠区“2008~2009 年度爱国卫生运动先进集体”；远洋明珠管理处被广州市天河区猎德街评为“维护稳定及社会治安综合治理先进单位”；物业公司被广远评为 2009 年度“文明示范窗口”。

（王新国）

【推进商品房物业管理的退出工作】　2009 年，根据广远改革战略部署，在岸产事业部的领导下，物业公司认真制定退出商品房物业管理的工作计划，并按照计划步骤实施。4 月 1 日，湛江分公司正式退出该地区的商品房物业管理。7~11 月，物业公司相继完成对海逸阁、远洋明珠、远洋明苑、远东大厦（东塔）物业管理的退出工作。是年，物业公司共退出物业管理建筑面积 7.6 万平方米，分流员工 6 人，补偿安置员工 92 人，确保员工队伍的稳定。

（刘海夫）

【推进用水一户一表工程】　2009 年，物业公司推进实施小区供水“一户一表”改造工程。3~9 月，相继完成水荫四横路、永福路、小北高层、中山三路、大德路、淘金路、天河北、马腰岭远洋宿舍的用水“一户一表”改造工程。改造工程的实施，大大减少企业的水费开支。

（王新国　许参）

【配合“迎亚运”市政改造整饰工程】

2009 年 1~6 月，物业公司为配合市政“迎亚运”改造整饰工程，青龙坊管理处和晓港管理处以及沙园管理处在做好安全防范措施的前提下，加大保安员的巡查力度，积极配合工程队有序施工，保证改造整饰工程顺利完成。同时，沙园小区在沙园街道的大力支持下，由沙园街道出资800多万元对沙园小区进行雨污管道分离工程改造、路面改造和所有楼宇外立面整饰翻新，使小区外貌焕然一新。（王新国）

【医疗中心工作】 2009年，医疗中心坚持精益管理理念，认真履行与广远签订的医疗卫生服务协议，克服人手短缺的困难，全体医务人员共同努力，为船舶生产和船岸员工做了大量的医疗卫生、保健服务工作。全年日常门诊12024人次，船员上船体检2459人次，电报会诊116份，船舶供药87艘，签发船员境外体检表、酒精毒品证明书420份、工伤认定评残及适航材料审定39份。全年没有发生医疗差错事故。（区细凤）

【推进存量房的处置工作】 2009年，物业公司房产部根据广远制定的“存量房处置方案”，积极推进存量房处置工作，确保广远权属存量房产的处置工作有序进行。是年，物业公司对存量房分割测绘169套，办理房产证227本，并交纳土地出让金；存量房的出售立案20套，过户并办理房产证12本。（吴永洪）

【确保广远机关大楼工作的正常运转】 2009年，广远机关大楼管理中心（以下简称管理中心）按照物业公司与广远签署的物业管理协议，积极抓好安全工作，充分调动保安队伍的积极性，加强管理，对上访人员做好接待、疏导工作。是年，管理中心履行广远委托协议，确保广远办公大楼工作的正常秩序。（张炳忠）

【广远获“广州市2009年度无偿献血先进集体”称号】 2009年，医疗中心医务人员积极组织动员广远员工参与广州市无偿献血活动。在员工的踊跃参与下，广远超额完成广州地区的公民义务献血任务。是年，广远获得“广州市2009年度无偿献血先进集体”荣誉称号。（区细凤）

【召开第四届第九次职代会暨2009年工作会】 2009年2月18日，物业公司召开第四届第九次职代会暨2009年工作会。正式代表52人，列席代表8人。会议由工会主席吕英翼主持。会议审议通过了《物业公司2008年工作总结报告和2009年工作计划报告》、《物业公司2008年度财务决算和2009年财务预算工作报告》。会上，企业与员工签订新的《集体劳动合同》。（何永佳）

【召开第七届第一次董事会】 2009年3月12日，物业公司召开第七届第一次董事会。董事长马宗梅，董事王玉生、陈建钦、佟文华、张清强参加了会议。会议由马宗梅主持。会议审议通过了《物业公司2008年工作总结报告和2009年工作计划报告》、《物业公司2008年财务决算工作报告和2009年度财务预算工作报告》。会上，张清强汇报了第六届第三次董事会决议的执行情况。（何永佳）

【加强企业党建工作】 2009年，物业公司党委带领广大党员和群众积极深入开展学习实践科学发展观活动。在整个学习实践活动中，物业公司党委紧紧围绕党员干部受教育，科学发展上水平，人民群众得实惠的学习总体要求，完成了学习任务。

与此同时，物业公司党委制定了《二〇〇九年纪检监察宣传教育工作计划》和《二〇〇九年监督检查暨效能监察工作计划》，进一步督促企业领导干部廉洁从业；制定贯彻落实《广远公司建立健全惩治和预防腐败体系 2008~2012 年实施计划》的具体措施，并将任务分解到各个单位和部门。物业公司采取的这些措施，有效地促进企业领导干部和重要岗位管理人员廉洁从业的自觉性，加强企业党的建设。此外，物业公司还抓好党员发展工作，全年发展党员 4 名，预备转正党员 4 名。（何永佳）

【加强企业文化建设】 2009 年，物业公司以增强员工学习意识为重点，以适应企业发展要求为目标，广泛开展“送文化、送知识”活动，大力推进深化“创建学习型企业，争做知识型职工”活动。是年，物业公司组织全体员工开展“读书·思考·进步”活动，将收集到的优秀读书心得体会和优秀论文作品，挂在企业网络平台供员工学习。物业公司还召开了政研会，在会上发表了 6 篇优秀论文。郭铁兵撰写的《劳动合同法对企业用工制度的影响与对策》，获广东省海员工会优秀论文奖。

（黄志云）

【团总支工作概况】 2009 年，物业公司团总支在企业党委领导下，深入开展学习实践科学发展观，组织团员、青年开展向雷锋学习、向吴大观学习活动，充分发挥共青团员生力军的作用，团总支工作取得较好的成绩。是年，物业公司团总支被中远集团评为“2007~2008 年度五四红旗团总支”，黄贤清、孙招敏被广远评为“2008 年度青年岗位能手”，黄埔远洋酒店保安班被广远评为“2008 年度青年安全生产示范岗”，黄埔远洋酒店客房部和沙园管理处保安班、黄埔管理处保安班被广远继续认定为“青年文明号”和“青年安全生产示范岗”。（黄志云）

【开展“企业文化月”活动】 2009 年，为迎接新中国成立 60 周年庆典以及响应中远集团第三届“职工文化月”活动的号召，物业公司结合企业成立 13 周年，在 9~10 月开展“企业文化月活动”。组织篮球、羽毛球、乒乓球、棋牌、斯诺克、拔河、电脑技能、消防技能、文化作品等多项员工喜闻乐见的竞技活动，展现了企业员工爱岗敬业、齐心协力、共克时艰、和谐发展的良好精神风貌，推动企业文化建设和促进企业稳定发展。（黄志云）

【提高员工整体素质】 2009 年，物业公司为全面提高员工整体素质，打造学习型员工队伍，按照企业“红树林”工程三年实施方案和年度培训计划，结合广远安全工作部署和安全工作计划，组织各种业务学习培训。其中，举办新保安员培训班 3 期 42 人、防火责任人消防考证 6 人、物业资格证书年审考证 7 人、参加省安全主任培训考证 2 人、年审考证 4 人、其它相关业务培训 776 人、指导各单位开展安全应急演练 3 场次 450 人次；小区保安员学习

培训4950人次、组织员工岗位技能竞赛一场次70人次。是年，物业公司通过培训，使各员工岗位技能水平得到有效提高，整体素质得到加强。（张永久）

【开展精益管理工作】 2009年，物业公司本着“精益管理，从细做起”的工作原则，制定年度精益管理、节能减排工作实施计划。通过计划的实施，提高了员工精益管理意识，做到办公用品、行政费用、经营成本精打细算，从而有效实现企业节能减排的工作目标。同时，积极开展QC小组活动。物业精益管理QC小组《降低办公用品费用》分别获得广远、广州市、广东省优秀质量管理奖；“优化租赁提高租金收益”获得广远“月光奖”；物业公司“技术改造节约打印耗材”和大富酒店“临时住改商转为长期住改商”获得广远“入围奖”。（张永久）

【爱国卫生委员会工作概况】 2009年，广远爱国卫生委员会（以下简称爱卫会）认真做好环境卫生整治工作，积极组织开展病媒生物防治消杀工作。在甲型H1N1流感防控工作中，积极加强与广州市卫生局和市疾控中心联系，在广远船岸中做好宣传工作，并制定《船舶防控甲型H1N1流感措施》和《甲型H1N1流感防控指南》；同时，给38艘船配备防治甲型H1N1流感药品、用品。与广州市润泉城市害虫防治有限公司签订全年灭鼠杀虫服务协议，做好广远办公大楼灭鼠杀虫服务，确保广远办公大楼环境卫生。（区细凤）

【黄埔远洋酒店工作概况】 2009年，黄埔远洋酒店坚持以“顾客至上、服务第一”的服务理念，广开门路，招商引客，全年客房入住率与2008年同比上升11.2%。是年，黄埔远洋酒店承接中远航运培训班3次共70人次，承接物业公司内部各种培训、会议共400人次，全年总收入和利润均创历史最好水平。（李丽）

【上川远洋酒店工作概况】 2009年，上川远洋酒店全力抓好安全经营，对使用期满的消防设备设施进行更换。为拓展经营，坚持以“顾客至上，服务第一”的工作原则，主动上门招揽业务，紧密与旅行社进行业务沟通，在经常受到台风的影响下，酒店仍然保持正常的收入水平。（毛铮）

【外地房产清理工作概况】 2009年，物业公司加强对外地房产清理工作，通过积极与当地房管相关职能部门进行联系和沟通，对当地的房产市场进行详细的调查和分析，提高了对外地房产清理工作的效率。是年，物业公司对大连、天津、上海等地区的4套权属房产进行挂牌处置，保证了国有资产不流失。（吴永洪）

【车队管理概况】 2009年，广远本部车队由物业公司派出司机，广远总经办负责车辆的日常管理、使用和调动。广远本部车队在广远总经办和物业公司的双重领导下，全面落实各项规章制度，强化安全行车管理，积极开展精益管理工作，对车辆保养实行扩大自修项目，力求减少进厂修理，并对车辆进厂修理项目严格把关，控制成本，全年车辆维修费用比预算计划降低25%。在燃油价格上涨情况下，车队做到合理使用车辆和科学调配车辆，较好地完成广远交办的各项工作任务。是年，车

队全年出车6000车次，安全行车30余万公里，节约成本有成效，被广州市越秀区评为“交通安全先进集体”。　　（江伟添）

【湛江分公司工作概况】　2009年4月1日，物业公司湛江分公司正式退出湛江市商品房物业管理工作，并依法依规妥善解决人员分流安置问题。湛江分公司退出商品房物业管理后，加强内部管理，改善经营，加大对物业管理费欠费的追缴力度。是年，追回各种拖欠的物业管理费用10万元。　　（陈上福）

【上海分公司工作概况】　2009年，上海分公司积极完成物业公司交办的各项工作，全年回收商铺物业管理费100%，回收住宅物业管理费80%；为迎接上海“世博会”的召开，认真做好安全防范工作，积极配合政府部门改造住宅外墙立面装饰工程。

（龚乾慈）

【大富酒店工作概况】　2009年5月1日，根据广远深化改革的部署，广远岸产事业部决定将大富酒店委托物业公司代管，并将原经营的旅馆住宿业务全面整合为物业（写字楼）租赁业务。大富酒店整合转营后，面对国际金融危机的冲击，在人手少，任务重的情况下，发扬创新精神，深入市场调查，挖掘潜在发展空间，在较短的时间内，走上整合转营的正式轨道。是年，物业（写字楼）出租率92.36%，利润总额为年度调整后预算指标的239.5%。

（陈奕良）

【幼儿园工作概况】　2009年，物业公司下属的天河幼儿园和大沙地幼儿园根据物业公司《幼儿园人员分流安置方案》，积极做好员工队伍的稳定工作，4~11月，先后完成天河幼儿园和大沙地幼儿园管理的退出工作，共安置员工12人，分流员工33人，确保分流安置员工平稳过渡。

（唐春燕　吴卫锋）

第五节　广州经济技术开发区广远海运服务有限公司

【广州经济技术开发区广远海运服务有限公司简介】　广州经济技术开发区广远海运服务有限公司（以下简称“海运公司”）是广远全资的有限责任公司，注册资金5100万元。海运公司创建于1992年9月，主要业务包括船舶修理、机电设备安装，船舶设备、备件、物料供应，船舶监造及技术咨询服务，批发、零售贸易以及自营和代理各类商品及技术的进出口贸易业务等。

海运公司下设办公室、财务部、技术工程部、船舶监造部、船舶设备部、润滑油销售部。

海运公司设董事会、监事会。时任董事长马宗梅，董事林立兵、陈建钦、佟文华、徐国新。监事赵洪先（1~2月）、所春阁（3~12月）。总经理兼党总支副书记徐国新，党总支书记兼副总经理周舟，副总经理林民育。员工54人。　　（韩列艺）

【海运公司工作概况】　2009年，海运公司坚持“以航运业为依托，以修监造船为主业，以服务船东为宗旨，以创新经营为动力，以创造效益为根本，以安全稳定为基础，以强化管理为手段，以成本控制为重点，打造广远海运发展的新品牌”的总体工作思路，围绕“保生存、谋发展、管理上台阶”和“全力以赴拼搏全年效益”的工作目标，积极发展主营业务，完成了全年各项考核指标。船舶监造和新造船配套产业服务业务等主营业务取得了重大发展，完成6艘新造船的监造任务；陆用润滑油销售业务营业收入创历史新高；加强企业管理，制定全面流程管理体系，成立风险清查管理专项工作小组，每月对各部门的生产经营情况、成本控制情况等进行清查，尤其是对应收账款及客户的资信、现状进行清查，对资信不好的客户停止业务往来，并积极采取法律手段及时收回应收账款，确保企业资金安全；为增强抵御金融危机的能力，与中远南方、中远远达分别签署了文明共建协议，根据双方业务合作内容，定期交流沟通，达到互相促进，利益共享、同舟共济的目的；制定员工全年培训学习计划，开展全员教育培训“红树林”工程活动，鼓励员工参与各类职业资格证考证，新取得会计从业资格证、消防安全培训证、统计员资格证、人力资源上岗证等6证次。全年共派出8人次参加相关业务学习培训，举办5期全员教育学习培训班，216人次参加了培训。此外，还加强企业文化建设，组织文体活动小组，开展丰富多彩的文体活动，促进员工身心健康。是年，海运公司获广远“双文明建设先进单位”称号，技术工程部获广远“先进集体”。（韩列艺）

【党建工作概况】　2009年，海运公司党总支开展深入学习实践科学发展观活动。活动期间，共召开调研座谈会4次，召开中心组学习会2次，党总支民主生活会4次。下发《党总支工作要点》，对中心组学习、党课学习、员工学习培训、纪检监察宣传教育、监督检查暨效能监察等工作制定详细的计划，并坚持按计划执行；开展“转变作风抓落实”为主题的学习实践科学发展观活动，和“讲党性、重品行、作表率”活动；开展庆祝“七一”活动、庆祝中华人民共和国成立60周年和观看爱国主义教育影片及学习吴大观先进事迹等系列活动，坚持每季度进行一次员工政治思想教育、党风廉政教育、时事形势教育和安全教育培训；加强对入党积极分子的培养，选送4名入党积极分子到省直属工委党校参加学习培训；组织领导干部进行纪检监察工作的自查和监督检查；召开党员领导干部专题民主生活会暨述廉议廉会议；开展民主评议活动、“纪律教育学习月”活动等专题学习活动；修订“三重一大”规定和操作规程、党风建设责任制实施办法和党风建设责任制追究实施细则；坚持中层管理人员和重点岗位人员廉政谈话制度，与全体员工签订了《廉洁从业承诺书》。是年，海运公司没有发生违法违纪行为，企业领导班子被广远党委评为“四好领导班子”，技术工程部党支部获广远“2008~2009年度先进党支部”荣誉称号。

（韩列艺）

【安全管理工作概况】　2009年，海运公司安全管理坚持“安全第一、预防为主、综合治理”的方针，做到思想落实，组织落实，责任落实。企业领导与各部门签订了二级安全责任书，将安全指标和各项经济指标统一纳入年终考核；开展“平安之旅”、“安全生产月”活动，每周编辑一期安全简报；做好安全隐患排查活动及车辆安全检查工作，全年共派出安全检查人员40人次，排查安全隐患4次，并在现场做了整改；组织员工参加全国生产安全事故隐患排查治理知识竞赛等。是年，海运公司开展系列安全活动，促进企业安全稳定，确保全年安全无事故，被广远评为“2009年度安全生产先进单位”。（韩列艺）

【工会工作概况】 2009年，海运公司召开第四届第一次职工大会暨工会会员大会，大会选举产生新一届工会委员和工会主席及工会经费审查委员会委员；为确保员工的知情权，每季度召开员工会议，及时向员工通报企业经营情况和财务收支状况；工会加强企业文化建设，认真开展工运理论研究，积极组织员工参与文体活动，组队参加广远举办的篮球比赛、乒乓球比赛、登山比赛等活动，并获优秀组织奖。此外，工会还积极开展慰问员工活动，全年共慰问员工（含退休员工）17人次，发放慰问金19900元。是年，海运公司工会获广远“达标模范工会”，财务部获广远“巾帼文明岗”，陶燕琼获广东省海员工会“先进女职工”、广远“巾帼建功标兵”。

（韩列艺）

【团总支工作概况】 2009年，海运公司团总支围绕企业的中心工作，积极组织团员、青年参与企业的各项经营活动。针对青年员工的特点，组织团员、青年开展“红树林”工程培训活动、“青年岗位能手”评选活动，参与广远团委开展的拓展培训活动以及向吴大观学习演讲比赛，充分发挥团员、青年生力军的作用。（韩列艺）

【船舶监造工作概况】 2009年，海运公司船舶监造分设广州、舟山、福州和宁海4个驻厂监造组。全年共完成6艘新造船的监造工作。其中，3艘为广远系统内5900吨沥青船，2艘为广远系统内32000吨木材船，1艘为广远系统外142M重大件运输船。是年，海运公司履约监造的新造船舶有中远远达6艘32000吨木材船、中远南方2艘5900吨沥青船、中远航运2艘5000PCTC汽车船、厦门远洋2艘32000吨木材船、省远洋1艘76000T散货船、上海瑞宁航运有限公司1艘33000吨散货船以及香港盛宝船务公司所属6艘76000吨散货船。是年，海运公司新签船舶监造合同7艘，均为广远系统外的监造项目。

（韩列艺）

【精益管理工作】 2009年，海运公司制定精益管理实施方案和节能减排工作计划以及成本控制计划，将精益管理理念贯穿到生产经营管理的每一个环节，把成本控制、船舶监造周期和依托航运主业开辟新业务方面作为精益管理活动重点。是年，海运公司技术工程部QC活动成果被广州市评为“优秀质量管理小组”，该部精益管理亮点“成功开发绑扎立柱制造安装工程业务取得良好经济效益”获广远月光奖；船舶监造部的“船舶监造业务向系统外延

伸取得新发展”获入围奖。海运公司还大力开展“我为企业降本增效‘献一策、做一事’活动”，共收到合理化建议50条。是年，海运公司在参加岸产企业“合理化建议”活动的项目评比中，其中一项获得三等奖，两项获得优秀奖。（韩列艺）

【召开第四届第一次职工大会】 2009年2月21日，海运公司召开第四届第一次职工大会暨工会会员大会、2009年工作会和安全生产工作会。全体员工出席了会议。会议由党总支书记周舟主持。大会审议通过《认清形势，统一思想，开源节流，化危为机，确保海运公司健康、稳定和可持续发展》工作报告、《以人为本，夯实基础，增强抵御能力，实现科学发展》、《2008年度财务决算报告及2009年度财务预算报告》和《工会经费审查报告》。会议选举产生新一届工会委员会、工会经费审查委员会以及工会主席和工会经费审查委员会主任。会上，总经理徐国新与部门负责人签订《2009年度二级安全管理目标责任书》，与全体员工签署《廉洁从业承诺书》。

（韩列艺）

【召开2009年董事会】 2009年3月18日，海运公司召开2009年董事会。参加会议的有董事长马宗梅，董事林立兵、陈建钦、徐国新，董事佟文华因公差请假。会议由马宗梅主持。会议通过董事、监事调整的决议，审议通过《总经理年度工作报告》、《2008年度财务决算报告及2009年度财务预算报告》。会议对海运公司2008年所取得的成绩给予充分肯定，并对今后的工作提出了要求。（韩列艺）

【开展“读书·思考·进步”专题读书活动】

2009年5~6月，海运公司在员工中开展“读书·思考·进步”专题读书活动，向员工推荐《科学发展观学习读本》、《毛泽东 邓小平 江泽民论科学发展》、《科学发展观重要论述摘编》、《做一个懂得感恩的员工》和《激荡三十年》（上、下）等书目。本次主题读书活动共有46人参加，占员工总数的85.2%，收到读书心得体会文章26篇；在专题读书活动成果讲述会上，党总支书记周舟对专题读书活动进行了总结，并对讲述会进行了点评。（韩列艺）

【举办销售技巧培训】 2009年6月12日，海运公司举办销售技巧培训，企业主管领导及润滑油销售部全体人员参加了培训。培训由埃尔夫润滑油（广州）有限公司驻海运公司销售代表进行授课，重点对销售人员传授有关营销技巧（包括社交礼仪、询问、推介、说明、达成协议等）以及在埃尔夫产品销售过程中可能遇到的各种问题及解决办法。参培人员通过培训学习，对如何掌握销售技巧，并在实际工作中怎样巧妙运用有了进一步理解，对做好销售工作增添了信心，提高了销售水平。

（韩列艺）

【举办消防安全培训】 2009年7月17日，海运公司举办消防安全培训，邀请广州市消防协会专业人士进行授课，共有42人参加了培训。本次培训，除了专家讲课外，参加培训人员还观看火灾案例短片，进一步提升消防意识。（韩列艺）

【召开年中工作会暨学习实践科学发展观活动总结会】 2009年7月17日，海运公司召开年中工作会暨学习实践科学发展观活动总结会。全体员工出席了会议。会议由党总支书记周舟主持。会议传达学习了中远集团、广远2009年年中工作会议精神，总经理徐国新作了《认清形势抢机遇、树立信心拼效益》的年中工作报告，对企业半年来的经营情况进行总结，对下半年的工作进行部署。周舟对开展深入学习实践科学发展观活动的情况进行总结，并对整改落实工作进行布置。 （韩列艺）

【广州市讯洋电子设备有限公司清算注销】 为配合广远深化改革项目工作，海运公司根据上级主管单位要求，重新展开对广州市讯洋电子设备有限公司的清算注销工作。2009年7月27日，广州市工商行政管理局越秀分局正式核准注销其工商登记；8月3日，广州市组织机构代码管理中心正式核准注销其组织机构代码。至此，海运公司对广州市讯洋电子设备有限公司的清算注销工作圆满完成。 （韩列艺）

【召开群众满意度测评会】 2009年8月14日，海运公司党总支组织召开深入学习实践科学发展观活动群众满意度测评会。会议由学习实践活动领导小组副组长、总经理徐国新主持。学习实践科学发展观活动领导小组组长、党总支书记周舟向与会人员通报了海运公司学习实践活动和集中整改落实的情况及主要成效。海运公司中层以上管理人员和员工代表共35人参加了测评会议。参加测评人员占企业全体员工的65%。本次测评共发出测评表35份，收回35份。其中，满意33份，比较满意2份，满意度为100%。 （韩列艺）

【召开“廉洁从业纪律教育月”活动动员大会】 2009年8月14日，海运公司召开2009年“廉洁从业纪律教育月”活动动员大会。全体员工出席了会议。会议由总经理兼党总支副书记徐国新主持。会上，党总支书记兼纪检监察组长周舟作了动员讲话。会议还组织开展了吴大观先进事迹宣讲活动。 （韩列艺）

【进行党课学习教育】 2009年8月14日，海运公司党总支组织全体党员和入党积极分子进行党课学习教育。学习会上，党总支书记周舟就如何贯彻落实“三项法规和专项治理工作意见”进行布置，同时还就《中国共产党党内监督条例（试行）》和《中国共产党纪律处分条例》相关内容进行学习。总经理兼党总支副书记徐国新主讲题为《共产党员如何发挥在国企中的作用》的党课。海运公司党总支进行的党课学习教育，提高党员和入党积极分子的政治觉悟，促进企业党建工作。

（韩列艺）

【取得中国船级社船舶焊工考试资质】 2009年10月13日，海运公司船舶焊工考试资质申请通过中国船级社广州分社的审核，并取得中国船级社颁发的“焊工考试委员会认可证书”。自此，海运公司可以举办中国船级社焊工资格证书的资格考试。

（韩列艺）

【召开新造木材船技术研讨会】 2009年10月23日，海运公司组织召开新造木材船技术研讨会。研讨会是海运公司与中远远达双方2009年文明共建活动的一项重要内容。会议得到中远远达、黄埔船厂和中国船级社广州分社的大力支持，各单位主要领导和相关技术人员出席了会议。在研讨会上，与会人员发表对木材船建造的意见，指出存在的不足和需要改进的地方，并对下一步木材船建造工作和合作意向进行探讨。（韩列艺）

【开展形势任务教育】 2009年10月26日，海运公司开展形势任务教育活动，由党总支书记周舟对全体员工进行形势任务教育。教育的主要内容为宣讲中共十七届四中全会精神，结合国际金融危机情况，对企业经济形势进行分析研究。这次活动使员工进一步认清形势，了解市场现状，增强了危机感和责任感。（韩列艺）

【出售中远航运股权】 海运公司是中远航运的股东之一，共持股1919.47万股，比例为1.46%。2009年，海运公司按照中远集团的统一要求，对中远航运股权进行集中减持。至12月18日止，海运公司所持中远航运股份全部出售完毕。至此，海运公司清理了所有对外投资业务。

（韩列艺）

第六节　广州金桥管理干部学院

【广州金桥管理干部学院简介】 广州金桥管理干部学院（以下简称“金桥学院”）于1993年10月在广州远洋教育中心的基础上建立，前身是广州海员学校（以下简称“海校”）。2009年，金桥学院保持“四块牌子一个机构”的管理模式，综合利用金桥学院（大专）、广东省广远职业技术学校（中职）、广州海员学校（中技）、广州远洋教育中心（员工培训）4块牌子负责广远培训船员和面向社会招收学生。

金桥学院下设综合办公室、船员培训处、财务处、学生/安全保卫处、教务处、航海系、外语系、轮机系、质量管理办公室。

时任院长兼党委副书记涂慕欧，党委书记兼副院长凌保平，副院长蔡志强（1~11月份），纪委书记兼工会主席郭智谋，院长助理马志华。员工106人。

（叶国梁）

【金桥学院工作概况】 2009年，金桥学院进一步提升服务航运主业能力，提高服务质量，谋求健康和谐和可持续发展，以“树信心，拼效益，保稳定，促发展”为切入点，进一步明确为主业服务的方向，着重抓好船员培训，改进教风学风，提高教学质量，争取航海船员培训资质，做好机构改革后评估工作，促进了学院和谐、稳定和可持续发展。

是年，金桥学院有成人高等教育大专在校学生2581人。其中，全日制脱产班学生1284人，业余班学生1297人，当年春季入学新生413人，毕业生929人；广东省广远职业技术学校和广州海员学校在校生2182人，当年毕业生875人。招收航海类专业新生450人。其中，广远职业技术学校首次开设航运英语专业班，招收42名女生。学院为广远航运主业培训船员服务，全年完成培训各类船员6254人次。其中，广远内部船员829人次。各培训班考证通过率基本达到预期目标，尤其停办近10年

后于2008年下半年复办的船长、轮机长考证班，一次通过率为100%；受中远航运委托，为满足船舶生产一线需求，首次举办机工、水手CCS电、气焊培训班，参加培训班的26名学员100%通过中国船级社高标准、严要求的考试检验。配合广远做好“送学上船”工作，制订出符合广远船员学习资源条件和学习需求、可行的“送学计划”并组织实施。成功拓展多项船员教育培训项目，取得交通运输部海事局批准开展油船船员七项特殊培训项目资质等。至此，金桥学院基本具备开展各类船员业务培训的资质，基本能满足广远所属航运公司各类船舶船员培训的需求，为服务广远航运主业提供充分保障，也为金桥学院将来实现建成华南地区具有较强影响力的培训中心打下坚实基础。完成为广远培训选拔选手参加中央企业职工技能大赛的任务。成功举办中远航运2009年“红树林”工程技能竞赛。协助广州海事局召开广州地区船员培训示范教学现场会议，完成第16届亚运会组委会（以下简称“亚组委”）委托的“亚洲之路”海路船员培训任务。积极做好毕业生就业指导工作，实现2009年毕业生就业率达到87%。后勤服务实行社会化，将饭堂经营、学生和船员公寓管理、校园环境保洁等包给物业和后勤服务公司承包，学院职能部门依据承包合同加强管理，为学院的正常教学、教职工和学生的学习、生活提供了良好的服务。加强学生管理，关爱学生的安全与健康。成功举办广州海员学校成立34周年、广州金桥学院成立16周年、广远职校成立8周年校庆活动。做好机构改革后评估工作，确保了学院健康发展。风险清理取得新的成果，完成了原广远职业技术学校（广州海员学校）番禺校区签订的各项经济合同的转签。

（陈明兆）

【首期船长、轮机长考证培训班通过率为100%】 2009年1月，金桥学院首期船长、轮机长考证培训班在第47期全国海船船员适任统考中取得好成绩，一次通过率为100%。这是金桥学院在中断了近10年之后又重新开展起来的船长、轮机长考证培训班。（陈明兆）

【举行迎春联欢会】 2009年1月15日，金桥学院举行迎春联欢会。应邀参与活动的嘉宾有广远岸产运营总监林立兵、广远工会副主席符雄、广东海事局船员培训处处长梁军、副处长李惠兰及广州海事局处长李金锡等。联欢活动自始至终充满喜庆、热烈、和谐的气氛。（陈明兆）

【为“阔阔真公主”号培训船员】 2009年2月24日，金桥学院收到广远转来第16届亚运会组委会（以下简称亚组委）关于商请为“亚洲之路”活动提供船员培训支持的函，要求广州海员学校支持为“阔阔真公主”号上的12名船员进行集中培训，培训时间从2月27日至3月1日。

金桥学院接受培训教学任务后，组织富有航海经验的专业教师，根据“阔阔真公主”号的船型特点、航行线路和亚组委对培训的要求及船员的具体情况，精心编排教学计划，设计安排包含救生、消防、急救、艇筏、水手工艺、跳水训练等内容的安全知识和技能培训课程。在培训期间，老师精心备课，认真上课，学员学习热情高涨、精神饱满。经过紧张有序的学习培训，学员们学到了航海必备的、实用的安

全知识和技能。这次培训，亚组委和参加培训人员都表示满意。（陈明兆）

【为中远南方举办首期船员安全知识技能培训班】 2009年3月16~26日，金桥学院为中远南方举办了首期船员安全知识技能培训班。21名船长、轮机长等船员参加了培训。培训期间，除学院老师授课外，广远航安部总经理蔡梅江、中远南方副总经理梁杰也分别授课。经过10天的培训，参加培训学员圆满完成了学习任务。（陈明兆）

【举办首期雷达操作与模拟器专业培训班】 2009年3月14日，金桥学院首期雷达操作与模拟器专业培训班开班。23人参加了为时19天的培训学习。4月1日，广州海事局对学员进行了考试与评估，通过率达91%。（陈明兆）

【申请开展油船船员特殊培训项目获得国家海事局批准】 2009年4月24日，金桥学院收到国家海事局签发的《关于同意集美大学等7家培训机构开展船员培训的通知》。其中，批准广东省广远职业技术学校开展的船员培训项目有：油船船员特殊培训（包括安全知识、安全操作、原油洗舱）、化学品船船员特殊培训（包括安全知识、安全操作）、液化气船船员特殊培训（包括安全知识、安全操作）。

上述船员特殊培训项目资质的获得，标志着广远职业技术学校在高层次船员教育培训项目，尤其是船员特殊培训项目又迈进了一大步。至此，广远职业技术学校基本具备了国家海事局要求的培训项目资质和满足广远内部船员培训的需求。

（陈明兆）

【广州海事局在金桥学院召开船员培训示范教学现场会】 2009年5月21日，广州海事局在金桥学院召开广州地区船员培训示范教学现场会议。参加会议的代表来自广州海事局辖区内所有培训机构（包括广州航专、广海培训中心等14家）的负责人和专家共32人。广东海事局船员处处长梁军，广州海事局副局长黄木檀，处长李金锡，广远岸产事业部总经理王玉生、党工委书记陈建钦，人事部经理江海珊等出席了会议。

与会人员听取了金桥学院开展船员培训的情况介绍，观看了金桥学院开展的船员培训技能评估（考试）实况录像，现场观摩了金桥学院B01实操技能评估，进行了教学交流。与会人员对金桥学院的介绍及现场示范教学给予高度评价。李金锡在点评时指出：金桥学院在开展船员培训教学工作中领导重视，狠抓质量，现场把关，培训规范，质量优良，为广州地区各船员教育和培训机构带了个好头。（陈明兆）

【召开学习实践科学发展观活动总结大会】 2009年6月29日，金桥学院召开学习实践科学发展观活动总结大会。全院师生参加了大会。大会由院长涂慕欧主持，党委书记凌保平传达广远党委学习实践科学发展观活动工作总结会议精神，纪委书记郭智谋宣读学院党委《关于表彰2008~2009年度"创先争优"先进党支部、优秀共产党员的决定》，学院领导对先进党支部和优秀共产党员进行了颁奖。（陈明兆）

【广远在金桥学院召开职工技能大赛选拔选手动员会】 2009年7月6日，广远在金桥学院召开2009年中央企业职工技能大赛集中选拔选手动员会。广远党工部部长姚勇、人力资源部/组织部总经理黎光葵、岸产事业部党工委书记陈建钦、中远航运船员管理部党委书记林耀强、金桥学院党委书记凌保平等出席了动员会。会议由广远工会副主席符雄主持。中远航运船员管理部工会主席戴世华介绍了比赛总体要求和奖励办法、推荐优秀船员集中训练选拔选手情况及要求；金桥学院工会主席郭智谋代表学院介绍技能培训初步方案和要求；中远航运副总经理郭福祥代表中远航运作了动员讲话。（陈明兆）

【举行开学典礼】 2009 年 9 月 7 日，金桥学院举行 2009 年广远职业技术学校和广州海员学校新生开学典礼。参加开学典礼的有学院领导、各处系室领导、老师及 450 名新生。开学典礼由学生/安保处处长刘向东主持，院长涂慕欧代表学院领导致辞，学生代表作了表态发言。（陈明兆）

【首次招收航运英语专业女学生】 2009 年 3 月 30 日，金桥学院向广远呈报了“关于以广远职业技术学校和广州海员学校名义招收 450 名海上相关专业学生的请示”。其中，为满足港航企业、客轮公司商务秘书、高级服务员的需求，拟以广远职业技术学校名义首次开设航运英语专业招收 50 名女学生。4 月 9 日，学院招生请示得到广远批复同意。9 月初，迎来了新生入学，也迎来了广远职业技术学校首批航运英语专业班 42 名女学生。（陈明兆）

【马宗梅慰问教职员工】 2009 年 9 月 9 日，广远工会主席马宗梅、副主席符雄，岸产事业部总经理王玉生来到金桥学院，看望慰问辛勤耕耘在教学一线的教职员工，与教师们进行了亲切座谈，并送来了慰问金和节日的祝福。马宗梅等人还深入教室、实习工厂看望正在培训的教师和船员学员。

（陈明兆）

【承担为广远培训选拔选手参加中央企业职工技能大赛的重任】 2009 年 9 月，国务院国资委和人力资源社会保障部拟联合举办 2009 年中央企业职工技能大赛——船舶水手、船舶机工决赛。广远选派了 6 名优秀水手、机工参加，并交由金桥学院负责培训。金桥学院为此成立了训练项目小组，各方面都作了认真准备和精心安排。16~18 日，中央企业职工技能大赛如期在青岛船员学院举行。共有 18 支代表队、97 名选手参加决赛。广远派出代表队选手有：水手马朝辉、陈赞金、吴禄伟，机工何鹏辉、黄红亮、梁仕慧。在强手如林的比赛中，广远选手沉着应对，勇敢拼搏，共夺得 3 枚金牌、2 枚铜牌。广远领导对选手取得的优异成绩感到十分满意，对金桥学院为培训选手做出的努力和培训质量给予高度评价，并给金桥学院颁发了奖金。

（陈明兆）

【举行校庆活动】 2009 年 10 月 28 日，金桥学院举行庆祝金桥学院建校 16 周年暨广东省广远职业技术学校建校 8 周年、广州海员学校建校 34 周年的校庆活动。广州海事局党委书记庄则平、副局长莫奇，广远总经理徐惠兴、党委书记刘书田、纪委书记马宗梅，广远岸产运营总监林立兵，中远航运 CEO 韩国敏以及广远系统各部门、中远航运、广远岸产各单位领导、广东省各航运单位、培训机构领导及代表 50

多位嘉宾参加了庆典活动。金桥学院院长涂慕欧在校庆大会上致辞。徐惠兴和莫奇分别讲话。徐惠兴在讲话中代表广远领导向全校师生员工致以亲切的问候和良好的祝愿，高度赞扬海校34年来形成的有鲜明远洋特色的海校风格、海校文化，肯定学校为广远、中远集团乃至中国远洋运输事业的发展作出的贡献，并鼓励师生员工将学校越办越好，为中国远洋运输事业和航海教育事业的发展作出新的更大的贡献。莫奇在讲话中高度评价海校多年来的办学成果，肯定海校对培养新中国海员所取得的成绩，并鼓励师生继续为航运事业作出更大的贡献。庆祝大会还安排了题为《明天会更好》的文艺节目表演。整个校庆活动庄重、严肃、活泼，气氛热烈，庆祝活动取得圆满成功，充分展示了"金桥人"的精神风貌和金桥学院的办学实力。

(陈明兆)

【中远航运2009年"红树林"工程技能竞赛在金桥学院举行】 2009年11月10日，中远航运2009年"红树林"工程技能竞赛在金桥学院举行。中远航运副总经理郭福祥，广远党工部部长姚勇，工会副主席符雄，人力资源部/组织部总经理助理郑深恩，岸产事业部总经理王玉生，中远远达党委书记龚艳平，金桥学院院长涂慕欧、党委书记凌保平，中远航运和广远相关部门领导以及中远航运船员一处、船员二处、船员三处三支代表队60名选手和广州地区在家公休的60名船员参加了开幕式。开幕式由中远航运船员管理部党委书记林耀强主持，由中远航运常务副总经理赖奕光致开幕词。

开幕式后，进行了技能竞赛。竞赛项目有船舶消防、船舶救生技能、船舶驾驶模拟器操作等。经过紧张激烈的竞赛，赛出了各项目优胜者，船员三处获得团体冠军。竞赛活动结束后，举行了闭幕式。在闭幕式上对优胜者进行了颁奖，郭福祥作了总结讲话。 (陈明兆)

【召开教学研讨会】 2009年2月19日，金桥学院召开教学研讨会，专题研讨如何加强教学管理，提高教学质量，评估学生、学员、考试及格率和通过率。学院领导、教务处领导、各系领导、教研室主任、学生/安保处领导等出席研讨会。教学研讨会由教务处主持。会议就研讨问题提出了针对性措施，并形成了会议纪要。

(叶国梁)

【召开调整学院教学安排研讨会】 2009年8月24日，由金桥学院教务处牵头组织召开了金桥学院调整部分教学安排研讨会。学院领导、各教学系主任和教务处、综合办、培训处、学生/安保处等部门领导参加了会议。会议就教务处提出的将每日6节课时安排调整为每日8节课时的建议进行了研讨，并形成了会议纪要。(叶国梁)

【开展教学设备检查】 2009年11月11~17日，金桥学院为了加强教学设备建设，

成立了检查组对学院教务处、轮机系、航海系管辖的教学设备、场所保管和保养现状、管理责任人落实情况、安全规章制度、设备操作规程和维护内容、设备日常运行记录等情况进行检查。检查结束后，蔡志强对检查情况进行了总结，并对存在问题提出了整改建议。（叶国梁）

【开展教学大检查】 金桥学院为加强教学管理，规范教学行为，提高教学质量，促进教风、学风建设，于 2009 年 11 月 23 日~12 月 11 日开展了全校教学检查。这次教学检查，开了 3 次公开课，召开了 3 次学生座谈会（分专业），1 次教师座谈会，在全体学生中开展了评教问卷调查，并对教学大纲、教学计划实施情况和教案、作业进行了检查。金桥学院通过这次教学检查促进了教学质量的提高。（叶国梁）

【开展深入学习实践科学发展观活动】 2009 年 3~7 月，金桥学院开展深入学习实践科学发展观活动，进行了学习调研、分析检查和整改落实三个阶段六个环节的学习实践活动。

在学习实践活动调研阶段，学院领导班子成员以身作则，各党支部发挥战斗堡垒作用，广大党员自觉投入，开展有针对性座谈、研讨活动；在学习实践活动分析检查阶段，学院党委准确查找关键问题，深入剖析深层次原因，员工群众对分析检查报告各项指标的平均满意度达 95.6%；在学习实践活动整改落实阶段，学院制订出《金桥学院党委学习实践科学发展观活动整改落实方案》，针对需要解决的问题，学院制定出整改措施。金桥学院还通过开展深入学习实践科学发展观活动，党委领导班子对科学发展观的认识在深度和广度上有新突破；在解决影响和制约学院科学发展的突出问题上有新举措；在推动学院的科学发展上有新成果。（吴乾辉）

【开展“读书·思考·进步”读书活动】 2009 年 4 月中旬至 6 月底，金桥学院开展了“读书·思考·进步”读书活动。活动采取“理论研读”、“主题阅读”与“自选泛读”相结合的方式进行。在开展专题读书活动中，党员领导干部带头读书、带头思考、带头撰写心得体会。其中，学院中层以上干部 24 人全部拟写了学习心得体会，学院专门出版了学习心得体会交流墙报。通过开展读书活动，促进了师生员工整体素质的提高。（吴乾辉）

【加强党建工作】 2009 年，金桥学院党委认真落实党员教育长效机制，坚持召开领导干部民主生活会，坚持“三会一课”制度。全年组织上党课 3 次，组织党员参加学习实践活动，开展思想解放大讨论，以党课学习，支部座谈，个人自学等形式，对党员进行“转变作风”、“理想信念”、“反腐倡廉”等方面的教育。为加强党建工作，党委专门举办了学生入党积极分子培训班，培训学生入党积极分子 190 人，全年学院共有 20 名青年员工向党组织写了入党申请书；有 141 名团员向党组织递交了入党申请书。全年发展党员 6 人（其中，员工 5 人，学生 1 人）；预备党员转正 13 人。金桥学院通过加强党建工作，涌现了一批先进党支部和优秀共产党员。其中，综合办公室党支部、外语系党支部分别被广远党委和学院党委评为先进党支部；涂慕欧、吴乾辉、张伟新等 3 人被评为广远

优秀党员；陈明兆等15人被评为学院优秀党员。 （吴乾辉）

【抓好党风廉政建设】 2009年，金桥学院党委、纪委结合谢朝东、赖逊荣行贿受贿案和原番禺校区领导严重违规办学造成风险的严重教训，制定了《学院学习实践科学发展观，全面加强反腐倡廉建设》方案，花大力气在全院范围内开展反腐倡廉教育，提高教职员工遵纪守法的自觉性，促进各级领导和全体员工廉洁从业。金桥学院对财务管理、资金管理和“三重一大”执行情况，进行了三次效能监察，有效地加强了对各部门的监督管理；大力推进学习中远航运全面流程管理的好方法，增进监督制约与管理制度、业务程序的相互融合，规范经营管理，重点修订《金桥学院“三重一大”操作须知》、《金桥学院纪检监察效能监察工作操作须知》、《金桥学院廉洁从业监督检查工作操作须知》、《金桥学院违法违纪案件查处操作须知》等15项工作流程，通过规范流程管理，确保制度落实到位。是年，金桥学院全年没有发生违纪违法问题，党风廉政建设得到有效加强。 （吴乾辉）

【加强学生管理】 2009年，金桥学院学生/安全保卫处认真加强学生管理工作，坚持把关爱学生生命安全放在首位，在管理中注意讲究方式方法和加强针对性，重点抓好整顿学风和纪律教育。为活跃学生生活，促进学生身心健康，金桥学院分年级举办了专题教育，开展了演讲、象棋、游泳等比赛，实施了半军事化管理，全院师生实行统一着装，坚持每周一早上全体学生集体参加升国旗仪式。通过一系列的措施，加强了对学生的管理，为学生健康成长营造良好的氛围和环境。 （吴乾辉）

【开展“安全在我身边，降本增效从我做起”活动】 2009年，金桥学院深入开展“安全在我身边，降本增效从我做起”活动。活动与“平安之旅”、“安全生产月”、“精益管理”等相结合，加大了降本增效和安全生产宣传力度，引导教职员工牢固树立“安全第一、预防为主”的安全意识，自觉遵守安全教学规章制度，落实岗位安全责任制，切实纠正习惯性违章行为。活动中，组织教职员工观看了安全录像片，组队参加了广远工会组织的“安全生产作品竞赛”活动，开展“安全知识”竞赛，进行消防安全培训和实操演练。通过活动，广大教职员工增强了“安全发展”理念，提高了“我会安全”技能，强化了“我懂安全”素质，使做好安全成为每个人的自觉行动。活动的开展，不仅使学院全年没有发生教学事故，同时，还达到了降本增效的目的，学院全年实现考核利润减亏128万元，各项支出均控制在预算范围内，较好地完成了学院年度任务指标，比年初计划实现减亏310万元。 （吴乾辉）

【实施“送温暖”工程】 2009年，金桥学院工会为了做好帮困扶贫工作，实施“送温暖”工程，对患病或家庭有实际困难的员工，工会主动关心，精神上给予关怀，经济上给予补助，全年共补助困难员工12人次，补助款6800元。 （吴乾辉）

【开展丰富多彩的文体活动】 2009年，金桥学院工会充分发挥文体活动小组与积极分子的作用，组队参加了广远的登山、

篮球、乒乓球比赛和拖拉机等多项文体比赛活动；学院还自行组织扑克、毽子和象棋等比赛活动。工会还组织教职员工利用暑假到韶关、梅州旅游，组织中层干部和主要骨干到上川岛休养；举办教职员工舞蹈培训班。是年，金桥学院工会通过开展丰富多彩的文体活动，大大活跃了教职员工的业余生活，促进了教职员工的身心健康。（吴乾辉）

【做好机构改革后评估工作】 从 2009 年 4 月起，金桥学院有计划地对机构改革后的运行状况、职能履行、机构设置、人员编制、岗位设置和薪酬改革后的教师薪酬等问题进行后评估。评估工作共完成 5 个阶段的工作：即各部门自我评估，本部门工作职责和工作流程、各岗位职责和工作流程的编制，工作小组调研评估，工作小组汇总评估意见整理分析，向学院办公会提交后评估报告和调整方案等。根据评估情况，学院对部分业务流程和个别人员的工作进行了调整。此外，金桥学院在 2008 年两个校区整体转让的基础上，2009 年风险清理又取得了新的成果，完成了番禺校区合同转签。（吴乾辉）

【开展学生“安全法制教育月”活动】 2009 年 4 月，金桥学院学生/安全保卫处开展了为期 1 个月的学生“安全法制教育月”活动。在活动中，各班级结合实际召开主题班会，宣传贯彻《学生手册》；院长、书记、安全保卫处长和公安干警分别担任班级教育主讲，对学生进行安全法纪专题教育。通过活动的开展，提高了学生遵守安全法制的自觉性，促进了学院的安全稳定。（吴乾辉　肖丹）

【全面实施学生半军事化管理】 2009 年 10 月，金桥学院为了培养学生良好的学习风气，全面实施学生半军事化管理，统一校服着装，建立夜间封闭式管理制度。同时，学生/安全保卫处建立了学生纪律卫生检查、评比、公布制度，组织进行学风、纪律大检查；为了培养学生良好的卫生习惯，学生会还每周进行卫生大检查，对清洁卫生搞得好的人员和单位进行奖励；为了纠正学生不良生活习惯，学院组织值班学生干部和班主任对穿拖鞋上课、带食物到课室等不良行为进行纠正。金桥学院这些做法，有效加强了管理，提高了学生的整体素质。（吴乾辉　肖丹）

【大力推进学生社团建设】 2009 年 3 月，金桥学院团委大力推进学生社团建设，繁荣校园文化。团委制定了各社团的社规，对各项活动进一步规范，建立了舞蹈队、篮球社、棋牌社、英语角 4 个社团，并经常开展活动。学院团委还多方引导学生开展各项丰富多彩、特色鲜明、健康有益的团体活动。（吴乾辉　肖丹）

【开展“传承‘五四’精神”征文活动】 2009 年 4~5 月，金桥学院团委开展了以“传承‘五四’精神、树立科学发展观”为主题的征文活动。团员、青年踊跃参加，并围绕“五四”精神和落实科学发展观，撰写了体会文章，歌颂了祖国大好河山，阐述个人工作、学习、生活感悟，表达了继承“五四”精神，发扬爱国主义传统的坚定信念。（吴乾辉　肖丹）

【团委表彰先进集体和个人】 2009 年 6 月，金桥学院团委以共青团建团 87 周年为契机，评选表彰了2008~2009学年“五四红旗团支部”3个、优秀共青团员44名、优秀共青团干部24名。

(吴乾辉　肖丹)

【团委举行十八岁成人宣誓仪式】 2009年11月20日，金桥学院团委在越秀公园举行了新团员入团宣誓仪式和十八周岁成人宣誓仪式。参加活动的团员、青年共105人。通过这次活动，使团员、青年深刻地认识到作为成人和新时代的团员、青年应肩负的责任和承担的义务，表示要努力成为爱祖国、爱人民、富有道德责任感和社会责任感，具有开拓进取精神、智能结构优秀的新一代。 (吴乾辉　肖丹)

第七节　广州远洋通信导航有限公司

【广州远洋通信导航有限公司简介】 广州远洋通信导航有限公司（以下简称“通导公司”）是以20世纪70年代初期建立的广远通信导航设备修理所为基础，由广远、香港海通通信仪器有限公司和新加坡日升企业有限公司三方合资，于1993年8月10日在广州注册成立的中外合资企业。通导公司经过多年的改革发展，注册资本已由初创时的250万元，增资到2001年的1000万元；主要业务也由初创时单一的传统维修业务发展到2009年的涵盖通导、自动化及船岸电子设备的销售、安装、检验、维修、产品研发、生产、造船设计、新造船整体打包等。此外，通导公司其他服务项目还包括船员“驾通合一”培训，通导行业标准化研究，教材及通信导航杂志发行等业务。

2009年1~3月，通导公司下设市场部、造船部、技术部、工程部、产品部、质保部、综合管理部、财务部。3~12月，通导公司进行机构调整，将技术部、工程部合并为技术工程部，撤销产品部，新设物资部。

通导公司设董事会。时任董事长马宗梅，副董事长陈坤波、符昭德，董事陈建钦、闭晴安。监事范桂新（1~8月）。时任总经理兼党总支副书记闭晴安。员工75人。 (吴江波)

【通导公司工作概况】 2009年，通导公司为应对国际金融危机的巨大冲击，以“稳”字当先，制定了“业务收缩、量力而为、现金为王”的工作思路，在面临船厂撤单、新造船订单减少、同行竞争异常激烈的情况下，积极捕捉商机，做好合同履约防风险工作，努力提高自身业务能力，加强竞争力，努力争取订单；在船舶维修业务面临船公司缩减通导修理费用、维修价格降低、“取消修理业务免税”政策等多重压力和困难下，通过实施大客户战略、优质客户战略、精品服务战略、狠抓工程服务质量、加强与各船厂合作等方式来扩大业务量，保证了企业经营效益。

通导公司根据生产经营需要，调整组织架构，对内部资源进行了合理配置。通过精益管理，降本增效，2009年管理费用

与2008年同比有所下降。同时，加强应收账款催收力度、优化业务流程、清查库存物资，致力盘活资金等工作。在分配机制上，针对企业内部存在影响和谐稳定的因素，收入分配机制向老员工和生产一线员工倾斜，并充分考虑个人对企业发展的贡献，向贡献大者倾斜，保证公平、公正和公开；在安全工作上，认真开展安全检查、安全培训和安全教育工作，梳理安全规章制度，确保了安全生产。

是年，通导公司积极开展深入学习实践科学发展观活动和廉洁从业教育活动，深入分析检查了影响和制约企业科学发展的突出问题，制定整改措施，经过测评，群众满意度达98%。通导公司通过积极探索，明确了企业的发展思路，制订“十二五”发展规划，将企业发展成为高技术通导服务企业，利用市场、技术、品牌优势，专注主营船舶检验修理和新造船业务，努力实现广远价值最大化和股东利益最大化。此外，通导公司全面促进企业领导班子建设、党风廉政建设、员工队伍建设、企业文化建设，充分利用工会、共青团组织开展形式多样的文体活动，增进交流和友谊，促进员工身心健康。（吴江波）

【召开安全会议】 2009年1月7日，通导公司安委会召开了安全会议。会上传达了中远集团安全工作会议的精神，明确了2009年度通导公司的安全目标和安全工作重点。总经理闭晴安在会上作了讲话。会议还制定了“无事故、无伤亡、无污染”的目标。（吴江波）

【召开2009年员工大会】 2009年2月6日，通导公司召开2009年员工大会。会上，总经理闭晴安对2008年工作作了总结，肯定了企业在各项工作中所取得的成绩，提出了2009年度的总体目标和工作措施。会上，相关人员还作了安全工作报告和工会工作报告。各部门负责人就如何应对国际金融风暴分别在会上作了发言，并围绕具体的目标任务和总体工作思路提出了工作举措。会议还对2008年先进部门和先进工作者进行表彰。（吴江波）

【深入开展学习实践科学发展观活动】

2009年，通导公司根据上级深入开展学习实践科学发展观活动统一部署，通过精心组织，稳步推进，顺利完成了学习调研、分析检查、整改落实各阶段的工作。领导班子围绕科学发展主题，查找出制约企业和谐发展和可持续发展的问题，并对通导公司今后的发展提出了新的思路。通过开展学习实践活动，使企业全体党员、干部受到一次深刻教育，促进了企业的改革发展。（牛渝萍）

【进行机构调整】 2009年3月3日，通导公司进行机构调整：设立物资部，统一管理企业仓储运输、采购报关、备件物品回收修理和自有产品生产业务；将技术部和工程部合并为技术工程部，统一管理企业工程修理、安装调试、设备检验等业务；撤销产品部，将原有职能和人员划归市场部、造船部和物资部。经过机构调整，通导公司内设机构由原来的9个部门缩减为7个部门。（吴江波）

【完成股东股权变更】 2009年初，通导公司三方股东之一的新加坡日升企业有限公司（Jason Harvest Pte. Ltd）进行资产重组，经通导公司董事会一致同意，日升企业有限公司所持通导公司10%的股权全部转让至日昇企业有限公司（Jason Venture Pte. Ltd），股权变更手续于3月完成工商行政变更。股权变更后，合资三方为：广远、远通海运设备服务有限公司和日昇企业有限公司，持股比例仍为75%、15%、10%。 （吴江波）

【召开2009年董事会】 2009年3月12日，通导公司召开2009年董事会。会议由董事长马宗梅主持。会议审议通过了《总经理工作报告》和《财务工作报告》。会议对通导公司2008年的工作作了回顾，对2009年的工作重点作了部署。会上，马宗梅作了总结发言。 （吴江波）

【召开全体员工大会】 2009年5月20日，通导公司召开了全体员工大会。会议由总经理闭晴安主持。岸产事业部组织人事部经理江海珊宣读了《关于闭晴安同志任职的通知》，宣布由闭晴安任通导公司党总支副书记（兼）。会上，岸产事业部党工委书记陈建钦就学习实践科学发展观的收获和体会作了发言。 （吴江波）

【开展“安全生产月”活动】 2009年5月31日，通导公司召开“安全生产月”动员大会。会议传达了广远“安全生产月”活动有关精神，部署了“安全生产月”活动有关工作，并组织观看安全教育专题片。通导公司进行“安全生产月”活动的动员后，紧紧围绕“关爱生命，安全发展”的主题，开展形式多样的安全活动，认真学习安全工作的规章制度，进行安全大检查。通过“安全生产月”活动，强化了员工遵章守法的安全意识，推动了企业安全生产管理，促进了安全生产形势持续稳定，保障了企业经济效益的稳定增长。 （吴江波）

【召开年中工作会暨庆祝“七一”会议】 2009年7月10日，通导公司召开了年中工作会暨庆祝“七一”活动会。部门经理以上干部、全体党员、入党积极分子共30人参加了会议。会上，听取了企业关于《企业年中工作报告》、《财务工作报告》和《安全、工会工作报告》。各部门经理就上半年生产经营情况作了汇报，总经理闭晴安作了总结发言。党总支对优秀党员和优秀党务工作者进行表彰。 （牛渝萍）

【开展“廉洁从业纪律教育月”活动】 2009年8月10日，通导公司召开了开展“廉洁从业纪律教育月”活动动员大会。会上，总经理闭晴安作了动员讲话，传达了上级通知精神，通报了市场部个别员工违纪事件的经过及处理情况，还与近年新入职的员工签订了《廉洁从业承诺书》。动员会后，通导公司组织广大干部、员工认真学习上级有关廉洁从业的文件，并进行对照检查。9月9日，通导公司党总支召开会议，闭晴安对“廉洁从业纪律教育学习月”活动进行了总结。通过活动，提高了广大干部和员工遵守职业操守的自学性，加强了内部廉洁监督，企业依法依规经营。

（牛渝萍）

【开展2009年“质量月”活动】 2009年，通导公司开展“质量月”活动。活动期间，通导公司召开精益管理工作讨论会，研究、分析企业精益管理工作成效，针对存在问题，提出了改进措施，提炼挖掘亮点，并将安全管理工作纳入质量体系管理范畴，对安全管理制度、相关的安全规范进行修订融入企业质量体系；开展质量体系知识普及讲座，组织“提高航行灯控制器稳定性”小组成员进行QC培训及业务交流。通过活动的开展，进一步提高了员工质量意识，提高了企业质量管理水平和服务质量。 （任国庆）

【新增生产检测仪器GMDSS综合测试仪】 2009年9月，通导公司根据国际海事组织（IMO）于2007年10月22日发布的《关于AIS年度检验导测的MSC.1/Circ1252号通函》及世界各国主管机关、包括CCS相继宣布执行1252号通函，即提出需用仪器对AIS的频率、功率等参数进行测试要求，投入大额资金购置了一台GMDSS综合测试仪。该测试仪的购置，使通导公司不仅执行了1252号通函要求，还解决了过去长期在DSC设备、NAVTEX设备等方面维修能力不足的问题，并增强了通导公司在无线电检验方面的竞争力。 （牛渝萍）

【召开流程管理体系建设工作会议】 2009年9月28日，通导公司召开流程管理体系建设第一次工作会议。企业领导以及流程体系工作小组全体成员参加了会议。会议明确了流程管理体系建设的时间进度，将流程建设工作分为动员、初次整理、反馈、编写、定稿和试运行6个阶段，明确了各阶段的主要任务及目标。10月10日，通导公司召开了流程管理体系建设第二次会议。在会上，各部门将整理出的现有岗位、岗位职责、已有流程以及需新增流程进行汇总，并就物资供应、新造船调试等业务流程图作为范例进行探讨。 （吴江波）

【发行《船舶通信导航》系列教材】 2009年9月，由通导公司编写的《船舶通信导航》系列培训教材正式由大连海事大学出版社出版发行。该教材介绍了船舶通信综合业务、通信导航设备操作、通信设备维修等知识，是中国目前唯一一部较为全面反映船舶通信导航知识的技术书籍。该教材倾注了广远“通导人”的心血，4年来不断修订，除征求中远集团各公司通导机务主管意见外，还广泛听取了包括高校、科研所、海事局等部门的意见，该书的出版还得到中远集团安监部的大力支持和指导。 （任国庆）

【完成经营范围变更及第二期增资手续】 2009年10月15日，通导公司完成了《外商投资企业批准证书》、《企业法人营业执照》的变更手续。其中，经营范围中新增了“批发及进出口”，实收资本由原来的890万元增加至1000万元。通导公司经营范围的变更为企业更好发展新造船通信导航设备进出口业务提供了前提条件，实收资本的增加也给企业生产经营提供了及时和必要的资金支持，为促进企业效益持续稳定增长提供了保障。 （吴江波）

【承接中远集团通信导航制度修订工作】 2009年10月30~31日，中远集团在大连召开“中远船舶通信工作实施细则和通导设备技术管理规程”修编会。中远集团及其下属各公司的通信导航管理部门的代表参加了会议。通导公司作为中远的特邀单位参加了此次会议，并承接了“中远船舶通信工作实施细则和通导设备技术管理规程”修编的具体工作。通导公司承接修订任务后，及时制订出按时优质完成任务的具体措施，组织人力以广远船舶通导现行制度和经验为基础，对原“细则”和“规程”进行了修订。（朱克洪）

【制定“十二五”发展规划】 2009年11月，通导公司制定了“十二五”发展规划。该规划进一步明确了通导公司的定位、发展规模。“十二五”期间，通导公司将在既有发展基础上，专注主营业务，积极拓宽领域，追求稳定增长，努力实现广远价值最大化和股东利益最大化。（牛渝萍）

【参加上海国际海事展】 2009年12月1~4日，上海国际海事展在上海新国际博览中心隆重开幕，通导公司总经理闭晴安率领造船部、市场部等相关人员一行7人参加了海事展。通导公司参展期间，与多家重要厂商进行了充分交流。通导公司作为TKC公司华南区总代理，直接向TKC日本总部汇报代理工作，得到了TKC的赞许和肯定。TKC安排的新设备及IMO新规范的技术研讨会，了解了IMO（国际海事组织）对电子海图设备及桥楼值班报警系统的最新规范要求，及TKC新产品之桥楼值班报警系统的性能及特点。通导公司参加海事展期间，还拜访了日本船用电子株式会社（NHE）、日本古野电气株式会社（FURUNO）、泰科电子（上海）公司等客户，增进了彼此间的了解，并就代理、合作事宜进行了洽谈。（吴江波）

【召开2010年“驾通合一”岗位技能培训研讨会】 2009年12月24日，通导公司召开一年一度的“驾通合一”岗位技能培训研讨会。来自中远航运人力资源部、船员管理部、通导管理部门的领导参加了研讨会。会上，通导公司作了2009年培训工作情况汇报，中远航运船员管理部领导和通导主管对“驾通合一”培训取得的成效给予了充分肯定，并对今后的培训时间安排、教学方法、宣传等方面提出了要求。（任国庆）

第八节　广州远洋宾馆有限公司

【广州远洋宾馆有限公司简介】 广州远洋宾馆有限公司（以下简称“远洋宾馆”）位于广州市环市东路412号，是广远与香港新贸航业有限公司合资经营的一家四星级宾馆。1986年2月1日，远洋宾馆成立并试业，8月28日正式营业。远洋宾馆成立初期是一家楼高21层的三星级酒店。双方股东于1996年投资，在原大楼顶层增建了5层。同年，远洋宾馆被国家旅游局评为四星级商务酒店。2001年4月29日，经外经贸部批准，远洋宾馆双方股东再次进行增资并延长合资经营期限为31年，即从1985年1月11日至2016年1月10日。增资后，远洋宾馆的投资总额和注册资本由原来的800万美元增加至1326万美元。其中，广远占51%股份，香港新贸航业有限公司占 49%股份。2008 年 7 月 17 日，经外经贸部批准，远洋宾馆双方股东变更为广远与天星公司。股东变更后，远洋宾馆投资总额不变，仍为 1326 万美元。其中，广远占 51%股份，天星公司占 49%股份。

远洋宾馆营业面积为 2.3 万平方米。2005 年下半年，远洋宾馆开始进行大规模的装修改造，新增 2500 平方米经营面积，使原有的各类高级商务客房增至 290 间，具有 1 个可容纳 500 余人的多功能国际会议厅，8 个专业的商务会议室，1 个可容纳 270 人就餐的宴会厅；同时设有“澳门街”风味餐厅、西餐厅及大堂酒吧，并附有商场、俱乐部、美容美发中心等，给入住客人提供了便利。此外，远洋宾馆还设有商务中心、票务中心、健身房、停车场、银行、邮政、24 小时便利店、医疗室、洗衣房、泳池、桑拿中心等多项服务功能及设施。

远洋宾馆下设总经理办公室、市场销售部、人事培训部、财务部、房务部、餐饮部、美工策划部、工程部、保安部、综合管理部、采购供应部。

远洋宾馆设董事会、监事会。时任董事长徐惠兴，董事林立兵、佟文华、王玉生、施金安。监事会主席池锡锋，监事池新旺、王孜孜。时任总经理施金安，党总支书记陈建钦（兼），副总经理洪舸。员工 636 人。（郭霖）

【远洋宾馆工作概况】 2009 年，远洋宾馆贯彻落实科学发展观，践行“市场先行”的销售原则，遵循市场规律，确保了较高的市场占有率，确保了商务市场为主导的定位，确保了春秋两届交易会的双赢，确保了新的利润增长点。远洋宾馆在做好经营工作的同时，坚持大力宣扬安全文化理念，使安全意识深入人心，确保宾馆的安全生产始终处于一种健康良好的发展态势。远洋宾馆以创新思维推进精益管理，合理优化资源配置，面对国际金融海啸的影响，把全面风险管理工作摆在日常经营管理的重要位置，稳步提高全面风险管理水平；坚持以人为本，构建和谐企业。是年，远洋宾馆获得诸多荣誉称号：出租车队在交通安全工作中成绩显著，被广州市公安局交通警察支队安全教育处评为“2009 年交通安全先进单位”及“交通安全宣传教育先进单位”称号；生产部门党支部被广远党委评为 2008~2009 年度“先进党支部”；张立权、王润玲被广远团委授予“青年岗位能手”称号；朱艳清、李志玲、王润玲被广远评为 2009 年度“先进生产（工作）者”；房务部公共卫生部、综合管理部员工餐厅被广远工会授予“巾帼文明岗”称号；朱艳清、朱美丽、翟韵琳、李敏静被广远工会授予“巾帼建功标兵”称号。

（郭霖）

【客房经营效益稳步提升】 2009 年，远洋宾馆客房经营实施以商务及会议为主、团队为辅的经营战略，采取一系列有效的经营策略，使各项经营指标与 9 家同行酒

店对标处于领先地位；增加增值服务，重点做好VIP客户的维护工作，积极推进重要客户战略，保持了较好的市场占有率；针对周末经营，分析寻找市场机会，安排专人开拓周末演艺客源市场，扩大客源。是年，30个文艺团体周末入住远洋宾馆，住房量达到1328间/夜。与此同时，远洋宾馆增加了餐饮收入，进一步扩大了知名度，收到一举多得的销售效果；在春、秋两届交易会期间，分别采取不同的销售策略：春季交易会侧重市场占有率的竞争战略，保持展会期间全部住满的预期目标；秋交会侧重价格的市场战略，三期实现全部满房，前两期平均房价回升到1000元，整体房价较春交会上升30%。（郭霖）

【餐厅外卖经营成为新亮点】 2009年，远洋宾馆按照制定的坚持宴会团体为主，实行中高档并举的经营策略，充分发挥宴会及会议的经营特长，保持全年各类宴会的平稳增长。餐饮方面通过加强管理，控制成本，毛利率比2008年同期提高4%。是年，远洋宾馆通过努力和良好的信誉，取得琶洲展馆长期快餐售卖点的资格，使得展会外卖营收比2008年同期增加了106万元，增长率达39%，外卖点经营逐步为远洋宾馆餐饮收入奠定了良好基础。此外，远洋宾馆对2009年月饼销售，制定了适应市场的销售价格与策略，在加强中远系统内销售的同时，加大其它渠道的开拓，完成销售收入392万元，取得较好的经营效益。（郭霖）

【财务管理工作概况】 2009年，财务部配合广远产权小组对远洋宾馆大楼资产进行清理和核对，对产权权属进行确认，使远洋宾馆取得独立《房产证》书。10月，远洋宾馆与北京红马传媒科技公司合作，在商务中心挂接票务网订功能，使宾馆配套设施更加多样化，也为宾客提供更便捷的细节服务。是年，远洋宾馆积极配合中远集团全面开展各种税务自查工作，使企业经营逐步规范化。（朱艳清）

【开展“感受新远宾”主题活动】 2009年农历新春期间，远洋宾馆开展以“金牛迎新岁，感受新远宾”的主题系列活动，组织基层员工及家属入住宾馆，让其感受远洋宾馆装修后硬件设施的提升与独具海洋韵味的环境气氛，体验四星级商务酒店的服务与流程，以增强企业凝聚力、向心力。此次活动得到基层员工和家属们的热烈响应和欢迎。员工入住期间，积极参与“感受新远宾”的意见征询活动。经统计，共回收有效意见表格260份。与此同时，远洋宾馆还举办了以“感受新远宾”为主题的员工征文和摄影比赛，共收到参赛征文63篇。通过“感受新远宾”活动，增强了基层员工对企业管理理念与服务标准的认识，进一步加深了对远洋宾馆的了解和热爱。（郭霖）

【召开第二届第三次职代会】 2009年2月17日，远洋宾馆召开第二届第三次职代会暨2009年工作会、安全工作会。42名正式代表、4名列席代表参加了会议。会议由总经理助理黄伟民主持。会议审议通过了《总经理工作报告》、《安全工作报告》、《提案审理工作报告》，并续签了远洋宾馆集体合同。（郭霖）

【增补工会委员会成员】 2009年2月25

日，远洋宾馆工会召开第二届第三次职工代表大会，42 名工会会员参加了会议。会议增补了王孜孜、李中宜、汪在波、唐敦胜、翟韵琳 5 名员工为第二届工会委员会委员。（郭霖）

【调整内部机构】 2009 年 2 月 26 日，远洋宾馆召开内部机构调整会议。会议由副总经理洪舸主持。会上宣布新设立美工策划部、综合管理部两个部门。美工策划部主要负责酒店对外宣传、策划、广告推广等；综合管理部主要负责运输部、工会、员工宿舍、员工餐厅管理工作。（郭霖）

【张丽华获“弘邦杯”酒店客房服务技能大赛二等奖】 2009 年 2 月 26 日，由广州市旅游局、广州市总工会、广州地区酒店行业协会联合在花园酒店举办“弘邦杯”酒店客房服务技能大赛。来自广州市 58 家星级酒店的 112 名选手参加角逐。远洋宾馆客房服务员张丽华以优异的成绩获得大赛二等奖。（郭霖）

【深入开展学习实践科学发展观活动】 2009 年 3 月，远洋宾馆成立了学习实践科学发展观活动领导小组，并开展了一系列活动。通过《远洋天地》开设《深入学习实践科学发展观》专栏，为各环节、各阶段的活动重点营造浓厚的学习氛围。通过学习理论、设置意见箱、召开座谈会和专题民主生活会、调研讨论、检查评议会等多种活动形式，使学习实践活动深入发展，取得实效。（郭霖）

【召开第四届董事会第十二次会议】 2009 年 3 月 13 日，远洋宾馆召开了第四届董事会第十二次会议。全体董事出席了会议，会议由董事长徐惠兴主持。会议审议通过了《2008 年工作总结和财务决算报告》、《2009 年工作计划和财务预算》。（郭霖）

【参与“地球一小时”活动】 2009 年 3 月 28 日，远洋宾馆积极响应世界自然基金会（WWF）发起“地球一小时”（20：30 至 21：30）的环保活动，在保证安全和提供正常服务的前提下，宾馆关闭了整栋楼的外景观灯光，适当调暗室内经营场所的照明，用实际行动参与这次全球性公益活动。（郭霖）

【参加广州国际旅游展览会】 2009 年 4 月，远洋宾馆与东海大厦、青岛远洋宾馆、青岛远洋大酒店、上海远洋宾馆、香港中远酒店，以及颐和大酒店、颐和商务酒店共同组成联盟酒店，参加一年一度的广州国际旅游展览会。远洋宾馆通过扩内需、促经济的有利时机展现了企业形象，建立了交流平台，给企业持续发展带来生机。（郭霖）

【获“大爱无疆”荣誉称号】 2009 年 5 月 16 日，在广东公益恤孤助学促进会成立五周年纪念大会上，远洋宾馆被广东公益恤孤助学促进会授予“大爱无疆”荣誉称号，并获牌匾。（郭霖）

【召开庆祝建党 88 周年大会】 2009 年 6 月 25 日，远洋宾馆党总支召开庆祝中国共产党建党 88 周年大会。31 名党员出席了会议，会议由党总支委员洪舸主持。会上，与会党员回顾了中国共产党的光辉历程，交谈如何加强党建，如何发挥共产党员的

先锋模范作用的意见和建议。会议通过2名预备党员转正，通过发展2名员工为预备党员。（郭霖）

【召开群众满意度测评会】 2009年8月11日，远洋宾馆召开学习实践科学发展观活动群众满意度测评会。30名员工参加了会议，会议由活动领导小组成员洪舸主持。会议主要对远洋宾馆党总支学习实践活动开展情况进行总体评价，同时收集进一步学习贯彻科学发展观的意见和建议。测评采取不记名填表方式进行，共发出测评表27份，回收27份。其中，满意24份，比较满意3份，满意度达100%。（郭霖）

【举办23周年庆典活动】 2009年8月28日，是远洋宾馆成立23周年的纪念日。远洋宾馆先后举办了多项文体比赛活动和以“展青春魅力，秀远宾风采”为主题的一系列庆典活动。庆典活动结合“红树林”工程，在形式和内容方面进行了创新，把企业文化和精神文明建设融为一体，为创建更加和谐的企业氛围起到了积极的推动作用。（郭霖）

【出租车队取得广州市四级一类达标资格】 2009年9月11日，广州市交通委员会及客管处派出检查组，对远洋宾馆出租车队资质情况进行检查。经检查，远洋宾馆出租车队取得广州市四级一类达标企业资质。（郭霖）

【获第23届广州（国际）美食节金奖】 2009年11月，远洋宾馆参加第23届广州（国际）美食精品展。在数十家餐饮企业参展中，远洋宾馆精心准备各式精品菜肴参展。经过专业评委的评定，远洋宾馆的菜式获得了美食精品展的金奖，并获得了牌匾。（郭霖）

【召开领导班子任期届满考核会议】 2009年11月13日，远洋宾馆召开2009年领导班子任期届满考核会议。会议由岸产事业部总经理王玉生主持。会上，远洋宾馆领导班子成员对各自的工作进行了述职。与会63位员工代表进行了公正、公平的民主测评。考核小组还分别与员工进行了谈话，深入了解情况，并进行了意见汇总。（郭霖）

【完成22~25层客房装修工程】 2009年12月，远洋宾馆完成22~25层客房装修改造工程。客房装修工程由香港著名设计师陈俊豪主持设计，设计风格延续前几期客房装修风格，带有浓郁的海洋特色。远洋宾馆随着多次大规模的装修改造，硬件设施充分展现出四星级档次，装修格调突显出远洋品牌，得到宾客的高度认可。（郭霖）

【工会获“模范职工之家”荣誉称号】 2009年，远洋宾馆工会深入贯彻落实科学发展观，认真落实“组织起来，切实维权”的工会工作方针，工会工作取得优异成绩。是年，远洋宾馆工会被中远集团工会授予“模范职工之家”称号。（郭霖）

【开展换岗练兵活动】 2009年，远洋宾馆房务部大力开展换岗练兵活动，让部门每位员工能体验其他岗位的工作流程，提升自身的综合技能水平，促使企业的服务质量更上一层楼。（郭霖）

【为员工办实事】 2009年，远洋宾馆坚持以人为本，在为员工办实事方面做了大量实有成效的工作。主要有：为天河员工宿舍大院安装防盗电控门，保障宿舍员工及家属的居住安全；对所有集体宿舍的热水器进行检修，对存在安全隐患的热水器全部更新；为了丰富员工的业余文化生活，定期播放电影；组织两次“关爱健康，珍爱生命”健康教育专题讲座；在春节、中秋佳节等节日，远洋宾馆领导邀请退休、内退员工回馆聚餐，探望病休在家的重病员工，送上慰问金和慰问品；为了让居住在集体宿舍的外地员工欢度中秋佳节，还举行了“中秋员工赏月晚会”。（郭霖）

【开展多元化培训课程】 2009年，远洋宾馆紧紧围绕“科学管理，精细服务”主题展开培训，苦练内功，用科学管理方式引导员工提高自身素质。针对经营特点，加强员工理论与实际操作的培训，提高员工的实际经营能力；针对一线员工的实际情况，以课堂学习培训为主，聘请具有酒店工作经验的专业教师进行面对面交流；对员工进行案例讲解，让员工工作更快地到位；对管理人员进行专门培训，提高了管理人员的管理水平。通过培训，企业服务质量得到提升，取得较好的成效。11月18日，广远召开“红树林”工程总结暨经验交流会上，远洋宾馆财务总监陈永彩代表企业发言，介绍远洋宾馆开展多元化培训课程的做法和经验，受到与会人员的好评。（郭霖）

【安全管理工作概况】 2009年，远洋宾馆为确保宾馆的安全，不断完善各项安全管理制度并落实到人；对特定时期如交易会、装修期、重要节假日制定了一系列安全防范措施，保证宾馆财产安全、住馆宾客人、财、物安全及餐饮食品安全。远洋宾馆积极开展“关爱生命，安全发展”为主题的安全活动，大力宣扬安全文化理念，结合“安全生产月”，采取张贴安全标语，悬挂安全知识挂画，派发安全管理文件，学习新《消防法》，编印《安全信息简报》，播放安全教育影片等措施，使安全意识深入人心。此外，远洋宾馆还着力开展安全技能训练，与广远联合举行实地安全模拟应急救援演练，全面提高了员工的应变能力。是年，远洋宾馆的安全生产处于健康良好的发展态势。（郭霖）

第九节 广州天河远洋大厦有限公司

【广州天河远洋大厦有限公司简介】 广州天河远洋大厦有限公司（以下简称“远洋大厦”）是广远投资兴建的涉外三星级商务酒店。远洋大厦占地面积3800平方米，建筑面积15000平方米。主营酒店服务业务，拥有客房227间，1个可容纳300多人的国际会议厅和6个多功能会议室。一楼有远洋海珍酒家，二楼是休闲娱乐中心，设有桑拿、沐足和酒吧等服务项目。此外还有商务中心、会议中心、保险箱、票务代理、美容美发、棋牌室、停车场、商场等经营服务场所。

远洋大厦下设总经理办公室、人事部、营销部、财务部、房务部、餐饮部、工程部、保安部、工会、租赁物业管理部、娱乐部。

远洋大厦设董事会、监事会。时任董事长林立兵，董事佟文华、陈建钦、王玉生、程一高。监事池锡锋。时任总经理兼党总支副书记程一高，党总支书记王玉生(兼)。员工 170 人。（黄凯智）

【远洋大厦工作概况】 2009 年，远洋大厦坚持“以会议带动客房、餐饮等综合消费”的经营战略，客房经营坚持“以商务、散客为主，会议、团队并重”的经营思路，重点做好新客源的开发及大客户和团队的营销工作，加大分级回佣力度，加强与代理公司和旅行社沟通联系，提高订房量；餐饮经营坚持客房配套的定位和坚持“只有三楼会议厅才能发展餐饮”的工作思路，坚持“健康、环保、时尚、家常”的出品理念，全力打造金牌菜式。是年，远洋大厦通过开展全员“拧毛巾”活动和精益管理、节能减排等活动的实施，深化大厦内部管理，提高服务质量和工作效率，生产经营取得显著成绩，企业实现了安全稳定，完成了广远下达的任务指标，连续 5 年被广远评为“安全生产先进单位”。

（张泽民）

【加强经营管理】 2009 年，远洋大厦为了应对国际金融危机的影响，根据实际情况制定了一系列管理措施促进经营发展：加强销售人员的培训和考核，加强自有客源的开发；加强客户信息的更新和大客户的维护；加强与旅行社的沟通，接待旅游团队，提高综合收入；加强餐饮的会议、团队招揽，带动综合消费；加强对酒店的管理促销方式及交易会会期调整后的销售策略的调查研究。是年，远洋大厦取得了较好的经济效益，完成经营任务指标。

（张泽民）

【积极应对国际金融危机】 2009 年，广州酒店业受国际金融危机的影响，遭受到前所未有的冲击，远洋大厦采取多项措施积极应对，取得了较好的成效。

在客房经营方面：采取提高综合营收的经营策略，实施降低平均房价，以提高开房率；调低对旅行社和中介公司的底价，对旅行团和会议等团队的价格采取灵活报价方式，以客户接受为主；提高司机揽客奖励额度；重点做好交易会营销工作，加强交易、参展团队招揽，争取老熟客都能入住。

在餐饮经营方面：针对受国际金融危机的影响，商务客人减少的情况，加强本地会议、团队的招揽力度；加强大客户的维护和挖掘新的大客户；加大与旅行社的合作，扩大境外客户的市场份额，特别是加强招揽短期经营的合作客户；加强电子网络销售，增大网络销售份额，积极寻求新的分销渠道和营销方式。

在降本节能方面：积极开展“做一事、献一策”和“拧毛巾”降本节能活动，加强成本管理，减少不必要的开支。

（张泽民）

【QC 小组活动项目获得多项奖励】 2009 年，远洋大厦结合工作实际，积极开展质量管理活动。远洋大厦 QC 小组开发的《增加制冷系统热水回收量》项目不仅取得很好的经济效益，还荣获全国“交通行业

2009年度优秀质量管理小组”和交通运输部、广州市“2009年度优秀QC小组”称号。（张泽民）

【开展“安全生产月”活动】 2009年5月，远洋大厦积极开展“安全生产月”活动，成立领导小组和工作小组，开展以“关爱生命，安全发展”为主题活动，张贴“安全生产月”挂图24张，组织消防大演习和皮龙灭火、佩戴防毒面具、干粉灭火技能竞赛活动，并邀请广远领导以及消防队专家亲临现场参观指导。在“安全生产月”活动期间，远洋大厦还召开安全工作专题会议，进行安全大检查，组织全体员工观看安全生产影碟。通过各项活动，提高了员工的安全生产意识和实际操作能力。（张泽民）

【开展“百日安全隐患排查治理专项行动”活动】 2009年7月24日，远洋大厦制定了《开展“查隐患、促整改、保安全、迎国庆”百日安全隐患排查治理专项活动方案》，并开展了专项活动。活动围绕岸上企业安全生产的整体目标进行专项排查治理，主要有：排查安全设施、设备是否完善；防火安全工作和应急预案及其演练是否落实到位；生产设施是否符合安全标准；员工是否存在违章行为，员工安全意识和掌握的安全技能情况；各种消防器材是否处于可使用状态。远洋大厦通过开展“百日安全隐患排查治理专项行动”活动，共修改、制定应急预案4个，开展各类安全生产宣传教育活动19次，参与人数721人次，发现并整改一般安全隐患3处，创新了安全理念，提高了全员安全意识，营造了良好的安全氛围，进一步夯实了安全基础。（张泽民）

【召开第三届董事会第一次会议】 2009年3月11日，远洋大厦召开了第三届董事会第一次会议。董事长林立兵，董事佟文华、王玉生、陈建钦、程一高出席会议，监事池锡锋，总经理助理匡胜国、张光裕，财务经理王英，总经理办公室副主任张泽民列席了会议。会议由林立兵主持。会议审议通过了《2008年工作总结和2009年工作计划》、《远洋大厦2008年财务决算报告和2009年预算报告》。会议充分肯定了远洋大厦在2008年遇到很大困难的情况下，超额完成董事会下达的营收任务和利润指标等方面的成绩。（张泽民）

【开展“拧毛巾”降本增效活动】 2009年，远洋大厦加强成本控制力度，积极开展“人人动手拧毛巾，降本增效从我做起”活动。广大员工积极参与，厉行节俭开支，对物品价格、质量严格把关，把好采购关、库存关、能源关、人工成本关；对各部门制定费用指标，规定各种成本费用与2008年同比降低5%~10%的任务指标；明确职责，对公共场所按区域划分，每一盏灯都明确开关的时间和责任人；市场核价小组和相关使用部门联合，按三星级配套要求重新研究核定日常使用物料的规格、品质要求的标准，并与供货商进行价格协商，在供货单价最低的基础上，再从每月盈利总额中给远洋大厦让利。远洋大厦开展“拧毛巾”降本增效活动，在员工中覆盖面达100%，编写简报10期，共收到员工提交的“金点子”330条。其中，优秀级为33条，采纳落实项目40项，经评选上报岸产事业部的“金点子”31条。其中，获合理化建议三等奖1个、优秀奖4个，节约经费25万元。是年，远洋大厦开展“拧毛巾”降本增效活动，进一步降低了经营成本，提高了市场竞争力。（黄凯智）

【开展人力资源管理工作】 2009年，远洋大厦根据企业业务情况，提倡“一岗多能”、“一职多能”的人力资源管理模式，有效地提高了员工的积极性和创造性。由于远洋大厦开展了人力资源管理工作，员工提高了工作效率并且增加了收入，企业减少了成本开支。是年，远洋大厦在全年员工人数与2008年同比月均减少20人的情况下，不但每位员工待遇与2008年同比均有增加，还减少了人工成本80万元。（黄凯智）

【开展精益管理工作】 2009年，远洋大厦深入开展精益管理、节能减排、降本增效等活动，并取得了一定成效。该大厦根据精益管理理念，全力推动降本增效和节能减排工作，厉行节俭开支，细化各项节能措施，严格控制成本费用。是年，远洋大厦上报广远21个亮点项目，可计算的经济效益达20万元。其中，有3个亮点项目获广远“入围奖”，1个项目获“星光奖”。远洋大厦在节能减排方面也取得良好成绩：1~12月用水量为5.15万吨，与2008年同比下降了18%；用电量为202.47万千瓦时，与2008年同比下降了11%；煤气费为33.27万元，与2008年同比下降了12.7%，全年在能源价格不断上涨的情况下，能源费用与2008年同比减少36万元。（张泽民）

【开展争先创优活动】 2009年，远洋大厦为树立先进典型，激励广大员工奋发进取、建功立业、为建设健康和谐大厦做出更大贡献，开展了争先创优活动。通过评比，授予餐饮部、工程部空调班、保安部3个单位为“先进集体”；授予营销部、房务部的管家部为“文明示范窗口”称号；授予伍煜文等24位员工为“先进工作者”。（黄凯智）

【开展学习实践科学发展观活动】 2009年，远洋大厦组织开展学习实践科学发展观活动，成立工作机构，举行党员干部专题学习会，定期向各部下发学习文件；远洋大厦将学习实践科学发展观活动与生产经营紧密结合，和党建廉政紧密结合。活动中，开展了以《在目前情况下，大厦如何扩大经营收入，提高经济效益》为课题的调研，举行“解放思想、科学发展、转变作风、廉洁从业”大讨论，并每月向广远上报大厦学习实践活动简报。是年，远洋大厦开展此项活动取得较好效果，不仅提高了党员和员工群众的政治思想水平，还促进了企业的和谐发展。（张泽民）

【加强党风廉政建设】 2009年，远洋大厦大力加强党风廉政建设，在按照年度计划加强制度建设的同时，制定了《关于下发远洋大厦2009年党建工作要点的通知》、《远洋大厦贯彻落实广远公司建立健全惩防体系〈实施计划〉的工作计划》，修订了《大厦“三重一大”操作实施规定和监督管理规定》，完善了《大厦物资申购管理规定》、《大厦采购供应管理规定》和《大厦仓库管理规定》等，从制度和工作流程的源头上强化了党风廉政建设责任制的落实。（张泽民）

【开展“红树林”工程】 2009年，远洋大厦广泛、深入开展员工“红树林”工程素质教育活动。通过员工岗位技能竞赛、演讲比赛，鼓励报考上岗证等别开生面的活动，强化员工培训、绩效考核工作。远洋大厦开展“红树林”工程主要内容有：1. 开展岗位技能大比武，组织了《客房中式铺床和常识问答》、《餐厅宴会摆台和常识问答》、《前台接待技能和客户投诉处理》、《工程部现场维修操作》、《现场写菜单》和《文员文档编辑》竞赛项目；2. 组织了消防演习和消防技能竞赛，竞赛的项目有佩戴防毒面具、干粉灭火和皮龙灭火；3. 进行职业培训，实行员工持证上岗，确保特殊工种和其它应持证上岗人员100%持证上岗。是年，远洋大厦开展“红树林”工程，全面提升了广大员工的整体素质，促进了企业的发展。（黄凯智）

【组织员工开展文体活动】 2009年3月，远洋大厦在周年庆典期间，组织员工进行拔河、跳绳、踢毽子、乒乓球和棋牌等比赛，并参加广远工会组织的各项活动。远洋大厦组织的这些员工活动，既丰富了员工的业余生活促进了员工的身心健康，又增强了员工的团队意识、竞争意识和企业凝聚力。（黄凯智）

【做好自查整改工作】 2009年12月20日，远洋大厦召开了党员大会，15名党员全部出席会议。会上，由党总支书记王玉生传达了广远党委《关于做好广远公司学习实践活动整改落实后续工作的通知》精神，对照自查整改落实工作的进展情况，结合大厦实际提出加大解决影响企业科学发展的突出问题。（张泽民）

【推出三款金牌菜式】 2009年，远洋大厦在餐饮经营上推出3款金牌菜式，餐饮经营创新高。金牌菜式一：“铁板牛仔骨”。牛仔骨又称牛小排，牛小排中含有人体所需多种营养元素。其中，包括蛋白质、血铁质、维生素、锌、磷及多种氨基酸。远洋大厦精选上等牛仔骨，经过师傅的独特的烹饪技术，做出香、嫩、软、滑的牛仔骨，是2009年点击率最高的一道菜式；金牌菜式二：“鲍汁百灵菇红腰豆”。这是一道比较素的菜，里面包含有4种菜，分别是美国红腰豆、西生菜、菌中之王的百灵菇以及西兰花。远洋大厦厨师把上述4种菜和谐搭配，加上浓香的鲍汁，美味可口；金牌汤菜式三：“花胶螺头老鸡汤”招牌汤。大厦厨师精选上等花胶和海螺肉，用老鸡慢火熬成靓汤。这4道金牌菜式深受广大宾客的喜爱，使远洋大厦的餐饮经营创历史新高。（张泽民）

【月饼销售逆市创新高】 2009年，远洋大厦遵循“环保、健康、低糖、低油”的健康理念，推出“远洋品牌”的月饼，深受广大客户的欢迎。月饼品种有芝麻月、豆沙月、水果月、白莲月、伍仁月、金翡翠、鲍鱼月等。是年，远洋大厦月饼销售额达76万元。（张泽民）

【共青团工作概况】 2009年，远洋大厦团总支在广远岸产事业部团委的领导下，紧紧围绕大厦中心工作开展共青团活动。该大厦团总支完善了组织机构，组成4个团支部：营销部、后勤、房务部、保安部团支部，共有团员52名。远洋大厦团总支主要工作有：1. 利用上团课、开座谈会、撰写学习体会、组织团员活动等形式加强政治理论学习，坚定理想信念。从建立和完善"长期受教育，永远跟党走"的长效机制入手，进一步巩固教育活动成果。2. 组织开展"学习实践科学发展观活动"和"安全在我身边，降本增效从我做起"等主题活动，引导团员、青年增强节约观念和环保意识。加强团员、青年的发展意识。组织团员、青年参加"青春风采"的演讲比赛，撰写学习心得体会，引导团员、青年认识自己肩负的重担。3. 组织团员、青年参加义务劳动，团总支联合大厦工会组织团员、青年每个季度参加义务劳动，增强劳动观念。是年，远洋大厦团总支通过开展各项活动，大大提高了团员、青年在企业中的生力军作用。 （张泽民）

第十节 东海大厦

【东海大厦简介】 东海大厦位于广州市环市东路318号之一，是广远与香港天星船务有限公司合作经营的一家涉外二星级酒店。东海大厦成立于1988年，前身由中远（香港）置业有限公司直接经营。2005年11月16日，广远与中远（香港）置业有限公司签订了《东海大厦整体转让之框架协议》，自2007年1月1日起，东海大厦正式归由广远直接管理。东海大厦占地面积1052.21平方米，建筑面积6601.24平方米，拥有客房125间，1间可容纳40多人的多功能会议室，同时设有商务中心、票务代理、商场、特色西餐厅、中西式餐厅及露天茶座等配套设施。

东海大厦下设行政管理部、财务部、市场营销部、房务部、工程部、保安部、工会。

东海大厦设董事会、监事会。时任董事长林立兵，董事王玉生、刘贤蒙、邓伟荣、何向宁。监事长郑意，监事池新旺、陶雁施。时任总经理兼党支部书记何向宁，总经理助理姬宝文。员工92人。

（刘静）

【东海大厦工作概况】 2009年，东海大厦坚持以科学发展观统领全局，在艰难的经营形势下，化风险为机遇，顺利推动了整体经营效益的稳步提升。通过实施"差异化"的营销和服务战略，较好地克服了国际金融危机、甲型流感、境外客流入境签证限制等不利因素的影响，全年营运总收入与2008年同比增长6.36%，并凭借优质、特色的服务在同区域内占据较强的市场竞争优势；通过持续深入开展精益管理活动，不断挖掘"创收"和"降本"潜力，实现较好的开源节流、增收节支效果，有效推动了整体效益的提升；通过大力实施"人才强企"战略，进一步推进"红树林"工程的实施，加强员工的教育培训和队伍建设，全面提升了大厦的"软实力"竞争

水平；通过建章立制和流程完善，提高了风险防范和管理水平，促进大厦稳健经营和可持续发展；通过坚持以人为本，大力加强企业文化建设，积极参加和广泛开展各项企业文化活动，凝聚人心，推进大厦的和谐稳定发展；通过坚持“抓党建，促发展”的理念，并以全面开展深入学习实践科学发展观活动为契机，充分发挥党组织的战斗堡垒作用，在党建、廉政教育和纪检监察等工作方面取得了显著成效；通过加强安全防范、安全制度建设和安全教育培训，全面提升安全管理水平，为大厦经营保驾护航。是年，东海大厦较好地完成了董事会下达的考核指标和各项经营管理工作任务。（刘静）

【推行“差异化”营销服务战略】 2009年，东海大厦积极研究并细分市场，进一步巩固以中东、中非为主要目标市场的营销策略，从“差异化”营销和服务上着手，充分盘活资源，狠抓机遇，创新经营，争创效益，重点加强与周边商贸公司、穆斯林餐厅等的广泛合作，印制专门语言宣传材料等深挖目标市场的客源潜力；进一步全方位拓展与订房中心、旅行社、会展公司等各渠道酒店销售代理的合作，在主力客源不足时做出了有效的补充；高度重视门前散客、包括的士司机揽客渠道的拓展；努力发展自主客源，减少对销售代理的依赖；坚持“人无我有，人有我优”的服务理念，根据客源喜好、特性制定了多项差异化的服务经营策略，包括前台饰品柜、麻将房、客房脚部按摩器、自行车租赁服务、餐厅业务等，促进了整体效益的提升；以优质服务为宗旨，持续提升酒店服务的附加价值，进一步提高了宾客的满意度，并在目标市场中获得良好的口碑，培养了大批稳定的自主客源和常客。是年，东海大厦通过实现“差异化”的营销和服务战略，在较为艰难的经营形势下，成功化风险为机遇，使客房经营指标多次刷新历史新记录，平均房价、开房率、平均每间房收益等各项指标大幅度超过同星级酒店，并在同地段三星级酒店中保持领先地位。（刘静）

【召开2009年第一次董事会】 2009年3月11日，东海大厦召开2009年第一次董事会。董事长林立兵，董事王玉生、刘贤蒙、邓伟荣、何向宁出席了会议。会议由董事长林立兵主持。会议审议通过了《东海大厦2008年工作总结》、《东海大厦2008年财务决算报告》、《东海大厦2009年工作计划》、《东海大厦2009年财务预算报告》、《章程修订五》等。会上，董事会对东海大厦2009年的工作提出了意见和要求。（刘静）

【设立行政管理部】 2009年2月，东海大厦为实现精简架构、科学配置，设立行政管理部，将总经理办公室和人力资源部2个部门的职能合并到新设立的行政管理部。其业务内容涵盖行政总务、人力资源管理、采购、车辆和网络管理等。是年，东海大厦行政管理工作呈现全新的气象，人力资源管理水平明显提升，员工凝聚力明显增强，被评为东海大厦2009年度“先进集体”。（刘静）

【开展深入学习实践科学发展观活动】

2009年，东海大厦开展深入学习实践科学发展观活动。本着查找问题，解决问题，提升效益，推动大厦科学发展的目的，围绕“如何进一步挖掘大厦的经营效益潜力”这一学习实践活动的载体，全面开展了深入学习实践调研活动、思想解放大讨论、民主生活会、系统内外的交流学习、专题学习及培训等多种形式的学习实践活动，并针对制约大厦科学发展的矛盾和问题进行自我剖析，形成分析检查报告，制定整改落实措施，并通过持续贯彻落实，全部完成整改。是年，东海大厦通过全面开展深入学习实践科学发展观活动，实现了科学发展和科学决策、依法经营和规范管理、转变作风和廉洁从业、提升竞争力和盈利能力、党的建设和思想政治工作、安全稳定和构建和谐6项工作上水平。（刘静）

【成立共青团东海大厦第一届支部委员会】 2009年4月21日，东海大厦召开第一次团员大会。参加大会的团员有14人，青年14人。会议按照组织程序选举产生了共青团东海大厦第一届支部委员会，王满堂、刘静、彭准红当选为支部委员。同日，团支部第一届委员会召开第一次委员会议，选举刘静为团支部书记，彭准红为团支部组织委员，王满堂为团支部宣传委员。

（刘静）

【开展“全民健身月”和“职工文化月”活动】 2009年8~9月，东海大厦开展了“全民健身月”和“职工文化月”活动，以登山、乒乓球、羽毛球竞赛等形式，充分调动了全体员工参与文体活动的热情，在丰富大厦员工业余生活、提高员工强身健体意识的同时，进一步促进了大厦各部员工的沟通和团结协作，激发了全体员工开拓进取的工作热情，有效地推进了和谐企业的建设。（刘静）

【启用指纹考勤门禁系统】 2009年，东海大厦为进一步控制人工成本和提高工作效率，启用了指纹考勤门禁系统，以先进科学的指纹识别考勤管理系统取代了旧式的人工打卡考勤方式，并通过加装监控设备和完善相应的操作流程及管理制度，在确保大厦内外安全的前提下，正式取消后门岗，改变了过去24小时轮岗值守的管理模式，不仅取得节约人工成本的效果，并且有效地加强了日常的考勤管理。

（刘静）

【召开2009年度民主生活会暨述廉议廉会议】 2009年4月30日，东海大厦召开2009年度民主生活会暨述廉议廉会议。出席会议的有广远岸产事业部财务总监池新旺，监督部/审计部业务经理郑意，岸产事业部林树元，大厦领导班子，管理小组成员，纪检委员，职能部门负责人，工会委员代表，党外人士代表，员工代表共20人。在会上，东海大厦党支部书记何向宁通报了大厦开展深入学习实践科学发展观活动的情况，并作了2008年领导班子述廉报告。会议向16名大厦与会人员现场下发填写和回收“企业领导班子党风建设和反腐倡廉情况民主评议表”。在会上，大厦领

导班子汇报了2009年以来的工作情况，与会人员围绕“深入学习实践科学发展观，有效应对金融危机，促进企业科学发展上水平”的主题进行了民主讨论。池新旺作了总结讲话。（刘静）

【开展“读书·思考·进步”专题读书活动】 2009年，东海大厦开展“读书·思考·进步”专题读书活动。活动分三个阶段开展，第一阶段“理论研读”，组织全体党员、入党积极分子及部门副经理以上管理人员研读上级党委下发的经典著作；第二阶段“主题阅读”，组织各部门领班级以上人员阅读《如何做一个合格的管理者》、《被忽视的组织气氛》、《做最好的中层》、《有效沟通，管理者的沟通艺术》；第三阶段“自选泛读”，组织全体员工自选泛读《做一个懂得感恩的员工》、《酒店管理180个案例品析》、《不抱怨的世界》。此外，还举行了征文活动，征集优秀学习心得共31篇，经评审产生一等奖1名，二等奖2名，三等奖3名，优秀奖5名。（刘静）

【进行学习实践活动小结暨庆祝建党88周年】 2009年7月1日，东海大厦党支部在广东省博罗革命根据地进行学习实践科学发展观活动小结暨庆祝建党88周年。7名党员参加了活动。活动期间，党支部对大厦开展学习实践科学发展观活动进行了小结，党支部书记何向宁就党支部下阶段的工作向党员提出了要求。此次活动，还组织党员参观博罗革命根据地东江纵队纪念馆，缅怀革命先烈。（刘静）

【召开“八一”拥军优属座谈会】 2009年7月31日，东海大厦党支部召开了转业、退伍军人、民兵预备役人员、军属座谈会，进行拥军优属，给与会人员送上节日慰问。在座谈会上，东海大厦领导通报了企业经营情况和下半年的工作任务，鼓励转业、退伍军人、民兵预备役人员和军属继续发扬革命精神，将革命传统发扬光大。与会人员对大厦党组织和领导的关怀表示感谢，并表示将更好地立足本职、为企业效益提升和科学发展贡献力量。

（刘静）

【召开2009年度领导班子考核专题会】 2009年11月12日，东海大厦召开2009年度领导班子考核专题会，由广远岸产事业部对东海大厦领导班子进行任期届满考核。在考核专题会上，东海大厦领导班子围绕2009年度在德、能、勤、绩、廉等方面的主要情况、存在的主要问题及今后的工作重点进行了述职。会上，大厦40名员工代表分别对大厦领导班子和中层以上人员进行民主测评，岸产事业部考核工作小组随机挑选大厦21名员工代表进行面谈，并向大厦领导班子及成员反馈了考核的基本情况。（刘静）

【开展2009年度先进个人、先进集体评选活动】 2009年，东海大厦开展了2009年度先进个人、先进集体评选活动。评选活动以“三个代表”重要思想为指导，以安全生产和经济效益为中心，以提高广大员工敬业精神为着眼点，以全面推进大厦的改革、发展为目标，坚持高标准、严要求的考核原则，在公平、公开、公正的基础上，按照在编总人数的20%评选出先进个人19人、先进集体2个。（刘静）

【精益管理工作概况】 2009年，东海大厦围绕广远"精益管理年"的活动部署，积极推广精益管理工作，加强精益管理宣传力度，形成精益管理长效机制，精益管理工作成效明显，各项可变成本与2008年同比下降了27.39%。是年，东海大厦申报的精益亮点9项，其中"节省土地使用税"项目获广远岸产精益亮点入围奖；征集优秀建议和做法16条，其中"安装指纹考勤门禁"获广远岸产精益管理合理化建议3等奖，"对客房床铺进行维修"、"降低信用卡手续费"、"增加电梯广告位出租"3个项目获优秀奖；QC项目《丰富客房类型，增加大厦营收》荣获"广州市优秀质量管理小组"称号。 （刘静）

【开展"红树林"工程活动】 2009年，东海大厦按照广远"红树林"教育培训工程的整体部署，深化以"内部培训为主、外部培训为辅"和"请进来、走出去"的培训机制，不断加强员工教育培训和员工队伍建设，全年实施员工教育培训共100次，参加人数达1182人次。是年，东海大厦还通过开展专题读书学习活动、技能大赛、岗位练兵、团队协作训练、参观学习、职业资格认定等活动，进一步深化"红树林"工程的内涵，加强管理团队和员工队伍的建设，全面提升了企业的"软实力"竞争水平。 （刘静）

【全面提升风险管理水平】 2009年，东海大厦不断完善、优化各类管理制度和工作流程，全年新建制度12项，新建流程2项，修订制度6项，修订流程1项。同时，进一步健全大厦的人力资源管理体系，初步建立了员工绩效考核机制和管理档案，开展了劳动合同普查活动，清查和理顺了各项人事管理档案，逐步实现现代化的人力资源管理，降低大厦风险，促进大厦稳健经营。是年，东海大厦还成立了采购询价小组，并建立采购询价机制，有力加强对采购成本的控制和采购风险的防范。 （刘静）

【安全工作概况】 2009年，东海大厦根据广远"安全生产年"活动的统一部署，配合完成了广远酒店系统的安全管理体系的建立；开展了以"关爱生命，安全发展"为主题的"安全生产月"活动、"平安之旅"、"百日安全隐患排查治理"专项活动；强化安全理念，积极开展安全文化作品竞赛、消防安全演习、应急预案演习等安全技能培训和岗位练兵活动。是年，东海大厦有效地提高了员工的安全意识和安全管理水平，全年实现安全"零事故"，并获广州市建设街"维稳工作优秀单位"光荣称号。 （刘静）

第十一节 埃尔夫润滑油（广州）有限公司

【埃尔夫润滑油（广州）有限公司简介】 埃尔夫润滑油（广州）有限公司（以下简称"广州埃尔夫"）于1995年成立。1997年11月28日，在广州经济技术开发区东江岸边建成华南地区第一个国家甲级调油厂，拥有岸线128米、设计靠泊能力为

5000 吨的企业专用码头。广州埃尔夫是一家中外合资企业，道达尔（中国）投资有限责任公司以设备和资金出资，占有 58%的股份；广远以土地和资金出资，占有37%的股份；广州经济技术开发区商业发展集团有限公司以资金出资，占有 5%的股份。广州埃尔夫拥有从欧洲进口的先进设备，根据道达尔集团在法国的研发中心提供的标准配方和精选的全部进口原材料，采用现代化的规模生产方式进行生产，所有产品均经过严格检测，达到润滑油行业的最高产品标准。广州埃尔夫的主要业务是生产一系列高品质的车用油、工业油、船用及电厂用油，并通过在全国各地建立的经销网络进行分销。

广州埃尔夫的最高权力机构为董事会。董事会由 7 名董事组成。其中，道达尔派出董事 4 名，广远派出董事 2 名，商业集团派出董事 1 名。董事长由广远方董事担任，副董事长由道达尔方董事担任。合资合同规定道达尔方派出总经理，广远方派出副总经理。

时任董事长林立兵，副董事长 Jeff Attwood，总经理 Pascal Rigaud（1~6 月）王喆（7~12 月），副总经理李伟。员工 166 人（其中正式员工 139 人，临时工 27 人）。

（林海霞）

【广州埃尔夫工作概况】 2009 年，广州埃尔夫高度重视安全生产，抓好各项安全工作，加大技术服务力度，开发新产品，开展促销活动，开拓大客户，实施优势互补，生产经营迈上新台阶。是年，广州埃尔夫销售和赢利业绩创历史新高，与 2008 年相比销量增长了 18%，毛利增长 66%，营运利润增长 166%。 （林海霞）

【开拓大客户，实施优势互补】 2009 年，广州埃尔夫开拓金杯、中华、大长江、丰田、日产、豪爵、劲隆、隆鑫、华南摩托车、合力叉车、江铃汽车油项目，主要涉及发动机油、变速箱油、齿轮油（服务用油、初装油）。此外，广州埃尔夫与钱江摩托和重庆力帆商谈合作事宜，开拓大客户进行优势互补。 （林海霞）

【加大技术服务力度】 2009 年，广州埃尔夫在全国各地举办多次技术讲座、快速换油中心培训会，在技术上更好地支持了当地的销售和产品服务，增强了经销商和用户的信心。 （林海霞）

【销售网络情况】 2009 年，广州埃尔夫改良产品组合，通过新的价格政策推动柴油机油、摩托车油的销量，在全国成功开发了 70 家新的经销商。是年，广州埃尔夫一共有 296 家经销商。 （林海霞）

【开发新产品】 2009 年，广州埃尔夫推出了新的 9.5 公斤包装规格冷却剂，此产品的推出，更加适应市场的需求。

（林海霞）

【开展促销活动】 2009 年，广州埃尔夫在全国开展 40 多场产品推广会，同时提供现场技术指导、现场下单，促销活动取得令人满意的结果。与此同时，广州埃尔夫以销售积分活动吸引高端产品的客户，使中高档产品的销量增大。广州埃尔夫与中国人保财险公司共同开展优惠购油活动，实现对目标客户的点对点精确营销，以及对潜在需求客户的深度挖掘。是年，广州埃尔夫新增快速换油点 25 个、新店铺招牌

696个、新设备租赁234台。（林海霞）

【安全生产概况】 2009年，广州埃尔夫重视安全生产，加大安全生产的资金和人力投入，主要是启动了ISO/TS16949系统、化验室配电系统改造、增添ISO tank槽车卸货的安全防护装置、新增消防设备和器材、在码头加油口安装拉断阀以防止卸油过程的泄漏、屋顶风机改造、安装叉车后退光声警报系统。是年，广州埃尔夫被广州市罗岗区夏港街安全生产委员会授予2009年度“安全生产管理工作先进单位”，并在道达尔下游企业亚太区年会上获得2009年度“健康、安全、环境与质量管理特别贡献奖”。（林海霞）

第十二节 佛山市南海海洋包装材料厂

【佛山市南海海洋包装材料厂简介】 佛山市南海海洋包装材料厂（以下简称“海洋厂”）筹建于1984年，成立于1986年，原名为广东省南海县海洋包装材料厂，后来历经变更为广东海洋包装材料厂、南海市海洋包装材料厂、佛山市南海海洋包装材料厂。海洋厂厂址在佛山市南海区大沥镇黄岐棉花村，占地面积1.23万平方米，建筑面积为1.41万平方米。建厂初期，海洋厂是由广远和南海县二轻工业局、南海实业公司三方共同投资合办的联营企业，三方投资金额各占三分之一。为加强联办厂的领导和管理，投资三方建立了董事会的管理体制。2009年，随着市场经济的发展与投资方原因，海洋厂的股东分别为佛山市南海区二轻经济开发公司（国有企业）、广远（国有企业）和佛山市南海华御投资发展有限公司（民营企业），持股比例分别为50%、33.33%、16.67%。法人代表为王玉生，注册资金为555.7万元。海洋厂的主要经营范围是各种瓦楞包装袋箱，发泡聚丙烯制品，可发聚苯乙烯包装材料，装饰天花板，水产养殖浮具，救生圈，发泡胶材料。

海洋厂下设企业管理部、财务部、市场营销部、生产技术部。

海洋厂设董事会。董事长孔庆忠（1~2月）、陆建中（3~12月）。董事冯文飘（1~2月）、涂永东（3~12月）、王玉生、姜保民、梁福兴。

时任总经理姜保民，党支部书记黄国杨，工会主席刘浩全。员工60人。

（刘浩全）

【海洋厂工作概况】 2009年，海洋厂在董事会的领导下，实施动态股权改革和持续生产经营；紧密围绕生产经营的中心工作，统一思想，凝聚力量，促进企业持续发展；按照年度工作计划，采取了一系列有效措施，加强了经营管理工作，紧扣“求发展、保盈利”的主题开展工作，并取得了一定的成效。

在企业管理方面，依法依规实施科学管理，适时组织员工进行思想教育，实施以人为本的管理理念，使企业的改革发展取得了切实有效的效果。在财务管理方面，切实加强成本核算，及时反映各种生产费用支出，以及产品、库存商品的增减变动、结存情况，并实时对其进行监督控制，特别是加强了对生产、销售环节的成本分析，

挖掘降本增效的潜能。在市场开拓方面，在积极扩大销售的同时，努力控制企业的销售风险，切实防范金融海啸的风险。

在生产方面，加强了生产技术人员的培养，严格制定生产定额，提高了生产效率及机器、燃料的利用率，实施集中生产、降低能耗、降低存货量策略，降低了生产成本。是年，海洋厂完成产量 555 吨，产值 1150 万元，销售收入为 1025 万元，利润为 32 万元。（刘浩全）

【召开第六次董事会】 2009 年，海洋厂召开第六次董事会。董事会研究确定，海洋厂二轻公司股东的 50%股权和广远股东的 33.33%股权，拟在上海联合产权交易所公开挂牌拍卖，确认华御公司股东和二轻公司股东的上级主管单位——联佳公司为意向买家，促使海洋厂的股权改革步入准操作阶段。（刘浩全）

【保证企业质量品牌】 2009 年，海洋厂严格按照质量体系的具体要求，实施质量管理战略，保证全系列产品的质量品牌。7 月，海洋厂组织 5 名员工参加 ISO9001：2008 质量管理体系新版内审员培训，并通过考试取得证书；10 月，海洋厂顺利通过了中诚认证中心的 ISO9001：2000—> ISO9001：2008 质量管理体系升级换版再认证监督审核。（刘浩全）

【党支部工作概况】 2009 年，海洋厂党支部认真贯彻落实中共十七大精神和科学发展观，组织党员参加纪念中国共产党建党 88 周年活动；党支部结合企业的生产经营中心工作，努力践行科学发展观，加强党组织建设，提高党组织的战斗力，充分发挥党组织在企业中的战斗堡垒作用和共产党员的先锋模范作用。9~12 月，海洋厂作为广东省第三批学习实践科学发展观活动单位，党支部对学习实践活动更为重视，通过召开民主生活会、组织生活会，座谈讨论、写心得体会等多种形式，使全体党员对科学发展观有了更深的认识，更加关心企业的生产经营，积极主动对企业的发展提出合理化建议。（刘浩全）

【工会工作概况】 2009 年，海洋厂工会认真贯彻落实中共十七大精神和科学发展观，紧密围绕企业的经营管理工作中心，发挥员工的主人翁精神。5 月，工会响应佛山市南海区慈善会号召，积极开展“南海慈善一日捐活动”。10 月，组织员工参加中华人民共和国建国 60 周年庆祝活动，并进行“我爱祖国”的征文活动。11 月，工会召开了第五届第二次职工代表大会，会议传达贯彻股东会关于海洋厂实施股权改革的工作思路和精神，审议通过了《佛山市南海海洋包装材料厂实施产权转让职工安置方案》。（刘浩全）

【团支部工作概况】 2009 年，海洋厂团支部召开团员、青年座谈会，组织团员、青年学习实践科学发展观，使团员、青年明确前进的方向；完善团员、青年入党机制，做好优秀青年的凝聚、培养、推荐工作；在上级团委和党支部的领导下，积极开展团员、青年的爱岗敬业活动，引导团员、青年发挥生力军作用；组织团员、青年参加大沥镇团委举办的户外拓展活动，开阔团员、青年的视野。（刘浩全）

【严格调控应收账款】 2009 年，海洋厂

【安全委员会】　安全委员会（以下简称"安委会"）主要职责是贯彻执行国家有关的安全生产法律、法规；负责组织、协调和指挥企业的安全生产活动，制订和完善安全管理规章制度，保证提供安全的生产环境和必要的资源支持；负责监督广远各单位、各部门的安全管理工作和安全生产教育活动，营造"人人讲安全，事事讲安全"的生产氛围；负责按照上级安全管理部门的指示，对广远总体安全工作进行计划、布置、检查、总结和评比；负责监督、协助广远各单位、各部门上等级安全事故调查、处理并按规定做好上报工作；负责监督广远各单位、各部门识别生产中的各种风险，制订应急预案，对发生的紧急情况采取应变措施；负责制订安全管理指标体系，根据《广州远洋运输公司安全管理责任处罚及奖励暂行规定》，对相关单位和安全责任人提出红、黄牌和金、银牌建议。

安委会主任徐惠兴，副主任翁继强，成员刘书田、傅伟、黄继忠、马宗梅、蔡梅江、林旭东、谭力、黎光葵、池新旺、姚勇、朱航员、符雄、韩国敏、赵寿春、何伟杰、李伟、刘贤蒙、尤扬斌、郑培贤、徐国新、施金安、程一高、方少彪、王玉生、凌保平、蔡志强、闭晴安。

安委会下设办公室（设在航安部），为安委会的日常办事机构。办公室主任翁继强，副主任蔡梅江，秘书刘启清，成员周维民、温锐波、任乃星、王涛、钱汉东、伍英华。

【加强员工教育培训"红树林"工程领导小组】　加强员工教育培训"红树林"工程领导小组主要职责是负责全面领导、部署和推进加强员工教育培训"红树林"工程；负责审批总体实施计划，审核和批准活动的经费预算，对教育培训中的重大事项进行协调和决策；负责审核加强员工教育培训"红树林"工程的总结、评先等工作。下设加强员工教育培训"红树林"工程工作小组，加强员工教育培训"红树林"工程实施小组。领导小组组长徐惠兴、刘书田，成员翁继强、马宗梅。

【加强员工教育培训"红树林"工程工作小组】　加强员工教育培训"红树林"工程工作小组在加强员工教育培训"红树林"工程领导小组领导下工作，主要职责是负责制定加强员工教育培训"红树林"工程推进方案；负责督促、指导、审核广远相关部门、各航运公司、岸产企业、广远本部各部门制订的加强员工教育培训具体计划和实施方案；负责对广远各部门、各单位的实施情况进行指导、跟踪、监督和检查，编写工作简报；负责活动的总结、评先和交流推广等工作。工作小组组长翁继强，成员姚勇、黎光葵、周维民、符雄、赖奕光、龚艳平、顾卫东、陈建钦、郭福祥、林耀强、吴思、王茜、蔡兆聪、钱汉东、谢志达。

【加强员工教育培训"红树林"工程实施小组】　加强员工教育培训"红树林"工程实施小组在加强员工教育培训"红树林"工程领导小组和工作小组领导下工作，主要职责是具体实施员工教育培训各项事宜。其下设加强船员教育培训项目组、加强本部员工教育培训实施小组、加强岸产企业员工教育培训实施小组、加强紧缺和重点人才培训培养专项小组、加强员工教育培训"红树林"工程工作小组办公室。

【加强船员教育培训项目组】 加强船员教育培训项目组主要职责是制定加强船员教育培训“红树林”工程年度推进计划，并组织实施、督促和评估；组织安排督导组成员对广远各航运公司及所属船舶、金桥学院开展“红树林”工程情况进行检查、指导和督促；汇总船舶“红树林”工程报告，编辑出版《“红树林”工程工作简报》；不定期组织各层次座谈会，了解“红树林”工程的进展情况和意见建议；考察各单位提出的先进船舶及个人典型，并给予指导，协助培养；不定期举办各类型观摩会、竞技比赛，展示“红树林”工程成效。项目组组长林耀强，副组长郭福祥、姚勇、黎光葵、周维民、符雄、龚艳平、顾卫东。

【加强本部员工教育培训实施小组】 加强本部员工教育培训实施小组主要职责是负责制定广远本部加强员工教育培训“红树林”工程总体方案；负责督促、指导、审核广远各部门制订的加强员工教育培训具体计划和实施方案；负责对广远各部门员工教育培训实施情况进行检查、指导、跟踪、监督，向广远加强员工教育培训“红树林”工程工作小组汇报工作情况；负责总结经验、评比先进和交流推广等工作。实施小组组长姚勇、黎光葵。

【加强岸产企业员工教育培训实施小组】 加强岸产企业员工教育培训实施小组主要职责是负责制定岸产企业加强员工教育培训“红树林”工程总体方案；负责督促、指导、审核各岸产企业制定的加强员工教育培训具体计划和实施方案；负责对各岸产企业员工教育培训实施情况进行检查、指导、跟踪、监督，向广远工作小组汇报工作情况；负责总结经验、评比先进和交流推广等工作，视情编写工作简报。实施小组组长陈建钦、王玉生。

【加强紧缺和重点人才培训培养专项小组】 加强紧缺和重点人才培训培养专项小组的主要职责是负责制定紧缺和重点人才培训培养方案；负责督促、指导、审核各单位对紧缺和重点人才培训培养方案的实施；负责对各单位紧缺和重点人才培训培养实施情况进行检查、指导、跟踪、监督，向广远加强员工教育培训“红树林”工程工作小组汇报工作情况；负责总结经验、评比先进和交流推广等工作。专项小组组长黎光葵，成员林旭东、谭力、佟文华、姚勇、陈昆、龚艳平、顾卫东、陈建钦、吴思、钟新勇、阮亦欢。

【加强员工教育培训“红树林”工程工作小组办公室】 加强员工教育培训“红树林”工程工作小组办公室主要职责是制定广远“红树林”工程各阶段推进计划，指导广远各单位组织实施；协调督导组成员对广远各单位、部门和船舶开展“红树林”工程情况进行检查、督促和指导；汇总广远各单位、部门和船舶开展“红树林”工程情况报告，编发《广远公司加强员工教育培训“红树林”工程简报》；不定期组织各个层面的座谈会，了解广大船岸员工对“红树林”工程的意见和建议，并进行整理汇总上报，指导下一步的工作；负责组织考察广远各单位提出的先进船舶及个人典型，并给予指导，协助培养；指导广远各单位适时举办各类型观摩会、竞技比赛，展示“红树林”工程成效。

【广远风险管理委员会】　广远风险管理委员会主要职责是履行审议并提交企业全面风险管理年度工作报告，确定企业风险管理总体目标、风险偏好、风险承受度，批准风险管理策略和重大风险管理解决方案，批准重大决策的风险评估报告和审计部门提交的风险管理监督评价报告等。广远风险管理委员会下设战略风险管理分会、经营风险管理分会、财务风险管理分会和法律风险管理分会4个专业机构。管理委员会主任徐惠兴，成员刘书田、翁继强、黄继忠、马宗梅、王玉生、韩国敏、李伟(中远远达)、蔡梅江、赵寿春、刘贤蒙。

【战略风险管理分会】　战略风险管理分会主要职责是对广远战略的分析与制定、评价与选择以及实施与控制。通过对政策风险、行业风险、品牌风险、制度风险、目标与计划风险等战略风险进行专业识别、评估、监控来妥善预防和处理风险所导致的损失及其后果，以获得最大安全保障的动态战略风险管理过程。分会组长需定期组织会议讨论、评价，并组织形成定期专业报告，报送至风险管理委员会。该分会组长徐惠兴，成员谭力、姚勇、黎光葵、张庆华、任鑫。

【经营风险管理分会】　经营风险管理分会主要职责是紧盯市场变化、紧抓安全生产，防范市场变化给企业带来的经营损失，采取适当措施规避或消减市场风险。通过制度管理，提高生产效率和经营效益。分会组长需定期组织会议讨论、评价，并组织形成定期专业报告，报送至风险管理委员会。分会组长翁继强，成员周维民、杜俊明、刘海平、周佳忠、王玉生。

【财务风险管理分会】　财务风险管理分会主要职责是关注企业的财务制度建设和实施情况，关注企业资产质量和盈利能力的发展变化，如资产的流动性、债务的安全性、投资的安全性和回报能力、现金回收能力、利率、汇率、税率和股价变动带来的风险等。分会组长需定期组织会议讨论、评价，并组织形成定期专业报告，报送至风险管理委员会。分会组长林敬伟，成员佟文华、邓伟荣、张访苏、池新旺、黄雁、盛开薇。

【法律风险管理分会】　法律风险管理分会主要职责是关注国内外与本企业相关的政治、法律环境、政策和制度的变化，对企业的重大投资行为、业务经营行为以及其他重要管理活动进行重点跟踪、关注，防范从项目策划、具体运作、合同签署到最终实施的各类法律风险的发生。分会组长需定期组织会议讨论、评价，并组织形成定期专业报告，报送至风险管理委员会。分会组长马宗梅，成员林旭东、周学茵、朱航员、各投资控股公司法律主管。

【精益管理领导小组】　精益管理领导小组主要职责是负责领导、推动和部署广远“精益管理年”活动；负责审核活动的总体实施方案；负责审核和批准广远“精益管理年”实施方案、应用实施项目及活动经费预算；负责审核和批准外部顾问的使用，批准在工作小组下设立相关的精益管理应用实施专业小组；对广远“精益管理年”活动中的重大事项进行协调和决策；负责审核和批准广远“精益管理”项目的考核、评估、奖励办法和奖励决定；负责批准精益管理成果的发布和推广工作。下设精益管理工作小组。领导小组组长徐惠兴、刘书田，成员翁继强、黄继忠、马宗梅、林旭东、谭力、黎光葵、佟文华、周维民、姚勇、朱航员、符雄、王玉生、韩国敏、李伟（中远远达）、蔡梅江。

【精益管理工作小组】 精益管理工作小组在精益管理领导小组领导下工作，主要职责是负责制订广远“精益管理年”活动总体实施方案，并负责活动的组织和落实工作；负责指导广远各部门、各二级单位制订“精益管理年”活动细化方案和精益管理应用实施方案，负责编制活动预算方案；负责考察并提出外部顾问选用和设立广远精益管理应用实施专业小组的建议；对广远各部门、各二级单位“精益管理年”活动的进展情况进行指导、跟踪、监督和检查，编制活动动态简报；负责制订广远“精益管理”项目的考核、评估、奖励办法等相关制度文件；负责组织对中远集团重大精益管理项目的验收、评估和考核工作，并根据考核结果提出年度奖励方案；负责精益管理成果的总结、汇编、上报和推广工作。工作小组组长翁继强，副组长谭力、佟文华，成员黎光葵、王玉生、张莲芳、张庆华、章晓彤、钱汉东、余松亮、蔡兆聪、张丛、翁哲、姚辉、王雷和中远航运、中远远达、中远南方的主管领导。

【QC成果评审小组】 QC成果评审小组主要职责是负责对广远QC成果的评审和优秀QC成果的推荐工作。小组成员主要由广远各部门从事质量管理工作三年以上、获得QC小组活动咨询或诊断师资格的QC推进员组成。发展部作为广远QC小组活动考核、评审主管部门，负责广远范围内QC小组活动的总体管理及日常注册登记、活动指导、成果收集、审阅确认、评审发表、经验交流、推荐上报、表彰奖励等工作；负责制定每年的QC培训计划，包括培训的对象、内容、要求、时间等。人力资源部/组织部负责培训的组织落实，重点对QC小组活动的骨干进行培训，获取交通运输部，广东省、广州市或中远集团的QC小组活动咨询或诊断师资格。评审小组组长谭力，副组长张庆华，成员谢小梅、蒲逸鸣、郑再利、余肖群、黎清、邱进宗、梁恩发、刘朝贵。

【“十一五”规划编写/修订领导小组】 “十一五”规划编写/修订领导小组主要职责是全面领导规划编写工作；审定规划纲要和规划；保证工作小组必要的资源。下设工作小组。领导小组组长徐惠兴、刘书田，成员翁继强、黄继忠、马宗梅、韩国敏、郭京、尤扬斌、李伟（中远远达）、谭力、黎光葵、蔡梅江、王玉生、佟文华、周维民。

【“十一五”规划编写/修订工作小组】 “十一五”规划编写/修订工作小组在“十一五”规划编写/修订领导小组领导下开展工作，主要职责是制订详细的规划编写工作计划；根据工作计划按时提出规划纲要呈领导小组审核；根据领导小组的审核意见对纲要进行修改；规划纲要报中远集团；根据中远集团批准的纲要和时间要求，结合企业实际编写详细的规划；规划报领导小组审核；根据领导小组的审核意见对规划进行修改；将规划定稿上报中远集团。工作小组组长谭力，副组长周维民、王玉生、林耀强、张庆华；航运分组周维

民、林敬伟；岸产分组王玉生、郑再利；船员分组林耀强、周伟民；综合分组张庆华、任鑫；支持分组邓伟荣、阮亦欢。

【广远预算管理委员会】 广远预算管理委员会主要职责是负责制定广远总体预算管理的规定和程序；根据广远战略发展规划和经营计划提出广远年度各项预算指标；对广远各下属单位上报的年度预算进行审核并提出调整意见；指导和监督广远下属单位预算执行情况，根据经营环境的重大变化提出广远年度预算调整方案；定期向广远总经理办公会提交各单位预算编制情况分析报告和年度合并预算方案建议；制定广远预算考核管理办法，组织落实各项考核工作。广远预算管理委员会下设预算工作组。委员会主任徐惠兴，副主任刘书田，成员翁继强、马宗梅、林旭东、谭力、黎光葵、佟文华、周维民、朱航员、韩国敏、林敬伟、林立兵。

【广远预算管理委员会预算工作组】 广远预算管理委员会预算工作组在广远预算管理委员会领导下开展工作，主要职责是负责研究并制定广远财务预算指标体系，确定预算编制工作流程；制定广远年度预算编制方法和编制要求，下达年度预算编制任务；搜集整理财务信息资料，做好财务预测工作，为财务预算提供编制依据；组织广远本部及所属企业财务预算编制工作，检查预算编制进度；汇总广远本部及所属企业的预算草案，提出审查意见，报预算委员会审核；组织和监督财务预算实施，对预算调整提出审查意见，报预算委员会审核；比较评价预算执行结果，提出考核意见；负责其他有关预算执行的策划和联络事项。工作组组长徐惠兴，副组长佟文华、林敬伟，成员邓伟荣、张庆华、周维民、池新旺、张访苏、杨涛、林曦、张美琴、叶苑群、郑潮藩、张丛、叶勇、徐臣涛。

【涉外突发事件应急处置工作小组】 涉外突发事件应急处置工作小组的主要职责是负责境外发生的涉及广远员工、机构安全的突发事件的应急处置工作。工作小组组长翁继强，副组长黎光葵、尤扬斌，组员林旭东、姚勇、周维民、赖奕光、李伟、陈建钦、梁伟民、温锐波，联络员为黎光葵。

【人口和计划生育委员会】 人口和计划生育委员会主要职责是负责贯彻落实国家和地方政府的计划生育政策，负责职工违反计划生育政策行为的调查处理，负责职工日常的计划生育工作，落实计划生育待遇。委员会主任刘书田，副主任黎光葵，成员姚勇、林耀强、符雄、郑深恩、陈建钦、叶勇、陈瑞芬、葛晓红。人口和计划生育委员会下设办公室，主任叶勇。

【劳动鉴定及伤残评审委员会】 劳动鉴定及伤残评审委员会主要职责是负责职工工伤事故的认定和工伤医疗期的核定，负责职工工伤伤残等级和职工劳动能力鉴定的初评工作。委员会主任刘书田，副主任马宗梅、黎光葵、张玉凌，成员戴世华、郑深恩、叶勇、符雄、温锐波、邝占罗、黄旺新、陈新明、林举德。

【工程系列中级职称评委会】 工程系列中级职称评委会主要职责是负责工程系列职

称评审工作。评委会主任徐惠兴，成员谭力、所春阁、金宏、刁世福、王庆来、周伟民。

【政工系列初级职称评委会】 政工系列初级职称评委会主要职责是负责政工系列职称评审工作。评委会主任刘书田，副主任黄继忠，成员姚勇、朱航员、易宝森、黎光葵、陈建钦、符雄。

【教育系列初级职称评委会】 教育系列初级职称评委会主要职责是负责教育系列职称评审工作。评委会主任蔡志强，成员马志华、邓林闻、周映南、张厚如、程育昕、陈新毅。

【高技能人才队伍建设领导小组】 高技能人才队伍建设领导小组主要职责是负责高技能人才队伍建设的领导工作。高技能人才队伍建设领导小组下设工作小组。领导小组组长刘书田，副组长黄继忠，成员黎光葵、尤扬斌、佟文华、涂慕欧、王玉生。

【高技能人才队伍建设工作小组】 高技能人才队伍建设工作小组对领导小组负责，主要职责是负责高技能人才队伍建设的日常工作，执行政府和劳动行政部门有关规定和实施办法，保证鉴定质量。工作小组组长黄继忠，副组长黎光葵、周伟民，成员徐鹰、郭智谋、程育昕、陈衡、江庆祥。

【技师评审委员会】 技师评审委员会主要职责是根据申报人提供的材料，负责对技师任职专业技能水平和任职资格的评审。下设广远技师考评办公室、专业理论实操考试组、船舶驾驶工专业评议组、船舶轮机工专业评议组、汽车维修工专业评议组。委员会主任徐惠兴，副主任翁继强，成员尤扬斌、所春阁、黄海波、尤天福、胡永华。技师考评办公室主任徐鹰，成员江庆祥。

【档案销毁鉴定小组】 档案销毁鉴定小组主要职责是负责销毁档案的鉴定工作。小组组长刘书田，副组长黎光葵，成员张莲芳、姚勇、谭力、邓伟荣、周维民、郑培贤、徐鹰、郑潮藩。

【应急领导小组】 应急领导小组主要职责是接受中远集团应急办公室和主管部门的领导，请示并落实有关指令；负责审定、批准和实施广远突发事件综合应急预案和专项应急预案；宣布应急预案的启动和终止；负责协调、指导广远下属单位突发事件应急处置行动；调动各方面的力量，提供信息和一切必要的支持；负责对政府部门报告，对外界发布信息；组织广远应急预案的演练；监督、审查应急管理工作。领导小组组长徐惠兴、刘书田，副组长翁继强，成员黄继忠、马宗梅、周维民、发生紧急或突发事件单位负责人。

【防抗台指挥协调小组】 防抗台指挥协调小组主要职责是按照上级部门的指示，部署广远和属下投资、控股航运公司及陆地单位的防抗台工作；督促、检查各投资、控股航运公司及陆地单位的防抗台工作，并落实企业有关防抗台决定；处理防抗台中各投资、控股航运公司防抗台指挥小组上报的问题；跟踪台风信息，研究台风动态，关注各投资、控股航运公司上报的受台风威胁的船舶动态；总结防抗台工作中

的经验教训。指挥协调小组组长翁继强，副组长周维民，成员广远控股及下属各航运公司防抗台工作负责人、航运部有关人员。

【节能领导小组】 节能领导小组主要职责是负责领导、推动和部署广远“节能减排”活动；负责审定广远“节能减排”活动总体实施方案；负责审核和批准广远“节能减排”实施方案、应用实施项目及活动经费预算；负责审核和批准外部顾问的使用，批准在工作小组下设立相关的节能减排活动专业小组；对广远“节能减排”活动中的重大事项进行协调和决策；负责审核和批准广远“节能减排”项目的考核、评估、奖励办法和奖励决定；负责批准广远节能减排成果的发布和推广工作。下设节能工作小组。领导小组组长翁继强，副组长赖奕光、周维民，成员郭福祥、杜俊明、刘海平、曾远祥、周佳忠、梁杰。

【节能工作小组】 节能工作小组在节能领导小组领导下工作，主要职责是负责制订广远“节能减排”活动总体实施方案，并负责活动的组织和落实工作；负责指导广远各部门、各二级单位制订“节能减排”活动细化方案和节能减排应用实施方案，负责编制活动预算方案；对广远各部门、各二级单位“节能减排”活动的进展情况进行指导、跟踪、监督和检查，编制动态简报；负责制订广远“节能减排”项目的考核、评估、奖励办法等相关制度文件；负责组织对广远重大节能减排项目的验收、评估和考核工作，并根据考核结果提出年度奖励方案；负责节能减排成果的总结、汇编、上报和推广工作。工作小组组长赖奕光，副组长曾远祥、周维民，成员洪颖、张卓雁、柯毅峰、雷汝成、廖伟权、何观文、汤志明、钱汉东。

【安全长效管理领导小组】 安全长效管理领导小组主要职责是负责推进广远安全长效管理机制的组织领导，研究推进工作的有关重大事宜，审核批准工作计划，提供必要的资源支持，定期评估工作进展情况，对中远集团领导小组负责。下设安全长效管理工作小组。领导小组组长徐惠兴，副组长翁继强，成员韩国敏、李伟（中远远达）、蔡梅江、郭福祥、王玉生、周维民。

【安全长效管理工作小组】 安全长效管理工作小组在广远安全长效管理领导小组的领导下工作，主要职责是负责制定广远安全长效管理机制工作计划，组织整个计划的具体实施，检查具体措施的落实情况，掌握各下属企业的推进活动进度，并给予监督指导，向领导小组汇报工作的进展，分析存在的问题，提出合理化建议，结合中远集团的要求，每年对工作进行总结，负责对外部联络相关事宜。工作小组办公室设在航安部。工作小组组长翁继强，副组长郭福祥、周维民，成员曾远祥、梁杰、刘建华、张建浩、严少波、杨合武、尤扬斌、温锐波、刘启清、林举德、钱汉东、伍英华。

【“三学一创”领导小组】 “三学一创”领导小组主要职责是全面负责广远“学创”活动的领导工作，确定活动的组织、实施、考核、评比奖励方案。领导小组组长刘书田、徐惠兴，副组长马宗梅、翁继强，成员姚勇、林旭东、谭力、黎光葵、佟文华、朱航员、符雄、赖奕光、龚艳平、顾卫东、陈建钦、章晓彤、周维民。

【精神文明建设领导小组】 精神文明建设领导小组主要职责是科学调动各方资源，确保企业精神文明目标的实现，为企业经营管理目标的实现提供强有力的思想保证和智力支持。具体负责推动加强企业党的建设，加强企业思想政治教育和企业文化建设，加强企业党风廉政建设和企业内部监督工作；充分发挥工会、共青团的桥梁和纽带作用，加强企业民主管理。领导小组组长刘书田、徐惠兴，副组长马宗梅，成员姚勇、黎光葵、朱航员、符雄、赖奕光、龚艳平、顾卫东、陈建钦、章晓彤、王茜。

【党建思想政治工作研究会理事会】 党建思想政治工作研究会理事会主要职责是根据中共中央和上级的指示精神，围绕企业生产经营实际，深入开展调研和企业思想政治工作相关理论课题的研究，为企业改革发展提供有价值的理论研究成果和决策参考。理事会会长刘书田，副会长马宗梅，秘书长姚勇，副秘书长章晓彤，成员黎光葵、朱航员、符雄、赖奕光、龚艳平、顾卫东、陈建钦、王玉生、周舟、凌保平、甄伟、林耀强、王茜、王雷。

【企业文化建设推进委员会】 企业文化建设推进委员会主要职责是讨论确立广远企业文化核心价值体系；制定企业文化建设规划和实施方案，并监督、指导规划和方案的推进；组织对广远企业文化体系和建设成效进行评估。委员会主任刘书田、徐惠兴，副主任马宗梅、翁继强，成员姚勇、林旭东、谭力、黎光葵、佟文华、朱航员、符雄、韩国敏、赖奕光、龚艳平、李伟（中远远达）、顾卫东、蔡梅江、陈建钦、王玉生、章晓彤、周维民。

【普法工作领导小组】 普法工作领导小组主要职责是按照中共中央和上级有关指示要求，制定广远普法宣传教育活动的长期规划、年度计划和实施方案；监督指导广远普法宣传教育的日常性工作；对普法宣传教育活动进行检查、复核及总结，并对先进典型的申报进行审核。下设普法工作办公室。领导小组组长刘书田，副组长马宗梅，成员姚勇、林旭东、谭力、黎光葵、佟文华、蔡梅江、朱航员、符雄、赖奕光、龚艳平、顾卫东、陈建钦。

【普法工作办公室】 普法工作办公室在广远普法工作领导小组领导下工作，主要职责是负责拟定、下发广远普法教育活动的规划、计划和实施方案；普法宣传教育活动的日常性工作；活动资料汇编、档案建立、制度建立、信息发布等基础性工作；先进典型发掘、推广和经验总结、活动评审等工作。办公室主任马宗梅，副主任姚勇、林旭东，成员章晓彤、周学茵、吴思、佘松亮、蔡兆聪、温锐波、雷彩云、蒲大同、江海珊、谢志达、刘志勇。

【广远本部作风建设领导小组】 广远本部作风建设领导小组主要职责是加强广远机关作风建设，督促机关各部室及工作人员转变工作观念和作风，不断提高工作效率、质量和服务水平。下设广远本部综合考核检查组。领导小组组长刘书田，副组长马宗梅，成员姚勇、林旭东、黎光葵、朱航

员、谭力、佟文华、符雄、周维民。

【广远本部综合考核检查组】 广远本部综合考核检查组在广远本部作风建设领导小组领导下开展工作，主要职责是对广远本部内部管理劳动纪律、安全工作、服务态度、办事效率、工作质量等进行综合考核检查，以加强和改进机关作风建设，树立机关良好形象。检查组组长翁继强，副组长姚勇、林旭东，成员王茜、吴思、林曦、任鑫、温锐波、佘松亮、蔡兆聪、郑潮藩。

【贯彻落实《建立健全教育制度监督并重的惩治和预防腐败体系实施纲要》领导小组】 贯彻落实《建立健全教育制度监督并重的惩治和预防腐败体系实施纲要》（以下简称《实施纲要》）领导小组主要职责是全面领导广远构建惩防腐败体系建设的工作，听取落实情况的专题汇报，研究和部署整体工作规划和阶段性的任务。下设贯彻落实《建立健全教育制度监督并重的惩治和预防腐败体系实施纲要》工作小组。领导小组组长刘书田，副组长徐惠兴、马宗梅，成员黄继忠、翁继强。

【贯彻落实《建立健全教育制度监督并重的惩治和预防腐败体系实施纲要》工作小组】 贯彻落实《建立健全教育制度监督并重的惩治和预防腐败体系实施纲要》工作小组在领导小组领导下开展工作，主要职责是负责组织广远贯彻落实中央《实施纲要》和中远集团《实施意见》的组织推进工作，研究具体实施办法和措施，指导、协调和督查广远下属企业抓好构建惩治和预防腐败体系的工作。工作小组组长马宗梅，副组长朱航员、姚勇、黎光葵，成员林旭东、谭力、佟文华、周维民、符雄、陈建钦、赖奕光、龚艳平、顾卫东、吕英翼、郭智谋。

【治理商业贿赂领导小组】 治理商业贿赂领导小组主要职责是贯彻落实中共中央、国务院及国资委关于开展治理商业贿赂专项工作的各项方针、政策；研究部署、指导协调广远治理商业贿赂专项工作；研究处理与广远治理商业贿赂工作有关的其他重要问题。领导小组组长徐惠兴、刘书田，副组长马宗梅，成员翁继强、林旭东、姚勇、谭力、黎光葵、佟文华、周维民、朱航员、符雄、王玉生、陈建钦、赖奕光、林耀强、龚艳平、顾卫东。领导小组下设办公室，办公室主任朱航员。

【决策后评估委员会】 决策后评估委员会主要职责是领导广远决策后评估工作，听取落实情况的专题汇报，审阅评估报告及相关文件，研究和部署决策后评估工作任务，加强对企业决策项目的监督管理，促进决策水平的提高。委员会主任徐惠兴，副主任马宗梅，成员林旭东、姚勇、谭力、佟文华、黎光葵、周维民、朱航员、符雄、张访苏、王玉生、林耀强。

【劳动竞赛与群众性技术创新领导小组（合理化建议委员会）】 劳动竞赛与群众性技术创新领导小组（合理化建议委员会）主要职责是根据上级的指示，结合企业的实际，研究制定推行“创新工程”的有关指导性意见，协调和督促广远本部、基层单位和部门落实“创新工程”工作，研究解决工作中遇到的重要问题。下设办公室。领导小组（合理化建议委员会）组长徐惠兴、刘书田，副组长翁继强、马宗梅，成员林旭东、姚勇、谭力、佟文华、黎光葵、周维民、朱航员、符雄、郭福祥、王玉生、陈建钦。

【劳动竞赛与群众性技术创新活动办公室】 劳动竞赛与群众性技术创新活动办公室在广远劳动竞赛与群众性技术创新领导小组领导下开展工作，主要职责是贯彻落实领导小组关于推行“创新工程”的指导意见，调查研究，了解掌握推行“创新工程”的情况，及时向领导小组反馈有关信息和工作情况，做好立项评审、总结、推广、宣传和上报工作。办公室主任马宗梅，副主任符雄，成员段腊春、王茜、蔡兆聪、王雷、江海珊、张丛、黄宜振。

【劳动争议调解委员会】 劳动争议调解委员会主要职责是调解广远本企业内发生的劳动争议；检查督促争议双方当事人履行协议；对职工进行劳动法律、法规的宣传教育，做好劳动争议的预防工作。委员会主任马宗梅，副主任黎光葵、符雄，成员郑深恩、戴世华、陆启杨、周维民、蔡兆聪、周学茵、段腊春、江海珊。

【集体合同领导小组】 集体合同领导小组主要职责是根据《集体合同规定》及相关法律法规，指导企业做好《集体合同》的起草、修订、协调以及签订工作，监督《集体合同》条款的履行。领导小组组长马宗梅，副组长翁继强，成员黎光葵、姚勇、朱航员、符雄、陈建钦。

【困难职工帮扶中心领导小组】 困难职工帮扶中心领导小组主要职责是根据上级的指示精神和企业实际，领导和指导困难职工帮扶工作，研究确定帮扶工作原则、指导思想和发展方向，研究制订帮扶工作总体规划和方案，审批资助对象及其发放标准，保证困难职工帮扶工作健康发展。领导小组组长马宗梅，成员符雄、黎光葵、姚勇、朱航员、林耀强、佟文华、陈建钦、戴世华、谢汉波、周学茵。

【厂务公开领导小组】 厂务公开领导小组主要职责是制定广远实行厂务公开制度的实施意见，研究解决实施中的问题，指导协调有关部门密切配合、通力协作，认真搞好厂务公开工作。下设办公室。领导小组组长刘书田，副组长徐惠兴，成员翁继强、黄继忠、马宗梅、符雄、林旭东、黎光葵、佟文华、姚勇、朱航员、周维民、谭力、郭福祥、陈建钦。

【厂务公开领导小组办公室】 厂务公开领导小组办公室在广远厂务公开领导小组领导下开展工作，主要职责是负责厂务公开的日常组织协调工作，加强研讨，总结经验，不断扩大厂务公开的覆盖面，努力提高工作水平，增强工作效果。下设监督考核小组。办公室主任马宗梅，副主任符雄、姚勇，成员余松亮、蔡兆聪、吴思、周学茵、王茜、段腊春、王雷、江海珊、米军喜、周益桥。

【厂务公开监督考核小组】 厂务公开监督考核小组在广远厂务公开领导小组和领导小组办公室领导下工作，主要职责是组织职工代表通过定期检查、民主评议等方式，监督厂务公开是否按规定的时间、内容、形式、程序进行；督促落实职代会依法作出的决议、决定；对企业提出改进工作的意见，并督促落实整改方案；制定检查考核标准，制定必要的制约和激励措施。小组组长马宗梅，副组长朱航员，成员黎光葵、符雄、佟文华、陈建钦、张访苏、易宝森、吕英翼、郭智谋、钟洪斌、肖连芬。

【开展“实施职工素质工程，创建学习型企业，争做知识型职工”活动领导小组】 开展“实施职工素质工程，创建学习型企业，争做知识型职工”活动领导小组主要职责是全面领导企业“实施职工素质工程，创建学习型企业，争做知识型职工”活动；审定活动计划和意见；保证开展活动必要的资源。下设办公室。活动领导小组组长马宗梅，副组长黎光葵，成员林旭东、姚勇、佟文华、谭力、周维民、朱航员、符雄、郭福祥、陈建钦。

【“实施职工素质工程，创建学习型企业，争做知识型职工”活动办公室】 “实施职工素质工程，创建学习型企业，争做知识型职工”活动办公室在广远开展“实施职工素质工程，创建学习型企业，争做知识型职工”活动领导小组领导下开展工作，主要职责是根据上级的要求和企业实际起草相关活动计划和指导意见，负责开展活动情况的收集整理和综合协调工作。活动办公室主任符雄，副主任蔡兆聪、王茜，成员吴思、林曦、陈衡、王雷、徐鹰、江海珊、段腊春、米军喜。

【岸产企业改制领导小组】 岸产企业改制领导小组的主要职责是负责审核岸产企业改制方案，指导工作小组、项目小组做好岸产企业的改制工作。领导小组组长徐惠兴、刘书田，成员翁继强、黄继忠、马宗梅、林立兵、谭力、黎光葵、姚勇、符雄、佟文华、王玉生、陈建钦、池新旺。

【信息化建设领导小组】 信息化建设领导小组的主要职责是加快推进广远信息化建设，提高信息化管理水平和效率。领导小组组长徐惠兴，副组长谭力、杨涛，成员林旭东、姚勇、池新旺、黎光葵、周维民、朱航员、符雄、王玉生、韩国敏。

【住房货币补贴制度改革领导小组】 住房货币补贴制度改革领导小组主要职责是负责审核企业住房货币补贴制度及实施方案，指导工作小组做好住房货币补贴制度改革工作。下设工作小组。改革领导小组组长徐惠兴，副组长刘书田，成员翁继强、黄继忠、马宗梅、林旭东、姚勇、符雄、尤扬斌、黎光葵、佟文华、王玉生。

【住房货币补贴制度改革工作小组】 住房货币补贴制度改革工作小组在广远住房货币补贴制度改革领导小组领导下进行工作，主要职责是具体负责研究制定广远住房货币补贴制度，确定住房货币补贴方案。改革工作小组组长马宗梅，成员姚勇、符雄、黎光葵、佟文华、陈建钦、谢汉波、戴世华、周学茵、陈衡、吴思、吴永洪、陈国留、神榕海、陶宏江、钟洪斌。

【爱国卫生委员会】 爱国卫生委员会（以下简称“爱委会”）主要职责是负责组织落实有关爱国卫生工作的法律、法规、规章和政策；负责企业爱国卫生工作及员工健康教育；承担爱国卫生工作职责，制定突发公共卫生事件的防范措施和应急对策。

爱委会主任马宗梅，副主任张玉凌，成员姚勇、林旭东、符雄、邝占罗、郑潮藩。

【岸产企业“完善企业组织架构”领导小组】 岸产企业“完善企业组织架构”领导小组主要职责是负责广远岸产企业“完善企业组织架构”工作的组织、领导、监督和审核工作。组长林立兵，副组长王玉生、谭力，成员佟文华、朱航员、符雄、陈建钦、池新旺。

【岸产企业“完善企业组织架构”专项工作小组】 岸产企业“完善企业组织架构”工作小组对领导小组负责，下设4个专项小组：

简化股权专项工作小组主要职责是负责建设实业持有物业公司和海运公司部分股权划转工作的具体实施。组长王玉生，副组长谭力、陈建钦、池新旺，成员林曦、周学茵、郑再利、魏思怡、利惠玲、池锡锋、陈钊、林珏以及建设实业、物业公司、海运公司财务负责人和办公室主任。小组联络人陈钊。

股权收购专项工作小组主要职责是负责广远收购远洋宾馆和颐和公司持有酒店管理公司股权的具体实施。组长王玉生，副组长谭力、陈建钦、池新旺，成员林曦、周学茵、郑再利、魏思怡、利惠玲、陈钊、林珏以及远洋宾馆财务负责人和办公室主任。小组联络人陈钊。

鸿光物业清算专项小组主要职责是负责海南鸿光物业公司清算处理工作的具体实施；组长王玉生，副组长谭力、池新旺，成员盛开薇、林曦、周学茵、梁俊、利惠玲、林珏。小组联络人林珏。

松涛公司清算专项工作小组主要职责是负责广州松涛企业公司清算处理工作的具体实施。组长王玉生，副组长谭力、张访苏，成员林曦、周学茵、梁俊、利惠玲、林珏及东海大厦财务负责人和办公室主任。小组联络人林珏。

【“履行全球契约，实施可持续发展战略”领导小组】 “履行全球契约，实施可持续发展战略”领导小组主要职责是按照中远集团的统一部署，研究并制定广远在实施“履行全球契约、实施中远集团可持续发展战略”工作时所需要的方针、政策以及资金、人员、机构等方面的工作，对工作小组提出指导意见。下设工作小组。领导小组组长徐惠兴，副组长翁继强，成员谭力、林旭东、姚勇、朱航员、池新旺、黎光葵、符雄、杨涛、韩国敏、顾卫东、龚艳平。

【“履行全球契约，实施可持续发展战略”工作小组】 “履行全球契约，实施可持续发展战略”工作小组在“履行全球契约，实施可持续发展战略”领导小组领导下工作，主要职责是按照领导小组的决议并参照中远集团的具体要求，研究、处理、协调和落实广远“履行全球契约，实施中远可持续发展战略”方面的各项具体工作。下设协调办公室。工作小组组长翁继强，副组长谭力，成员张庆华、张莲芳、章晓彤、佟文华、邓伟荣、郑深恩、周维民、蔡兆聪、张筱玲、尤天福、王曙民、朱松崎、梁浩、韩苑君。

【“履行全球契约，实施可持续发展战略”协调办公室】 “履行全球契约，实施可持续发展战略”协调办公室在“履行全球契约，实施可持续发展战略”领导小组和工作小组领导下工作。主要职责是协调、处理广远履行全球契约方面的日常工作。协调办公室设在发展部，联系人王曙民。

【工亡职工供养亲属待遇清理工作小组】 工亡职工供养亲属待遇清理工作小组主要职责是清理工亡职工供养亲属待遇情况，根据国家工伤保险条例核发工亡职工供养亲属抚恤待遇。工作小组组长刘书田，副组长马宗梅，成员黎光葵、符雄、戴世华、段腊春、郑深恩、叶勇、杨树沛、李日宝、周学茵、刘志建。

【职工工伤伤残等级评审清理工作小组】 职工工伤伤残等级评审清理工作小组主要职责是清理广远历年来职工工伤伤残人员，对没有进行工伤伤残等级评审人员进行评审，核发工伤一次性伤残补助金。工作小组组长刘书田，副组长马宗梅，成员黎光葵、符雄、戴世华、张玉凌、郑深恩、段腊春、叶勇、林举德、林树元、黄旺新、刘小波、周学茵、李日宝、杨树沛、冯培伟。

【广州远洋大厦管理工作领导小组】 广州远洋大厦管理工作领导小组主要工作职责是审批广州远洋大厦建设管理制度、监督制度，并检查、督促各项制度的执行情况；听取建设实业作为投资主体对重大事项的工作报告，听取总承包项目公开招标情况的汇报；及时掌握广州远洋大厦建设项目的工作动态，加强对广州远洋大厦建设项目的协调沟通，加强对广州远洋大厦建设项目进度的督促检查。小组组长刘书田，常务副组长林立兵，成员林旭东、谭力、佟文华、王玉生、陈建钦、朱航员、张访苏、郑培贤、王庆来、吴杰、杨涛、郑潮藩、任鑫、郑再利、沈仕乐、刘刚、伍剑。

【广州远洋大厦监督工作领导小组】 广州远洋大厦监督工作领导小组主要职责是负责审定效能监察工作小组和审计监督工作小组工作报告，检查投标单位来源，协调各小组与建设实业的工作。领导小组组长马宗梅，副组长朱航员、陈建钦，成员张访苏、邓伟荣、池新旺、周学茵。监督工作领导小组下设效能监察工作小组和审计监督工作小组。

【广州远洋大厦效能监察工作小组】 广州远洋大厦效能监察工作小组在广州远洋大厦监督工作领导小组领导下工作，主要职责是监督检查广州远洋大厦工程建设中有关法律、法规、规章和企业内部制度的贯彻落实情况；监督检查参加广州远洋大厦建设人员履行职责；监督检查广州远洋大厦管理制度的制定及执行情况；开展廉洁教育和安全监督等工作；纠正和处理建设项目活动中的违规违纪行为。工作小组组长朱航员，副组长陈建钦、郑意，成员赵洪先、林树元、陈道胜、王申良。

【广州远洋大厦审计监督工作小组】 广州远洋大厦审计监督工作小组在广州远洋大厦监督工作小组领导下工作，主要工作职责是对广州远洋大厦管理制度的制订和执行情况的审计监督；组织开工前审计，包括审核招标文件，对项目招标、单位考察及资格预审、招标文件编制、开标、评标、议标、定标过程实施审计监督，审核合同初稿；组织建设期间审计，进行施工现场勘察，审核主要项目工程量、主要材料采购价格和合格证书，监督设计变更审批过程，审核工程造价盘更标准，检查重大隐蔽工程及分步、分项工程的验收签证单；配合中远集团聘请的中介机构的竣工结算审计工作；开展法律监督和财务监督等工作。工作小组组长张访苏，副组长池新旺、周学茵，成员沈仕乐、利惠玲、林珏。

【船员管理改革后续问题处理工作小组】 船员管理改革后续问题处理工作小组主要负责船员管理体制改革后，广远的不适岗船员的安排安置工作。下设办公室。工作小组组长林耀强，副组长黎光葵、符雄、戴世华、陆启扬，成员由广远和中远航运有关人员组成。

【完善劳动规章制度工作小组】 完善劳动规章制度工作小组主要职责是负责清理广远的劳动规章制度，制定和修订广远的劳动规章制度，跟踪落实规章制度制订的相关法定程序。工作小组组长黎光葵，副组长周学茵、吴思，成员章晓彤、郑意、蔡兆聪、张丛、钱汉东、阮亦欢、赵卫、关锦庭、刁海静、罗小光。

【计算机网络监督检查小组】 计算机网络监督检查小组在广远密码和保密委员会的领导下开展工作，主要职责是负责对广远本部各部室、各航运公司、各岸产企业涉密计算机进行保密管理与监督检查；配合上级保密部门做好涉密计算机的保密检查；负责对广远上互联网、OA办公自动化网、邮件网的信息进行实时监控和保密检查；对泄密计算机信息在网上出现泄密事件进行调查，并提出处理意见；认真记录计算机网络、计算机信息检查情况，并按要求及时上报上级业务部门。检查小组组长徐惠兴，副组长林旭东、杨涛，成员郑潮藩、陈维宣、杜笑洋、吴彩区、许德茂。

【社会治安综合治理工作办公室】 社会治安综合治理工作办公室是在安全保卫、维护稳定及突发事件应急处置工作领导小组和安全保卫、维护稳定及突发事件应急处置工作小组领导下开展工作。主要职责是制定社会治安综合治理具体工作计划并组织实施；完善社会治安防控体系；了解掌握广远本部各部门及公司直属单位的社会治安综合治理工作情况，总结、推广社会治安综合治理工作经验，发现、纠正存在的问题，推动社会治安综合治理工作的深入开展；督促、检查、指导广远治安防范措施的落实；负责广远防范邪教工作；具体负责社会治安综合治理突发事件的处置工作。社会治安综合治理办公室设在航安部。办公室主任黄继忠，副主任周维民、姚勇，成员林旭东、黎光葵、符雄、尤扬斌、林耀强、陈建钦、凌保平、温锐波、周佐成、王茜、郑朝藩、邱进宗。

【安全保卫及防恐工作办公室】 安全保卫及防恐工作办公室主要职责是按照领导小组和工作小组的整体部署，监督检查广远各单位突发事件应急处置工作机制落实情况；负责广远船舶安全保卫工作的部署、组织实施；监督、检查、指导中远航运船舶安全防范措施落实；防恐信息的收集、研判、风险评估、预警防范；广远重要物资、危险化学品运输的安全保卫工作；广远重点部位的安全保卫工作；研究制定广远员工安全保护工作的对策、措施；具体负责涉及广远员工安全的突发事件应急处置工作。安全保卫及防恐工作办公室设在航安部。办公室主任翁继强，副主任周维民，成员林旭东、姚勇、朱航员、谭力、黎光葵、佟文华、符雄、陈建钦、郭福祥、陈望权、曾远祥、梁杰、郑深恩、温锐波、钱汉东、邱进宗、林树元。

【广州远洋大厦装修工作顾问小组】 广州远洋大厦装修工作顾问小组主要职责负责大厦功能布局、装修方案、风格、意见等的提议、策划，并负责向广远领导办公会请示汇报。顾问小组组长马宗梅，副组长林旭东、薛俊东、郑培贤，成员谭力、林立兵、姚勇、林敬伟、施金安、沈仕乐。

【广州远洋大厦装修工作联络协调小组】 广州远洋大厦装修工作联络协调小组主要职责是落实顾问小组布置的各项工作，负责装修需求的联络、协调及现场检查与监督。协调小组组长林旭东，副组长郑培贤、吴杰，成员王曙民、徐鹰、邓伟荣、周维民、章晓彤、蔡兆聪、佘松亮、刘韶昶、林树元、李斌、雷彩云、刘刚、凌敏锐、郑潮藩、莫凡凡。

【广远系统企业年金工作领导小组】 广远系统企业年金工作领导小组主要职责是全面负责广远及下属单位企业年金工作。领导小组组长刘书田，副组长马宗梅，组员黎光葵、佟文华、符雄、姚勇、朱航员、陈建钦、陈昆、黄晓晖。

【广远系统企业年金工作小组】 广远系统企业年金工作小组主要职责是负责各专业工作组工作，分配具体工作任务，协调工作进度。工作小组组长黎光葵，副组长郑深恩、邓伟荣。工作小组下设三个专业小组：

方案设计专业小组主要工作职责是草拟年金方案、中人补贴标准方案，经工作小组讨论后提交年金领导小组研究。组长张丛，成员张美琴、周学茵、吴思、叶勇、江海珊。

综合事务专业小组主要工作职责是负责补充养老保险清理移交、企业年金政策宣传等综合性工作。组长叶勇，成员蔡兆聪，王雷、刁海静、林仕东。

数据归集与审核专业小组主要工作职责是审核广远系统各单位2006~2008年工资收入统计数据、审核中人补贴对应职务、中人补贴投入测算与分析、中人补贴财务处理等。组长吴思，成员张美琴、叶勇、刁海静、张丛、江海珊。

【编制广远“十二五”发展规划领导小组】 编制广远“十二五”发展规划领导小组主要职责是贯彻中远集团有关“十二五”发展规划编制工作的指示精神和总体部署，加强对广远规划编制和实施工作的领导、协调和指导，审议“十二五”发展规划。下设编制广远“十二五”发展规划工作小组。广远领导小组组长徐惠兴、刘书田，成员翁继强、马宗梅、林旭东、谭力、佟文华、韩国敏、李伟、蔡梅江、林立兵、王玉生。

【编制广远“十二五”发展规划工作小组】 编制广远“十二五”发展规划工作小组在编制广远“十二五”发展规划领导小组领导下工作，主要职责是研究提出广远“十二五”发展规划编制工作方案，按规定程序组织实施编制广远“十二五”发展规划和前期调研工作，并对规划编制工作进行统筹协调。工作小组组长翁继强，成员谭力、林旭东、佟文华、林立兵、王玉生、黎光葵、姚勇、朱航员、符雄、张庆华、周维民、郭京、董宇航、刘海平、周佳忠。

【广远实施广东省扶贫开发工作领导小组】

广远实施广东省扶贫开发工作领导小组主要职责是研究确定扶贫开发工作原则和实施方案，研究解决实施过程中的重大问题。下设广远实施广东省扶贫开发工作工作小组。领导小组组长刘书田、徐惠兴，成员马宗梅、翁继强、韩国敏。

【广远实施广东省扶贫开发工作工作小组】

广远实施广东省扶贫开发工作工作小组在广远实施广东省扶贫开发工作领导小组领导下工作，主要职责是草拟实施方案，并具体负责组织实施。工作小组办公室设在广远工会。工作小组组长马宗梅，副组长符雄、黎光葵、陈建钦，成员邓伟荣、陆启扬、蔡兆聪、周佐成、王雷、陈钊、沈仕乐，联系人黄宜振。

第十章

2009年度先进集体、先进个人

第一节　上级表彰的先进集体、先进个人以及社会团体授予的荣誉称号

（一）上级表彰的先进集体以及社会团体授予的荣誉称号

2008 年度全国水运系统安全优秀船舶

“乐同”轮　“瑞昌海”轮

2009 年全国水运系统安全优秀船舶

“乐锦”轮　“康盛口”轮

全国女职工建功立业标兵岗

中远航运航运经营部商务组

全国三八红旗集体

中远航运航运经营部商务组

全国第十届党员教育电视片观摩评比特别奖

广远党工部

全国职业安全健康知识竞赛活动优秀奖

广远

2008 年度中央企业五四红旗团委

中远航运船员管理部团委

2008～2009 年度全国交通安全诚信公司

中远远达

全国优秀质量管理小组

信息中心软件事业部 QC 小组

广东省、交通运输部、广州市、中远集团优秀 QC 小组

远洋大厦工程部 QC 小组

信息中心应用 QC 小组

信息中心软件事业部 QC 小组

广东省、广州市、中远集团优秀 QC 小组

中远航运船员管理部 QC 小组

广东省、广州市优秀 QC 小组

物业公司精益小组

广州市优秀 QC 小组

东海大厦客房结构规划 QC 小组

供应公司运输部 QC 小组

海运公司技术工程部 QC 小组

广东中远船务船体工艺 QC 小组

中远航运船员管理部船员一处 QC 小组

中远航运船员管理部党工处 QC 小组

信息中心软件事业部 QC 小组

2008 年度广东最大 100 家企业

广远

广东企业庆祝新中国成立 60 周年摄影比赛优秀组织奖

广远

2008 年度驻穗中央省属单位按比例安排残疾人就业工作先进单位

广远

2008 年度广东省工会女职工组织建设工作先进集体

广远工会女职工委员会

2008 年度广东省工会女职工组织实施女职工“两项工程”工作先进集体

广远工会女职工委员会

广东省工人先锋号

中远航运经营部“白沙岭”轮

广东省模范职工之家

中远远达工会

广东省五四红旗团支部

“乐同”轮

交通运输部 2008～2009 年度安全诚信公司

中远航运

2008 年度广东省海员系统工会信息工作先进单位

广远工会

广东省海员系统工会重点工作优秀单位
广远工会
广东省海员系统工会财务会计工作竞赛特等奖
广远工会
海南省 2009 年度航运企业管理先进单位
中远南方
2009 年度深圳港籍航运公司安全管理 A 等级船公司
中远远达
2008 年度广东纳税百强第 89 位
中远航运
中国公司治理 2009 年度董事会奖
中远航运
中国上市公司优秀董事会奖
中远航运
最佳董事会
中远航运
2009 年度中国上市公司市值管理百佳榜
中远航运
中国上市公司价值百强奖
中远航运
首届中国上市公司网站评选最佳创新沟通网站
中远航运
首届中国上市公司网站评选最受投资者欢迎上市公司网站
中远航运
首届中国上市公司网站评选最佳投资者关系互动平台
中远航运
2007～2008 年度广州市交通战备工作先进单位
广远交通战备办公室
广州市"2009 年交通安全先进单位"
远洋宾馆车队
广州市"交通安全宣传教育先进单位"
远洋宾馆车队
大连市外地驻连先进办事处
中远航运大连办事处
中远集团先进船员家属联络站
青岛船员家属联络站
兴宁船员家属联络站
丹东船员家属联络站
天津船员家属联络站
中远集团 2008 年度"四好领导班子"
广远
中远集团文明建设先进集体
中远航运
中远集团"华铜海"式船舶
"安龙江"轮 "泰安口"轮
"大华"轮 "乐宜"轮
"白沙岭"轮 "西昌海"轮
"亚龙湾"轮
中远集团文明示范窗口
《广州远洋》编辑部
中远航运船员管理部船员一处
通导公司工程部
远洋宾馆房口部（客房部）
《中国远洋报》2008 年度优秀报道单位
广远
第三届中远集团青年创新创效竞赛活动优秀组织奖
广远团委
中远集团模范职工之家
中远航运工会
远洋宾馆工会
中远集团巾帼文明岗
金桥学院外语系
2007～2008 年度中远集团五四红旗团委
岸产事业部团委
2007～2008 年度中远集团五四红旗团委创

建单位

金桥学院团委

2007～2008年度中远集团五四红旗团支部

物业公司团总支

“乐同”轮团支部

“大华”轮团支部

第三届中远集团青年创新创效竞赛活动青年创新创效项目

一等奖：中远航运　信息中心

第三届中远集团青年创新创效竞赛活动青年创新创效项目

二等奖：中远航运

第三届中远集团青年创新创效竞赛活动青年创新创效项目

三等奖：中远航运

广州市越秀区征兵工作全优单位

广远

（二）上级表彰的先进个人

2007～2009年度全国交通运输系统优秀思想政治工作者

陈建钦

全国交通技术能手

吴禄伟

全国五一劳动奖章

马宗梅

全国优秀工会工作者

马宗梅

“南粤杰出劳模”提名奖

徐惠兴

中央企业劳动模范

吴志刚

广东省2008年度企业安全生产工作先进个人

翁继强

2008年度中央企业优秀共青团员

吴冠翀

中国上市公司市值管理研究中心2009年度最具创新力董秘

薛俊东

《新财富》杂志第五届（2009年度）金牌董秘（主版上市公司第11名）

薛俊东

上海证券交易所2009年度综合考核优秀董秘

薛俊东

第三届中国上市公司市值管理高峰论坛2009年中国资本市场最佳创富IR

薛俊东

《证券时报》2009年度中国上市公司百佳董秘

薛俊东

《上海证券报》2009年度中国上市公司百佳董秘

薛俊东

最具影响力独立董事奖

金立佐

2009年中央企业职工技能大赛船舶水手决赛金牌奖

马朝辉

2009年中央企业职工技能大赛船舶水手决赛铜牌奖

陈赞金

2009年中央企业职工技能大赛船舶机工决赛金牌奖

何鹏辉　黄红亮

2009年中央企业职工技能大赛船舶机工决赛铜牌奖

梁仕慧

广东省工会干部培训先进个人

符　雄

广东省职工艺术家

书法类：马宗梅　黄森民

文学类：米军喜　管　升
音乐类：许耀启
摄影类：陈献平
美术类：林子伟
收藏类：刘绍杰

2007～2008 年度广州市交通战备先进个人
温锐波　伍英华

省级治安保卫重点单位优秀专职保卫人员
伍英华

2008 年省海员系统工会信息工作积极分子
米军喜

广东省海员系统工会先进女职工工作者
黄　雁

广东省海员系统工会先进女职工
陶燕琼

广东省海员系统职工家属先进工作者
崔钦枰　徐文凤　李秀芳

广东省海员系统工会女职工之友
吕英翼

广东省 QC 小组活动优秀推进者
廖明东

广州市 QC 小组优秀领导者
谭　力

广州市质量管理小组活动优秀推进者
尤扬斌　杨　涛

广州市 QC 小组活动优秀咨询师
黎　清

外地驻大连先进办事处先进工作者
许明顺

中远集团 2008～2009 年度“四优”共产党员
谭　力

《中国远洋报》2008 年度优秀通讯员
廖再文　米军喜

2008 年度中远集团党务信息先进个人
曾晓平

中远集团优秀工会工作者
符　雄　黄　雁　吕英翼　黄爱军
周仪章

中远集团巾帼建功标兵
王叶红

2007～2008 年度中远集团优秀共青团员
刘　霖　王润玲

2007～2008 年度中远集团优秀共青团干部
徐嘉骝

2008 年度中远集团优秀财务工作者
姜穗芬

中远集团优秀船员家属
张华英　刘玉琴　陈桂平　苏翠琼
杨玉香　王玉琴　李　宁　徐梦君
于小南　刘　萍　沈素荔　鲍秀君
韩　珊　朱冬梅　潘成萍　冼秀琼
李秀芳　徐文凤

中远集团优秀船员家属站站长
李秀芳　徐文凤

第二节　广远表彰的先进集体、先进个人

（一）广远表彰的先进集体

先进基层党组织
中共中远航运股份有限公司委员会
中共中远远达航运有限公司委员会
中共广州远洋运输公司委员会岸产事业部工作委员会

先进党支部

"泰安口"轮党支部

"康盛口"轮党支部

"乐里"轮党支部

"乐同"轮党支部

"乐昌"轮党支部

"乐从"轮党支部

"天王星"轮党支部

"大华"轮党支部

"大强"轮党支部

"发展之路"轮党支部

"乐荣"轮党支部

"西昌海"轮党支部

"毓骐海"轮党支部

"亚龙湾"轮党支部

"木兰湾"轮党支部

中远航运联合第二党支部

中远航运船员管理部船员二处党支部

中远远达第一党支部

中远南方第一党支部

广远党委工作部党支部

远洋宾馆生产部门党支部

海运公司技术工程部党支部

建设实业第三党支部

金桥学院综合办党支部

金桥学院外语系党支部

物业公司管理部党支部

供应公司代理部党支部

广远天河东离退休党支部

广远大沙地离退休第一党支部

广东中远船务工程有限公司 N155 试航临时党支部

2009 年"四好领导班子"

岸产事业部　建设实业　海运公司　物业公司　供应公司　通导公司　远洋宾馆

广远 2008~2009 年度巾帼文明岗

总经办法顾室　信息中心通信部　海运公司财务部

东海大厦客房部　物业公司财务部

中远航运财金部资金行政组　中远航运总经办前台

供应公司财金部　中远远达财务部　远洋宾馆公共卫生部

远洋宾馆员工餐厅　远洋大厦营销部—前厅部

远洋大厦房务部　金桥学院外语系　通导公司财务部

建设实业营销部　中远南方办公室

双文明建设先进单位

建设实业　海运公司

学习"华铜海"先进船舶

"乐从"轮　"康盛口"轮　"泰安口"轮

"乐里"轮　"富裕山"轮　"大富"轮

"乐宜"轮　"白沙岭"轮　"瑞昌海"轮

"乐同"轮　"木兰湾"轮　"亚龙湾"轮

优质服务外派集体标兵

"毓骐海"轮

先进集体

财金部

监督部

中远远达安技部

中远南方财务部

海运公司技术工程部

供应公司食品部

金桥学院船员培训处

建设实业广远新办公楼—广州远洋大厦项目部

2008 年度安全生产先进单位

中远航运　中远远达　中远南方　省远洋　中鞍航运　建设实业　海运公司　物业公司

远洋大厦

2008 年度安全生产先进集体

航安部　党工部　工会

先进外派集体

“毓骐海”轮

精益管理“阳光奖”

“西昌海”轮

2009 年度“优秀决算单位”

中远远达财务部

文明示范窗口

党工部《广州远洋》编辑部

中远航运船员管理部船员一处

物业公司沙园管理处

通导公司技术工程部

2007~2008 年度工会信息工作先进单位

中远航运工会

供应公司工会

物业公司工会

通导公司工会

“常发口”轮工会

“瑞昌海”轮工会

2008 年度青年文明号

建设实业服务中心

远洋宾馆礼宾部

供应公司食品部业务组

东海大厦房务部前厅部

“乐锦”轮

“亚龙湾”轮

“瑞昌海”轮

2008 年度青年安全生产示范岗

供应公司运输部送料组

物业公司黄埔远洋酒店保安班

远洋宾馆前台收款

东海大厦保安部外围岗

“乐宜”轮

“湘江”轮

“洪江”轮

（二）广远表彰的先进个人

先进生产（工作）者

王展德	林少辉	陆伟荣	黄碧生
何文学	王春晓	沈壁林	侯志刚
徐征荣	张国良	罗　旋	徐钰明
张殿平	谷红卫	张国森	张　彤
张月南	陆福春	勾　双	蔡万群
曾德全	苏水平	李文达	洪文碧
林丰收	黄松发	张家农	陈建成
吴少从	曾泽民	苏中福	林伟光
曲升家	刘景生	于顺明	黄　松
陆永畊	蒋和明	谢国潘	王荣豪
罗英洪	戴来兴	黄振斌	黄洁潮
曹建飞	吴继荣	梁西胜	纪世智
何发述	王吉红	沈元广	梁成城
过中华	杨书泽	温利民	周华新
许　琳	陈映辉	李小乔	叶家艳
胡亚辉	张　峰	李　峰	翟中波
于志文	荀云锋	隋忠民	黄韶文
刘正智	张国祥	刘华贤	杜文阁
王端伟	韩志峰	黄清敏	曹华科
邵惠国	魏前军	林树佳	李　博
曹立强	高　义	宋金龙	黄红炎
王晓峰	周　峰	张幸波	张　键
陈美宏	罗　通	杨俊昊	李广云
王　昕	施海金	丁少勇	林腾松
李振龙	张勇强	张体峰	李鹏程
高　博	朱夏帆	邹海东	徐中生
林志新	林敏强	钱学华	张俊高
陈建钦	符　雄	杨　涛	张超文
谢小梅	刁海静	吴卫青	叶苑群
薛　平	谢志达	侯小梅	米军喜
杨小桦	朱玉锋	林树元	钟洪斌
郭　京	蔡梅江	龚艳平	赵寿春
郑培贤	方少彪	周　舟	罗雪英

李仲芝　　漆连连　　虞公平　　林骥行
阮智铭　　何进伸　　李炎千　　林志芳
吴伟涌　　朱艳清　　姜二连　　李志玲
王润玲　　张卓雁　　毛新民　　朱文清
吴　贵　　任纬浩　　朱佩君　　盛清波
刘小娟　　林　静　　左大龙　　孙招敏
吴永洪　　曾艳萍　　朱穗娥　　周佳忠
黄四生　　陈小翠　　李　纯　　林良辉
万卫华　　林少衡　　孔惠军　　彭准红

优秀共产党员

蔡连财　　栾　英　　陆伟荣　　张锡隆
徐钰明　　林煌章　　肖连芬　　钟成友
闵业杰　　姚光典　　刘丁鹅　　徐征荣
黄伟华　　左兴国　　陈月异　　廖新炽
黄　平　　黄松发　　王成宝　　陈炳昌
蔡万群　　章连富　　于　忠　　邓全亮
吴建文　　夏俊明　　柴国栋　　刘浩敏
李乃军　　陈华安　　吕颖民　　贾小利
张瑞敬　　孔来勇　　杨敬柏　　杨书泽
黄元乐　　金志农　　李联民　　冯剑群
叶行专　　李　明　　沈建林　　金世晓
吴翰清　　董久春　　张　键　　汪金平
张　良　　田　波　　张正伟　　杨炎辉
温凤清　　林敏凤　　郜献中　　杨世贵
黄冬海　　陈望权　　莫非梁　　严少波
郭恩同　　李志雄　　张秀河　　黄福遵
周佳忠　　谭　力　　杨亚芬　　蓝坤明
蔡兆聪　　江海珊　　洪　舸　　韩列艺
郑培贤　　周桂香　　涂慕欧　　吴乾辉
张伟新　　左大龙　　林远平　　李仲芝
曾海云　　张敬干　　温武伦　　何向宁
蔡利旭　　潘万财　　王金良　　李钟深
田常国　　简汉清　　王颂汤　　唐　越
刘绍杰　　侯德湖　　徐利群　　常雨润
张正勇　　姚珍祥　　黄晓东

优秀党务工作者

周作友　　胡　巍　　蒋建明　　罗兴华
黄　泽　　李玉海　　王瑞军　　柯秋芳
唐　川　　徐　强　　戴来兴　　邓云琪
赖奕光　　孙　雄　　林耀强　　戴世华
龚艳平　　盛开薇　　林旭东　　郑　意
周　舟　　甄　伟　　谢汉波　　彭新启

2007～2008年度工会信息工作优秀信息员

王　雷　　具石华　　练锦荣　　吴江波
郭铁兵　　许声旺　　周幸忠　　李智敏
韩列艺　　尹志刚

2008~2009年度巾帼建功标兵

张访苏　　阮亦欢　　张美琴　　张筱玲
陶燕琼　　盛开薇　　关玉冰　　叶建萌
唐琴英　　李育兰　　区细凤　　冼少燕
陈　芳　　贺媲丹　　林冬蓓　　罗雪英
曾海云　　陈　琳　　朱艳清　　朱美丽
李敏静　　翟韵琳　　肖　丹　　蔡慕贤
牛渝萍　　周桂香　　万卫华　　何曙明
刘海花　　李　纯

2008年度青年岗位能手

王粤宁　　王一凡　　徐臣涛　　刁海静
黄其祥　　刘　利　　宋凌鹏　　张俊丽
朱桂华　　唐安辉　　曾艳萍　　李　漫
李可胜　　刘新源　　林志鹏　　苏嘉成
陈艳萍　　吴丽涛　　桂　琳　　邹勇光
林晓青　　肖　丹　　黄贤清　　刘　静
孙招敏　　李　纯　　刘金燕　　张立权
王润玲　　宋海峰　　肖　华　　于　飞
郝雪海　　陈晓飞　　何　方　　马朝辉
郑文泽　　余　疆　　陈建水　　史国旗

（林海霞）

附录：各单位全称与简称对照表

全　称	简　称
中国远洋运输（集团）总公司 中远集团	中远（集团）总公司
广州远洋运输公司	广远
广远公司总经理办公室	总经办
党委工作部	党工部
人力资源部 / 组织部	人力资源部 / 组织部
劳动保险统筹中心	保险中心
离退休服务中心	离退休中心
档案管理中心	档案中心
信息技术中心	信息中心
广州远洋电脑系统公司	电脑公司
财金结算部	财金部
航运管理与安全监督部	航安部
发展战略与投资运营部	发展部
监督部 / 审计部	监督部 / 审计部
工会	工会
岸产事业部	岸产事业部
中远航运股份有限公司	中远航运
中远远达航运有限公司	中远远达
中远南方沥青运输有限公司	中远南方
福建捷安船务有限公司	福建捷安
天星船务有限公司	天星公司
广东省远洋运输有限公司	省远洋
中远鞍钢航运有限责任公司	中鞍航运
中远营港航运有限责任公司	中远营港
广州越洋船务有限公司	越洋船务
广州远洋建设实业公司	建设实业
广州远洋物业管理有限公司	物业公司
广州远洋通信导航有限公司	通导公司
广州远洋宾馆有限公司	远洋宾馆
广州天河远洋大厦有限公司	远洋大厦
广州远洋大富酒店有限公司	大富酒店
东海大厦	东海大厦

（续上表）

全　称	简　称
广州经济技术开发区广远海运服务有限公司	海运公司
广州远洋船舶物资供应有限公司	供应公司
广州金桥管理干部学院	金桥学院
广州华南医疗用品有限公司	华南医疗
佛山市南海海洋包装材料厂	海洋厂
埃尔夫润滑油（广州）有限公司	广州埃尔夫
广州中远船务工程有限公司	广州中远船务
中远（香港）集团有限公司	中远（香港）集团
中远（香港）航运有限公司	香港航运
中远集装箱运输有限公司	中远集运
中远散货运输有限公司	中远散运
上海远洋运输公司	上远
青岛远洋运输公司	青远
深圳远洋运输公司	深远
大连远洋运输公司	大远
厦门远洋运输公司	厦远
华南中远国际货运有限公司	华南中货
广州中远国际货运有限公司	广州中货
广州外轮代理公司	广州外代
广州中远物流有限公司	广州中远物流
广州中远国际航空货运代理有限公司	广州中空
中远航运（香港）投资发展有限公司	中远航运香港公司
天津中远航运子公司	天津中远航运
上海中远航运子公司	上海中远航运